千字文探源

下

万献初　　著
郭帅华

中华书局

三、文治武功之盛

【原文】 都邑华夏 dū yì huá xià　 东西二京 dōng xī èr jīng

【译文】 古代圣王在华夏所建的都邑,著名的有东京洛阳及西京长安。

【释义】

　　从这两句开始为第三章,讲的是帝王之事,首先讲王者京都之浩大。都邑,国家首都。华夏,中国的古称,又称中华、中夏、中土、中国。孔颖达《春秋左传正义》:"夏,大也。中国有礼仪之大,故称夏;有服章之美,谓之华。华、夏一也。"《尚书孔传》:"冕服采装曰华,大国曰夏。"京,京城,国都。东西二京,西京长安(西安)及东京洛阳。西安和洛阳是历史悠久、文化灿烂、气势宏伟、影响深远的两个都城。《千字文释义》:"中国谓之华夏,言其文明而大也。京,亦大也,王者所居之国也。周之成王营洛邑为王城,及乎平王东迁居焉。东汉光武亦都之,谓之东京,即今河南府是也。周之武王都于镐京,秦都于咸阳,西汉都于长安,谓之西京,即今西安府是也。"班固《两都赋》及张衡《二京赋》,极尽铺排之能事,对两地的地理、物产、文化、王制、风俗等作了全面细致的总结,是对"都邑华夏,东西二京"的最好说明。

　　洛阳位于洛水之北,又称洛邑、神都。境内山川纵横,西靠秦岭,东临嵩岳,北远依王屋山、太行山且据黄河之险,南望伏牛山,自古便有"八关都邑,八面环山,五水绕洛城"之称,又有"河山拱戴,形胜甲于天下""天下之中,十省通衢"之誉。洛阳最早建都于周朝,自古被华夏先民认为"天下之中"。周武王甫定江山,即"迁宅于成周,宅兹中国"。周平王于前770年,将国都迁至雒邑。西周、东周、东汉、曹魏、西晋、北魏、隋、唐等十三个王朝先后在洛阳建都,先后一百多个帝王在这里指点江山,因此洛阳有"千年帝都"之称。隋开皇元年(581),于洛阳置东京尚书省。唐代自高宗始以洛阳为东都,唐天宝年间,改称东都(洛阳)为东京,故史称洛阳为东京。

西安,古称镐京、长安,今为陕西省省会。地处关中平原中部,北濒渭河,南依秦岭,历史上有周、秦、汉、隋、唐等十三个朝代在此建都,是世界四大古都之一,曾作为中国首都和政治、经济、文化中心长达 1100 多年。西安是历史上第一座被称为"京"的都城,周文王时定都于此,筑设丰京,武王即位后再建镐京,合称"丰镐"。西伯姬昌(周文王)在今西安城西南沣水边营建丰京,将臣民从岐山周原迁于此。又命子姬发(周武王)在沣水东岸营建镐京。后者为政治中心,前者为宗教、文化中心,合称"宗周",为西安建城之始。武王灭商建立周王朝后,以丰镐为都,是西安作为都城之始。"长安"在秦朝时是秦都咸阳的一个乡聚,秦始皇封此地为兄弟长安君的封地,始有"长安"之名。汉高祖五年(前 202),刘邦在长安(今西安城西北郊汉城)建立西汉王朝。在此地置长安县,取意"长治久安"。"西安"为朱元璋命名,明洪武二年,明政府改奉元路为西安府,取义"安定西北"。公元 25 年,刘秀称帝,建都洛阳,东汉王朝建立。由于刘秀以西汉的继承人自居,在洛阳成为国都的情况下,西汉旧都长安仍为京城,当时称为西京、西都。

【解字】

dū 都	𨟻	𨟻	䣐	都	都
	默钟	中都戈	说文小篆	北海相景君铭	颜真卿

形声字。《说文》:"都,有先君之旧宗庙曰都。从邑者声。"指有先君宗庙的城邑。段注:"《左传》曰:凡邑有宗庙先君之主曰都,无曰邑。"者,《说文》:"别事词也。从白米声。"为区别事物的词,也区别人。或谓"者"为"煮"的本字,米为积聚木柴煮物之形,下"白"为灶台。人多食煮熟的食物,故"者"表示众人,与"庶"甲骨文𪩘合二二〇四五以房屋下有火表众人相同。"者"用作助词,指众人及分门别类之事,构成"某某者"。以"者"作构字偏旁的字多有众、大义。古代国、邑通称,国都是一国中范围最大人最多的都(邑),有别于(者)其他城邑,故"都"从邑者声。

"都"也指大城市,《史记·五帝本纪》:"一年而所居成聚,二年成邑,三年成都。"也指首都,全国最高行政机关所在地,《尚书·文侯之命》:"简恤尔都,用成尔显德。"首都是国家的代表,故又指国,《周礼·夏官》:"职方氏掌天下之图,以掌天下之地,辨其邦国、都鄙、四夷、八蛮、七闽、九貉、五戎、六狄之人民。"作动词指建都,扬雄《解嘲》:"天下已定,金革已平,都于洛阳。"又为古代行政区划名,1.夏制,十邑为都,《尚书大传·洛诰》:"八家而为邻,三邻而为朋,三朋而为里,五里而为邑,十邑而为都,十都而为师,州十有二师焉。"郑玄注:"州凡四十三万二千家,此盖虞、夏之数也。"2.周制,四县为都,《周礼·地官·小司徒》:"九夫为井,四井为邑,四邑为丘,四丘为甸,四甸为县,四县为都。"贾公彦疏:"四县为都,都方三十二里。"3.四乡为都,《管子·乘马》:"官成而立邑:五家而伍,十家而连,五连而暴,五暴而长,命之曰某乡,四乡命之曰都,邑制也。"4.十州为都,《管子·度地》:"故百家为里,里十为术,术十为州,州十为都,都十为霸国。"5.宋、元、明、清县级以下的行政区划,《宋史·袁燮传》:"合保为都,合都为乡,合乡为县。"都为人集聚之处,故又指聚集、汇聚,《管子·水地》:"卑也者,道之室,王者之器也,而水以为都居。"都为众人所居,故又指居,《史记·滑稽列传》:"都卿相之位。"又指总共,《汉书·西域传》:"都护之起,自吉置矣。"颜师古注:"都犹总也,言总护南北之道。"首都盛大华美,故又指美盛,《诗经·郑风·有女同车》;"洵美且都。"又用作语词,於,《孟子·万章》:"谟盖都君咸我绩。"又用作叹词,表示赞美,相当于"啊",《尚书·皋陶谟》:"皋陶曰:都!在知人,在安民。"

"都"又音 dōu,用作副词,全部,杜甫《喜雨》:"农事都已休,兵戈况骚屑。"

后上 18.2　粹 1213　矢簋　说文小篆　孔宙碑　颜真卿

会意字。《说文》:"邑,国也。从囗。先王之制,尊卑有大小,从卪。"本义为封国。段注:"《左传》凡称人曰'大国',凡自称曰'敝邑',古国、邑通称……《左传》：'凡邑有宗庙先君之主曰都，无曰邑。'此又在一国中分析言之。"王筠《句读》："邑之名，古大而今小。"古制"邑"依尊卑有大小，段注："'尊卑'谓公、侯、伯、子、男也。'大小'谓方五百里、方四百里、方三百里、方二百里、方百里也。土部曰：'公、侯百里，伯七十里，子、男五十里。'从《孟子》说也。"封国有一定地域范围，"囗"指国邑；古君王封邑必有符节（卪），段注："尊卑大小出于王命，故从卪。"故"邑"从口从卪。饶炯《部首订》："盖就疆界言曰'国'，就封赐言曰'邦'，就职守言曰'邑'。""邑"甲骨文作 、，罗振玉《增订殷虚书契考释》："凡许书所谓卪字，考之卜辞及古金文皆作 ，象人踞形。邑为人所居，故从口从人。"林义光、张舜徽等谓"邑"从口从人。"邑"作部首为"-阝"，右边双耳旁，构字多指都城封国名或封地名，如"邦、郡、郊、郭、邵、郑、邓、鄞"等。

"邑"也指国都、京城，《诗经·商颂·殷武》："商邑翼翼，四方之极。"毛传："商邑，京师也。"又指无先君宗庙的都城，《左传·庄公二十八年》："凡邑，有宗庙先君之主曰都，无曰邑。"孔颖达疏："小邑有宗庙，则虽小曰都，无乃为邑。邑则曰筑，都则曰城。为尊宗庙，故小邑与大都同名。"又指众人聚居之地，《周礼·地官·里宰》："里宰，掌比其邑之众寡。"作动词指分封城邑居住、建筑城邑，《左传·隐公十一年》："吾先君新邑于此。"孔颖达疏："先君新邑于此，谓（郑）武公始居此也。"泛指一般城镇，大曰都，小曰邑，《荀子·富国》："入其境，其田畴秽，都邑露，是贪主已。"又为县的别称，柳宗元《封建论》："秦有天下，裂都会而为之郡邑。"又指封地，《周礼·地官·载师》："以家邑之田任稍地。"郑玄注："家邑，大夫之采地。"《汉书·高帝纪》："令天下县邑城。"颜师古注引张晏："皇后、公主所食曰邑。"

huá
华（華）

古玺	说文小篆	熹平石经	颜真卿

繁体作"華"，形声字。華（huā），《说文》："荣也。从艸从𠌶。"本义为花朵，也指花开貌。王筠《句读》："当云𠌶声。凡《说文》异部重文而由一

字递加者,如蕤从甤而加艸,则但云甤声,恐言从甤,则是会意字,不见其为一字也。"《尔雅·释草》:"木谓之華,草谓之荣。"朱骏声《通训定声》:"开花谓之華,与花朵之𠌶微别。"《礼记·月令》:"(仲春之月)始雨水,桃始華。"《诗经·周南·桃夭》:"桃之夭夭,灼灼其華。"𠌶(huā),《说文》:"艸木华也。从𠂹亏声。𦾓,𠌶或从艸、夸。"本义为花朵。"𠌶"金文作 𦾓華季益盨,像一树花朵下垂形。"𠂹"为下垂之"垂"本字,饶炯《部首订》:"木草英发,朵朵下垂,因从𠂹意,而以亏声定之。亏者,词之舒也。英胎破放,亦舒之意。"故"𠌶"从𠂹亏声。花卉是具有观赏价值的草本植物,"華、𠌶"一字,徐灏《注笺》:"𠌶、華相承增艸头。"故"華"从艸𠌶声。"𠌶"或体从艸夸声作"荂"。徐灏《注笺》:"𠌶、華本一字,因各有部属之字,故分而为二。""𠌶、華、荂、花"本一字,"華"代"𠌶"则"𠌶"废而不用,"華"后专用为荣华、光华字,又造"荂、蘤、花"表花朵之"花",以"花"为通行字。"華"简化作"华","化"为声符,"十"为"𠌶"字的草书楷化。

物从中剖分则如花开发散,故"华"引申指从中剖开,《尔雅·释木》:"瓜曰华之。"邢昺疏:"此为国君削瓜之礼也。华谓半破也,降于天子,故破而不四析也。"

"华"又音 huá。花开则光彩夺目,故"华"引申指光彩、光辉,《尚书大传·虞夏传》:"日月光华,旦复旦兮。"华丽的色彩鲜明耀眼,故又指华丽,钟会《孔雀赋》:"五色点注,华羽参差。"又指彩色的,特指雕绘或装饰,《尚书·顾命》:"牖间南向,敷重篾席。黼纯,华玉仍几。"又指时光,韩维《太后阁帖子》:"迎得韶华入中禁,和风次第遍神州。"少年是一生最美好的时光,故又指年少,李商隐《锦瑟》:"锦瑟无端五十弦,一弦一柱思华年。"又指精华,韩愈《进学解》:"含英咀华。"又用作敬辞,如华诞。又为中华的简称,我国古称华夏,初指中原地区,后包举全部领土,《左传·定公十年》:"裔不谋夏,夷不乱华。"作形容词指繁盛、荣华,《国语·鲁语》:"子为鲁上卿,相二君矣,妾不衣帛,马不食粟,人其以子为爱,且不华国乎!"由荣华引申为显贵,《晋书·王逊传》:"少以华族,仕至光禄勋。"又指浮华,《后汉书·周举传》："但务其华,不寻其实。"又指(头发)花白,《墨子·修身》："华发隳颠,而犹弗舍者,其唯圣人乎!"

"华"又音 huà,山名,即华山,或作"崋",一称太华山,古称西岳,在陕西省华阴县。又为木名,后作"桦",《庄子·让王》："原宪华冠縰履,杖藜而应门。"成玄英疏："以华皮为冠。"又用作姓氏,如华佗,《通志·氏族略》:"华氏,子姓,宋戴公子考父食采于华,因氏焉,世为宋卿。"

xià

夏　　续甲 1792　秦公簋　说文小篆　说文古文　曹全碑　颜真卿

会意字。《说文》:"夏,中国之人也。从夊从頁从臼。臼,两手。夊,两足也。"最初指中原古部族名,相沿用为中国人的称呼,也泛指中国。"中国"指中原地区,段注:"以别于北方狄、东北貉、南方蛮闽、西方羌、西南焦侥、东方夷也。"《尚书·舜典》:"蛮夷猾夏。"小篆之"頁"为头,整体像正立之人,故"夏"从夊从頁从臼。戴侗谓本义为舞,《六书故·人》:"夏,舞也。臼象舞者手容,夊象舞者足容也。"徐灏、张舜徽等皆从其说。"夏"甲骨文作 ,叶玉森《殷虚书契前编集释》:"疑卜辞假蝉为夏,蝉乃最著之夏虫,闻其声即知为夏矣。"正立之人、舞蹈之人,文明程度高,适宜用来表示中原正统之人。

中国为东方文明大国,故"夏"引申为大,《诗经·秦风·权舆》:"于我乎,夏屋渠渠,今也每食无余。"又指大屋,后作"厦(廈)",《楚辞·九章·哀郢》:"曾不知夏之为丘兮,孰两东门之可芜?"大殿多有华彩雕饰,故又指华彩,《周礼·天官·染人》:"秋染夏。"郑玄注:"染夏者,染五色。"又指夏朝,是有史记载的第一个朝代,相传为夏后氏部落领袖禹之子启所建立,君位世袭制也由启开始。夏建都安邑(今山西夏县北)、阳翟(今河南禹州市)等地,约经前 21 至前 17 世纪,传至桀,为商汤所灭。又为历史上封建割据政权名称:1. 东晋末,匈奴贵族赫连勃勃建立夏国(407—431),都统万城(今陕西横山县),据有今陕西省大部分地区和内蒙古自治区的部分地区,后为吐谷浑所灭。2.北宋初,党项贵族李元昊建立夏国,史称西夏(1032—1237),都兴州(今宁夏银川市),据有今宁夏、甘肃地区,后为蒙古所灭。3.元末红巾军部将明玉珍建立夏国(1362—1371),都重庆,据巴蜀地区,后为朱元璋所灭。又用作姓氏,《通志·氏族略》:"夏氏,亦曰夏后氏,姒姓,颛帝之后也……禹之受舜禅,至桀,凡十七君,十四世,四百七十一年,为汤所伐,放于南巢。武王克商,封其后于杞,其非为后不得封者,以夏为氏焉。又陈宣公之子少西,字子夏,其孙夏舒以王父字为氏,是为陈夏氏也。"一年四季的第二季为夏,农历四月至六月,《尔雅·释天》:"夏为朱明。"郭璞注:"气赤而光明。"夏季盛明炽热,故称"夏"。

"夏"又音 jiǎ,通"榎",扑责之具,《礼记·学记》:"夏、楚二物,收其威也。"郑玄注:"夏,榎也;楚,荆也。二者所以扑挞犯礼者。"

东(東)　dōng

| 前 6.32.4 | 前 7.40.2 | 敔鼎 | 说文小篆 | 熹平石经 | 颜真卿 |

繁体作"東",会意字。《说文》:"東,动也。从木。官溥说,从日在木中。"指东方,太阳升起的方位,与"西"相对。五行东方属木,季节属春,《广韵》东韵:"东,春方也。"春季,万物萌动生发,日出东方时万物发动,故训"动"。"东、动"上古音声近韵同,为声训,《白虎通·五行》:"东方者,动方也,万物始动生也。"段注:"木,榑木也。日在木中曰東,在木上曰杲,在木下曰杳。"上古先民穴居而野处,生活、思想朴素自然,早晚、明(杲)暗(杳)、朝暮等概念皆以日的不同位置体现。太阳东升时,景象是太阳升到了树木中部,就以此景象说"東"字,故"東"从日在木中。"莫(暮)"甲骨文作甲二○三四,以日落在草丛(茻)中会意,与"東"构形相似。徐中舒《甲骨文字典》:"象橐中实物以绳约括两端之形,为橐之初文。""重"从東声,金文作重鼎,像人背橐(東)形。日升东方,感觉大圆而沉重似橐,故用表东方方位。备参考。简化字"东"是"東"草书楷化省笔而成。

"东"作动词指向东行,《左传·僖公三十二年》:"秦师遂东。"古时主位在东，宾位在西，故又指主人，如东道主、房东。又用为象声词，《西游记》七十回："只听得丁丁东东的，一个铜锣响。"又用作姓氏，《通志·氏族略》"东氏，舜七友东不訾之后。望出平原。"

xī 西	（图）	（图）	（图）	（图）	（图）	（图） 棲	西	西
前 5.13.2	石鼓文	说文小篆	说文古文	说文籀文	说文或体	魏受禅表	颜真卿	

象形字。《说文》："西，鸟在巢上。象形。日在西方而鸟栖，故因以为东西之西。棲，西或从木、妻。（字），古文西。（字），籀文西。"本义为鸟类歇宿。后借为东西之"西"，本义用"栖"。段注："下象巢，上象鸟，会意。上下皆非字也，故不曰会意而曰象形。'鸟在巢上'者，此篆之本义。"鸟在木上巢内歇宿，正是日落西山时，故借鸟歇宿之"西"为西方，与东方相对。段注："此说六书假借之例。假借者，本无其字，依声托事。古本无东西之西，寄托于鸟在巢上之西字为之。"或体从木妻声作"棲"。王筠《释例》："窃以'云'作'雲'、'匚'作'筐'例之，皆正文为借义所夺，乃于正文加偏旁以定之，则'西'作'栖'为宜，'棲'或后人改也。《广韵》'棲'下引《说文》曰'或从木、西'，是《说文》作'栖'之证，即《玉篇》'栖'在西部，而不入木部，亦可证也。""西"小篆像鸟在巢上的侧面形。籀文、古文均像鸟在巢形。甲骨文像鸟巢形，王国维《观堂集林》："正象鸟巢。"罗振玉《增订殷虚书契考释》："日既西落，鸟已入巢，故不复如篆文于巢上更作鸟形矣。"

"西"借指太阳落下的方位，与"东"相对，《诗经·大雅·桑柔》："自西徂东，靡所定处。"作动词指向西、往西，《汉书·张良传》："且布闻之，鼓行而西耳。"古称西边的邻国为"西"，春秋时多指秦，《左传·成公十三年》："文公恐惧，绥静诸侯，秦师克还无害，则是我有大造于西也。"杜预注："言晋有成功于秦。"宋代指西夏，《宋史·苏辙传》："顷者西人虽至，疆场之事，初不自言。"又指西洋、内容或形式属于西洋的，如西服，《明史·天文志》："古今中星不同，由于岁差。而岁差之说，中西复异。"又用作姓氏，《通志·氏族略》："西氏，《姓苑》云：西门豹之后，改为西。"

èr 二

二　二　二　弍　二　二

菁 3.1　　　盂鼎　　说文小篆　说文古文　礼器碑　颜真卿

指事字。《说文》：“二，地之数也。从偶一。弍，古文。”本为数词，一加一的和。《周易·系辞》：“分而为二以象两。”“地之数”指“二”在《易》数中代表地，段注：“《易》曰：‘天一地二。’‘惟初大始，道立于一。’有一而后有二。‘元气初分，轻清昜为天，重浊侌为地。’”王筠《句读》：“《系辞》‘天数五’，一三五七九也；‘地数五’，二四六八十也。许以地数专属之二者，四六八十皆由二积之，且二之为耦，最明白也。”“从偶一”，段注“偶”作“耦”，谓：“耦一者，两其一也。两画当均长。”甲骨文、金文、篆文皆以二画表数目二，李孝定《甲骨文字集释》：“纪数名之字，一二三三为指事，皆以积画为数。”“二”古文从弋作“弍”，犹“一”之古文作“弌”、“三”之古文作“弍”，皆为晚周字。毛际盛《述谊》：“弋，橜也。盖即记数之筹。”朱骏声《通训定声》：“后世官书数目以贰为之，为防奸易。”

“二”引申为两样、有区别，《史记·淮阴侯列传》：“此所谓功无二于天下。”二则分而不一，故又指不专一、不忠诚，《左传·僖公十五年》：“必报德，有死无二。”同“贰”，副、次，居一之后为副位、次等，《礼记·坊记》：“唯卜之日称二君。”郑玄注：“二当为贰。”孔颖达疏：“小二是一二之二，大贰是副贰之贰。此取副贰之贰，不取一二之二，故转二为贰也。”

jīng 京

京　京　京　京　京　京

前 4.31.6　　前 2.38.4　　班簋　　说文小篆　熹平石经　颜真卿

象形字。《说文》：“京，人所为绝高丘也。从高省，丨象高形。”本指人工筑起的高丘，即积土而成的高台。朱骏声《通训定声》：“对文则人力所作者为京，地体自然者为邱；散文则亦通称也。”段注：“《释丘》曰：‘绝高为之京。非人为之丘。’郭云：‘为之者，人力所作也。’”《诗经·小雅·甫田》：“曾孙之庾，如坻如京。”毛传：“京，高丘也。”“京”是人工筑起的高丘，故从高省，丨像高耸之形，王筠《句读》：“高象台观。台观亦人所为，京从高，故主之也。"甲骨文、金文像高地上有台观等建筑形。上古洪水泛滥,故都城多建于高地,以避水患。郭沫若《两周金文辞大系图录考释》:"象宫观厜屭之形。在古素朴之世非王者所居莫属。王者所居高大,故京有大义,有高义。"高则大,故"京"引申为大,从京声字亦多有大意:力强曰"勍、倞",言信曰"谅",光大曰"景",冠系曰"綡",墨面曰"黥",大鱼为"鲸",大鹿为"麖",大仓为"庼"。

古代国都多建于高地以防洪水,故又指京城、国都,《诗经·大雅·文王》:"裸将于京。""京"转指大,《左传·庄公二十二年》:"八世之后,莫之与京。"由大转指(大数)数词,汉徐岳《数术记遗》:"十兆曰京也。"一说万万兆为京,《孙子算经》:"凡大数之法:万万曰亿;万万亿曰兆;万万兆曰京。"通"鲸",扬雄《羽猎赋》:"乘巨鳞,骑京鱼。"李善注:"京鱼,大鱼也。字或为鲸,鲸亦大鱼也。"又为今北京市的简称,如京津冀。

【原文】 背邙面洛 浮渭据泾
bèi máng miàn luò　　fú wèi jù jīng

【译文】 洛阳背靠邙山、南临洛水,长安左跨渭河、右依泾水。

【释义】

言西安、洛阳的地理位置及地形地貌,泛指二地之山川形胜。《千字文释义》:"盖言王者之都,以二京为最,而二京之山川形胜如此也。"洛阳城背靠北邙山,南面是洛水。在方位上,"背"指北方,"面"指南方。古代建筑讲究背北面南,提倡北面要有高山作依靠,南面要宽阔明亮,以有水为佳。洛阳城北面有邙山为靠山,南面开阔而有洛水,是最好的建筑布局。"邙"指洛阳城北的邙山,又名北邙,横卧于洛阳北侧,为崤山支脉,东西绵亘数百里,海拔300米左右。邙山是洛阳北面的天然屏障,也是军事上的战略要地,又是古代帝王理想中的长眠之所。白居易谓"北邙冢墓高嵯峨",俗谚谓"生在苏杭,死葬北邙"。邙山水润土厚,气候温和。埋葬于邙山的帝王多不胜数,几十公里的主地段,仅皇家陵园就有五处,分为东周、东汉、曹魏、西晋、北魏五个皇陵区,葬着汉光武刘秀、蜀后主刘禅、南陈后主陈叔宝、南唐后主李煜等帝王,还有贾谊、班超、石崇、李密、薛仁贵、狄仁杰、杜甫、孟郊、颜真卿等名流。邙山最高峰为翠云峰,在今市区正北,上有唐玄元皇帝庙,树木森列,苍翠如云。张籍云:"人居朝市未解愁,请君暂向北邙游。"登阜远望,伊洛二川之胜尽收眼底。"洛"指洛河,古称雒水,黄河右岸重要支流。因河南境内的伊河为重要支流,亦称伊洛河,即上古时期河洛地区的洛水。南洛河为洛河在水文上的名称,源出陕西省渭南市与蓝田县、临渭区交界的箭峪岭侧木岔沟,流经陕西省东南部及河南省西北部,在河南省巩义市注入黄河。河道全长 447 公里,流域总面积 18881 平方公里。古来五行与东(青龙)西(白虎)南(朱雀)北(玄武)四象相结合,所谓"左青龙,右白虎,面朱雀,背玄武",洛阳南临洛水北靠邙山,正是"面朱雀,背玄武"的风水宝地。

"浮渭据泾"言西京长安(今西安)的地理位置。浮,漂流,漂浮。据,据恃,凭据。长安城左面跨越渭水,右面紧依泾水。渭水是黄河的最大支流,发源于今甘肃渭源县鸟鼠山,流经甘肃天水及陕西关中平原的宝鸡、咸阳、西安、渭南等地,吸纳秦岭北坡众多支流,至渭南市潼关汇入黄河,八百里秦川的关中平原就是指渭河冲积平原。泾水是渭水第一大支流,发源于宁夏六盘山东麓泾源县境,于陕西高陵县南入渭河,是渭河来沙量最多的支流,水极浑浊。在流入黄河以前,泾水浊、渭水清,或有时泾水清、渭水浊,二河水质不同,"泾渭分明"就比喻界限清楚。长安左跨渭水、右依泾河,是物华天宝、人杰地灵之风水宝地。

【解字】

bèi 背　说文小篆　武威医简 22　衡方碑　颜真卿

　　形声字。《说文》:"背,脊也。从肉北声。"指脊背,为人身自颈肩至后腰部分。徐灏《注笺》:"背者,自外兼骨肉而言,脊则但名其内骨也。头之曰髑髅,肩之曰髆,股之曰髀,臀之曰髋,胫之曰骹,并同斯例。'北'从二人相背会意,即古'背'字。假借为南北字,复增肉作'背'。因二字分用已久,各专其义。今'背'在肉部,故曰北声。《孟子·尽心》:"其生色也,睟然见于面,盎于背,施于四体。"肉,《说文》:"胾肉。象形。"本指禽兽之肉。"胾"(zì)指切成大块的肉,玄应《一切经音义》:"切肉大者为胾,胾小者曰肉脔也。"朱骏声《通训定声》:"在物曰肉,在人曰肌。"徐灏《注笺》:"血、肉等字皆由物以引申于人。""肉"小篆作,像肉块横切面形。饶炯《部首订》:"象截脔平面之形,中乃肉之纹理。以生肉难象,取状于胾,与'血'同意,音义从柔得之。"北,《说文》:"乖也。从二人相背。"义为乖违、相背,也指后背。徐灏《注笺》:"人身背在后,故以二人相背会意。""北"甲骨文作粹三六六,小篆作,用二人背对背表示乖违、后背。后背是人体骨肉之一,位于背面,故"背"从肉北声。张舜徽《约注》:"南北之名,实亦得义于向背也。古人营室,皆向阳背阴。故宅前为南,宅后为北。北即背也。"

背位于身体上半身后面,故"背"扩展指物体的上面、后面或反面,《周易·艮》:"艮其背,不获其身。"王弼注:"所止在后,故不得其身也。"古代建筑多坐北朝南,北面的厅堂在后面,故也称"背",《诗经·卫风·伯兮》:"焉得谖草,言树之背。"作动词指用背对着,《周礼·秋官·司仪》:"不正其主面,亦不背客。"又指违背,《楚辞·离骚》:"背绳墨以追曲兮,竞周容以为度。"又指背叛,《韩非子·五蠹》:"夫父之孝子,君之背臣也。"又指背弃、抛弃,贾谊《惜誓》:"水背流而源竭兮,木去根而不长。"背则不顺,故又指不利、不顺,李白《赠从弟宣州长史昭》:"才将圣不偶,命与时俱背。"背诵是不面看书,凭记忆而诵,故又指背诵,如背书。人死亡是背离现世,故又指去世,李密《陈情表》:"生孩六月,慈父见背。"

"背"又音 bēi,负荷,用脊背驮,《广雅·释诂》:"背,负后也。"李商隐《李贺小传》:"恒从小奚奴,骑疲驴,背一古破锦囊。"

máng
邙

十年邙令差戈　　古玺　　说文小篆　　文征明

形声字。《说文》:"邙,河南洛阳北亡山上邑。从邑亡声。"本为古邑名。段注:"山上之邑则作邙。后人但云北邙,尟知芒山矣……北芒山在今河南河南府府北十里,山连偃师、巩、孟津三县,绵亘四百余里。"邙邑位于洛阳北亡山上,王筠《句读》:"山名亡山,故加邑为邙,以名其邑矣。群书亦曰芒山,亦曰北邙。"故"邙"从邑亡声。后以邑名之"邙"为山名,邙山多为古人逝(亡)后埋葬之地,故又名"亡山"。坟山多荒草,字又加艸作"芒"。邙山为崤山余脉,东西沿黄河南岸绵延,东端至伊洛河岸,《新唐书·陈子昂传》:"今景山崇秀,北对嵩、邙,右眄汝、海。"

miàn 面　甲 416　甲 2375　说文小篆　相马经　曹全碑　颜真卿

象形字。《说文》:"面,颜前也。从𦣻,象人面形。"本义为脸面。段注:"颜者,两眉之中间也。颜前者谓自此而前则为目、为鼻、为目下、为颊之间,乃正向人者。"桂馥《义证》:"颜,额也。面在额前,故曰颜前。"王筠《句读》:"颜前者,谓自额以下通谓之面也。面是大名,颜是小名。"《周易·革》:"君子豹变,小人革面。"孔颖达疏:"小人革面者,小人处之但能变其颜面容色顺上而已。"面位于头部,故小篆从𦣻("𦣻、首"同),表示面之位置、所属;⬭像人面,表示面之形状、范围,徐灏《注笺》:"其右缺,盖以别于囗。""面"甲骨文作▱,李孝定《甲骨文字集释》:"契文从目,外象面部匡廓之形,盖面部五官中最足引人注意者莫过于目,故面字从之也。"

人相见时面对面,故"面"引申为当面,如面谈,《尚书·益稷》:"汝无面从,退有后言。"面对面则是相见,故又指相见,《礼记·曲礼》:"夫为人子者,出必告,反必面。"脸朝向前方,故又指前面,《尚书·顾命》:"大辂,在宾阶面;缀辂,在阼阶面。"面具戴于面,故又指面具,《旧唐书·音乐志》:"舞者八十人,刻木为面。"由朝前引申为向、对着,《礼记·学记》:"大学之礼,虽诏于天子,无北面,所以尊师也。"转背则面反向,又指相背,《汉书·万石卫直周张传》:"不可者,不得已,为涕泣,面而封之。"脸露在外,故又指物体的表面，如路面、墙面，韩愈《南山诗》：“微澜动水面，踊跃躁猱狖。”又指空间、事情的方面，如几方面、面面俱到，《吕氏春秋·异用》：“汤收其三面，置其一面。”脸面呈平面展开形，故“面”作量词指称扁平有面的物体，如一面旗帜。又用作后缀，用于方位词的后面，如前面、上面。

洛　[luò]　　洛　洛　洛　洛　洛　洛

存下 974　甲 346　　永盂　　说文小篆　魏上尊号奏　颜真卿

　　形声字。《说文》：“洛，水。出左冯翊归德北夷界中，东南入渭。从水各声。”为水名，本指北洛河，发源于陕西省定边县白于山南麓的草梁山，东南流经志丹县、洛川县、蒲城县等地，至大荔县南三河口入渭河，河长 680.3 公里，流域面积 26905 平方公里。徐锴《系传》：“《汉书》归德为襄德。”《周礼·夏官·职方氏》：“雍州，其浸渭洛。”郑注：“洛出怀德。”水之异地同名者甚多，洛河是一条古籍记载较多而又较混淆的河流。“洛”又指南洛水，发源于陕西省华山东麓，东南流经河南省卢氏县，折向东北，经偃师市至巩义市洛口入黄河。本作“雒”，后作“洛”，段玉裁《毛诗故训传定本小笺》：“自魏黄初以前，雍州渭洛字作‘洛’，豫州伊雒字作‘雒’，绝无混淆，黄初以后乃乱矣。”《魏略》：“魏于行次为土，土，水之牡也，水得土乃流，土得水而柔，故除‘隹’加‘水’，变‘雒’为‘洛’。”各，《说文》：“异辞也。从口、夊。夊者，有行而止之，不相听也。”为指示代词，指代一定群体中的不同个体。王筠《句读》：“必两人而后言各，故分夊、口为两人而说之。听者从也，不相异也，各则此行而彼止之，是不相听从之意也。”故“各”从口、夊。徐灏谓本义为至、止，《注笺》：“各，古格字，故从夊。夊有至义，亦有止义，故格训为至，亦训为止矣。”“各”甲骨文作 甲六三九，夊 为倒趾，像脚趾（夊）向穴居（口）走来形，示足有所至义。“各”指至、止，“口”为夊所至之地，“夊”有至义，“客”从宀从各，正是从外来家的客人。北洛河是流入渭水（各）最大的支流，有异于其他，故“洛”从水各声。

　　“洛”又为洛阳的简称，《古诗十九首》之三：“驱车策驽马，游戏宛与洛。"又为北宋理学以洛阳程颢、程颐为首的"洛阳学派"简称,徐渭《送通府王公序》:"其他支裔不可胜数,濂洛所不敢轻,而关汾所不能窥也。"又用作姓氏,《古今姓氏书辩证》铎韵:"洛,后魏有宦官洛齐,又南凉后军洛肱。"

公父宅匜　孙膑166　说文小篆　孔宙碑　颜真卿

形声字。《说文》:"浮,氾也。从水孚声。"本义为漂在水或其他液体上面,与"沉"相对。氾,今通用"泛"。《玉篇》水部:"水上曰浮。"《诗经·小雅·菁菁者莪》:"泛泛杨舟,载沉载浮。"孚,《说文》:"卵孚也。从爪从子。一曰信也。"本义为孵化,后作"孵"。徐灏《注笺》:"孚、伏、抱一声之转,今俗犹谓鸡伏卵为步,即孚之重唇音稍转耳。"徐锴《系传》:"鸟之乳卵,皆如其期,不失信也。鸟抱恒以爪反覆其卵也。"母鸡用爪孵蛋(卵),二十一天必出小鸡(子),故"孚"从爪从子。"孚"甲骨文作{乙六六四九},像手抓子形,商承祚、于省吾等谓是"俘"之本字;或谓像抱子哺乳形,为"乳"字简体。"浮"指漂在水面,如"孚"之爪在子上,故"浮"从水孚声。

船浮于水面,故"浮"引申指泛舟、渡水,《尚书·禹贡》:"厥贡漆丝,厥篚织文,浮于济、漯,达于河。"孔传:"顺流曰浮。"游泳时身体浮于水,故也指游泳,陆机《文赋》:"浮天渊以安流,濯下泉而潜浸。"又指飘在空中,《论语·述而》:"不义而富且贵,于我如浮云。"漂浮则不定,故又指流动、不固定,《庄子·刻意》:"其生若浮,其死若休。"郭象注:"泛然无所惜也。"轻浮则身心不安,故又指轻佻、轻薄,《国语·楚语》:"教之乐,以疏其秽而镇其浮。"浮则不实,故又指空虚、不切实际,如浮华。浮在水面则超过水,故又指超过,《尚书·泰誓》:"惟受罪浮于桀。"又指行,《尚书·盘庚》:"鲜以不浮于天时。"又指用满杯酒罚人,《晏子春秋·内篇杂下》:"景公饮酒,田桓子侍,望见晏子,而复于公曰:请浮晏子。"又为盛貌,《诗经·小雅·角弓》:"雨雪浮浮,见晛曰流。"毛传:"浮浮,犹濂濂也。"

wèi
渭

渭 渭 渭 渭 渭

古陶　　孙膑 156　　说文小篆　　熹平石经　　柳公权

形声字。《说文》:"渭,水。出陇西首阳渭首亭南谷,东入河。从水胃声。杜林说。《夏书》以为出鸟鼠山。雍州浸也。"本为水名。源出甘肃省渭源县鸟鼠山,流经陕西省与泾河、北洛河汇合,至潼关入黄河,为黄河最大的支流。王筠《句读》:"上文之说出于杜林也。鸟鼠山亦在陇西郡首阳县,而其西五里,乃为南谷山,故区别之为两说也。"胃,《说文》:"谷府也。从肉;⊠,象形。"胃是人及动物的消化器官,上端与食道相连,下端与肠相连。"胃"小篆作𦝩,⊠像装满食物的胃形,肉(𦟛)为衬托。胃是吸纳并消化众多食物的器官,渭河吸纳众支流之水,如长安八水等,众水入渭如食物入胃,故"渭"从水胃声。

jù
据(據)

據 據 據 據

纵横家书 74　　说文小篆　　孔彪碑　　颜真卿

繁体作"據",形声字。《说文》:"據,杖持也。从手豦声。"本义为依仗、凭倚。段注:"谓倚杖而持之也。杖者人所据,则凡所据皆曰杖。"《诗经·邶风·柏舟》:"亦有兄弟,不可以据。"豦(jù),《说文》:"斗相丮不解也。从豕、虍。豕、虍之斗,不解也。"本指兽类互斗,相持不懈。段注:"虍者,虎文也,故即以为虎字。""豦"字构形指豕、虎(虍)激烈互斗而不懈,故"豦"从豕、虍。互斗不懈是勇敢不惧的体现,人以手持杖,有依仗则不畏惧(豦),故"據"从手豦声。简化字"据"从手居声。

人持杖多用手按于其上,故"据"引申为按,《庄子·渔父》:"左手据膝,右手持颐以听。"有凭依则安稳,故也指安定,《战国策·中山策》:"燕、赵好倍而贪地,吾恐其不吾据也。"由凭依引申为依据,《论语·述而》:"志于道,据于德,依于仁,游于艺。"又指占有、处于,《史记·廉颇蔺相如列传》:"先据北山上者胜,后至者败。"作名词指证明、凭证,如证据。又指援引证据,《后汉书·荀爽传》:"引据大义,正之经典。"又用作介词,表示依据的对象或方式,相当于"依据、根据",如据理力争,裴骃《史记集解·序》:"司马迁据《左氏》《国语》,采《世本》《战国策》,述楚、汉春秋,接其后事,讫于天汉。"又指跨,《尚书·禹贡》"济、河惟兖州"孔传:"东南据济。"又指抓,《老子》五十五章:"毒虫不螫,猛兽不据。"

jīng
泾(涇)　　克钟　说文小篆　褚遂良

繁体作"涇",形声字。《说文》:"涇,水。出安定泾阳开头山,东南入渭。雍州之川也。从水巠声。"本为水名,1. 渭水支流有南、北二源:北源出宁夏南部固原县;南源出甘肃华亭县。至平凉市境合流后,又东南流入陕西省,经长武县、彬县、泾阳县等地,至高陵县入渭河。张舜徽《约注》:"徒以上中游流经黄土高原,挟泥沙以俱下,故水色浑黄,泾浊渭清,即俗所谓泾渭分明者也。"安定为汉郡名,《约注》:"今甘肃省东部平凉县迤东之地。"泾阳为县名,见《汉书·地理志》,故城在今甘肃省平凉县西。开头山,王筠《句读》:"即空桐山也,俗作崆峒。"2. 安徽省南部青弋江上流,又名赏溪。至泾县西,与藤溪(徽水)合,东北流为青戈江。巠(jīng),《说文》:"水脉也。从川在一下。一,地也。壬省声。"指地下的水脉。"巠"金文作𝌹𝌺,郭沫若《金文丛考》:"余意巠盖經之初字也。观其字形……均象织机之纵线形。从糸作之經,字之稍后起者也。"泾河主流大致是由北向南的经度流向;"巠"为经线、水脉而有直意,或谓泾水为清,地下水脉(巠)清澈,直则不曲,清则不浊,故"涇"从水巠声。

"泾"又音 jìng,直流的水波,《庄子·秋水》:"秋水时至,百川灌河,泾流之大,两涘渚崖之间,不辩牛马。"

【原文】　宫 殿 盘 郁　楼 观 飞 惊
gōng diàn pán yù　lóu guàn fēi jīng
【译文】　宫殿雄伟壮阔而盘曲美盛,楼观高耸入云而巍峨惊人。
【释义】
　　两句描绘都城中帝王宫殿的雄伟壮丽。"宫"是帝王住所,为帝王生活区;"殿"指帝王议政之堂,是帝王办公区。"盘郁"指盘曲错落、幽深美盛之貌。宫殿盘郁,形容都城里面的宫殿盘旋错落,有盛大壮美气象。古代帝王宫殿布局非常讲究,例如北京紫禁城的布局,"前朝后寝,左祖右社":前半部分是三大殿:太和殿、中和殿、保和殿,属于外朝,象三阳爻构成乾卦☰;后半部分是三宫:乾清宫、交泰宫(殿)、坤宁宫,是皇帝生活起居的地方,属于内寝,象三阴爻构成坤卦☷;二者合起来就是泰卦䷊,寓意阴阳协和、万物生发,以示君王"财成天地之道,辅相天地之宜,以左右民"。紫禁城的左边是皇帝祭祀先祖的太庙(今劳动人民文化宫),右边是祭地神和谷神的社稷坛(今中山公园五色土祭坛)。

楼观是古宫殿群里最高的建筑,"飞惊"形容建筑物高耸如飞,让人仰视而心生惊叹,极言其高巍盛大。李白《夜宿山寺》:"危楼高百尺,手可摘星辰。不敢高声语,恐惊天上人。"描绘的就是楼观高耸惊人的感受。

【解字】

gōng
宫　　冎　　𦣞　　宫　　宮　　宫　　宫
　　前4.15.3　前6.13.2　召尊　说文小篆　孔龢碑　颜真卿

形声字。《说文》:"宫,室也。从宀,𦣞省声。"本义为房室,又作房屋的通称。段注:"宫自其围绕言之,则居中谓之宫。"脊骨位于人身体中部,"𦣞"指身体主干,宫为主体房室,故"宫"从宀𦣞省声。"宫"甲骨文像古人穴居的洞窟连通形。金文、小篆,徐灏《注笺》:"疑象室有窗牖之形。"

房屋四周由墙壁围绕,故"宫"引申为围绕,《尔雅·释山》:"大山宫小山,霍。"邢昺疏:"谓小山在中,大山在外围绕之,山形若此者名霍。非谓大山名宫,小山名霍也。"也指围墙、院墙,《仪礼·觐礼》:"诸侯觐于天子,为宫三百步。"郑玄注:"宫谓壝土为埒,以象墙壁也。"后多指帝王的住所,陆德明《经典释文·尔雅音义》:"宫,古者贵贱同称宫,秦汉以来惟王者所居称宫焉。"又指神仙的居处,如蓬莱宫。宗庙供奉祖先,为尊贵之地,故又指宗庙,《诗经·大雅·云汉》:"不殄禋祀,自郊徂宫。"又指神庙,简文帝《游光宅寺诗应令》:"方欣大云溥,慈波流净宫。"又指古代学校,《白虎通·辟雍》:"小学,经艺之宫。大学者,辟雍乡射之宫。"今称文化活动或娱乐的场所为"宫",如少年宫。又为古代五声音阶的第一音,相当于工尺谱的"上",现代简谱的"1",《宋书·律历志》:"宫、商、角、徵、羽,谓之五声。"又为古代五刑之一,阉割男子生殖器,或将妇女幽闭于宫中(一说破坏女性生殖机能),原系惩办淫乱的刑罚,后也施于一般"罪人",《尚书·吕刑》:"宫辟疑赦。"又用作姓氏,《通志·氏族略》:"宫氏,虞大夫宫之奇后,魏有宫延和。"

殿 diàn

睡 10.14　说文小篆　白石神君碑　颜真卿

形声字。《说文》:"殿,击声也。从殳屟声。"本为击打声。段注:"此字本义未见,假借为宫殿字。"屟(tún),《说文》:"髀也。从尸下丌居几。""屟"即"臀"之本字。"尸"甲骨文作 ＄ 铁三五·二,指替亡灵受祭屈膝而坐的人;"丌"指下基,臀部位于人体下部;"几"即案几,指尸所坐之具。人(尸)坐时下身臀部(丌)稳稳落在座几之上,故"屟"从尸下丌居几。"殳"为手(又)持器(几)击打,从殳字多与击打有关:《说文》:"毃,相击中也。""毃,从上击下也。""㲦,下击上也。""毃,击头也。""毃,击中声也。""殿"字位于毃、毃之间,从殳而训"击声",形义相合。古有以杖(殳)击臀(屟)之刑,故字形从殳击屟,而拟所击打之声为"殿"。"屟"为臀部,用杖击打臀部(用刑)发出厚实沉重之声,臀部坐几也很稳重,故"殿"从殳屟声。"殿"有稳重义,大殿宏伟厚重,故以"殿"命名。

"殿"在古代泛指高大的房屋,秦汉后专指供奉神佛或帝王坐朝理事的建筑,《汉书·霍光传》:"鸮数鸣殿前树上。"颜师古注:"古者室屋高大,则通呼为殿耳,非止天子宫中。""殿"由臀部在后义转指行军走在最后,即"殿后",《广韵》霰韵:"军在前曰启,后曰殿。"最后则为末尾,故又指下等、末尾,《汉书·宣帝纪》:"丞相、御史课殿最以闻。"颜师古注:"殿,后也,课居后也。"又指镇守、镇抚,《诗经·小雅·采菽》:"乐只君子,殿天子之邦。"

pán
盘（盤般槃鎜）

戬45.1　　甲 2101　　虢季子白盘　说文小篆　说文古文　说文籀文　颜真卿

　　繁体作"盤"，《说文》小篆作"槃"，形声字。《说文》："槃，承槃也。从木般声。鎜，古文从金。盨，籀文从皿。"本为敞口扁浅的长形盛器。盘子能盛放物品，有承载之功，故训"承盘"以言其用。般，《说文》："辟也。象舟之旋，从舟从殳。殳，所以旋也。"本义为旋转、移动。"般"小篆作㪔，像以手持竹竿（殳）撑船（舟）移动而转头形，故"般"从舟从殳。盘初以木制，能移动如"般"，故"槃"从木般声。商周时盘用青铜制作，故古文从金作"鎜"。古时盘主要用以盛水，汉以后多用为食器，盘为器皿之一，故籀文从皿作"盤"，为通行字。桂馥《义证》："从皿者，皿，饮食之用器也。"由"盤"字篆文、古文、籀文构形，可知盘在不同时代的形制、用途变迁。《说文》重文蕴含了丰富的文字信息，可以帮助我们了解汉字的构形及古今之变。"盤"甲骨文作㪔，罗振玉《增订殷虚书契考释》："象形，旁有耳以便手持。"

　　古代沐浴、盥洗器与盘同为器皿且形状相近，也称作"盘"，《礼记·丧大记》："沐用瓦盘。"孔颖达疏："盘贮沐汁就中沐也。"又指形状或作用像盘的东西，如磨盘、棋盘，唐郑损《泛香亭》："山溜穿云来几里，石盘和藓凿何年？"又指盘曲、盘绕，司马相如《子虚赋》："其山则盘纡岪郁。"又指安乐，《尚书·秦誓》："民讫自若是多盘。"又指仔细地全盘查问、清点，《醒世恒言·钱秀才错占凤凰俦》："且请先生和儿子出来相见，盘他一盘。"又指市场价格，如开盘、收盘。

yù
郁（鬱）

合 8182　　叔卣　　说文小篆　魏上尊号奏　颜真卿

　　繁体作"鬱"，形声字。《说文》："鬱，木丛生者。从林，鬱省声。"本义为木繁盛貌。《诗经·秦风·晨风》："鴥彼晨风，鬱彼北林。"孔颖达疏："鬱者，林木积聚之貌。"鬱（yù），《说文》："芳艸也。十叶为贯，百廿贯筑以煮之为鬱。从臼、冖、缶、鬯；彡，其饰也。一曰鬱鬯，百艸之华，远方鬱人所贡芳艸,合酿之以降神。"本义为郁金香草,也作"鬱"。古人以郁金香叶酿制香酒供养神灵,用以降神求福,段注:"臼,叉手也。缶,瓦器。宀,覆也。鬯之言畅也,叉手筑之令糜,乃盛之于缶而覆之,封固以幽之,则其香气畅达。此会意之恉也。""彡,其饰也",段注:"此说从彡之意,其物用于祭祀丧纪、宾客者也,故必饰其器。"林木茂密丛生,如郁金香香气浓郁(鬱),故"鬱"从林,鬱省声。"鬱"金文作 　,像人迫困密林中。后因"鬱"笔画过多,同音借用"郁"字,"郁"本为陕西古地名"郁夷",从邑有声。

　　树木高大体现繁茂,故也指高大、壮大,司马相如《长门赋》:"正殿块以造天兮,郁并起而穿崇。"树木繁密则空气闭塞,通行不畅,故又指阻滞、闭塞,《汉书·宣帝纪》:"朕不明六艺,郁于大道,是以阴阳风雨未时。"心情不畅则抑郁不乐,故又指忧郁、郁闷,韩愈《赠崔立之评事》:"朝为百赋犹郁怒,暮作千诗转遒紧。"由忧郁引申为怨恨,《吕氏春秋·侈乐》:"故乐愈侈而民愈郁,国愈乱。"空气闭塞则气味难闻、物易腐臭,故又指腐臭,《礼记·内则》:"鸟皫色而沙鸣,郁。"树林不通风则热气蒸腾,故又指热气,《尔雅·释言》:"郁,气也。"邢昺疏:"郁然气出也,谓郁蒸之气也。"又为果名,李的一种,《诗经·豳风·七月》:"六月食郁及薁,七月亨葵及菽。"孔颖达疏:"刘稹《毛诗义问》云:'其树高五六尺,其实大如李,正赤,食之甜。'《本草》云:'郁,一名雀李,一名车下李,一名棣。生高山川谷或平田中,五月时实。'"又为郁金香草,也作"鬱",《周礼·春官·序官》:"郁人。"

楼（樓）

lóu

樓　樓　樓　樓
睡 53.22　说文小篆　孔宙碑　颜真卿

　　繁体作"樓",形声字。《说文》:"樓,重屋也。从木婁声。"为两层以上的房屋,楼房。张舜徽《约注》:"古之宫室,交覆多暗,惟重屋空明,故楼即得义于丽廔,丽廔,犹离娄耳。《礼记·月令》:'可以居高明。'郑注云:'高明,谓楼观也。'亦即斯义。"王之涣《登鹳雀楼》:"欲穷千里目,更上一层楼。"婁,《说文》:"空也。从毋中女,空之意也。"义指物体中空。段

注:"凡中空曰娄,今俗语尚如是。""婁"甲骨文作🔲合一九八三〇,季旭昇以为是"搂"之本字,《说文新证》:"要、婁本一字分化,本义为搂女腰。甲骨文从臼、从女,会搂女腰之意。"女子被搂起则身体腾空,也有空义。古代楼以木制,二层以上为楼,空明通达,段注:"《释名》曰:'楼谓牖户之间诸射孔楼楼然也。'楼楼当作娄娄。女部曰:'娄,空也。'囧下曰:'窗牖丽廔开明。'"故"樓"从木婁声。中空则疏通空明,故从娄声字多有空明意:重屋空明曰"楼",竹笼疏孔曰"篓",窗牖闿明曰"廔",鞋履中空曰"屦",种具中空曰"耧",镂刻疏明曰"镂",土地疏松曰"塿",贫空无礼曰"嵝",头骨中空曰"髅髅"。中空则连通,连则相续而多,故从娄声字亦有连、数意:雨久为"溇",步连为"遱",计频为"数",丝续为"缕",交领为"褛",频数为"屡",牵合为"搂",背曲身合为"偻",语繁乱为"謰謱"。

　　"楼"也指建筑物的上层部分或上层结构,《墨子·备城门》:"三十步置坐候楼,楼出于堞四尺。"又指设在高处的建筑,多用作瞭望,《左传·宣公十五年》:"登诸楼车,使呼宋人而告之。"杜预注:"楼车,车上望橹。"又指(有楼可观景的)茶肆、酒店、歌舞、妓院等场所,如茶楼、酒楼,曹植《美女篇》:"青楼临大路,高门结重关。"又用作姓氏,《通志·氏族略》:"楼氏,亦为东楼氏。姒姓,夏少康之后,周封杞东楼公,支孙以楼为氏。"

guàn
观（觀）　　🔲　🔲　🔲　🔲　🔲　🔲

合 27115　　　觀簠鼎　　说文小篆　　说文古文　　史晨碑　　颜真卿

　　繁体作"觀",形声字。《说文》:"觀(guān),谛视也。从见雚声。🔲,古文观从囧。"本义为仔细观看。段注:"审谛之视也。《谷梁传》曰:'常事曰视,非常曰观。'凡以我谛视物曰观,使人得以谛视我亦曰观。犹之以我见人、使人见我皆曰视。"雚(guàn),《说文》:"小爵也。从萑吅声。《诗》曰:雚鸣于垤。"为水鸟名,同"鹳"。段注:"爵当作雀,雚今字作鹳。鹳雀乃大鸟。"徐灏《注笺》:"钮(树玉)云'小'当为'水'之讹。《玉篇》:'雚,水鸟也。'灏按:郑笺亦云'水鸟'。"甲骨文以"雚"为"觀",作🔲、🔲合三二一三七,像长腿、大眼警惕环视的水鸟形。鹳形似鹤亦似鹭,常活动于溪流旁,善于发现、捕食昆虫、鱼、蛙、蛇等。"觀"是仔细看清,"雚"为善视水鸟,"見"为看清,故"觀"从见雚声。古文作"靀","囧"当为"目"古文,見、目形义相近,二字形符互用,"觀"之作"靀",如"覩"之作"睹"、"視"之作"眡、眂"。

"观"也指观察,《周易·贲》:"观乎人文,以化成天下。"孔颖达疏:"言圣人观察人文,则《诗》《书》《礼》《乐》之谓,当法此教而化成天下也。"又指观赏、欣赏、观摩,《左传·襄公二十九年》:"请观于周乐。"游玩以观赏景物为主,故又指游玩、游览,《诗经·郑风·溱洧》:"女曰观乎?士曰既且。"又指示人,给人看,《尚书·益稷》:"予欲观古人之象。"孔颖达疏:"谓欲申明古人法象之衣服,垂示在下使观之也。"又指显示、炫耀,《左传·僖公四年》:"观兵于东夷。"杜预注:"观兵,示威。"又指容貌、外观,《礼记·玉藻》:"既服,习容观玉声,乃出。"陈澔集说:"容观,容貌仪观也。"景象可见,故又指景象、情景,如奇观,《论衡·别通》:"人之游也,必欲入都,都多奇观也。"多看方能察清,故又指多,《诗经·小雅·采绿》:"维鲂及鱮,薄言观者。"又指对事物的认识或看法,如人生观、世界观,《后汉书·文苑传》:"'此天下无双,江夏黄童者也',左右莫不改观。"又为佛教用语,观察妄惑的智力,《大乘义章》:"粗思曰觉,细思曰观。"又为卦名,卦形为䷓,《周易·观》象曰:"风行地上,观。先王以省方观民设教。"

"观"又音 guàn,指古代宫门外高台上(易看清)的望楼,亦称为阙,《尔雅·释宫》:"观谓之阙。"也泛指高大的建筑物,1. 古代战胜者为炫耀武功而把敌人尸首收集起来,封土成为高冢,称京观,亦省称观,《左传·宣公十二年》:"君盍筑武军而收晋尸以为京观?"2. 楼观,宫廷中台榭之类高大华丽的建筑物,苏鹗《苏氏演义》:"观者,楼观也。又曰:观可以于其上望焉。亦曰:观者,谓屋宇之壮观。"《左传·哀公元年》:"昔阖庐食不二味,居不重席,室不崇坛,器不彤镂,宫室不观,舟车不饰,衣服财用,择不取费。"3. 祀神的高楼,《史记·封禅书》:"于是上令长安则作蜚廉桂观,甘泉则作益延寿观,使(公孙)卿持节设具而候神人。"4.后世特指道教的庙宇,刘禹锡《元和十年自朗州召至京戏赠看花诸君子》:"玄都观里桃千树,尽是刘郎去后栽。"

fēi
飞(飛)　　飛　飛　飛　飛
　　　　　说文小篆　魏王基残碑　王羲之　颜真卿

　　繁体作"飛",象形字。《说文》:"飛,鸟翥也。象形。"本指鸟、虫等在空中鼓翅飞行。《说文》:"翥,飞举也。"《诗经·大雅·旱麓》:"鸢飞戾天。""飛"小篆为鸟展翼而飞的正面之形,上面是头,头下是脖颈之毛迎风展开之形,下面是以双翅展开表示飞行。徐锴《系传》:"上旁飞者,象鸟头颈长毛。"段注:"像舒颈展翄之状。"桂馥《义证》:"卂从飞而羽不见,是飞之左右皆象羽。"王筠《释例》:"飛字全体指事,说云'象形'者,飛固有形也。上为鸟头,三歧者翁,左右分布者羽,中一直为身。不作足者,此背面形,直刺上飞之状,不见足也。"简化字只留一翅作"飞"。

　　部分文字,从六书体例、界定等不同角度分析,一字可分属不同的六书,段注谓"凡字有用六书之一者,有兼六书之二者"。"飛"字明言"象形",字形像鸟飞举形,从这个角度分析,"飛"是象形字。然而飞是事,无法直接体现,故借鸟飞之形以言飞之事,王筠所谓"飛固有形也",从这个角度分析,"飛"是指事字。这正是文字六书归属复杂性的体现,故"飛"言象形或指事皆可通,也可以说兼象形、指事。另外,个别文字有两种六书属性,从六书体例、界定而言,则有矛盾,比如"亦声字",以"从某从某"之体例分析,则为会意字,而从"某亦声"角度分析,则为形声字。然而会意无声而形声有声,此为二者之大别,这正是亦声字六书归属的矛盾之处。由于其复杂性,段玉裁、王筠等前贤才以"会意兼形声"或"形声兼会意"等方式处理,也有学者根据自己理解,或归为形声字,或归为会意字之变例等。古人对已有文字进行分析、归纳、总结,而创造出六书。个别文字不能恰当、分明地归属为某一类,或有矛盾之处,也属正常。对此不必强求一定要清楚归为某一类,其实也很难清楚归类,不妨作为补充条例对待即可。

"飞"也指禽鸟和有翅膀的小虫,《素问·五常政大论》:"其主飞蠹蛆雉,乃为雷霆。伏明之纪,是谓胜长,长气不宣,藏气反布。"也指物体在空中飘荡或流动,汉武帝《秋风辞》:"秋风起兮白云飞,草木黄落兮雁南归。"又指非常迅速,如飞奔,张舜徽《约注》:"鸟飞举则甚速,故引申为凡速之称。今语恒称人行事捷速曰飞快。"《三国志·吴书·吕蒙传》:"而飞书召蒙,使舍零陵,急还助肃。"马奔驰如飞,故也指奔驰的马,《汉书·爱盎晁错传》:"今陛下骋六飞,驰不测山。"颜师古注引如淳曰:"六马之疾若飞也。"由迅捷引申为突然的、意外的,《后汉书·周荣传》:"若卒遇飞祸,无得殡敛。"鸟飞则离地而无依托,故又指无根据的,《鹖冠子·武灵王》:"寡人闻飞语流传。"鸟高飞于空,故又指高,《徐霞客游记·粤西游日记》:"飞槛缀崖,倒影澄碧。"由高飞引申为上扬,《鬼谷子·飞箝》"飞箝"陶弘景注:"飞,谓作声誉以飞扬之。"

惊（驚） jīng

驚 驚 驚 驚

老子乙前 102　说文小篆　北海相景君铭　颜真卿

繁体作"驚",形声字。《说文》:"驚,马骇也。从马敬声。"本义指马受突然刺激而精神紧张,行动暴烈失常。《战国策·赵策》:"襄子至桥而马惊。"敬,《说文》:"肃也。"有警诫敬肃意,马受惊则敏感警肃(敬),故"驚"从马敬声。受惊是一种心理感受,故简化字"惊"从心京声。

人多因恐惧受惊,故"惊"引申为恐惧、恐慌,宋玉《招魂》:"宫庭震惊,发激楚些。"又指惊诧、惊异,《列子·杨朱》:"其所行也,其所为也,众意所惊,而诚理所取。"受惊则慌乱不安,故又指惊动、惊扰,如惊天动地,《庄子·达生》:"今汝饰知以惊愚,修身以明污,昭昭乎若揭日月而行也。"成玄英疏:"汝光饰心智,惊动愚俗。"作形容词指纷乱貌,《吕氏春秋·慎大》:"莫敢直言,其生若惊。"马受惊会快速奔走,故又指迅速,韦应物《郡斋感秋寄诸弟》:"方如昨日别,忽觉徂岁惊。"通"警",警戒,《诗经·小雅·车攻》:"徒御不惊,大庖不盈。"孔颖达疏:"言以相警戒也。"

【原文】　图写禽兽　　画彩仙灵
　　　　　tú xiě qín shòu　huà cǎi xiān líng

【译文】　宫殿上绘有四方奇珍异兽,画着五彩天仙神灵。

【释义】

　　两句通过古建筑精彩的绘画,言建筑物的雅致精美。《千字文释义》:"言此宫殿楼观之中,皆以彩色图画飞禽走兽及神仙之形于内也。"图写,绘画。禽兽,所画的飞禽走兽。仙灵,所画的圣贤仙佛。《中庸》有"致广大而尽精微"一语,体现了中国文化兼容并包,大、小皆能达到极致的效果。中国的建筑、美术、书法、器物制作等方面都体现了这种精神。

【解字】

tú
图（圖）　子麻圖卣　散盘　说文小篆　熹平石经　颜真卿

　　繁体作"圖",形声字。《说文》:"圖,画计难也。从囗从啚。啚,难意也。"本义为思虑、谋划。段注:"《左传》曰:'咨难为谋。'画计难者,谋之而苦其难也。"《诗经·小雅·常棣》:"是究是图,亶其然乎?"孔颖达疏:"汝于是深思之,于是善谋之,信其然者否乎?"啚(bǐ),《说文》:"啬也。从囗、㐭。㐭,受也。"本义为啬、鄙吝,后作"鄙"。"㐭"是仓廪之"廪"本字,甲骨文作㐭 前四·一一六,像圆形谷物堆,下为谷物堆垛,上为其亭盖。"㐭"为储谷物的粮仓,有容受之意,段注:"囗犹聚也。㐭所以受谷。引伸之凡受皆曰㐭。聚而受之,爱濇之意也。"故"啚"从囗、㐭。"啚(鄙)"甲骨文作㐭 乙六二九,"囗"表鄙的范围,"㐭"指鄙内粮仓,周制五百家为鄙,是小邑、边邑,故"鄙"从邑,边邑与国都大邑相比是鄙野之地,引申有吝啬、鄙吝、粗鄙等义。"圖"为谋划攻城邑夺边地之事,甚为艰难,徐锴《系传》:"囗,其规划也。啚者吝啬,难之义也。"故"圖"从囗从啚。简化字"图"由草书楷化而成。图谋形于笔墨,就成为固定的战事设计图画,也就是后来的军事地图。杨树达谓"圖"本义为地图,实际上是一字形多词义:动词为图谋,名词为地图。

谋划多是为了获取相应事物，故"图"也指谋取、谋略，《战国策·秦策》："韩、魏从，而天下可图也。"也指设法对付，《左传·隐公元年》："无使滋蔓，蔓难图也。"谋划是实施前的安排，故又指预料、料想到，多用于否定，《论语·述而》："子在齐闻《韶》，三月不知肉味，曰：不图为乐之至于斯也。"谋事皆求成功，故又指希求、贪图，如唯利是图。谋事须书写或画出地形、图案以供察看，如作战图，故作名词指地图、版图，《周礼·夏官·职方氏》："职方氏掌天下之图，以掌天下之地。"地图画有山河的位置、形象，故又指描绘出或印出的形象，如图像。地图绘制而成，故作动词指绘画、描绘，《左传·宣公三年》："昔夏之方有德也，远方图物。"杜预注："图画山川奇异之物而献之。"由图形引申指附会经义而以符命占验为主要内容的书，即"河图"的简称，《周易·系辞》："河出图，洛出书，圣人则之。"通"度"（dù），法度，《楚辞·九章·怀沙》："章画志墨兮，前图未改。"王逸注："图，法也。以言人遵先圣之法度，修其仁义，不易其行，则德誉兴而荣名立也。"

写（寫）

xiě

石鼓　说文小篆　晋荀岳墓志　颜真卿

繁体作"寫"，形声字。《说文》："寫，置物也。从宀舄声。"本义为放置、移置。段注："谓去此注彼也。《曲礼》曰：'器之溉者不写，其余皆写。'注云：'写者，传己器中乃食之也。'"徐灏《注笺》："古谓置物于屋下曰寫，故从宀，盖从他处传置于此室也。"舄（què），《说文》："鹊也。象形。雒，篆文舄从隹、昔。"本义为喜鹊，"舄"即"鹊"的象形字。朱骏声《通训定声》："今谓之喜鹊。字亦作鹊。"《说文》"焉"下谓："舄者，知太岁之所在……所贵者，故皆象形。""舄"篆文从隹、昔声作"雒"，《急就篇》颜师古注："鹊者，亦因鸣声以为名也。""舄"金文作　孟鼎、　师虎簋，林义光《文源》："象张两翼形。"物品多安置于屋（宀）内以保安全，喜鹊（舄）善筑巢于民宅旁以安身，故"寫"从宀舄声。简化字"写"由草书楷化而成。

物送到放置地才能安置,故"写"引申为输送,《史记·秦始皇本纪》:"发北山石椁,乃写蜀、荆地材皆至。"物从运输工具上卸下来安置,故也指倾吐、倾述,《诗经·小雅·蓼萧》:"我心写兮。"朱熹注:"写,输写也……既见君子,则我心输写,我心写而无留恨矣。"物被移置则在原地消失,故又指除掉,《诗经·邶风·泉水》:"驾言出游,以写我忧。"书写就是用笔形成文字以倾述内心,故又指书写、誊录,段注:"凡倾吐曰写,故作字作画皆曰写。"创作、写作须书写,故也称"写",如写文章。又指绘画,如写生、写意。临摹是学画之法,故又指摹仿、摹拟,《淮南子·本经》:"雷震之声,可以鼓钟写也。"

　　"写"又音 xiè,同"泻",段注:"写,俗作泻。"1. 倾泻、倾注,《周礼·地官·稻人》:"以浍写水。"2. 中医术语,与"补"相反的治疗原则和方法,《素问·三部九候论》:"实则写之,虚则补之。"也通"卸",把东西去掉或拿下来,《石鼓文》:"宫车其写。"

qín
禽

合 10514　　后下 1.4　　禽簋　　说文小篆　　淮源庙碑　　颜真卿

　　形声字。《说文》:"禽,走兽总名。从厹,象形,今声。禽、离、兕头相似。"为禽兽的总名。野兽多善奔走,故曰"走兽"。段注:"《释鸟》曰:'二足而羽谓之禽,四足而毛谓之兽。'许不同者,其字从厹,厹为兽迹,鸟迹不云厹也。然则仓颉造字之本意谓四足而走者明矣。以名毛属者名羽属,此乃称谓之转移叚借。及其久也,遂为羽属之定名矣。《尔雅》自其转移者言之,许指造字之本言之。凡经典禽字,有谓毛属者,有谓羽属者,有兼举者。"徐灏《注笺》:"《白虎通》曰:'禽者何?鸟兽之总名。'明为人所禽制也。盖田猎所获通谓之禽,亦谓之兽。其后以毛虫为兽,因以羽虫为禽,久之遂各为专名耳。""厹"同"蹂",指兽足践踏地面,从厹之字皆和禽兽昆虫有关,如"禽、离、萬、离"等。"禽"为禽兽总名,段注:"厹以像其足迹,凶以像其首。"西周金文添加声符"今",故"禽"从厹今声。"禽、离、兕"三字小篆表兽头部的字形相似,《系传》:"凶,头象也。""禽"甲骨文作Y,像长柄有网的狩猎工具"畢",以长柄网会捕禽兽意。金文作 𢆉,马叙伦《说文解字六书疏证》:"禽实'擒'之初文,禽兽皆取获动物之义。禽字金文……皆从本书'田罔也'之'畢',今声。'畢'所以捕取动物,故即从畢。"

　　"禽"作动词指捕获、捉拿,后加手作"擒",《左传·僖公二十二年》:"君子不重伤,不禽二毛。"战胜敌军才能擒获对方,故又指战胜、克服,曹操《让县自明本志令》:"推弱以克强,处小而禽大。"田猎为捕猎之事,故也特指田猎,《尚书·五子之歌》:"内作色荒,外作禽荒。"禽兽是打猎的对象,故又指猎物,泛指鸟兽鱼等,《周易·恒》:"田无禽。"后分工,"禽"为鸟类的总名,《尔雅·释鸟》:"二足而羽谓之禽,四足而毛谓之兽。"捕猎禽兽可送人,故又指礼物,《荀子·劝学》:"君子之学也以美其身,小人之学也以为禽犊。"杨倞注:"禽犊,馈献之物也。"

shòu
兽(獸)

合 10374　　合 10587　　花东 480　　史兽鼎　　说文小篆　　淮源庙碑　　颜真卿

　　繁体作"獸",会意兼形声字。《说文》:"獸,守备者。从嘼从犬。"本义为打猎,后作"狩"。朱骏声《通训定声》:"嘼亦声。""獸、守"上古音皆书纽幽部,为声训。段注:"能守能备,如虎豹在山是也。"嘼(chù),《说文》:"㹊也。象耳、头、足厹地之形。"本指牲畜,后作"畜"。《玉篇》嘼部:"嘼,六嘼,牛、马、羊、犬、鸡、豕也。养之曰嘼,用之曰牲。今作畜。"饶炯《部首订》:"嘼为家兽总名。"牲畜为人所饲养、蓄养,故"畜"也指畜养,音xù。畜(chù),《说文》:"田畜也。《淮南子》曰:玄田为畜。"义为人所饲养的禽兽。段注:"田畜谓力田之蓄积也。"先民田猎所得,拘系而豢养之,豢养驯服既久,则为家畜,即《淮南子·本经》所谓"拘兽以为畜"。或谓"田畜"指种田所得的蓄积,亦可通。"畜"之畜养、积聚、储藏义后加艸作"蓄"。"嘼"小篆"象耳、头、足厹地之形",段注:"象耳谓 𦥑,象头谓 田。象足厹地谓 古 也。""嘼"甲骨文作 𤽐 乙六二六九,金文作 𤳊 盂鼎,像野兽耳朵、头角形,也像狩猎工具形。"獸"甲骨文从单从犬,用干、单等工具及猎犬猎取野兽之意。狩猎时代早于畜牧农耕时代，猎犬是其时生产生活的主角，狩猎主要用犬追捕猎物（嘼），徐灏《注笺》："獸从犬，非守犬之谓也。獸之言狩也，田猎所获，故其字从犬，谓猎犬也。"《注笺》："嘼与獸则实本一字，相承增偏旁。"故"獸"从嘼从犬，嘼亦声。"嘼"为家畜，"獸"为野兽，野兽须要狩猎，故从犬。"獸"动词同"狩"，名词同"嘼"。"狩"后分担狩猎义项，"獸"仅表野兽义项。汉字简化后，野兽义又由"兽"承担。综上所述，家畜为"嘼"（chù），野兽为"獸"（shòu），捕兽为"狩"（shòu），饲兽为"畜"（xù），积聚为"蓄"（xù）。

"兽"作名词指四足哺乳动物，多指野兽，《尔雅·释鸟》："二足而羽谓之禽，四足而毛谓之兽。"古人将部分猎物做成肉干备用，故又指腊、干肉，《仪礼·特牲馈食礼》："棜在其南，南顺。实兽于其上，东首。"又指兽形之物，《周礼·考工记·梓人》："张兽侯，则王以息燕。"兽侯，即画有野兽的箭靶。又指牲畜，《周礼·天官·兽医》："兽医掌疗兽病，疗兽疡。"贾公彦疏："此医唯疗家畜，不疗野兽。但畜、兽义通。"

huà
画（畫）

| 合 1075 正 | 怀 474 | 宅簋 | 说文小篆 | 说文古文 | 熹平石经 | 颜真卿 |

繁体作"畫"，会意字。《说文》："畫，界也。象田四界。聿，所以画之。𦘠古文畫省。劃，亦古文畫。"本义为划分界限。徐灏《注笺》："畫，区分之也。《左氏》襄四年传：'芒芒禹迹，畫为九州。'从田，四旁象其经界也。""聿"即笔，小篆作聿，像手执笔书写形。划界须用笔，所画界限如田地阡陌般界限分明，故"畫"从聿画田四界。张舜徽谓本义为木工画线之事，"田"像所画线限，可备一说。"畫"甲骨文像手持笔规划、画图形。简化字省"畫"上部为一笔作"画"。

界限有限制作用，故"画"引申为截止、停止，《论语·雍也》："力不足者，中道而废，今女画。"扩展指绘画、作图，《尚书·顾命》："东序西向，敷重丰席，画纯，雕玉仍几。"孔颖达疏："《考工记》云：'画绩之事杂五色。'是彩色为画,盖以五彩色画帛以为缘。郑玄云:'似云气画之为缘。'"图画由绘画而出,故又指图画,如年画,苏轼《念奴娇·赤壁怀古》:"江山如画,一时多少豪杰。"图画多用于装饰,故又指装饰、修饰,《淮南子·主术》:"大路不画,越席不缘。"签署须写画,故又指签署,如画押。书法的横笔叫画,汉字的一笔叫一画,古代卦象的横线也叫画,如笔画、卦画。计划须要策划,故又指计策、计谋,《玉篇》书部:"画,计也,策也。"又指比画,用手、脚或器具做出某种动作,如指手画脚。

彩(綵) cǎi

彩　彩　綵　彩
说文新附　王羲之　智永　颜真卿

形声字。《说文新附》:"彩,文章也。从彡采声。"本义为文采。郑珍《新附考》:"经史皆作采,后加(糸)作綵,又仿彣字加彡,更晚出。"《晋书·夏侯湛传》:"湛称弄翰,缛彩雕焕。""彡"指须毛及饰画的花纹,用三丿表示繁多的须毛、文饰。"采"从木从爪,指以手摘取树上的花、叶、果,花、叶、果色彩多样,故"采"表状态有多彩义,《尚书·益稷》:"以五采彰施于五色,作服。"蔡沈集传:"采者,青、黄、赤、白、黑也。"后为区别,动作用"采",状态用"彩"。文采绚丽华美如画饰(彡),故"彩"从彡采声。

"彩"扩展指物品散发的光彩、光泽,张华《离情》:"庭树发红彩,闺草含碧滋。"又指神采、风度,宋玉《神女赋》:"目略微眄,精彩相授。"又指多种颜色,如彩霞、彩旗,《关尹子·五鉴》:"或以彩画为身。"丝绸色彩艳丽,故又指彩色的丝绸,也作"綵",李白《古风》之四十四:"玉颜艳红彩,云发非素丝。"又泛指用彩色丝绸及其他物品组成的美观装饰物,如张灯结彩。血为红色而鲜明,故负伤流血称"彩",如挂彩。好的色彩、文章等会赢得人们的称赞,故又表示称赞、夸奖的欢呼,如喝彩。又指我国传统戏曲中表示特殊情景时所用的技术、魔术里用的手法,如大彩、彩活。

仙(僊) xiān

僊　僊　仙　仙
说文小篆　华山庙碑　唐公房碑　颜真卿

《说文》作"僊",会意兼形声字。《说文》:"僊,长生僊去。从人从䙴,䙴亦声。"本指神仙,在神话传说及宗教中指修炼得道长生不死之人。徐锴《系传》作"从人䙴声"。段注:"《释名》曰:'老而不死曰僊。僊,迁也,迁入山也。故其制字人旁作山也。'成国字体与许不同,用此知汉末字体不一,许择善而从也。汉碑或从䙴,或从山。仙,今僊字。盖仙行而僊废矣。"《列子·黄帝》:"仙圣为之臣。"张湛注:"仙者,寿考之迹。""䙴"为"䙴(qiān)"之或体,䙴(qiān),《说文》:"升高也。从舁囟声。䙴,䙴或从卪。䙴,古文䙴。"本指升高,同"迁",王筠《释例》:"䙴加卪为䙴,再加辵为迁耳。""囟"为头顶囟门而有高意,"舁"为四手共举而有高意。"䙴"指升高(囟),四手共举高过头顶,故"䙴"从舁囟声。徐灏《注笺》:"凡取高义多从卪。"故或体"䙴"从卪作"䙴"。古人认为成仙后会登天,《史记·封禅书》载有黄帝铸鼎成功,骑龙登天之事。"僊"字构形指人修炼成仙而高升登天(䙴),故"僊"从人䙴声。修仙者多隐居山中,故"僊"又从人从山作"仙"。汉代已有"仙"字,《释名·释长幼》:"老而不死曰仙。"今以"仙"为简化字。

　　仙高于凡,故"仙"引申为不同凡俗,白居易《琵琶行》:"今夜闻君琵琶语,如听仙乐耳暂明。"又指非凡的人,如诗仙,杜甫《饮中八仙歌》:"自称臣是酒中仙。"又用于对死者的婉辞,如仙逝。

líng
灵(靈靈)　　　　霝　　霊　　靁　　靈　　靈　　靈

庚壶　　秦公镈　　诅楚文　　说文小篆　　说文或体　　颜真卿

　　繁体作"靈",小篆作"靈",形声字。《说文》:"靈,灵巫。以玉事神。从玉霝声。靈,靈或从巫。"本指古楚人跳舞降神的巫。徐灏《注笺》:"此'靈'篆本以从巫者为先造之字,因巫以玉事神,别从玉作'靈'。许载之玉部,故以从玉之'靈'篆列前。解云'灵巫,以玉事神',释从玉之义,与'瓘'下云'桓圭也'皆字异而义同之一例,不必改也。古者巫谓之灵,钱氏坫云:'巫臣,字子灵。'《易林》云:'学灵三年,仁圣且神。'是也。合言之则曰'灵巫'。"《楚辞·九歌·东皇太一》:"灵偃蹇兮姣服,芳菲菲兮满堂。"王逸

注:"灵,谓巫也。"王国维《宋元戏曲考》:"古之所谓巫,楚人谓之曰灵……《楚辞》之灵,殆以巫而兼尸之用者也。其词谓巫曰灵,谓神亦曰灵。盖群巫之中必有象神之衣服、形貌、动作者,而视为神之所冯依,故谓之曰灵,或谓之灵保。"霝(líng),《说文》:"雨零也。从雨,吅象雺形。"霝即"零",本义为雨落下。"霝"小篆作霝,像雨降形,"吅"像三(多)雨点下落。"霝"为降雨,转指下降,巫能沟通神灵而使其降临(霝)人间;巫以玉奉事、祭祀神灵,孔颖达《春秋左传正义》:"《尚书·金縢》称周公植璧秉珪以告大王、王季、文王,是祷请用玉也。"故"靈"从玉霝声。巫是"以舞降神者",故"靈"从巫霝声。简化字由"靈"草书楷化为"灵"。

巫能与神灵沟通,故"灵"转指神灵,《诗经·商颂·殷武》:"赫赫厥声,濯濯厥灵。"孔颖达疏:"其见尊敬如神灵也。"古谓神福佑人,故又指福佑,《汉书·董仲舒传》:"受天之祐,享鬼神之灵。"古谓神灵验而能使人愿望实现,故又指灵验,《史记·龟策列传》:"以为龟藏则不灵,著久则不神。"古谓神威赫庄严,故又指威灵,《国语·晋语》:"七合诸侯,君之灵也。"古谓神灵正直仁善,故又指善,《诗经·鄘风·定之方中》:"灵雨既零,命彼倌人。"古谓神聪明神圣,故又指聪明、通晓事理,《尚书·泰誓》:"惟人万物之灵。"又指灵巧,如心灵手巧。古谓神奇异莫测,故又指奇异,《史记·五帝本纪》:"生而神灵,弱而能言。"古谓正直者死后为神,故又指灵魂,《楚辞·九章·抽思》:"愁叹苦神,灵遥思兮。"又用作对死者的尊称,如灵位、灵柩,《汉书·礼乐志》:"灵之车,结玄云,驾飞龙,羽旄纷。"通"令",政令,《尚书·吕刑》:"苗民弗用灵,制以刑。"孙星衍疏:"《缁衣》引《甫刑》灵作命。注云:命,谓政令也。"又通"零",零落,《诗经·郑风·野有蔓草》"零露溥兮",孔颖达疏:"灵作零字,故为落也。"阮元校勘记:"此则经本作'灵露',《笺》作'灵落'也。假灵为零字。"

【原文】　丙 shè páng qǐ　jiǎ zhàng duì yíng
丙 舍 旁 启　甲 帐 对 楹

【译文】　配殿从侧面开启,豪华的帐幕对着高高的楹柱。

【释义】

《千字文释义》："言舍之以丙为次者，其门开于侧，当柱则施甲帐。""丙舍"是汉王宫中正室两旁的别室，后世叫做偏殿、配殿。古占卜星象之书多谓"亥为天门，巳为地户"，亥是十二地支的最后一位，其后子时一阳生，有生生不息、周而复始之意，所以亥主生，为天门。巳是阳尽之时，巳其后午时一阴生，生命体的负面过程开始，所以巳主死，为地户。汉宫以甲乙丙为次，第三等舍称丙舍，指中央正室两边的房屋，也泛指别室、陋舍。故凡地户皆称丙舍，如寄柩所、祠堂、陵园内的房子等。钟繇著名的《丙舍贴》有"墓田丙舍"之语。温庭筠有诗称"帘间清唱报寒点，丙舍无人遗烬香"。正房坐北朝南，丙舍是配房、别室，其门户都朝东西方向开启，故称傍启。"傍"同"旁"，傍启即旁启。

甲帐，汉武帝时所造的帐幕，《北堂书钞》引《汉武故事》："上以琉璃珠玉、明月夜光杂错天下珍宝为甲帐，次为乙帐。甲以居神，乙以自居。"汉武帝信黄老尚神仙，设豪华甲帐供奉神仙，又设乙帐供己休息，以便夜来与神仙相处。楹是堂屋前部的圆形大柱，此处指宫殿中的第一排柱子。楹柱上通常悬有对联，称为"楹联"，多是关于修身、治国方面的内容，如故宫太和殿楹联：帝命式于九围，兹惟艰哉，奈何弗敬；天心佑夫一德，永言保之，遹求厥宁。

【解字】

bǐng
丙（炳昺）

丙　丙　丙　丙　丙　丙

合 20332　花东 37　何尊　子禾子釜　说文小篆　熹平石经　颜真卿

会意字。《说文》："丙，位南方，万物成，炳然。阴气初起，阳气将亏。从一入冂。一者，阳也。丙承乙，象人肩。""丙"在甲骨文中就借用为天干的第三位，与地支相配，用以纪年、月、日。高亨《文字形义学概论》："古代五行说：以丙丁名南方，南方为火为夏。许氏据此，以为丙居南方之位，属夏之时，其时万物皆长成，炳然而盛，阳气初入于地下，故丙字从一入门。”“丙、炳”声同,为声训,段注:“郑注《月令》曰:‘丙之言炳也,万物皆炳然箸见。’《律书》曰:‘丙者,言阳道箸明。’”《尔雅·释天》:“太岁在丙曰柔兆……月……在丙曰修。”《尚书·召诰》:“越若来,三月,惟丙午朏。”“丙”小篆之“一”指阳气,“一入门”谓阳气完成,将要闭藏于大地“冂”,故“丙”从一入门。“丙”甲骨文像上整齐而下对称分叉的物体或图形,又像人对称负重的两肩形,有明显、稳定、易把持等核心义素。金文作

![鄘侯簋]
![] ,像火照屋内形。“丙”之言明,上古音“丙”属帮纽阳部,“明”属明纽阳部,二字声近韵同。“丙”字本义为明,为“炳”之初文,自“丙”借为丙丁之“丙”,本义则加火(火光明亮)作“炳”以训“明”。日出则明,故“丙”又从日作“晜(晒)”。

　　“丙”为序数第三的代称,如丙级,《颜氏家训·书证》:“或问:‘一夜何故五更? 更何所训?’答曰:‘汉、魏以来,谓为甲夜、乙夜、丙夜、丁夜、戊夜。’”丙于五行属火,故又为火的代称,《淮南子·天文》:“其日丙丁。”火光明亮,故又指光明,后作“炳”,《白虎通·五行》:“丙者,其物炳明。”

shè
舍　　　　　　　　　　　　　　舍 舍
H11:115　矢方彝　墙盘　居簋　说文小篆　衡方碑　颜真卿

　　象形字。《说文》:“舍,市居曰舍。从亼、屮,象屋也;口,象筑也。”本义为客舍。段注:“食部曰:‘馆,客舍也。’客舍者何也? 谓市居也。市居者何也?《周礼·遗人》曰:‘凡国野之道,十里有庐,庐有饮食,三十里有宿,宿有路室,路室有委。五十里有市,市有候馆,候馆有积。’郑云:‘一市之间,有三庐一宿。候馆及庐、宿皆所谓市居曰舍也。’此市字非买卖所之,谓宾客所之也。”《仪礼·觐礼》:“天子赐舍。”郑玄注:“赐舍,犹致馆也。”“舍”为合体象形字,像屋舍侧面形,“亼”像房顶,“屮”像梁柱,“口”像垣墙。“亼、屮、口”皆非字,乃借其字形表示房舍之形。“舍”金文从口余声,为形声字。张舜徽《约注》:“(舍)本自从余也。故舍字古音亦读同舒,盖与车字同例。《释名·释车》云:‘古者曰车,声如居,言行所以居人也。今曰车声近舍。车,舍也,行者所处若居舍也。'车字有古今音读之异,舍字亦然。"

　　"舍"所从之"人、中、口"皆与原字无涉,属借字为形,为文字构形方式之一。"借字为形"多用于象形、指事字,是借用文字局部之形表示相关字构形的所象、所指,以加强文字的稳定性和书写性。同一字,在甲骨、金文、战国古文及《说文》小篆字系中,其构形取象、构字意图及六书归属等方面可能有不同,这是文字在创造、演变过程中呈现出的多元性,合于自然发展之理。因此,在合乎字理、字例,符合发展规律与文献用例的情况下,一个字形的几种说解皆可通,就应兼采并用,以丰富、完善对字形构造的理解,是文字学传承的正确态度。许慎在《说文叙》中"今叙篆文,合以古籀",采取"博采通人、今古文兼取"的包容态度。故说解字形,不必持"非对即错、我是人非"的二元对立思想,《说文》与甲骨、金文等古文字,源同而流别,可以相互印证、补充,有助于对字形构造的合适理解。

　　客舍为旅人所居,故"舍"扩展指处所、住宅,徐灏《注笺》:"舍者出宿所居,故凡宿于外谓之舍。"《周礼·天官·叙官》"掌舍"郑玄注:"舍,行所解止之处。"又指虚拟的舍宅,《淮南子·原道》:"夫形者,生之舍也。"又指养家畜的圈舍,如牛舍。又为同居一室亲属的谦称,如舍弟。又指居止、止宿,《墨子·非攻》:"至夫差之身,北而攻齐,舍于汶上。"又指保留,《墨子·节葬》:"无敢舍余力,隐谋遗利。"又指安置,《左传·桓公二年》:"凡公行,告于宗庙;反行,饮至、舍爵、策勋焉,礼也。"杜预注:"既饮置爵,则书勋劳于策。"又指军队住宿一夜,《左传·庄公三年》:"凡师,一宿为舍,再宿为信,过信为次。"古代军行三十里为一舍,《左传·僖公二十三年》:"若以君之灵,得反晋国,晋、楚治兵,遇于中原,其辟君三舍。"房舍为休息之地,故又指止息,《论语·子罕》:"逝者如斯夫,不舍昼夜。"又指正中目标,《礼记·射义》:"射之为言者,绎也。或曰舍也。"孔颖达疏:"舍,中也。谓心平体正,持弓矢审固则能中也。"通"赦",免罪,《诗经·小雅·雨无正》:"舍彼有罪,既伏其辜。"又通"予",赞许、给予,《管子·四称》:"昔者无道之君,大其宫室,高其台榭,良臣不使,谗贼是舍。"郭沫若等集校引孙诒让:"舍当为予之借字。《隶续》载魏三体石经《大诰》'予惟小子',予字古文作舍,是其证。予、与义亦同,'谗贼是舍'犹言谗贼是与也。"

"舍"又音 shě。由止息转指放下、放弃,后作"捨",徐灏《注笺》:"行者止舍,则堕载弛儋,故舍有纵舍之义,别作'捨'。"《荀子·劝学》:"锲而不舍,金石可镂。"又指放出、释放,《孟子·梁惠王》:"舍之,吾不忍其觳觫。"布施是将财物舍出,故又指布施,《左传·昭公十年》:"施舍不倦,求善不厌,是以有国。"又指作罢、废止,《左传·昭公五年》:"舍中军,卑公室也。"又指除开、舍离,《孟子·公孙丑》:"当今之世,舍我其谁也?"又指解、免,《仪礼·聘礼》:"遂行,舍于郊。"郑玄注:"于此脱舍衣服,乃即道也。"

"舍"又音 shì,通"释",1.放置,《周礼·春官·大胥》:"春入学,舍采,合舞。"郑玄注:"舍,即释也。采读为菜,始入学必释菜,礼先师也。"2.释怀,喜悦,《列子·天瑞》:"其人舍然大喜。"张湛注:"舍,宜作释。此书释字作舍。"

páng
旁

| 拾 5.10 | 旁鼎 | 说文小篆 | 说文古文 | 说文古文 | 说文籀文 | 礼器碑 | 颜真卿 |

形声字。《说文》:"旁,溥也。从二,阙,方声。古文旁,亦古文旁。籀文。"向上、向两边展开,义指广大、普遍。张舜徽《约注》:"凡从旁声字皆有盛满意,故马盛谓之骑,雨盛谓之滂,量溢谓之斛,受义固同原耳。"段注:"阙谓从之说未闻也。李阳冰曰:'象旁达之形也。'按自序云:'其于所不知,盖阙如也。'凡言阙者,或谓形,或谓音,或谓义,分别读之。""阙"为许书体例,是许慎实事求是治学态度的体现。或谓为"人",田吴炤《二徐笺异》:"门部央:'从大在门之内。大,人也。央、旁同意。'许既言与旁同意,则旁字从人,古文旁从奇字人,无疑矣。"徐灏《注笺》:"央从大,象人正立形;旁从,象人侧立形。正立居中,侧立在旁,故曰'央旁同意'。古文从为奇字人,亦其证。"《尚书·太甲》:"旁求俊彦,启迪后人。""方"指相并的两船,"二"为古文"上"字。在上(二)则高大,并船(方)则面积大,两船各在一边,有大、旁意,像人侧(旁)立形,故

"旁"从二方声。徐灏谓"方"为"旁"之本字,《注笺》:"《释名》云:'道二达曰岐旁;物两为岐,在边曰旁。'此旁之本义,古通作'方'。"

"旁"由两旁扩展指边、侧,《仪礼·公食大夫礼》:"旁四列,西北上。"又指别的、其他的,鲍照《代别鹤操》:"心自有所存,旁人那得知。"偏旁多居一边,故又指字的偏旁,如形旁、声旁。侧则不正,故又指邪、偏,如旁门左道,《荀子·议兵》:"旁辟曲私之属为之化而公,矜纠收缭之属为之化而调。"杨倞注:"旁,偏颇也。"偏邪则乱,故又指妄、乱,《礼记·少仪》:"不旁狎。"孔颖达疏:"旁,犹妄也。不得妄与人狎习。"作动词指辅佐、辅助,《楚辞·九章·惜诵》:"吾使万神占之兮,曰有志极而无旁。"王逸注:"但有劳极心志,终无辅佐。"通"方",将近,《庄子·人间世》:"其可以为舟者旁十数。"

"旁"又音 bēng,《诗经·郑风·清人》:"清人在彭,驷介旁旁。"〔旁旁〕也作"骈骈",马强壮有力貌,朱熹注:"驷介,四马而被甲也。旁旁,驰驱不息之貌。"

"旁"又音 bàng,通"傍",凭依、靠近,《庄子·齐物论》:"奚旁日月,挟宇宙。"成玄英疏:"旁,依附也。"

启(啟)

箐 7.1　后 1.30.5　启尊　说文小篆　晋辟雍碑　颜真卿

繁体作"啟",形声字。《说文》:"啟,教也。从支启声。《论语》曰:不愤不啟。"指教导、开导,徐锴《系传》:"启发教道(导)之也。"张舜徽《约注》:"古言启发,犹今言开导也,《论语·述而篇》:'不愤不启,不悱不发。'《集解》引郑曰:'孔子与人言,必待其人心愤愤,口悱悱,乃后启发为说之。如此,则识思之深也。'许君此处引《论语》,节取其文而语意未完,盖但以明启之训教,见于《论语》耳。"启,《说文》:"开也。从户从口。"本义为开。古多以口呼人开门(户),故"启"从户从口。教导开启人智慧、心灵的门户,教导儿童为"启蒙";教导尚严,须有督促、惩责,故"啟"从支启声。后以"啟"代"启"而训"开",则"啟"兼开启、教导二义,简化字又以"启"代

"啟"。"开"是构字本义,"教"是引申义。"启、啟、启"本一字,"啟"甲骨文作、,商承祚《殷契佚存》:"启为开启之本字,以手启户为初意。或增口作,或省又作。"

"启"也指开拓、开创,《诗经·鲁颂·闳宫》:"大启尔宇,为周室辅。"又指开始,如启行、启用,《三国志·魏书·武帝纪》:"首启戎行。"在前为始,故又指前锋、左翼,《周礼·地官·乡师》"巡其前后之屯",贾公彦疏:"军在前曰启。"前引领后,故又指招致、引起,《左传·僖公五年》:"晋不可启,寇不可翫。"又指陈述、报告,《商君书·开塞》:"今日愿启之以效。"又指陈述事情的公文、书信,苏轼《与王敏仲》之二:"方欲奉启告别,遽辱惠问。"又指视,《论语·泰伯》:"曾子有疾,召门弟子曰:启予足,启予手。"通"跽",跪坐,《诗经·小雅·四牡》:"王事靡盬,不遑启处。"毛传:"启,跪。处,居也。"

甲(jiǎ)　十　田　田　甲　中　帝　甲　甲

后上3.16　前7.31.1　兮甲盘　战国秦虎符　说文小篆　说文古文　华山庙碑　颜真卿

象形字。《说文》:"甲,东方之孟,阳气萌动。从木戴孚甲之象。一曰人头宜为甲,甲象人头。,古文甲,始于十、见于千、成于木之象。"指草木萌芽时所披戴的外皮(壳)。《周易·解》:"雷雨作而百果草木皆甲坼。"孔颖达疏:"雷雨既作,百果草木皆孚甲开坼,莫不解散也。"五行东方属木,季节为春,颜色为青,十天干中以甲乙相配。孟,长也,东为五方之首,春为四季之始,甲为天干之端,故言"东方之孟"。段注:"孚者,卵孚也。孚甲犹今言毂也。凡草木初生,或戴种于颠,或先见其叶,故其字像之。下像木之有茎,上像孚甲下覆也。"张舜徽《约注》:"草木始萌芽时,其种子率裂为二,戴之出土,所以自卫护也,人之被甲似之。"朱骏声谓本义指古时战士的护身衣,像防护胸背之盔甲形,用皮革或金属制成,也叫"铠"。"甲"甲骨文像孚甲坼裂形。俞樾谓鳞甲为本义,像动物身上硬壳的交错纹路,亦像鳞片连缀形。一说为兵士手执的十字交叉形盾牌,扩展指铠甲。

综上，"甲"之本义、字形无论是孚甲、鳞甲或盾甲，都是先民、先贤在文字取象及构形意图方面不同见解的体现。孚甲取法草木，鳞甲取法动物，盾甲取法人事，三者皆有理据而可通，无碍于构字意图、字形构造及用法的理解。"不、至"二字，甲骨文像弓箭上升、至地形，取法于人事；《说文》小篆像鸟高飞、落地形，取法于自然。二者皆可通，不影响构字意图，不可强判许慎说解错误。文字以形音表义，苟能达义，何妨取象、造意有异？即如"明"字，小篆从月从囧作"朙"，以月光照窗而丽廔闿明会光明意；古文从月从日作"明"，在天莫明于日月，故以日月会明亮意。篆文、古文取象造意不同，但会明亮之意则一。甲骨、金文、小篆构形，于其同者，可相互印证；于其异者，可相互补充。

"甲"指盾牌、铠甲，《尚书·说命》："惟甲胄起戎。"兵士披甲，故又指兵士，《左传·宣公二年》："秋九月，晋侯饮赵盾酒，伏甲将攻之。"某些动物的护身硬壳如盔甲，也称"甲"，《大戴礼·易本命》："有甲之虫三百六十，而神龟为之长。"手指、脚趾上的角质层坚硬而起保护作用，也称"甲"，如手指甲，《管子·四时》："西方曰辰，其时曰秋，其气曰阴，阴生金与甲。"又指现代用金属做成的有保护功用的外壳、装备，如甲板、装甲车。"甲"很早就借为天干的第一位，用以纪年、月、日，《尔雅·释天》："太岁在甲曰阏逢……月在甲曰毕。""甲"为天干之首，故为序数第一的代称，张衡《西京赋》："北阙甲第，当道直启。"又指居第一，《史记·魏其武安侯列传》："武安由此滋骄，治宅甲诸第。"裴骃集解引徐广："为诸第之上也。"甲为等级之首，故指等级、级别，《宋史·选举志》："进士始分三甲。"甲在五行属木，故为木的代称，《淮南子·天文》："其日甲乙。"高诱注："甲乙皆木也。"又为六十甲子的省称，如年过花甲。又用来指称失名的人或文学作品中虚构的人物，《史记·万石张叔列传》："奋长子建，次子甲，次子乙，次子庆。"通"夹"，取两方面义，《尚书·多方》："乃大降罚，崇乱有夏，因甲于内乱。"孔传："桀乃大下罚于民，重乱有夏，言残虐。外不忧民，内不勤德，因甲于二乱之内，言昏甚。"孔颖达疏："夹声近甲，古人甲与夹通用，夹于二事之内而为乱行。"又通"狎",习狎、亲昵,《诗经·卫风·芄兰》"虽则佩韘,能不我甲"毛传:"甲,狎也。"

zhàng
帐(帳)　幮　帳　帳　帳
　　　　说文小篆　魏中尚方帐构铜　颜真卿　赵孟頫

　　繁体作"帳",形声字。《说文》:"帳,张也。从巾長声。"本指床帐。"帐、张"上古音皆属端纽阳部,为声训。段注:"《释名》曰:'帐,张也。张施于床上也。小帐曰斗,形如覆斗也。'古亦借张字为之。"朱骏声《通训定声》:"何承天《纂要》:在上曰帐,在旁曰帷,禅帐曰幬。"床帐自上张开而覆于床,故训"张",物长则能张开广覆,巾、帐皆为布帛所制,床帐张开下垂似巾,故"帳"从巾長声。

　　"帐"也指帐幕、帷幕,马戴《出塞词》:"卷旗夜劫单于帐。"也为古代游牧民族计算人户的单位,因其逐水草而居,每户住一顶帐篷,故按帐计数,《后汉书·西域传》:"更立阿罗多为王,仍将卑君还敦煌,以后部人三百帐别属役之,食其税。帐者,犹中国之户数也。"通"账",《周礼·地官·遗人》:"乡里之委积以恤民之艰厄。"贾公彦疏:"此下数者,皆谓当年所税多少总送帐于上。"

duì
对(對對)　丵　丵　對　對　對　對
　　　　合30600　毛公鼎　说文小篆　说文或体　熹平石经　颜真卿

　　繁体作"對",《说文》小篆作"對",会意字。《说文》:"對,譍无方也。从丵从口从寸。對,对或从士。汉文帝以为责对而为言,多非诚对,故去其口以从士也。"本义为回答、应答。问题不一则回答内容不限于一端,灵活融通如孔子答弟子之问,故训"应无方"。徐锴《系传》:"有问则对,非一方也。"徐灝《注笺》:"有问而后对,故曰应无方也。《广雅》曰:'对,当也。'对有相当义,故从丵。丵者,相并出也。"《诗经·大雅·桑柔》:"听言则对。"郑玄笺:"对,答也。"丵(zhuó),《说文》:"丛生艸也。象丵岳相并出也。"义指丛生的草。"丵"小篆作丵,像众草并生形,并生则有相当义。对答皆以口言说,所对契合(丵)所问,段注:"寸,法度也。丵口而一归于法度也。"故"對"从丵从口从寸。或体从丵从士从寸作"對",为通行字。李孝定《甲骨文字集释》:"凡无自然之山川可为之界域者,则树木以识之……象以手持丵树之形,其下亦从土……标识之物,旨在明显示人,故金文對字皆有明显之意。"古时辟封地,要在封地界上植树为标志,故"對"字构形也指手(寸)在土上(土)栽对应的丛木(丵)为封国之界,与"封、邦"相近,《诗经·大雅·皇矣》"帝作邦作对",即开辟邦国领土并植树封界意。封国边界植树必整齐对应,《周易·无妄》:"先王以茂对时育万物。"章太炎《小学答问》:"恐對、对本二字,古文假借,则以对借为對尔。對当为草木莩俪之谊。《后汉书·马融传》:'丰彤对蔚。'章怀太子曰:'皆林木貌也。'《高唐赋》:'嘲兮若松楸。'李善曰:'嘲,茂貌。'《广雅》:'蔚蔚,茂也。'古字当只作对。《易》象传曰:'先王以茂对时育万物。'茂对同谊,时读为播时百谷之时,本借为蒔。蒔育谊亦近,谓茂育万物也……对必训茂,从丵之谊,由是可通。从士者,当为土字。从土从寸,与封同意……汉文以为从士者,古文大小篆士土形本无异,故误仞为士尔。"简化字简"對"左边为"又"作"对"。

人多面对面问答,故"对"引申为朝向、面对,《史记·万石张叔列传》:"对案不食。"答应所问,故又指相当、相配,《广雅·释诂》:"对,当也。"配偶相配,故又指配偶,《后汉书·逸民列传》:"择对不嫁,至年三十。"对仗左右相佩,故又指对仗,使诗文的词句联成对偶,李翱《答朱载言书》:"其溺于时者,则曰文章必当对;其病于时者,则曰文章不当对。"又指核对,比照着检查,如对笔迹,沈括《梦溪笔谈·象数》:"以两司奏状对勘,以防虚伪。"核查正确的也就是对的,故又指正确、正常,如做得很对。敌我双方相对,故又指敌手,如对手。又指拼合,如拼对。又指对待、对付,如对事不对人。又为古代文体的一种,又叫对策、奏对,指臣下应诏对答皇帝的文章,《文心雕龙·议对》:"风恢恢而能远,流洋洋而不溢,王庭之美对也。"又用作介词,相当于"对于、向",如勤奋对我们很重要、对他表示感谢。又用作量词,如一对鞋。

yíng　楹

楹 楹 楹 楹

说文小篆　熹平石经　王羲之　颜真卿

形声字。《说文》:"楹,柱也。从木盈声。《春秋传》曰:丹桓宫楹。"指厅堂的前柱,也泛指柱子。徐锴《系传》:"楹之言盈,盈盈对立之状。"《释名·释宫室》:"楹,亭也。亭亭然孤立,旁无所依也。"《春秋·庄公二十三年》:"秋,丹桓宫楹。"杜预注:"楹,柱也。""盈"以器(皿)中物满(及)表示盛满、充满。"楹"是堂前的高大圆木柱,即贴楹联的柱子,上下皆有支撑,充盛圆实(盈),故"楹"从木盈声。

"楹"也用作量词,用以计算房屋的单位,屋一列为一楹,《新唐书·隐逸传》:"有田数百亩,屋三十楹。"

【原文】　sì yán shè xí　肆 筵 设 席　　gǔ sè chuī shēng　鼓 瑟 吹 笙

【译文】　宫殿中摆宴设席,乐人吹笙鼓瑟。

【释义】

语出《诗经·大雅·行苇》"肆筵设席,授几有缉御";《诗经·小雅·鹿鸣》"我有嘉宾,鼓瑟吹笙"。"肆、设"皆指安置、陈列,"筵、席"皆是古代坐具。筵席即铺在地上的坐具,紧贴地面的席子称筵,筵上再设座席。"肆筵设席"指宴会开始之前进行席具的排设和准备,即摆设筵席。

"鼓瑟吹笙"指宴会中助酒兴的音乐歌舞。鼓,弹奏。鼓瑟,弹奏瑟。瑟是二十五弦乐器,代表弦乐;笙是芦笙类管乐,代表管乐。"鼓瑟吹笙"表示管弦乐合奏。这两句体现君臣协和、宴饮歌舞、上下一心的和乐情景,也体现政治清明、天下太平的盛世景象。

【解字】

sì　肆(隸)

肄 𨨏 肆 䚊 肆 肆

邵钟　齐侯壶　说文小篆　说文或体　曹全碑　颜真卿

《说文》小篆作"隸",形声字。《说文》:"隸,极陈也。从長隶声。䚊,或从髟。"本义为陈列。段注:"极陈者,穷极而列之也。"《诗经·大雅·行苇》:"或肆之筵,或授之几。"毛传:"肆,陈也。"隶(dài),《说文》:"及也。从又,从尾省。又持尾者,从后及之也。"本义指捕获、触及,后作"逮"。段注:"此与辵部逮音义皆同,逮专行而隶废矣。"古代少数民族或奴隶的衣服有类似尾巴的装饰,奴隶逃跑,用手从后抓住其衣服的装饰尾巴,如今之逮捕。"隶、及"形音义相近,"隶"侧重逮捕义,"及"侧重追上义。"及"甲骨文作𤘩甲二〇九,"隶"金文作𢑆邿钟,皆像后面人以手抓住前面人之形。物长则易及(隶)之,长必有所至,至、及义同,段注:"按极陈之则其势必长,此字之所以从长也。"故"肆"从长隶声。"髟"指长发而有长义,故或体从髟从隶作"鬜",徐灏《注笺》:"鬜省作肆,隶变为肆。其本义为发长,故从髟。"可备一说。抓住长物(如尾巴)陈列是"肆",抓住长发(髟)展开是"鬜",构字意图相同。

"肆"由陈列引申指人处死刑后陈尸示众,《论语·宪问》:"吾力犹能肆诸市朝。"又指冲突、侵犯,《诗经·大雅·皇矣》:"是伐是肆,是绝是忽。"又指放肆冒犯,《礼记·表记》:"君子庄敬曰强,安肆曰偷。"集市、商店陈列货物,故又指集市贸易场所、商店,如茶肆、酒肆。又指手工业作坊,《论语·子张》:"百工居肆,以成其事。"陈列是把物品铺开,故又指扩展、张开,嵇康《琴赋》序:"是故复之而不足,则吟咏以肆志。"又指尽力、勤奋,陶潜《桃花源诗》:"相命肆农耕,日入从所憩。"又指迅疾、迅速,《诗经·大雅·大明》:"肆伐大商,会朝清明。"又用作数词"四"的大写,朱骏声《通训定声》:"今官书数目一二三四作壹贰叁肆,所以防奸易也。"由展开转指延缓,《尚书·舜典》:"眚灾肆赦,怙终贼刑。"孔传:"肆,缓。贼,杀也。过而有害,当缓赦之。"又指长、常,《诗经·大雅·崧高》:"其诗孔硕,其风肆好。"孔颖达疏:"肆者陈设之言,是进长之义,故以肆为长。"又指直、正,《周易·系辞》:"其言曲而中,其事肆而隐。"李鼎祚集解引虞翻:"肆,直也。"韩康伯注:"事显而理微也。"又指现在,《尚书·多士》:"肆尔多士,非我小国敢弋殷命。"又用作连词,表示承接、因果关系。通"肄",1. 讲习,《诗经·小雅·甫田》"攸介攸止,烝我髦士"郑玄笺:"以道艺相讲肄。"陆德明释文:"肆字亦作肄。"2.剩余,《礼记·玉藻》:"肆束及带,勤者有事则收之,走则拥之。"郑玄注:"肆,读为肄。肄,余也。余束,约纽之余组也。"孔颖达疏:"谓约束带之余组及带之垂者。"

yán　筵　　楚　莚　莚　莚

说文小篆　史晨碑　智永　赵孟頫

形声字。《说文》:"筵,竹席也。从竹延声。《周礼》曰:'度堂以筵。'筵一丈。"指垫底的席子。段注:"许释'筵'为'竹席'者,其字从竹也。"古人席地而坐,设席不止一层,贴地面的一层称筵,筵上面的称席。段注:"《周礼·司几筵》注曰:'筵亦席也。铺陈曰筵,藉之曰席。'然其言之,筵席通矣。"延,《说文》:"长行也。从延厂声。"王筠《句读》:"《释诂》:'延,长也。'云'行'者,为其从廴也。"徐灏《注笺》:"延从余制切之𠃊为声,今其画少短,取字体美观,非有异也。"延(chān),《说文》:"安步延延也。从廴从止。"本义为缓步而行貌。段注:"引而复止,是安步也。"饶炯《部首订》:"安步者,缓步也。延延者,状其缓步貌。""廴"是将彳(半边行)延长,有引长意,"止"指停止,闲庭漫步没有约束,行止不定,故"延"从廴从止。厂(yì),《说文》:"厂,抴也,明也。象抴引之形。"义为牵引。"厂"小篆作𠃊,像从右往左牵引形。"厂"指牵引,前有引领方能延展而行,延、延古本一字,故"延"从延厂声。朱骏声谓"延"当从厂延声。《周礼》谓筵长九尺,竹席狭长而铺展(延)于地,故"筵"从竹延声。

"筵"作动词指铺席子,《仪礼·士冠礼》:"主人之赞者,筵于东序。"席供人安坐,故也指座位、席位,刘禹锡《送如智法师游辰州兼寄许评事》:"前日过萧寺,看师上讲筵。"宴会有席位供嘉宾就坐,故又指宴会,刘禹锡《桃源行》:"筵羞石髓劝客餐,灯燕松脂留客宿。"

shè　设(設)　　鼔　䚘　設　設

屯南 3641　说文小篆　华山庙碑　颜真卿

　　繁体作"設"，会意字。《说文》："設，施陈也。从言从殳。殳，使人也。"本义为陈列、安置。段注："设施双声。从部曰：'施，旗旖施也。'有布列之义。"《礼记·月令》："授车以级，整设于屏外。"郑玄注："设，陈也。"人多用言语安排事务，徐锴《系传》："殳，所以驱遣指使人也。"朱骏声《通训定声》："言以口使，殳以手使。"故"設"从言从殳。

　　"设"也指建立、开设、制定，《周易·观》："先王以省方观民设教。"宴会须提前布置，故也指宴会、饮食，《荀子·大略》："寝不逾庙，设衣不逾祭服。"布列是施用的体现，故又指用，《荀子·臣道》："故正义之臣设，则朝廷不颇。"又指合，《礼记·礼器》："合于天时，设于地财。"又指大，《周易·系辞》："益，长裕而不设。"由预设虚化作连词，表示假设，相当于"如果、假如"，《南史·郭祖深传》："今年丰岁稔，犹人有饥色，设遇水旱，何以救之？"捕猎会设置陷阱，故又指捕获，《管子·四时》："令禁置设禽兽，毋杀飞鸟。"

xí
席

甲1066　　甲1167　　九年卫鼎　说文小篆　说文古文　夏承碑　　颜真卿

　　形声字。《说文》："席，籍也。《礼》：'天子、诸侯席，有黼绣纯饰。'从巾，庶省。⺆，古文席，从石省。"本义为席子，用芦苇、竹篾、蒲草等编成的供坐卧铺垫的用具。籍，《御览》引《说文》作"藉"。"庶省"《系传》作"庶省声"，"庶、席"上古音皆在铎部。"席、藉"上古音声近韵同，为声训。"藉"为铺垫之物，席用为铺垫，故训"藉"。戴侗《六书故》："坐卧所藉也。"王筠《句读》："约举《周礼》司几筵文，以为从巾张本也。"席多为长方形，像巾一样展开，"庶"用屋下（广）火（灬）煮食物（廿）表示众，会客时众人皆坐于席，徐铉等注："席以待宾客之礼，宾客非一人，故从庶。"故"席"从巾，庶省声。古文作"⺆"，王筠《释例》："当云：古文席，象形。石省声。""席"甲骨文与因、西同形，皆像席有纹理形。罗振玉《殷虚书契考释》："古但象形作⿴囗爻耳。卜辞作⿴囗爻与⿴囗爻。同象席形。"

　　席供人坐卧，故"席"引申指席位、座位，《论语·乡党》："君赐食，必正席,先尝之。"任职者有相应席位,故也指职务、职位,李商隐《为张周封上杨相公启》:"心怀台席,梦结边城。"古代船帆多用席制,故又指船帆,木华《海赋》:"维长绡,挂帆席。"李善注:"《释名》曰:'随风张幔曰帆。'或以席为之,故曰帆席也。"宴会必有席位,故又指酒席、酒筵,沈约《应诏乐游苑饯吕僧珍》:"戎车出细柳,饯席樽上林。"作动词指布筵席,《仪礼·特牲馈食礼》:"席于门中。"人凭席位而坐,故又指因循、凭借,《汉书·蒯伍江息夫传》:"乘利席胜,威震天下。"又用作量词,如一席酒肴,杜甫《种莴苣》:"既雨已下理小畦,隔种一两席莴苣。"又用作姓氏,《广韵》昔韵:"席,亦姓。其先姓籍,避项羽名,改姓席氏。晋有席坦。"

gǔ 鼓

合 20075　　鼄文　　克钟　　说文小篆　说文籀文　张景碑　颜真卿

　　会意兼形声字。《说文》:"鼓,郭也。春分之音,万物郭皮甲而出,故谓之鼓。从壴,支象其手击之也。《周礼》六鼓:雷鼓八面,灵鼓六面,路鼓四面,鼖鼓、皋鼓、晋鼓皆两面。鼛,籀文鼓从古声。""鼓"兼名、动二义,名词指鼓,动词指击鼓。"鼓"为打击乐器之一,远古时以陶为框,后世以木为框,蒙以兽皮或蟒皮,也有以铜铸成者。形制大小不一,多为圆桶形或扁圆形,中空。有一面蒙皮者,如板鼓、定音鼓;有两面蒙皮者,如堂鼓、书鼓等。王筠《释例》:"鼓以木为腔,上下冒以皮,其中空洞无物,故谓之郭。"徐锴《系传》:"郭者,覆冒之意。"段注:"凡外障内曰郭,自内盛满出外亦曰郭。郭、廓正俗字。"郭为外城,凡在外者多名为郭,如包在外面称"裹",古代套于棺外的大棺称"椁",《释名·释乐器》:"鼓,郭也。张皮以冒之,其中空也。"鼓击打时震动向外发声如雷震,春季万物生发萌动,二者相应,故训"郭","鼓、郭"上古音声同韵近,为声训。徐灏《注笺》:"仲春之月,雷乃发声,鼓取象焉。故曰'春分之音'。"张舜徽《约注》:"鼓之为物,冒以皮革,上下周固,故俗语形容人之弊塞,每以睡在鼓内为言,喻其无所睹也。鼓之声义,与兆同原。"壴(zhù),《说文》:"陈乐立而上见也。从中从豆。"指陈列乐器(鼓)。徐锴《系传》："豆,树鼓之象;中,其上羽葆也。"故"壴"从中从豆。"壴"甲骨文作🎵(佚七五)、🎵(甲二七七〇),像鼓在架上形,中间圆形是鼓,下为架子,上为装饰。"壴"为"鼓"之初文,鼓以手持槌击打发声,钱桂森《段注钞案》:"支,从手持半竹,此当以枹槌之类当之。"故"鼓"从支从壴,壴亦声。《说文》支部又有"鼓"字:"鼓,击鼓也。从支从壴,壴亦声。"本义为击鼓。鼓、鼓一字,皆像手持鼓槌(支、攴)击鼓(壴)形。戴侗《六书故·工事》:"鼓不应有二字……击鼓为鼓,犹箸衣为衣,非有二字。"徐灏《注笺》:"鼓从壴从又持半竹击之,其始盖专为考击之称,后为鼓鼙之名,故又改支从支为鼓击之鼓,实一字耳。""鼓"甲骨文像手持鼓槌击鼓状。"鼓"作名词,"鼓"作动词,后"鼓"兼表名词、动词。

　　鼓用以节制众乐,为众乐之长,故"鼓"也为器乐的代称,《诗经·商颂·那》:"奏鼓简简,衎我烈祖。"郑玄笺:"奏鼓,奏堂下之乐也。"也指鼓声,《诗经·周颂·执竞》:"钟鼓喤喤,磬筦将将。"又指形状、作用、声音像鼓的,如石鼓。鼓中大而空,为凸起形,故又指凸起、涨大,《素问·腹中论》:"鼓胀。"作动词指击鼓,《左传·庄公十年》:"夫战,勇气也。一鼓作气,再而衰,三而竭。"转指敲击或弹奏(乐器),《诗经·小雅·鼓钟》:"鼓钟钦钦,鼓瑟鼓琴。"由击鼓泛指敲、拍,《楚辞·离骚》:"吕望之鼓刀兮,遭周文而得举。"王逸注:"鼓,鸣也。"鼓以振动发声,故又指振动、摇动,《周易·系辞》:"鼓之以雷霆,润之以风雨。"古代交战击鼓为进、鸣金为退,又以擂鼓助威,鼓声可鼓舞士气,故又指激发、鼓动,如鼓起勇气。又指煽动,如鼓惑。又指挥动、舞动,《宋书·后废帝纪》:"飞镞鼓剑,孩稚无遗。"又指鼓风即扇风,《墨子·备穴》:"烟通,疾鼓橐熏之。"古代夜间报时用鼓,故亦称几更为几鼓,《晋书·良吏传》:"纮如打五鼓,鸡鸣天欲曙。"

sè
瑟

花东130　说文小篆　说文古文　礼器碑　颜真卿

　　形声字。《说文》:"瑟,庖牺所作弦乐也。从珡必声。🎵,古文瑟。"古拨弦乐器,形似古琴,每弦一柱,但无徽位。王筠《句读》:"乐器之弦,莫多于瑟也。"徐灏《注笺》:"庖牺造瑟,在神农造琴之先,故古文琴从古文瑟。今瑟之小篆从琴者,后制之字耳。"《史记·封禅书》:"太帝使素女鼓五十弦瑟,悲,帝禁不止,故破其瑟为二十五弦。"《尔雅·释乐》:"大瑟谓之洒。"郭璞注:"长八尺一寸,广一尺八寸,二十七弦。"郝懿行义疏:"《风俗通》云:'今瑟长五尺五寸,非正器也。'应劭所说盖小瑟,郭注所言乃大瑟也……《礼图》旧云:'雅瑟长八尺一寸,广一尺八寸,二十三弦,其常用者十九弦;颂瑟长七尺二寸,广尺八寸,二十五弦,尽用之。'《通典》引同。郭云:'二十七弦。'未见所出。"《诗经·小雅·鹿鸣》:"我有嘉宾,鼓瑟吹笙。"琴(qín),《说文》:"禁也。神农所作。洞越,练朱五弦,周加二弦。象形。"本为拨弦乐器,也称"七弦琴",俗称"古琴"。传说始为五弦,周初增为七弦。琴身为狭长形,木质音箱,面板外侧有十三徽,底板有出音孔两个。奏时右手拨弦,左手按弦。音域较宽,音色丰富。古谓琴有正心止邪之用,《白虎通》"琴,禁也。以禁止淫邪、正人心也"。"琴"小篆作 $\mathrm{琴}$,像古琴侧面形。"必"甲骨文作 $\mathrm{必}$ 怀九六二,像戈柲形,为"柲"之初文,义为柄。柄稳定有护手之用,故"必"有保、确定义。瑟有保护正念之用,《白虎通·礼乐》:"瑟者,啬也,闲也,所以惩忿窒欲,正人之德也。"瑟为琴属,二者皆是弹拨乐器,形制相近,段注:"(瑟),琴之属,故从琴。"故"瑟"从珡必声。

　　演奏琴瑟等乐器须端正身心,故"瑟"引申为庄严貌,段注:"瑟之言肃也,《楚辞》言秋气萧瑟。"《诗经·卫风·淇奥》:"瑟兮僴兮。"瑟最早多达五十弦,故又指众多貌,《诗经·大雅·旱麓》:"瑟彼柞棫,民所燎矣。"瑟音清明雅洁,故又指明洁貌,《诗经·大雅·旱麓》:"瑟彼玉瓒,黄流在中。"通"索",离散、孤独,梁武帝《游钟山大爱敬寺》:"瑟居超七净,梵住逾八禅。"

chuī

吹　　　　　　　　　　　　　　　　吹

合 9359　英 2674　吹乍榯妊鼎　说文小篆　史晨碑　颜真卿

　　会意字。《说文》:"吹,嘘也。从口从欠。"即撮起嘴唇急促吐出气流。

慧琳《一切经音义》引《声类》:"出气急曰吹,缓曰嘘。"《老子》二十九章:"夫物或行或随,或嘘或吹。""欠"甲骨文￼明一八八〇,像人张口打哈欠形。气从口出如吹气,段注:"口欠则气出。"故"吹"从口从欠。"吹"甲骨文像人跽而吹物形。

　　管乐须吹气演奏,故"吹"也指吹奏,如吹笛子,《诗经·小雅·何人斯》:"伯氏吹埙,仲氏吹篪。"也指空气流动触拂物体,《诗经·郑风·萚兮》:"萚兮萚兮,风其吹女。"吹气则气流散发,故又指散发、散播,李贺《帝子歌》:"山头老桂吹古香,雌龙怨吟寒水光。"又指夸口,源于"吹法螺",本喻佛说法如吹螺而号令三军,后用来比喻说大话,简称"吹"或"吹牛"。薄脆之物吹之则破,故又指(交情)破裂、(事情)不成功,老舍《骆驼祥子》:"一百块,少一分咱们吹。"

　　"吹"又音 chuì,指吹奏乐曲的活动,也指乐曲,《礼记·月令》:"上丁,命乐正入学习吹。"风可吹物,故又指风,李峤《和杜学士旅次淮口阻风》:"夕吹生寒浦,清淮上暝潮。"

shēng

笙　笙　笙　笙　笙

说文小篆　　史晨碑　　颜真卿　　赵孟頫

　　形声字。《说文》:"笙,十三簧。象凤之身也。笙,正月之音。物生,故谓之笙。大者谓之巢,小者谓之和。从竹生声。古者随作笙。"一种传统的民族簧管乐器,用十三至十九根装有簧的竹管和一根吹气管,装在一个锅形的座子上制成。旧说有大、小两种,大者名巢,小者名和。现经改良,用二十四管,吹奏效果更好。笙像凤鸟展尾的身形。桂馥《义证》:"陈氏《乐书》:笙,律中太蔟,立春之音也。"《白虎通·礼乐》:"笙者,大蔟之气,象万物之生,故曰笙。"段注:"初生之物必细,故《方言》云:'笙,细也。竽,大笙也。'故竽可训大。"《诗经·小雅·鹿鸣》:"我有嘉宾,鼓瑟吹笙。"笙是竹制管状乐器,乐音清越生动,是正月之音,正月为孟春,春季万物生发,段注:"列管,故从竹。正月之音,故从生。"故"笙"从竹生声。

古以东为春方,正月为初春,故"笙"也指东方之乐,《诗经·小雅·鼓钟》:"笙磬同音。"又指竹簟、竹席,左思《吴都赋》:"桃笙象簟,韬于筒中。"李善注引刘逵曰:"桃笙,桃枝簟也。吴人谓簟为笙。"

【原文】　升 阶 纳 陛　弁 转 疑 星

【原文】　升<small>shēng</small> 阶<small>jiē</small> 纳<small>nà</small> 陛<small>bì</small>　弁<small>biàn</small> 转<small>zhuǎn</small> 疑<small>yí</small> 星<small>xīng</small>

【译文】　百官登上台阶进入宫殿,官帽上的珠宝彩旋光转如满天繁星。

【释义】

古代殿堂多建在高出地面的台基上,前面有阶连接地面与殿堂,进堂须升(登)阶而入,故有"升堂"之称。升阶是一阶阶登上去,纳陛也是踩着台阶一步步走上去。阶、陛皆指台阶,只是帝王宫殿的台阶才称陛。皇室宫殿的台阶,通常以九阶为一组,朱骏声《通训定声》谓"天子之陛九级",陛之上的平台皆用朱砂涂成红色,叫做"丹墀"。北京紫禁城太和殿前的丹墀转圈九层,以示九重之天。"升阶纳陛"即一步步拾阶而上,登堂入殿。

"弁转疑星"语出《诗经·卫风·淇奥》"瞻彼淇奥,绿竹青青,有匪君子,充耳琇莹,会弁如星"。言每人都戴着官帽,上面的玉石随人动而转动,在灯光的映照下,如繁星般光彩夺目。"弁"是古代的官帽,有爵弁、皮弁之分。"皮弁"是文武百官戴的帽子,白鹿皮缝制,样子像现在的瓜皮帽。鹿皮拼缝之处,缀有一行行闪闪发亮的小玉珠,光映下闪烁如星。"爵弁"是没有旒的冕,冕是黑色的礼冠。天子、诸侯在祭祀大典时戴冕,后规定唯有帝王才能戴冕。冕冠主要由冠圈、玉笄、冕綖、冕旒、充耳等组成。冕冠主要有六种样式:大裘冕、衮冕、鷩冕、毳冕、希冕、玄冕,合称六冕,其功能、形制有别。

【解字】

shēng
升(昇陞)　　　合 21146　甲 550　友簋　说文小篆　熹平石经　褚遂良

《说文》:"升,十龠也。从斗,亦象形。"本为容量单位,十合为升,十升为斗。桂馥《义证》:"当为'二十龠'。《广雅》:'龠二曰合,合十曰升。'

《说苑》：'度量权衡,以黍生之,千二百黍为一龠。'"斗,《说文》："十升也。象形,有柄。"为量器,也作量词,旧时容量单位,十升为一斗,十斗为一石。"斗"甲骨文作𝌆合二一三四四,金文作𝌆秦公簋,小篆变其形作𝌆,段注："上象斗形,下象其柄也。"升、斗皆为量器而形制相似,故"升"从斗。"升"甲骨文、金文、小篆,在斗中加一画作区别。李孝定《甲骨文字集释》："古升、斗均如此,于文无以为别,但以点之有无别之,无点者为斗字,有点者为升字。"斗用以量物,水、酒、谷等物自下而上,不断增加,积十合而为升,故"升"有升登、进升义,张舜徽《约注》："挹水之器,有大有小。小者为升,大者为斗,古皆读登,即今语所称水登子也。太古以此挹水,亦以此量物。挹水量物,皆自下而上,故引申之,上登为升。"升登、进升之义古皆作"升",《诗经·小雅·天保》："如月之恒,如日之升。"毛传："升,出也。"后"升"专用为升斗义,则又造从日升声之"昇",用作日升的专字,又造从𨸏从土升声之"陞",用作"升"之登、进、上等义。《说文新附》："昇,日上也。从日升声。古只用升。"

升则上,故"升"引申指登、上,《论语·先进》："由也,升堂矣,未入于室也。"也指成熟,《论语·阳货》："旧谷既没,新谷既升。"进献是奉物于上,故又指进献、进奉,《吕氏春秋·孟秋纪》："是月也,农乃升谷,天子尝新,先荐寝庙。"晋级是地位、职位的提升,故又指晋级,《旧唐书·马周传》："自古郡守、县令,皆妙选贤德,欲有擢升宰相,必先试以临人。"又为体积单位,1升＝1立方分米。又为卦名,卦形为䷭,《周易·升》："升,元亨。"孔颖达疏："升者,登上之义。升而得大通,故曰'升,元亨'也。"

阶 (階) jiē

隮	階	階	階
楷侯微逆匜	说文小篆	熹平石经	颜真卿

　　繁体作"階",形声字。《说文》："階,陞也。从𨸏皆声。"本义为台阶,即有一定坡度、一级一级供人上下的建筑物或就山势凿成的梯形路。段注："因之凡以渐而升皆曰阶。木部曰:梯,木阶也。"徐灏《注笺》："引申之,凡渐进以成其事者皆曰阶。"王筠《句读》："《尚书大传》'大师奏《鸡鸣》于阶下'

注:'阶,陛也。'盖古名阶,后名陛,因而专为殿陛之名也。经文无陛字可见。"《尚书·大禹谟》:"舞干羽于两阶。"台阶逐级上升而高立如阜,"皆"指同,级级台阶形状相同(皆),故"階"从𨸏皆声。简化字"阶"从𨸏介声。

梯依次上升如阶,故"阶"引申指梯子,《孟子·万章》:"父母使舜完廪,捐阶,瞽瞍焚廪。"阶梯是进入殿堂的途径,故又指途径,《左传·襄公二十四年》:"贵而知惧,惧而思降,乃得其阶。"依凭台阶能进殿堂,故又指凭借、根据,《汉书·异姓诸侯王表》:"汉亡尺土之阶,繇一剑之任,五载而成帝业。"又指缘由,《诗经·大雅·瞻卬》:"妇有长舌,维厉之阶。"台阶依次上升,故又指升、登,《太玄经》:"鸣鹤升自深泽,阶天不𰀲。"由上升转指上达、达到,《礼记·少仪》:"闻始见君子者……不得阶主。"孔颖达疏:"阶是等,故人升阶必上进,故以阶为上进。"由升引申为升迁,《晋书·谢安传》:"琰称贞干,卒以忠勇垂名;混曰风流,竟以文词获誉。并阶时宰,无堕家风。"官员等级高低排列如阶,故又指官爵的等级,《旧唐书·职官志》:"流内九品三十阶。"

nà
纳(納)

𣍐　　𥿗　　𥾝　　納
克鼎　说文小篆　孔宙碑　颜真卿

繁体作"納",形声字。《说文》:"納,丝湿納納也。从糸内声。"本义为丝帛类濡湿貌。段注:"纳纳,湿意。"刘向《九叹》:"裳襜襜而含风兮,衣纳纳而掩露。"王逸注:"纳纳,濡湿貌也。""纳"为丝类濡湿貌,濡湿由水浸入丝内导致,徐灏《注笺》:"古义当先有外内,而后有出纳。"故"纳"从糸内声。"内(內)"是进入(入)空间(冂),作名词表在内的空间,读 nèi;表示接纳入内的动作是动词,读 nà。后区别,名词用"内",动词用"纳"。

"纳"也指收藏,《诗经·豳风·七月》:"九月筑场圃,十月纳禾稼。"又指接收,《史记·刺客列传》:"今秦已虏韩王,尽纳其地。"又指引入、使进入,《仪礼·燕礼》:"小臣纳卿大夫,卿大夫皆入门右,北面东上。"接受是容纳的体现,故又指容受、接受,《左传·文公十六年》:"诸侯谁纳我?且既为人君,而又为人臣,不如死。"又指娶妻,《周易·蒙》:"纳妇,吉,子克家。"又指交纳、贡献,如纳税,《尚书·禹贡》:"百里赋纳总,二百里纳铚,三百里纳秸服。"又指归还,《国语·鲁语》:"若罪也,则请纳禄与车服而违署。"又指粗缝、补缀,《论衡·程材》:"刺绣之师能缝帷裳,纳缕之工不能织锦。"

bì 陛

陛　陛　陛　陛

说文小篆　流·屯8.14　魏上尊号奏　颜真卿

形声字。《说文》:"陛,升高阶也。从𨸏坒声。"本义为阶梯。段注:"自卑而可以登高者谓之陛。"《墨子·备穴》:"勿为陛与石,以悬陛上下出入。"坒(bì),《说文》:"地相次比也。从土比声。"本义为土地相连接。"比"以二人并排表示紧密,土地密接则相连,故"坒"从土比声。阶梯次第高升如阜,"坒"有比次义,梯级相连如土地相连,徐灏《注笺》:"陛从坒声,即取阶级相比次之意。"张舜徽《约注》:"陛之言比也,谓升高之级上下比叙也。升高阶谓之陛,犹地次比谓之坒耳。本为阶之通名,后乃用为殿陛之专称。"故"陛"从𨸏坒声。

"陛"也特指官阶等级,《楚辞·大招》:"举杰压陛,诛讥罢只。"由阶梯转指帝王宫殿的台阶,因以"陛下"为帝王的尊称,《战国策·燕策》:"秦武阳奉地图匣,以次进至陛。"蔡邕《独断》:"陛,阶也,所由升堂也。天子必有近臣执兵陈于陛侧,以戒不虞。谓之'陛下'者,群臣与天子言,不敢指斥天子,故呼在陛下者而告之,因卑达尊之意也。"

biàn 弁(覍)

弁　覍　覍　覍　覍　弁

续5.5.3　牧弁簋　说文小篆　说文籀文　说文或体　欧阳询

《说文》小篆作"覍",象形字。《说文》:"覍,冕也。周曰覍,殷曰吁,夏曰收。从兒,象形。覍,籀文覍从廾,上象形。覍,或覍字。"本为古代的帽子。"弁"有皮弁(武冠)、爵弁(文冠)之别,古代吉礼用冕,常礼用弁。《诗经·小雅·頍弁》:"有頍者弁,实维伊何?"毛传:"弁,皮弁也。"《诗经·大雅·丝衣》:"丝衣其紑,载弁俅俅。"郑玄笺:"弁,爵弁也。爵弁而祭于王,士服也。"段注:"《士冠礼》记曰:'周弁,殷冔,夏收。'郑曰:'弁名出于盘。盘,大也,言所以自光大也。冔名出于幠。幠,覆,言所以自覆饰也。收,言所以收敛发也。'"皃(mào),指面容、面貌,后作"貌"。"皃"小篆作𦣻,"皃"像人,"小"为帽。古礼以戴帽为人的基本仪容,士人无故不去帽,故甲骨文、金文、籀文、或体皆像两手(收)举帽(口、⊕、𠂇)戴在头上形。徐灏《注笺》:"⊕,正视形。八、𠂇,其形略具而已。"王筠《释例》:"𡩁之象形也,弁以皮为之,※盖绘饰,'会弁如星'之意。上出者,弁有邸也。収则两手执之以加于顶也。"

　　古时男子年满二十加冠称弁,以示成年,天子诸侯则十二而冠,《尚书·金縢》:"王与大夫尽弁。"孙星衍注:"成王年十四言弁,明知已冠矣。"古时武官服皮弁,因称武官为弁,明余继登《典故纪闻》:"武弁类多贪墨,而文法之吏往往绳之太过。"帽戴于头,位于身体最上端,故又指放在前面,书籍前面的序言称"弁言",明高棅《唐诗品汇·总序》:"各立序论,以弁其端。"人惊惧则多双手上举护头如戴冠,故"弁"又转指惊惧、害怕,《汉书·王莽传》:"有列风雷雨发屋折木之变,予甚弁焉,予甚栗焉,予甚恐焉。"颜师古注:"一曰弁,抚手也,言惊惧也。"

　　"弁"又音 pán,高兴,《诗经·小雅·小弁》:"弁彼鸒斯,归飞提提。"郑玄笺:"乐乎彼雅乌,出食在野甚饱,群飞而归提提然。"

zhuǎn 转(轉)

车𢌜　　轉　　車專　　轉
转盘　　说文小篆　　曹全碑　　颜真卿

　　繁体作"轉",形声字。《说文》:"轉,运也。从車專声。"用车运输。王筠《句读》:"《文子》:'转轮而无穷,象日月之运行。'《公羊传》:'三卜之运也。'注:'运,转也。'"《史记·平准书》:"转漕甚辽远。"司马贞索隐:"车运曰转,水运曰漕也。"專,《说文》:"六寸簿也。从寸叀声。一曰专,纺专。"指纺专,收丝的器具。段注:"《小雅》:'乃生女子,载弄之瓦。'毛曰:'瓦,纺专也。'系部:'纺,网丝也。'网丝者以专为锤。"徐灏《注笺》:"此疑当以纺专为本义。收丝之器谓之专。"叀"甲骨文作 合六一四，像纺线转动的绕线团形(收丝器)。纺线要用手(寸)将丝线缠在纺专(叀)上，故"專"从寸叀声。"專"甲骨文作 怀一六三〇、前五·一二·一，以手(寸)连续转动线团(叀)纺线。纺线织布须专心，古代男耕女织，纺织是较早的专业，故"專"含有专业、转动两义。"轉"指以车运输，车轮是最典型的转动物，故"轉"从车專声。简化字"转"由"車、專"两构字部件草书楷化而成。

轮转则回环往复，故"转"引申为回还、辗转，《诗经·邶风·柏舟》："我心匪石，不可转也。"运输是将物运往别处，故也指流入、逃亡，《孟子·梁惠王》："凶年饥岁，君之民老弱转乎沟壑。"轮左右转则改变方向，故又指改变行动方向，《楚辞·离骚》："路不周以左转兮，指西海以为期。"轮转则行，又指移动、迁徙，《诗经·小雅·祈父》："胡转予于恤，靡所止居。"轮转则不断变化，又指改变、变化，《商君书·立本》："兵生于治而异，俗生于法而万转。"高亨注："万转，万变。指风俗多变化，有好有坏。"又指迁调官职，《晋书·李密传》："密有才能，常望内转，而朝廷无援，乃迁汉中太守。"轮转则不断运动，故又指摇动、飘荡，《楚辞·招魂》："光风转蕙，泛崇兰兮。"又指避开，《管子·法法》："引而使之，民不敢转其力。"又指念诵，段成式《酉阳杂俎续集·寺塔记》："素公不出院，转《法华经》三万七千部。"又指卖出、转让，《史记·仲尼弟子列传》："子贡好废举，与时转货赀。"司马贞索隐引王肃："废举，谓买贱卖贵也；转货，谓随时转货以殖其资也。"又指把一方的物品、信件、意见等传给另一方，如转交。又用作副词，相当于"反而、反倒、渐渐、更加"，《诗经·小雅·谷风》："将安将乐，女转弃予。"孔颖达疏："汝何更弃我乎？"陶潜《搜神后记》："忽见空中有一异物如鸟，熟视转大。"

"转"又音 zhuàn，指旋转，如转动。也指绕着某物移动、打转，如转来转去。

yí
疑　　　　 疑

前 6.21.2　前 7.19.1　伯疑父簋　说文小篆　熹平石经　颜真卿

　　会意兼形声字。《说文》:"疑,惑也。从子、止、匕,矢声。"本义指迷惑、不确定、不明白。《周易·系辞》:"中心疑者其辞枝。""疑"字构形,学者多以为"匕、矢"乃由"吴"误分为二。"吴"为"矢"古文。张舜徽《约注》:"幼子举步不能及远,欲行辄止,有似于疑惑不能断也。故从子止,而疑惑之旨见矣。"幼儿(子)多有疑惑,有疑则寻求解决,如射箭(吴)方向有定(止),故"疑"从子、止,吴声。罗振玉《增订殷虚书契考释》:"象人仰首旁顾形,疑之象也。"🐾,像人手持拐杖(🐾)在十字路口(彳)扭头四顾,不知该往哪里走的样子。🐾,拐杖变为"牛"形,下加"止"表行走。

　　"疑"表示疑问,《周易·系辞》:"圣人以通天下之志,以定天下之业,以断天下之疑。"又指怀疑,苏轼《石钟山记》:"是说也,人常疑之。"有疑则不果断,故又指犹豫、不果断,《尚书·大禹谟》:"任贤勿贰,去邪勿疑。"有疑易有猜忌,故又指猜忌,《楚辞·九章·怀沙》:"非俊疑杰兮,固庸态也。"由疑惑不定引申为疑似、好像,陆游《游山西村》:"山重水复疑无路,柳暗花明又一村。"见怪则易生疑,故又指怪异,《淮南子·泛论》:"当此之时,有立武者见疑。"高诱注:"疑,怪也。"又指惧怕,《韩非子·解老》:"不疑之谓勇。"

　　"疑"又音níng,由停止四顾转指止息、安定,《诗经·大雅·桑柔》:"靡所止疑,云徂何往。"毛传:"疑,定也。"

星(曐) xīng

合11488　合11501　麓伯星父簋　说文小篆　说文古文　说文或体　华山庙碑　颜真卿

　　《说文》小篆作"曐",形声字。《说文》:"曐,万物之精,上为列星。从晶生声。一曰象形。从口,古口复注中,故与日同。🐾,古文星。星,曐或省。"指宇宙间能发光或反射光的天体,分恒星(如北斗)、行星(如金星)、卫星(如月球)、彗星、流星,一般通指夜空闪亮的天体。《诗经·召南·小星》:"嘒彼小星,三五在东。""星、精"上古音声近韵同,为声训。古人以为星为万物之精形成,故训"万物之精,上为列星"。晶,《说文》:"精光也。从三日。"甲骨文作🐾甲六七五,像群星形。本义为光亮,指天体发出的光芒。

"晶、精"上古音皆属精纽耕部,为声训。王筠《句读》:"物之精者必有光,天精为日,地精为月,人精为目。精则生明,其光发矣。"段注:"凡言物之盛,皆三其文。日可三者,所谓累日也。"王筠《句读》:"光莫盛于日,故从日。"故"晶"从三日。也作三口,徐灏《注笺》:"言于口中加点,遂似日字,明其非从日也。"王筠《句读》:"上古作✦,中古又加·于✦中而作✧,○遂与日同也。"晶、曐一字分化,"晶"作形容词表示光亮(群星灿烂),本义之字则又加生作"曐"表名词星星。徐灏《注笺》:"晶即星之象形文,故曑、曟字从之。古文作✧、✦二形,因其形略,故又从生声。"古谓星由万物之精而生,《管子》"凡物之精,此则为生",故"曐"从晶生声。"星"甲骨文、《说文》古文之✧、✦像群星形。综上,"星"初文作✦、✧、✧,后加"生"为声符作✧、✧、曐,或体又省上部三日为一作星,"星"就成为通行字。

"星"转指星宿、星座,《玉篇》:"星,列宿也。"1. 二十八宿之一,南方朱鸟七宿"井鬼柳星张翼轸"的第四宿,也称七星,《尚书·尧典》:"日中星鸟,以殷仲春。"2. 二十八宿的泛称,《尚书·尧典》:"厤象日月星辰,敬授人时。"3. 指五星,土、木、火、金、水等星的总称,《周礼·春官·保章氏》:"保章氏掌天星,以志星辰日月之变动。"郑玄注:"星谓五星。"又指天文,包括星体明、暗、薄、蚀等现象,古时多指以星象推算吉凶的方术,《汉书·艺文志》:"然星事殂悍,非湛密者弗能由也。"星看起来很小,故又指称星状物,多指细碎或闪亮的东西,如星火。又形容细小,犹言一点点,如星星之火。由明亮引申指某种特别突出的、有特殊作用或才能的人,如救星。星散布于空,故又指多且散,《南齐书·州郡志》:"凡诸流寓,本无定憩,十家五落,各自星处。"流星运行迅疾,故又指像流星那样,形容疾速,李密《陈情表》:"州司临门,急如星火。"也指(雨止)星出,《诗经·鄘风·定之方中》:"星言夙驾,说于桑田。"星星夜晚出现,又转指夜,多用于连夜赶路,《后汉书·杜乔传》:"乔故掾陈留杨匡闻之,号泣星行到洛阳。"又指戥、秤等衡器上记斤、两、钱的标志点,唐拾得诗《银星钉称衡》:"银星钉称衡,绿丝作称纽。"

【原文】 　　右通广内　左达承明
　　　　　yòu tōng guǎng nèi　zuǒ dá chéng míng

【译文】 　　皇宫右面通向广内殿，左面到达承明殿。

【释义】

两句描述皇宫里面的著名建筑。

汉朝的长安城有著名的"汉三宫"：长乐宫、未央宫、建章宫。未央宫，于汉高祖七年（前200）在秦章台基础上修建，为西汉皇家宫殿，位于今陕西西安西北约三千米处，地处汉长安城地势最高的西南角龙首原上，因在长安城安门大街之西，又称西宫。由丞相萧何主持修建，极为豪华。未央宫有宣室、麒麟、金华、承明、武台、钩弋等殿。建章宫，是汉武帝刘彻于太初元年（前104）建造的宫苑，从正门圆阙、玉堂、建章前殿至天梁宫，形成一条中轴线，其他宫室分布在左右。

广内殿，为汉代宫廷藏书之所，《汉书·艺文志》："于是建藏书之策。"颜师古注引如淳："刘歆《七略》曰：外则有太常、太史、博士之藏，内则有延阁、广内、秘室之府。"《三辅黄图》："未央宫有承明殿，著述之所也。"

【解字】

yòu
右（又佑）　　又　ヨ　名　ヨ　右　右
　　　　　　甲478　亚又方彝　毛公鼎　说文小篆　衡方碑　颜真卿

左右之"右"本字作"又"，象形字。《说文》："又，手也。象形。三指者，手之列多略不过三也。"本义指右手，后作"右"。段注："此即今之右字。"《左传·成公二年》："左并辔，右援枹而鼓。"甲骨文、小篆皆像右手左向之侧面形，上为手指，下为手腕、小臂。徐灏《注笺》："象手擎（腕）及指侧视之形，侧视故若三指……古人凡言物多者以三为率。"人惯用右手干活，手的动作具有连续性，故"又"后借为副词，表示重复、继续、递进、转折等义。

《说文》："右，助也。从口从又。"本义为佑助、帮助，后作"佑"。徐锴《系传》作"从口又声"。"言不足以佐，又手助之"。自"又"借为副词，本义之字则以"右"代；"右"既代"又"，本义之字则加"人"作"佑"。

"右"由佑助转指保佑,后作"佑、祐",朱骏声《通训定声》:"祐、右实同字。今据许书,凡助为右、为佑,神助则为祐。"《诗经·周颂·雍》:"绥我眉寿,介以繁祉;既右烈考,亦右文母。"郑玄笺:"子孙所以得寿考与多福者,乃以见右助于光明之考与文德之母。"能助己者多是亲近之人,故又指亲近、袒护,《战国策·魏策》:"衍将右韩而左魏,文将右齐而左魏。"高诱注:"右,近。左,远。""右"通"侑",劝酒、劝食,《诗经·小雅·彤弓》:"钟鼓既设,一朝右之。"毛传:"右,劝也。"

左右之"右"也指右手一边的方位,与"左"相对,《周易·丰》:"折其右肱。"作动词指往右,《左传·宣公十二年》:"晋师右移,上军未动。"又指西边,取面向南,则右为西,《仪礼·士虞礼》:"陈三鼎于门外之右。"也指车右,亦名骖乘。古制一车乘三人,尊者居左,御车的人居中,骖乘居右,以有勇力的人担任,《尚书·甘誓》:"右不攻于右。"古尚右卑左,故以右为上、高、贵,《管子·七法》:"故聚天下之精财,论百工之锐器,春秋角试以练,精锐为右。"由尚右引申为崇尚、尊崇,《淮南子·泛论》:"兼爱上贤,右鬼非命,墨子之所立也。"又指迂曲,《诗经·秦风·蒹葭》:"溯洄从之,道阻且右。"

tōng 通	泄	徧	遳	踊	通	通
	粹 1192	京都 1857	颂鼎	说文小篆	熹平石经	颜真卿

形声字。《说文》:"通,达也。从辵甬声。"本义为到达、通达。《国语·晋语》:"道远难通,望大难走。"韦昭注:"通,至也。"甬(yǒng),《说文》:"艸木华甬甬然也。从𠃜用声。"本义为花含苞欲放貌。徐锴《系传》:"甬之言涌也,若水涌出也。"𠃜(hàn),《说文》:"嘾也。艸木之华未发函然。象形。"本指花苞。徐锴《系传》:"草木华未吐,若人之含物也。""𠃜"小篆作$\mathcal{T}$,像花朵含苞未放形。"用"为占卜龟甲而得施用之意,花苞开放为花朵,是生命力施用、释放的体现,故"甬"从𠃜用声。"通"指行走(辵)到达、通达,如花朵甬甬然绽放而通达无碍,故"通"从辵甬声。

路通畅方能通达,故"通"引申为贯通,《周易·系辞》:"一阖一辟谓之变,往来不穷谓之通。"通则两者相连,故又指连比、连接,《逸周书·大聚》:"与田畴皆通。"通则连为一体,故又指全部、整个,《孟子·告子》:"弈秋,通国之善弈者也。"流通、交换是物品的"通",《周礼·考工记·百工》:"通四方之珍异以资之,谓之商旅。"交往、交好是人事的"通",《左传·隐公元年》:"惠公之季年,败宋师于黄,公立而求成焉。九月,及宋人盟于宿,始通也。"道平则通顺,故又指平正、顺畅,《尔雅·释天》:"四时和为通正。"邢昺疏:"言上四时之功和,是为通畅平正也。"作动词指开辟、疏通,《礼记·月令》:"开通道路,毋有障塞。"通晓是知识的"通",《周易·系辞》:"曲成万物而不遗,通乎昼夜之道而知。"孔颖达疏:"言通晓于幽明之道,而无事不知也。"显达是名位的"通",《论衡·自纪》:"身通而知困,官大而德细,于彼为荣,于我为累。"又指共享、互通,《礼记·内则》:"内外不共井,不共湢浴,不通寝席,不通乞假。"又指共有、通常的,《墨子·经》:"君臣萌,通约也。"又指通奸,《左传·桓公十八年》:"公会齐侯于泺,遂及文姜如齐,齐侯通焉。"又用作副词,皆、共,《史记·货殖列传》:"是以富商大贾周流天下,交易之物莫不通,得其所欲。"又用作量词。

guǎng
广(廣)

铁84.2　前6.31.4　班簋　说文小篆　礼器碑　颜真卿

繁体作"廣",形声字。《说文》:"廣,殿之大屋也。从广黄声。"本义为四周无壁的大屋。段注:"土部曰:'堂,殿也。'《仓颉篇》曰:'殿,大堂也。'《广雅》曰:'堂埠,合殿也。'殿谓堂无四壁,《汉书·胡建传》注:'无四壁曰堂皇。'是也。覆乎上者曰屋,无四壁而上有大覆盖,其所通者宏远矣,是曰廣。""广"表高大、宽阔、空旷的建筑以及行为状态;"黄"为中原黄土、黄河、庄稼黄熟之色,光耀夺目,有光明盛大义。大屋(广)宽阔宏大(黄),故"廣"从广黄声。简化字省"黄"作"广"。

"广"引申为大,《尚书·周官》:"功崇惟志,业广惟勤。"又指远大、高尚,《荀子·修身》:"君子贫穷而志广。"杨倞注:"广,言务于远大济物也。"

作动词指扩大，《周易·系辞》：“夫《易》，圣人所以崇德而广业也。”推广则扩大，又指推广、传播，《史记·乐书》：“是故君子反情以和其志，广乐以成其教。”广则多，又指众多，韩愈《论淮西事宜状》：“兵多而战不速，则所费必广。”由众多引申为增多、增强，《汉书·食货志》：“薄赋敛，广畜积。”由众多转指广泛、普遍，《淮南子·泰族》：“夫彻于一事，察于一辞，审于一技，可以曲说，而未可广应也。”大屋宽大，故又指宽广、辽阔，《诗经·周南·汉广》：“汉之广矣，不可泳思。”心胸宽广则不急，故又指宽缓、缓慢，《素问·四气神调大论》：“夜卧早起，广步于庭。”又为广东、广西的简称，如两广。又用作姓氏，《通志·氏族略》：“广氏，《风俗通》云：广成子之后也。”

“广”又音 guàng，量宽度，《礼记·檀弓》“绸练设旐”，郑玄注：“旌之旒缁布广充幅，长寻曰旐。”陆德明释文：“凡度广狭曰广。”又指从东到西的长，相当于“横”，《周礼·地官·大司徒》：“以天下土地之图，周知九州之地域广轮之数。”贾公彦疏：“马融云：东西为广，南北为轮。”

“广”又音 guāng，通“光”，《国语·周语》：“熙，广也。”韦昭注：“郑司农云：广当为光。”

“广”又音 kuàng，通“旷”：1. 旷达、开朗，《荀子·王霸》：“人主胡不广焉，无恤亲疏。”杨倞注：“广焉，开泰貌。”2. 空、荒废，《管子·大匡》：“持社稷宗庙者，不让事，不广闲。”3. 怨旷，《汉书·五行志》：“师出过时兹谓广。”颜师古注：“李奇曰：‘广音旷。’韦昭曰：‘谓怨旷也。’”

nèi 内

铁 13.2　　井侯簋　　说文小篆　　张迁碑　　颜真卿

会意字。《说文》：“内，入也。从冂，自外而入也。”本指入内。朱骏声《通训定声》：“当从冂，林外曰坰，远界也。”小篆像人由外入界内（冂）形。人从界外进入，则为入内，故“内”从入、冂。林义光《文源》谓金文从宀、入，以人入屋会入内之意。张舜徽以日光射入门户会内之意。从外往内进入是动词，进入的空间方位是名词，读 nèi。从内的角度接受进入者是动词，读 nà，后作"纳"，纳入、交入，《孟子·万章》："思天下之民，匹夫匹妇有不被尧舜之泽者，若己推而内之沟中。"朱珔《说文假借义证》："凡自外入之为内，所入之处亦为内。今人分去、入二声，而入声之内以'纳'为之。"

入内则在里，故"内"引申指里面，表方位，与"外"相对，《仪礼·士昏礼》："主妇阖扉立于其内；壻立于门外，东面。"又指房室、内室，《仪礼·少牢馈食礼》："宰夫以笾受啬黍，主人尝之，纳诸内。"皇宫多位于京城中央，故也称"内"或"大内"，《周礼·天官·叙官》："内宰。"郑玄注："内宰，宫中官之长。"古代女主内，妻子常在家，故妻、妾也称"内"，欧阳修《南阳县君谢氏墓志铭》："出其哭内之诗而悲曰：吾妻谢氏亡矣。"空间上内近外远，故又指亲近，《周易·泰》："内君子而外小人。"又指内心，《论语·里仁》："见贤思齐焉，见不贤而内自省也。"脏腑、内脏在体内，故也称"内"，枚乘《七发》："扁鹊治内。"李善注引《史记》："扁鹊……视病尽见五藏。"

左 zuǒ 　　𠂇　𠂇　𠂇　左　左

合 34995　墙盘　说文小篆　说文小篆　白石神君碑　柳公权

左右之"左"本字作"𠂇"，象形字。《说文》："𠂇手也。象形。"本指左手。后作"左"。段注："俗以左右为𠂇又字，乃以佐佑为左右字。"甲骨文、小篆皆像左手右向侧面形，下垂者为前臂，上为手指。徐灏《注笺》："左以相助言则为佐，从相反取义则为左戾，一字而兼二义。"左，本佐助之"佐"本字，会意兼形声字，《说文》："手相左助也。从𠂇、工。"本义为辅佐、帮助，后作"佐"。王筠《句读》："右以又为主，口为从；犹左以𠂇为主，工为从也。"《周易·泰》："辅相天地之宜，以左右民。"孔颖达疏："左右，助也。"人做事、做工，左手多是起辅助作用，"工"像工字形的尺子，是做工的辅助工具，故"左"从𠂇、工。朱骏声《通训定声》："𠂇亦声。"后用"左"代替"𠂇"表示左手，辅佐义之"左"加人旁作"佐"。

"左"作为方位名，与"右"相对，面向南时东边为左，《诗经·唐风·有杕之杜》："有杕之杜，生于道左。""左"作动词指向左，《论语·宪问》："微管仲,吾其被发左衽矣。"邢昺疏:"衣衿向左,谓之左衽。"由左边引申指古代帅车上的御者,帅在中,御在其左,右边一人保护主帅,《诗经·郑风·清人》:"左旋右抽,中军作好。"郑玄笺:"左,左人,谓御者。"又指卑、下(与尊、高相对),《仪礼·乡射礼》:"当左物,北面揖。"郑玄注:"左物,下物也。"由卑下引申为贬谪、降格,《增韵》哿韵:"左,谪官曰左迁……自汉以来至唐,亦谓去朝廷为州县曰左迁。"《汉书·张周赵任申屠传》:"吾极知其左迁。"颜师古注:"是时尊右而卑左,故谓贬秩位为左迁。"又指不正、偏邪,桂馥《义证》:"人手不便于左,故以为僻。"《增韵》哿韵:"左,人道尚右,以右为尊,故非正之术曰左道。"如旁门左道。又指见外、疏远,《国语·晋语》:"今君分之土而官之,是左之也。"又指违背、不合,徐灏《注笺》:"右顺而左逆,故事之相牾曰左。"韩愈《答窦秀才书》:"身勤而事左,辞重而请约,非计之得也。"又用作姓氏,《通志·氏族略》:"左氏,姜姓。齐公族有左右公子,因以为氏。楚有左史倚相、左史老者,以为左史官,故以为左氏。望出济阳。"

dá
达(達)

达 (達)

京都 624　　存 2011　　墙盘　　说文小篆　　说文或体　　华山庙碑　　颜真卿

　　繁体作"達",形声字。《说文》:"達,行不相遇也。从辵羍声。《诗》曰:'挑兮達兮。' 达,達或从大。"本义为通达无碍,往来行人互不阻碍而通畅行走,朱骏声《通训定声》:"愚谓许君云行不相遇者,如《尔雅·释宫》之九达,旁歧迭道,行路者不相遇,大通之道也。"《荀子·君道》:"然后明分职,序事业,材技官能,莫不治理,则公道达而私门塞矣,公义明而私事息矣。"羍(dá),《说文》:"小羊也。从羊大声。读若達。"本指初生小羊。小羊顺利出生,则有大通之意,故"羍"从羊大声。"達"指人行路通畅无阻,羊羔初生顺易而有通顺意,故"達"从辵羍声。或体从大声作"达",为简体字所用。

　　"达"也指到达,《尚书·禹贡》:"浮于济漯,达于河。"明白为内心通达,故又指通晓、明白,《论语·乡党》:"丘未达,不敢尝。"通达无碍则全面,故也指周遍、全面,《尚书·召诰》:"周公朝至于洛,则达观于新邑营。"由周遍引申为具备,《礼记·乐记》:"孰亨而祀,非达礼也。"孔颖达疏:"今以上世为具礼,下世为不具礼者,礼之所具在于德。上代礼文虽略,德备也;下代礼文虽烦,德不具也。"豁达是气量通达,故又指豁达、旷达,《汉书·高帝纪》:"高祖不修文学,而性明达。"显达是身份通达,故又指显达、显贵,《孟子·尽心》:"穷不失义,达不离道。"表达是将己意通达传递,故又指表达、传达,《史记·滑稽列传》:"《书》以道事,《诗》以达意。"送到是物品到达,故又指送到、传到,《周礼·夏官·怀方氏》:"掌来远方之民,致方贡,致远物,而送逆之,达之以节。"郑玄注:"达民以旌节,达贡物以玺节。"通则达,故又指通行、共通,《礼记·中庸》:"知、仁、勇三者,天下之达德也。"幼苗出生则上达,故又指幼苗出土貌,《诗经·周颂·载芟》:"驿驿其达,有厌其杰。"马瑞辰通释:"《尔雅·释训》:'绎绎,生也。'正释《诗》'驿驿其达'。《方言》:'达,芒也。'郭注:'谓秒芒射出。'与《毛传》合。射即初生射出之貌,故笺以出地申释之。"通"羍",初生的小羊,《诗经·大雅·生民》:"诞弥厥月,先生如达。"孔颖达疏:"以羊子初生之易,故以比后稷生之易也。"

"达"又音 tà,〔挑达〕往来自由貌,《诗经·郑风·子衿》:"挑兮达兮,在城阙兮。"朱熹注:"挑,轻儇跳跃之貌。达,放恣也。"

chéng 承

合 9175　　合 4094　　追丞卣　　说文小篆　　晋辟雍碑　　颜真卿

会意字。《说文》:"承,奉也,受也。从手从卩从廾。"本义为捧、托、承载,又为接受、蒙受。《说文》"奉,承也。"二字互训。对承物者而言,奉物则是敬予人,有授予之义;对接物者而言,人奉物则己受之,有接受义;故"承"兼授、受二义。《周易·归妹》:"上六无实,承虚筐也。"孔颖达疏:"今之无实,正是承捧虚筐。"徐灏《注笺》:"承、受即相付之训。"《礼记·礼运》:"是谓承天之祜。"孔颖达疏:"言行上事得所,则承受天之祜福也。"物之授受须用手，而奉物、接物皆应两手高举（収）以示恭敬，徐铉等注："谨节其事，承奉之义也，故从卪。"故"承"从手从卪从収。戴侗《六书故·人》："唐本从手从丞。张参曰:从手从叝。"可备一说。"承"甲骨文、金文像两手托举一人形。

　　"承"也指某些起承载作用的事物，或指某些事物起承载作用的部分，如轴承，《尚书大传》："大夫有石材，庶人有石承。"郑玄注："石承，当柱下而已，不外出为饰也。"承受事情要有担当，故又指担当、承担，如承办、承接，谢灵运《谢封康乐侯表》："岂臣尪弱，所当丞承？"又指传承、继续，《楚辞·招魂》："朱明承夜兮，时不可以淹。"又指奉承、顺承，《诗经·大雅·抑》："子孙绳绳，万民靡不承。"次第传承有序，故又指次第、等次，《国语·晋语》："梁由靡御韩简，虢射为右，以承公。"韦昭注："次公车也。"又指引、引取，《礼记·坊记》："舅姑承子以授婿。"又指阻止、抵御，《诗经·鲁颂·閟宫》："戎狄是膺，荆舒是惩，则莫我敢承。"郑玄笺："僖公与齐桓举义兵，北当戎与狄，南艾荆及群舒，天下无敢御者。"通"丞"，辅佐，《左传·哀公十八年》："使帅师而行，请承。"又通"惩"，惩戒，《左传·哀公四年》："蔡昭侯如吴，诸大夫恐其又迁也，承。"孔颖达疏："惩创往年之迁，恐其更复迁徙，承、惩音相近，盖是楚人之言，声转而字异耳。"

　　"承"又音 zhěng，同"拯"，上举、举救，《周易·艮》："不承其随。"

míng
明（朙）

合 2233　　合 11708　　明公簋　　说文小篆　　说文古文　　曹全碑　　祝允明

　　《说文》小篆作"朙"，会意字。《说文》："朙，照也。从月从囧。)))，古文明从日。"本义为光明、明亮，与昏暗相对。《周易·系辞》："日往则月来，月往则日来，日月相推而明生焉。"囧（jiǒng），《说文》："窗牖丽廔闿明。象形。"指窗户明亮貌。"囧"甲骨文作 甲二七八，像窗牖闿明形。夜晚室内黑暗，月光从窗户照进屋里，就显得格外明亮。段注："从月者，月以日之光为光也。从囧，取窗牖丽廔闿明之意也。"饶炯《部首订》："囧象窗牖丽廔阊明之形,指事。朙则加月以注之。盖丽廔之窗牖,得月而照,其光愈显。"故"朙"从月从囧。日月最明,《荀子·天论》"在天者莫明于日月",故古文"明"从日从月,后为通用字。"明"甲骨文作◗〗、◖◖⦷合一一四九七正,以日月光明会明亮意,为《说文》古文所承;又作〖🈴〗,以月光照入窗(囧)内会明亮意,为小篆所承。

　　"明"也特指天亮,《诗经·齐风·鸡鸣》:"东方明矣,朝既昌矣。"转指白昼,《左传·昭公元年》:"明淫心疾。"又指修明、严明、心地光明、政治或法纪清明,《诗经·大雅·皇矣》:"貊其德音,其德克明。"作动词指照亮,刘禹锡《途中早发》:"马踏尘上霜,月明冈头路。"由照亮引申指点燃、点亮,《潜夫论·遏利》:"知脂蜡之可明灯也,而不知其甚多则冥之。"又指彰明、显示,《周易·系辞》:"因贰以济民行,以明失得之报。"眼睛能见光亮,故又指眼睛、视力,《孟子·梁惠王》:"明足以察秋毫之末,而不见舆薪,则王许之乎?"视力好则能明察外物,故又指分辨、区分,《左传·隐公五年》:"昭文章,明贵贱,辨等列,顺少长,习威仪也。"明则看得清,故又指明白、清楚,《战国策·齐策》:"此不叛寡人明矣,曷为击之!"由明白引申为聪明,《老子》三十三章:"知人者智,自知者明。"又指贤明、贤能,《尚书·尧典》:"明明扬仄陋。"蔡沈集传:"上明,谓明显之。"又指与祭祀有关之物,《礼记·曲礼》:"稷曰明粢。"孔颖达疏:"明,白也。"古人敬奉神灵,故又指尊敬,《礼记·礼运》:"故君者所明也,非明人者也。"又指长成、成就,《诗经·周颂·臣工》:"于皇来牟,将受厥明。"王引之《述闻》:"暮春之时,麦已将熟,故曰将受厥成。"又指强盛、旺盛,《淮南子·说林》:"石生而坚,兰生而芳,少自其质,长而愈明。"又指今之次,如明天、明年,《左传·昭公七年》:"其明月,子产立公孙泄及良止以抚之。"又为朝代名,朱元璋所建明朝。

【原文】　既集坟典　　亦聚群英
　　　　　 jì jí fén diǎn　　yì jù qún yīng

【译文】　宫殿里集有坟典等传世宝典,也聚集了众多的贤良英才。

【释义】

《千字文释义》："言此宫殿楼观之中，《坟》《典》藏焉，群英会焉。既者，已事之辞。集，即聚也。坟，三坟也。典，五典也。三坟，载三皇之事者也。五典，载五帝之事者也。《春秋左传》云：'楚左史倚相，能读三坟五典。'书莫古于坟典，故举此以该群书也。亦，又也。群，众也。才德出众之人谓之英。""既集坟典"说广内殿收藏了古今的图书典籍，体现了文化的兴盛。坟典是三坟五典的并称，后转为古代典籍的通称。国家能够昌盛，除了经济等的发展，重要的是继承古代文化、智慧，所谓"阐旧邦以赋新命"。纵观历史，兴旺之世，君王皆重视文化，能继承传统而开拓创新。亡国之君反其道而行之。先祖的智慧、经验都记录在史册典籍中。

"亦聚群英"谓承明殿群英荟萃，体现君王能尊贤用能。尊贤用能是治国要道，《中庸》言治国有九条原则（九经），修身第一，尊贤第二。明君得贤臣辅佐，方能国治邦兴。如文武二王有太公辅佐，刘邦有萧何、张良等辅佐，唐太宗有魏征等辅佐。文化兴盛、人才兴旺，彰显了君王德治有功，国家繁荣昌盛。

【解字】

既（旣）

合 163　　合 34640　　颂鼎　　说文小篆　　曹全碑　　褚遂良

本作"旣"，形声字。《说文》："旣，小食也。从皀旡声。《论语》曰：不使胜食旣。"指小的食物。徐灏《注笺》："小食易尽，故引申为尽也，已也。"徐锴《系传》："《春秋传》：'日有食之旣。'尽食之也。"甲骨文、金文的一边是豆上盛饭（皀），一边像人吃饱饭要掉头离去形（旡）。李孝定《甲骨文字集释》："契文象人食已，顾左右而将去之，引申之义为尽。"皀（bī），《说文》："谷之馨香也。象嘉谷在裹中之形。匕，所以扱之。"本义为稻谷的香气。"皀"甲骨文作 ⟨图⟩ 存下七六四，将米粒盛在器皿（豆）中，或溢出香气。旡（jì），《说文》："饮食气屰不得息曰旡。从反欠。"指饮食气逆哽塞。徐灏《注笺》:"饮食气屰盖哽咽之义。气申为欠,气屰为旡,故从反欠。"张舜徽《约注》:"湖湘间称为打格(嗝),格即旡之双声语转。"人吃饱饭后就不再进食,吃饱饭则常会打嗝(旡),故"既"从皀旡声。比较而言,"即"甲骨文作𩜁前六·五二·三,人到食盒前来吃饭,表示即将进行,有即将义。"既"称"食既",人吃完饭掉头,表示事情已经发生,有既然义。

　　"既"由食尽泛指尽,《庄子·应帝王》:"吾与汝既其文,未既其实,而固得道与?"日全食则日消尽,故又指日全食或月全食,《史记·周本纪》:"周既不祀。"司马贞索隐:"日食尽曰既。"又用作副词,表示范围之全、都,动态之已经、已然,时间之后来、不久等。又用作连词,表示先提出前提,而后加以推论;或两种情况兼而有之。又用作代词,指示事物,相当于"其、他",《诗经·小雅·大东》:"佻佻公子,行彼周行,既往既来,使我心疚。"

　　"既"又音 xì,通"饩",粮食或饲料,《礼记·中庸》:"日省月试,既廪称事,所以劝百工也。"孔颖达疏:"既廪,谓饮食粮廪也。"

jí
集

粹 1591　作父癸卣　毛公鼎　说文小篆　说文或体　西狭颂　颜真卿

　　《说文》小篆作"雧",会意字。《说文》:"雧,群鸟在木上也。从雥从木。𩇕,雧或省。"以群鸟在木上表示聚集、会合之义,也蕴含栖止、停留、依就诸义。聚集、会合为"集"的核心义素。徐灏《注笺》:"《尔雅》:'集,会也。'会犹聚也。"《尚书·胤征》:"乃季秋月朔,辰弗集于房。"孔传:"集,合也。"雥(zá),《说文》:"群鸟也。从三佳。"三佳表示众鸟聚集。鸟类多止宿、聚集于树上,"雧"为群鸟聚集在树上,故"雧"从雥从木。或体"雧"由三佳简化作一佳作"集",为通行字。

　　群鸟集木栖止,故"集"也指栖止,桂馥《义证》:"《禽经》:独鸟曰止,众鸟曰集。"《诗经·周南·葛覃》:"黄鸟于飞,集于灌木。"集木则止留于木,故又指停留,屈原《离骚》:"欲远集而无所止兮,聊浮游以逍遥。"鸟依木集聚、栖息,故又指依就,《诗经·大雅·大明》:"天监在下,有命既集。"孔颖达疏："鸟止谓之集,是集为依就之义,故以集为就也。"集木是至于木,故又指至,《国语·晋语》:"多而骤立,不其集亡。"我国图书经、史、子、集的四部分类法把诗文等作品的结集列为集部,简称"集",《新唐书·艺文志》:"至唐始分为四类,曰经、史、子、集。"又指汇辑单篇作品的书册,曹丕《与吴质书》:"顷撰其遗文,都为一集。"市场为人聚集处,故又指定期的或临时的市场,如赶集。聚集的事物繁杂,故又指杂,《孟子·公孙丑》:"是集义所生者,非义袭而取之也。"和睦方能长久集聚,故又指和睦、安定,《史记·卫康叔世家》:"为武庚未集,恐其有贼心。"同心聚力则能成事,故又指成就,《尚书·武成》:"惟九年,大统未集,予小子其承厥志。"孔颖达疏:"大业未就也。"又指某些篇幅较多而分为若干部分的书籍中的一部分,或影片、电视片中的一个段落,如上集、第一集。

fén
坟(墳)　　　墳　墳　墳　墳

说文小篆　魏王基残碑　　王羲之　颜真卿

　　繁体作"墳",形声字。《说文》:"墳,墓也。从土賁声。"本指高大的土堆。徐灏《注笺》:"《尔雅·释诂》曰:'坟,大也。'此乃'坟'之本义。葬者封土为丘垄,隆然而高,因谓之坟耳。"隆起的墓也是高土堆,故"坟"引申指隆起的墓,泛指坟墓。段注:"此浑言之也。析言之则墓为平处,坟为高处。故《檀弓》孔子曰:'古者墓而不坟。'邯郸淳孝女曹娥碑曰:'丘墓起坟。'郑注《礼记》曰:'墓谓兆域,今之封茔也。土之高者曰坟。'此其别也。"賁(贲,bì),《说文》:"饰也。从贝卉声。"本义为文饰。"卉"用三屮表百草之总称,有众意。上古以多种美草(卉)与贝壳串连作饰品,显明光耀,故"賁"从贝卉声。"賁"为文饰而有华美义,"賁"又音 fén,有大义。"墳"为高大(賁)的土堆,故"墳"从土賁声。简化字"坟"从土文声。

　　"坟"也指堤岸、高地,《诗经·周南·汝坟》:"遵彼汝坟,伐其条枚。"转指大,《诗经·小雅·苕之华》:"牂羊坟首,三星在罶。"物大则可分,故又指划分,《楚辞·天问》:"地方九则,何以坟之?"又指"三坟",重要(高大)的典籍,即伏羲、神农、黄帝之书,泛指古代典籍,如三坟五典。

　　"坟"又音 fèn。肥土地力大,故又指肥土,《尚书·禹贡》:"厥土黑坟,厥草惟繇,厥木惟条。"陆德明释文:"坟,马云:有膏肥也。"隆起则高大,故又指隆起,《左传·僖公四年》:"公至,毒而献之。公祭之地,地坟。"

diǎn 典　　

后下 20.7　前 7.6.1　召伯簋　说文小篆　说文古文　华山庙碑　颜真卿

　　会意字。《说文》:"典,五帝之书也。从册在丌上,尊阁之也。庄都说:'典,大册也。'𥅆,古文典从竹。"本义为经典、典籍,指被尊为准则或规范的古代书籍。《尚书·五子之歌》:"有典有则,贻厥子孙。"孔传:"典谓经籍。"五帝之书记载常道,为最宝贵的典籍,故训"五帝之书",朱骏声《通训定声》:"《书序》曰:'少昊、颛顼、高辛、唐、虞之书谓之五典。'《尔雅·释言》:'典,经也。'《释诂》:'典,常也。'"册,《说文》:"符命也。诸侯进受于王也。象其札一长一短,中有二编之形。"本义为书简。写于单支竹简之上,然后按次第串连起来,即为书册。"册"小篆作𠕋,像编简形。丌(jī),《说文》:"下基也,荐物之丌。象形。"指放置物品的底座、几案。"丌"小篆作丌,像几案形,下为腿,上为面。古人书写不易,重要内容才会记载下来,并恭敬地安放于几架,以示典重、爱护之意。段注:"阁犹架也。以丌庪阁之也。"张舜徽《约注》:"王者之符命,上世之遗文,皆古人所尊重,故必高阁之以避朽蠹,亦所以示崇敬也。"故"典"从册在丌上。简册为竹制,古文从竹作"𥅆",桂馥《义证》:"从竹者,后人所加。"甲骨文作𦥑,像两手奉册形,亦体现典重义。

　　经典记载常理常法,恒常不变,故"典"引申为常道、法则,《尚书·皋陶谟》:"天叙有典,敕我五典五惇哉。"孔颖达疏:"天次叙人伦使有常性,故人君为政,当敕正我父、母、兄、弟、子五常之教,教之使五者皆惇厚哉。"法令、制度载于典籍,故又指法令、制度,《周易·系辞》:"圣人有以见天下之动而观其会通,以行其典礼。"孔颖达疏:"当此会通之时,以施行其典法礼仪也。"由典重引申为盛大的礼仪,如开国大典,《国语·鲁语》:"夫祀,国之大节也,而节,政之所成也。故慎制祀,以为国典。"又指掌管、主持,《尚书·舜典》:"帝曰:'咨,四岳,有能典朕三礼?'佥曰:'伯夷。'"典籍记录重要的故事,故又指典故、故事,《左传·昭公十五年》:"言以考典。"杜预注:"考成也。"故则古老,又指古朴、不俗,《论衡·自纪》:"深覆典雅,指意难睹,唯赋颂耳。"又指用贵重物抵押现金,杜甫《曲江》之二:"朝回日日典春衣,每日江头尽醉归。"由抵押引申为当铺,《警世通言·金令史美婢酬秀童》:"有个矫大户家,积年开典获利。"

yì
亦

甲896　　毛公鼎　　说文小篆　　华山神庙碑　　颜真卿

指事字。《说文》:"亦,人之臂亦也。从大,象两亦之形。"本指人腋窝,后作"腋"。"亦"甲骨文、小篆之"大"像人正立形,在两臂间各作一点或斜线,以指人两腋所在。饶炯《部首订》:"大象人手足张形,手张则亦见,故亦即从大,而指其处以示之。"后来"亦"借为表重复的虚词,本义另造形声字"腋"。段注:"亦今别作腋。按《广韵》肘腋作此字,俗用亦为语词,乃别造此……人臂两垂,臂与身之间则谓之臂亦,臂与身有重叠之意,故引申为重累之词。"文字有具体之形,有抽象之形,也有不可象之形。有形而不可象,就转为指事。王筠《句读》:"此象形之变为指事者也。亦在臂下曲隈之处,非如两膝之自生一骨,两乳之突起一肉,岂可以点象其形,盖以点记两臂之下,谓亦在是耳。"

"亦"后借作副词,相当于"又,也、也是,不过、只是,皆、都,已经"。又用作连词,相当于"假如"。通"奕",《诗经·周颂·噫嘻》:"亦服尔耕,十千维耦。"孔颖达疏:"亦,大;服,事;《释诂》文。彼亦作奕,音义同。"

jù
聚

楚帛书　　说文小篆　　颜真卿　　赵孟頫

形声字。《说文》:"聚,会也。从乑取声。邑落云聚。"本义为集合、会合。段注:"积以物言,聚以人言,其义通也。"《周易·系辞》:"方以类聚,物以群分。"孔颖达疏:"方谓法术性行以类共聚,固方者则同聚也。"乑(yín),《说文》:"众立也。从三人。"为"眾"之初文。人三为众,故"乑"从三人。简体字"众"取"乑"形而略变其结构。"乑"小篆作ᴀᴀᴀ,像三人并立形。众人(乑)群居,当地水土草木等物产就归他们取用,故"聚"从乑取声。"邑落云聚"《系传》《韵会》引作"一曰邑落曰聚",村落为人所聚,故也指邑落,《史记·五帝本纪》:"一年而所居成聚。"

　　"聚"也指积蓄、储备,《周易·乾》文言:"君子学以聚之,问以辩之。"孔颖达疏:"未在君位,姑且习学以畜其德。"也指征收、搜刮(财物),《公羊传·襄公三十年》:"诸侯相聚。"何休注:"聚,敛也。相聚敛财物。"人聚集则同处,故又指共同,《管子·君臣》:"是以明君顺人心,安情性,而发于众心之所聚。"尹知章注:"聚,谓同所归凑。"

qún　群(羣)

子璋钟　　说文小篆　　白石神君碑　　颜真卿

《说文》作"羣",形声字。《说文》:"羣,辈也。从羊君声。"本指兽畜等动物相聚而成的集体。王筠《句读》:"通词也,不主谓羊。"《国语·周语》:"兽三为群,人三为众。"君,《说文》:"尊也。从尹;发号,故从口。"本指君王,即古代统治者。"君、尊"上古音声近韵同,为声训。"尹"以手(又)持笔(丿)指管理事务,君王治理(尹)天下,以口令尹行事,故"君"从尹从口。羊性温顺而喜群居,徐锴《系传》"羊性好群居也","君"为天下所归,乃群生之主,故含有群意,桂馥《义证》"谥法:从之成群曰君",人、物群聚,则力大势盛而昌兴,故"羣"从羊君声。"羣"是上下结构,"群"是左右结构而为今通行字形。

　　朋辈多群聚,故"群"也指朋辈,《论语·卫灵公》:"群居终日,言不及义。"皇侃义疏:"三人以上为群居。"又指事物的种类,《周易·系辞》:"方以类聚,物以群分。"孔颖达疏:"物谓物色,群党共在一处而与他物相分别。"

也指会合、联合，《国语·齐语》："令夫士，群萃而州处，闲燕则父与父言义，子与子言孝，其事君者言敬，其幼者言悌。"和睦才能长久相处，故又指和好，《论语·卫灵公》："君子矜而不争，群而不党。"朱熹集注："和以处众曰群。"随俗才能合群，故又指随俗，《楚辞·离骚》："鸷鸟之不群兮，自前世而固然。"王逸注："言鸷鸟执志刚厉，特处不群，以言忠正之士，亦执分守节，不随俗人。"又指多数、众多，可指人，《礼记·祭法》："王为群姓立社，曰大社。"可指事物，左思《咏史》："弱冠弄柔翰，卓荦观群书。"又用作量词，指聚集在一起的人或物，如一群学生。

yīng
英　　　　说文小篆　古地图　朝侯小子残碑　颜真卿

　　形声字。《说文》："英，艸荣而不实者。一曰黄英。从艸央声。"本义为花。《尔雅·释草》："木谓之华，草谓之荣。不荣而实者谓之秀，荣而不实者谓之英。"央，《说文》："中央也。从大在冂之内。大，人也。"指正中间，有大意。小篆作央，以人（大）在界（冂）中间会中央意。"英"是草之花，花多位于草木中央，叶围绕四周，且无果之花尤为大，故"英"从艸央声。

　　"英"也指黄花木，段注："此别一义也。疑即权，黄华。"花朵美丽，故也指美好，左思《咏史》之四："悠悠百世后，英名擅八区。"美好则超出一般，又指特出、才能出众，《孟子·尽心》："得天下英才而教育之，三乐也。"杰出则高于一般，故指杰出人物，如群英荟萃，《荀子·正论》："尧舜者，天下之英也。"又指精华、事物最精粹的部分，《越绝书·外传》："欧冶子、干将凿茨山，泄其溪，取铁英，作为铁剑三枚。"矛上的装饰物飘逸如花，也称"英"，《诗经·鲁颂·閟宫》："公车千乘，朱英绿縢，二矛重弓。"毛传："朱英，矛饰也。"又指皮衣上的装饰物，《诗经·郑风·羔裘》："羔裘晏兮，三英粲兮。"高亨注："英，缨也。古人的皮袄是对襟，中间两边各缝上三条丝绳，穿时结上，等于现在的纽扣。"通"瑛"，玉的光泽，《诗经·齐风·著》："尚之以琼英乎而。"郑玄笺："琼英，犹琼华也。"又用作姓氏，《通志·氏族略》："英氏,偃姓,皋陶之后,以国为氏。汉有英布,为九江王,望出晋陵。"

【原文】　杜 稿 钟 隶　漆 书 壁 经
（dù gǎo zhōng lì　qī shū bì jīng）

【译文】　书殿藏有杜度的草书与钟繇的隶书,又有漆写的古籍和孔壁中的古文经典。

【释义】

《千字文释义》:"此节承上文坟典而言,见书籍之多也。"广内殿除了三坟五典,还珍藏有杜稿、钟隶、漆书、壁经等古代文物,都是文化艺术瑰宝。

杜稿,即杜度的草书。杜度,字伯度,生卒年不详,汉章帝时人,做过齐相,据说是历史上首位写草书者,连草圣张芝也认为自己草书不及杜度。三国时魏人韦诞评价杜度书法云"杰有骨力而字画稍瘦,若霜林无叶,瀑水飞迸"。卫恒《四体书势》:"齐相杜度,号称善作。后有崔瑗、崔寔,亦皆称工。杜氏杀字甚安,而书体微瘦。"梁时庾肩吾《书品》列其书品为上之中,张怀瓘《书断》列其章草为神品,草书大家怀素称其章草为"天然第一"。

钟隶,钟繇的隶书。钟繇,字元常,颍川长社(今河南许昌长葛东)人,三国时期曹魏著名书法家、政治家。钟繇在书法方面颇有造诣,是楷书(小楷)的创始人,被后世尊为"楷书鼻祖"。钟繇对后世书法影响深远,王羲之等后世书家都曾潜心研习钟繇书法。钟繇与王羲之并称为"钟王",南朝庾肩吾将钟繇的书法列为"上品之上",张怀瓘《书断》评其书法为"神品"。钟繇的楷书古雅浑朴,圆润遒劲,古风醇厚,笔法精简,自然天成,《宣和书谱》谓其"备尽法度,为正书之祖"。

漆书,是笔墨还未产生前,用树脂漆书写在竹简上的大头小尾文字,后人称为"蝌蚪文"。吾丘衍《学古编》:"上古无笔墨,以竹梃点漆书竹上,竹硬漆腻,画不能行,故头粗尾细,似其形耳。"现代出土有商代用玉石制作的漆书笔,可见漆书是我国最早的硬笔书法体,《晋书·束皙传》载,晋时有个名叫不准的汲郡人(今河南新乡),盗掘战国魏襄王的墓,得到十三篇用漆书写成的古籍。

　　"壁经"是孔子宅墙壁中所藏的经卷。秦始皇焚书坑儒,孔子的八世孙怕儒学从此失传,就把一部分用古文字体书写的经书藏在孔府夹壁墙里。汉武帝弟鲁恭王,拆除孔子旧宅修建花园,发现墙壁里的竹简。《说文叙》:"壁中书者,鲁恭王坏孔子宅而得《礼记》《尚书》《春秋》《论语》《孝经》。"《说文》古文多来源于壁中书。汉代称这些为"古文经",与汉隶书写的"今文经"不同,形成今文与古文两大经学流派。

【解字】

dù
杜

合 40749　　格伯簋　　杜伯盉　　战国秦虎符　　说文小篆　　白石神君碑　　褚遂良

　　形声字。《说文》:"杜,甘棠也。从木土声。"甘棠,即杜梨,蔷薇科落叶乔木。枝常有刺,小枝紫褐色,叶片菱状卵形或长卵形,枝叶可入药。为我国栽培梨的优良品种之一。段注:"棠不实,杜实而可食,则谓之甘棠,凡实者皆得谓之杜,则皆得谓之甘棠也。牡棠牝杜,析言之也;杜得称甘棠,互言之也。"徐灏《注笺》:"大抵杜棠二物,浑言之皆得通称,析言乃有牝牡赤白之异耳。"张舜徽《约注》:"甘棠似梨而小,木坚韧,叶圆有锯齿,春开白花,实微酸而甘美可口,亦名棠梨。其树接梨甚佳。"土色为黄,甘棠木又名赤棠而近黄色,且杜梨熟则色黄,故"杜"从木土声。

　　"杜"也指堵塞、断绝,为"斁"(dù)之借字,《说文》:"斁,闭也。"段注:"杜门字当作此,杜行而斁废矣。"《周礼·夏官·大司马》:"犯令陵政则杜之。"郑玄注:"杜之者,杜塞使不得与邻国交通。"断绝是拒绝往来,故又指排斥、拒绝,《后汉书·袁绍刘表列传》:"杜黜忠功,以疑众望。"又为香草名,即杜衡,又名土卤,马兜铃科,多年生草本,叶广披作针形,叶辛香,可入药,并可提芳香油,《尔雅·释草》:"杜,土卤。"又用作姓氏,《通志·氏族略》:"杜氏,亦曰唐杜氏。祁姓,帝尧之后,建国于刘,为陶唐氏。裔孙刘累以能扰龙,事孔甲。故在夏为御龙氏,在商为豕韦氏,在周为唐杜氏。"

gǎo
稿（稾）

　　橐　　稾　　稿　　稿

　　睡·效 25　说文小篆　曹全碑　颜真卿

《说文》作"稾"，形声字。《说文》："稾，秆也。从禾高声。"本指谷类的茎秆。张舜徽《约注》："稾、秆双声，亦一语之转耳。湖湘间称禾秆为稻草，即以稾为草也，故文之草创皆曰稾。"《史记·萧相国世家》："愿令民得入田，毋收稿为禽兽食。""稿"为禾类茎秆，细长而高，故"稾"从禾高声。"稾"为上下结构，"稿"为左右结构而为今通行字形。

"稿"也指诗文、图画等的草底，徐锴《系传》："今人言稿草，谓书之不谨，若禾稿之乱，然又文章之未修治也。"《史记·屈原贾生列传》："怀王使屈原造为宪令，屈平属草稿未定。"也指写成的文章、著作手本，如草稿、画稿。也指未刊行的诗文，洪迈《容斋续笔》："前贤遗稿，湮没非一，真可惜也。"作形容词指干枯，也作"槁"，《说苑·建本》："弃其本者，荣华槁矣。"

"稿"又音 kào，通"犒"，犒劳，《尚书·舜典》："作《汩作》《九共》九篇，稿饫。"孔传："稿，劳也。饫，赐也。"

"稿"又音 gào，散，《仪礼·既夕礼》："稿车载蓑笠。"郑玄注："稿，犹散也，散车，以田以鄙之车。"贾公彦疏："小小田猎，巡行县鄙，散车与彼游车，同是游散所乘。"

zhōng
钟（鐘鍾）

　　鐘　　𨮯　　鑰　　鎛　　鍾　　鍾

　　虢钟　郑公牼钟　说文小篆　说文或体　礼器碑　颜真卿

繁体作"鐘"或"鍾"，形声字。鐘，《说文》："乐鐘也。秋分之音，物種成。从金童声。古者垂作鐘。鎛，鐘或从甬。"本为古代打击乐器，用铜或铁制成，中空，悬挂在架上用槌叩击发音。桂馥《义证》："《白虎通·礼乐篇》：'钟之为言动也。阴气用事，万物动成，钟为气用金声也。'……《五经通义》：'钟者，秋分之气。万物至秋而成，至冬而藏。（物之）坚成不灭绝，莫如金，故金为钟，相继不绝也。'"段注于"物種成"下补"故谓之钟"四字，谓："犹鼓者春分之音，万物郭皮甲而出故谓之鼓。笙者正月之音，物生故谓之笙。管者十二月之音,物开地牙故谓之管也。鐘与穜叠韵。"《荀子·富国》:"故必将撞大钟,击鸣鼓,吹笙竽,弹琴瑟。""鐘"为青铜制成,中间空虚,敲击时发出"童童童"类洪亮之声,故"鐘"从金童声。简化字"钟"从金中声。

"鐘"也指佛寺悬挂的钟,梵语叫"犍椎、犍稚",用作报时、报警、集合的信号,张继《枫桥夜泊》:"姑苏城外寒山寺,夜半钟声到客船。"由报时、计时的功用引申指计时器、报时器,如闹钟、时钟。又为古容量单位,《淮南子·要略》:"一朝用三千钟赣,梁丘据、子家哙导于左右,故晏子之谏生焉。"高诱注:"钟,十斛也。"又用作姓氏,也作"鍾",如钟繇,《万姓统谱》冬韵:"鐘,见《姓苑》,与鍾同。"

鍾,《说文》:"酒器也。从金重声。"本为酒器。徐灏《注笺》:"许以鍾为酒器,鐘为乐器,判然各异,但此二字古相通用,故戴仲达合而一之……窃谓酒鍾之名既昉乎乐鐘,而嘉量之度亦出于律吕,然则鐘与鍾实本一字,因后世用之各有所专,遂歧而二之耳。引申为鍾聚之称。""重"金文作重鼎,像人背负重物(東)形,表示沉重、厚重。"鍾"为青铜所制,容量较大,盛酒分量亦重,段注:"古者此器盖用以宁(zhù)酒,故大其下,小其颈。自鍾倾之而入于尊,自尊勺之而入于觯,故量之大者亦曰鍾。"故"鍾"从金重声。《孔丛子·儒服》:"尧舜千鍾,孔子百觚。"简化作"钟"。

"鍾"也用作量词,古容量单位,1.春秋时齐国的公量,以四升为豆,四豆为区,四区为釜,十釜为钟,合六斛四斗。2.陈氏(即田氏)的"家量",田氏代齐后,这种"家量"就成为齐国的标准量器。战国时魏、秦等国也兼用这种量器,合八斛。3.合十斛。又为古乐器,以槌叩击发声,《诗经·小雅·白华》:"鼓鍾于宫,声闻于外。"鍾以聚酒,故又指集聚,《左传·昭公二十一年》:"天子省风以作乐,器以鍾之,舆以行之。"杜预注:"鍾,聚也,以器聚音。"由聚集引申为专一、专注,如钟情,《晋书·王衍传》:"然则情之所鍾,正在我辈。"又指寄托,曹植《磐石篇》:"经危履险阻,未知命所钟。"又用作姓氏,《广韵》鍾韵:"鍾,姓。出颖川。又汉复姓有鍾离氏,《世本》

云:与秦同祖,其后因封为姓。"

隶(隸)　[li]　　　十五年上郡守寿戈　睡 10.16　说文小篆　说文古文　曹全碑　颜真卿

　　繁体作"隸",形声字。《说文》:"隸,附箸也。从隶柰声。隷,篆文隸,从古文之体。"本义为奴隶,扩展为地位低下者的通称。奴隶依附于主人,故训"附箸"。桂馥《义证》:"《急就篇》:'奴婢私隶枕床杠。'颜注:'隶,附着之义也。私隶者,言属著私家,非给公役者。'""隶"金文作，郘钟,以手抓尾巴表示捕获、触及,后作"逮","逮"从辵隶声,正是抓住逃跑在路上的奴隶。"柰"是用果(木)祭祀(示),有对付、处置义,或作"奈",杨树达《词诠》:"'奈何'即今语之'怎样对付','奈之何'即今语之'怎样对付他'。"古时捕获(隶)奴隶,多以绳索捆绑以防其逃脱,并会安置(柰)奴隶做事,故"隸"从隶柰声。"隸"小篆作隷,桂馥《义证》:"本书款或作款,馥谓隷亦隸之或体,当别有古文脱去。""隸"简化字省作"隶"。

　　"隶"由附着义引申为附属、隶属,《后汉书·冯岑贾列传》:"及破邯郸,及更部分诸将,各有配隶。"也为字体的一种,即隶书,《汉书·艺文志》:"六体者,古文、奇字、篆书、隶书、缪篆、虫书。"一般认为,秦统一后"书同文",废弃六国文字,通用秦国小篆。后来公文繁多,就用会写字的程邈等奴隶来抄写。奴隶抄写量大,为求简易,就改变篆文体势,变圆为方,简易笔画,而形成"隶书"。通"肄",学习,《史记·刘敬叔孙通列传》:"群臣习隶。"索隐:"隶,亦习也。"今本《史记》作"肄"。又指察看,《史记·酷吏列传》:"关东吏隶郡国出入关者。"裴骃集解:"《汉书音义》曰:隶,阅也。"

漆(桼)　[qī]　　　高奴权　说文小篆　熹平石经　颜真卿

　　形声字。《说文》:"漆,水。出右扶风杜陵岐山,东入渭。一曰入洛。从水桼声。"本为古水名,渭水支流,今名漆水河。发源于陕西省麟游县西,东南流至武功县西,注入渭水。姚文田、严可均《校议》:"'杜陵'当作'杜阳'。"油漆之"漆"本字作"桼",是依附象形字。《说文》:"桼,木汁。可以鬃物。象形。桼如水滴而下。"本为漆树汁制成的涂料。鬃(xiū),指以漆漆物,"可以鬃物"言漆的作用。《广韵》质韵引《说文》"鬃物"下有"从木"二字。"桼如水滴而下",王筠《句读》:"申说象形也。谓象其汁形,非象其木形也……《古今注》:桼树,以刚斧斫其皮开,以竹管承之,汁滴管中,即成桼也。""桼"小篆作 𣏒,像水滴状的生漆从木(漆树)中流出形。徐锴《系传》:"六点皆象水而非水也。"《史记·货殖列传》:"山东多鱼、盐、漆、丝、声色。"段注:"今字作漆而桼废矣。漆,水名也,非木汁也。"

"漆"由水名转指漆树,落叶乔木,互生羽状复叶,初夏开小花,果实扁圆,树汁可为涂料。段注:"木汁名桼,因名其木曰桼。"《诗经·鄘风·定之方中》:"树之榛栗,椅桐梓漆。"又指用漆树汁制成的涂料,《尚书·禹贡》:"厥贡漆、枲、绤、纻。"作动词指涂漆,《战国策·赵策》:"豫让又漆身为厉,灭须去眉,自刑以变其容。"又指黑,《周礼·春官·巾车》:"漆车。"郑玄注:"漆车,黑车也。"同"柒",为"七"字的大写,《墨子·贵义》:"昔者周公旦,朝读书百篇,夕见漆十士。"

"漆"又音 qiè,〔漆漆〕庄重恭敬貌,《礼记·祭义》:"漆漆者,容也,自反也。"郑玄注:"漆漆,读如朋友切切。自反,犹言自修整也。"

shū
书(書書)　　書　書　書　書　書
　　　　　　颂簋　　睡24.29　说文小篆　熹平石经　颜真卿

　　繁体作"書",小篆作"書",形声字。《说文》:"書,箸也。从聿者声。"本义为书写、记载。"書、箸"上古音声近韵同,为声训。段注:"叙目曰:'箸于竹帛谓之书。书者,如也。'箸于竹帛,非笔末由矣。"徐灏《注笺》:"书从聿,当以作字为本义,因以为简册之称。"王筠《句读》:"古者'书'只三义:书写,其本义也;因而所写之字谓之书,《尚书》者,史所书也,亦谓之书;自《易传》'易之为书也,不可远',始为典籍之通称。"《礼记·玉藻》:"动则左史书之,言则右史书之。""聿"甲骨文作 𦘔 乙八四〇七,以手持笔,后作

"聿"。书写须用笔(聿),"者"有区别义,书写的文字各有不同,故"書"从聿者声。后省下"者"为"日"作"書",简化字由"書"草书楷化为"书"。

　　书写的是文字,故"书"也指文字,《周易·系辞》:"上古结绳而治,后世圣人易之以书契。"又指"六书",分析汉字的六种构形规则,《周礼·地官·大司徒》:"三曰六艺:礼、乐、射、御、书、数。"郑玄注:"书,六书之品。"贾公彦疏:"六书者,先郑云:象形、会意、转注、指事、假借、谐声。"《礼记·内则》:"十年,出就外傅,居宿于外,学书计。"孙希旦集解:"书、计,即六艺中六书、九数之学也。"记录的文字装订起来就是书籍,故又指书籍,《荀子·天论》:"万物之怪,书不说。"杨倞注:"书,谓六经也。"又为《尚书》的简称,《论语·为政》:"《书》云:'孝乎惟孝,友于兄弟,施于有政。'是亦为政。"又特指历书、占书、刑书,《尚书·金縢》:"启钥见书,乃并是吉。"孔传:"开钥见占兆书。"文字有不同的字体,故又指字体、字形,《隋书·阎毗传》:"能篆书,工草隶,尤善画,为当时之妙。"又指书法,《北史·儒林传》:"以学书为业,遂工草隶。"又指书信,如柳毅传书,《左传·昭公六年》:"叔向使诒子产书。"又指古代皇帝的诏书或臣下的奏记,《论衡·对作》:"夫上书谓之奏记,转易其名谓之书。"又为文体名,《史记》铺叙国家政体的一种文体,司马迁《报任少卿书》:"上计轩辕,下至于兹,为十表,本纪十二,书八章,世家三十,列传七十,凡百三十篇。"又为某些曲艺的统称,如说书。

壁 bì

壀　壁　壁　壁

孙膑33　说文小篆　西狭颂　颜真卿

　　形声字。《说文》:"壁,垣也。从土辟声。"本义为墙壁,段注:"壁自其直立言之。"《六书故·地理》:"古者筑垣墉周宇以为宫,后世编苇竹以障楹间,涂之以泥曰壁。"《仪礼·特牲馈食礼》:"馈爨在西壁。"郑玄注:"西壁,堂之西墙下。"辟,《说文》:"法也。从卩从辛,节制其辠也;从口,用法者也。"指法度。"辟"金文作🔲墙盘,古有"大辟"之刑,"辛"为刑刀,"卩"为受刑罪人,"口"指审判者以口宣法令,一说"口"为砍下的人头,故"辟"

从卩从辛从口。"劈、僻、譬、避、嬖"等字上古文献多只作"辟"。古时墙壁多以土石垒成，有护卫遮蔽之用，"辟"有抵御、避开义，《释名》："壁，辟也。辟御风寒也。"故"壁"从土辟声。

营垒如墙壁而有防御之用，故"壁"引申指营垒，《六韬·王翼》："修沟堑，治壁垒，以备守御。"作动词指驻守、筑营垒，《史记·魏公子列传》："魏王恐，使人止晋鄙，留军壁邺。"陡峭的山崖如同直立的墙壁，也称"壁"，春秋卫国懿公有养鹤崖称"鹤壁"，李白《蜀道难》："连峰去天不盈尺，枯松倒挂倚绝壁。"又指物体或生物器官上作用像壁的部分，如胃壁，陆龟蒙《耒耜经》："冶金而为之者曰犁镜，本作镮，曰犁壁。"又为星名，又称"东壁"，北方玄武七宿的最末一宿，有两颗星，《尔雅·释天》："娵觜之口，营室东壁也。"

经（經）

繁体作"經"，形声字。《说文》："經，织也。从糸巠声。"本指织布机上的纵线。《太平御览》引作"织从（纵）丝"。段注："古谓横直为衡从，《毛诗》云：'衡从其亩。'是也……织之从丝谓之经。必先有经而后有纬，是故三纲五常六艺谓之天地之常经。《大戴礼》曰：'南北曰经，东西曰纬。'"徐灏《注笺》："盖织以经为主而后纬加之。经者，所以织也，经其常也。戴氏侗曰：'凡为布帛，必先经而后纬，故经始、经营、经常之义生焉。'灏谓：'大经犹言大纲，故经常亦曰纲常也。'"织布机纵向的主线为"经"，横向的织线为"纬"，《正字通》糸部："经，凡织纵曰经，横曰纬。"《论衡·量知》："恒女之手，纺绩织经。"巠（jīng），为织布机上的竖（直）丝，也指水脉，有纵向、直义，张舜徽《约注》："织从丝谓之经，犹水脉谓之巠，头茎谓之颈。"故"經"从糸巠声。"經"是巠加糸旁构成的加形分化字。

古代建筑多坐北朝南，出门直走为由北向南，故"经"也指南北的方向或道路，也泛指道路、途径，《周礼·考工记·匠人》："国中九经九纬。"贾公彦疏："南北之道为经，东西之道为纬。"织布机上的纵线是直的，故又指直行,左思《魏都赋》:"驰道周屈于果下,延阁胤宇以经营。"李善注:"直行为经,周行为营。"走过的路就是经过了,故又指经历、经过,《孟子·尽心》:"经德不回,非以干禄也。"织以经为主,故又指主要的(江河水道),《汉书·沟洫志》:"河,中国之经渎。"主要则常用,故又指经常,《淮南子·齐俗》:"其事经而不扰,其器完而不饰。"经典载常道、常理,故又指历来被尊奉为典范的著作,《荀子·劝学》:"其数则始乎诵经,终乎读礼。"杨倞注:"经谓《诗》《书》。"儒家经典汉代有"五经",唐代有"九经",至南宋而有"十三经",研究这些经的学问称"经学"。又指我国古代图书目录四部(经、史、子、集)分类法中儒家经典及小学(文字、音韵、训诂)方面的书,《旧唐书·经籍志》:"四部者,甲、乙、丙、丁之次也。甲部为经,其类十二:一曰《易》,以纪阴阳变化;二曰《书》,以纪帝王遗范;三曰《诗》,以纪兴衰颂叹;四曰《礼》,以纪文物体制;五曰《乐》,以纪声容律度;六曰《春秋》,以纪行事褒贬;七曰《孝经》,以纪天经地义;八曰《论语》,以纪先圣微言;九曰图纬,以纪六经谶候;十曰经解,以纪六经谶候;十一曰诂训,以纪六经谶候;十二曰小学,以纪字体声韵。"经典有义理、法则,故又指义理、法则,《周易·颐》六五:"拂经。"孔颖达疏:"拂,违也。经,义也。"由常引申为正常,《史记·孝武本纪》:"视其书不经,疑其妄书。"又指度量、划界,《诗经·大雅·灵台》:"经始灵台,经之营之。"又指经营、治理,《周礼·天官·大宰》:"以经邦国,以治官府。"贾公彦疏:"经者,所以经纪为名,故云经。"又指地理学上虚拟的、通过地球南北两极与赤道成直角的线,以通过英国格林尼治天文台的那一条线为本初子午线,此线以东称东经,以西称西经。又指经脉,人体气血运行的通路,《素问·阴阳应象大论》:"六经为川,肠胃为海。"段注:"抑许云绞,缢也。缢,经也。缢死何言经死也,谓以绳直县(悬)而死,从(纵)丝之义之引申也。"故又指上吊、自杀,《论语·宪问》:"自经于沟渎而莫之知也。"又指上吊的人,《荀子·仲尼》:"辟之是犹伏而咶天,救经而引其足也。"由上吊引申指悬挂,《庄子·刻意》:"熊经鸟申。"成玄英疏:"如熊攀树而自经,类鸟飞空而伸脚。"又指数目,十兆为经,应劭《风俗通》:

"十十谓之百,十百谓之千,十千谓之万,十万谓之亿,十亿谓之兆,十兆谓之经,十经谓之垓,十垓谓之秭,十秭谓之选,十选谓之载,十载谓之极。"

【原文】　府罗将相　　路侠槐卿
　　　　　fǔ luó jiàng xiàng　　lù xiá huái qīng

【译文】　宫廷内将相依次排列,宫廷外大夫公卿夹道站立。

【释义】

《千字文释义》:"自此以下五节,俱承上文'群英'而言。此节言'群英'禄位之尊富也。"承明殿内汇聚了文武百官、公卿将相。"府"本指文书、钱物的贮存所,转指官府办公的宫殿房屋。这里指朝廷内,文武百官朝会处。"侠"通"夹",朝廷外,夹道站立的都是三公九卿,大臣分列道路两旁夹道迎君。

"槐卿"指"三槐九棘"。古代皇宫外朝种植三槐、左右各九棘,作为臣子朝见皇帝时所居位置的标志。后"三槐九棘"就成为三公九卿的代称。"槐卿"出《周礼·秋官司寇·朝士》:"朝士掌建邦外朝之法:左九棘,孤卿大夫位焉,群士在其后。右九棘,公侯伯子男位焉,群吏在其后。面三槐,三公位焉,州长众庶在其后。"郑玄注:"树棘以为位者,取其赤心而外刺,象以赤心三刺也。槐之言怀也,怀来人于此,欲与之谋。"古人崇敬槐树,槐树能生存数千年,且不怕旱涝,不畏寒暑,生命力极强。槐树花、槐树皮都可以吃,饥年可救人性命,故槐树又被视为国树,称国槐。三槐就是三公,代表国家最尊贵的三个职位,"槐"谐音"怀",含怀来众人之意。

"三公"为古朝廷中最尊显的三个官职的合称,不同朝代的称谓、职责都有不同。周代已有此称,西汉今文经学家据《尚书大传》《礼记》等书,认为三公指司马、司徒、司空。古文经学家则据《周礼》,认为指太师、太傅、太保,《尚书·周官》:"立太师、太傅、太保,兹惟三公。论道经邦,燮理阴阳,官不必备,惟其人。"《春秋公羊传》:"天子三公者何? 天子之相也。天子之相则何以三? 自陕而东者,周公主之;自陕而西者,召公主之;一相处乎内。"总之,"三公"是天子之下最高管理者的称谓。

“九卿”是古代中央行政长官的总称。《汉书·百官公卿表》称西周已有九卿，即天官冢宰、地官司徒、春官宗伯、夏官司马、秋官司寇、冬官司空以及少师、少傅、少保的总称。秦以九卿为行政机构首长，官制已具雏形。汉以太常（秦与汉初为奉常）、光禄勋（秦与汉初为郎中令）、卫尉、太仆、廷尉、大鸿胪（秦典客，汉景帝改大行令，武帝改定）、宗正、大司农（秦治粟内史，汉景帝改大农令，武帝改定）、少府为九卿，亦称“九寺大卿”。九卿职能略近后世六部尚书，魏、晋以后，行政职务多由尚书担任，九卿所辖，仅剩原有职务的部分。南朝梁武帝在官名上各加卿字，如以廷尉为廷尉卿，又加太府、大匠、大舟三卿，合为十二卿。北齐改少府为太府，廷尉为大理，官署称寺，如太常寺、大理寺；长官称卿，如太常寺卿、大理寺卿。隋、唐沿袭。宋初九卿仅为官员品秩，无职掌，元丰改制，始有职事。南宋将卫尉、太仆划归兵部，光禄、鸿胪划归礼部，九卿减为五卿。辽、金、元诸寺及卿不满九数，其有关职能，或属他署，或改寺为监。明、清有大小九卿之称。明以六部尚书与都察院都御史、大理寺卿、通政司使为大九卿；以太常寺卿、太仆寺卿、光禄寺卿、詹事、翰林学士、鸿胪寺卿、国子监祭酒、苑马寺卿、尚宝寺卿为小九卿。清上谕常用“六部九卿”字样，实无明确职位，通常指都察院、大理寺、太常寺、光禄寺、鸿胪寺、太仆寺、通政使司、宗人府、銮仪卫的长官。

【解字】

府　𢊁　𥨛　府　府　府
fǔ
大府簋　　铸客鼎　　说文小篆　　衡方碑　　颜真卿

形声字。《说文》：“府，文书藏也。从广付声。”本为国家储藏文书或财物的地方。徐灏《注笺》：“《一切经音义》卷九引《三仓》曰：府，文书、财物藏也。”《尚书·大禹谟》：“地平天成，六府三事允治。”孔颖达疏：“府者，藏财之处。”付，《说文》：“与也。从寸持物对人。”本义为付与。“付”小篆作𠆡，“寸”指手，像手（寸）持物给人形，故“付”从寸持物对人。“府”为存放文书、财物的建筑（广），文书付与人读，财物付与人用，徐灏《注笺》：

"府主出纳,故从付声,因声载义。"故"府"从广付声。

府藏有人管理,故"府"也指古代管理财货或文书的官,段注:"引伸之为府史胥徒之府。"《周礼·天官·宰夫》:"五曰府,掌官契以治藏。"由储藏文书泛指储藏、收藏,任昉《为范始兴作求立太宰碑表》:"藏诸名山,则陵谷迁贸;府之延阁,则青编落简。"作动词指聚集,《尚书·吕刑》:"狱货非宝,惟府辜功,报以庶尤。"孔传:"惟聚罪之事,其报则以众人见罪。"又指百物聚集之处,如乐府,《左传·昭公十二年》:"吾不为怨府。"又为官署的通称,《周礼·天官·大宰》:"以八法治官府。"郑玄注:"百官所居曰府。"又为达官贵人的住宅,如王府,《史记·曹相国世家》:"参见人之有细过,专掩匿覆盖之,府中无事。"又为古时行政区划的名称,辖区大小各朝各地不同,一般在县以上。又指腑脏,后作"腑",徐灏《注笺》:"府,人身亦有出纳藏聚,故谓之五府六藏,俗别作腑臟。"通"俯",俯就,《荀子·非相》:"与时迁徙,与世偃仰。"杨倞注:"府与俯同,就物之貌。"

luó
罗（羅）

乙5395	甲265	罗儿匜	说文小篆	武威医简87	泰山金刚经　颜真卿

繁体作"羅",会意字。《说文》:"羅,以丝罟鸟也。从网从维。古者芒氏初作羅。""羅"兼动词、名词二义,动词指以网捕鸟,名词指捕鸟的网。段注:"《释器》:鸟罟谓之罗。"《诗经·小雅·鸳鸯》:"鸳鸯于飞,毕之罗之。"《诗经·王风·兔爰》:"有兔爰爰,雉离于罗。"毛传:"鸟网为罗。""维"从糸从隹,本指以丝绳(糸)系捕鸟(隹),也指系鸟的绳子,泛指系物之绳,引申有维系之义。以丝网(糸网)捕鸟(隹),故"羅"从网从维。"羅"甲骨文作🐦,从网、隹,从上张网捕(罩)鸟。陈梦家《〈史字新释〉补证》:"《诗·兔爰》正义引李巡曰:'鸟飞张网以罗之。'……俗语谓'天罗地网',天罗即张网于空中也。""羅"甲骨文又作🐦,罗振玉《殷虚书契考释》:"卜辞从隹在畢中,🐦与网同。"甲骨文🐦与"翟"(zhào)同,《说文》:"翟,覆鸟令不飞走也。从网、隹。读若到。"指罩住禽鸟使不飞走,后作"罩"。"翟"

指以网覆鸟(隹),故"翟"从网、隹。《说文》:"罩,捕鱼器也。从网卓声。"
指捕鱼鸟的器具,或织丝为网,或编竹为笼。"卓"有高意,在上则高。"罩"
是用网、笼等器具从上往下(卓)将鱼鸟罩而捕获,故"罩"从网卓声。"羅、
𦊨、翟、罩"四字之变如下:"羅"之初文从网、隹作𦊨,甲骨文𦊨(羅)与
"翟"本为一字,后分化,𦊨表以网捕鸟的过程,"翟"表以网捕鸟的状态,即
以网覆鸟,意义既分,则又别"翟"之音为 zhào。自"翟"表示覆鸟之义,本
义之𦊨则又加糸作"羅",《说文》合"羅"下之"糸隹"为"維",以其构形为从
网从維。"翟、罩"音义同,"罩"晚出而指捕鱼器,后二字合流,"罩"行而
"翟"废。简化字"罗",省"羅"下之"維(隹)"作"夕"。

　　捕鸟须持网寻鸟,故"罗"引申指搜寻、招致,《汉书·王莽传》:"网罗天
下异能之士。"网鸟是把鸟包于网中,故又指包罗、囊括,《庄子·天下》:"万
物毕罗,莫足以归。"网格、布网依次排列,故又指排列、分布,《史记·五帝
本纪》:"旁罗日月星辰水波土石金玉。"遇鸟才能将其捕捉,故又指遭遇,
《论衡·辨祟》:"或有所犯,抵触县官,罗丽刑法,不曰过所致,而曰家有负。"
网多用丝制,编织有序而质地轻柔,故又指质地轻软的丝织品,如绫罗绸
缎。密孔筛子的形状如网,也称"罗",《天工开物·精粹》:"凡麦经磨之后,
几番入罗,勤者不厌重复。"又指用罗筛东西,白居易《即事》:"室香罗药
气,笼暖焙茶烟。"又用作姓氏,《通志·氏族略》:"罗氏,子爵,熊姓。一曰
祝融之后,妘姓。初封宜城,徙枝江,为楚所灭,周末居长沙。"王应麟《姓
氏急就篇》:"罗氏,颛顼后,封于罗,今房州也,子孙以为氏。"

jiàng
将(將)　　𢎗　𢎗　𢎗　𢎗　𢎗　将

花东 304　合 13525　中山王壶　说文小篆　定县竹简 53　颜真卿

　　繁体作"將",形声字。《说文》:"將,帅也。从寸,牆省声。"本指统领
士兵的将帅。王筠《句读》:"借帅为衛也。"牆(酱),《说文》:"鹽也。从肉
从酉。酒以和酱也。爿声。"本义为肉酱。爿(qiáng),指劈木而成的木片。
爿横置为形似"几"的小矮床,后加木为"牀"。酱以肉末与酒调和腌制而

成、剁肉末、调和原料在俎几(爿)上操作,故"酱"从肉从酉,爿声。"寸"指法度,有法度才能治兵,段注:"必有法度而后可以主之先之,故从寸。"将帅治兵如酱之调味,要使上下和谐一致,故"将"从寸,酱省声。"将"甲骨文像双手(廾)奉物于俎(爿)形。献祭者为官长,故有将领、将帅义;祭者在前,向神祖进献祭品,故有进、行、送诸义;祭者奉祭品于俎,会扶持一番,使祭品中正不倒,故有扶持、护卫义;祭者奉物于俎敬祭神祖,故有遵奉、顺承义。严一萍《释 鼒爿》:"盖字象双手扶爿(几),故引申之有扶、进、助、奉、持、致诸义。"

"将"作动词指统领,《左传·僖公三十三年》:"寡君闻吾子将步师出于敝邑,敢犒从者。"又为军衔名,元帅之下的军官,如大将、上将。将帅多能力超群,故又指能手,苏轼《答刘景文》:"载酒邀诗将,臞儒不是仙。"

"将"又音 jiāng。作动词指扶持、辅助,《诗经·周南·樛木》:"乐只君子,福履将之。"由扶持引申为护持、护卫,《尚书·酒诰》:"德将无醉。"孔传:"以德自将,无令至醉。"又指行进、前进,《诗经·郑风·丰》:"悔予不将兮。"孔颖达疏:"今日悔我本不共是子行去兮。"又指推进,《诗经·小雅·无将大车》:"无将大车。"孔颖达疏:"大车须人傍而将之,是为扶车而进导也。"由行进引申指送行,《诗经·召南·鹊巢》:"之子于归,百两将之。"送行多有礼相赠,故又指赠送,《周礼·春官·大史》:"及将币之日,执书以诏王。"贾公彦疏:"至此得朝觐之时,则有三享之礼将送也。"又指施行,《尚书·胤征》:"今予以尔有众,奉将天罚。"孔传:"将,行也。奉王命行王诛。"又指养息,《诗经·小雅·四牡》:"王事靡盬,不遑将父。"又指顺从、随从,《庄子·庚桑楚》:"备物以将形。"又指遵奉、秉承,《仪礼·聘礼》:"束帛将命于朝。"又指想要、打算,《左传·隐公元年》:"大叔完聚,缮甲兵,具卒乘,将袭郑。"又指大、壮,《尚书·盘庚》:"古我先王,将多于前功。"孔传:"言以迁徙多大前人之功美。"又相当于"是",与"非"相对,《左传·哀公十四年》:"非不利也,将除害也。"又作副词,相当于"将要、快要,方、始,必定、就会,当、应该、尚、还,惟独、只,乃、这才,将近"。又作介词,相当于"在、于、以、用"。又作连词,表示连同、转折、假设等。又用作代词,相当于"此、这,何、怎么"。又用作助词,表示发端、反向、推测等。

"将"又音 qiāng,请、愿,《诗经·卫风·氓》:"将子无怒,秋以为期。"

xiàng
相　　　　　　　　相　相　相

合 18410　村中南 454　相侯簋　说文小篆　熹平石经　颜真卿

会意字。《说文》:"相,省视也。从目从木。《易》曰:'地可观者,莫可观于木。'《诗》曰:'相鼠有皮。'"本义为省视、察看。段注:"《释诂》《毛传》皆云'相视也',此别之云省视,谓察视也。"徐灏《注笺》:"戴氏侗曰:'相,度才也。工师用木,必相视其长短、曲直、阴阳、刚柔之所宜也。'相之取义始于此,会意。"张舜徽《约注》:"隐公十一年《左传》引周谚:'山有木,工则度之。'盖察度木材,所起甚早,相之取义在此,戴说是也。"《尚书·盘庚》:"相时憸民,犹胥顾于箴言。"陆德明释文引马融:"相,视。"木匠做工,先要用目相看木材,故"相"从目从木。"相"甲骨文像以目相木形。

占视须相看,故"相"也指占视,《尚书·召诰》:"成王在丰,欲宅洛邑,使召公先相宅。"又指仔细观察,如相马。又指实质,《诗经·大雅·棫朴》:"追琢其章,金玉其相。"孔颖达疏:"其质如金玉。"形貌可相看,故也指形貌,李贺《马诗》之十九:"空知有善相,不解走章台。"作动词指辅佐、辅助,《尚书·立政》:"相我受民。"孔颖达疏:"相训助也,助君所以治民事,故相为治。"又指扶引盲人的人,《荀子·成相》:"人主无贤,如瞽无相,何伥伥。"又指选择,《周礼·考工记·矢人》:"凡相笴,欲生而搏。"又指司仪赞礼者,《左传·成公二年》:"使相告之曰:非礼也,勿籍!"又为古官名,1. 古代辅佐帝王的大臣,后专指宰相,《尚书·顾命》:"相被冕服,凭玉几。"孔颖达疏:"郑玄云:相者,正王服位之臣,谓太仆。" 2. 汉时诸侯王国的实际执政者,相当于郡太守,《后汉书·张衡列传》:"永和初,出为河间相。"又指使为相,《韩非子·难一》:"桓公解管仲之束缚而相之。"又为古地名,故址在今河南省安阳市西,《尚书·咸有一德》:"河亶甲居相。"又为佛教名词,对"性"而

言,佛教把一切事物外现的形象状态称为相,裴休《释宗密禅源诸诠序》:
"一真净心,演性相之别法。"

"相"又读 xiāng,指互相、交互,《周易·系辞》:"刚柔相推而生变化。"
也表示一方对另一方有所动作,《列子·汤问》:"吾与汝毕力平险,指通豫
南,达于汉阴,可乎? 杂然相许。"

路 lù

路 蹈 路 路

史懋壶　　说文小篆　西狭颂　颜真卿

形声字。《说文》:"路,道也。从足从各。"本义为道路。徐锴《系传》
作"从足各声"。张舜徽《约注》:"草昧之初,无所谓道路也。由人往来践
踏,经久循行而后道路形焉。道字从辵,路字从足,皆是意也。《释名·释
道》云:'道,蹈也。路,露也。言人所践蹈而露见也。'是已。"道路为人足
所行,"各"为客人脚(夂)循路向主人家(口)走来,路上的人各有所往,徐
铉等注:"言道路人各有适也。"故"路"从足各声。

"路"作动词指经过,《楚辞·离骚》:"路不周以左转兮,指西海以为
期。"也指败亡跑路、减弱,《孟子·滕文公》:"是率天下而路也。"赵岐注:
"是率导天下人以羸困之路也。"又由路长转指大,《诗经·大雅·生民》:"实
覃实讦,厥声载路。"规律如道路为人所遵行,故又指条理、规律、道理,《尚
书·洪范》:"无有作好,遵王之道;无有作恶,遵王之路。"仕途为官吏之
"路",故又指仕途、官职,《孟子·公孙丑》:"夫子当路于齐,管仲、晏子之功,
可复许乎?"通"辂",天子、诸侯所乘的车,也泛指车,《诗经·魏风·汾沮
洳》:"美无度,殊异乎公路。"又用作姓氏,《广韵》暮韵:"路,姓。本自帝挚
之后。出阳平、襄城、陈留、安定、东阳、河南等六望。"

侠(俠) xiá

俠 侠 侠 侠

说文小篆　武威·燕礼52　王羲之　颜真卿

繁体作"俠",形声字。《说文》:"俠,俜也。从人夹声。"指侠义、见义
勇为。段注:"按侠之言夹也。夹者,持也。经传多假侠为夹,凡夹皆用侠。"

《史记·季布乐布列传》："季布者,楚人也。为气任侠,有名于楚。"夹,《说文》:"持也。从大侠二人。"本义为夹持。"夾"小篆作<ruby>夾</ruby>,以一人(大)夹在两人(人)间会夹持意,故"夾"从大侠二人。侠指武力过人、见义勇为、轻才自雄之人,徐灏《注笺》:"侠,古但为夹持字。战国之世,任侠之风盛行,乃别其义谓之任侠者,挟负气力以任事自雄也。""夾"即"侠"之初文,故"侠"从人夾声。《淮南子·道应训》:"两蛟侠绕其船。""侠"即在两旁、夹住义。

"侠"在古代指侠客,为抑强扶弱、见义勇为的人,张舜徽《约注》:"《史记·游侠列传》所谓'言必信,行必果,已诺必诚,不爱其躯,赴士之厄困,千里诵义'者也。"《韩非子·五蠹》:"儒以文乱法,侠以武犯禁。"侠义之举为人所赞,故又指美好、美丽,《汉书·外戚传》:"佳侠函光,陨朱荣兮。"颜师古注引孟康:"佳侠,犹佳丽。"

<ruby>huái<rt></rt></ruby>槐 　　槐 　塊 　槐 　槐

说文小篆　　居甲 2118　　曹全碑　　颜真卿

形声字。《说文》:"槐,木也。从木鬼声。"本义为木名。槐树,豆科,落叶乔木。夏季开黄白色蝶形花,果实为长荚。木材坚密,可供建筑和制器之用。花蕾种子可入药,花可作黄色染料。《艺文类聚》引《庄子》:"槐之生也,入季春五日而兔目,十日而鼠耳。"《春秋说题辞》:"槐木者,虚星之精也。"鬼,人(儿)上有假面(甶)且有尾(厶)形,《说文》:"人所归为鬼。"古谓人死后"魂气归于天,形魄归于地",故"鬼"有回归意。"槐"音同"怀",含怀乡意。古谓槐树长生而灵异,似有魂灵,故称槐树为"守土树",多栽于村口或庙门前,以候望游子叶落归根、魂归故里。槐树长寿,古来具有外迁之民怀祖思归的寄托含义,河南、山东等地有"问我祖先在何处,山西洪洞大槐树"之谚,《周礼·秋官·朝士》:"面三槐,三公位焉。"郑注:"槐之言怀也,怀来人于此,欲与之谋。"故"槐"从木鬼声。

"槐"又为草名,即续断,为川续断科植物的泛称,多年生草本,种类颇多,根可入药,《通志·昆虫草木略》:"续断,曰龙豆,曰属折,曰接骨,曰南草,曰槐,曰大蓟,曰马蓟。"

qīng
卿

　前 4.21.5　　令鼎　　说文小篆　　熹平石经　　颜真卿

　　形声字。《说文》:"卿,章也。六卿:天官冢宰、地官司徒、春官宗伯、夏官司马、秋官司寇、冬官司空。从卯皂声。"为古代天子及诸侯所属高级官员的称呼。汉以前有六卿,汉设九卿,北魏在正卿下还有少卿。以后历代相沿,清末始废。公卿为章善明理之人,故训"章"。"卿、章"上古音皆属阳部,为声训。段注:"《白虎通》曰:卿之为言章也,章善明理也。"卯(qīng),《说文》:"事之制也。从卩、㔾。"指办事、治事的制度。徐灏《注笺》:"许以卩㔾为符节之合形。凡官守以符节为信,故曰'事之制也'。"像两半对等可相合之物,故"卯"从卩㔾。"皂"为稻谷的香气,甲骨文作 ✡ 存下七六四,像馨香米饭在食盒中形。公卿章善明理以治国事(卯),为国利民而赢得美誉,如谷散发馨香(皂),故"卿"从卯皂声。罗振玉《雪堂金石文字跋尾》:"公卿之卿与饗食之饗古为一字。而 ✍ 则嚮背之嚮也。卿彝卿字作 ✍,象两人相嚮就食之形。盖饗食之饗本字也。"鄉党之鄉、公卿之卿、饗食之饗,本是一字。两人(众人)围坐而食之,如吃团年饭,就是鄉亲、卿近、饗食。围绕君王而共理国事的人是公卿,"卿"在"皂"上少一点以区别于"鄉"。饗表示会餐的原义,为区别于"鄉、卿"而加食旁。"鄉－卿"是同形分化的区别字,"鄉－饗"是加形旁派生的分化字。"鄉"简化作"乡","饗"简化作"飨"。

　　"卿"也指将领,秦以前天子、诸侯之将帅皆以卿为之,《尚书·甘誓》:"大战于甘,乃召六卿。"孔传:"天子六军,其将皆命卿。""卿"为尊位,古代用作对人的尊称,《史记·孟子荀卿列传》:"荀卿,赵人。"古也用作君对臣的爱称,《古今韵会举要》庚韵:"卿,秦汉以来,君呼臣以卿。"古又用作夫对妻或妻对夫的称呼,《焦仲卿妻》:"我自不驱卿,逼迫有阿母。"夫妻男女亲密为"卿卿我我"。

【原文】　hù fēng bā xiàn　　jiā jǐ qiān bīng
　　　　　户 封 八 县　　家 给 千 兵

【译文】　（诸侯）每户的封地有八县之广，每家配备的士兵有千名之多。

【释义】

　　两句讲古代的分封制度。《诗经·商颂·殷武》："命于下国，封建厥福。"郑玄笺："则命之于小国，以为天子，大立其福。谓命汤使由七十里王天下也。"古代臣子为国立功，多会受到君王的分封。分封制来源于先秦的封建制度。"封建"原义即封土而建疆（国），"封"指堆土植树以为地界，天子把土地赐给诸侯，诸侯在所赐土地四周植树为界以建立邦国，故称"封建"。《左传·僖公二十四年》："昔周公吊二叔之不咸，故封建亲戚，以蕃屏周。"广而言之，古代帝王把爵位、土地分赐亲戚或功臣，使之在各自区域内建立邦国，即封建亲戚以保卫中央，所封之地称为"诸侯国、封国、藩国"等。《史记》载，黄帝时代"诸侯咸来宾从"，"诸侯咸尊轩辕为天子"，黄帝"置左右大监，监于万国"，这便是早期的封建制度。分封制在五帝三王时期已有发展，至周代臻于完善，《吕氏春秋·先识览》："周之所封四百余，服国八百余。"柳宗元谓"自唐虞至周，皆封建时代，帝王与诸侯分而治之"。秦始皇统一天下，废封建制改为郡县制。汉朝承袭秦朝郡县制，但同时又推行封国制。封国包括王国与侯国，两种体制并行，又称"郡国制"。汉景帝时实行削藩政策，汉武帝承袭其事，颁布"推恩令"，允许诸侯把王国的土地分封给他们的子弟，使诸侯王的力量越分越小，势力大为削弱。从此"大国不过十余城，小侯不过十余里"，封国的力量不再对中央构成威胁。后期的分封，只是皇帝赐给有功大臣一块土地而已。

　　封，赏赐。给，给予。户、家皆指将相群英之家，"八、千"在此是概数，形容封地之大、府兵之多，非实际数目，与"三、九"表示多数相同。历史上因功受封的文臣武将甚多，周初周公封于鲁，太公封于齐。汉初韩信、张良等众多功臣封侯。晋朝杜预因功受封当阳县侯，增食邑至九千六百户，又封其子杜耽为亭侯，邑千户，更赐八千匹绢。中唐大将郭子仪平定安史之乱,收复西京长安、东都洛阳,唐肃宗封其为汾阳王,后世尊其为"郭汾阳"。

【解字】

hù

户　　日　日　日　麻　尸　尿　尹　户

甲 589　　屯 3185　　䢅作父乙簋　陈胎戈　说文小篆　说文古文　曹全碑　颜真卿

象形字。《说文》:"户,护也。半门曰户。象形。尿,古文户从木。"本指单扇的门。户有闭塞、防护的功用,故训"护"。《释名》:"户,护也,所以谨护闭塞也。""户、护"上古音声同韵近,为声训。王筠《句读》:"字不需说,故以叠韵说之。"门由两扉组成,"户"像半边门扇,字形同"門"的左半边,故言"半门曰户"。《玉篇》:"户,所以出入也。"《六书精蕴》:"户,室之口也。凡室之口曰户,堂之口曰门。内曰户,外曰门。"《一切经音义》引《字书》:"一扉曰户,两扉曰门。又在于堂室曰户,在于宅区域曰门。"《诗经·小雅·斯干》:"筑室百堵,西南其户。""門"甲骨文作門合二〇八五、䦉合一三六〇五、門合二九三八〇,像两扇门形。"户"甲骨文作日、日、日怀一二六七,像单扇门形。地狭则用户,地宽则用门,古今皆然,門、户皆为象形字,王筠《释例》:"大门、庙门皆用门,一扇则不饰观,且重累不便开阖。然欲为门则门矣,非凑两户而为一门也。东房西室皆用户,室中地狭,两扇则碍户偏东,开之,附丽于墙,于事为便……然欲为户则户矣,非坼一门而为两户也……若门户相对相当,各自为物,不必相生,故虽说之曰'半门曰户',門从二户,既据字形交互言之,而仍皆曰'象形',则本其意以为言也。""户"战国金文从户从木,为《说文》古文由来,古之门、户多为木制,故从木。

出入房屋必经户,《论语·雍也》"谁能出不由户? 何莫由斯道也",故"户"也指房屋的出入口,《诗经·小雅·斯干》:"筑室百堵,西南其户。"每户人家皆有门户,故又指人家、住户,《史记·秦始皇本纪》:"徙天下豪富于咸阳十二万户。"每户人家都有主要从事的职业,故又指从事某种职业的人或家庭,如农户、工商户。又指账册上有关账务的个人或团体,如账户、开户。鸟虫的巢穴如同人家,故也称"户",《淮南子·天文》:"鹊巢乡而为户。"门户有护卫、阻止之用,故又指阻止,《左传·宣公十二年》:"王见右广,将从之乘。屈荡户之。"

fēng
封

明藏 633　后 1.2.16　康侯丰鼎　召伯簋　鲁少嗣寇盘　说文小篆　熹平石经　颜真卿

会意字。《说文》:"封,爵诸侯之土也。从之从土从寸,守其制度也。公侯百里,伯七十里,子、男五十里。𡉚,古文封省。𡎆,籀文从丰。"本指堆土植树为界。《周礼·地官·大司徒》:"制其畿疆而沟封之。"贾公彦疏:"云'而沟封之'者,谓于疆界之上设沟,沟上为封树以为阻固也。"张舜徽《约注》:"太古淳朴,无所谓国与诸侯也。惟聚众割据,自为疆界,爰于彼此毗邻之处,积土隆起,植木其上,以为标识,此即封之所由起。"天子赐土,则堆土植树为界,故"封"也指帝王以土地、爵位、名号赐人,天子按照爵位高低分封相应的土地,在边界种树以明界限,故训"爵诸侯之土"。周代以前实行分封制,分天下为公侯伯子男五爵,《尚书·武成》:"列爵惟五。""守其制度",段注:"此说从寸之意。凡法度曰寸,尊字、寺字下皆曰'有法度'。""公侯百里,伯七十里,子、男五十里",段注:"此用《孟子》及《王制》之说,所谓制度也。""封"之形符"寸"本为"又","封"字构形指以手(又)堆土(土)种树(之),"寸"有法度意,分封土地要遵守制度,故"封"又从之从土从寸。"封"甲骨文作𡗗、𡗗、𡗗甲二九〇二,从丰从土,丰亦声,会堆土并在其上植树为地界意。郭沫若《甲骨文字研究》:"𡗗即以林木为界之象形,𡗗乃形声字,从土,丰声。从土,即起土界之意矣。""封"金文作𡗗,像以手(又)聚土植树之状。《说文》古文作𡉚,从土,丰声,承𡗗之形,将下之●变作"土"字,"土"之上横与"丰"之下横合用一横,遂作𡉚,非由籀文省简而成。"封"春秋金文作𡗗,将𡗗下之土分离并置于左侧,《说文》籀文又变换左右位置作𡎆。

　　"封"作动词指封爵、封土,《尚书·蔡仲之命》:"肆予命尔侯于东土,往即乃封。"孔传:"故我命汝为诸侯于东土,往就汝所封之国。"诸侯所受封地为自己国土的疆界,故也指疆界、田界,《左传·僖公三十年》:"又欲肆其西封。"封地有界限,故也指界限、局限,《庄子·齐物论》:"夫道未始有封。"由聚土植树引申指聚土为坟,《周易·系辞》:"古之葬者,厚衣之以薪,葬之中野,不封不树。"孔颖达疏:"不积土为坟,是不封也。"作名词指土堆或形状像坟的堆积物,《管子·形势解》:"所谓平原者,下泽也,虽有小封,不得为高。"封土则土堆隆起而高大,故又指隆起的物体,后作"峰",《汉书·西域传》:"(大月氏国)出一封橐驼。"颜师古注:"脊上有一封也。封言其隆高,若封土也。"又指古时改朝换代或国力强盛时,帝王所举行的筑坛祭天盛典,即封禅,清王玉树《说文拈字》"积土增山曰封,为墠祭地曰禅",《管子·地数》:"封于泰山,禅于梁父,封禅之王七十二家。"堆土植树,则树位于高土上,故又指高、加高,《汉书·武帝纪》:"登封泰山,降坐明堂。"颜师古注:"孟康曰:封,崇也,助天之高也。"植树须把树根深埋(闭)土中,故又指密封、密闭,《白虎通·封禅》:"石泥金绳,封之以印玺。"又指封闭、查封,《史记·秦始皇本纪》:"沛公遂入咸阳,封宫室府库,还军霸上。"书信写好须封闭后寄出,故又指书信,李商隐《酬令狐郎中见寄》:"封来江渺渺,信去雨冥冥。"又用作量词,用于包裹或袋子封装的物件,如一封信。封土则土堆高大,故又指大,《诗经·周颂·烈文》:"无封靡于尔邦。"大则厚,故又指富厚,《国语·楚语》:"是聚民利以自封而瘠民也。"又用作姓氏,《广韵》钟韵:"封……亦姓。望出渤海,本姜姓,炎帝之后;封钜为黄帝师。又望出河南,《后魏官氏志》云是贲氏后改为封氏。"

bā
八　　八　八　八　八　八　八

合 10405 反　合 26508　　旂鼎　　说文小篆　礼器碑　颜真卿

　　指事字。《说文》:"八,别也。象分别相背之形。"本义为分别。"八、别"音义相近,为声训。段注:"此以双声叠韵说其义。今江浙俗语以物与人谓之八,与人则分别矣。"《说文》"平"下:"八,分也。""兊"下:"八,别也。""公"下:"八犹背也。""龚"下:"八,分之也。"王筠《释例》:"指事字而云象形者,避不成词也。事必有意,意中有形。此象人意中之形,非象人目中之形也。凡非物而说解云象形者皆然。"林义光《文源》:"八、分双声对转,实本同字。"甲骨文、小篆像二物分别相背之形。高鸿缙《中国字例》:"八之本意为分,取假象分背之形,指事字……后世(殷代已然)借用为数目八九之八,久而不返,乃加刀为意符作分。""分"字从八从刀,一刀"叭"地切开两半。种子叭裂发芽,继而叭裂破土而出苗,故民俗"八"谐音"发"。

　　据声系联,"分、别、半、攽、判、辦、班、版、片、料、叛、反、北、背、倍、牌、稗、辰、派、𤂇、紦、穴、刜、非、斐、排、𦫳、采、番"等字,声同韵近而都有分别之义,语源均出于"八",而受意各有不同。分、别、攽、辦、班,受意于刀之分物;半、判、叛,受意于物之分;非、斐、排、𦫳,受意于羽之分;北、背、倍,受意于人之分;采、番,受意于兽足之分;辰、派、𤂇、紦,受意于水之分。陈澧《说文声表序》:"上古之世,未有文字,人之言语,以声达意。声者,肖乎意而出者也。文字既作,意与声皆附丽焉。象形、指事、会意之字,由意而作者也;形声之字,由声而作者也。声肖乎意,故形声之字,其意即在所谐之声。数字同谐一声,则数字同出一意。挈乳而生,至再至三,而不离其宗焉。"可见学习语言文字,不可忽略文字之声。

　　"八"用作数词,为七加一的和,《周易·系辞》:"天七、地八,天九、地十。"作序数词指第八位,张谓《同王征君湘中有怀》:"八月洞庭秋,潇湘水北流。"作概数指多方面,表示多种形态,《晋书·慕容德载记》:"滑台四通八达,非帝王之居。"

xiàn
县(縣懸)

花东37　县妃簋　邵钟　说文小篆　曹全碑　颜真卿

　　繁体作"縣",会意字。縣(xuán),《说文》:"繫也。从系持県。"本义为悬挂。张舜徽《约注》:"孟子既言'如解倒縣',则上世必有逞残肆虐,倒縣其民者矣。此字从系持県,犹云从系持倒人耳。"《史记·苏秦列传》:"心摇摇然如縣旌。"悬挂是以丝绳系物下垂,故"縣"训"系",《说文》:"系,繫也。从糸,厂声。"本义为连结、联属。段注:"系者,垂统于上而承于下也。""糸"甲骨文作𢆶乙一二四,像束丝之形。"厂"(yì)指牵引,悬挂物品以丝绳(糸)牵引(厂),故"系"从糸厂声。県(jiāo),《说文》:"到首也。"指断首倒悬示众,为古代一种刑罚。段注:"到者,今之倒字。""県"小篆像首倒悬而头发下垂形。"縣"是以丝绳系人头倒垂(県),故"縣"从系持県。林义光《文源》谓"縣"金文"从木从系,持首"。"縣"是悬挂之"懸"本字,自经传借縣为郡县之"縣",本义之字于"縣"下加心作"懸",为通行字。徐铉等注:"此本是縣挂之縣,借为州縣之縣。今俗加心别作懸,义无所取。"悬挂之"懸",简化字省"系"作"悬";郡县之"縣",简化字去"系"作"县"。

悬挂是以丝绳连结所悬之物,故"縣"引申指联结、系属,张舜徽《约注》:"縣之本义为倒系人,因引申为凡系之称。"《庄子·寓言》:"若参者,可谓无所縣其罪乎。"悬物或为示众,故也指出示,《周礼·春官·小宗伯》:"縣衰冠之式于路门之外。"悬挂则物高高在上而离地较远,故又指悬殊、相差大,《荀子·天论》:"君子小人之所以相縣者在此耳。"悬挂则丝绳垂直于地,故又指悬挂的垂直线,《墨子·法仪》:"直以绳,衡以水,正以縣。"

"縣"又音 xiàn。指官府,即有权判罪砍头悬挂城门的机构,《广雅·释宫》:"縣,官也。"王念孙疏证:"皆谓官舍也。"也为行政区划单位名,周代县大于郡,秦以后县属于郡,今为一级行政区划,由省、自治区或市领导,段注:"周制,天子地方千里,分为百县,则系于国;秦、汉县系于郡。"又为古代天子所治之地,在京都周围千里以内,即王畿,《礼记·王制》:"天子之縣内,方百里之国九。"郑玄注:"縣内,夏时天子所居州界名也。殷曰畿,周亦曰畿。"又为古代的一种居民组织,《吕氏春秋·孟夏》:"命司徒循行縣鄙。"高诱注:"縣,畿内之縣,二千五百家也。"

jiā
家　　　𤲁　　　𤲴　　　𤲫　　　𡩛　　　𡩧　　　家　　　家

合补 1265　花东 490　家戈爵　　毛公鼎　说文小篆　乙瑛碑　颜真卿

　　形声字。《说文》："家，居也。从宀，豭省声。"本义为人的住所。家为人所居，故训"居"。"家、居"上古音皆属见纽鱼部，为声训。《诗经·大雅·绵》："古公亶父，陶复陶穴，未有家室。"毛传："室内曰家。"豭（jiā），《说文》："牡豕也。从豕，叚声。"本指公猪。"豭"甲骨文作 𤜌（合一一二四二）、𤜌（合二二一三七）、𤜌（合三二三五三），唐兰《天壤阁甲骨文存考释》："𤜌象牡豕之形，故并绘其势……当为豭之本字。"氏族狩猎首领有盈余的私有财产是家的起源，养猪便是农家最主要的私有财产。上古女子多称男子（丈夫）为家，出嫁谓"归家"，已是父系氏族社会的观念，或许与"家"从公猪的"豭"（豕带雄性生殖器）有关系。"宀"指房屋，家首先得有房屋，徐灏《注笺》："家从豕者，人家皆有畜豕也，《曲礼》曰：问庶人之富，数畜以对。"故"家"从宀，豭省声。高田忠周《古籀篇》："凡庶人居，皆养豕，故从宀下豕……然沉思细考，云'豭省声'者，必当有深由。《说文》'犊'字解云'从牍省声'，而卜辞作𤗶、𤗶即牍字象形。即知字形虽变，不得不言从省声也。然则'家'字古文，宀下象形，亦当象形豭字。'豭'下云：'牡豕也。从豕叚声。'是也。象形变为形声，故'家'字亦从豭省耳。""家"甲骨文从宀从豭，豭亦声；又作𡧝（乙一〇四七），从宀从豕；皆像豕（牡豕）在家圈养形。华夏家养猪的历史有一万年，广西桂林甑皮岩遗址的最下层，发现距今约一万年的随葬猪，称"万年猪"。养公猪为众多母猪配种，已然是规模性养殖，已进入私有财产丰厚的父系氏族社会了，故"家"是在定居房屋（宀）内养公猪（𤜌）。

　　"家"由住所转指家庭，《孟子·梁惠王》："百亩之田，勿夺其时，数口之家可以无饥矣。"古称夫或妻为"家"，《左传·桓公十八年》："女有家，男有室，无相渎也。"孔颖达疏："男子一家之主，职主内外，故曰家。"又指娶妻成家，《周易·蒙》："子克家。"闻一多《义证类纂》："子克家，犹言子能娶矣。"人多在家定居，故又指定居、安家，《史记·秦始皇本纪》："及夺爵迁蜀四千余家，家房陵。"家人要赚钱养家，故又指养家、治家，韩愈《河南少尹李公墓志铭》："生七岁丧其父，贫不能家，母夫人提以归。"家有财产以供生活，故又指家财、私产，《韩非子·外储说左上》："主人费家而美食。"又用作量词,表家庭、店铺、企业的单位,如一家商铺。又用作谦辞,对人称自己的亲属(多指比自己年长的或辈分高的),王勃《滕王阁序》:"家君作宰,路出名区。"朝廷属于帝王之家,故又指朝廷,《尚书·酒诰》:"永不忘在王家。"又指古代卿大夫及其家族或封地,《尚书·洪范》:"臣之有作福作威玉食,其害于而家。"孔颖达疏引王肃:"大夫称家。"学术流派成系统规模,如成家之独立有规模,故又指学术流派,如儒家、道家。有卓越专长者水平高超特出,故又指具有某种专长、特征,或从事某种专门活动的人,如音乐家、科学家、政治家。同民族的人同根同祖,为一个大家庭,故又指民族,如苗家。又指经营某种行业的人家或具有某种身份的人,如店家、厂家,杜牧《清明》:"借问酒家何处有?牧童遥指杏花村。"又指驯化培育的或家生的,与"野"相对,如家畜,《尸子》:"野鸭为凫,家鸭为鹜。"

给(給) ^{jǐ}

給　紿　給　給

睡 19.180　说文小篆　曹全碑　颜真卿

繁体作"給",形声字。《说文》:"給,相足也。从糸合声。"以丝线相继表富足、丰裕义。徐灏《注笺》:"煮茧者引其丝著于筝车,旋转以缫之,断则续之,其续甚易而捷,此给之本义也。"张舜徽《约注》:"给、继双声,语之转耳。"慧琳《一切经音义》"给"字下引《说文》:"相供足也。"丝线相续则足用不缺,故训"相足",《孟子·梁惠王》:"春省耕而补不足,秋省敛而助不给。""給"之构形为丝线(糸)相接不断(合),《注笺》"合者,接也",故"給"从糸合声。

足用须供给不断,故"给"也指供应、供给,《左传·僖公四年》:"贡之不入,寡君之罪也,敢不共给。"服役是人事的供给,故也指供事、服役,王安石《河北民》:"今年大旱千里赤,州县仍催给河役。"给予是事物的供给,故又指给予、赐予,《宋史·张茂直传》:"且给钱五万,以助其装。"供给则物与人相及,故又指及,《国语·晋语》:"诚莫如豫,豫而后给。"

"给"又音 gěi。交付、送与、使对方得到,《后汉书·章帝纪》:"其悉以赋贫民,给与粮种,务尽地力,勿令游手。"也指叫、让,如这本书可以给我看看吗?

qiān
千　　合 7330　合 14207 反　　孟鼎　　玺汇 1658　说文小篆　西狭颂　颜真卿

形声字。《说文》:"千,十百也。从十从人。"本为数词,十百为千。《汉书·律历志》:"数者,一、十、百、千、万也。""从人"徐锴《系传》作"人声","千、人"上古音同属真部。孔广居《疑疑》:"从一,人声。十百千皆数之成,故皆从一。"张舜徽《约注》:"许以十百训千者,古代记数之法,始于屈指。一人两手共十指,百人则千指矣。此十百为千之义所由出也。"徐灏《注笺》:"人寿以百岁为率,故十人为千。"故"千"从十人声。季旭昇谓甲骨文"千"从人,"一"为区别符号。高鸿缙《中国字例》:"从十,当为'从一',一,数之整也。"朱芳圃《殷周文字释丛》:"余谓'千'为大数,造字之术穷,故以人代表之。一千作人,两千作人,三千作人,四千作人,五千作人。"各家之论可备参考。

"千"也表示多,如万语千言,《后汉书·班彪列传》:"周庐千列,徼道绮错。"也指田间南北向的小路,后作"阡",《管子·四时》:"修封疆,正千伯。"尹知章注:"千伯,即阡陌也。"

bīng
兵　　合 7204　后 2.29.6　戚簋　庚壶　天星观简　说文小篆　居延汉简　柳公权

会意字。《说文》:"兵,械也。从廾持斤,并力之皃。伀,古文兵,从人、廾、干。兵,籀文。"本指兵器、武器,段注:"械者器之总名,器曰兵,用器之人亦曰兵。下文云'从廾持斤',则制字兵与戒同意也。"王筠《句读》:"《夏官·司兵》注:'车之五兵:戈、殳、戟、酋矛、夷矛。'步卒之五兵,无夷矛而有弓矢。"《荀子·议兵》:"古之兵,戈、矛、弓、矢而已矣。"长柄兵器需两手用力合握,"并力之皃"言"兵"字"从廾持斤"之构字意图。"廾"甲骨文作廾合二三,像两手向上拱合或奉物形。斤,《说文》:"斫木也。象形。"本为古代砍物工具。"斤"甲骨文作 𠂤 坊间四·二〇四,金文作 斤 天君鼎,像斧斤形。"兵"字构形指兵士两手(廾)持握兵器(斤)并力作战,故"兵"从廾持斤。古文指人双手(廾)持兵器(干)作战。甲骨文像双手持握长柄兵器形。战国文字作 兵,秦文字作 兵 睡虎地秦简一五·一〇二、兵 阳陵虎符,"廾"上皆有一横,为籀文所承。

执兵器者为士兵,故"兵"也指士卒、军队,如雄兵百万,《左传·昭公十四年》:"楚子使然丹简上国之兵于宗丘,且抚其民。"孔颖达疏:"战必令人执兵,因即名人为兵也。"兵器用于军事行动,故也指军事,《孙子·计》:"兵者,国之大事也。"兵器、士兵用于战争,故又指战争,《礼记·月令》:"(孟冬之月)行秋令,则雪霜不时,小兵时起,土地侵削。"兵器为战斗所用,故又指战斗,《史记·赵世家》:"赵,四战之国也,其民习兵。"作动词指用兵器杀、伤,《史记·伯夷列传》:"左右欲兵之。"

【原义】 gāo 高 guān 冠 péi 陪 niǎn 辇　　qū 驱 gǔ 毂 zhèn 振 yīng 缨

【译义】 卿相戴着高官帽陪皇帝出游,驾车奔驰风吹帽带飘扬。

【释义】

冠,官帽。辇,天子之车。毂,轮中用来穿轴承辐者,代指车。驱毂,驾车。振,抖动、摇动。缨,帽带。每逢皇帝出行,大臣们着盛装,戴高高的官帽,跟在皇帝车后陪同出游,帽带随风飘扬,场景十分壮观。《千字文释义》:"'驱毂'承上'陪辇'而言。'振缨'承上'高冠'而言……出则驱其车轮,以侍天子之辇而行,而所戴之高冠,以车驰而振动其缨。其冠服之美盛如此。"

古代的车轮为木制,车轮的边框叫辋,中心的轴孔叫毂,连接辋和毂的轮条叫辐,毂穿轴承辐,《老子》"三十辐共一毂"。古战车战将在左,御者居中,在右护卫者名"车右"或"骖乘"。王车则不同,王或主帅居中,御者居左,护卫居右。缨有两义:一指系在颔下的冠带,《史记·滑稽列传》:"淳于髡仰天大笑,冠缨索绝。"古人乘车站在车厢里,称"立乘",车马奔驰,帽带随风摆动,为振缨。二指马项饰物及缰绳,古人把请战叫做"请缨一战",故抖动马的缰绳也称振缨。

【解字】

| gāo 高 | 京津 576 | 乙 1906 | 师高簋 | 说文小篆 | 峄山碑 | 曹全碑 | 颜真卿 |

象形字。《说文》:"高,崇也。象台观高之形。从冂,口与仓、舍同意。"本义为崇高,指由下至上距离大、离地面远,与"低"相对。《尚书·太甲》:"若升高,必自下。"徐灏《注笺》:"《尔雅·释诂》:'崇,高也。'按'高'非台观之名,乃为崇高之义,而取于台观,造字有此一例。"孔广居《疑疑》:"象楼台层迭形,𠆢象上屋,冂象下屋,口象上下层之户牖也。"高上之𠮴,象台观高耸形。"从冂",王筠《句读》:"同冋,台观必有界址。"段注:"仓、舍皆从口,象筑也。"王筠《释例》:"高字借形以指事,而兼会意。高者,事也,而天之高、山之高,高者多矣,何术以指之?则借台观高之形以指之。"高为抽象概念,不以实物说明则不易理解,故取台观高耸之形会崇高之意,是以具象表抽象的造字方式。"高"甲骨文用城门望楼、台观表示崇高。

"高"引申指高度,《史记·平准书》:"治楼船,高十余丈。"又指高处,如居高临下,《礼记·曲礼》:"不登高,不临深。"作动词指加高、提高,《左传·襄公三十一年》:"高其闬闳,厚其墙垣。"尊贵是地位的高,故又指尊贵、地位显耀,《孝经·诸侯章》:"在上不骄,高而不危。"高则距离超出一般,故又指在一般标准或平均程度之上,如高手、高速,《淮南子·泰族训》:"无被创流血之苦,而有高世尊显之名。"德学高者受人推崇,故又指推崇、崇尚,《商君书·君臣》:"言不中法者,不听也;行不中法者,不高也;事不中法者,不为也。"德学高者受人敬仰,故又指敬仰、敬重,《尚书·康诰》:"明乃服命,高乃听。"高尚为品行高,故又指高尚、清高,《韩非子·五蠹》:"轻辞天子,非高也,势薄也。"高者多大,故又指大,《战国策·齐策》:"家敦而富,志高而扬。"又用作姓氏,《通志·氏族略》:"高氏,姜姓。齐太公六代孙文公之子公子高之孙傒，以王父名为氏。"

guān
冠　　　　　　　　　　　　　　　　　冠

合 6947 正　包 259　老子甲后 424　说文小篆　西狭颂　颜真卿

　　会意兼形声字。《说文》："冠，絭也。所以絭发，弁冕之总名也。从冖从元，元亦声。冠有法制，从寸。"为帽子的总称。"冠、絭"上古音皆见纽元部，为声训。徐锴《系传》："絭音卷，卷束也。"段注："析言之冕、弁、冠三者异制，浑言之则冕、弁亦冠也。"徐灏《注笺》："古之冠者，以笄贯发而巾覆之，故曰所以絭发也。《白虎通》曰：'冠者绻也，所以绻持其发也。'《释名》曰：'冠，贯也，所以冠韬发也。'"冖(mì)，《说文》："覆也。从一下垂也。"义指覆盖，后作"幂"。"冖"小篆作冂，像巾两头垂下覆盖形。"元"指人头，"冖"指帽，"寸"指手，"冠"小篆以手(寸)戴帽(冖)于头(元)，徐锴《系传》："取其在首，故从元。""寸"也指法度，古代帽子的尺寸、颜色都有相应的制度，故"冠"从冖从寸从元，元亦声。"弁、冠"上古音皆元部，"弁"作𠷎，像两手(廾)戴帽人于头形，构形与"冠"同意，为同源字，从廾、从又(寸)同意。"冠"甲骨文从元，像人(冠)戴于头(元)形。"冠"也指形状像冠或在顶端的东西，如树冠。

　　"冠"又音 guàn，作动词指戴、戴帽子，《南史·吴苞传》："冠黄葛巾，竹麈尾，蔬食二十余年。"古时表示男子已成年而举行的加冠礼称"冠"，男子已成年亦称"冠"，《通志·礼略》："周制文王年十二而冠，成王十五而冠。"冠覆于头，故又指覆盖，张衡《东京赋》："乃构阿房，起甘泉，结云阁，冠南山。"冠戴于头而居人身最高处，故又指超出众人、位居第一，如冠军，《史记·萧相国世家》："位冠群臣，声施后世。"帽从外加盖于头，故又指加、加在前面，魏源《说文儗雅叙》："别为《转注释例》《叚借释例》《意声事形释例》三篇以冠于首。"

péi
陪　　　　　　　　　　　　陪

老子乙 244　说文小篆　魏受禅表　颜真卿

　　形声字。《说文》："陪，重土也。一曰满也。从阜咅声。"以重叠的土堆及土上增土表示重叠、增益之义。段注："诸侯之臣于天子曰陪臣，取重土之义之引申也。"徐灏《注笺》："重土为陪，引申为凡相重之称。故士有陪乘，卒有陪隶，殡有陪鼎。古通作培、作倍。""阜"指高大的土山，后作"阜"，甲骨文作合一九二一五、合一〇四〇五正，像层叠的土山陡坡形。咅(pǒu)，《说文》："相与语，唾而不受也。从亼从否，否亦声。"表示连续拒绝的语声。段注："不部曰：'否，不也。'从亼、否者，主于不然也。"连声拒绝，有重叠、增益意，"陪"之构字意图为重叠(咅)的土堆(阜)，故"陪"从咅声。

　　重土则有增益意，故"陪"引申指增益，张舜徽《约注》："陪之言培也，谓增益其土也。许训重土，取重叠义。"《左传·僖公三十年》："焉用亡郑以陪邻？"古代家臣协助主人增益家产，故又指家臣，张衡《东京赋》："命膳夫以大飨，饔饩浃乎家陪。"辅佐、协助是增益于人，故又指辅佐、协助，《尔雅·释言》："陪，朝也。"郝懿行义疏："是陪有加益之义，朝亦所以助益人君。"《诗经·大雅·荡》："尔德不明，以无陪无卿。"毛传："无陪贰也，无卿士也。"二人相随则有相重意，故又指伴随、陪同，司马迁《报任少卿书》："向者，仆常厕下大夫之列，陪外廷末议。"土在筐中不断堆积则会盈满，故又指满，《说文》："陪，一曰满也。"

niǎn
辇(輦)　　

合 29693　　辇作姅癸卣　　辇卣　　说文小篆　　礼器碑　　智永

　　繁体作"輦"，会意字。《说文》："輦，挽车也。从車，从㚘在車前引之。"为人挽或推的车。段注："谓人挽以行之车也。《小司徒》'辇辇'注曰：'辇，人挽行，所以载任器也。'"㚘(bàn)，《说文》："并行也。从二夫。輦字从此。读若伴侣之伴。"本义为结伴而行。"㚘"小篆作，像二人(夫)并行状。"辇"是人拉的车，大车需要二人以上并力拉动前行，段注"辇设辂于车前，用索挽之，故从车、㚘会意。㚘在前，车在后"。吴大澂《古籀补》谓"輦"甲骨文、金文："象两人挽车形。"

"辇"在秦、汉以后专指帝王、后妃乘坐的车,慧琳《一切经音义》引《玉篇》:"天子、皇后所乘车曰辇也。"作动词指乘辇而行,《左传·定公六年》:"公叔文子老矣,辇而如公。"辇用以运载,故又指运载、搬运,《左传·庄公十二年》:"南宫万奔陈,以乘车辇其母,一日而至。"

驱(驅)

粹 119　　说文小篆　说文古文　熹平石经　颜真卿

繁体作"驅",形声字。《说文》:"驅,马驰也。从馬區声。𣀇,古文驅从攴。"本义为鞭马前进。王筠《句读》:"言人御之使速也。"桂馥《义证》:"《诗·山有枢》'弗驰弗驱'正义:'走马谓之驰,策马谓之驱。'"杜甫《前出塞》之七:"驱马天雨雪,军行入高山。""馬"甲骨文作乙九○九二、京津一六八六,李孝定《甲骨文字集释》:"契文象头、鬣、二足及尾之形。作二足者,侧视之也。"區,《说文》:"踦區,藏匿也。从品在匚中。品,众也。"本义指隐藏。匚(xì),《说文》:"衺徯,有所俠藏也。从𠃊,上有一覆之。"本义指掩藏。𠃊(yǐn),《说文》:"匿也。象迟曲隐蔽形。""𠃊"小篆作,像弯曲隐蔽之形。人、物藏匿起来(𠃊),上面再加上覆盖物(一),则更隐蔽,故"匚"从𠃊,上有一覆之。"區"为众多的东西(品)被掩藏起来(匚),故"區"从品在匚中。马奔驰时迅疾如风,四腿快速转换若隐藏不见(區),且驭者策马发出"呕呕"之声,故"驅"从馬區声。古文"𣀇",段注:"攴者,小击也。今之扑字。鞭、棰、策所以施于马而驱之也,故古文从攴。"甲骨文像人以手持策(攴)驱马前进状。

马被鞭策则奔驰前行,故"驱"扩展指奔驰,《战国策·齐策》:"长驱到齐,晨而求见。"也泛指驱赶其他牲畜,《天工开物·乃粒》:"凡牛春前力耕汗出,切忌雨点,将雨则疾驱入室。"驱赶是为了将人、物逐出,故又指驱逐,《左传·桓公十二年》:"驱楚役徒于山中。"驱逐是迫使人或动物前行,故又指迫使,陶潜《乞食》:"饥来驱我去,不知竟何之。"驱赶者在被驱者后面,故又指追随,嵇康《琴赋》:"双美并进,骈驰翼驱。"驱马者多为驾车人,故又指驾驭、役使,《管子·君臣》:"沈疑之得民也者,前贵而后贱者为之驱也。"

gǔ
毂(轂)

轂　轂　轂　轂

老子乙 225　说文小篆　王羲之　智永

繁体作"轂",形声字。《说文》:"轂,辐所凑也。从车殳声。"指车轮中心穿轴承辐的部分。段注:"凑者,水上人所会也。引申为凡会之称。"《六书故·工事》:"轮之中为毂,空其中,轴所贯也,辐凑其外。"《老子》十一章:"三十辐共一毂。"殻(què),《说文》:"从上击下也。一曰素也。从殳青声。"本义为从上击下。段注:"从上击下,正中其物,确然有声。"青(què),《说文》:"帱帐之象。从冂;㞢,其饰也。"指帱帐。帱帐覆盖下垂如"冂",故从冂,"㞢"像帱帐的装饰物。"殳"为古代兵器名,以竹木制成,一端有棱。"殳"甲骨文作 乙一一五三,像手持殳形。殳有殊离、击打、杀伐之用,故从殳字多有击、杀义,如"敲、殿、毃、殻、毆"等。"青"为帱帐,是被击打之物。击打(殳)下垂鼓起的帱帐(青)则确然有声,故"殻"从殳青声。车行时各部件摩击,轮子从上到下碾压地面,发出多种击打声,所谓"雷霆乍惊,宫车过也",故"轂"从车殳声。

"毂"是车轮的关键部分,故扩展指车,曹植《洛神赋》:"鲸鲵踊而夹毂,水禽翔而为卫。"也指"毂下",为君王辇毂经常出入之处,代指京城,司马相如《上书谏猎》:"是胡越起于毂下,而羌夷接轸也,岂不殆哉。"

zhèn
振

振　振　振　振

孙膑 284　说文小篆　熹平石经　颜真卿

形声字。《说文》:"振,举救也。从手辰声。一曰奋也。"本义为赈济、救助。救助如同把人从穷困的泥坑中推、举出去,故训"举救"。段注:"诸史籍所云振给、振贷是其义也。凡振济当作此字。"《周易·蛊》:"君子以振民育德。"陆德明释文:"振,济也。"辰,《说文》:"震也。"义为振动。"辰"甲骨文作 后一一三·四,为古代耕器,先民用大贝壳绑上柄作翻土耕地的工具,即蜃器。春雷一振,万物复苏,冬蛰的虫子拱土,人们用蜃器翻地播种。《月令·七十二候》集解:"二月节……万物出乎震,震为雷,故曰惊蛰。是蛰虫惊而出走矣。""辰"有奋力而动义,举救人多是奋力行之,人多是以手救人,故"振"从手辰声。《周易》震卦为雷,"震"从雨辰声,也含春雷震雨、万物振动之意。"振"之赈济义后以"赈"为之,为通行字。以财物救人为"赈",以手救人为"振"。

"振"由拯救扩展为挽救、救治,潘岳《西征赋》:"势土崩而莫振,作降王于路左。"由举救转指举起、举拔,贾谊《过秦论》:"振长策而御宇内。"振作是自身救助(提升)自己,故又指振作、奋起,《礼记·月令》:"东风解冻,蛰虫始振。"显扬是无形的振动扩散,故又指显扬,《韩非子·说林》:"吾尝好音,此人遗我鸣琴;吾好佩,此人遗我玉环。是振我过者也。"救助是帮人去除危难,故又指弃除、拂拭,《礼记·曲礼》:"振书端书于君前,有诛。"郑玄注:"振,去尘也。"救人出危难如同将危难终止,故又指终止,《管子·小问》:"敬之以礼乐,以振其淫。"尹知章注:"振,止也。礼乐者,所以止人淫放。"又指动,《荀子·王霸》:"及以燕、赵起而攻之,若振槁然。"杨倞注:"振,击也。"《庄子·田子方》:"往也蕲见我,今也又蕲见我,是必有以振我也。"成玄英疏:"振,动也。昔我往齐,求见于我,我今还鲁,复来求见,必当别有所以,故欲感动我来。"李白《泾川送族弟锖》:"蓬山振雄笔,绣服挥清词。"举救如同收救,收起、收留而救之,故又指收、收敛,《孟子·万章》:"集大成也者,金声而玉振之也。"发放物品是救助的方式之一,故又指发放,《左传·文公十六年》:"自庐以往,振廪同食。"赈灾时被救者皆众多,故又指成群、众多,《诗经·周颂·振鹭》:"振鹭于飞,于彼西雍。"朱熹注:"振,群飞貌。"通"整",整顿、整理,《左传·隐公五年》:"入而振旅。"

"振"又音 zhēn。〔振振〕1. 群飞貌,《诗经·鲁颂·有駜》:"振振鹭,鹭于下。"2. 盛貌,《左传·僖公五年》:"均服振振,取虢之旂。"3. 仁厚貌,《诗经·周南·螽斯》:"宜尔子孙,振振兮。"

yīng
缨（纓）

說文小篆　武威簡　智永　顏真卿

繁体作"纓"，形声字。《说文》："纓，冠系也。从糸嬰声。"系帽的带子。段注："冠系，可以系冠者也。系者，係也。以二组系于冠卷结颐下是谓缨，与纮之自下而上系于笄者不同。冠用缨，冕弁用纮，缨以固武，即以固冠，故曰冠系。"嬰，《说文》："颈饰也。从女、賏。賏，其连也。"为妇女颈饰。"其连"当作"貝连"，桂馥《义证》："赵宧光曰：'其连当是貝连。'古人连貝为嬰。"賏（yīng），《说文》："颈饰也。从二貝。"为挂在脖子上的饰品，如今之项链。上古项链以贝壳串连而成，故"賏"从二貝。项链多为女人所佩戴，故"嬰"从女从賏。"嬰"垂挂在脖子上作饰品，有系、缠绕义。系帽的带子多以丝制，"缨"系、缠于颈以固定帽子，《释名·释首饰》"缨，颈也，自上而下系于颈也"，故"纓"从糸嬰声。

"缨"也指古代女子许嫁时佩带的一种彩色带子，《仪礼·士昏礼》："亲说妇之缨。"郑玄注："妇人十五许嫁，笄而礼之，因着缨，明有系也。盖以五采为之，其制未闻。"又指套在马、犬颈上或胸前的一种装饰物，《集韵》劲韵："缨，马犬颈饰。"又指缨子，穗状的装饰品，温庭筠《昆明治水战词》："箭羽枪缨三百万，踏翻西海生尘埃。"又指像缨子的穗状物，如萝卜缨。帽带细长如绳，故又指绳索，魏征《述怀》："请缨系南粤，凭轼下东藩。"

【原文】 shì lù chǐ fù　chē jià féi qīng
世 禄 侈 富　车 驾 肥 轻

【译文】 公侯子孙世食俸禄而奢侈富足，乘肥马、衣轻裘而意气风发。

【释义】

"车驾肥轻"出自《论语·雍也》"赤之适齐也，乘肥马，衣轻裘。吾闻之也，君子周急不继富"，孔颖达正义："此章论君子当赈穷周急。"大意指孔子弟子公西赤（字子华，又称公西华）受孔子举荐而出使齐国，冉求担忧子华出使而家贫，替他向孔子请求补助谷米，孔子说："给他六斗四升吧。"冉求请求再增加一些，孔子说："那就再给他二斗四升。"冉求认为还是少了，就私自做主给了八十斛谷米。孔子说:公西赤乘坐肥马驾的车子,穿暖和又轻便的皮袍,这是富裕的体现。我听说过,君子只周济穷困,而不救济富裕。

世禄,言子孙食先祖的世袭俸禄。侈,奢侈。富,富足。肥,乘肥马。轻,穿轻暖皮裘。肥轻,指服御华贵,生活豪华。"世袭"是古代爵位、官职的一种传承制度。秦以前,实行世卿世禄制度,上自天子、郡王,下至公卿、大夫、士,其爵位、封邑、官职都是父子相承的。这种世袭,理论上是无限的,直到改朝换代或家族在政治斗争中失败为止。只要后代子孙没有违纪犯法,爵位就世袭罔替。

后代子孙若仅世袭先祖的爵禄,享用祖上留下的钱财,多会奢侈傲慢而不思进取,会败坏祖宗的德望基业,严重者会导致家败人亡。古人认为,这种坐享其成而碌碌无为的富贵是不可取的。其实,祖先留给子孙最重要的是仁义诚信的德行和良好的家风家教,子孙若能世代禀受奉行,才可以万世昌隆。古人有云:"积金以遗子孙,子孙未必能守;积书以遗子孙,子孙未必能读;不如积阴德于冥冥之中,以为子孙长久之计。"林则徐谓:"子孙若如我,留钱做什么? 贤而多财,财损其志。子孙不如我,留钱做什么? 愚而多财,益增其过。"

【解字】

shì 世	合 6046(筮)	且日庚簋(筮)	吴方彝盖	师遽鼎	说文小篆	曹全碑	颜真卿

会意兼形声字。《说文》:"世,三十年为一世。从卅而曳长之,亦取其声也。"古称三十年为一世。徐灏《注笺》:"《礼》'三十(曰)壮,有室',始有子,子以著代,又三十而有孙。大抵一世三十年,故三十年为一世。""从卅而曳长之,亦取其声"说其形与音,徐锴《系传》:"欲其相续,故引长之。"段注:"末笔曳长,即为十二篇之乁(yí),从反厂,亦是拽引之义。'世'合卅乁会意,亦取乁声为声,读如曳也。"《论语·子路》:"如有王者,必世而后仁。"何晏集解引孔安国:"三十年曰世。"卅,《说文》:"三十并也。"本义为

三十。"卅"小篆作𠦃,像三个十相并形。"世"小篆底下一笔延长,表示一世延续三十年。"笹"甲骨文作🝓,季旭昇《说文新证》:"甲骨文未见'世'字,但是有从'世'的'笹'字,于省吾释为从竹从世,并且以为'世'字是'于止字上部附加一点或三点,以别于止,而仍因止字以为声'。"可供参考。

　　古以父子相继为一世、一代,《诗经·大雅·文王》:"文王孙子,本支百世。"古今世世相续不断,故也指世世代代,《诗经·大雅·崧高》:"世执其功。"郑玄笺:"世世持其政事,传子孙也。"朝代为大的时间单位,转指朝代,陶潜《桃花源记》:"问今是何世,乃不知有汉,无论魏晋。"又指时代,《周易·系辞》:"易之兴也,其当殷之末世。"又指世界、人世,《庄子·天地》:"千岁厌世,去而上仙;乘彼白云,至于帝乡。"又指世人,《楚辞·离骚》:"世并举而好朋兮。"王逸注:"言世俗之人皆行佞伪,相与朋党,并相荐举。"佛教称过去、未来、现在为"世",《楞严经》:"过去、未来、现在为世。"以世指时间,以界指空间,合称"世界"。

禄　　粹501　　前6.1.8　　墙盘　　说文小篆　　曹全碑　　颜真卿

　　形声字。《说文》:"禄,福也。从示录声。"指福禄。段注:"《诗》言福、禄多不别。《商颂》五篇,两言福、三言禄,大恉不殊。"徐灏《注笺》:"浑言则福、禄义同,析言则食飨谓之禄。《王制》郑注:'禄,所受食。'是也。"录,《说文》:"刻木录录也。象形。"本义为一一可数貌,徐锴《系传》:"录录,犹历历也,一一可数之貌。"古人认为福禄由祖先神灵(示)赐予,为人所求而历历可见(录),故"禄"从示录声。"录"甲骨文作🝑粹五〇一,金文作🝒墙盘,李孝定《甲骨文字集释》:"窃疑此为井鹿卢之初字。上象桔槔,下象汲水器,小点象水滴形。今字作'辘'。"辘轳连续转动汲水灌溉,可保连续丰收,故"录"有福泽义,后加示旁作"禄",为福禄之"禄"专字。福、禄义同,"福"后侧重于幸福、美满,主要指条件、心愿的美满;"禄"侧重于禄位、俸禄,主要指官位、名望的显贵。

　　"禄"也指官吏的俸给,《周礼·天官·大宰》:"四曰禄位,以驭其士。"衣食是福禄的具体体现,故也指食物,《韩非子·解老》:"德也者,人之所以建生也;禄也者,人之所以持生也。"禄位是福禄的主要体现,故又指禄位,《论语·为政》:"子张学干禄。"封邑为天子所赐之禄,故又指封邑,《国语·鲁语》:"若罪也,则请纳禄与车服而违署。"古也指命中注定的盛衰兴废,《论衡·命义》:"命当夭折,虽禀异行,终不得长;禄当贫贱,虽有善性,终不得遂。"

chǐ　侈　　　侈　　　侈　　　侈　　　侈
　　　　说文小篆　古地图　晋张郎碑　颜真卿

　　形声字。《说文》:"侈,掩胁也。从人多声。一曰奢也。"掩胁,自高自大而盛气凌人。段注:"掩者,掩盖其上。胁者,胁制其旁。"《左传·桓公六年》:"少师侈,请羸师以张之。""侈"指自恃多、强而傲慢凌人,段注:"凡自多以陵人曰侈,此侈之本义也。"故"侈"从人多声。"侈"也指奢侈、浪费,与"俭"相对,《左传·庄公二十四年》:"俭,德之共也。侈,恶之大也。"张舜徽《约注》:"侈之训奢,犹张口为哆,衣张为袳,盛火为炵,有大度为奲,并从多声而义相近,语原同也。"

　　奢侈之人用度铺张,故"侈"引申为奢华、浮艳,《文心雕龙·通变》:"商周丽而雅,楚汉侈而艳。"奢侈是用度过分,故也指过分,《管子·大匡》:"乃令四封之内修兵,关市之征侈之。"尹知章注:"侈,谓过常也。谓重其税赋。"奢侈是放纵欲望所致,故又指放纵、无节制,《孟子·梁惠王》:"苟无恒心,放辟邪侈,无不为已。"由自大凌人引申指夸大、夸耀,左思《三都赋·序》:"侈言无验,虽丽非经。"吕延济注:"若大言而无征验者,虽华丽不可以为常。"又指张大、扩大,《国语·吴语》:"以广侈吴王之心。"又指大、广,《国语·吴语》:"伯父秉德已侈大哉!"多则大,故又指多,《国语·楚语》:"不羞珍异,不陈庶侈。"韦昭注:"庶,众也。侈,犹多也。"

fù　富　　　富　　　富　　　富　　　富
　　　　上官登　中山王鼎　说文小篆　唐公房碑　褚遂良

形声字。《说文》:"富,备也。一曰厚也。从宀畐声。"本义为完备不缺。段注:"富与福音义皆同。《释名》曰:福,富也。""富"字上古音为帮纽职部,"备"为並纽职部,二字声近韵同,为声训。徐灏《注笺》:"富古音读如备……富、福并从畐声,故音义同。备、畐一声之转也。"《周易·系辞》:"富有之谓大业。"韩康伯注:"广大悉备,故曰富有。"畐(富)(fú),《说文》:"满也。从高省,象高厚之形。"本义为满。"畐"甲骨文作⬛合三〇〇六五,像长颈鼓腹容器盈满形。财物多放于家,富家财满屋而粮满仓,衣食完备无缺,徐锴《系传》"富润屋也",故"富"从宀畐声。富为财物丰厚,故也指厚。

富贵之家财物丰盛,故"富"引申为盛、多,《论语·颜渊》:"富哉言乎!"财货丰备为富,故也指财富、财物,《礼记·大学》:"富润屋,德润身。"财多为富,故又指财物多,与"贫"相对,《尚书·洪范》:"二曰富。"作动词指使富裕,《论语·子路》:"冉有曰:'既庶矣,又何加焉?'曰:'富之。'"通"福",降福、保祐,《诗经·大雅·瞻卬》:"何神不富?"郑玄笺:"神何以不福王而有灾害也。"

chē
车(車)

| 花东416 | 合584 | 宅簋 | 师同鼎 | 说文籀文 | 说文小篆 | 史晨碑 | 颜真卿 |

繁体作"車",象形字。《说文》:"車,舆轮之总名。夏后时奚仲所造。象形。⬛,籀文車。"本义为车子,陆地上有轮子的交通工具。段注:"车之事多矣。独言舆轮者。以毂辐牙皆统于轮。轼、较、轸、轵、轛皆统于舆,辀与轴则所以行此舆轮者也。故仓颉之制字,但象其一舆两轮一轴;许君之说字,谓之舆轮之总名,言轮而轴见矣。"《释名·释车》:"车,古者曰车,声如居,言行所以居人也。今曰车,声近舍。车,舍也,行者所处若居舍也。"季旭昇《说文新证》:"甲骨文象车衡、厄、辕、服、轮之形,或部分简省,车覆辕断则字亦如实呈现。周晚师同鼎省成一轮。其后字形相承,几无变化。"王筠《句读》:"篆之中央,其舆也;两一,其轮也;丨则属乎轮之轴也。"籀文像车全体之形,"戋"为⬛之讹形,王筠《句读》:"此盖传讹。商咎父癸卣作

𣌢，周吴彝作𣌢，皆有轮、辀、衡及驾马之形。今断其辀、衡及两马而为戋，非义所安。"许书于器物字，常言发明之人，溯其源示不忘本，《荀子》《尸子》《墨子》《吕览》《淮南子》等书，皆言奚仲造车，相传已久，许慎沿其说。段注："《左传》曰：'薛之皇祖奚仲居薛，以为夏车正。'杜云：'奚仲为夏禹掌车服大夫。'然则非奚仲始造车也……盖奚仲时车制始备，合乎句股曲直之法。"《说文》车部有99字，"轻、舆、辑、轴、轮"等为常用字。古时战争很多，车主要用于车战，故车类字较多且常用。

　　车士负责驾车，故"车"也指车士，即驾车人，《国语·晋语》："其主朝升之，而暮戮其车，其谁安之！"作动词指乘车，《战国策·秦策》："寡人欲车通三川，以窥周室。"车赖轮旋转运行，故又指利用轮轴旋转的工具，陆容《菽园杂记》："今观凡器之运转者皆谓之车……纺纱具曰纺车，扬谷具曰风车，缫丝具曰缫车，圬者敛绳具曰线车，漆工漉漆具曰漆车。"又指车工，《玉篇》车部："车，夏时奚仲造车，谓车工也。"牙床骨承载牙齿如车载人，故又指牙床骨，《左传·僖公五年》："谚所谓'辅车相依，唇亡齿寒'者，其虞虢之谓也。"杜预注："辅，颊辅；车，牙车。"孔颖达疏："牙车，牙下骨之名。"又用作量词，计算一车所载的容量单位，《仪礼·聘礼》："米禾皆二十车。"又用作姓氏，邵思《姓解》引《风俗通》："车氏，舜之后也。"

　　"车"又音 jū，象棋棋子之一。

jià
驾（駕）

石鼓	说文小篆	说文籀文	曹全碑	柳公权

　　繁体作"駕"，形声字。《说文》："駕，马在轭中。从马加声。𥴩，籀文駕。"把车套在马身上。段注："《毛传》曰：'轭，乌噣也。'乌噣即《释名》之乌啄。辕有衡，衡，横也，横马颈上。其扼马颈者曰乌啄，下向叉马颈，似乌开口向下啄物时也。"轭是牲口拉东西时驾在颈上的器具。轭架马颈则马在轭中间，故训"马在轭中"。《礼记·曲礼》："君车将驾，则仆执策立于马前。"加，《说文》："语相增加也。从力从口。"本指加强、增大。夸大之言出

之于口,力表强而增大,段注:"谓有力之口也。"故"加"从力从口。"駕"是把车轭从外加在马身上,段注"驾之言以车加于马也",故"駕"从馬加声。把车套在其他牲口身上也称为"驾",故籀文从牛作"犗"。

　　"驾"也指驾兵车,意谓兴兵,《左传·襄公九年》:"三驾而楚不能与争。"又指乘,《诗经·邶风·泉水》:"驾言出游,以写我忧。"郑玄笺:"且欲乘车出游,以除我忧。"车套马用于驾驶,故又指驾驶,岳飞《满江红》:"驾长车,踏破贺兰山缺。"古代天子出行,车马最多,故又指皇帝,《字汇》马部:"驾,唐制,天子居曰衙,行曰驾。"驾车是控制马拉车前行,故又指凌驾,《左传·昭公元年》:"子木之信,称于诸侯,犹诈晋而驾焉。"又指车乘,《淮南子·道应》:"卢敖仰而视之,弗见,乃止驾。"传布如驾车行驶四方,故又指传布,《法言·学行》:"仲尼驾说者也,不在兹儒乎?"又用作量词,马一日所行的路程为一驾,《荀子·劝学》:"驽马十驾,功在不舍。"刘台拱补注:"一日所行为一驾,十驾,十日之程也。"

féi 肥

玺汇 1642　　　望山　　　老子乙 208　　说文小篆　　曹全碑　　颜真卿

　　会意字。《说文》:"肥,多肉也。从肉从卪。"本义为肥胖,脂肪多,跟"瘦"相对。肥胖则肉多,故训"多肉"。《慧琳音义》引作"肉多也",《篇海》引作"身肉多也"。《论语·雍也》:"乘肥马,衣轻裘。"张舜徽《约注》:"肥训多肉,本指物言。桓公六年《左传》:'牲牷肥腯。'服注云:'牛羊曰肥。'是其义也……今俗犹称物多肉曰肥,称人则否,盖古之遗俗也。""肉"本指禽兽之肉,甲骨文作🔲合三一二二四,小篆作𠕎,像肉块横切面形。"卪"(jié)指瑞信、符节,古代用以证明身份的信物。也作"卩",后作"節"。"卩"甲骨文作🔲合二一四七六、🔲合一三二二〇正,像踞坐之人。人跪坐时膝胫弯曲突出膝盖骨(最大骨节)表示骨节,杨树达谓是"厀(膝)"之初文。肥胖是骨架上肉多,过胖则影响健康,须节食以控制体重(卪),今称"减肥",徐铉等注"肥,肉不可过多,故从卪",故"肥"从肉从卪。戴侗谓"肥"从己声,"嶭、配"皆从己声而与肥声相近,可参考。

"肥"由肥胖转指(植物)茁壮、厚实,韩愈《山石》:"升堂坐阶新雨足,芭蕉叶大支子肥。"肥胖是脂肪多,转指油脂,蔡邕《为陈留太守上孝子状》:"臣为设食,但用麦饭寒水,不食肥腻。"肥胖多由饮食丰厚导致,肥胖则肉厚,故又指丰厚,《战国策·秦策》:"省攻伐之心而肥仁义之诚。"饮食丰厚是家庭条件优越的体现,故又指富裕,《礼记·礼运》:"父子笃,兄弟睦,夫妇和,家之肥也。"又指(土地)肥沃,《孟子·告子》:"地有肥硗。"又指供给养分使植物发育生长的物质,如积肥、化肥。

轻(輕) qīng

孙子 78　　说文小篆　　魏上尊号奏　　颜真卿

繁体作"輕",形声字。《说文》:"輕,轻车也。从車巠声。"轻车,指便乘径行之车。桂馥《义证》以为轻车分坐乘轻小之车与军旅之轻车,军旅之轻车用为驰敌致师。徐灏《注笺》:"车载衣物谓之辎重,其无所载者谓之轻车。"《楚辞·九辩》:"前轻辌之锵锵兮,后辎乘之从从。""巠"指地下直流的水脉,金文作□克钟,郭沫若认为是织布机上的纵向经线。水脉、经线皆呈直长形,故"巠"有直长意。轻车轻便,径行长驱无阻(巠),故"輕"从車巠声。从"巠"声字多有直长意:织机纵丝为"經",小腿竖直为"脛",头茎直立为"頸",女子长好为"婙",温器圆直为"鏗",草干挺直为"莖",步道直达为"徑",强健力达为"勁",径行长驱之车为"輕",筋肉硬直(痉挛)为"痙",石声清直为"硜(磬)",劲直之木为"樫",目直视为"眐",发长直为"鬠"。

"轻"也指分量不大,与"重"相对,《孟子·梁惠王》:"权,然后知轻重;度,然后知长短。"轻车轻便,故也指灵巧、轻便,李白《早发白帝城》:"两岸猿声啼不住,轻舟已过万重山。"物少则轻,故又指程度浅、数量少,简文帝《与萧临川书》:"零雨送秋,轻寒迎节。"又指用力不猛,杜甫《江涨》:"细动迎风燕,轻摇逐浪鸥。"作动词指减少、使轻,《三国志·吴书·孙休传》:"今欲广开田业,轻其赋税。"又指权利小、地位低,《韩非子·喻老》:"无势之谓轻,离位之谓躁。"位低则不贵,故又指不贵重,《孟子·尽心》:"民为贵,社稷次之,君为轻。"又指轻佻,《左传·僖公三十三年》:"秦师轻而无礼,必败。"又指轻率、不审慎,《荀子·议兵》:"重用兵者强,轻用兵者弱。"又指轻视、不看重,《尚书·太甲》:"无轻民事,惟难。"

【原文】　　策 功 茂 实　　勒 碑 刻 铭

【译文】　　朝廷记录大臣的丰功伟绩,勒碑刻铭以便万世流芳。

【释义】

　　策,简册。策功,记录功绩于简册。或言策为谋划,引申为文治,功为武功。茂,盛美。实,事。茂实,宣扬其盛美的德业。勒,镂刻。碑,石碑。铭,铭文。刻铭,刻铸文字于青铜器。《千字文释义》:"此下四节,亦承上'群英',而杂举其人以实之……言此'群英',不但禄位尊富,其所谋画,实有定国之功。勒于碑而刻于铭,如下文'诸人'是也。"我国素重历史,历代文臣武将、名士贤达,其功绩、事迹皆载于史籍中,突出的人、事则勒于碑而刻于铭,千古流传。

　　铭文产生于商代早期,传世青铜器上有铭文的,以《散氏盘》《毛公鼎》《大盂鼎》等为典型代表。勒石碑刻晚出,平山县三汲公社发现的大篆(籀文)碑刻,约成于春秋白狄人建立古中山国时期,是最早的碑刻之一。《史记·秦始皇本纪》载,秦始皇东巡时立下六块碑刻,今仅存《泰山石刻》《琅琊石刻》,也是较早的碑刻之一,《泰山石刻》成于公元前 219 年,毁于清乾隆五年(1740)。西汉霍去病勒石燕然山,也是著名的勒石纪功范例。

【解字】

策　　籥　　箫　　荣　　策
中山王壶　　说文小篆　　魏王基残碑　　颜真卿

　　形声字。《说文》:"策,马箠也。从竹束声。"本指马鞭。玄应《一切经音义》:"策,马挝也,所以捶马驱驰也。"束(cì),《说文》:"木芒也。象形。"本义为木芒,后作"刺"。段注:"束今字作刺,刺行而束废矣。""束"甲骨文

562 | 三、文治武功之盛　　策　功

作<ruby>策</ruby>合二一二五六，像荆棘四面有刺形。"策"用细竹制成，"束"能刺人，以策鞭马如刺（束）马，张舜徽《约注》"今人用以击马之物，多以细竹而密节者为之，名曰马鞭"，故"策"从竹束声。《说文》："敇，击马也。从支束声。"本义为击马。"策、敇"音义相同，策为名词，敇为动词，段注："所以击马者曰筴，亦曰策。以策击马曰敇，策专行而敇废矣。"

　　策用以鞭马前行，故"策"作动词指鞭打，《论语·雍也》："（孟之反）将入门，策其马，曰：非敢后也，马不进也。"驾车时以鞭策马前行，故也指驾驭、驾驶，庾信《哀江南赋》："乘白马而不前，策青骡而转碍。"策马是鞭策马疾行，督促有鞭策意，故又指督促、勉励，《徐霞客游记·滇游日记》："当时止宜责其迟留，策其后效。"又指古时用于计算的小筹，揲卦时与蓍作用同，《老子》二十七章："善数不用筹策。"王弼注："因物之数，不假形也。"筹策为谋划所用，故又指计谋、谋略，如对策，《战国策·秦策》："臣出，必故之楚，以顺王与仪之策，而明臣之楚与不也。"作动词指谋划、策划，《汉书·傅常郑甘陈段传》："小臣罢癃，不足以策大事。"拐杖形长如策，故又指拐杖，左思《招隐诗》之一："杖策招隐士，荒涂横古今。"拐杖用以支撑身体，故又指扶，陶潜《归去来兮辞》："策扶老以流憩，时矫首而遐观。"古帝王对臣下所用文书也称"策"，《释名·释书契》："策，书教令于上，所以驱策诸下也。汉制约敇封侯曰册。"竹简形长如策，故又指简册，《仪礼·聘礼》："百名以上书于策，不及百名书于方。"又指写在策上、记载，《左传·僖公二十三年》："策名委质，贰乃辟也。"杜预注："名书于所臣之策。"又为古代议论文的一种文体，《文心雕龙·议对》："又对策者，应诏而陈政也；射策者，探事而献说也。言中理准，譬射侯中的，二名虽殊，即议之别体也。"

功 <small>gōng</small>

中山王壶　　王孙诰钟　　说文小篆　　孔宙碑　　颜真卿

　　会意兼形声字。《说文》："功，以劳定国也。从力从工，工亦声。"本义为功绩、功业。桂馥《义证》："《周礼·司勋》'国功曰功'注云：'保全国家，若伊尹。''事功曰劳'注云：'以劳定国，若禹。'"工"由木工所用工字尺扩展指一切工，从工得声的字"功、贡、攻、缸、空、控、扛"等都含有人作工的核心义素。尽心尽力做事，方能建立功业，遵守规矩法度，事业方能有成。王筠《句读》"功乃工之分别文"，故"功"从力从工，工亦声。张舜徽《约注》："功、工古实一字。魏三体石经功之古文作 𢀖 ，𢀖 即工之古文也。工者事也，古称百官为百工，谓任事之人也。任事有劳亦谓之工，后又加力作功耳。"

"功"也指事功、工作，《诗经·豳风·七月》："嗟我农夫，我稼既同，上入执宫功。"郑玄笺："可以上入都邑之宅，治宫中之事矣。"也指成效、功效，《周礼·夏官·槁人》："乃入功于司弓矢及缮人。"持续用功才能建立功绩，故又指工夫、功力，《天工开物·陶埏》："功多业熟，即千万如出一范。"功绩显著美善，故又指坚牢、精美，《荀子·王制》："论百工，审时事，辨功苦，尚完利。"杨倞注："功，谓器之精好者。苦，谓滥恶者。"

茂 mào 　 𣚊 𦮛 茂 茂

鄂君舟节　说文小篆　晋辟雍碑　颜真卿

形声字。《说文》："茂，艸丰盛。从艸戊声。"本义为草木繁盛。字又作"楙"，从林矛声。张舜徽《约注》："林部：'楙，木盛也。'与茂音义皆同，许君分别解之是也。"《诗经·小雅·天保》："如松柏之茂，无不尔或承。""戊"甲骨文作 𢦏 合一九五四，金文作 𢦏 司母戊鼎，像斧钺类兵器，弧形刃朝内凹，呈月牙形。戊为重兵器，有茂盛、有力义，段注："郑注《月令》曰：'戊之言茂也，万物皆枝叶茂盛。'《律历志》曰：'丰楙于戊。'""茂"指草丰盛，"戊"有茂盛义，故"茂"从艸戊声。

"茂"由草丰盛扩展指盛美，如声情并茂，《诗经·小雅·南山有台》："乐只君子，德音是茂。"也指优秀，《礼记·礼运》"与三代之英"，孔颖达疏引《辨名记》："倍人曰茂，十人曰选，倍选曰俊，千人曰英。"通"懋"，劝勉，《左传·昭公八年》："《周书》曰：惠不惠，茂不茂。"杜预注："言当施惠于不惠者，劝勉于不勉者。茂，勉也。"

shí
实（實）

實　實　實　實　實
散盘　默簋　说文小篆　熹平石经　颜真卿

　　繁体作"實"，会意字。《说文》："實，富也。从宀从贯。贯，货贝也。"本义为富裕。段注："以货物充于屋下是为实。"张舜徽《约注》："《礼记·哀公问篇》：'好实无厌。'郑注云：'实犹富也。'《表记篇》：'耻费强实。'郑注云：'实谓财货也。'皆用本义。今湖湘间称多财之家曰富实、殷实。"《汉书·食货志》："食足货通，然后国实民富。"贯，《说文》："钱贝之贯。从毌、贝。"古时穿钱贝的绳索，即钱串。毌（guàn），《说文》："穿物持之也。从一横贯，象宝货之形。"用线穿贝（钱币）作"毌"，义指贯穿，后加贝作"貫"。"毌"甲骨文作 ⼗ 后下三七·二，像线穿物形。"贯"是贯穿（毌）钱贝的绳索，故"貫"从毌、贝。"贯"由钱串转指财货，财货多放于屋（宀），戴侗《六书故·工事》"实，充牣也。贯盈于宀，实之义也"，故"實"从宀从贯。简化字"实"是草书楷化而成。

　　富裕之家财富丰厚，故"实"引申指财富，《左传·文公十八年》："聚敛积实，不知纪极。"物资是财富之一，故也指物资、器物，《左传·宣公十二年》："无日不讨军实而申儆之。"杜预注："军实，军器。"充实则满，故作形容词指满，《淮南子·泛论》："田野芜，仓廪虚，囹圄实。"作动词指盛、填塞，《孟子·滕文公》："其君子实玄黄于筐，以迎其君子。"又指充实、使加强，《墨子·尚贤》："收敛关市、山林、泽梁之利，以实官府。"果实、种子饱满充盈，故又指果实、种子，《诗经·周颂·载芟》："播厥百谷，实函斯活。"郑玄笺："实，种子也。"事实是已然的结果，故又指事实，《国语·周语》："赋事行刑，必问于遗训，而咨于故实。"验明是确定结果，故又指验明、核实，《尚书·吕刑》："阅实其罪。"用于品质指诚意、诚实，诸葛亮《出师表》："此皆良实，志虑忠纯。"诚实则不虚假，故又指真诚、不虚假，《左传·宣公十二年》："栾伯善哉！实其言，必长晋国。"又用作副词，相当于"实在、确实、果然、终于"。通"寔"，相当于"是"，1. 此、这，《诗经·小雅·頍弁》："有頍者弁，实维伊何？"郑玄笺："言幽王服是皮弁之冠，是维何为乎？" 2. 即、就是，《左传·庄公十八年》："陈妫归于京师，实惠后。" 刘淇《助字辨略》："实惠后者，犹云是为惠后也。"

lè
勒　　靳　　襲　　鋤　　勒　　勒　　勒
　　　　吴方彝　　柳鼎　　石鼓　　说文小篆　　夏承碑　　颜真卿

　　形声字。《说文》："勒，马头络衔也。从革力声。" 带有嚼口的马笼头。"衔"为马嚼子，朱骏声《通训定声》："勒为衔之所系，故曰络衔。""衔"在马口中，两头与笼头相连，这一套马具称为"勒"。勒与辔相连，辔的另一端握在御者手中。御者通过牵拉辔、控制勒而达到驾驭马的目的。革，《说文》："兽皮治去其毛，革更之。象古文革之形。" 指加工去毛的兽皮。甲骨文作〔花东四九一〕，像治好撑开的整张兽皮形。马笼头由皮革制成，外形像筋脉联络形，可有力地控制马，故"勒"从革力声。

　　"勒"作动词指拉紧缰绳止马，如悬崖勒马，潘耒《游雁荡山记》："连峰腾骧而下，忽尔转顾，如勒奔马回头向人者，曰五马峰。" 马笼头用以控制马，故也指约束、限制，《后汉书·马援列传》："性宽缓，不能教勒子孙。" 统率者有管理控制权，故又指整饬、统率、部署(兵马)，《史记·孙子吴起列传》："子之十三篇，吾尽观之矣，可以小试勒兵乎？" 拉紧缰绳止马，是强力控制马，故又指强要、强迫，如勒令，《新唐书·杜伏威传》："伏威引亲将十人操牛酒谒，勒公祏严兵待变。" 在铜器、石材上镌刻须用力并控制笔画，故又指镌刻、刊刻，《礼记·月令》："物勒工名，以考其诚。" 由刊刻引申指编纂，柳宗元《答元饶州论春秋书》："勒为一卷，以垂将来。"

　　"勒"又音 lēi，指用绳类捆绑或套住再用力拉紧，箍、束，如勒紧。也指刀或绳、布一类的条状物紧贴某物擦、割，《徐霞客游记·游雁宕山日记》："上岩亦嵌空三丈余，不能飞陟。持布上试，布为突石所勒，忽中断。"

bēi
碑　　牌　　碑　　碑　　碑
　　　　说文小篆　华山庙碑　　王羲之　　颜真卿

　　形声字。《说文》:"碑,竖石也。从石卑声。"本义为竖立的石头。王筠《句读》:"古碑有三用:宫中之碑,识日景也;庙中之碑,以丽牲也;墓所之碑,以下棺也。秦之纪功德也,曰立石,曰刻石;其言碑者,汉以后之语也。"古碑有三用:1. 竖立在宫门前测量日影,《仪礼·聘礼》:"东面北上,上当碑南陈。"郑注:"宫必有碑,所以识日景,引阴阳也。" 2. 竖立在宗庙院内拴系牺牲,《仪礼·聘礼》:"陪鼎当内廉,东面北上,上当碑南陈。"郑注:"凡碑引物者,宗庙则丽牲焉,以取毛血。其材,宫庙以石,窆用木。" 3. 以石头或木柱竖立在墓旁,中间穿孔,以便安设辘轳,用绳索下棺于墓穴,《礼记·檀弓》:"公室视丰碑。"郑注:"丰碑,斫大木为之,形如石碑,于椁前后四角树之,穿中于间,为鹿卢,下棺,以绋绕。""石"指岩石,甲骨文作■英一八四六、■合七六九八,高鸿缙谓■"象石岸壁立之形",李孝定谓■像石磬之形。■为依附厓岸(厂)画出石块(口)。"卑"甲骨文作■合一九二三三、■合三七六七七,像卑者(婢仆)执扇或箕之类工具形,用指下贱、低下。碑由石制,最初测日影的石碑为低石(卑),以便观察,拴牲口及墓旁之碑皆不高,故"碑"从石卑声。

　　"碑"扩展指刻有文字或图案并竖立以为纪念或标记的石头,《释名·释典艺》:"碑,被也,此本葬时所设也。施鹿卢,以绳被其上,引以下棺也。臣子追述君父之功美,以书其上,后人因焉。无故建于道陌之头,显见之处,名其文就,谓之碑也。"也指碑文,一种文体,《文心雕龙·诔碑》:"夫属碑之体,资乎史才,其序则传,其文则铭,标序盛德,必见清风之华,昭纪鸿懿,必见峻伟之烈,此碑之制也。"

kè
刻　　■　■　■　刻

泰山刻石　　说文小篆　　西陲简 39.3　　三公山碑　　颜真卿

　　形声字。《说文》:"刻,镂也。从刀亥声。"雕刻、刻镂。段注:"《释器》曰:'金谓之镂,木谓之刻。'此析言之。统言则刻亦镂也。""亥"本指猪,借表地支,甲骨文作■甲三九四一,大肚子短尾巴的猪形。刀是刻镂的工具,刻木、刻石时发出"亥亥"之声,或猪吃食不断往前往外拱,如同刻刀不断往前往外刻画,故"刻"从刀亥声。《说文》"克"下言"象屋下刻木之形",桂馥《义证》:"克、刻声相近。"张舜徽谓"克"为"刻"之初文,可备一说。

　　"刻"也指雕刻的物品,《汉书·郊祀志》:"已而按其刻,果齐桓公器。"颜师古注:"刻,谓器上所铭记。"雕刻须不断修饰,是立体的绘画,故又指绘画、修饰,《新序·杂事》:"引商刻角,杂以流征。"雕刻会使物品减损,故又指减损、伤害,《尚书·微子》:"我旧云刻子。"物越刻越薄,故又指苛责、苛严,《后汉书·申徒刚鲍永郅恽列传》:"欲令失道之君,旷然觉悟,怀邪之臣,惧然自刻者也。"陡峻如斧劈刀刻般险绝,故又指陡峻、挺拔,欧阳修《丰乐亭记》:"风霜冰雪,刻露清秀,四时之景,无不可爱。"雕刻有相应的标准要求,故又指限定、勒定,《三国志·魏书·华佗传》:"佗谓平曰:'……今疾已结,促去可得与家相见,五日卒。'应时归,如佗所刻。"木、石等刻过而不修饰,则显得生硬,故又指呆板、生硬,《华阳国志·先贤士女》:"蜀承秦后,质文刻野。"又用作量词,为计时单位,1. 古代以漏壶计时,一昼夜分为百刻,慧苑《华严经音义》引《文字集略》:"漏刻,谓以筒受水,刻节,昼夜百刻。"2. 今用钟表计时,十五分钟为一刻,四刻为一小时。又指时候,刻比时短,故也指短暂的时间,如刻不容缓,白居易《早夏游宴》:"荣落逐瞬迁,炎凉随刻变。"

míng
铭(銘)

鼄羌钟　中山王鼎　说文新附　孔宙碑　柳公权

　　繁体作"銘",形声字。《说文新附》:"銘,记也。从金名声。"本义为记载、镂刻。最初铸刻在青铜器上的文字称为铭,铭文用于记事,或歌功颂德,或用于自警,故训"记"。《释名·释言语》:"铭,名也。记名其功也。"《礼记·祭统》:"夫鼎有铭。铭者,自名也。自名,以称扬其先祖之美,而明著之后世者也。"郑玄注:"铭,谓书之刻之,以识事者也。""金"金文作

麦鼎、金师衰鼎、余矢令方彝,左边或左右的点象取自土中含金的矿石块,两点、三点、四点不等,其余是形符"土"及声符"今"。"名"从夕从口,黑夜自

命而使人知,引申指文字。"铭"是在青铜器(金)上刻文字记事(名),以扬名记功,早期青铜器上的族徽代表一族之名,青铜器上多刻有名字,故"铭"从金名声。

古代刻铭碑版或器物,或以称功德,或以申明鉴戒,为文体之一,曹丕《典论·论文》:"夫文本同而末异,盖奏议宜雅,书论宜理,铭诔尚实,诗赋欲丽。"古人铸刻铭文以期永久流传,故又指铭记、永志不忘,《吴越春秋·勾践伐吴外传》:"切齿铭骨,谋之二十余年。"又指铭旌,即明旌,旧时竖在灵柩前标志死者官衔和姓名的旗幡,《仪礼·士丧礼》:"为铭,各以其物。亡则以缁,长半幅,赪末,长终幅,广三寸。书铭于末曰:某氏某之柩。"郑玄注:"铭,明旌也。杂帛为物,大夫之所建也。以死者为不可别,故以其旗识识之。"

【原文】　磻溪伊尹　佐时阿衡
pán xī yī yǐn　zuǒ shí ē héng

【译文】　文王磻溪访姜尚而尊为"太公",伊尹辅佐汤王被封为"阿衡"。

【释义】

从此两句开始,列举著名文臣武将的丰功伟业。《千字文释义》:"言群英之策功者,亦如太公、伊尹,有辅世平治之功。"佐时,辅佐时政。阿衡,商代官名,教辅王子的师保之官,一作"保衡"。古书常以"阿保"连文,如《史记·范雎蔡泽列传》:"居深宫之中,不离阿保之手。"后为辅佐国君之官的通称。伊尹辅佐汤王,官居宰辅,故名"阿衡"。《尚书·君奭》:"成汤既受命,时则有若伊尹,格于皇天。在太甲,时则有若保衡。"

姜子牙(约前1156—前1017),姜姓,吕氏,名尚,一名望,字子牙,或单呼牙,也称吕尚,别号飞熊。其先祖为四岳,佐禹平水土有功,虞夏之际封于吕(今河南南阳西),故以吕为氏。其出生地为东海,《孟子·离娄》言姜子牙"居东海之滨",《吕氏春秋·首时》谓"太公望,东夷之士也",张华《博物志》谓"海曲城有东吕乡东吕里,太公望所出也"。姜太公72岁时垂钓于渭水之滨的磻溪,欲借钓鱼的机会与姬昌相见。周文王姬昌外出狩猎,占一卦谓:"所获非龙非䲒,非虎非罴;所获霸王之辅。"文王随后果然在渭河岸边遇到垂钓的姜子牙,相谈甚欢,说:"我先君太公有言,定有圣人来周,周会因此兴旺,说的就是您吧? 太公盼望您很久了。"文王因此称姜子牙为"太公望",二人同车而归,姜子牙被尊为太师,辅佐周文王、周武王开启了兴周灭商大业。

武王灭商后,同姜太公、周公旦等人商议,将天下分为多个诸侯国,分封给亲王与功臣,以为朝廷屏障,即"封建亲戚,以藩屏周"。姜太公功勋卓著,被首封于齐地营丘(今淄博市临淄区)建立齐国。吕尚到齐国后,尊贤尚功,提出"六守、八征、六不用"的人才理论。文化上推行"因其俗,简其礼"的开明政策。工商业方面,因地制宜,注重发展黍、稻生产,利用境内矿藏、鱼盐等丰富资源,大力发展冶炼、丝麻纺织、渔业、盐业等手工业。还利用齐国交通便利、商贸发达的传统优势,大力发展商业,推行与列国通货的外贸政策。在其"农、工、商"三业并举的宏观策略指导下,齐国制造的冠带衣履畅销天下,鱼盐流通列国,诸侯纷纷来朝拜,齐国逐渐发展为雄居东方的富强大国。

周康王六年,姜太公卒于周都镐京,享年 139 岁。姜太公的丰功伟绩历代广为流传,演化出很多神话故事,在《太平广记》《封神记》《封神演义》等书中,他被尊为管理众神之神。直到今天,乡村盖房子时,房梁上用红纸写"姜太公在此,诸神退位",可见姜太公在民众心中地位崇高。后世对姜太公推崇备至,历代皇帝和文史典籍尊其为兵家鼻祖、武圣、百家宗师。唐肃宗时期,追封为武成王,设立武庙祭祀。宋真宗时期,追谥昭烈。

伊尹(前 1649—前 1549),夏末商初人,伊姓,名挚,夏末生于空桑(今河南杞县,一说今洛阳伊川县),因其母居伊水之上,故以伊为氏。后被商汤封为尹(相当于宰相),世称伊尹。因辅佐汤王建立商朝有功,奉祀为"商元圣"。伊尹历事商汤、外丙、仲壬、太甲、沃丁五代商君,历时五十余年,屡为商朝的强盛建功立业。伊尹是首位帝王之师,教汤效法尧舜以德治天下,授以伐夏救民的方略。汤王死后,伊尹辅佐外丙、仲壬,又任汤王长孙太甲的师保。太甲不遵商汤的治国大政,伊尹迁太甲于成汤墓地之桐宫,他本人与诸大臣代为执政,史称共和执政,并著《伊训》《肆命》《徂后》等训词以教育太甲。太甲守桐宫三年,学习伊尹训词,追思成汤功业,认识到自己的过错并悔过返善。伊尹亲临桐宫迎接,并将王权交还太甲,自己继续任其佐辅。太甲复位后"勤政修德",商朝政治又出现清明局面。政治上,伊尹主张"居上克明,为下克忠",君王要"惟新厥德,终始惟一,时乃日新",强调"任官惟贤材,左右惟其人"。教育上,伊尹谓"习于性成",重视日常的修为,修身原则是"与人不求备,检身若不及"。道德上,伊尹主张"德无常师,主善为师"。沃丁八年,伊尹逝世,终年一百岁。沃丁以天子之礼葬伊尹于都城亳(今河南商丘虞城县西南魏崮堆村),以表彰他对商朝做出的伟大贡献。

　　伊尹是历史上第一个以负鼎俎调五味而佐君王治国的杰出庖人,《史记·殷本纪》谓"伊尹以滋味说汤"。他教民调和五味,创制割烹之术,在中国烹饪史上占有重要地位。伊尹创立的"五味调和说"与"火候论",至今仍是中国烹饪的重要法则,故伊尹被尊为"烹调之圣、烹饪始祖"和"厨圣"。文献中以伊尹喻高厨的词语很多,如:伊尹煎熬(枚乘《七发》)、伊公调和(昭明太子《七契》)、伊尹负鼎(《史记》)、伊尹善割烹(《汉书》)。《鹖冠子·世兵篇》还有"伊尹酒保"的记载,说伊尹曾在餐馆为厨师。传说伊尹还是中药汤剂的创始人,《甲乙经·序》谓"伊尹以亚圣之才,撰用《神农本草》,以为《汤液》"。

【解字】

pán
磻　　　𥻡　　　𥻡　　　磻　　　磻

汗简　　　说文小篆　　　怀素　　　邓散木

　　形声字。本读 bō,《说文》:"磻,以石箸隿繳也。从石番声。"本为缴矢所用之石。段注:"隿者,缴射飞鸟也。缴者,生丝缕系矰矢而以隿射也。

以石箸于缴谓之磻。"番,《说文》:"兽足谓之番。从采;田,象其掌。"以兽足指爪分别表示辨别、分别。采(biàn),《说文》:"辨别也。象兽指爪分别也。"本义为兽足。徐灏《注笺》:"釆象兽指爪,中四点ⵗ其体;千,其分理也。直画微屈以别于米粟字耳。引申为辨别之义。"猎人通过留在地上的野兽足迹可以辨别不同的动物,故"采"指辨别。"采"甲骨文作𠮷粹一一二,像野兽足迹形。采、番皆为兽足,故"番"从采,"田"像兽足形。野兽奔跑,脚板轮流翻飞,故"番"有更替义,《广韵》元韵:"番,递也。""磻"是以石子系上丝,弹射飞鸟。以磻捕鸟,弹出去的石子翻飞更替向前,如同野兽奔跑时兽足快速更替,故"磻"从石番声。

　　"磻"又音 pán。磻溪即礴溪,在今陕西省宝鸡市陈仓区天王镇伐鱼河畔,相传为姜太公钓鱼处,一名璜河,又名凡谷,《水经注·清水》:"城西北有石夹水,飞湍浚急,人亦谓之磻溪,言太公尝钓于此也。"张舜徽《约注》:"古人以生丝缕系丸而弹,谓之缴射,盖不特以射飞鸟,亦兼以取游鱼,故太公钓处名曰磻溪也。"

溪(谿) xī

　　孫臏109　说文小篆　曹全碑　颜真卿

　　"溪"之本字作"谿",形声字。《说文》:"谿,山渎无所通者。从谷奚声。"本指山间不与外界相通的小河沟。徐灏《注笺》:"今字作溪。"《墨子·亲士》:"溪狭者速涸,逝浅者速竭。"《汉书·司马相如传》:"振溪通谷,蹇产沟渎。"溪不与外界相通,有穷尽、无依之义,故名"穷渎"。奚,《说文》:"大腹也。从大,𦥞省声。𦥞,籀文系字。""奚"甲骨文作𢎥甲七八三,金文作𡟰亚奚卣,像手持绳索牵引罪人,义指罪奴。谿为山谷间的小水流,如绳牵(奚)般绵延流淌,故"谿"从谷奚声。"溪"从水奚声,为"谿"之后起字。

　　"溪"也泛指小河流,《水经注·沅水》:"武陵有五溪。"又指没有出口的山沟,《荀子·劝学》:"不临深溪,不知地之厚也。"又指没水的山间低凹狭长的地带,《吕氏春秋·察微》:"若高山之与深溪。"高诱注:"有水曰涧,无水曰溪。"无水则空,故又指空虚,《吕氏春秋·适音》:"以危听清,则耳溪极。"高诱注:"溪,虚;极,病也。不闻和声之故也。"

yī 伊　　朋　朋　钥　伊　崶　伊　伊

甲 828　　菁 11.18　　伊簋　说文小篆　说文古文　衡方碑　颜真卿

　　形声字。《说文》:"伊,殷圣人阿衡,尹治天下者。从人从尹。崶,古文伊,从古文死。"本指伊尹。"从人从尹"当为"从人尹声","从古文死"当作"从古文死声"。桂馥《义证》:"《君奭》:'成汤既受命,时则有若伊尹,格于皇天。在太甲,时则有若保衡。'郑注:'伊尹名挚,汤以为阿衡。阿,倚。衡,平也。伊尹,汤所依倚而取平,以尹天下,故曰伊尹。至太甲改曰保衡,保,安也,言天下所取安,所取平。阿衡、保衡,此皆三公之官,当时为之号也。'""尹"为管事者,有治理、主管及执事官员等义。伊尹是商朝贤相,辅佐商汤而平治天下,"尹治天下者",故"伊"从人尹声。章太炎谓"伊"乃古官名,非一人之名,《太炎先生尚书说》:"伊尹者,谓主事之卿尹。"林义光《文源》:"一人之名,无专制字之理。伊尹生于伊川空桑,本以伊水为姓。伊为姓,故从人,犹姬姜之字从女也。"或言"伊"本指伊水,《广韵》脂韵:"伊,水名。"

　　"伊"也表示判断,常与"匪"连用,相当于"却是、即",《诗经·小雅·蓼莪》:"蓼蓼者莪,匪莪伊蒿。"孔颖达疏:"而我不精识视之,以为非此物,反谓之是彼物也。"又作代词,相当于"此、这,他、彼"。又作连词,相当于"遂、于是"。又用作语气词,相当于"惟、维"。又用作姓氏,《广韵》脂韵:"伊,姓。伊尹之后,今山阳人。"

yǐn 尹　　爿　Ａ　爿　我　爿　爿　尹　尹

合 22083　合 27011　合 20746　乙亥鼎　墙盘　说文小篆　尹宙碑　颜真卿

　　会意字。《说文》:"尹,治也。从又、丿,握事者也。"本义为治理、主管。《说文》"伊"下谓"尹治天下"。"尹"小篆以手(又)掌握事物(丿)表治理、主管,"握事者也",故"尹"从又、丿。"尹"甲骨文以手(又)持笔(丨)书写会治事之义,方向或左或右。古代官吏持簿书,执笔记录以治事,故"尹"指治理、主管,又指治事的官长。李孝定《甲骨文字集释》:"窃疑尹之初谊当为官尹,字殆象以手执笔之形,盖官尹治事必秉簿书,故引申得训治也。"商代金文作𝕩,承𝕩形而整齐化,"又"之手指变平,臂腕延长下垂。西周中晚期金文作𝕪癭钟、𝕪善夫克盨,为使字形匀称,将丨左引变曲,为小篆所承。

治事者为官员,故"尹"也为古代官名,《尔雅·释言》:"尹,正也。"郭璞注:"谓官正也。"郝懿行义疏:"是正兼官长、君长二义。"

zuǒ 佐

𝕫舒盉壶　睡10.12　说文小篆　史晨碑　颜真卿

本字作"左",会意兼形声字。《说文》:"左,手相左助也。从𠂇、工。"本义为辅佐、帮助,后作"佐"。段注:"左者,今之佐字。《说文》无佐也。𠂇者,今之左字。𠂇部曰'左手也',谓左助之手也。以手助手,是曰左。""工"指曲尺,小篆作工,像曲尺(工字尺)形,"矩"金文作𝕩伯矩簋,像匠人(木匠)手执尺(工)做工形,"工"由木工扩展指一切工。人做事、做工,左手多是起辅助作用,"工"像工字形的尺子,是做工的辅助工具,孔广居《疑疑》:"凡人作为,皆以右手著力,而以左手佐之。"饶炯《部首订》:"'工'下说'巧饰也',凡饰非人所固有,亦辅助意。"故"左"从𠂇、工。朱骏声《通训定声》:"𠂇亦声。""𠂇"为左右之"左"本字,"左"为佐助之"佐"本字。自经典借"左"为左右之"左",则"𠂇"废而不用。"左"既借为左右之"左",久借不归,则佐助义之"左"加人作"佐",为通行字。"𠂇-左-佐"与"又-右-佑"发展关系相同。

"佐"扩展指辅佐,《诗经·小雅·六月》:"王于出征,以佐天子。"佐助者做辅助工作,故也指处于辅助地位的官员、僚属,《左传·襄公三十年》:"有赵孟以为大夫,有伯瑕以为佐。"佐助者位于被佐者之次,又指副、第二位,《周礼·夏官·田仆》:"掌佐车之政。"佐助者多作具体事务,故又指治理、管理,《大戴礼记·卫将军文子》:"廉于其事上也,以佐其下。"佐助者有劝勉被佐者的义务,故又指劝勉,《国语·晋语》:"召之,使佐食。比已食,三叹。"

shí
时(時)　昔　告　時　時　告　時　時
　　　　甲30　中山王壶　石鼓　说文小篆　说文古文　礼器碑　颜真卿

　　繁体作"時",形声字。《说文》:"時,四时也。从日寺声。告,古文時从之。"本义为季度、季节。段注:"本春秋冬夏之称,引伸之为凡岁月日刻之用。"《玉篇》日部:"时,春夏秋冬四时也。"《论衡·难岁篇》:"积分为日,累日为月,连月为时,纪时为岁。"寺,《说文》:"廷也。有法度者也。从寸之声。""寺"字构形为手(寸)有力伸出(之),含有力义,侍卫当有力而守法,官员前往官署办事须遵守法度。由有力的侍卫(寺人)转指官员办事的官署。朱骏声《通训定声》:"朝中官曹所止、理事之处。"古以太阳(日)的运行确定季节、时辰,人们按季节生活劳作,如官署遵守法度(寺),故"時"从日寺声。古文从日之声作告,"之、寺、時"上古音皆在之部。简化字"时"省土留寸。

　　"时"由季节引申为计时单位,也指时辰。古以一昼夜为十二时,一时相当于今两小时。时间延续形成岁月,故又指光阴、岁月,《吕氏春秋·首时》:"天不再与,时不久留。"又指现在或过去的某一时候,《尹文子·大道》:"心不畏时之禁,行不轨时之法。"也指规定的或一定的时间,如守时、准时,《庄子·秋水》:"秋水时至,百川灌河。"又指时代、时世,《楚辞·离骚》:"固时俗之流从兮,又孰能无变化?"王逸注:"言时世俗人随从上化,若水之流。"每个时代皆有相应局势,故又指时势、时局,《孟子·公孙丑》:"以其时考之,则可矣。"由时鲜转指善、鲜美,《诗经·小雅·頍弁》:"尔酒既旨,尔殽既时。"某些时间须要等待,故又指伺候、等待时机,《论语·阳货》:"孔子时其亡也,而往拜之。"又指时处、处于,《荀子·修身》:"宜于时通,利以处穷。"王念孙《杂志》:"引之曰:时亦处也。言既宜于处通,而又利以处穷也。"又指承受,《尚书·舜典》:"纳于百揆,百揆时叙。"王引之《述闻》:"时叙者,承叙也。承叙者,承顺也。"又用作代词,表示近指,相当于"此、这",

《尚书·尧典》:"黎民于变时雍。"又指移植、栽种,后作"蒔",《尚书·舜典》:"汝后稷,播时百谷。"又用作副词,表示时间、频率。

阿　阿　阿　阿　阿
阿武戈　平阿左戈　说文小篆　西狭颂　颜真卿

　　形声字。《说文》:"阿,大陵也。一曰曲阜也。从阜可声。"指大土山。《尔雅·释地》:"大陵曰阿。"山陵高低起伏,故"阿"也指山阜弯曲处,王筠《句读》:"《众经音义》韩诗:曲京曰阿,阿谓山曲隈处。"徐灏《注笺》:"此当以曲阜为正义,凡山丘之曲谓之阿。《大雅·卷阿篇》'有卷者阿'、《绵蛮篇》'止于丘阿'是也。"阜,《说文》:"大陆,山无石者。象形。"本指土山。"阜"小篆作阝,像层叠的土山坡。"可"为肯定之词,有能够、堪任义。龚自珍《段注札记》"凡从可声之字,亦往往训大",大言怒斥为"诃",大船为"舸",大啸为"謌",门大开为"閜",大杯亦谓之"㪉"。"阿"为大(可)陵(阜),大土山可大量负载,能荷担大量土石,故"阿"从阜可声。

　　"阿"也指山阜弯曲处,《诗经·卫风·考槃》:"考槃在阿,硕人之薖。"由曲阜泛指弯曲处,段注:"引申之,凡曲处皆得称阿。"《庄子·外物》:"宋元君夜半而梦人被发窥阿门。"陆德明释文:"司马云:阿,屋曲檐也。"由弯曲引申为曲从、阿谀、迎合,《吕氏春秋·召类》:"侍者为吾听行于齐王也,夫何阿哉?"由迎合引申指亲附,《左传·昭公二十年》:"寡君命下臣于朝曰:'阿下执事。'臣不敢贰。"杜预注:"阿,比也。"徇私是邪曲之行,故又指徇私、偏袒,《楚辞·离骚》:"皇天无私阿兮,览民德焉错辅。"王逸注:"窃爱为私,所私为阿。"倚靠则身屈曲,故又指倚靠,《诗经·商颂·长发》:"实维阿衡,实左右商王。"郑玄笺:"阿,倚。衡,平也。伊尹,汤所依倚而取平,故以为官名。"又为象声词,慢应或呹喝的声音,《老子》二十章:"唯之与阿,相去几何?"河上公注:"同为应对,而相去几何。"

　　"阿"又音ā,名词词头,多用于姓名称谓之前,《木兰辞》:"阿爷无大儿,木兰无长兄。"又为语气词,表示疑问、肯定、呼召、乞请等语气,后作

"啊"，章炳麟《新方言·释词》："凡疑问语或言'阿'或言'呀'。"

héng
衡　衡　衡　奥　衡　衡

毛公鼎　说文小篆　说文古文　尹宙碑　颜真卿

会意兼形声字。《说文》："衡，牛触，横大木其角。从角从大，行声。《诗》曰：'设其楅衡。'奥，古文衡如此。"本指绑在牛角上以防触人的横木。徐锴《系传》："谓牛好牴触，以木阑制之也。"王筠《句读》："'《诗》曰'当作'《周礼》曰'，《（周礼）地官·封人》文也。"《诗经·鲁颂·閟宫》："秋而载尝，夏而楅衡。"毛传："楅衡，设牛角以楅之也。"《周礼·地官·封人》："凡祭祀，饰其牛牲，设其楅衡。"郑玄注："郑司农云：'楅衡，所以楅持牛也。'……杜子春云：'楅衡，所以持牛，令不得牴触人。'玄谓：'楅设于角，衡设于鼻，如椵状也。'"孙诒让正义："后郑以衡别为一物，与楅所设异处。然此义经典未见。""角"甲骨文作　菁一·一，象牛角形。"行"甲骨文作　合四九〇三反，十字路形，名词为道路，动词为在路上行走。"衡"是把大木横置在牛角，大木横置如道路（行）之狭长、陈列，故"衡"从角从大行声。

"衡"之言横，引申义多和横有关。"衡"也指车辕头上的横木，《释名·释车》："衡，横也。横马颈上也。"也指架在门窗或屋梁上的横木，《诗经·陈风·衡门》："衡门之下，可以栖迟。"毛传："衡门，横木为门，言浅陋也。"通"横"，为战国时张仪所行连横之策的省称，《史记·苏秦列传》："故纵合则楚王，衡成则秦帝。"南北诸侯国联合为"合纵"，与秦国东西向联合为"连衡（横）"。违逆为不顺，有横行意，故又指违逆、对抗，《史记·管晏列传》："国有道，即顺命；无道，即衡命。"李笠订补："衡，古通横，横训逆，故衡命即逆命也，与顺命对。"也指北斗第五星"玉衡"，《广雅·释天》："北斗七星：一为枢，二为旋，三为机，四为权，五为衡，六为开阳，七为摇光。"泛指北斗，鲍照《玩月城西门廨中诗》："夜移衡汉落，徘徊帷户中。"又指横簪，古代用以固冠的冕饰，《周礼·天官·追师》："掌王后之首服，为副编次，追衡、笄。"古代楼殿边的栏杆多为横置，故也称"衡"，《史记·袁盎晁错列传》：

"百金之子不骑衡。"也指佩玉上的横玉,用以系璜和冲牙,也作"珩",《礼记·玉藻》:"一命缊韨幽衡。"孔颖达疏:"凡佩玉必上系于衡,下垂三道,穿以蠙珠,下端前后以悬于璜,中央下端悬以冲牙,动则冲牙前后触璜而为声。"眉毛呈横置状,故又指眉毛或眉上的部位,《汉书·王莽传》:"盱衡厉色,振扬武怒。"称物时秤杆横置,故又指秤杆、秤,《国语·周语》:"先王之制钟也,大不出钧,重不过石,律度量衡,于是乎生。"用称来称量物为"衡量"。物横则平,平可为准,故又指准则、标准,《荀子·王制》:"公平者,职之衡也;中和者,听之绳也。"平则正,故又指平正、不偏,《管子·君臣》:"朝有定制衡仪,以尊主位。"又指古代掌管山林的官,《周礼·地官》:"林衡,每大林麓。"郑玄注:"衡,平也。平林麓之大小及所生者。"又为山名,衡山的省称,五岳之一,在今湖南省衡山等县境内,古称南岳,《尔雅·释山》:"江南衡。"又为香草名,杜衡的省称,宋玉《风赋》:"猎蕙草,离秦衡。"

【原文】 奄宅曲阜　微旦孰营

【译文】 周成王占据了奄国曲阜之地,若无周公旦谁能谋取、治理?

【释义】

　　两句以反问句式介绍周公的功绩。奄,商朝古国名,位于今山东省曲阜市。曲阜,古为鲁国都城。微,无。旦,周公旦。孰,何人。营,谋求、治理。

　　"奄宅曲阜"指周公东征灭奄之事。"践奄"为《尚书大传》所述周公大功之一。奄国本为商朝属国,古本《竹书纪年》谓:商王南庚、阳甲都曾建都于奄,后至盘庚才迁至今河南安阳的殷,因此称"商奄"。《左传·定公四年》:"周公相王室,以尹天下,于周为睦……因商奄之民,命以伯禽,而封于少皞之虚。"杜预注:"商奄,国名也。少皞之虚,曲阜也。"周成王时,奄、徐等国与武庚联合反周,成王起兵灭之。成王平叛灭奄,周公是首功之臣。

　　周公,姓姬名旦,周文王姬昌第四子,周武王姬发之弟。周公曾两次辅佐周武王东伐纣王,武王去世,辅佐年幼的成王。因其采邑在周(陕西岐山北),爵为上公,故称周公。周公是西周初期杰出的政治家、军事家、思想家、教育家,被尊为"元圣"。周公的功绩被《尚书大传》概括为:"一年救乱,二年克殷,三年践奄,四年建侯卫,五年营成周,六年制礼乐,七年致政成王。"周公摄政七年,制定根本性的典章制度,完善分封制、宗法制、嫡长子继承法和井田制。周公七年归政成王,正式确立周王朝的嫡长子继承制度,以宗法血缘为纽带,使家族与国家、伦理与政治融为一体,为周族八百年统治奠定了基础,对中国社会制度产生了久远的影响。周公协助武王灭商后,将原商朝统治的地方分成三部分:邶由纣王之子武庚禄父掌管,卫国管地由管叔鲜掌管,鄘国蔡地由蔡叔度掌管,管、蔡加上霍叔,史称"三监"。又封周公之子伯禽于鲁国曲阜,封太公望于齐国营丘,封召公奭于燕。武王灭商二年后去世,成王幼小,周公代成王主持国政。之后,管叔、蔡叔勾结武庚,并联合东夷部族反叛周朝。周公奉成王之命,写下《大诰》,举兵东征,顺利讨平三监之叛乱,杀死武庚,诛斩管叔,流放蔡叔。收服殷之遗民,封康叔于卫,封微子于宋以继奉殷之祭祀。又乘胜东进,灭掉了奄等小国。平叛以后,周公建议逐步迁都成周洛邑(今洛阳),并亲自主持洛邑的营建。然后按封邦建国的方针,先后建置七十一个封国,把武王十五个兄弟和十六个功臣,分至封国去做诸侯,作为捍卫周王室的屏藩。

建都洛邑后,周公开始制礼作乐,《尚书·康诰》大传谓"周公居摄三年,制礼作乐"。"礼"强调"别",即别尊卑的"尊尊";"乐"重视"和",即序亲族的"亲亲"。礼乐制度稳定了社会秩序,奠定了天下的安定和谐。周公治国异常辛劳,有"一饭三吐哺,一沐三握发"之说。后以"周公吐哺"为礼贤下士的典型。

春秋以来,周公被历代统治者和学者视为圣人,被尊为儒学奠基人。周公是孔子最崇敬的古圣贤,《论语·述而》:"子曰:甚矣吾衰也! 久矣吾不复梦见周公。"孟子首称周公为"古圣人",将周公与孔子并论,足见尊崇之甚。汉朝的刘歆、王莽将《周官》改名《周礼》,认为是周公所作。韩愈宣扬儒家"道统",提出"尧、舜、禹、汤、文、武、周公、孔子、孟子"的儒家圣贤统序,周公在儒家学统中占有承先启后的重要地位。

【解字】

yǎn
奄

应公鼎　睡 20.182　说文小篆　魏上尊号奏　颜真卿

会意字。《说文》:“奄,覆也;大有余也;又欠也。从大从申。申,展也。”本义为掩盖。上物宽大有余,方能覆盖下物,故言“大有余”。《淮南子·修务》:“万物至众,而知不足以奄之。”高诱注:“奄,盖之也。”《说文》“虹”下云:“申,电也。”“申”甲骨文作铁一六三·四,金文作即簋,像闪电闪耀伸缩形。闪电霹雳激荡,舒展发散,故有伸展、舒展意。覆盖物大于所盖物,段注“覆乎上者往往大乎下,故字从大”,孔广居《疑疑》“徐氏于‘盇’字注曰:‘大象覆盖形。’则奄之从大,取覆盖义。从申,疑是覆盖之使不得申意”,故“奄”从大从申。

覆盖物包括、占有被覆物,故“奄”引申指包括、拥有、占领,《诗经·周颂·执竞》:“自彼成康,奄有四方。”同“掩”,掩藏、关闭,《广韵》琰韵:“奄,藏也。”又用作副词,急遽、忽然,《楚辞·九辩》:“白露既下百草兮,奄离披此梧楸。”空间被掩盖则昏暗,故又指昏暗、暗昧,后作“晻”,《晏子春秋·内篇问》:“鲁之君臣,犹好为义,下之妥妥也,奄然寡闻。”又为古国名,《史记·周本纪》:“东伐淮夷,践奄。”裴骃集解引郑玄注:“奄国,在淮夷之北。”

“奄”又音 yān,指丧失了生殖能力的男人,古代多幽禁于宫中服役,因称这种宫中役人为“奄”,后作“阉”,俗称“宦官”,段注:“《周官经》谓宦者为奄,以精气闭藏名之。覆盖义之引申也。”《集韵》艳韵:“奄,精气闭藏也。”物被覆盖、闭藏则能持久保存,故又指久、停留,也作“淹”,《诗经·周颂·臣工》:“命我众人,庤乃钱镈,奄观铚艾。”

zhái
宅

合 21031　合 8720 正　何尊　说文小篆　说文古文　说文古文　礼器碑　颜真卿

形声字。《说文》:“宅,所托也。从宀乇声。,古文宅。,亦古文宅。”本义为房舍、住宅。房屋是人赖以安居、托身之地,故训“所托”。

"宅、托"上古音声近韵同,为声训。段注:"引伸之凡物所安皆曰宅。"《玉篇》宀部:"宅,人之居舍曰宅。"《尚书·多方》:"今尔尚宅尔宅、畋尔田。"乇(zhé),《说文》:"艸叶也。从垂穗,上贯一,下有根。象形。"本指草叶。"乇"小篆作乇,段注:"直者,茎也。斜垂者,华之采也。禾篆亦以下垂见其采……在一之下者,根也。一者,地也。"草叶寄于草茎,因有寄托义,"宅、托"皆从乇声而有寄托义。房舍(宀)为人托身(乇)之所,故"宅"从宀乇声。古人安家则择吉善之地而与仁善之人为居,《左传·昭公三年》"非宅是卜,唯邻是卜",周成王于成周营造都城,何尊铭文所谓"宅兹中国"者,即择善地而居。"孟母三迁"即择善人为邻,"里仁为美",故"宅"有选择义,《释名·释宫室》:"宅,择也,言择吉处而营之也。"古文从土作"宾",徐锴《系传》:"宅必相其土,故从土。""相其土"即择地之义。古文又从广作"庀","广、宀"形义相近,故二字形符互用,"宅"之作"庀",犹"寓"之作"庽"。

房舍所在地为人的住处,故"宅"引申指住处、居住的区域,《尚书·洛诰》:"召公既相宅,周公往营成周。"墓穴为亡者所处之地,故又指葬地、墓穴,《孝经·丧亲》:"卜其宅兆而安措之。"房屋为人所居,故作动词指居住,《尚书·盘庚》:"我王来,既爰宅于兹。"又指居于、处于,《尚书·说命》:"王宅忧,亮阴三祀。"孔颖达疏:"言王居父忧。"居于宅则身存其地,故又指存,《尚书·康诰》:"宅心知训。"孔颖达疏:"居之于心,即知训民矣。"宅为人寄身之地,故又指寄托,《文心雕龙·章句》:"夫设情有宅,置言有位;宅情曰章,位言曰句。"范文澜注:"谓章明情志,必有所寄而次序显晰也。"人多依宅而居,故又指顺应、归顺,《尚书·康诰》:"亦惟助王宅天命,作新民。"孔传:"居顺天命,为民日新之教。"

曲 qū　　京都268　曲父丁爵　包260　说文小篆　说文古文　正直残碑　颜真卿

象形字。《说文》:"曲,象器曲受物之形。或说曲,蚕薄也。古文曲。"为圆形受物之器。段注:"匚象方器受物之形,侧视之。曲象圝其中受物之形,正视之。"徐灏《注笺》:"🐝,隶变作曲,北人读若去,与凵音去鱼切,只轻重之殊。盖凵、🐝本一字,犹匚之为𠥓矣。曲有圜形,亦有方体,故别作🕳,见《汗简》。🕯即🕳之变体。戴仲达谓🕳本曲直之曲,生义于矩曲,是也……器,曲受物谓之曲,方受物谓之匚,皆无定名。蚕薄亦曲器之一也。""曲"小篆像以竹或草编织的圆筐,饶炯《部首订》:"其质用竹,无竹用草,篆正象其编形,与籀文匚同。"养蚕的蚕箔是曲形的,故也名"曲"。"曲"甲骨文或谓像曲尺形,或谓像曲形田地。

圆形受物器呈弯曲状,故"曲"也指弯曲,与"直"相对,如曲线,《诗经·小雅·采绿》:"予发曲局,薄言归沐。"郑玄笺:"今曲卷其发,忧思之甚也。"也指弯曲、隐蔽、偏僻之地,《诗经·秦风·小戎》:"在其板屋,乱我心曲。"朱熹注:"心曲,心中委曲之处也。"曲物多由局部弯曲所成,故又指局部的、小的,《淮南子·缪称》:"察一曲者,不可与言化。"高诱注:"一曲,一事也。"直物折弯则变曲,故作动词指折、弯,《论语·述而》:"饭疏食饮水,曲肱而枕之,乐亦在其中矣。"曲则偏而不正,故又指邪曲不正,《楚辞·离骚》:"背绳墨以追曲兮,竞周容以为度。"曲线延伸相连而成圆,有周遍、圆全意,故又指委曲、周全、普遍,《周易·系辞》:"曲成万物而不遗。"过错是行为的曲,故又指理亏、过错,《史记·廉颇蔺相如列传》:"秦以城求璧,而赵不许,曲在赵。赵予璧,而秦不予赵城,曲在秦。"委屈是心情的曲,故又指委屈,《后汉书·皇甫张段列传》:"颖曲意宦官,故得保其富贵。"

"曲"又音 qǔ,由弯曲起伏转指乐曲、歌谱,《国语·周语》:"使公卿至于列士献诗,瞽献曲,史献书。"也指一种韵文形式,广义的曲包括秦汉以来各种乐曲,狭义则多指宋金以来的南曲和北曲,如元曲。又用作量词,用于歌曲、乐曲或水湾处。

阜(𨸏) fù
合 7859　甲 3372　合 20600　孙膑 108　说文小篆　说文古文　颜真卿

《说文》小篆作"𨸏",象形字。《说文》:"𨸏,大陆,山无石者。象形。

𨸏，古文。"本指土山，后作"阜"，作构形偏旁时今作"阝-"，称为"左耳旁"。段注："《释地》、毛传皆曰：'大陆曰阜。'李巡曰：'高平曰陆。'"段注："山下曰：'有石而高。象形。'此言无石，以别于有石者也。《诗》曰：'如山如阜。'山与昌同而异也。《释名》曰：'土山曰阜。'"《诗经·小雅·天保》："如山如阜，如冈如陵。""𨸏"小篆像层叠的土山，段注："象形者，象土山高大而上平，可层累而上。首象其高，下象其三成也。"王筠《释例》："𨸏之古文作𠼡、𠻠，盖如画坡陀者然，层层相重累也。"古文，段注："上象累高，下象可拾级而上。"戴侗《六书故·地理》："𨸏，房九切，山之冈陇坡陀下陁者也。山峰峻峙，冈阜侧注，故𨸏从侧山。"甲骨文，叶玉森《文字编》："从丨，象土山高陏。从𠃌𠃌𠃌𠃌……并象阪级，故阶、陵、陟、降诸字从之。"

"阜"扩展指山，左思《蜀都赋》："山阜相属。"李善注引刘逵："阜，大山也。"由高大土山引申为高，元虞集《赋卫节妇王夫人》："泛泛淇右，有堂孔阜。"高则大，故又指大，《尚书·周官》："六卿分职，各率其属，以倡九牧，阜成兆民。"孔传："大成兆民之性命。"多则大，故又指多，《诗经·小雅·頍弁》："尔酒既旨，尔殽既阜。"大土山高厚，《六书故·地理》"引而申之，凡丰厚者皆曰𨸏"，故又指厚，1. 丰厚，《国语·周语》："不义则利不阜。"2. 看重，《潜夫论·班禄》："务节礼而厚下，复德而崇化，使皆阜于养生，而竞于廉耻也。"3. 淳朴、忠厚，白居易《去盗贼》："成、康阜其俗，礼让兴行。"强健则体大力强，故又指强健、肥壮，《诗经·小雅·吉日》："田车既好，四牡孔阜。"孔颖达疏："为之祷祖，求其马之强健也。"大土山上草木丰茂，故又指盛，1. 旺盛，《诗经·郑风·大叔于田》："叔在薮，火烈具阜。"2. 兴盛、繁盛，《周礼·夏官·掌畜》："掌畜，掌养鸟而阜蕃教扰之。"3. 丰盛、富裕，王安石《酬王詹叔奉使江南访茶法利害见寄》："因知从今始，渐欲人财阜。"

wēi 微	𢼸	𢼸	𢽏	微	㣲	微
	墙盘	石鼓	老子甲85	说文小篆	赵宽碑	颜真卿

形声字。《说文》："微，隐行也。从彳散声。《春秋传》曰：白公其徒

微之。"本义为隐蔽、藏匿。段注:"微从彳,训隐行……《左传·哀十六年》文,杜曰:'微,匿也。'与《释诂》'匿,微也'互训。皆言隐,不言行。""微"从彳,据形立说、以形释义而言"隐行",此为构字意图,非本义。散(wēi,旧读 wéi),《说文》:"妙也。从人从攴,豈省声。"本义为微小。段注:"眇各本作妙,今正。凡古言散眇者,即今之微妙字。眇者,小也。引伸为凡细之称。"徐铉等注:"豈字从散省。散不应从豈省。盖传写之误,疑从岢省。岢,物初生之题尚散也。"戴侗《六书故·人》:"散,唐本在岢部,曰:'散见其岢也。'""岢"甲骨文作（合二〇〇七〇、合六八四二,上像草木初生之题,下像其根。事物在发端阶段多微小,故"岢"有微小意。微弱之物须扶持帮助,"散"像人持攴教导幼者或扶持微物,故"散"从人从攴,岢省声。"微"字构字意图指隐蔽(散)行动(彳),徐灏《注笺》"谓微形而踪迹之",故"微"从彳散声。

秘密之举隐而不显,故"微"也指偷偷地、私密地,《汉书·蒯伍江息夫传》:"淮南王阴有邪谋,被数微谏。"侦查要隐蔽进行,故也指伺察、侦察,《汉书·游侠传》:"解使人微知贼处。"微妙的事理隐而难见,故又指精妙、深奥,《礼记·学记》:"其言也,约而达,微而臧。"孔颖达疏:"微谓幽微。"昏暗处难见如隐,故又指昏暗、不明,《诗经·小雅·十月之交》:"彼月而微,此日而微。"细小事物微而不著,故又指细小,《荀子·非相》:"叶公子高,微小短瘠。"卑贱者身份低微,隐而不显,故又指卑贱,《尚书·舜典》:"虞舜侧微。"孔颖达疏:"不在朝廷谓之侧,其人贫贱谓之微。"衰落是人事的低微,故又指衰微、衰落,《论语·季氏》:"故夫三桓之子孙微矣。"人、物隐蔽则不见,故又指无、没有,《论语·宪问》:"微管仲,吾其被发左衽矣。"何晏集解:"无管仲则君不君、臣不臣,皆为夷狄。"日月亏缺则微小,故又指日月亏缺,《诗经·邶风·柏舟》:"日居月诸,胡迭而微。"又用作副词,表示程度、否定,相当于"稍微、稍稍、非、不是",白居易《自咏》:"须白面微红,醺醺半醉中。"《诗经·邶风·柏舟》:"微我无酒,以敖以游。"毛传:"非我无酒可以敖游忘忧也。"

dàn
旦

合 1074　　合 27308　　走马休盘　　颂鼎　　陶汇 3.370　　说文小篆　　校官碑　　钟繇

　　会意字。《说文》:"旦,明也。从日见一上。一,地也。"本义为早晨、天明。日出则天明,故训"明",饶炯《部首订》:"谓日出平明之时。"平明犹黎明,天刚亮时。《尚书·太甲》:"先王昧爽丕显,坐以待旦。"甲骨文、金文、小篆皆像太阳刚升出地、海平面形。王筠《释例》:"吾闻之海人云:'日之初出,为海气所吞吐,如火如花,承日之下,摩荡既久,日似绝然舍去者,乃去海已高。'余居土国,日出亦近似所言,但土气不如水气之大耳。"太阳(日)初出地面(一)时为早晨,徐灏《注笺》"日初出地平时也",故"旦"从日见一上。《部首订》:"从日在一上,其以位置见义,亦《叙》所谓'视而可识,察而见意'者。如以两体成字,而目为会意,则非矣。"

　　日出则明,故"旦"引申为明亮,《诗经·大雅·板》:"昊天曰明,及尔出王。昊天曰旦,及尔游衍。"太阳日日升起,故又指天、日,《战国策·燕策》:"人有卖骏马者,比三旦立市,人莫之知。"早晨是一天的开始,每月初一是一月之始,故又指农历每月初一,《南齐书·礼志》:"秦人以十月旦为岁首。"又指传统戏剧中扮演女子的角色,女主角称正旦,又有副旦、贴旦、外旦、小旦、大旦、老旦、花旦、色旦、搽旦等名目。

shú
孰

京津 2676　　伯孰簋　　说文小篆　　灵台碑　　颜真卿

　　《说文》作"𩝽",形声字。《说文》:"𩝽,食饪也。从丮𦎫声。《易》曰:孰饪。"本指食物加热到可吃的程度,后加火作"熟"。段注:"孰与谁双声,故一曰谁也。后人乃分别熟为生熟、孰为谁孰矣。"《论语·乡党》:"君赐腥,必熟而荐之。""丮"(jí)指握持,甲骨文作𠨡合七一六八、𠨡合一八九八七,像人跽而两手持物形。𦎫(chún),《说文》:"孰也。从亯从羊。读若纯。一曰鬻也。"本义为纯熟。亯(xiǎng),《说文》:"献也。从高省,曰象进孰物形。《孝经》曰:祭则鬼亯之。"本为献祭。祭品(日)要恭敬高举祭祀祖宗,故"亯"从高省。孙诒让《籀庼述林》:"羣不得训鬻。疑鬻字当作鬻,《周礼·内饔》注云:'亯,煮也。'……许意古书羣、执、享三字互通,故别出此训。""亯"甲骨文作佥合一九五〇一、佥合一三六一九、佥合三二二二七,以宗庙高屋形表示献享,吴大澂《说文古籀补》:"象宗庙之形。""亯"后分化为"亨、享、烹"三字,古籍多通用。后分工:"亨"表示亨通;"享"表示享献、享受;"烹"表示烹饪。羊在古代多作为祭品,食物煮熟可献(亯)于人,故"羣"从亯从羊。"羣"又指烹煮(食物),"亯"有烹义,亯羊如煮羊。食物做熟(羣),人可手持(丮)食用,故"飙"从丮羣声。甲骨文、金文字形,林义光《文源》:"象两手持亯。亯,象荐熟物器也。"季旭昇谓从亯从丮,像人会于亯(祭享的建筑)前有所进献意。"执"为生熟之"熟"本字,自"执"为谁执义专用,火熟义则加火作"熟"。

　　"执"也用为疑问代词,相当于"谁、哪个,何、什么",《论语·公冶长》:"女与回也执愈?"《论语·八佾》:"是可忍也,执不可忍也!"

yíng
营(營)　　　　木　營　閻　營　營
五祀卫鼎　老子甲后424　说文小篆　白石神君碑　颜真卿

　　繁体作"營",形声字。《说文》:"營,市居也。从宫,荧省声。"四围垒土而居。徐锴《系传》:"《诗》曰:'经之营之。'东西为经,周回为营也。"桂馥《义证》:"营谓周垣。"段注:"'帀'各本作'市',今依叶抄宋本及《韵会》本订。考《集韵》作'帀',《类篇》《韵会》作'匝'。盖由古本作'帀',故有讹为'市'者。帀居谓围绕而居,如市营曰阛,军垒曰营皆是也。"《孟子·滕文公》:"下者为巢,上者为营窟。"焦循正义:"市阛军垒周帀相连皆曰营,此营窟当是相连为营穴。""宫"为房屋的通称。荧,《说文》:"屋下灯烛之光。从焱、冂。"本义为灯、烛或火的光亮。焱,《说文》:"火华也。从三火。"本义为火花、火焰。火焰盛大,段注"凡物盛则三之",故"焱"从三火。"荧"指屋下(冂)灯烛之光焰(焱),故"荧"从焱、冂。"营"为四周垒土而居,张舜徽《约注》"營字从宫,宫有围绕义。凡物围绕之则形圜。故今俗称圜形纨扇曰宫扇,圜形灯笼曰宫灯。大抵古之市居军垒,其形恒圜,故营字从宫",灯、烛之光(熒)环射,能将整个屋子照亮,也有环绕意,故"营"从宫,熒省声。"营"金文作,借"荣"为"营"。

军队在外夜宿则以战车围绕一周,人居其中,故"营"引申指军垒、军营,《史记·绛侯周勃世家》:"于是天子乃按辔徐行。至营,将军亚夫持兵揖曰:介胄之士不拜,请以军礼见。"四围垒土而居有一定的范围,故又指区域,《尚书·召诰》:"周公朝至于洛,则达观于新邑营。"军营晚上有兵士护卫,故作动词指卫护、看护,《墨子·天志》:"欲人之有力相营,有道相教,有财相分也。"营由人建造而成,故又指建造、建设,如营造,《诗经·小雅·黍苗》:"肃肃谢功,召伯营之。"营造房屋须经营、安排,故又指经营、管理,段注"凡有所规度皆谓之营",《左传·襄公十四年》:"有大叔仪以守,有母弟鱄以出。或抚其内,或营其外,能无归乎?"营造房屋必先谋求地址、建筑材料等,故又指谋求,《尚书·说命》:"高宗梦得说,使百工营求诸野,得诸傅岩。"又指谋虑、思虑,《列子·周穆王》:"尹氏心营世事,虑钟家业,心形俱疲。"营造房屋须要测量地基、材料,故又指度量、测度,《吕氏春秋·孟冬纪》:"审棺椁之厚薄,营丘垄之小大、高卑、薄厚之度,贵贱之等级。"又指东到西的方向、横路或横线,刘向《九叹》:"经营原野,杳冥冥兮。"王逸注:"南北为经,东西为营。言己放行山野之中,但见草木杳冥,无有人民也。"通"眢",迷惑、惑乱,《淮南子·本经》:"目不营于色,耳不淫于声。"

【原文】 桓（huán） 公（gōng） 匡（kuāng） 合（hé） 济（jì） 弱（ruò） 扶（fú） 倾（qīng）

【译文】 齐桓公九合诸侯、一匡天下,有救济贫弱、帮扶危国之功。

【释义】

语出《论语·宪问》"桓公九合诸侯,不以兵车,管仲之力也……管仲相桓公,霸诸侯,一匡天下,民到于今受其赐"。桓公,齐桓公。匡,正。合,聚合。济,救济。弱,贫弱。扶,帮扶。倾,倾危之国。

齐桓公(？—前643),姜姓,吕氏,名小白。春秋时齐国第十五位国君,公元前685—前643年在位,为春秋五霸(齐桓公、晋文公、宋襄公、秦穆公、楚庄王）之首。齐襄公时,国政混乱,管仲、召忽保护公子纠逃到了鲁国,鲍叔牙保护小白逃到莒国。襄公十二年（前686）,公孙无知杀齐襄公,自立为君。次年,雍林人杀无知,议重立君主。有人暗地通知小白回国。鲁国也发兵送小白之兄公子纠回国,派管仲带兵在莒国到齐国的要道上堵截小白,管仲一箭射中小白带钩,小白假装倒地死亡,管仲派人回鲁国报捷。于是鲁国从容地送公子纠回国,六天才到。这时小白早已日夜兼程赶回齐国,高傒立他为国君,是为齐桓公。齐桓公不计一箭之仇,任管仲为相,君臣同心,厉行改革,实行军政、兵民合一制度,使齐国逐渐强盛。当时华夏诸侯苦于戎狄等游牧部落的不断攻击,齐桓公打出"尊王攘夷"的旗号,北击山戎,南伐楚国,成为中原第一个霸主。公元前681年,齐桓公在齐国北杏（今山东聊城东）召集宋、陈、蔡、邾等诸侯会盟,成为历史上第一个代周天子充当盟主的诸侯,受到周天子的赏赐。

齐桓公三十一年,周惠王死,桓公约集鲁、宋、卫、许、曹、陈等国"洮地会盟",扶太子郑为周天子,是为周襄王。三十五年,桓公与各诸侯国在葵丘（今河南兰考）会盟时,周襄王派宰孔赐桓公祭庙所用的胙肉、彤弓矢及天子车马,这是周天子对诸侯国的最高奖赏。桓公的霸主地位因此达到了顶峰。

齐桓公晚年昏庸,管仲死后,桓公不听管仲的话,重用易牙、开方、竖刁三个小人,齐国内乱,前643年冬十月七日,齐桓公病中饿死。晏子评其能为而不能善终,孔子谓:"晋文公谲而不正,齐桓公正而不谲。"

【解字】

huán
桓　**〔米**　桓　桓　桓

兆域图铜版　说文小篆　熹平石经　柳公权

形声字。《说文》:"桓,亭邮表也。从木亘声。"古代驿道邮亭旁边用为表识的柱子。后也泛指宫殿、寺、墓、道路、桥梁等用作表识及标示范围的柱子。古代邮亭为四方形小屋,上竖立高木,木柱顶端交以横木,远处望见木柱则知为亭邮所在,起到表识作用,故训"亭邮表"。《汉书·酷吏传》

"瘗寺门桓东"，颜师古注："如淳曰：'旧亭传于四角面百步筑土四方，上有屋，屋上有柱出，高丈余，有大板贯柱四出，名曰桓表。'……即华表也。"徐锴《系传》："亭邮立木为表，交木于其端，则谓之华表，言若华也。古者十里一长亭，五里一短亭。邮，过也，所以止过客也。表双立为桓。"徐灏《注笺》："戴氏侗曰：柱之植立者曰桓，双植以为门者，谓之桓门，亦谓和门，亦谓华表。桓、和、华，一声也。"桓表又名华表，因木柱顶端所交横木之状若华（花）之四散，"桓、华、和"声同韵近，华表即和表。"桓"最初在亭邮旁作表识，后广泛用在各处为表识。"桓"初为木制，后也有用玉、石、铜、铁等为之者。《墨子·备城门》："时令人行貌封，及视关入桓浅深。"孙诒让《间诂》："桓盖门两扉旁之直木。"亘，《说文》："求亘也。从二从回。㡆，古文回，象亘回形。上下，所求物也。"本义为回旋。王筠《句读》："谓有求而亘回也。人求一物而忘其所在，则必上下盘旋以搜索之。""亘"指回旋，"二"指上下，表回环的区间、范围，"回"指回绕、旋转，故"亘"从二从回。"亘"甲骨文作㡆合二二〇九九、㡆合七〇七六正，像回环旋绕形。甲骨文"回、亘"同字，李孝定谓"亘"是"回"之分化字，杨树达谓是"浤"之初文。"桓"是邮亭边木制高柱，既标明邮亭的范围，也标示往返（回环）两亭之间的距离（亘），故"桓"从木亘声。

　　邮人多在亭邮表处驻留，且往来其间，故"桓"也指盘桓，《庄子·应帝王》："鲵桓之审为渊。"桓表高大，故又指大，《诗经·商颂·长发》："玄王桓拨，受小国是达，受大国是达。"毛传："玄王，契也。桓，大。拨，治。"由盘桓难进引申为忧虑，《逸周书·祭公》："祭公拜手稽首曰：允乃诏，毕桓于黎民般。"

gōng　　　　　　　　　　　　　　　　　　　　　公
公　　旧　　川　　兮　　兮　　公　　公
　　　京津4111　粹405　墙盘　说文小篆　鲁峻碑　颜真卿

　　会意字。《说文》："公，平分也。从八从厶，八犹背也。韩非曰：背厶为公。"指公正、平允、无私。"八"指分，"公"从八，故言"平分"。"必"从八而训"分极"，与"公"训释相似。《韩非子·五蠹》："自环者谓之私，背私谓之公。"八，《说文》："别也。象分别相背之形。"本义为分别，"八、别"音义同。"八"甲骨文作)(（前二·三二·四，像二物分别相背之形，且物体分裂有"八（叭）"声。厶(sī)，《说文》："奸衺也。韩非曰：苍颉作字，自营为厶。"指奸邪、个人的、自己的，与"公"相对，同"私"。段注："公私字本如此，今字'私'行而'厶'废矣。"自私者多把财物看得很紧而不愿分人，"厶"小篆作㕎，像自环向内、向己之形，或像手臂把外物向己内搂回形。"八"有相背意，背(八)私(厶)为公；"八"指分别，把自环于己(厶)之物分(八)人为公；故"公"从八从厶。张舜徽《约注》："自环为私，若今言小圈子也。离开个人小圈子，则所见为广，此背私为公之说也。《释名·释言语》云：'公，广也，可广施也。'《释名》以广训公，得其语柢矣。"

共有的物品为公有，故也指共同，《荀子·解蔽》："凡万物异则莫不相为蔽，此心术之公患也。"公家之事属于公事，故又指公事，《诗经·召南·采蘩》："被之僮僮，夙夜在公。"郑玄笺："公，事也。早夜在事，谓视濯溉饎爨之事。"又指公家、公众的，与"私"相对，如一心为公，《韩非子·五蠹》："人主说贤能之行，而忘兵弱地荒之祸，则私行立而公利灭矣。"又为古爵位名，是公、侯、伯、子、男五等爵位的第一等，《公羊传·隐公五年》："天子三公称公，王者之后称公；其余大国称侯；小国称伯、子、男。"又为春秋时代诸侯的通称，《尔雅·释诂》："公，君也。"顾炎武《日知录》："平王以后，诸侯通称为公。"又为朝廷最高官位的通称，《汉书·百官公卿表》："太师、太傅、太保，是为三公。"天下为公，公爵、公卿都要公平处理大众服务，故皆称"公"。又指对人(老年男子)的尊称，《汉书·季布栾布田叔传》："叔好剑，学黄老术于乐巨公。"亲属中的尊长如祖父、父亲、丈夫之父称"公"。又指雄性，如公鸡、公牛。

kuāng 匡(匡) 　匡　匡　匡　匡　匡　匡
尹氏匡　禹鼎　说文小篆　说文或体　夏承碑　颜真卿

《说文》小篆作"匡",形声字。《说文》:"匡,饮器,筥也。从匚㞷声。

筐,匡或从竹。"本指古代盛饭的方形竹筐,后作"筐"。徐锴《系传》作"饭

器"。桂馥《义证》:"《说文》:'篗,饮牛筐也。方曰筐,圆曰篗。'篗,通作

筥。"《诗经·召南·采蘋》:"维筐及筥。"毛传:"方曰筐,圆曰筥。"张舜徽

《约注》:"盖析言之,筐、筥有方圆之别,浑言则二者无分。故许既解匡为饮

器,又以筥释之耳。"匚(fāng),《说文》:"受物之器。象形。"为方形容器。

《六书故·工事》:"匚,器之为方者也。""匚"小篆作**匚**,像侧立的方形容器。

㞷(huáng),《说文》:"艸木妄生也。从之在土上。读若皇。"本义为草木奋

发上长。段注"妄生犹怒生也",徐锴《系传》"妄生谓非所生而生。从之在

土上,土上益高非其宜也"。"匡"为盛饭用具,草木奋发上长则有繁盛意,

匡之用甚广,所盛物品繁多,故"匡"从匚㞷声。匚为受物之器,其用包括

盛放饮食,后从㞷声作"匡",为形声字。筐多以竹制,故或体从竹作"筐"。

"匚-匡(匡)-筐"是一字在不同时代的写法。"匡"行而"匚"废弃不用。

王筠《释例》:"形之方者必正,故借以为匡正耳。""匡"后用为匡正、匡扶

义,以"筐"为本义通行字。

"匡"为方形容器,匡之言方,引申义多和方有关。方形物端正稳固,故

也指方正、端正,《周礼·考工记·轮人》:"是故规之以眡其圜也,萭(矩)之

以眡其匡也。"作动词指扶正、纠正,《诗经·小雅·六月》:"王于出征,以匡

王国。"匡正是帮助别人,故又指救助、辅助,《左传·成公十八年》:"匡乏

困,救灾患。"又指歪斜、损坏、亏损,《国语·越语》:"日困而还,月盈而匡。"

眼眶为有定空间,故又指眼眶,后作"眶",《史记·淮南衡山列传》:"于是气

怨结而不扬,涕满匡而横流。"又指江西庐山,宋曾慥《类说》:"匡俗先生,

姓匡名俗,商周之际,遁世隐居,庐于庐山,故曰匡庐。"

hé
合　　**合**　　**合**　　**合**　　**合**　　**合**

合22243　　合3297　　召伯簋　　说文小篆　　曹全碑　　颜真卿

会意字。《说文》:"合,合口也。从亼从口。"本义为闭、合拢,与"开"

相对。段注：“此以其形释其义也。”“合口”徐锴《系传》作“亼口”，亼即合，亼口即合口。亼，《说文》：“三合也。从入、一，象三合之形。”以三画相合表聚合、会合义，“合”指合（亼）口，故“合”从亼从口。严章福《校议议》：“此问答本字，故云合口。《左传·宣二年》‘既合而来奔’，盖本字之仅存者。”“合”甲骨文，林义光《文源》谓像二物相合形，本义为集合。或谓像器盖与器体相合之形，会合拢之意。或谓以上下两口相对表示对答。各家之说都不违背“二者相合”的构字意图。

　　器、盖相合则闭拢，故“合”引申指闭合、合拢，《战国策·燕策》：“蚌方出曝，而鹬啄其肉，蚌合而箝其喙。”两口相合（对）为对答，故又指回答，《说文校议议》谓“合”即古“答”字。桂馥《义证》：“合口也者，言两口对合也。”《尔雅·释诂》：“合，对也。”郝懿行义疏：“古答问之字直作合。”《左传·宣公二年》：“既合而来奔。”杜预注：“合，犹答也。”合则相聚，故又指聚合、聚集，《论语·宪问》：“桓公九合诸侯。”合则相连，故又指联合，《战国策·秦策》：“楚王不听，遂举兵伐秦。秦与齐合，韩氏从之。楚兵大败于杜陵。”合则结为一体，故又指结合，《史记·乐书》：“天地欣合，阴阳相得，煦妪覆育万物。”符信之两半完全契合，故又指符合，《论衡·自然》：“不合自然，故其义疑，未可从也。”关系和睦才能聚合，故又指和睦、融洽，《诗经·小雅·常棣》：“妻子好合，如鼓瑟琴。”匹配才能契合，故又指匹配、配偶，《诗经·大雅·大明》：“文王初载，天作之合。”又用作副词，共同、一起，如合作、合唱。又用作量词，1. 指事情、动作的次数，《史记·项羽本纪》：“楚挑战三合，楼烦辄射杀之。”2. 古代打斗时双方一次攻防动作叫一合，也叫回合，《武王伐纣平话》：“不到十合，又被南宫列一刀挫折费颜项骨。”

济（濟）

　　石鼓　　中山王壶　说文小篆　熹平石经　颜真卿

　　繁体作“濟”，形声字。《说文》：“濟，水。出常山房子赞皇山，东入泜。从水齊声。”本为古水名，读 jǐ，1. 汉代济水，隋改称白沟，唐宋时复名济水，元明时名沛水，清代称洙河，今名午河，源出河北赞皇山，北流经赞皇县南，又东折经高邑县南，经宁晋县南，注入泜水。2. 古四渎之一，《周礼·夏官·职方氏》《汉书·地理志》《说文》均作"沛"，他书作"济"，包括黄河北南二支流。齊，今简作齐，《说文》："禾麦吐穗上平也。象形。"以禾麦吐穗时上面平齐表示整齐、平整义。甲骨文作𪗉怀一八八六，像禾麦吐穗时上面一望无边的平整，以三麦穗表示众多麦穗平齐。《风俗通·山泽》"济者，齐也。齐其度量也"，谓济水有自身调剂平衡（齐）水量的功能，故"濟"从水齐声。

"济"又音 jì，指渡过，"齐"有整齐、适宜义，选择适宜的渡口（津）才能过河，《周易》既济卦为"水火既济"，即水火阴阳搭配适宜，才能通行无碍，《尚书·盘庚》："若乘舟，汝弗济，臭厥载。"孔传："言不徙之害，如舟在水中流不渡，臭败其所载物。"作名词指渡口，陆云《答兄平原》："南津有绝济，北渚无河梁。"渡河是通过河流，故又指贯通、畅通，《淮南子·原道》："利贯金石，强济天下。"人行路至渡口而止，故又指停止，《诗经·鄘风·载驰》："既不我嘉，不能旋济。"渡过大河有成功意，故又指成功、成就，《尚书·君陈》："必有忍，其乃有济。"孔传："为人君长，必有所含忍，其乃有所成。"拯救是帮人解除灾难，故又指救助、拯救，《周易·系辞》："知周乎万物，而道济天下，故不过。"众多之物经调剂方能整齐，故又指调剂、弥补，《左传·昭公二十年》："宽以济猛，猛以济宽，政是以和。"增益不足是调剂的主要方式，故又指增加，《左传·桓公十一年》："盍请济师于王？"物增益则齐备，故又指齐备、充足，白居易《论行营状》："实恐军用不济，更须百计诛求。"

弱 ruò

𩅨　𩅨　𩅨　弱

睡 17.141　说文小篆　校官碑　颜真卿

会意字。《说文》："弱，桡也。上象桡曲，彡象毛氂桡弱也。弱物并，故从二弓。"本义为差、微薄，与"强"相对。段注："桡者，曲木也。引伸为凡曲之称。直者多强，曲者多弱。"《尚书·洪范》："六曰弱。"孔传："尩劣。"孔颖达疏："尩劣并是弱事，为筋力弱，亦为志气弱。"彡，《说文》："毛饰画文也。"指须毛或饰画的花纹。徐灝《注笺》:"毛饰画文者,谓凡毛及饰画之文。毛如须髟,饰画如彣彰雕修是也。"彡用于"须"表示面毛,用于"彩"表示花纹,用于"彭"表示鼓声,用于"影"表示光影移动。"彡"指须毛,为柔弱之物,"弓"为曲物,弱物多曲,段注:"曲似弓,故以弓像之;弱似毛氂,故以彡像之。"弱物难以独存,段注"不能独立",故须相并、联合以求生存、壮大,故"弱"从二弓。从秦隶开始,"弱"下两彡各变为两点。

弱物多柔软,故"弱"也指纤柔、柔软,杜甫《田舍》:"榉柳枝枝弱,枇杷树树香。"幼儿骨弱筋柔,故又指年少、年少的人,《释名·释长幼》:"二十曰弱,言柔弱也。"《左传·文公十二年》:"赵有侧室曰穿,晋君之婿也,有宠而弱。"人事物衰败时柔弱,故又指衰败,《左传·昭公三年》:"姜族弱矣,而妫将始昌。"弱小则易被侵害,故作动词指侵害、削弱,贾谊《过秦论》:"诸侯恐惧,会盟而谋弱秦。"人事物少则弱,故又指丧失、减少,《左传·昭公三年》:"又弱一个焉,姜其危哉! "失败后势力衰弱,故又指失败,《左传·襄公二十六年》:"颉遇王子,弱焉。"

fú
扶　　　合 19798　　　敔匜　　　说文小篆　　说文古文　　曹全碑　　欧阳询

形声字。《说文》:"扶,左也。从手夫声。𢪙,古文扶。"义为辅佐、帮助。"左"即辅佐之"佐"本字。《战国策·宋卫策》:"若扶梁伐赵,以害赵国,则寡人不忍也。""手"有助意。"夫"字构形以人(大)头发绾髻插簪(一),表示成年人。人多以手助人,人成年(夫)后方有力辅佐人,方能任事而受人佐助,故"扶"从手夫声。"扶"小篆以手扶人(夫)表示辅佐、帮助。古文,张舜徽《约注》:"从支,犹从又耳。盖像以手扶持一人之形。"商承祚《说文中之古文考》:"𢿪象手持半竹,老人扶筇(手杖)意也。"高田忠周《古籀篇》:"以手有所助谓之扶。""扶"甲骨文、金文皆像以手(又)扶人形,故为扶持、搀扶,如扶老携幼,《论语·季氏》:"危而不持,颠而不扶。"搀扶是助人之举,故引申指辅佐、帮助。

辅佐者帮人治事,故也指治理,《淮南子·本经》:"扶拨以为正。"辅佐是从旁协助别人,故又指旁侧,《淮南子·人间》:"去高木而巢扶枝。"又指扶持,扶持他物以支撑身体,贾山《至言》:"臣闻山东吏布诏令,民虽老羸隆疾,扶杖而往听之。"又用作介词,表示方向,相当于"循、沿",曹植《仙人篇》:"玉树扶道生,白虎夹门枢。"又用作量词,古代长度计算单位,相当于四指并列的宽度,《韩非子·扬权》:"故上失扶寸,下得寻常。"

倾(傾) qīng

倾　傾　仍　傾

说文小篆　郙阁颂　智永　赵孟頫

繁体作"傾",会意兼形声字。《说文》:"傾,仄也。从人从頃,頃亦声。"本义为侧、斜。段注:"仄部曰:'仄,傾也。'二字互训。古多用頃为之。"曹植《洛神赋》:"日既西倾,车殆马烦。"頃,《说文》:"头不正也。从匕从頁。"以头不正表偏斜、倾侧义。"匕"即今之饭勺,勺子形状翘曲不正,甲骨文作◎后二·三六·六,像勺形。"頃"指头(頁)偏斜不正(匕),故"頃"从匕从頁。"傾"字构形指人倾斜(頃),朱骏声《通训定声》"实与頃同字",故"傾"从人从頃,頃亦声。张舜徽《约注》:"匕部:'頃,头不正也。'已与矢训倾头同意,倾乃頃之后起增偏旁体也。自经传以倾为倾褒、倾覆字而頃专为頃刻、頃亩之用矣。昌部'陙,仄也',与倾音义并同。"

人、物倾斜则多有危险,故"倾"引申为倾危,《论语·季氏》:"盖均无贫,和无寡,安无倾。"邢昺疏:"上下和睦,然后国富民多而社稷不倾危也。"人、物倾斜则易倒下,故又指倾覆、倒塌,《墨子·七患》:"以七患守城,敌至国倾。"物倾斜、倒塌则易压住他物,故又指凌驾、压倒,司马迁《报任安书》:"绛侯诛诸吕,权倾五伯,因于请室。"物倾斜则多会倚靠于他物,故又指依倚,《老子》二章:"长短相形,高下相倾。"人、物倾倒则易致伤残,故又指伤残,《国语·吴语》:"体有所倾,譬如群兽然,一个负矢,将百群皆奔。"容器颠倒则器内之物会全部洒出,故又指倾尽、全部倒出,白居易《琵琶行》:"春江花朝秋月夜,往往取酒还独倾。"由倾尽转指全部,王维《新晴晚望》："农月无闲人,倾家事南亩。"对人仰慕,则会倾向对方,故又指倾慕、钦佩,《汉书·司马相如传》："相如为不得已而强往,一坐尽倾。"颜师古注:"皆倾慕其风采也。"

【原文】 绮回汉惠　说感武丁
　　　　　qǐ huí hàn huì　yuè gǎn wǔ dīng

【译文】 汉惠帝为太子时靠绮里季才幸免废黜而终成帝王,商王武丁真诚求贤感梦而得贤相傅说。

【释义】

　　"绮回汉惠"出自《史记·留侯世家》,"说感武丁"出自《史记·殷本纪》。绮,绮里季,名吴实,西汉著名隐士,为"商山四皓"(东园公唐秉、夏黄公崔广、绮里季吴实、甪〔lù〕里先生周术)之一。汉惠,汉惠帝刘盈。说,傅说,商王武丁贤臣。武丁,子姓,名昭,商王盘庚之侄,商王小乙之子,商朝第二十三任君主。《千字文释义》:"四皓有定储之功,傅说有中兴之功。"

　　公元前202年,刘邦于定陶即皇帝位,以刘盈为皇太子。然刘盈为人仁弱,高祖认为他不像自己,而喜爱戚夫人所生子刘如意,故常欲易太子。吕后就请其兄吕泽逼迫张良献计,张良谓礼请隐居的商山四皓作太子贵宾并随之上朝,太子之位可保。于是吕泽厚礼迎此四人,客于建成侯所。十二年,皇上设置酒席,太子旁侍,四皓跟随,均过八十。皇上惊奇,道:我访求各位多年,逃避不见,现在为何愿与我儿交游? 四人说:陛下轻慢士人,我等讲求义理,不愿受辱而躲避;太子仁孝恭礼,喜爱士人,天下士人都愿为他效力。说完敬酒祝福离去。皇上从此不提废立太子之事。刘邦去世后,十六岁的刘盈即位为帝,即汉惠帝。

　　刘盈仁弱,其母吕后专政,怨恨戚夫人母子,于孝惠元年(前195)毒杀赵王刘如意,将戚夫人斩去手脚,薰聋双耳,挖掉双目,施药至哑,抛入茅厕,称为"人彘"(人中之猪),令刘盈来看,刘盈惊骇非常,失声痛哭,认为母亲如此惨无人道,已违常理。从此不理政事,借酒浇愁而致宿疾,于汉惠帝七年抑郁而终,年仅二十三岁。

傅说,古虞国(今山西平陆)人(约前1335—前1246),殷商时期卓越的政治家、军事家、思想家及建筑学家,为武丁(约前1250—前1192)之相,为三公之一。因在傅岩(平陆东)从事版筑,被武丁起用,故以傅为氏。

武丁伯父小辛和父亲小乙为王时,殷商趋于衰败。武丁即位后,想重振商朝,但苦于无贤臣辅佐,他三年不说话,国事交给冢宰管理,自己观察民风。有一夜他梦见一个贤人对他说:我是一个囚徒,姓傅名说。如果有人找到我,就知道我不仅仅是个囚徒了。武丁醒后分析:"傅"是辅佐,"说"是欢悦,是不是有一个人既能辅佐我又能让百姓欢悦呢?于是就让画工据梦画图,派人到处寻找。结果在虞、虢之间的傅岩找到叫说的囚徒。说被带到殷都,武丁与他交谈,认定他就是梦中的贤人,遂举其为相。

傅说辅佐武丁,君臣合力,商朝得以振兴。傅说辅佐武丁安邦治国,其谏诤言论精辟深刻,为商王治国的座右铭。傅说调兵遣将,征伐常来侵扰的周边游牧部落和氏族、方国,扩大疆土,使四方归服,形成史上有名的"武丁中兴",留有"非知之艰,行之惟艰"的名句,被尊称为圣人。

"说感武丁"是圣王举贤不择贵贱的典范例证。傅说年老后,武丁多赐财物供他安度晚年。他还辅导王室子弟读书明理,深受后人尊敬。山西平陆至今还保存傅说版筑遗址、傅说庙、傅说墓等古迹。

【解字】

qǐ
绮(綺)　　**綺**　　**綺**　　**綺**　　**綺**

　　　　　1号墓竹简　　说文小篆　　侍其繇墓木方　　褚遂良

繁体作"綺",形声字。《说文》:"綺,文缯也。从糸奇声。"平纹底起花的丝织品。段注:"谓缯之有文者也。文者,错画也。错画谓这逪其介画。"《六书故·工事》:"绮,织采为文曰锦,织素为文曰绮。"奇,《说文》:"异也。一曰不耦。从大从可。"本义为特殊、稀罕、不寻常。孔广居《疑疑》:"凡物大则异于常,大则寡耦。"大物奇特而惊人,物大则易受肯定认可,"可"亦有大意,故"奇"从大从可。段注:"可亦声。"戴侗《六书故·植物》:"奇,居宜切,一足立也别作踦。引之为奇耦……又因之为奇衺、奇诡,常也。又因之为奇伟、奇特。"或谓"奇"当从允(wāng),为"畸"字本字。"允"金文作墙盘,小篆作,一只脚跛的人形。慧苑《华严经音义》引《说文》:"帛有邪文曰绮也。""绮"有倾斜花纹,花纹华丽、美盛,奇特而不寻常,故"綺"从糸奇声。张舜徽《约注》:"盖绮之言攱也,谓其有攱顷之文也。《释名·释采帛》:绮,攲也。其文攲邪,不顺经纬之纵横也。"

　　"绮"也指华丽、美盛,《后汉书·梁统列传》:"窗牖皆有绮疏青琐,图以云气仙灵。"有花纹的丝帛光色显耀,故也指光色,张协《七命》:"流绮星连,浮彩艳发。"有花纹的丝帛制作精美,故又指精美,王维《扶南曲歌辞》:"堂上青弦动,堂前绮席陈。"丝帛的花纹纵横交错,故又指纵横交错,班固《西都赋》:"周卢千列,徼道绮错。"

huí
回
甲903　甲3399　回父丁爵　说文小篆　说文古文　熹平石经　颜真卿

　　指事字。《说文》:"回,转也。从囗,中象回转形。,古文。"本义为回绕、运转。《淮南子·原道》:"动不失时,与万物回周旋转。""回"小篆内外皆为囗,像回环旋转形。段注:"皆回转之形也。如天体在外左旋,日月五星在内右旋是也。"张舜徽《约注》:"江河急流,两水相会处,下有深潭者,上有回泉,此字古文实象之。其初形本作,后渐变为方整,无以见造字时原意矣。"甲骨文、金文、《说文》古文皆像渊水、旋涡、盘蛇、盘带之类的回转形,为抽象的指事符号。徐灏《注笺》:"古文回盖像水旋转之形,故颜回字渊。"

　　掉转是回头往后,故"回"也指掉转,如回顾、回头,《楚辞·离骚》:"回朕车以复路兮,及行迷之未远。"回转则位置不断变换,故也指改变、转变,柳宗元《与韩愈论史官书》:"道苟直,虽死不可回也。"改变则违背了原有的位置、状态,故又指违背,《孟子·尽心》:"经德不回,非以干禄也。""回"像曲线旋绕形,曲线方能回绕,曲则不正,故又指邪僻、奸邪,《诗经·小雅·小旻》:"谋犹回遹,何日斯沮?"返回是回头向后,故又指返回,王翰《凉州词》:"醉卧沙场君莫笑,古来征战几人回?"回报、答复等皆是回应之举,故又指回报、禀告、答复,如回信。回头走开可以避开迎面来的人,故又指避开、回避,《新序·杂事》:"(祁奚)外举不避仇雠,内举不回亲戚,可谓至公矣。"物品返回原处为退回,故又指退回、谢绝、辞去,如回绝。很多行为、动作以一个回合(往复)为一个动作、行为的完成,故又用作量词,表示行为、动作、事情的一遭,辛弃疾《水调歌头·盟鸥》:"先生杖屦无事,一日走千回。"又为我国少数民族名。

汉(漢) hàn

敬师天王钟　中甗　说文小篆　说文古文　华山庙碑　颜真卿

　　繁体作"漢",形声字。《说文》:"漢,漾也。东为沧浪水。从水,难省声。𤁉,古文。"本为水名,指汉水,一名汉江,是长江最长的支流,源出陕西宁强县,流经陕西省、湖北省,在武汉市入长江。《孟子·滕文公》:"决汝汉,排淮泗,而注之江。"徐铉等注:"从难省,当作堇。"堇(qín),《说文》:"黏土也。从土,从黄省。"为坚硬的黄土、黏土。黏土为黄色,故"堇"从土,从黄省。"堇"甲骨文作𦰩粹五五一,像火焚烧捆缚人牲献祭形,"艱、難"等字表示被焚者受难之惨烈。废除人牲后,字形下部的火转为土作"堇",表示黄土之坚刚(艱難)。汉水发源处的陕西宁强县一带,多有黏坚黄土,故"漢"从水,难省声。古文,朱骏声《通训定声》:"从水从或从大会意。域中大水也。"段注:"或者,今之国字也。"简化字"汉"由草书楷化而成。

　　汉水南北向横贯黄河与长江两大水系,处华夏腹地,为地标性的大河。故人们把横贯天宇的银河比喻为汉水,称天河为"天汉、银汉",《诗经·小雅·大东》:"维天有汉,监亦有光。"也为地名,汉中的简称,在汉水流域的中部,秦置汉中郡,有今陕西省南部及湖北省西北部之地,治所在南郑,汉仍之。又为朝代名,刘邦始封于汉中为汉王,统一天下后建立汉朝,建都长安,史称为西汉或前汉。又为古代国名,1.三国时刘备在成都称帝,国

号汉,史称蜀或蜀汉。263 年被魏灭亡,共历二帝,四十三年。2. 十六国之
一,即前赵。304 年匈奴贵族刘渊起兵占领左国城(山西吕梁市离石区),称
汉王,建立汉国。308 年称帝,建都平阳(山西临汾市)。310 年刘聪即位做
汉国皇帝,316 年灭西晋。319 年,渊侄刘曜迁都长安,改国号为赵,史称前
赵。3. 十六国之一,即"成汉"。301 年巴氐族领袖李特在遏地领导西北流
民起义。304 年其子李雄称成都王,二年后称帝,国号成,都成都。338 年,
雄侄李寿改国号为汉,史称成汉。4. 五代时十国之一,又称南汉。904 年
初,刘隐为唐清海军节度使,据有今广东省和广西壮族自治区。917 年其
弟龚称帝,建都广州,国号越,后又改为汉,史称南汉。971 年为北宋所灭。
5. 五代之一,又名后汉。946 年契丹灭后晋。947 年后晋河东节度使沙陀
部人刘知远乘中原人民抗击契丹军时在太原称帝。契丹军北撤后,建都汴
(今河南开封市),国号汉,史称后汉。950 年为后周所灭。6. 五代时十国之
一,又名北汉。951 年后周灭后汉后,后汉河东节度使刘旻(后汉高祖刘知
远弟)在太原称帝,国号汉,史称北汉。979 年为北宋所灭。7. 元末陈友谅
所立之国。元至正二十年(1360)陈友谅杀死红巾军领袖徐寿辉,称帝,建
都江州(今江西九江市),国号汉。后为朱元璋所灭。又指汉族,中华民族
之一,《汉书·魏相丙吉传》:"间者匈奴尝有善意,所得汉民辄奉归之,未有
犯于边境。"又为汉语的简称,如《英汉词典》。又指男子,本为古代北方少
数民族对汉族男子的称呼,后用作男子的通称,《旧唐书·狄仁杰传》:"则天
尝问仁杰曰:朕要一好汉任使,有乎?"陆游《老学庵笔记》:"今人谓贱丈夫
曰'汉子',盖始于五胡乱华时。"

惠　　惠　　惠　　惠　　惠　　惠

默簋　　王孙钟　　睡 52.2　说文小篆　西狭颂　王羲之

　　会意字。《说文》:"惠,仁也。从心从叀。惠,古文惠从芔。"本义为仁
爱。桂馥《义证》:"《释诂》:'惠,爱也。'《周语》:'爱人能仁,慈和能惠。'"
《论语·公冶长》:"其养民也惠。"刘宝楠正义:"惠者,仁也。"叀,《说文》:

"叀小谨也。"本指纺砖,古代收丝器具。徐灏《注笺》:"叀即古專字。寸部:'專,一曰纺專。'纺专所以收丝。其制以瓦为之。《小雅·斯干》传'瓦,纺專'是也。今或以竹为之。""叀"甲骨文作 🜚 后上五·九,像绕线的纺砖形。"叀"即绕线团,加寸(手)作"專"表以手使线团转动(轉),纺织是专门技术,"叀-專"有专门义,《说文》训"叀"为"專小谨",即专心谨慎行事,纺丝须要细心。"惠"指仁爱,施惠者心系穷苦,专谨不二,徐锴《系传》"为惠者心专也",段注"为惠者必谨也",故"惠"从心从叀。

　　惠施于人为恩惠,故"惠"引申指恩惠、好处,《左传·庄公十年》:"小惠未遍,民弗从也。"施惠是赠人恩惠,故也指赐给、赠送,徐灏《注笺》:"施恩及人为惠,故引申之义为赐予。"有恩于人则人爱敬之,故又指恩爱、宠爱,《诗经·郑风·褰裳》:"子惠思我,褰裳涉溱。"仁爱者心行和顺,故又指柔顺、柔和,《诗经·邶风·燕燕》:"终温且惠,淑慎其身。"仁爱者心行慈善,故又指善,《礼记·表记》:"节以壹惠。"又用作敬辞,如惠顾、惠存,《国语·晋语》:"公子重耳出见使者曰:子惠顾亡人重耳。"通"慧",聪明,《列子·周穆王》:"秦人逢氏有子,少而惠。"又用作姓氏,《通志·氏族略》:"惠氏,姬姓,周惠王支孙,以谥为氏。"

yuè
说(說)　　**我　說　說　說**
老子甲后 175　说文小篆　华山庙碑　颜真卿

　　繁体作"說",形声字。《说文》:"說,说释也。从言、兑。一曰谈说。"义为喜悦。"从言、兑"徐锴《系传》作"从言兑声"。"说释"之"说"音yuè,段注:"说释即悦怿,说悦、释怿皆古今字。许书无悦怿二字也。说释者,开解之意,故为喜悦。"后"说"渐多用为谈说义,汉代以后喜悦义之说从心作"悦",为通行字。"说"也指讲述、解说,音shuō,《周易·咸》:"咸其辅颊舌,滕口说也。"兑,《说文》:"说也。从儿谷声。"本义为喜悦。《释名·释天》:"兑,说也。物得备足,皆喜悦也。"林义光《文源》:"谷非声。兑即悦之本字……从人、口、八。八,分也。人笑,故口分开。"人喜悦则多言说或歌唱,故"兑"从儿仐声。"兑"甲骨文作𠑑甲二〇〇七,象人(儿)仰头张口(口)歌唱或说话之声音传出(八)形。张舜徽《约注》:"造字之初,喜悦字盖但作兑;以言辞服人使之喜悦,则谓之说。小徐《系传》云:'说之亦使悦怿也。'《通论》又云:'若人心有郁结,能解释之也。'得其旨矣。今人犹言说服。"人以言语解释心意,人喜悦则说话多,心有不畅,经解释则心开意解,故"说"从言兑声。

"说"音 yuè,同"悦",1. 高兴、喜悦,《论语·学而》:"学而时习之,不亦说乎!" 2. 喜爱,《论语·雍也》:"非不说子之道,力不足也。" 3. 取悦、讨好,《论语·子路》:"君子易事而难说也。"

"说"又音 shuō。解释是用言语说明,故"说"也指解释,《论语·八佾》:"成事不说。"何晏注引包(咸):"事已成,不可复解说。"人以言语评论,故又指评论、谈论,《世说新语·品藻》:"世论温太真是过江第二流之高者。时名辈共说人物,第一将尽之间,温常失色。"学说最初由口讲说,故又指道理、学说,《周易·系辞》:"原始反终,故知死生之说。"告人须用口言说,故又指告诉,《国语·吴语》:"夫差将死,使人说于子胥。"又为古文体之一,陆机《文赋》:"奏平徹以闲雅,说炜晔而谲诳。"

"说"又音 shuì。解释是用言语使听者理解而悦怿,游说也是要说对方乐意听的话,故也指劝说别人,使之听从自己的意见,如游说,《孟子·万章》:"(伊尹)其自任以天下之重如此,故就汤而说之,以伐夏救民。"通"税",休憩、止息,《诗经·召南·甘棠》:"蔽芾甘棠,勿翦勿拜,召伯所说。"

gǎn
感　𢦟　感　感　感
　　邵公盉　说文小篆　曹全碑　颜真卿

形声字。《说文》:"感,动人心也。从心咸声。"本义为感动,指外在人事物在人思想感情上引起的反应。徐灏《注笺》:"引申为凡触物而动之义,故《召南》'无感我帨兮',毛传:'感,动也。'"《周易·咸》:"圣人感人心而天下和平。"咸,《说文》:"皆也,悉也。从口从戌。戌,悉也。"为副词,表示范围,相当于"都、全"。"咸"甲骨文作 𢦏 合二〇〇九八、𢦏 合一二四八正、𢦏 屯七三七,从戌从口,戌为斧钺类兵器。上古战争多,部族竖立武器(戌)呼集(口)全体部落男子参加,有皆、悉义。清臧琳《经义杂记》:"训为'动人心',则感动、感恨两义皆备,今于感恨之感更加立心,乃俗字,《说文》所无。"大家同仇敌忾,以戈卫国,则可感动众心而撼动部族,"咸-喊-感-撼"音义同源,故"感"从心咸声。张舜徽《约注》:"感已从心,后起俗体作憾,复加心旁……后世专用感为情感字,又别加手旁作撼,为感动字。"口呼为"喊",心动为"感",手动为"撼"。在"咸"上加形分化出"喊、感、撼"。

"感"也指感应、相互影响,《周易·咸》:"天地感而万物化生。"又指触着、碰着,《庄子·山木》:"感周之额而集于栗林。"又指感慨、感叹,陶潜《归去来辞》:"善万物之得时,感吾生之行休。"又指感觉、情感,如美感。又指感激、感谢,张华《答何劭》之二:"是用感嘉贶,写心出中诚。"又指思念,《后汉书·刘赵淳于江刘周赵列传》:"周能感亲,啬神养神。"又指感受,《素问·至真要大论》:"所谓感邪而生病也。"

"感"又音 hàn,通"撼",动、摇,《诗经·召南·野有死麕》:"舒而脱脱兮,无感我帨兮。"又通"憾",恨,《左传·昭公十一年》:"王贪而无信,唯蔡于感。"杜预注:"蔡,近楚之大国,故楚常恨其不服顺。"焦循补疏:"感为憾之省,故杜以恨字解之。"

wǔ　武　合 22075　甲 3946　墙盘　说文小篆　熹平石经　颜真卿　武

会意字。《说文》:"武,楚庄王曰:夫武,定功戢兵。故止戈为武。"泛指军事、技击、强力等,与"文"相对。《尚书·大禹谟》:"及武乃文。"孔传:"武,定祸乱。"楚庄王之说出《左传·宣公十二年》,晋、楚在郑国的邲城(今河南郑州市东)决战,楚国打败晋国。楚大夫潘党劝楚庄王把晋军尸体堆积成一座大京观留给子孙,炫耀武力,威慑诸侯。楚庄王不同意,谓:"非尔所知也。夫文,止戈为武……夫武,禁暴、戢兵、保大、定功、安民、和众、丰财者也。"意谓战争不为宣扬武功,而在禁止强暴,给百姓带来安宁。军事、武力用以平息战乱,所谓"止戈为武",段注:"此隐括楚庄王语以解武义。"徐灏《注笺》:"人持戈而能止之,武之意也。"故"武"从止、戈。"戈"甲骨文作 ↑合七七五正,金文作 ↑戈觶,长柄横刃兵器。"止"甲骨文作 ↓合二〇二九三,像脚板形。于省吾《释武》:"武从止从戈,本义为征伐、示威。征伐者必有行,'止'即示行也。征伐者必以武器,'戈'即武器也。"《释名·释言语》:"武,舞也,征伐动行如物鼓舞也。"俞樾、张舜徽谓"武、舞"同字,可备一说。

军队出征时气势威武,故"武"也指勇猛、刚健、威武,《诗经·郑风·羔裘》:"羔裘豹饰,孔武有力。"征战者为武士,故也指武士,《淮南子·览冥》:"勇武一人,为三军雄。"高诱注:"武,士也。江、淮间谓士曰武。"军队出征,兵士持有兵器,故又指兵器,《史记·三王世家》:"雒阳有武库敖仓。"又为乐名,颂武王克殷武功之乐,《论语·八佾》:"(子)谓《武》:尽美矣,未尽善也。"何晏注:"孔曰:《武》,武王乐也。以征伐取天下,故未尽善。"徐灏《注笺》:"武者,兵事也。军陈严步伐,因之步谓之武。"故又指步,柳宗元《乞巧文》:"缨弁束衽,促武缩气。"脚步踏地有足迹,故又指足迹,《诗经·大雅·下武》:"昭兹来许,绳其祖武。"后人步前人足迹,故又指继承,《诗经·大雅·下武》:"下武维周,世有哲王。"郑玄笺:"后人能继先祖者,维有周家最大。"古以六尺为步,半步为武,《国语·周语》:"夫目之察度也,不过步武尺寸之间。"注:"六尺为步,贾君以半步为武。"通"舞",舞蹈,《礼记·乐记》:"夫武之备戒之已久,何也?"郑玄注:"武,谓周舞也。"又用作姓氏,《通志·氏族略》:"武氏,子姓,宋武公之后也。"

dīng
丁　□　□　▼　丨　↑　丁　丁

花东 427　合 22374　虢季子白盘　玺汇 1688　说文小篆　熹平石经　王羲之

象形字。《说文》:"丁,夏时万物皆丁实。象形。"本为钉子。朱骏声《通训定声》:"丁,镾也,象形。今俗以钉为之,其质用金,或竹若(或)木。"徐灏《注笺》:"疑丁即今之钉字,象铁弋形。钟鼎古文作 ●,象其铺首(钉头），⍐则下垂之形也。""丁"甲骨文像钉子钉在墙上后留下的钉帽形。战国文字像钉子竖立形,上为钉帽。钉子坚硬,可钉入坚物,用以钉物则使家具、建筑等更加结实坚固,故"丁"引申为强壮,段注:"丁实,小徐本作'丁壮成实'。《律书》曰:'丁者,言万物之丁壮也。'《律历志》曰:'大盛于丁。'郑注《月令》曰:'时万物皆强大。'"《史记·律书》:"丁者,言万物之丁壮也,故曰丁。"

"丁"借为天干的第四位,与地支相配,用以纪年、月、日,《尔雅·释天》:"太岁在丁曰强圉……月在丁曰圉。"由天干第四位转指为序数第四,如丁级。成年人身强力壮,故也指成年人,《庄子·养生主》:"庖丁为文惠君解牛。"又指人、人口,韩愈《寄卢仝》:"去岁生儿名添丁。"又指像丁帽形的小块,如萝卜丁。又用作姓氏,《通志·氏族略》:"丁氏,姜姓。齐太公生丁公伋,支孙以丁为氏。汉有丁固。"

"丁"又音 zhēng,〔丁丁〕,象声词,《诗经·小雅·伐木》:"伐木丁丁。"毛传:"丁丁,伐木声也。"

【原文】 俊乂密勿　　多士寔宁
jùn yì mì wù　duō shì shí níng

【译文】 英才贤人勤恳为政而不惮劳苦,国家因诸多贤士辅佐而安宁富强。

【释义】

两句是对上列诸位贤臣的一个总结,说明国家安宁在于贤才辅佐。"俊乂密勿"语出《诗经·小雅·十月之交》"黾勉从事,不敢告劳","多士寔宁"语出《诗经·大雅·文王》"济济多士,文王以宁"。俊乂,才德过千人为俊,过百人为乂,泛指俊才。密勿,犹黾勉,勤劳努力。寔,是。

国家、朝代能够兴盛,社会能够安定,除领导者自身的正直英明外,最重要的是得贤才辅佐。尧舜时有著名的八元、八恺,《左传·文公十八年》:"昔高阳氏有才子八人……天下之民谓之八恺。高辛氏有才子八人……天下之民谓之八元。舜臣尧,举八恺,使主后土,以揆百事,莫不时序,地平天成。举八元,使布五教于四方,父义、母慈、兄友、弟共、子孝,内平外成。"可见,舜虽为圣君,不能独治天下,举用八元、八恺等贤良,天下方得大治。是知君明臣贤,国家乃得平治,故历代君王皆以举贤用贤为急务。

【解字】

jùn
俊

银雀山　说文小篆　曹全碑　欧阳通

　　形声字。《说文》:"俊,材千人也。从人夋声。"本指才智超群的人。张舜徽《约注》:"俊乃才高之通名,故诸书所称百人、千人、万人,本无定数也。人之才高为俊,犹山高为峻,马良为骏耳。"《正字通》人部:"俊,才智拔类也。"夋(qūn),《说文》:"行夋夋也。一曰倨也。从夂允声。"行走舒缓貌。徐锴《系传》:"夋夋,舒迟也。"一说同"逡",徐灏《注笺》:"夋夋,犹逡巡也。"允,《说文》:"信也。从儿㠯声。"义为诚信。"允"甲骨文作六〇五七正,金文作班篇,人首肯(点头)允许形。"夂"指行走迟缓,甲骨文作乙二——〇,用倒止表行走迟缓。"夂"为迟缓行走,人有信义,方能行事稳重不乱,故"夋"从夂允声。才智超群的人能力强,行事稳重而游刃有余(夋),故"俊"从人夋声。

　　才俊技能超群,故"俊"也指出色、卓越不凡,《尚书·洪范》:"俊民用章,家用平康。"才俊能力强大,故也指大,《大戴礼记·夏小正》:"时有俊风。俊者,大也。"秀美是容貌的俊,故又指漂亮、姿容秀美,如俊美。

yì
乂

粹987　乙3119　前1.44.7　夸鼎　说文小篆　说文或体　晋辟雍碑　智永

　　象形字。《说文》:"乂,芟艸也。从丿从乀相交。㐅,乂或从刀。"本义为割草,后作"刈"。段注:"艸部曰:'芟,乂艸也。'二篆为转注。""乂"小篆像刈草之刀左右刀片交叉,形如剪刀,徐锴《系传》:"象刈艸之刀形。"刀为割草工具,故或体从刀作"刈",段注:"乂者,必用剑镰之属也。"或谓弓为"乂"之初文,甲骨文"乂"为芟草的刀类工具。

　　割除杂草是为了治理农田,故"乂"转指治理,《尚书·尧典》:"下民其咨,有能俾乂?”国家妥善治理才能安定,故又指安定,《三国志·蜀书·后主传》:“上下交畅,然后万物协和,庶类获乂。”又指善于治理而才德过人的人,《尚书·皋陶谟》:“俊乂在官。”由秋季割草转指萧瑟貌,陆云《南征赋》:“山泽含哀,天地肃乂。”

“乂”又音 ài,或作艾,惩创、惩戒,《集韵》太韵:“乂,创乂,惩也。或作忿,通作艾。”《礼记·表记》“则民有所惩”郑玄注:“惩,谓创艾。”陆德明释文作“创乂”:“乂,本又作艾。”

mì 密
趙篋 睡 52.5 说文小篆 樊敏碑 颜真卿

形声字。《说文》:“密,山如堂者。从山宓声。”本义为形状像堂屋的山。《尔雅·释山》:“山如堂者,密。”郭璞注:“形如堂室者。”《尸子·绰子》:“松柏之鼠,不知堂密之有美枞。”宓(mì),《说文》:“安也。从宀必声。”本义为安定、安静。“必”甲骨文作 怀九六二,像戈柲形,为“柲”之初文,义为柄。柄稳定有护手之用,故“必”有固定、确定、坚定义。人在房室则安定,安、定皆从宀,人安定则内心沉稳坚定,专注而稳固(必),故“宓”从宀必声。“密”是形状像堂屋的山,幽深静谧(宓),故“密”从山宓声。张舜徽《约注》:“吴善述曰:‘山如堂者,言其深也,故以为深密、周密字。退藏于密之密,即宥密也。宥密之意,亦从深出。’舜徽按:山之深者谓之密,犹屋之深者谓之宀,皆谓其阴暗也。凡屋深、山深,皆蔽暗不易见物……因之事不见不明者,亦得谓之密。”

“密”指深、幽深,《周易·系辞》:“退藏于密。”韩康伯注:“言其道深微,万物日用而不能知其原,故曰退藏于密。”幽深的事物隐而难见,故也指秘密,如保密,《周易·系辞》:“几事不密则害成。”秘密则闭藏不宣,故又指闭塞,《礼记·乐记》:“使之阳而不散,阴而不密。”孔颖达疏:“密,闭也。阴主幽静失在闭塞。”闭口不言为静默,故又指静默,《尚书·舜典》:“三载,四海遏密八音。”深山树木茂密,故也指稠密、浓密,《周易·小畜》:“密云不雨。”

挨得近则紧密,故又指靠近、亲近,《尚书·毕命》:"惩殷顽民,迁于洛邑,密
迩王室,式化厥训。"物紧密则坚实,故又指坚实,《管子·参患》:"甲不坚
密,与俴者同实。"紧密则严实,故又指细致、周严,《管子·内业》:"凡道,必
周必密。""密"从宓声而有安意,故又指安、安宁,《诗经·大雅·公刘》:"止
旅乃密。"

wù
勿

合39　　合4318　　合13514　　盂鼎　　师酉鼎　　说文小篆　　熹平石经　　欧阳询

象形字。《说文》:"勿,州里所建旗。象其柄,有三游。杂帛,幅半异。
所以趣民,故遽称勿勿。㺕,勿或从㫃。"本为古代氏族、州郡所建的旗帜,
半赤半白,用来麾集人众。段注:"经传多作物,而假借勿为毋字……趣者,
疾也。色纯则缓,色驳则急。故杂帛所以促民。""勿"小篆右像旗杆,左像
旗之三游。"杂帛",《释名·释兵》:"杂帛为物,以杂色缀其边为燕尾。""幅
半异",段注:"直谓正幅半赤半白。"或体从旗帜之㫃作"㺕",段注:"经传多
作物,盖㺕之讹字。"张舜徽《约注》:"勿字在古铜器刻辞中作㣈、㣈、㣈、㣇
诸形,并象手持小旗。今之持旗以麾众者,其旗皆小,便于上下左右以示意
也,盖亦勿之遗制。勿有趣民之用,故引申有匆遽义。"季旭昇谓"勿"甲骨
文从刀有血点,是"刎"字初文,训杀。郭沫若谓像耒耜起土形,点像土粒,
为"犁"之初文。可备参考。

〔勿勿〕1. 急速,《说文》"所以趣民,故遽称勿勿",朱骏声《通训定声》:
"后人作匆匆。"2. 殷切貌,《礼记·礼器》:"洞洞乎其敬也,属属乎其忠也,
勿勿乎其欲飨之也。"郑玄注:"勿勿,犹勉勉也。"

duō
多

合202　　合3267　　辛巳簋　　说文小篆　　说文古文　　孔彪碑　　颜真卿

会意字。《说文》:"多,重也,从重夕。夕者,相绎也,故为多。重夕为
多,重日为疊。㚖,古文多。"本义为数量大,与"少"相对。《诗经·周颂·访
落》:"维予小子,未堪家多难。"徐灏《注笺》:"多与叠皆重累之辞,庶事纷

纮，无可名象，重夕累日则事多叠积矣。故重夕为多，重日为叠也。"段注："相绎者，相引于无穷也。抽丝曰绎，夕、绎叠韵。说从重夕之意。""夕"指傍晚，小篆作，省（月）中一笔以表月初出而半现。甲骨文作合一九七九八、合一七〇五六，像月形。傍晚后即夜晚，故又指夜。日往夜来，不断重复而相引无尽，夕相绎为多，故"多"从重夕。甲骨文"多"，王国维谓从二肉会意，二肉相重表示多，与"林"从二木表示多木（丛木），构字方式相同。季旭昇谓古代肉类缺乏，以二肉表示多肉，亦可通。

物多则重，故"多"引申为重，与"轻"相对，《老子》四十四章："名与身孰亲？身与货孰多？"朱谦之校释引奚侗："谊为重叠之重，引伸可训为轻重之重。"又指重视，《汉书·张耳陈余传》："张王已出，上多足下，故赦足下。"多则大，故又指大，《史记·五帝本纪》："万国和，而鬼神山川封禅与为多焉。"以数量论，多则胜，故又指胜出、超出，《楚辞·天问》："东西南北，其修孰多？"物过多则非必要，故又指过多、不必要，如多嘴，《仪礼·聘礼》："多货则伤于德。"又指相差程度大，如万比千大得多。又为古代战功的名称，《尚书·文侯之命》："汝多修，扞我于艰。"孔传："战功曰多，言汝之功多，甚修矣。"通"祇"（zhǐ），仅、不过，《论语·子张》："人虽欲自绝，其何伤于日月乎？多见其不知量也。"邢昺疏："多，犹适也……所以多得为适者，古人多、祇同音。"

会意字。《说文》："士，事也。数始于一，终于十，从一从十。孔子曰：推十合一为士。"指有归纳推理能力而能任事之人。《白虎通·爵》："士者，事也，任事之称也。"徐灏《注笺》："士大夫谓之士，学者亦谓之士，皆任事者也。士、事古字通。"许慎的说解乃儒家由博返约思想的体现，段注："数始一终十，学者由博返约，故云推十合一。博学、审问、慎思、明辨、笃行，惟以求其至是也。若一以贯之，则圣人之极致矣。"徐灏《注笺》："庶事多端，故从十;综理之,故从一。推十合一为士与一贯三为王同例。"故"士"从一从十。"士、王"构形相似,"王"取象于钺,"士"当取象于斧,转为持斧之人。季旭昇谓"士"当取象于鎡錤,像斧头类的器具。

"士"指未满二十岁的少年和未婚的青壮年男子,《字汇》士部:"士,未娶亦曰士。"又为男子的美称,《论语·泰伯》:"士不可以不弘毅,任重而道远。"又为古代社会阶层的名称,1. 先秦时期贵族的最低等级,位次于大夫,《礼记·王制》:"诸侯之上大夫卿、下大夫、上士、中士、下士,凡五等。" 2. 古代四民之一,为农工商以外学道艺、习武勇的人,或称"士民",以区别于"庶民",《管子·小匡》:"士农工商四民者,国之石民也。"尹知章注:"四者国之本,犹柱之石也。"又为知识分子的通称,《论衡·实知》:"故智能之士,不学不成,不问不知。"又为诸侯的大夫对天子的自称,《左传·襄公二十六年》:"晋韩宣子聘于周,王使请事。对曰:晋士起将归时事于宰旅,无他事矣。"孔颖达疏:"诸侯大夫入天子之国,礼法当称士也。"古代也称法官为"士",《尚书·舜典》:"帝曰:皋陶,蛮夷猾夏,寇贼奸宄。汝作士,五刑有服。"也是对品德好、有学识或有技艺之人的美称,如志士、博士。又为古军制,在车上者称士,也称"甲士",以区别于步卒,《吕氏春秋·简选》:"晋文公造五两之士五乘,锐卒千人。"又为士兵的通称,《老子》六十八章:"善为士者不武。"通"事",职事,《尚书·康诰》:"百工播,民和,见士于周。"孙星衍疏:"士者,《诗传》云:'事也。'言百官布列,民皆和悦,效事于周,谓攻位也。"

shí
寔　圓　寔　寔　寔
说文小篆　晋辟雍碑　王羲之　欧阳询

形声字。《说文》:"寔,止也。从宀是声。"本义为止。王筠《句读》:"是从正,正从止,意本一贯。"是,《说文》:"直也。从日、正。"本义为正、直。《周易·未济》:"濡其首,有孚失是。"李鼎祚集解引虞翻:"是,正也。"日光高明而普照天下,为天下之至正,古代定时间以日为准,故"是"从日、正。修身处世依止于是、正,房屋(宀)为人休止之所,故"寔"从宀是声。

"寔"通"是",相当于"此、这",《尚书·仲虺之诰》:"寔繁有徒。"孔传:"若是者繁,多有徒众。"也通"实",《礼记·坊记》:"寔受其福。"又通"寘",放置,《周易·坎》:"寘于丛棘。"

** níng**
宁(寧)　ㄓ　ㄓㄩ　寧　寧　寧　寧

　　粹828　前4.31.4　孟爵　说文小篆　史晨碑　欧阳询

繁体作"寧",形声字。《说文》:"寧,愿词也。从丂寍声。"为连词,表示选择,如宁可、宁愿。段注:"其意为愿则其言为宁,是曰意内言外。"《论语·八佾》:"礼,与其奢也,宁俭;丧,与其易也,宁戚。""寍"(níng)为安宁之"寧"本字,《说文》:"安也。从宀,心在皿上。人之饮食器,所以安人。"本义为安定,后作"寧"。段注:"此安寧正字,今则'寧'行而'寍'废矣。"《尚书·大禹谟》:"野无遗贤,万邦咸宁。"孔传:"贤才在位,天下安宁。"房屋遮蔽风雨,是安宁之地,有屋住则身安,有饭吃则心定,俗谚所谓"手中有粮,心中不慌","人之饮食器,所以安人",徐锴《系传》"风雨有时,饮食无虞,人所以安也",故"寍"从宀,心在皿上。"丂"为气欲舒出貌,人愿望满足,则心安宁(寍)而气舒畅(丂),故"寧"从丂寍声。简化字只取"丂"作"宁"。

静则安,故"宁"也指静,《吕氏春秋·仲冬》:"君子斋戒,处必弇,身欲宁,去声色,禁嗜欲,安形性。"又指已嫁女子回娘家探望父母,泛指省亲,《左传·庄公二十七年》:"杞伯姬来,归宁也。"杜预注:"宁,问父母安否。"又指因凶丧告假,《墨子·号令》:"舍事,后就,逾时不宁,其罪射。"

"宁"又音nìng,用为代词,相当于"何、如此",《周易·系辞》:"介如石焉,宁用终日,断可识矣。"《晋书·王衍传》:"何物老妪,生宁馨儿。"又用作副词,相当于"岂、难道、乃、曾",《史记·陈涉世家》:"王侯将相宁有种乎!"《诗经·小雅·四月》:"先祖匪人,胡宁忍予?"郑玄笺:"宁,犹曾也。"又用作助词,《左传·昭公元年》:"不宁唯是,又使围蒙其先君。"

【原文】 <ruby>晋<rt>jìn</rt></ruby> <ruby>楚<rt>chǔ</rt></ruby> <ruby>更<rt>gēng</rt></ruby> <ruby>霸<rt>bà</rt></ruby>　<ruby>赵<rt>zhào</rt></ruby> <ruby>魏<rt>wèi</rt></ruby> <ruby>困<rt>kùn</rt></ruby> <ruby>横<rt>héng</rt></ruby>

【译文】 晋文公、楚庄王在齐桓公之后轮换称霸，赵、魏因张仪之连横而受困于秦。

【释义】

晋，晋文公。楚，楚庄王。更，替。霸，诸侯联盟的霸主。困，艰难窘迫。《千字文释义》："此亦承上群英而言。五霸不独齐桓，又有晋文与楚庄焉……五霸有齐桓、晋文、秦穆、宋襄、楚庄，言晋、楚而不言秦、宋，省文也……战国时，苏秦说六国诸侯，合纵以拒秦。后张仪又说六国诸侯，连横以事秦。言六国诸侯，为合纵连横所困也。言横而不言纵，省文也。六国有赵、魏、韩、齐、楚、燕，举二以该其余也。"

自公元前769年周平王东迁洛邑（今河南洛阳）之后，周王室更加衰微，强大的诸侯国为在政治、军事中占据主导地位，展开激烈的争霸战争，称霸的主要标志是"会盟"诸侯。称霸的标准主要有三方面：一是被华夏核心文化所认可（中原诸侯承认或周天子承认），二是实力雄厚（至少是区域性大国），三是对其他诸侯国施加军政影响力（扣押别国储君做人质、会盟诸侯、扶持别国君主等）。按势力强大来评定，依次是：四方是维的郑庄公、尊王攘夷的齐桓公、春秋大义的宋襄公、制霸中原的晋文公、独霸西戎的秦穆公、问鼎中原的楚庄王、纵横江淮的吴王阖闾、争霸中原的吴王夫差、称雄东南的越王勾践。这九位诸侯撑起整个春秋时代，见证数百年的兴衰荣辱。"晋楚更霸"是说诸侯更替当霸主，以晋文公、楚庄王为代表。

晋文公（前697—前628），姬姓，名重耳，是晋国第二十二任君主，前636至前628年在位，晋献公之子，母亲为狐姬。因骊姬之乱流亡在外十九年，前636年春在秦穆公支持下返国杀晋怀公而立。晋文公在位期间，任用狐偃、先轸、赵衰、贾佗、魏犨等能臣，实行宽农、通商、明贤良、赏功劳等政策，兴三军六卿，使国力大增。前632年，晋文公请来周襄王，并召集齐、宋等国在践土与诸侯会盟，史称"践土会盟"。周天子策封晋文公为"侯伯"（诸侯之长），赏赐丰厚，允许他有权自由征伐。晋文公正式成为第二位霸主，开创了晋国长达百年的霸业。

楚庄王（？—前591），又称荆庄王，芈姓，熊氏，名侣（一作吕、旅），楚穆王之子，前613—前591年在位。楚庄王初继位，国内矛盾重重，在复杂的形势下，他韬光养晦，采取以静观动的对策，表现出沉湎于声色犬马、不问政事的状态。三年后，他对楚国的政局和各类人物有了基本的了解，遂远离酒色，亲自执政，举用贤才，善于纳谏，重用伍举，任孙叔敖为令尹，重视社会经济建设，大力发展农业，整顿内政，厉行法治，加强兵备，使楚国出现国富兵强的景象，不仅国内大治，且得到四方诸侯的称誉。前591年，楚庄王去世，谥号"庄"，后世对其贡献给予了较高评价，"并国二十六，益地三千里"（《韩非子·有度》）。楚庄王武功盛大，又有尚和、宽厚之风。

"赵魏困横"指战国苏秦、张仪实行的合纵连横策略。《韩非子》："从（纵）者，合众弱以攻一强也；而衡者，事一强以攻众弱也。"南北向称"纵"，东西向称"横"。战国时代，以函谷关为界，秦国位于西，六国位于其东。六国结盟为南北向的联合，称"合纵"；六国分别与秦国结盟为东西向联合，称"连横"。苏秦、张仪都是战国时代人，同是鬼谷子王诩的学生。苏秦游说六国诸侯实行纵向联合，"并相六国"，一起对抗强大的秦国，合纵的结果是"秦人恐惧，不敢窥兵于关中，天下不交兵者二十有九年"。苏秦死后，其弟苏代、苏厉继续走他的路线。

"连横"也作"连衡"。六国合纵之后，秦国长达十余年处于四面围困之中，秦惠文王很想改变这一局面，这时，张仪拜会秦王，陈述"近交远攻、远交近攻"的连横破纵之策，秦王闻而心悦，拜张仪为上卿。连横策略认为，国与国之间应和平友好，互不侵犯，大家联合起来对付一个假想敌是不可取的。这样不友好，而且是逼着秦国与六国为敌。六国被张仪连劝带哄地说服了，都与秦国签订互不侵犯条约，苏秦的"合纵"就被拆散了。秦国随之采取远交近攻、各个击破的策略，最终灭了六国，统一天下。秦惠文王封张仪武信君，采邑五城。当时秦占据今天的陕西、甘肃、四川一带，赵占据今天河北南部及山西中部和北部,魏在河南北部及山西西部和南部。"连横"实施以后,因赵魏距离秦国最近,秦国首先打击赵、魏,两国被困于张仪提出的"连横"策略,所以说"赵魏困横"。

【解字】

jìn
晋(晉晉)　　合 19568　　拾 13.1　　晋人簋　　说文小篆　　熹平石经　　颜真卿

　　繁体作"晉",《说文》作"晉",会意字。《说文》:"晉,进也。日出万物进。从日从臸。《易》曰:明出地上,晉。"本义为进。"晋、进"上古音皆属精纽真部,为声训。桂馥《义证》:"《文子·上德篇》:日出于地,万物蕃息。"臸(zhī),《说文》:"到也。从二至。"本义为到。段注:"不言至言到者,到者至之得地者也。"至,《说文》:"鸟飞从高下至地也。从一,一犹地也。象形。"以鸟飞落地表到、抵达之义。"至"甲骨文作 ▼ 合二二〇四五、▼ 合一一六七正,像箭抵达地面形,商承祚谓像矢著于鹄(箭靶中心)形。"臸"从二至表示到达之义的加强。太阳每日东升西落,行进不已,日出则众人劳作,万物进发,故"晉"从日从臸。"晉"的甲骨文、金文字形,季旭昇《说文新证》:"从日、从二倒矢形,会日光如矢疾进之义,矢应该也有声符的功能。" ▼ 也像两矢插入器中之形,林义光谓"晉"为"臻"之本字,张舜徽谓"晉"为"揎"之本字,严一萍谓"晉"为"箭"之本字。

　　日出则不断上升,故"晋"引申指升,如晋级、晋升。又为卦名,卦形为 ☷☲,《周易·晋》:"晋,康侯用锡马蕃庶,昼日三接。"孔颖达疏:"此卦明臣之升进,故谓之晋。"又指内、里面,嵇康《养生论》:"颈处险而瘿,齿居晋而黄。"又指俯、低,《尚书大传·周传》:"(伯禽、康叔)见桥木高而仰,梓木晋而俯,反以告商子。商子曰:桥者父道也,梓者子道也。"又为古国名,周成王封弟叔虞于唐,叔虞子燮父改国号为晋,春秋时据有今山西省大部与河北省西南地区,地跨黄河两岸。后被其大夫韩、赵、魏所分而亡。又为朝代名:1. 司马炎代魏称帝,国号晋,都洛阳,史称西晋(265—316),共四帝,为前赵所灭。2. 司马睿即位建康,保有江南之地,史称东晋(317—420),共十一帝,为刘裕所取代。3. 五代时石敬瑭灭后唐称帝,国号晋,都洛阳,史称后晋(936—946)。又为水名,源出山西省太原市西南悬瓮山,分北、中、南三渠,东流入汾河。《集韵》线韵:"晋,水名。"又为地名,山西省的简称,因春秋时晋国在此建国而得名。又用作姓氏,《通志·氏族略》:"晋,大夏之墟也。尧之所都平阳,其国曰唐。及叔虞封于唐,其子燮父嗣封,改为晋,以其地有晋水故也。"

chǔ 楚

粹 1315　　H11:4　　毛公鼎　　令簠　　说文小篆　　熹平石经　　颜真卿

形声字。《说文》:"楚,丛木。一名荆也。从林疋声。"指丛生的树木。谢朓《宣城郡内登望》:"寒城一以眺,平楚正苍然。""楚"也为木名,牡荆属植物,马鞭草科,落叶灌木或小乔木,枝干坚劲,可以作杖。段注:"一名当作一曰。许书之一曰,有谓别一义者,有谓别一名者。上文丛木泛词,则一曰为别一义矣。"戴侗《六书故·植物》:"楚,荆也。楚地多产此,故以名国。荆、楚一物也。故楚国亦谓之荆。以荆为支,所谓夏楚也。"疋,《说文》:"足也。上象腓肠,下从止。"本义为足。"疋"甲骨文作 合一七一四六,像连腿带脚的整个下肢形。灌木枝条柔软低矮,如足(疋)位于人下基而不高,人砍伐则足踏其枝而以手执斧砍其根,故"楚"从林疋声。"楚"甲骨文像足(疋)踏楚木形。

荆条形长性柔,是作鞭的最佳材料,故"楚"指古时刑杖,也为学校扑责生徒的小杖,也指用杖扑打,《礼记·学记》:"夏楚二物,收其威也。"郑玄注:"夏,槚也;楚,荆也。二者所以扑挞犯礼者。"被教鞭扑打则疼痛,故又指痛苦,如痛楚,《六书故·植物》:"因夏楚而生痛楚之义。"《史记·孝文本纪》:"夫刑至断支体,刻肌肤,终身不息,何其楚痛而不德也,岂称为民父母之意哉!"又同"龀",指鲜明、华美,《六书故·植物》:"楚之为物,丛生弥望,修短齐辑,故因之而生楚楚之义。"《诗经·曹风·蜉蝣》:"蜉蝣之羽,衣裳楚楚。"《战国策·秦策》:"异人至,不韦使楚服而见。"高诱注:"楚服,盛服。"又为古国名,1.周代诸侯国,战国时七雄之一,芈姓,熊绎受封于周成王,立国于荆山一带,都丹阳,周人称为荆蛮,后建都于郢。春秋、战国时,楚国强盛,疆域扩大,其后渐弱,屡败于秦,迁都至陈,又迁寿春。至王负刍,为秦所灭。2.秦楚之际,自秦二世元年(前209),先陈胜起兵于蕲,自号楚王,后襄强、景驹及怀王亦自号楚王。汉元年项羽自立为楚王,都下邳,汉六年,国除。3.五代十国之一,马殷据今湖南之地,都长沙,称楚王。至马希萼、希崇时,为南唐所灭,历六主五十六年(896—951)。"楚"今指湖南、湖北两省地,特指湖北。又用作姓氏,《通志·氏族略》:"楚氏,芈姓……楚之先出颛帝高阳氏……苗裔曰鬻熊,为(周)文王师。及成王举文王之劳臣,封其曾孙熊绎居丹阳,国号荆……(楚)文王立,始都郢,改号楚……凡四十五世。其后以国为氏。"

gēng
更(夏)　合10951　合10380　曶鼎　说文小篆　礼器碑　欧阳询

形声字。《说文》:"更,改也。从攴丙声。"本义为更换、改变。段注:"更训改,亦训继。不改为继,改之亦为继。故《小雅》毛传曰:庚,续也。"张舜徽《约注》:"改之曰更,续之亦曰更,此字义相反相成之理也。更、改实即一语,并受声义于革。"《论语·子张》:"过也,人皆见之;更也,人皆仰之。"何晏集解:"更,改也。""丙"本义为明,为"炳"之初文。"丙"甲骨文作甲二三五六、六四〇五,像上整齐而下对等分叉的物体或图形,有明显、稳定、把持等核心义素。人事改变、政事改革多是被动而受逼迫,如同被人执鞭督促(攴),人事物经过改革、改变多会变得更好,炳然光明(丙)如"汤武革命",故"更"从攴丙声。"更"甲骨文字形,唐桂馨、于省吾等谓是"鞭"之初文。金文像手持具(攴)更换上下二物(丙)。

四季循环更替,故"更"也指更迭、交替,陆游《赠燕》:"四序如循环,万物更盛衰。"更换是新的取代旧的,故又指替代,《淮南子·时则》:"祭不用牺牲,用圭璧,更皮币。"高诱注:"更,代也。以圭璧皮币代牺牲也。"事物更改后则改变原状,故又指更换、变易,《战国策·秦策》:"今秦妇人婴儿皆言商君之法,莫言大王之法,是商君反为主,大王更为臣也。"抵偿是以等价物代替原物或原价,故又指抵偿、报偿,《周礼·夏官·马质》:"马死则旬之内更。"更换是事、物在更换者之间过了一遍,故又指经历、经过,《史记·大宛列传》:"道必更匈奴中。"时间前行不息,则时辰不断更替,故又为古代夜间计时单位,一夜分为五更,每更约两小时,《颜氏家训·书证》:"或问:一夜何故五更? 更何所训? 答曰:汉魏以来,谓为甲夜乙夜丙夜丁夜戊夜。又云鼓,一鼓二鼓三鼓四鼓五鼓,亦云一更二更三更四更五更,皆以五为节……假令正月建寅,斗柄夕则指寅,晓则指午矣。自寅至午,凡历五辰……更,历也,经也,故曰五更尔。"老人经历事情多,故又指经验丰富、深历事故的老年人,《礼记·文王世子》:"三老、五更,群老之席位焉。"郑玄注:"三老五更各一人也,皆年老更事致仕者也。"

"更"又音 gèng,用作副词,相当于"再、又,更加、越"。又用作连词,表示让步、假设或转折,相当于"纵、虽,却、反而"。

bà
霸　　勒　　霸　　霸　　霸　　爾　　霸　　霸
　　　屯 873　　令簋　　兮甲盘　　说文小篆　　说文古文　　华山庙碑　　褚遂良

形声字。霸(pò),《说文》:"月始生,霸然也。承大月,二日;承小月,三日。从月霝声。《周书》曰:哉生霸。"为农历每月初始见的月亮或月光。段注:"霸、魄叠韵。《乡饮酒义》曰:'月者三日则成魄。'《正义》云:'前月大则月二日生魄,前月小则三日始生魄。' ……已上皆谓月初生明为霸。《汉志》所引《武成》《顾命》皆作霸,后代魄行而霸废矣。"徐灏《注笺》:"月体浑圆,随天旋转,受日而成光。其黑体谓之霸。晦则光尽,至朔而苏,谓之生明。明生而霸死,故曰死霸;望则光满,既望,黑体渐见,谓之生霸。"霝(gé),《说文》:"雨濡革也。从雨从革。读若膊。"指雨沾湿皮革而隆起。段注:"雨濡革则虚起,今俗语若朴。"月初的月光最小,夜晚尤暗,月亮升起,如从黑暗中隆起(霏),故"霸"从月霏声。"霸"同"魄",指月体黑暗部分,《增韵》陌韵:"魄,月体黑者亦谓之魄,或作霸。"

　　"霸"又音 bà,为古代诸侯联盟的首领,也作"伯",慧琳《一切经音义》:"霸,贾注《国语》云:'霸,把也,把持诸侯之权,行方伯之职也。'《考声》云:'长也,伯也,居众之长方伯之任也。'"霸主多势力强盛,故又指仗势凭力横行一方的人,如恶霸。霸王超出常人,故又指文采、才能等过人,《文心雕龙·事类》:"主佐合德,文采必霸。"

zhào
赵(趙)

侯马盟书　赵孟疥壶　说文小篆　熹平石经　颜真卿

　　繁体作"趙",形声字。《说文》:"趙,趨赵也。从走肖声。"本义为疾行、超腾。"趨"当为"趍"。段注:"趙、赵双声字,与踌躇、蒚箸、蹢躅字皆为双声转语。"《穆天子传》:"天子北征,赵行口舍。"郭璞注:"赵,犹超腾。"走,《说文》:"趨也。从夭、止。夭止者,屈也。"本义为疾趨。"夭"指屈,"止"指足,人疾行时腰身前曲,脚趾快速交替踏步,故"走"从夭、止。"走"甲骨文作𡕥甲二八一〇,像人摆臂快速行进形。肖,《说文》:"骨肉相似也。从肉小声。不似其先,故曰'不肖'也。"本指父子相貌相似。段注:"骨肉相似者,谓此人骨肉与彼人骨肉状貌略同也。""肖"从小从肉,指子与父骨肉相似,子相对于父为小,故"肖"从肉小声而有微小义,《方言》第十二:"肖,小也。"人跨大步则脚步交替缓慢,难以疾行且持久,《老子》"夸者不行",双腿跨小步(肖)则脚步能快速交替而疾行(走),故"趙"从走肖声。简化字"赵"由草书楷化而成。

　　"赵"也为古国名,1. 周穆王封造父于赵,故址在今山西省洪洞县西南。2. 战国七雄之一,战国时晋卿与韩、魏分晋自立,国号赵,在今山西省北部、河北省西部和南部一带。3. 东晋十六国之一,东晋时刘曜称帝,国号赵。4. 东晋十六国之一,羯族石勒灭前赵后称帝,史称后赵。又用作姓氏,《风俗通·皇霸》:"赵之先与秦同祖,其裔孙曰造父,幸于周穆王,为御骅骝、骐耳之乘……帝念其功，赐以赵城，因以为姓。"

魏山瓶　　古陶文　　睡 4.15　　说文小篆　　石门颂　　颜真卿

本字作"巍"，形声字。巍（wēi），《说文》："高也。从嵬委声。"本义为高大。段注："高者必大，故《论语》注曰：'巍巍，高大之称也。'《左传》：'卜偃曰：万，盈数也。巍，大名也。'雉门外阙高巍巍然，谓之象魏。按本无二字，后人省山作魏，分别其义与音，不古之甚。"桂馥《义证》引张有："世俗以从山者为巍，不从山者为魏，非也。二字皆当从山，盖一字而两音。"嵬（wéi），《说文》："高不平也。从山鬼声。"指山高而不平。"鬼"为人死魂所归，有祖先义，古人敬仰祖先如仰高山，故"嵬"从山鬼声。委，《说文》："委随也。从女从禾。"本义为顺从、听任。徐锴《系传》作"从女，禾声"。段注："按随其所如曰委。"女子多性情柔顺，禾成熟则穗下垂弯曲，徐灏《注笺》"委盖妇女委婉逊顺之义"，徐铉等注"委，曲也。取其禾谷垂穗。委，曲之貌，故从禾"，故"委"从女从禾。张舜徽《约注》："巍即嵬之后增体也。《诗》'维山崔嵬'，《中论》引作'崔巍'……许书无魏字，凡言魏国、魏姓，古人皆不省山，证之汉碑犹然。""巍"指山高大，高山（嵬）多曲折、盘曲（委），徐灏《注笺》"嵬、巍本一字"，故"巍"从嵬委声。

"魏"又音 wèi，古国名，1. 西周时诸侯国，在今山西省芮城县北，姬姓，春秋时被晋献公攻灭，以其地封给毕万。2. 战国七雄之一，毕万的后代魏文侯与韩、赵三家分晋，列为诸侯国，建都安邑（今山西夏县西北），后迁都大梁，故魏又称梁，前 225 年为秦所灭。又为朝代名，1. 三国之一，220 年曹丕代汉称帝，国号魏，与吴、蜀三分天下，265 年为司马炎所亡。2. 南北朝时北朝之一，386 年为鲜卑族拓跋珪所建，据长江以北，史称北魏，后分裂为东魏和西魏，550 年东魏被北齐所废，557 年西魏为北周所废。3. 隋末农民起义领袖李密所建国号。又用作姓氏，《新唐书·宰相世系表》："魏氏出自姬姓。周文王第十五子毕公高受封于毕，其后国绝，裔孙万为晋献公大夫，封于魏,河中河西县是也,因为魏氏。"

kùn

困　困　朱　困　困

合34235　说文小篆　说文古文　西狭颂　赵孟頫

　　会意字。《说文》:"困,故庐也。从木在囗中。"依许慎意,本为废弃之屋。王筠《句读》:"故庐者,废顿之庐也。故其字当平看,囗者四壁,木在其中者,栋折榱崩,废顿于其中也。""困"为故庐,囗为房屋四壁,"木"指栋梁折塌之状,也像废弃之屋草木疯长而无人打理,故"困"从木在囗中。段玉裁谓"困"乃人居家不出,段注:"庐者,二亩半一家之居。居必有木,树墙下以桑是也。故字从囗木谓之困者,疏广所谓自有旧田庐令子孙勤力其中也。困之本义为止而不过。"徐灏以"困"为古"梱"字,指门限,《注笺》:"故庐之训,未详其恉。困,疑即古梱字,囗,束木也。"俞樾《儿笘录》:"困者,梱之古文也。木部:'梱,门橜也。从木困声。'困既从木,梱又从木,重复无理,此盖后出字。古字止作困,从囗者,象门之四旁,上为楣,下为阃,左右为枨也。其中之木,即所谓橜也。《曲礼》曰:'外言不入于梱,内言不出于梱。'郑注曰:'梱,门限也。'梱有限止义,故古文从木从止会意。《广雅·释室(宫)》云:'橜机阃朱也。'是即以朱为门梱字。然则困、梱之为一字,可知矣。凡困极、困穷之义,皆从限止一义而引申之。其后引申义盛行,而本义反为所敓。乃更造从木之梱,又或从门作阃。而困之即为门橜,虽许君不知矣。"张舜徽《约注》:"俞说是也。《荀子·大略篇》:'和之璧,井里之厥也。'《晏子春秋》作'井里之困也',即以困为梱。"

　　房屋破旧是穷苦的体现,故"困"转指艰难、窘迫,《礼记·中庸》:"事前定,则不困。"极为艰难称困,故又指极、尽,《论语·尧曰》:"四海困穷,天禄永终。"又指围困,也指处于艰难窘迫或无法摆脱的境地,《左传·襄公二十二年》:"子三困我于朝,吾惧,不敢不见。"人过于劳累则困乏,故又指精力不济、疲倦,《管子·宙合》:"夫鸟之飞也,必还山集谷;不还山则困,不集谷则死。"又为卦名,卦形为䷮,《周易·困》象曰:"泽无水,困。"

héng 横

横　横　横　横

纵横家书 120　说文小篆　辟雍碑　颜真卿

形声字。《说文》:"横,阑木也。从木黄声。"指门前木栅栏,也泛指横栏之木。段注:"凡以木阑之皆谓之横也。古多以衡为横。《陈风》传曰:衡门,横木为门也。"《乐府诗集·子夜歌》之十五:"摘门不安横,无复相关意。"横木栅栏突显,如黄色显目,故"横"从木黄声。

"横"也指横亘、横贯,柳宗元《佩韦赋》:"横万里而极海兮,颓风浩其四起。"又指横渡、跨越,《汉书·扬雄传》:"上乃帅群臣横大河,凑汾阴。"又指横向,与"纵"相对,1.直线为纵,平线为横。2.南北为纵,东西为横,《周礼·秋官·野庐氏》:"禁野之横行径逾者。"贾公彦疏:"东西为横,南北为纵。但是不依道涂,妄由田中,皆是横也。"3.经为纵,纬为横。又指使物体横向置放,苏轼《赤壁赋》:"酾酒临江,横槊赋诗。"又指连横,战国时张仪游说六国与秦国东西联合的一种策略,与"合纵"相对,《战国策·楚策》:"故从合则楚王,横成则秦帝。"横栏之木用于遮挡,故又指遮盖,孔稚珪《北山移文》:"风情张日,霜气横秋。"物品横展则占地宽广,故又指充溢、充满,《礼记·祭义》:"夫孝,置之而塞乎天地,溥之而横乎四海。"又指广远、广阔,《荀子·修身》:"体恭敬而心忠信,术礼义而情爱人,横行天下,虽困四夷,人莫不贵。"谢墉校注:"'横行天下'犹《尚书》所云'方行天下',言周流之广。"

【原文】　jiǎ tú miè guó　jiàn tǔ huì méng
　　　　　假 途 灭 虢　　践 土 会 盟

【译文】　晋献公向虞国借路灭虢国,归而灭虞;晋文公在践土会盟诸侯,成为盟主。

【释义】

假,借。途,道路。践土,古地名,今河南荥阳县古荥镇。城濮之战后,晋文公大会诸侯于践土,是为"践土会盟"。"假途灭虢"出《左传·僖公五年》,春秋初期,晋献公为夺取崤函要地,决定南下攻虢国(国都上阳,今河南陕县境内),但虞国(今山西平陆北)邻虢国北境,为晋军进攻虢国的必经之路。周惠王十九年(前 658),晋献公派荀息携带美女、骏马等献给虞公,请求借道攻虢。虞公贪利,又被荀息花言巧语所迷惑,不听大臣劝阻,不但应允借道,还自愿作攻虢先锋。是年夏,晋虞联军攻下虢国北部重镇夏阳(今山西平陆境),使晋控制了虢虞之间的战略要地。二十二年(前 655),晋又故伎重演再向虞借道。宫之奇用"辅车相依,唇亡齿寒"的道理,说明虢、虞地理相连,利害攸关,虢亡虞必亡,劝虞公绝不能答应借道。但虞公认为晋、虞是同宗,不会相欺,拒不听劝。十月十七日,晋军围攻虢都上阳(今河南三门峡市),十二月初一破城灭虢。随后,晋军班师暂住虞国休整,乘虞不备,突然发动袭击,俘虞公,灭虞国。

"践土会盟"为晋文公事。《千字文释义》:"此举晋事,以该五霸六国,言皆用诈谋以胜人也。此节言五霸有谋臣,七雄有策士,亦群英之可概见者也。"晋楚两军在城濮(今山东鄄城西南)大战,晋文公以守当年流亡楚国时的诺言为借口,一交战就下令晋军退避三舍(九十里),楚人不知是缓兵之计,中了埋伏,被晋军杀得大败。城濮之战后,鲁僖公二十八年(前 632),晋文公大会诸侯于践土,参加会盟的有晋、鲁、齐、宋、蔡、郑等国,晋文公被推为盟主。周襄王令王室大臣尹氏、王子虎和内使叔兴父策命晋文公为"侯伯",赏赐丰厚。赏赐命辞是"敬服王命,以绥四国,纠逖王慝",意思是让晋文公恭服天子之令,安抚四方诸侯,并惩治不忠于王室的邪恶之人。对周天子的恩宠,晋文公辞谢三次,然后才接受,表示对周襄王的尊敬。这些举措,赢得周王室的支持,其霸主地位由此得以确立。晋文公继齐桓公之后,成为春秋五霸的第二位霸主。今河南荥阳市古荥镇荥阳故城内有践土台,即践土会盟的遗址。

【解字】

jiǎ
假　假　叚　假　假

说文小篆　武威简·少牢 2　魏封孔羡碑　昭仁寺碑

形声字。《说文》:"假,非真也。从人叚声。一曰至也。《虞书》曰:假于上下。"义为不真实。《诗经·小雅·小弁》:"假寐永叹。"郑玄笺:"不脱冠衣而寐曰假寐。"徐灏《注笺》:"叚、假本一字。"张舜徽《约注》:"窃谓叚借之叚、真假之假,本实一字,故但作叚,后人为加人旁耳。凡物之借之于人者,皆己之所原无,即非真之义所自出。语称请人代作之事曰假手,亦即非真之意,故二意实相因也。"《左传·成公二年》:"唯器与名,不可以假人。"孔颖达疏:"唯车服之器与爵号之名不可以借人也。"叚(jiǎ),《说文》:"借也。"本义为借,后作"假"。段注:"此叚云借也。然则凡云假借当作此字。"徐灏以为"叚"从"皮、二",古用皮币二以相叚借。"叚"金文作𣪠盂尊、𣪘师袁簋,林义光《文源》:"象二手相付形,从石省……即古藉字。叚者,藉人所有以为己用,故谓之借。"朱芳圃《殷周文字释丛》:"字象厂下取石,两手相付之形……瑕即叚也。"两手在崖(厂)下取石,有借用他山之石之意。季旭昇谓会以石磨刀之意,义为砺石,为"碬"之初文。借人物为己用、借山石制器物、刀借砺石打磨,皆有假借之义。"叚、假"皆指借,"叚"为"假"之初文,借人之物非真为己有,故"假"从人叚声。

　　所借之物暂为己有,故也指权且、暂时,柳宗元《段太尉逸事状》:"吾未晡食,请假设草具。"借是暂时将钱物给人,故也指给予,《左传·僖公二十八年》:"天假之年,而除其害。"所借财物为人暂时依恃,故又指凭借、依恃,《左传·昭公四年》:"若苟无四方之虞,则愿假宠以请于诸侯。"杜预注:"欲借君之威宠以致诸侯。"代理政事如借用权位,故又指代理(政事),《吕氏春秋·审分》:"假乃理事也。"高诱注:"假,摄。"摄政则位高权重,又指大,《尚书·大禹谟》:"不自满假。"孔颖达疏:"执心谦冲,不自盈大。"用作连词,表示假设、假如,《荀子·正名》:"假而得问而嗛之,则不能离也。"杨倞注:"假或有人问之。"又指宽容、宽纵,犹假手于人,《管子·小问》:"假而礼之,厚而勿欺,则天下之士至矣。"

　　"假"又音jià,指休息日、假期,即向君主、领导借时间,《世说新语·政事》:"陈仲弓为太丘长,时吏有诈称母病求假。"

　　"假"又音gé,通"格",至、到,《诗经·商颂·玄鸟》:"四海来假,来假祁祁。"

　　"假"又音 xià，通"嘉"，美好，《诗经·大雅·假乐》："假乐君子，显显令德。"

　　"假"又音 xiá，通"遐"，远，《吕氏春秋·下贤》："假乎其轻俗诽誉也。"

tú
途（辻）

前 6.26.5　鲁辞徒仲齐匜　师寰簋　说文小篆　欧阳询

　　《说文》无"途"字，"途"之本字作"辻"。《说文》："辻，步行也。从辵土声。"本义为步行。从辵(辶)字与行走有关，古代行走的道路多是土路，故"辻"从辵土声。"辻"由步行转指道路，以为道途(涂)之"途"，后作"涂、塗、途"。《列子·天瑞》："食于道辻者。"用其本字。学者多以"涂"为道途之"途"本字，通行字为"塗"，以"辻(徒)"为假借字，实则不然。"辻"与行(从彳)、径(从彳)、路(从足)、道(从辵)等字同，皆含行走(动词)、所行之道(名词)两义。"辻"后作"途"，"土、余"声近而声符互用，"辻"之作"途"犹"吐"之作"唗"。塗，形声字。《说文新附》："塗，泥也。从土涂声。"本义为泥，土遇水则成泥，故"塗"从土涂声。《说文》："涂，水。出益州牧靡南山，西北入渑。从水余声。"本为水名，即涂水，1. 古水名，即今云南省牛栏江，发源于嵩明县，北流至贵州省威宁彝族回族苗族自治县折向西北，至云南省鲁甸县注入金沙江。2. 洞涡水(潇河)支流，在山西省榆次市境。泥之"塗"与水名之"涂"，其本义与道路义之"途"相去甚远，盖皆与"土"相关而音近，辗转而通用。综上所述，"途"本字为"辻"，后变声符为"途"，而经传多假"涂、塗"为之。

　　"途"作名词指道路，陶潜《归去来兮辞》："实迷途其未远，觉今是而昨非。"又指途径，多用于比喻，《盐铁论·本议》："古之立国家者，开本末之途，通有无之用。"又指仕途、职位，《韩非子·人主》："且法术之士，与当途之臣，不相容也。"

miè
灭（滅）

说文小篆　三体石经　华山庙碑　颜真卿

繁体作"滅",形声字。《说文》:"滅,尽也。从水威声。"本义为尽、绝。《尔雅·释诂》:"灭,绝也。"威(miè),《说文》:"灭也。从火、戌。火死于戌,阳气至戌而尽。《诗》曰:赫赫宗周,褒似威之。"本义为灭。"戌"甲骨文作 (合二四八正),阔口长柄大斧,为杀伐武器,含杀灭之意。"戌"为地支十一位,于一日为天黑时的七至九点,是古人熄灯灭火睡觉之时,段注:"火生于寅,盛于午,死于戌。"故"威"从火、戌。"威"是火之灭,"滅"是水之尽,故"滅"从水威声。张舜徽《约注》:"徐锴曰:'威音血。'舜徽按:威音许劣切,声在晓纽;滅从威声,乃读亡列切;此由喉转唇之理也,亦黑与墨之比矣。"简化字取"滅"中下部"灭"为字形。

火尽则熄,故"灭"引申为熄,《尚书·盘庚》:"若火之燎于原,不可向迩,其犹可扑灭?"物被淹则不见,如同灭绝,故也指淹没,《周易·大过》:"上六,过涉灭顶,凶,无咎。"消失则尽而不见,故又指隐没、消失,《淮南子·原道》:"草木注根,鱼鳖凑渊。莫见其为者,灭而无形。"水尽则消除不见,故又指消除,《国语·晋语》:"国之良也,灭其前恶,是故舜之刑也殛鲧,其举也兴禹。"字迹被涂抹则消除不见,故又指涂抹、涂平,韩愈《读〈鹖冠子〉》:"余三读其辞而悲之,文字脱谬,为之正三十有五字,乙者三,灭者二十有二。"曾国藩注:"正者正讹,乙者上下倒置,灭者涂去。"

guó 虢

合30998　合27887　城虢遣生鼎　说文小篆　晋贾充妻郭槐柩铭　祝允明

形声字。《说文》:"虢,虎所攫画明文也。从虎寽声。"本指虎以爪抓地留下清晰痕迹。段注:"攫者叉所抓也。画者叉所划,故有明文也。虢字本义久废,罕有用者。"虎,《说文》:"山兽之君。从虍,虎足象人足。象形。"猛兽名,猫科,头大而圆,前额有似"王"字斑纹,利牙巨口。体呈淡黄色或褐色,有黑色横纹,性凶猛,喜夜行,能游泳,捕食野猪、鹿、獐等动物,有时伤人。国产有东北虎、华南虎。"虎"甲骨文作 甲二一二二、合二一三八六、合一七八四九,像巨口、厉爪、长尾、身有横纹的虎形。寽(lǜ),《说文》:"五指持也。从受一声。读若律。"用五指握着条状物体向一端抹取,同"捋"。段注:"五指捋而落之,故从受。""虢"为虎所攫画的清晰痕迹,虎以爪抓地如人用五指捋物(受),段注:"受部曰:'受,五指捋也。'虎所攫画,故从虎、受会意。"故"虢"从虎受声。"虢"甲骨文从攴、虎,季旭昇谓指与虎格斗。

老虎爪痕体现其凶猛,故"虢"引申为暴、勇猛,元结《至仁》:"不虢不翭,莫知其极。"又为周代封国名,1. 西虢,周文王弟虢仲的封地,在今陕西省宝鸡市陈仓区东,前687年为秦所灭。2. 南虢,周平王东迁,西虢徙于上阳,称南虢,地在今河南陕县东南,春秋时灭于晋。3. 东虢,周文王弟虢叔所封之地,在今河南荥阳市东北,前767年为郑所灭。4. 北虢,虢仲后代的封地,在今山西平陆县。又用作姓氏,虢仲、虢叔之后,后改作郭,《通志·氏族略》:"虢氏,有二,皆王季之子。虢仲之国,在今虢州,谓之西虢……虢叔之国,在凤翔虢县……谓之东虢……子孙以国为氏。"

jiàn 践(踐)

老子乙前78　说文小篆　熹平石经　三体石经　颜真卿

繁体作"踐",形声字。《说文》:"踐,履也。从足戋声。"本义为踩、践踏。段注:"履之箸地曰履。履,足所依也。"《诗经·大雅·行苇》:"敦彼行苇,牛羊勿践履。"毛传:"敦敦然道傍之苇,牧牛羊者毋使蹂履折伤之。""戋"(cán)指伤害,同"残"。"戋"为"殘"之初文,段注:"此与殘音义皆同,故殘用以会意。今则殘行而戋废矣。""戈"甲骨文作（合七七五),长柄横刃兵器,古代士兵征战所用。徐锴《系传》"兵多则残也",故"戋"从二戈。一戈折为二,有残、小义。人以足踩踏,会踏伤(戋)花草、蚂蚁等微物,张舜徽《约注》:"足之所履,于物必有所伤,故《释名·释姿容》云:践,残也,使残坏也。"故"践"从足戋声。

脚步所到即人所到,故"践"引申为到、登临,《庄子·让王》:"无道之世,不践其土。"实践是人行为的落实,故也指履行、实现,《礼记·曲礼》:

"修身践言,谓之善行。"人沿道路行走,故又指依循、顺着,《论语·先进》:"子张问善人之道,子曰:不践迹,亦不入于室。"脚抬起才能践踏,故又指升、承袭,《礼记·中庸》:"践其位,行其礼,奏其乐。"孔颖达疏:"践,升也。谓孝子升其先祖之位。"踩踏的脚印排列有序,故又指陈列整齐貌,《诗经·豳风·伐柯》:"我觏之子,笾豆有践。"践行有任事之意,故又指任、担当,《三国志·魏书·崔琰传》:"故授东曹,往践厥职。"通"剪",灭除,《尚书·蔡仲之命》:"成王东伐淮夷,遂践奄。"又通"浅",浅陋,《诗经·郑风·东门之墠》:"东门之栗,有践家室。"郑玄笺:"栗而在浅家室之内,言易窃取。"

tǔ 土	⚟	⚬	⚫	土	土	土	土	土
	合 33049	合 6057	盂鼎	亳鼎	公子土斧壶	说文小篆	曹全碑	柳公权

　　象形字。《说文》:"土,地之吐生物者也。二象地之下、地之中,物出形也。"本义为土壤、泥土。"土、吐"上古音皆为透纽鱼部,为声训。万物生土上如由地吐出,故《释名》《白虎通》《周礼》郑注等皆以"吐"训"土",为许书所本。桂馥《义证》:"《释名》:'土,吐也。能吐生万物也。'……王肃曰:'五行之主,能吐生百谷者也。'"饶炯《部首订》:"地之生物,从中而出,如人口之吐,由内而外也。"《尚书·禹贡》:"(徐州)厥贡惟土五色。"孔传:"王者封五色土为社,建诸侯则各割其方色土与之,使立社。"甲骨文、金文、小篆皆像地面堆起的土堆或土块形,甲骨文仅勾画出土堆的轮廓,金文中间填实,土堆形亦或写成一竖画,后将中部宽出者变为一横作"土"。封土祭祀为社,故"社"从示从土。"地"指大地广阔的面积,"土"有封地的领属义,故"领土、乡土、本土、故土"都有领属义,不能替换为"地","故土"不等于"故地"。

　　"土"也指土地、国土,《诗经·小雅·北山》:"溥天之下,莫非王土。"也指乡里,《论语·里仁》:"君子怀德,小人怀土。"各地之土皆有不同,故又指本地的、限于某一区域的,《左传·成公九年》:"乐操土风,不忘旧也。"平地、平原多土,故又指平地、平原,《周礼·地官·掌节》:"凡邦国之使节,山国用虎节,土国用人节,泽国用龙节。"又指田,《尔雅·释言》:"土,田也。"郝懿行义疏:"土为田之大名,田为已耕之土。对文则别,散则通也。"又为五行之一,《礼记·月令》:"中央土,其日戊己,其帝黄帝,其神后土,其虫倮,其音宫,律中黄钟之宫,其数五,其味甘,其臭香。"又为古代八音之一,指埙类土制乐器,《周礼·春官·大师》:"皆播之以八音:金、石、土、革、丝、木、匏、竹。"又指测量(土地),《周礼·地官·大司徒》:"凡建邦国,以土圭土其地,而制其域。"又指民间沿用或本地具有的,区别于"洋",如土法、土纸。

huì
会(會)

合 1030 正　　趞亥鼎　　沈儿钟　　说文小篆　　说文古文　　史晨碑　　颜真卿

　　繁体作"會",会意字。《说文》:"會,合也。从亼,从曾省。曾,益也。"本义为合会、合并、聚合。徐灏《注笺》:"合者,并也。"《尚书·禹贡》:"雷、夏既泽,灉、沮会同。"孔颖达疏:"谓二水会合而同入此泽也。""曾"指增益,会合则数量、力量增加,有增益义;"亼"以三画相合表示会合、集合义;故"會"从亼,从曾省。于省吾《释曾》则认为 即曾之初文,下部"田"是甑身,上部"八"是上腾的蒸气形,加上底灶"曰"则成"曾",就是蒸笼放在灶上烧蒸而上冒热气之形。"會"就是在曾上加盖子,是器底(曰)器身(囧)器盖(亼)的三合一。二者为"合",三者为"會",三人以上才开會。"會"甲骨文、金文像器底、身、盖三者相合形,以表会合之意。金文又作 ,加辵,表示在路上会遇之义。

　　能会合者多相符,故"会"也指符合、投合,《资治通鉴·晋纪》:"苟为谄谀之言以会陛下之意。"相遇则会合,故也指相遇、会面,徐灏《注笺》:"会,犹重也,谓相重相合也。因之凡相遇曰会。"李白《早秋赠裴十七仲堪》:"时命若不会,归应炼丹砂。"会盟指诸侯相会结盟,故又指会盟、会见,《孟子·告子》:"葵丘之会诸侯,束牲、载书而不歃血。"又指有一定目的的聚会或集会,如开会。又指为一定目的成立的团体或组织,如学会。大都市为众人所会处,故又指大城市(常指行政中心)、通衢要冲之地,如都会、省会。人与时机相会才能把握机会而成事,故又指时机、机会,银雀山汉墓竹简《孙膑兵法·兵失》:"兵不能昌大功,不知会者也。"理解是会通考虑的结果,故又指领悟、理解,如体会。又指擅长,如会书法。用作介词,表示时间正合,相当于"恰、正值",《韩非子·外储说左上》:"魏文侯与虞人期猎。明日,会天疾风,左右止文侯,不听。"简化字"会"由草书楷化而成。

　　"会"又音 kuài,指计算、总计,段注:"凡曰会计者,谓合计之也。皆非异义也。"《周礼·天官·大宰》:"岁终,则令百官府各正其治,受其会。"又为古代一种贵族帽子(用以结饰采玉)的缝隙,或古代作朝服的蔽膝的领缝,《诗经·卫风·淇奥》:"有匪君子,充耳琇莹,会弁如星。"郑玄笺:"会,谓弁之缝中,饰之以玉,皪皪而处,状似星也。"

méng
盟

| 铁 501 | 甲 2363 | 井侯簋 | 鲁侯爵 | 说文古文 | 说文小篆 | 范式碑 | 王澍 |

　　形声字,《说文》古文作"𥁰":"《周礼》曰:'国有疑则盟。'诸侯再相与会,十二岁一盟。北面诏天之司慎、司命。盟,杀牲歃血,朱盘玉敦,以立牛耳。从囧从血。𥁰,篆文从朙。𥁰,古文从明。"本指古代诸侯在神前杀牲誓约、结盟。《释名·释言语》:"盟,明也,告其事于神明也。"《尚书·吕刑》:"罔中于信,以覆诅盟。"依许书说解,"盟"义有二:一指不定期而盟,《周礼》谓诸侯邦国之间有猜疑就举行盟会。二指定期而盟,诸侯两次朝会之期就相互聚会一次,十二年举行一次盟会,盟会皆要面向北边将盟约昭告天上的司慎、司命等明神之首。"盟"是杀祭神的牛、羊、猪而喝其血,红色盘子、玉制敦器,用以盛放立着的牛耳。"囧"指窗户明亮,"朙"以月光透窗照进室内表明亮之义。血,《说文》:"祭所荐牲血也。从皿,一象血形。"甲骨文作𥁕前四·三三·二,像祭祀所用牺牲的血块(一)在器中(皿)形。盟誓要杀牲歃血,明告于神灵。段玉裁认为"盟"当"从囧皿声",段注:"朱盘玉敦,器也。故从皿。"《说文》"皿"下言"读若猛","猛、皿"上古音同为明纽阳部。朱骏声、徐灏等以为"盟"当"从血囧声"。"盟"篆文从血朙声作

"盟",古文从血明声作"盟",为通行字。商承祚《殷虚文字类编》谓甲骨文"盟":"此象以皿盛血,歃之意也。"季旭昇《说文新证》:"'血'、'盍'、'盟'同形,本来都是象'皿'中有血之形,既可以表示血,也可以表示歃血为盟。后来文字分化,于是把'皿'中象'血'形的部件改成表音的'囧',这就造成'盟'字。"

"盟"由盟誓转指个人向天发誓,皮日休《九讽》:"既贸者之莫余容分,向重苍而自盟。"古代交友要盟誓,故也指结约为朋友,文天祥《生日》:"交朋说畴昔,惆怅鸡豚盟。"又指集团、阶级、国家或个人之间的联合,如同盟、盟国。

"盟"又音 mèng,"盟津"即"孟津",古地名,旧址在今河南孟津县东,《集韵》映韵:"盟,盟津,地名。或作明,通作孟。"

【原文】　何 遵 约 法　　韩 弊 烦 刑
hé zūn yuē fǎ　　hán bì fán xíng

【译文】　萧何遵循约刑原则制订九律,韩非死于自己所主张的严酷刑法。

【释义】

何,萧何。遵,遵循、遵奉。约,简约。法,刑法、法律。韩,韩非。弊,死。烦,苛、繁琐。刑,刑法。烦刑,严酷繁琐的刑法。《千字文释义》:"此言群英之任名法者……言萧何之制汉律,奉高祖之约法而为之也……韩非为刑名之学,李斯谮之,死于秦狱。言以烦刑而自困也。"

萧何(前257—前193),沛郡丰邑(今江苏丰县)人,西汉初政治家、宰相,开国功臣之一。汉朝建立后,萧何负责制定法律,《汉书·刑法志》:"取其宜于时者,作律九章。"可知汉律乃承秦律,秦律又是商鞅据《法经》化法为律后逐渐发展而成。汉朝初兴时,与民休息,应一切从简,所以只是立法三章。其后四夷未附,兵革未息,三章法不足以御奸,于是萧相国采摭秦六法,重新制定律令制度,含"盗律、贼律、囚律、捕律、杂律、具律、户律、兴律、厩律"九篇,称《九章律》。在法律思想上,萧何主黄老尚无为,制法较为宽简。刘邦曾谓:"夫运筹策帷帐之中,决胜于千里之外,吾不如子房。镇国家,抚百姓,给馈饷,不绝粮道,吾不如萧何。连百万之军,战必胜,攻必取,吾不如韩信。此三者,皆人杰也,吾能用之,此吾所以取天下也。"

韩非(约前280—前233),韩国都城新郑(今河南新郑)人,战国末期杰出的思想家、哲学家和散文家。《史记·老子韩非列传》谓韩非"喜刑名法术之学,而其归本于黄、老","引绳墨,切事情,明事非","皆原于道德之意"。韩非被誉为最得老子思想精髓的二人之一(另一人为庄周),是战国时期法家的代表人物,刑名学派的大家。其著作《韩非子》,为法家学派的代表作。其书传到秦国,秦王读后大为赞赏,攻韩以求韩非。于是韩王起用韩非,派其出使秦国。韩非至秦不得重用,后死于秦。韩非学说的核心是以君主专制为基础的法、术、势结合思想,主张法治,提倡极端的功利主义。这些主张,符合执政者的利益需求,为结束诸侯割据,建立统一中央集权的国家,提供了理论依据。自秦以后,历代帝王的治国理念都受到韩非学说的影响。《韩非子》说理精妙,逻辑严密,议论透彻。善用浅显的寓言故事和历史知识为论证资料,说明抽象的道理,形象化地体现他的法治思想和他对社会人生的深刻认识。书中的诸多寓言故事,至今为人传诵。

商鞅、韩非等主张严刑、重罚,其人"极惨礉少恩",其身也因此而死。司马光在《资治通鉴·秦纪》中评论韩非:"臣闻君子亲其亲以及人之亲,爱其国以及人之国,是以功大名美而享有百福也。今非为秦画谋,而首欲覆其宗国,以售其言,罪固不容于死矣,乌足愍哉!"

【解字】

hé
何　　屮　屴　屵　屸　何　何　何
　　合20239　合27424　何戈簋　狟兄日壬觯　陶汇3.668　说文小篆　熹平石经　柳公权

形声字。《说文》:"何,儋也。从人可声。"本义为担、挑,后作"荷"。徐铉等注:"儋何,即负何也。借为谁何之何。"段注:"何俗作荷。"人担物时身承所担之物,故"何"引申为承受、担任,《诗经·商颂·玄鸟》:"百禄是何。"郑玄笺:"谓当担负天之多福。"李孝定《甲骨文字集释》谓"何"甲骨文:"象人负戈形,戈亦声。"裘锡圭《释勿、發》:"象人荷物形。后来象所荷之物的◢形加'口'而成'可','何'字就由表意字转化成从'人''可'声的形声字了。"季旭昇谓"何"所从戈形似万,后类化为可声。"何"像人担物或负戈形,"可"本像所担之物,后借作声符,故"何"从人可声。"何"借为谁何字,本义以"荷"代之,荷茎小花叶大而负载重,故用作负荷字。"何"之担、挑义,今读 hè;疑问词音 hé。

　　"何"也指问,《史记·秦始皇本纪》:"陈利兵而谁何。"裴骃集解引如淳:"何,犹问也。"用作代词,表示疑问。又用作副词,相当于"岂、怎、甚、多么"。李白《古风》之三:"秦王扫六合,虎视何雄哉!"又用作姓氏,《通志·氏族略》:"何氏,姬姓。唐叔虞裔孙韩王安,为秦所灭,子孙分散江、淮,以韩为何氏。"

zūn
遵　　鐏　遵　遵　遵
　　　　说文小篆　华山庙碑　王羲之　颜真卿

　　形声字。《说文》:"遵,循也。从辵尊声。"本义为遵循、顺着。段注:"遵、循叠韵,见《释诂》。"《诗经·豳风·七月》:"女执懿筐,遵彼微行。"孔颖达疏:"女人执持深筐,循彼微细之径道。"尊,《说文》:"酒器也。从酉,廾以奉之。《周礼》六尊:牺尊、象尊、著尊、壶尊、太尊、山尊,以待祭祀宾客之礼。"本为盛酒礼器,历代形制不一,故许慎引《周礼》六尊以明之。尊用于祭祀或宴享宾客之礼,后泛指盛酒器皿。"酉"为"酒"之初文,甲骨文作▯粹六一、▯前一·四一·六,金文作▯臣辰卣,像酒坛形,后借为地支字。从酉之字皆与酒有关,《说文》酉部有 67 字,如"酿、醴、配"等。"酋"指久酿之酒,泛指酒。"酋"金文作▯丰兮尸毁,像绎酒(酉)香溢坛外(八)形。廾(gǒng),《说文》:"竦手也。"指拱手。甲骨文作▯合二三,两手向上拱合形,廾与奉同。"尊"为盛酒礼器,祭祀时需祭酒官两手高举奉祭,为尊者敬酒也需两手敬奉,故"尊"从酉,廾以奉之。"遵"指循所尊之道而践行(辵),故"遵"从辵尊声。

"遵"指遵照、依照,《尚书·洪范》:"无偏无陂,遵王之义。"孔传:"言当循先王之正义以治民。"又指俊才、英才,《仪礼·乡饮酒礼》:"遵者降席。"

yuē
约(約)　　老子甲 146　　说文小篆　　西狭颂　　柳公权

繁体作"約",形声字。《说文》:"約,缠束也。从糸勺声。"本义为缠束、捆缚。段注:"束者,缚也。"《诗经·小雅·斯干》:"约之阁阁,椓之橐橐。"孔颖达疏:"谓以绳缠束之。"勺(zhuó),《说文》:"挹取也。象形,中有实,与包同意。"舀东西的用具,有柄,古用以从樽中舀酒。"勺"作动词为舀取,也作"酌",段注:"勺是器名。挹取者,其用也。""勺"小篆作𠃌,像勺舀物形。段注:"外象其哆口、有柄之形,中一象有所盛也。与包同意,谓包象人裹子,勺象器盛酒浆,其意一也。"张舜徽《约注》:"此字当横看,其形为〜,乃具体象形也。"丝绳用以缠束物品,勺子用于约取汤酒,作用相似,故"約"从糸勺声。

物被捆绑则受约束,故"约"引申为约束、节制,《论语·子罕》:"博我以文,约我以礼。"绳能捆物,故也指绳子,《仪礼·既夕礼》:"约绥约辔。"结盟有一定的约束,故又指结盟、协议,《战国策·秦策》:"约从(纵)散横,以抑强秦。"高诱注:"约合关东六国之从,使相亲也。散关中之横,使秦宾服也。"又指用语言或文字预先规定须遵守的条件,《礼记·学记》:"大信不约。"孔颖达疏:"约,谓期要也。"人被邀请而赴约,如受邀约者的约束,故又指邀请,如邀约,陆游《谢池春》:"玉壶春酒,约群仙同醉。"邀请须要提前,故"约"也指准备、具办,《战国策·秦策》:"请为子车约。"节约是约束花销而不浪费,故又指节约,《论语·里仁》:"以约失之者鲜矣。"何晏注:"奢则骄佚招祸,俭约无忧患。"节俭是美德,文辞以简约为美,故又指好,《国语·吴语》:"婉约其辞。"少则约而不繁,故又指少、不多,《汉书·薛宣朱博传》:"古者民朴事约。"穷困者则用度少如被节制,故又指穷困,《论语·里仁》:"不仁者不可以久处约。"何晏注:"孔曰:久困则为非。"大道至简,故又指精明、简要,《史记·屈原贾生列传》:"其文约,其辞微,其志絜,其行廉。"物减则少,故又指简缩、省略,《汉书·文帝纪》:"汉兴,除秦烦苛,约法令。"简约则精微不易彰显,故又指隐奥、隐微,《荀子·劝学》:"《春秋》约而不速。"杨倞注:"文义隐约,褒贬难明,不能使人速晓其意也。"用作副词,表示估计或推测,相当于"大概、大略",《三国志·魏书·华佗传》:"疾者前入坐,见佗北壁悬此蛇辈约以十数。"又是数学名词,如约分、约数。

fǎ
法(灋)　　孟鼎　克鼎　玺汇 3500　说文小篆　说文今文　衡方碑　颜真卿

繁体作"灋",会意字。《说文》:"灋,刑也。平之如水,从水;廌,所以触不直者;去之,从去。佱,今文省。金,古文。"本义为刑法。徐灏《注笺》:"谓法制也。"《庄子·德充符》:"孔子曰:平者,水停之盛也。其可以为法也。"《尚书·吕刑》:"苗民弗用灵,制以刑,惟作五虐之刑曰法。"廌(zhì),《说文》:"解廌,兽也。似山牛,一角。古者决讼,令触不直。象形,从豸省。""廌"是解廌的省称,也作獬廌,传说中一种能判断疑难案件的神兽。"廌"甲骨文作（合五六五八反、后二·三三·四、明藏六三三）,像头有两角的兽形。法应如水一样平正,刑法用以惩治邪恶,解廌能分辨善恶,解廌触(去)不直如刑法去除邪恶,故"灋"从水从廌从去。"灋"之今文省"廌"作"法",为通行字。法集合(亼)正义,无偏无私,萧道管《重文管见》:"亼,合也。合于正之谓法。"故古文"金"从亼、正。

灋与灂义近,"灂"从水,也取平直之意,《说文》:"灂,议辠也。从水、獻。与法同意。"本指议罪,后作"讞"。段注:"其议如水之平而獻于上也。"《字汇》水部:"灂,与讞同。按:此字有从言者、从水者。从言,以言议罪也;从水,议罪如水之平也;义各有取。"

"法"也指法令、法律,《周易·蒙》:"利用刑人,以正法也。"王弼注:"以正法制,故刑人也。"也指规章制度,《字汇》水部:"法,度也。"法律是治世之典则,故又指准则,《左传·成公十二年》:"今吾子之言,乱之道也,不可以为法。"人应遵守法律,故又指守法,《荀子·不苟》:"知则明通而类,愚则端悫而法。"常理是自然界的法则,故又指规律、常理,《尔雅·释诂》:"法,常也。"典则、常理是为人处事遵循的门径,故又指方法、办法,《孙子兵法·军争》:"故用兵之法:高陵勿向,背丘勿逆,佯北勿从,锐卒勿攻,饵兵勿食,归师勿遏,围师必阙,穷寇勿迫。"守法如同效法法律,故又指效法、仿效,《墨子·辞过》:"为宫室若此,故左右皆法象之。"又指合法度、合法的,《左传·庄公二十三年》:"君举必书,书而不法,后嗣何观?"又指法家,为我国战国时期一重要学派名,《汉书·艺文志》:"杂家者流,盖出于议官。兼儒、墨,合名、法。"又为佛学名词,梵语 Dharma(达磨、达摩、昙无)的意译,泛指一切事物,包括本体的、现象的、物质的、精神的,通常指佛教的教义、规范,李白《春日归山寄孟浩然》:"鸟聚疑闻法,龙参若护禅。"

hán
韩(韓韓)

𩵋羌钟	侯马盟书	古玺	说文小篆	礼器碑	柳公权

　　繁体作"韓、韓",形声字。《说文》:"韓,井垣也。从韋,取其帀也;倝声。"本为水井周围的栏圈,用以防止人畜陷入井中。王筠《句读》:"盖乡间土井,以木四交而当井口,谓之韩。井部说曰'象构韩形'是也。"钮树玉《校录》:"韓,俗作韓。"倝(gàn),《说文》:"日始出,光倝倝也。从旦㫃声。"本义为日初出时光芒闪耀貌。"㫃"甲骨文作 𣂪 前五·五·七,像旌旗飞扬形。日初出(旦)则光芒四射,如旌旗之游舒展飘飞(㫃),故"倝"从旦㫃声。"韋"是"圍"的本字,甲骨文作 𩵋 乙八三二〇,脚板(止)围绕区域(囗)转圈。井栏围井一周,如"韋"之围绕、缠束;井垣突出明显,如日初出时光芒闪耀(倝);故"韓"从韋倝声。"韓"省作"韓",草书楷化作"韩"。

　　"韩"也为古国名,1.周分封的诸侯国,在今山西河津市东北,春秋间为晋所灭,《诗经·大雅·韩奕》序:"《韩奕》,尹吉甫美宣王也。"毛传:"韩,姬姓之国也,后为晋所灭,故大夫韩氏以为邑名焉。"2.战国七雄之一,疆域约当今山西省东南角和河南省中部,介于魏、秦、楚三国间,是军事必争之地,前 230 年为秦所灭,《正字通》韦部:"韩,后分晋为国。"又是 1897—1910 年朝鲜的国名,1897 年朝鲜王李熙改国号为韩,建元光武,1910 年为日本所并,今南朝鲜称韩国。又用作姓氏,《通志·氏族略》:"韩氏,姬姓之别族。"

弊(獘)　bì

前 6.11.5　说文小篆　说文或体　颜真卿

《说文》无"弊"字,本字为"獘",形声字。《说文》:"獘,顿仆也。从犬敝声。《春秋传》曰:'与犬,犬獘。' ,獘或从死。"本义为倒仆,后作"弊"。段注:"人部曰:'仆者,顿也。'谓前覆也。人前仆若顿首然,故曰'顿仆'。"《春秋传》文,段注:"僖四年《左传》文,引此证从犬之意也。獘本因犬仆制字,假借为凡仆之称,俗又引伸为利弊字,遂改其字作弊。训困也、恶也。"张舜徽《约注》:"獘之言踣也,谓僵伏在地也。《尔雅·释言》:'獘,踣也。'以双声为训耳。此篆从犬而训顿仆,盖谓犬从禽逐猎,奔驰太疾,以致僵伏在地也。观此篆与狝、猎、獠、狩、臭、获诸篆比叙,亦可知其事类相近矣。俗书改从犬为从大,又或从廾,皆讹体。"犬,《说文》:"狗之有悬蹄者也。象形。"本指长成的猎犬,后犬、狗通名。"犬"为人类最早驯化的家畜之一。徐灏《注笺》:"犬为凡犬、猎犬之通名,小者谓之狗……浑言则狗亦为通名矣。'悬蹄'盖指猎犬言,南海曾氏钊曰:相犬之法,必先验其蹄,凡犬蹄四趾,惟猎犬足上有一趾不履地。""犬"甲骨文作 合一〇四五、 合二一〇七七,金文作 犬鼎、 戍嗣鼎,像犬张口、卷尾形。敝,《说文》:"帗也。一曰败衣。从攴从㡀,㡀亦声。"指破衣。㡀(bì),《说文》:"败衣也。从巾,象衣败之形。"本义为破旧的衣服,同"敝"。"攴"能击物使其破敝,"敝"甲骨文作 合二八八六九,像以攴击巾(衣)使破败(上下四点)形,故"敝"从攴从㡀,㡀亦声。"獘"指猎犬向前跌倒(敝),猎犬或因仆倒猎物而顿仆,或因劳累而顿仆,或因死亡而顿仆,顿仆有敝败意,故"獘"从犬敝声。"獘"后改犬为廾作"弊",谓以手致使破败,构形意图相同。或体从死作"斃",表示倒毙、死亡,段注:"经书顿仆皆作此字,如《左传》'斃于车中''与一人俱斃'是也。今《左传》'犬斃'亦作'犬斃'。"综上所言，"斃"有顿仆、死亡二义，人、动物死亡则顿然倒仆，顿仆表死亡的情状，死亡是顿仆的因由。后字义分化，"斃"主表倒仆义，也作"弊"，"斃"主表死亡义。"斃"简化作"毙"，从死比声。

"弊"也指破旧，《老子》二十二章："洼则盈，弊则新。"作动词指使……破败，《战国策·西周策》："是公以弊高都得完周也。"人困乏则易仆倒，故又指疲困，诸葛亮《出师表》："益州罢弊。"又指弊病、害处，《宋史·樊知古传》："不细筹之，则民果受弊矣。"物破则坏，故又指坏、劣，《周礼·夏官·司弓矢》："句者谓之弊弓。"郑玄注："弊，犹恶也。句者恶，则直者善矣。"水枯竭是破败之象，故又指竭、尽，《管子·侈靡》："泽不弊而养足。"以敝败义用作对自己的谦称，《吴越春秋·夫差内传》："弊邑虽小，请悉四方之内士卒三千人以从。"倒仆则止而不行，故又指停止，《周礼·夏官·大司马》："火弊，献禽以祭社。"郑玄注："火弊，火止也。春田主用火，因焚莱除陈草，皆杀而火止。"

fán
烦（煩）　　煩　煩　煩　煩
睡 52.13　　说文小篆　　张迁碑　　颜真卿

繁体作"煩"，会意字。《说文》："煩，热头痛也。从頁从火。一曰焚省声。"本义为热头痛。段注："陆机诗云：身热头且痛。"王筠《句读》："盖据字形立义也。""煩"指人头（頁）如火烧般发热疼痛（火），故"煩"从頁从火。头痛如火焚烧，另一说谓"煩"从焚省声，为形声字。张舜徽《约注》："烦之言燔也，谓身热如燔烧也。今俗称身热为发烧，亦即此意。身热则头亦热，医家验病，按其头，辄知身热与否，故烦字从頁，但举頁而全身可概也。身热者多头痛，故许君以热头痛解之。"

身热头疼则心意烦闷，故又指烦躁、烦闷，桂馥《义证》："本书：'懑，烦也。'《玉篇》：'烦，愤闷烦乱也。'"《素问·生气通天论》："烦则喘喝，静则多言。"王冰注："烦，谓烦躁。"人疲劳易头晕脑胀，故又指劳苦、疲劳，《左传·僖公三十年》:"若亡郑而有益于君,敢以烦执事。"做事繁多易疲劳,故又指繁多、烦琐,《左传·昭公三年》:"唯惧获戾,岂敢惮烦?"心烦则意乱,故又指混乱、纠结,《周礼·考工记·弓人》:"夏治筋,则不烦。"频繁扰人易使人烦,故又指频繁搅动,《史记·乐书》:"水烦则鱼鳖不大。"

xíng
刑(荆)　　　刑　刑　刑　刑
散盘　　说文小篆　魏王基残碑　颜真卿

《说文》作"刑",形声字。《说文》:"刑,刭也。从刀开声。"本义为杀、割。王筠《句读》:"此刑杀之刑也。荆法之荆在井部,今误通之。刑、刭声相近,故通用。"《吕氏春秋·顺说》:"甲之事,兵之事也,刈人之颈,刳人之腹,隳人之城郭,刑人之父子也。"高诱注:"刑,杀也。"开(jiān),《说文》:"平也。象二干对构,上平也。"本义为顶上平齐。"平顶山"即古"开头山"。刀用以杀、割,头被割则颈与肩平,物被横斩也呈齐平状,段注"刑者,刭颈也,横绝之也",故"刑"从刀开声。"刑"为刑杀之刑本字;刑法之刑,从井作"荆",《说文》:"荆,罚辠也。从井从刀。《易》曰:'井,法也。'井亦声。"本义为处罚治罪,即国家依据法律对罪犯施行制裁。徐灏《注笺》:"此荆为政荆本字,刀部刑,乃刑人之称。""井"形整齐有条理,井水平正,法平之如水,故"井"引申有法度、法制义,王筠《句读》"荆从井者,谓其法井然不乱也",刀所以刑人,为刑罚之最重者,故"荆"从井从刀。今通用"刑"字,含刑罚、刑杀二义,而"荆"废而不用。

刑法惩治罪犯,故"刑"指惩治,《论语·公冶长》:"邦无道,免于刑戮。"又指刑罚,《论语·为政》:"道之以政,齐之以刑,民免而无耻。"受刑会伤害身体,故又指伤害,《国语·越语》:"天地未形,而先为之征,其事是以不成,杂受其刑。"通"型",1.铸造器物的模子,《尔雅·释诂》:"刑,法也。"郝懿行义疏:"刑者,型之假音也。《说文》:'型,铸器之法也。'经典俱借作刑。"2.法度,《诗经·大雅·抑》:"罔敷求先王,克共明刑。"郑玄笺:"无广索先王之道与能执法度之人乎?"3.正,《诗经·大雅·思齐》:"刑于寡妻,至于兄弟，以御于家邦。" 4. 取法，《礼记·礼运》："刑仁讲让，示民有常。" 5. 成，《礼记·学记》："教之不刑，其此之由乎？"

【原文】　起 翦 颇 牧　用 军 最 精
　　　　　　qǐ jiǎn pō mù　yòng jūn zuì jīng

【译文】　白起、王翦、廉颇、李牧，用兵最善（而为天下名将）。

【释义】

此句言群英中的武将，以武功建立卓越功勋。起，秦将白起。翦，秦将王翦。颇，赵将廉颇。牧，赵将李牧。精，善。四人极善用兵，是战国时期四大名将，也是中国历史上著名的武将。

白起（？—前257），芈姓，白氏，名起，楚白公胜之后，战国时期秦国郿县（今陕西省眉县）人。白起是战国第一名将，十六岁从军，征战37年，平生大小70余战，秦昭王时征战六国，几无败绩，致使六国畏为鬼神，为秦统一六国作出巨大贡献，受封武安君。《史记·白起王翦列传》称其"料敌合变，出奇无穷，声震天下"，被尊为"战神"。

王翦，战国时期秦国名将，关中频阳东乡（今陕西富平）人，是秦国继白起之后的杰出军事家。他智而不暴、勇而多谋。他与其子王贲，在辅助秦始皇统一六国的战争中立下大功，六国除韩国之外，其余五国均为王翦父子所灭，成为秦统一天下的最大功臣。

廉颇，嬴姓，廉氏，名颇，山西太原（一说山西运城，一说山东德州）人，战国末期赵国名将。德行亦可称。廉颇曾率兵讨伐齐国，取得大胜。又夺回晋阳，赵王封其为上卿。廉颇因勇猛果敢而闻名于诸侯。长平之战前期，他以固守的方式成功抵御秦国军队。长平之战后，又击退燕国入侵，令对方割五城求和。公元前251年，他战胜燕军，被任为相国，封信平君。赵悼襄王时，因不得志而先后投奔魏国和楚国，后老死于楚，葬于寿春。

李牧（？—前229），嬴姓，李氏，名牧，柏仁（今河北隆尧）人，战国时期赵国著名军事家，长期驻守赵国北部代地的雁门郡，抗击匈奴。李牧廉洁奉公，厚待士兵，采取"谨慎防守"的策略应对匈奴入侵。后期，李牧以抵御秦国为主,因在宜安之战中重创秦军,被封为武安君。公元前 229 年,赵王中秦国离间计,夺了李牧兵权,不久后将李牧杀害。

【解字】

| qǐ 起 | 古陶文 | 老子乙前 56 | 说文小篆 | 说文古文 | 曹全碑 | 颜真卿 |

形声字。《说文》:"起,能立也。从走巳声。"指由躺、坐、跪而站立。张舜徽《约注》:"《释名·释言语》云:'起,启也。启,一举体也。'古谓跪为启,《诗》:'不遑启处。'毛传云:'启,跪也。'是其义已。《释名》云'一举体'者,体谓支体,即一足也。一举足则由跪而立矣。故许君训起为能立也。"《左传·宣公十四年》:"楚子闻之,投袂而起。""走"本指快步前行,甲骨文作ꞁ甲二八一〇,像人摆臂急趋形。"巳"甲骨文作ꞁ合二一一一〇、ꞁ合一三五二五,像胎儿盘居母腹形,也像蛇虫屈曲形。人赖足起立、奔跑,举足起立的速度快若奔跑,《玉篇》"巳,起也",《白虎通·五行》"太阳见于巳。巳者,物必起",屈曲身体起立摆臂快走,故"起"从走巳声。

"起"也指起床,《礼记·内则》:"孺子蚤寝晏起。"立则身竖直,故又指树立、耸立,惠远《庐山记略》:"东南有香炉山,孤峰秀起。"起则身向上,鸟飞则体高升,故又指飞,谢朓《和伏武昌登孙权故城》:"鹊起登吴山,凤翔陵楚甸。"起则身上升,故又指上升,《荀子·儒效》:"如是,则贵名起如日月。"又指引动、兴起,《诗经·小雅·沔水》:"念彼不迹,载起载行。"郑玄笺:"彼,诸侯也。诸侯不循法度,妄兴师出兵。"起立后能迈步出发,故又指出发、动身,段注:"起本发步之称。"《墨子·公输》:"子墨子闻之,起于齐,行十日十夜,而至于郢。"又指举用、征聘,《战国策·秦策》:"起樗里子于国。"又指应聘、出仕,《世说新语·方正》:"诸葛靓后入晋,除大司马,召不起。"站立是行走、做工等兴作之始,故又指开始,《史记·李斯列传》:"明法度,定律令,皆以始皇起。"又指启发、开导,《论语·八佾》:"起予者商也! 始可与言《诗》已矣。"又指建立、设置,《礼记·礼运》:"礼虽先王未之有,可以义起也。"郑玄注："以其合于义,可以义起作。"又指凸起,《后汉书·张衡列传》："合盖隆起,形似酒尊。"又用在动词后,表示动作的趋向、开始或完成,吴融《野庙》："日暮鸟归人散尽,野风吹起纸钱灰。"又用在动词后(常跟"不、得"连用),表示能(不能)经受住或够(不够)标准,《警世通言·吕大郎还金完骨肉》："讨赊账不起,不得脱身。"

jiǎn　翦(剪前歬)

翦　翦　歬　歬　翦
古陶　仓颉篇26　说文小篆　曹全碑　褚遂良

　　形声字。《说文》："翦,羽生也。一曰歬羽。从羽前声。"本义为初生的羽毛。初生之羽整齐,如被剪刀剪过,故名"翦"。徐灏《注笺》："翦本鸟羽之名,因隶用前为前后字,故以翦为翦断字。鸟羽曰翦,谓其齐如截者也。""翦"也指箭羽,王筠《系传校录》："歬乃矢之俗字。"徐灏《注笺》："羽之用,唯施于箭者必截之使齐,故矢羽亦谓之翦。""羽"指鸟翅上长而扁的羽毛,甲骨文作 (铁六〇·四)、 (掇一·四三一),像鸟长羽排列形。歬,《说文》："不行而进谓之歬。从止在舟上。"本义为前进。徐灏《注笺》："凡人所止之处,进乎此为前,退乎此为后,不待行而进,乃谓之前也。若进至其处,则所谓前者更在前矣,故曰'不行而进谓之歬'。"人脚(止)站在舟中,方能不行而进,故"歬"从止在舟上。"歬"小篆作歬,以人足(止)在舟上会前进意。"歬"为前后之前本字,"前"从歬从刀,为翦断之翦本字。"前"取代"歬"为前后之"前",则"歬"废而不用。自隶书用"翦"为翦断字,则本义废而不用,"翦"后又去羽从刀作"剪",今"剪"字通行。剪齐用"翦、剪"。段注:"前,古之翦字,今之歬字。"初生之羽如被剪(前)过般整齐,故"翦"从羽前声。

　　剪能将物整齐剪断,故"翦"也指剪整齐,《尔雅·释言》："翦,齐也。"剪用于割断物品,动植物被割截则死,故又指割截、杀戮,《礼记·文王世子》："公族无宫刑,不翦其类也。"人被杀则亡,故又指歼灭,《诗经·鲁颂·闷宫》："居岐之阳,实始翦商。"物被剪断多是完全断开,又指尽、全,《左传·襄公八年》："敝邑之众,夫妇男女,不皇启处,以相救也,翦焉倾覆,无所控告。"物被剪则减损,故又指削减,《左传·宣公十二年》:"其翦以赐诸侯,使臣妾之。"

pō 颇（頗）

說文小篆　大通上孙家寨汉简　智永　颜真卿

繁体作"頗",形声字。《说文》:"頗,头偏也。从頁皮声。"以头偏斜表示偏,指不正、不平、不全。王筠《句读》:"颇见于经者皆偏也,未有涉及头者。"段注:"俗语曰颇多、颇久、颇有,犹言偏多、偏久、偏有也。古借陂为颇。如《洪范》古本作'无偏无陂',颜师古《匡谬正俗》、李善《文选注》所引皆作陂,可证。""皮"指剥皮,也指兽皮,甲骨文作 花东五五〇,金文作 九年卫鼎,像以手剥皮形, 像兽头、身之形, 指剥起之皮,或指皮所在。皮在表,表居侧,侧则偏斜不正,故从皮声字多有不正意,如"跛、彼、陂、坡、波"等,张舜徽《约注》"头不正谓之颇,犹马头摇谓之駊耳"。"頗"指头（頁）偏斜不正（皮）,故"頗"从頁皮声。

"颇"也用作副词,表示程度、范围、语气。

mù 牧

合148　合409　小臣謎簋　柳鼎　曾候乙墓　說文小篆　西狭颂　王羲之

会意字。《说文》:"牧,养牛人也。从攴从牛。《诗》曰:牧人乃梦。"本指放养牲畜。桂馥《义证》:"牧者,畜养之总名,非止牛马也。"王筠《句读》:"言牛者,字从牛也。"《诗经·小雅·无羊》:"尔牧来思,何蓑何笠,或负其糇。"张舜徽《约注》:"牧字以养牲为本义,引申为凡养之称。故治民谓之牧民,自养谓之自牧。"牛是放牧牲畜的代表,"攴"以手（又）持鞭,故"牧"从攴从牛。"牧"甲骨文像执鞭牧牛形,罗振玉《增订殷虚书契考释》:"或从牛,或从羊。牧人以养牲为职,不限以牛羊也。诸文或从手执鞭,或更增止以象行牧,或从帚与水以象涤牛。"

"牧"作动词指放养牲畜,《孟子·公孙丑》:"今有受人之牛羊而为之牧之者。"又指放牧之地、牧场,《诗经·小雅·出车》:"我出我车,于彼牧矣。"毛传:"出车就马于牧地。"牧场多在偏远的野外,故古指城邑的远郊为"牧",《诗经·邶风·静女》:"自牧归荑,洵美且异。"牧人管理牲畜,故又指统治、主管,《国语·鲁语》:"且夫君也者,将牧民而正其邪者也。"长官掌一地之政,故又指官名,《周礼·天官·太宰》:"乃施典于邦国,而建其牧,立其监。"郑玄注:"以侯伯有功德者加命作州长谓之牧。"又指养、修养,《周易·谦》:"谦谦君子,卑以自牧也。"

yòng
用　

合 19762　合 19887　大盂鼎　子禾子釜　说文小篆　说文古文　张迁碑　颜真卿

　　会意字。《说文》:"用,可施行也。从卜从中。卫宏说。"指施行。《周易·乾》初九:"潜龙勿用。"王弼注:"勿可施用。"殷商尚神崇鬼,凡事必先占卜,认为卦象吉凶即祖先神灵是否同意的显示。占卜结果合度适中,殷人就认为祖先神灵同意,而可施行,徐铉等注"卜中,乃可用也",故"用"从卜从中。"用"甲骨文像龟版灼卜刻画,龟版已刻画,表示已用。杨树达《积微居小学述林》:"'用'盖'桶'之初文……桶可以受一切之物,故引申为器用之用,又由质而玄,引申为施用、行用之用。"于省吾《甲骨文字释林》:"用字初文作,象甬(今作桶)形,左象甬体,右象其把手。"戴侗《六书故·工事》谓"用"像钟形,为"镛"之初文。

　　"用"也指奉行,《尚书·甘誓》:"用命,赏于祖;弗用命,戮于社。"又指使用,《孙子·军争》:"故善用兵者,避其锐气,击其惰归,此治气者也。"又指运用,《论语·学而》:"礼之用,和为贵。"又指任用,《左传·僖公三十年》:"吾不能早用子,今急而求子,是寡人之过也。"人臣受重用则能治理事务,故又指主宰、治理,《楚辞·离骚》:"夫维圣哲以茂行兮,苟得用此下土。"又指采用,苏轼《论项羽范增》:"汉用陈平计,间疏楚君臣。"又指功用,《周易·蹇》:"蹇之时用大矣哉!"又指费用,《礼记·大学》:"有土此有财,有财此有用。"郑玄注:"用谓国用也。"做事要用钱,故又指资财,《周礼·天官·宰夫》:"乘其财用之出入。"又用作介词,表示行为、动作赖以进行的借,原因。又用作连词,表示结果、目的、原因。

军(軍) jūn

車（庚壶）　車（中山侯钺）　軍（燕郾右军矛）　軍（说文小篆）　軍（曹真残碑）　軍（颜真卿）

　　繁体作"軍",会意字,《说文》:"軍,圜围也。四千人为軍。从车,从包省。軍,兵车也。"本义为包围。古代战争以车战为主,出外征战晚上休息时,以车围绕成圆形,人居其中,故训"圜围"。段注:"于字形得圜义,于字音得围义。凡浑、辒、辉等軍声之字皆兼取其义。""四千人为軍"与周制、汉法不合,王筠以为此乃"传写脱误"。段注:"王氏鸣盛说此句必讹。按唐释玄应引《字林》'四千人为军',是吕忱之误也。许书当作'万有二千五百人为军'。见《周礼·大司马》职。""包省当作勹。勹,裹也。勹车,会意也。""軍,兵车也"段注本作"車,兵车也",谓:"此释从车之意。惟车是兵车,故勹车为軍也。"勹(bāo),《说文》:"裹也。象人曲形,有所包裹。"本义为包裹,后作"包"。小篆作𠃊,像人屈身弯臂有所包裹形。军队驻扎休息时以兵车包围(勹)成营盘,故"軍"从车从勹。朱芳圃《殷周文字释丛》:"字从车从勹,会意。古者车战,止则以车自围。"或谓軍从车句声。

　　"军"是古代军队最大的编制单位,春秋时各大国多设上、中、下三军,历代沿用其名,人数多少不一,《周礼·夏官·序官》:"凡制军,万有二千五百人为军。王六军,大国三军,次国二军,小国一军。"又指军队,杜甫《前出塞》之七:"驱马天雨雪,军行入高山。"军队用于征战,故又指指挥战斗,《左传·桓公五年》:"王卒大败。祝聃射王中肩,王亦能军。"杨伯峻注:"王虽受肩伤,尚能指挥全军。"军队征战必有营垒,故又指营垒,《左传·成公十六年》:"宋、齐、卫皆失军。"军队出征,在所在地驻扎休息,故又指驻扎,《史记·项羽本纪》:"沛公军霸上,未得与项羽相见。"军队中士兵最多,故又指兵士,《史记·淮阴侯列传》:"军皆殊死战,不可败。"

最 zuì

冣（睡·日甲5）　冣（说文小篆）　㝡（智永）　㝡（颜真卿）

会意字。《说文》:"最,犯而取也。从冃从取。"本义为冒犯而取之。王筠《句读》:"犹冡而前也。冡、犯皆指冃而言,乃冒突、冒犯之谓也。《系传》曰:军功上曰最,下曰殿。"张舜徽《约注》:"许云'犯而取',犹云冒而取,谓不审安危厉害而进取之也。军功称最,特其一耳。"明刘三吾《许国襄简王公神道碑铭》:"公暨诸将一禀睿算,与贼遌,最,遂下之。"冃(mào),《说文》:"小儿、蛮夷头衣也。从冂;二,其饰也。"本义为便帽,后作"帽"。"冂"指覆盖,帽覆于头,故"冃"从冂,二像帽上的装饰物。高鸿缙《中国字例》:"冂、冃、冒、冒、帽,五形一字。""冃、冒"都有冒上、冒犯义,"最"指冒犯(冃)而取之,故"最"从冃从取。

古代考核军功或政绩时以上等为"最",《史记·绛侯周勃世家》:"攻槐里、好畤,最。"又指居于首要地位的人或事物,汤显祖《牡丹亭》:"河东旧族,柳氏名门最。"又指聚合,本字为"冣",《庄子·德充符》:"物何为最之哉?"又用作副词,表示推测、估计,程度,时间。

jīng
精　　**精　精　精　精**

睡·为8　　说文小篆　　史晨碑　　颜真卿

形声字。《说文》:"精,择也。从米青声。"本为优质纯净米。朱骏声《通训定声》:"簸米使纯洁也。"钱坫《斠诠》:"司马彪《庄子注》云:'简米曰精。'此简择之精字。"张舜徽《约注》:"刘谷于田,则不免有稗秕;晒谷于场,则不免入沙土,故谷去皮之后,必待简择而后能粹美也。精以择米为本义,引申为凡粹美之称。"《论语·乡党》:"食不厌精,脍不厌细。"刘宝楠正义:"精者,善米也。"米,《说文》:"粟实也。象禾实之形。"本义为去皮后的粮食作物的子实,后多指稻米。甲骨文作⫶(合三二〇二四)、⫶(合三三二三〇),罗振玉《增订殷虚书契考释》:"象米粒琐碎纵横之状。"李孝定《甲骨文字集释》:"疑中一画乃像筛形。盖米之为物作⫶固是以象之,而与沙、水诸字之从小点作者易混,故取象于籭以明之。亦犹雨字作⻌,上画象天之意也。"战国文字作⫶(燕·玺汇〇二八七)、⫶(楚·信二·二九),上下两画连作长竖,小篆承之作米，王筠《句读》："禾实仍是粟实，必重复言之者，盖谓米是圆物，四点象之足矣；而有十以象其颖与機者，以米难象，故原其在禾时以象之也。"青是亮色，故从青声字多有明亮义，如"晴、睛、清、静"等。经拣择的米洁白光亮（青），故"精"从米青声。

精米纯净，故"精"引申指纯净、纯洁，《国语·周语》："被除其心，精也。"精米最好，故又指完美、最好，《史记·龟策列传》："妇女不强，布帛不精。"精米是米中精华，故又指精华，如香精，《周易·乾》："刚健中正，纯粹精也。"精则不杂，专则不二，故又指虔诚、专一，《管子·心术》："形不正者德不来，中不精者心不治。"又指细致、严密，《吕氏春秋·博志》："用志如此其精也，何事而不达？何为而不成？"又指娴熟、精通，韩愈《进学解》："业精于勤荒于嬉。"精华超于常，鬼怪异于凡，故又指神灵、鬼怪，《搜神记》："宽窥二翁形状非人……问：'汝等何精？'翁走，宽呵格之，化为二蛇。"精米晶莹光亮，故又指明亮，《汉书·眭两夏侯京翼李传》："日月光精，时雨气应。"又指精明，《史记·游侠列传》："（郭解）为人短小精悍，不饮酒。"又指真气，宇宙间的一种灵气，《庄子·在宥》："吾欲取天地之精，以佐五谷，以养民人。"又指精力，指人的生命力，《庄子·刻意》："形劳而不休则弊，精用而不已则劳。"又指精神、魂魄，陆机《文赋》："精骛八极，心游万仞。"又指精液，古人称人类赖以生殖的物质，后专指雄性的精液，如受精，《周易·系辞》："男女构精，万物化生。"又用作副词，表示程度、范围。

【原文】　xuān wēi shā mò　chí yù dān qīng
　　　　　宣 威 沙 漠　驰 誉 丹 青

【译文】　四大名将声威远传到沙漠边地，美誉和画像一起流芳后代。

【释义】

　　宣，传布。威，威名、威势。沙漠，北方沙漠之地。驰，远播。誉，声誉。丹青，画像、图画。谓白起、王翦、廉颇、李牧等威名远播于沙漠边地，连塞北凶悍的匈奴也敬畏而不敢侵犯。由于战功赫赫，他们的肖像被画师用丹青妙笔画下来，永垂青史，被后人敬仰。

《千字文释义》："以上四节,皆言群英之盛,如殷之有伊、傅,周之有旦、望,汉之有四皓。而又广而言之,如五霸七雄之有谋臣策士,任名法者如萧何、韩非,建武功者如起、翦、颇、牧,亦不可胜数也。"

【解字】

xuān
宣　　合28003　合28137　虢季子白盘　说文小篆　礼器碑　颜真卿

形声字。《说文》："宣,天子宣室也。从宀亘声。"本为天子宣室,即天子宽大的正室。段注："盖谓大室,如璧大谓之瑄也……天子宣室,盖礼家相传古语。"张舜徽《约注》："古者民居甚狭而小,惟天子之宫为宽而大,故其室谓之宣室;亦犹古者民居甚卑而暗,惟天子之堂为高而朗,故其堂谓之明堂耳。"《淮南子·本经》："武王甲卒三千,破纣牧野,杀之于宣室。"高诱注："宣室,殷宫名。"亘,《说文》："求亘也。从二从囘。囘,古文回,象亘回形。上下,所求物也。"本义为回旋。甲骨文作 [字形]合三一一八〇、[字形]合二二〇九九、[字形]合六九四四、[字形]合补一〇〇二,像水回旋之形,或在上加横作饰笔,本义为回旋。"回"甲骨文作[字形]甲九〇三、[字形]甲三三三九,与"亘"同字,"回、亘"本一字分化。"趄"金文作[字形]史趄簋,"亘"在[字形]下加横,为小篆所承,王筠《句读》:"谓有求而亘回也。人求一物而忘其所在,则必上下盘旋以搜索之。"张舜徽《约注》:"凡从亘声之字,多有宽大义。宣从亘声,声中固兼义也。大室为宣,犹奢查为查,宽娴心腹为愃耳。""亘"作动词有环绕义,徐灏《注笺》:"凡从亘之字皆有圜义,如桓为表柱,璧谓之瑄,皆是。宣室盖亦圜形。《考工记》'半矩谓之宣',亦谓斧形圜曲处也。""宣"为天子圆形大(亘)室(宀),故"宣"从宀亘声。从宣声字多有大义:声大为"喧",心宽为"愃",大目为"瞒",松(膨大)土为"壖",六寸大璧为"瑄"。

权大财多则易骄慢,故"宣"引申为骄、骄奢,《诗经·小雅·鸿雁》:"维彼愚人,谓我宣骄。"郑玄笺:"谓我役作众民为骄奢。"由圆形引申为周遍、普遍,《诗经·大雅·桑柔》:"秉心宣犹,考慎其相。"郑玄笺:"乃执正心,举事遍谋于众。"宣扬能使人普遍知晓，故又指传播、宣扬，《尚书·皋陶谟》："日宣三德。"又指发散、疏散，《左传·昭公元年》："于是乎节宣其气。"事经宣扬则人知晓，故又指明白，《左传·僖公二十七年》："民未知信，未宣其用。"事经表达则人明白，故作动词指表达、表白，《国语·周语》："夫民虑之于心，而宣之于口。"明白则显露，故又指显示、显露，《左传·宣公九年》："公卿宣淫，民无效焉。"

wēi 威　　　癫钟　　癫殷　　弔向父禹殷　　上·缩25　　说文小篆　　曹全碑　　柳公权

　　会意字。《说文》："威，姑也。从女从戌。《汉律》曰：妇告威姑。"指丈夫的母亲。《说文》："姑，夫母也。""姑"又称"威姑、君姑"。"姑"为家中女主人（君），故名"君姑"，《尔雅·释亲》："姑舅在则曰君舅、君姑，没则曰先舅、先姑。"威之言畏，《左传·襄公三十一年》"有威而可畏谓之威"，《释名·释言语》"威，畏也，可畏惧也"。张舜徽《约注》："夫家之最可畏惮者莫如姑，故许君以姑训威。旧俗女子适人，惟姑言是听。姑之性，多失之严酷，小者责骂，大至捶挞，故为子妇者，莫不畏之也。威之本义为严姑，因引申为威仪，为凡有威可畏之称耳。"徐灏《注笺》："威之本义谓威仪。"戌，《说文》："灭也。九月，阳气微，万物毕成，阳下入地也。五行，土生于戌，盛于戌。从戊含一。"为地支的第十一位。农历九月阳气灭而阴气盛，故训"灭"。"戌"甲骨文作 撷续一七四、京津四一五八，像长柄宽刃兵器，与戊、戚同类。盖女子性柔而易生畏心，兵器（戌）威猛可畏，故"威"从女从戌。《系传》《韵会》引作"戌声"。林义光《文源》："象戈戮人，女见之，女畏慑之象。"

　　"威"也指法则，《诗经·周颂·有客》："既有淫威，降福孔夷。"郑玄笺："既有大则，谓用殷正朔行其礼乐，如天子也。"又指威严、尊严，《论语·学而》："君子不重则不威，学则不固。"何晏集解引孔安国："言人不能敦重，既无威严，又不能坚固识其义理。"又指威力、权势，《史记·高祖本纪》："威加海内兮归故乡。"刑罚残暴可畏,又指刑罚,《尚书·洪范》:"惟辟作威。"
孙星衍疏引郑玄:"作威,专刑罚也。"又指震慑、欺凌,《周易·系辞》:"以威
天下。"发怒使人畏惧,故又指怒,《诗经·小雅·巧言》:"昊天已威,予慎无
罪。"通"畏",畏惧,《尚书·洪范》:"向用五福,威用六极。"孔颖达疏:"极
者,人之所恶,皆畏惧之。"

shā
沙 ... ... 沙
合 27996　袁盘　弭伯簋　说文小篆　说文或体　礼器碑　颜真卿

　　会意兼形声字。《说文》:"沙,水散石也。从水从少。水少沙见。楚
东有沙水。...,谭长说,沙或从尒。"本指水边碎小石粒。从小及少声字
多有不大、不多义:小儿为"伢",力弱为"劣",轻丝为"纱",树梢为"杪",
目力小为"眇",禾芒为"秒",是少为"尟",浅耕为"耖",角上为"觘"。河
水少则沙露出,"水少沙见",即水落石出之意,故"沙"从水从少。"沙"
古文字像水边散沙形。尐(jié),《说文》:"少也。"尐、少义同,故或体从
尐作"沙"。

　　"沙"也指水边沙地、沙滩,《诗经·大雅·凫鹥》:"凫鹥在沙,公尸来燕
来宜。"沙漠里的沙最多,故又指沙漠,杜甫《送人从军》:"今君渡沙碛,
累月断人烟。"又指似沙粒的东西,如豆沙。又指细绢,后作"纱",《大戴
礼记·曾子制言》:"白沙在泥,与之皆黑。"又指声音嘶哑,《周礼·天官·内
饔》:"鸟皫色而沙鸣,狸。"

mò
漠 ... 漠 漠 漠
说文小篆　娄寿碑　虞世南　智永

　　形声字。《说文》:"漠,北方流沙也。一曰清也。从水莫声。"本为沙
漠,即地面完全被沙覆盖,干旱缺水、植物稀少的地区。徐灏《注笺》:"流
沙者,尘埃冥蒙之地,故谓之沙漠。漠者,蒙也,因之有冥漠之称,又曰漠
漠。"我国西北干旱区是沙漠最为集中的地区,沙漠的沙随风吹而不断流
动,释慧立《大慈恩寺三藏法师传》载玄奘途经八百里莫贺延碛沙漠时"昼

则惊风拥沙，散如时雨"，故训"北方流沙"。李贺《马诗》："大漠沙如雪，燕山月似钩。""莫"指日落之时，后作"暮"。甲骨文作暮合一〇二二七、暮合一〇七二九，以日落于草莽（艸、茻）中会傍晚之意。沙漠风沙涌动如水流，风沙起时昏暗如暮（莫），张舜徽《约注》"漠之言莫也，谓风起扬沙，恒如日且冥时，昏不见人也"，故"漠"从水莫声。

沙漠风起则漫天昏暗，故"漠"引申为昏暗、幽深，张华《励志诗》："大猷玄漠，将抽厥绪。"沙漠唯有黄沙，颜色淡薄，故又指淡薄、清净无为，《庄子·知北游》："澹而静乎！漠而清乎！"成玄英疏："既游至道之乡，又处无为之域，故能恬淡安静，寂寞清虚，柔顺调和，宽闲逸豫。"又指冷淡、不热情，《庄子·天道》："老子漠然不应。"又指寂静无声，《汉书·冯奉世传》："玄成等漠然莫有对者。"又为浅淡貌，多叠用作"漠漠"，王安石《酬裴如晦》："鲜鲜细菊霜前蕊，漠漠疏桐日下阴。"

chí 驰（馳）　馳　駣　馳　馳
老子乙 226　说文小篆　唐公房碑　褚遂良

繁体作"馳"，形声字。《说文》："馳，大驱也。从馬也声。"本义为车马疾行。驱、驰皆指疾行，而驰比驱更快，段注："《诗》每以'驰驱'并言。许穆夫人首言'载驰载驱'，下言'驱马悠悠'，驰亦驱也，较大而疾耳。"《尚书·胤征》："啬夫驰。"陆德明释文："驰，车马曰驰，走步曰走。""也"为盘蛇展开游走，从也声字有分布、展开义，马奔驰则身躯开张，速度迅疾，故"驰"从馬也声。

"驰"也指疾行、奔跑，《庄子·秋水》："骐骥骅骝，一日而驰千里。"追逐时速度迅疾，故又指追逐，《左传·庄公十年》："齐师败绩，公将驰之。"人有向往会努力进取，故又指向往，《楚辞·离骚》："抑志而弭节兮，神高驰之邈邈。"事物向外传播若向外奔驰，故又指传播，李白《赠从孙义兴宰铭》："名驰三江外，峻节贯云霄。"马奔驰时身体舒展，故又指施、展现，宋玉《神女赋》："五色并驰，不可殚形。"

yù 誉（譽）

譽　闔　譽　譽

郭·老1　说文小篆　张表碑　颜真卿

繁体作"譽"，形声字。《说文》："譽，称也。从言與声。"本义为称颂、赞美。"称"即"偁"之经典通用字，《说文》："偁，扬也。"《广雅》："偁，誉也。"《论语·卫灵公》："吾之于人也，谁毁谁誉？如有所誉者，其有所试矣。"邢昺疏："誉，谓称扬。""與"指党羽、朋党。"與"从舁，"舁"指共举，小篆作 ，像四手共举之形。马叙伦谓"與"是"舁"的分化字。称颂是以言语赞扬，犹以言语抬举（與）人，故"譽"从言與声。张舜徽《约注》："誉之言舁也，谓以言辞共推举之也。犹今俗言称美人为抬举人耳。""誉"由草书楷化而成。

声誉好方能受人赞颂，故"誉"作名词指声誉、美名，《诗经·周颂·振鹭》："庶几夙夜，以永终誉。"通"豫"，欢乐，《诗经·小雅·蓼萧》："燕笑语兮，是以有誉处兮。"朱熹注引苏氏："誉，豫通，凡《诗》之誉，皆言乐也。"

dān 丹

冐　月　月　月　日　彤　丹　丹

合716正　庚嬴卣　玺汇421　说文小篆　说文古文　说文古文　礼器碑　欧阳询

象形字。《说文》："丹，巴越之赤石也。象采丹井，一象丹形。 ，古文丹。 ，亦古文丹。"本为朱砂，亦名丹砂，一种深红色矿物，味甘，性微寒，含毒。丹砂色赤，故名"赤石"。徐灏《注笺》："丹有五色，赤者为贵，遂独擅其名。如金有五色，黄者为贵，亦独擅其名也。"王筠《句读》："《本草》：'丹沙生符陵山谷。'陶氏曰：'符陵是涪州，今出武陵、西川诸蛮夷中，皆通属巴地，故谓之巴沙。《仙经》亦用越沙，即出广州临漳者。此二处并好。'"段注："巴郡、南越皆出丹沙。《蜀都赋》'丹沙赩炽出其坂'，谓巴也。《吴都赋》'赪丹明玑'，谓越也。丹者，石之精，故凡药物之精者曰丹。"巴越地区盛产朱砂，故训"巴越之赤石"。"丹"甲骨文像朱砂（·）在丹井（井栏）中形。饶炯《部首订》："象丹初出井浑沦之形。"

道家炼药多用朱砂，故称道家所炼之药为"丹"，《抱朴子·内篇》："若取九转之丹,内神鼎中,夏至之后,爆之鼎热。"丹砂色赤,故又指赤色,韩愈《柳州罗池庙碑》:"荔子丹兮蕉黄。"又指赤诚,文天祥《过零丁洋》:"人生自古谁无死,留取丹心照汗青。"

qīng 青　史墙盘　吴方彝　包31　说文小篆　说文古文　礼器碑　王羲之

形声字。《说文》:"青,东方色也。木生火,从生、丹。丹青之信言必然。"本指春季植物叶子的青绿色。《释名·释采帛》:"青,生也,象物生时色也。"许慎多以五行学说训释五色,《说文》:"白,西方色也。""赤,南方色也。"五行以东方为木,颜色属青,故训"东方色"。徐锴《系传》:"凡远视之明,莫若丹与青。"木生火,木为青色,丹为赤色,木生火犹青色生赤色(丹),故"青"从生、丹。朱骏声、林义光认为"青"当从井声。"生"甲骨文作🌱合五—六五,像草木从地面长出形。"青"从生,当表示(草木的)青色。徐灏《注笺》:"戴氏侗曰:'石之青绿者。从丹,生声。'是也。灏按:丹沙石青之类,凡产于石者,皆谓之丹……故青从丹生声,其本义为石之青者。引申之,凡物之青色皆曰青矣。"谓"青"字构形指石青类矿物(丹),能提取青色,说亦有据。

"青"也指青色物,《礼记·曲礼》:"前有水则载青旌。"郑玄注:"青,青雀,水鸟。"又指深绿色,《古诗十九首》:"青青河畔草,郁郁园中柳。"又指深蓝色,《荀子·劝学》:"青,取之于蓝而青于蓝。"又指黑色,李白《将进酒》:"君不见高堂明镜悲白发,朝如青丝暮成雪。"年轻人朝气蓬勃,如春天蓬勃生长的绿色植物,故又指年轻,如青年。又为东方代称,《周礼·考工记·画缋》:"画缋之事,杂五色,东方谓之青。"

【原文】　jiǔ zhōu yǔ jì　bǎi jùn qín bìng　九 州 禹 迹　百 郡 秦 并

【译文】　大禹治水而足迹遍布九州,秦始皇并吞六国而统领天下郡县。

【释义】

《千字文释义》:"此节言王者土地之广……自黄帝始分天下为九州,至虞舜又分为十二州。及禹平水土,复为九州,而三代因之。言九州为夏禹所立,皆其足迹之所至也。"禹,大禹。百郡,指天下州郡。秦,秦国。并,吞并。《尚书·禹贡》载,大禹分天下为九州,即冀、兖、青、徐、扬、荆、豫、雍、梁。冀州,河北平原与山西高原。兖州,黄河与济水之间。青州,山东半岛,黄河以南,泰山以东。徐州,河淮平原,泰山以南,淮河以北。扬州,淮河以南,长江下游。荆州,湖北及长江中游。豫州,河南之中原。雍州,关中与陇西,即甘肃和陕西一带。梁州,秦岭以南与四川盆地。

洪迈《容斋随笔》载,大禹治水,依五行相生次第,按冀州、兖州、青州、徐州、扬州、荆州、豫州、梁州、雍州的顺序进行。冀州是帝都所在,放在第一位,且地处北方,五行为水。水生木,木在东方,随其后是东方的兖州、青州、徐州。木生火,火在南方,接着是南方的扬州、荆州。火生土,土在中央,是豫州。土生金,金在西方,最后就是西部的梁州和雍州。帝尧时,洪水泛滥,禹受命治理水患,他视察河道,检讨其父鲧失败的原因,决定变堵截为疏导。禹翻山渡河,从西向东,一路测度地形,树立标杆,规划水道。逢山开道,遇洼筑堤,疏通水道,引洪水入海。禹走遍天下,对各地的地形、习俗、物产都了如指掌。重新将天下划为九个州,制定各州的贡物品种,以促进生产、流通。禹还规定:帝畿以外五百里的地区叫甸服,再外五百里叫侯服,再外五百里叫绥服,再外五百里叫要服,最外五百里叫荒服。甸、侯、绥三服,进纳不同物品或负担不同劳务。要服,不纳物服役,只要求接受管教、遵守法制政令。荒服,根据其习俗进行管理,不强制推行中朝政教。这样按地域差异划分,分级管理,便于治理天下。

"郡县制"是中央集权制下,地方设立郡、县二级行政区域的制度,类似于行政区划。西周时县大于郡,是封邑,《逸周书·作雒》:"千里百县,县有四郡。"《左传·哀公二年》:"克敌者,上大夫受县,下大夫受郡。"春秋时期的秦国设立县制,秦武公十年(前688),秦武公越过陇山,平定冀戎,以族名建立史上第一个县级行政管理机构"冀县"(今甘肃省甘谷县),是古代县制的开端。

秦始皇统一天下后,实行郡县制,设立三十六郡,后调整扩展,增至四十余郡。"郡"是中央政府辖下的地方行政单位,其组织机构与中央政府略同,设郡守、郡尉、郡监(监御史)。郡守为一郡最高行政长官,掌全郡政务,直接受中央政府节制。郡尉辅佐郡守,掌管全郡军事。郡监,掌监察工作。郡以下设县或道,县是秦朝统治机构中关键的一级组织,是相对独立的地方政府机构。内地设县,边地少数民族地区设道。满万户以上的县设县令,不满万户的设县长。令、长为一县之首,掌全县政务,受郡守节制。县令下设尉、丞,尉掌全县军事和治安,丞为县令或县长的助手,掌全县司法。县以下设乡、里和亭。乡、里是行政机构,亭为治安组织。乡设三老、啬夫及游徼。三老掌教化,啬夫掌诉讼和税收,游徼掌治安。乡以下为里,是秦国最基层的行政单位。里设里正或里典,其职能除与乡政权职能大体相同外,还有组织生产的任务。亭为司治安、禁盗贼的专门机构。秦制规定,亭设亭长,刘邦曾任泗水亭长。亭遍布城乡各要地,两亭之间相隔十里。汉代承袭秦的郡县制度,改造形成州、郡、县三级行政管理,成为此后各朝地方政制的基础。隋朝将天下分为一百零三郡,"百郡"言其整数。直到唐朝,郡县制才被道路制所取代,唐肃宗乾元元年(758),改郡为州,郡县制被废除。

【解字】

jiǔ 九							
	铁20.4	菁2.1	令簋	齄镈	包40	说文小篆	史晨碑	颜真卿

指事字。《说文》:"九,阳之变也。象其屈曲究尽之形。"本为数词,最大的个位数,至极则曲,用两曲线组合表示。《周易》以阳爻为九,《列子·天瑞》:"易变而为一,一变而为七,七变而为九,九变者,究也,乃复变而为一。"许慎依《周易》训"阳之变"。九之言究,九作为个位最大数,有穷尽、究竟、深极之义,《汉书·律历志》:"九者,所以究极中和,为万物元也。""九、究"声近义通,为声训。"肘"甲骨文作　　合——○一八正、　　合四八九九、

怀七八六，像肘屈曲之形，上以手（又、ナ）臂作衬托，或在肘部加斜线作指事符号，指出肘所在处。"肘"战国文字作 睡·封五三，始加肉作"肘"，为通行字。"九"甲骨文像肘弯曲之形，为"肘"之初文。丁山《数名古谊》："九，本肘字，象臂节形……臂节可屈可伸，故有纠屈意。"自"九"用作数词，本义乃作"肘"。盖肘常弯曲，有屈曲究尽之意，故以"九"为最大的个位数。

"九"泛指多数，汪中《述学·释三九》："人之措辞，凡一、二之所不能尽者，则约之三以见其多；三之所不能尽者，则约之九以见其极多；此言语之虚数也。"又为时令名，从冬至起每九天为一"九"，如数九寒天，《五灯会元》："一九与二九，相逢不出手。"

zhōu
州　　合849　合851　州戈　包27　说文小篆　说文古文　曹全碑　欧阳询

象形字。《说文》："州，水中可居曰州。周遶其旁，从重川。昔尧遭洪水，民居水中高土，或曰九州。《诗》曰：'在河之州。'一曰州，畴也。各畴其土而生之。𝕸，古文州。"本指水中可居人的陆地，四周有水环绕。后"州"用于州郡名，本义加水作"洲"。川为河道，两河道交汇处泥沙冲积，易形成水中高地，徐灏《注笺》"重川则其间必有平土也"；州四周有水（川）"周遶其旁"；故"州"从重川。《说文》引《诗经·周南·关雎》"在河之州"（今本作"洲"）以证字之形、音、义。徐灏《注笺》："一曰州畴者，原其立名之始，非州之别义也。州之言畴也，以其有土可畴也。"张舜徽《约注》："州之言犹舟也，言如舟之在水中，而人、物居其上也。""州"甲骨文、金文像水流中有陆地形。战国楚系文字为《说文》古文之来源。

"州"也为地方行政区划名。又为古代户籍编制单位，1. 五党为州，《周礼·地官·大司徒》："五党为州。"郑玄注："州，二千五百家。"2. 十二师为州，《尚书大传》："十都而为师，州十有二师焉。"郑玄注："州凡四十三万二千家，此盖虞夏之数也。"州为人所聚居，故作动词指聚集，《国语·齐语》："令夫士，群萃而州处。"

yǔ
禹　　毛　　毛　　忠　　忠　　禽　　禹　　禹

且辛禹方鼎　　禹鼎　　秦公簋　说文小篆　说文古文　西狭颂　蔡襄

象形字。《说文》："禹，虫也。从内，象形。禽，古文禹。"本为虫名。徐锴《系传》："牙齿虫病谓之齲齿。"刘钊《古文字构形学》："实际文字系统中并无'内'字，《说文》单独列出'内'，只是因为《说文》已不明禽、离、萬、禹等字的下部所从，于是才分离出'内'形以统属禽、离、萬、禹等字，而实际上'内'形并不是一个独立的字，它不过是由文字形体的一部分加饰笔变来的。""禹"与"萬"字∛→∛→∛→∛→∛之演变轨迹相同。"禹"金文作毛、毛，初文当作毛、乇，像虫形，大概为虫类动物，一、十为后加的饰笔。"虫"甲骨文作∮合二二二九六，形与"禹"相似，当属同类。

　　"禹"为夏朝开国君主，亦称大禹、夏禹，因治水有功，得舜禅位，立国为夏，《诗经·大雅·文王有声》："丰水东注，维禹之绩。"

jì
迹（跡）　　速　　迹　　詠　　蹟　　迹　　跡

师袁簋　　睡·封67　说文小篆　说文或体　西狭颂　褚遂良

形声字。《说文》："迹，步处也。从辵亦声。速，籀文迹从束。蹟，或从足、责。"本义为脚印。《庄子·天运》："夫迹，履之所出，而迹岂履哉！""迹"金文从辵束声，为籀文由来。睡虎地简"棘"作枺睡·日甲三八背，"亦"作夰睡·秦一，"束、亦"形相近，"迹"战国文字作迹，"束"近于"亦"形。"迹"小篆"束"变作"亦"，《说文》遂谓"从辵亦声"。或体"蹟"从足责声，"责"亦从束声。可知"迹"之声符"亦"本作"束"。"束"指木芒，后作"刺"，刺能刺物，故引申有穿、击义。"速"指行走时（辵）足踏（束）地形成的印迹，故"速"从辵束声。或体从足作"跡"。

　　行踪如脚印般有迹，故"迹"也指行迹、行踪，《楚辞·九章·悲回风》："求介子之所存兮，见伯夷之放迹。"功绩如脚印般显而易见，故也指业绩、功绩，《尚书·武成》："至于太王，肇基王迹。"又指痕迹，王谠《唐语林》："尝因积雪，门无辙迹。"人有时沿前人脚印行进，又指效法、遵循，《尚书·蔡仲之命》:"尔乃迈迹自身,克勤无怠,以垂宪乃后。"孔传:"汝乃行善迹用汝身,使可踪迹而法循之。"脚印可作寻找线索,故又指追踪、寻迹,《汉书·季布栾布田叔传》:"汉求将军急,迹且至臣家。"又指考核、推究,《墨子·尚贤》:"然后圣人听其言,迹其行,察其所能而慎予官。"

bǎi
百

合 21247　　合 22185　　曶鼎　　沈兒镈　　包 115　　说文小篆　华山庙碑　颜真卿

形声字。《说文》:"百,十十也。从一、白。数,十百为一贯。相章也。𦥑,古文百从自。"本为数词,十的十倍。戴侗《六书故·数》:"伯从人白声,百亦当以白为声。钟鼎文凡百皆直作白。""百"是"白"之分化字,甲骨文以"白"为"百",于省吾《甲骨文字释林》:"百字的造字本义,系于白字中部附加一个折角形的曲划,作为指事字的标志,以别于白,而仍因白字以为声。"或谓"白"有显明义,百为整体大数,显明可见,故以"白"为"百"。"百"战国文字作中山王鼎,为《说文》古文由来。

"百"也用为概数,言其多,《诗经·周颂·噫嘻》:"率时农夫,播厥百谷。"也指百倍,《礼记·中庸》:"人一能之,己百之。"孔颖达疏:"谓他人性识聪敏,一学则能知之,己当百倍用功而学,使能知之。"又指凡、总,《诗经·邶风·雄雉》:"百尔君子,不知德行。"朱熹注:"百,犹凡也……言凡尔君子岂不知德行乎?"

jùn
郡

王六年上郡守疾戈　　说文小篆　　曹全碑　　褚遂良

形声字。《说文》:"郡,周制:天子地方千里,分为百县,县有四郡。故《春秋传》曰'上大夫受郡'是也。至秦初置三十六郡,以监其县。从邑君声。"本为古代地方行政区划。周制县大郡小,战国郡渐大,秦以郡统县,郡大县小,汉因之,隋唐以后,州郡互称,宋元设州、府、郡名渐废。上大夫受郡,段注本作"上大夫受县,下大夫受郡"。张舜徽《约注》:"《释名·释州国》:'郡,群也。人所群聚也。'然则群聚之地,即可称郡,或大或小,本无定限。故周制郡在县下，秦制郡在县上。是犹邑之为名，亦可通大小而言也。许君本《周书·作雒篇》之说以明周制，与《周礼》异矣。郡县之制，所起甚早。春秋之时，灭人之国者，多夷其地而为县；七国之世，复已有郡。秦郡多沿魏、赵、燕之旧，非其所自创，顾氏《日知录》已言之矣。特秦一统宇内，总分天下为三十六郡，乃前古所未有。后世言郡县始于秦者，大其成功，且为汉以后所沿袭耳。秦数以六为纪，故始皇二十六年，即分天下为三十六郡，而郡名不见于《史记》，裴骃《集解》谓为三川、河东、南阳、南郡、九江、鄣郡、会稽、颍川、砀郡、泗水、薛郡、东郡、琅邪、齐郡、上谷、渔阳、右北平、辽西、辽东、代郡、巨鹿、邯郸、上党、太原、云中、九原、雁门、上郡、陇西、北地、汉中、巴郡、蜀郡、黔中、长沙，凡三十五，与内史为三十六郡。其后异说纷起，莫衷一是。要之裴氏称列最先，必有所受。此外若闽中、南海、桂林、象郡，乃后来所增立，本不在秦初三十六郡之数。若钱大昕但据《汉书·地理志》于南海郡下曰秦置；郁林下曰故秦桂林郡；日南下曰故秦象郡；遽定此数者在三十六郡之内。不悟班《志》实总括秦代建郡始终而言，何可取以上论秦初乎！" 郡为行政区域，如邑，郡守受君命管理一郡，若一郡之君，故"郡"从邑君声。

qín
秦

| 合299 | 合32742 | 史秦鬲 | 秦公簋 | 包2.132 | 睡·法203 | 说文小篆 | 曹全碑 | 颜真卿 |

会意字。《说文》："秦，伯益之后所封国。地宜禾，从禾，舂省。一曰秦，禾名。𥜽，籀文秦从秝。" 本义为禾名。孔广森《说文疑疑》引袁宫桂："秦当以禾名为正训，与稻同意。秦从禾从舂省，稻从禾从舀。舀与抌同，抒臼也。秦与稻皆禾之既实而可舂者。""秦"为禾名，禾熟则可舂，徐锴《系传》"舂禾为秦，会意字也"，王鸣盛"意者，秦地本因产善禾得名，故从禾；从舂省者，禾善则舂之精也"，张舜徽《约注》"禾稻既刈之后，则手持之反复拂击，俗称打禾，或曰打稻，亦有铺禾于地用椎杵击之者。秦字从廾持午，午者杵也，即其事矣"，故"秦"从禾，舂省。"秦"甲骨文从廾持

午春秫（秫同禾），会春禾之意。金文（秦公簋）为籀文由来。战国秦系文字作 ，二禾省作一禾，为小篆所承。八百里秦川"地宜禾"，故以"秦"名地，借为国名。秦的祖先伯益（或作柏益、伯翳）佐禹治水，舜命作守山林的虞官，赐姓嬴氏。周孝王时，封其后非子为附庸，与以秦邑，在今天水境内。秦襄公始立国，孝公时，成为战国七雄之一，定都咸阳。春秋时，秦奄有今陕西省地，故习称陕西为秦。

"秦"也用作朝代名，为第一个中央集权的封建王朝。秦王嬴政先后灭掉六国，统一天下，于公元前 221 年自称"始皇帝"，建都咸阳。秦历二世，十五年。汉时西域诸国沿称中国为"秦"，傅玄《豫章行苦相篇》："昔为形与影，今为胡与秦。"又为东晋时十六国之一，1. 350 年，氐族贵族苻洪称三秦王。352 年，子苻健称帝，建都长安，国号秦，史称前秦。394 年为后秦所灭。2. 淝水之战后，羌族贵族姚苌于 386 年称帝，国号秦，建都长安，史称后秦，417 年为东晋刘裕所灭。又用作姓氏，《通志·氏族略》："秦氏，嬴姓，少皞之后也，以皋陶为始祖……自子婴降汉，秦之子孙以国为氏焉。"

bìng
并（幷並）　　　合 21986　　合 32107　　合 8137　　中山王鼎　　说文小篆　　史晨碑　　颜真卿

又作"幷"，形声兼会意字。《说文》："幷，相从也。从从幵声。一曰从持二为幷。"本义为合并、兼并。《广雅·释言》："并，兼也。""一曰从持二为幷"言 像从持二之形，乃分析字形，非言其义。"并"甲骨文从从，"一、二"为指事符号，"一"或"二"贯从表示二人（从）相并。小篆下部左右分离，《说文》遂析形作"从从幵声"。

合并则同体，故"并"引申为同，《尚书·金縢》："启钥见书，乃并是吉。"并则合一，故又指专一，《荀子·儒效》："并一而不二，所以成积也。"又用作连词，表示平列或进层关系。又用作副词，表示一起、一齐。

"并"又音 bīng，地名，1. 并州为九州之一，治地在今河北省保定市、正定县和山西省大同市、太原市一带，《周礼·夏官·职方氏》："正北曰并州。"2.汉置并州,其地在今内蒙古、山西(大部)、河北(一部)。东汉时并入冀州。三国魏复置,其地在今山西省汾水中游。唐开元十一年改为太原府。宋太平兴国复改为州。

【原文】　岳宗泰岱　　禅主云亭
　　　　　 yuè zōng tài dài　shàn zhǔ yún tíng

【译文】　五岳中人们最尊崇东岳泰山,历代帝王皆在泰山、云云山和亭亭山行封禅大礼。

【释义】

　　岳,五岳。宗,尊崇。泰岱,泰山。禅,祭天,扩展为古代帝王祭山川土地之名。主,主要。云,即云云山,泰山下的小山,在今山东泰安市东南,《管子·封禅》:"昔无怀氏封泰山,禅云云。"尹知章注:"云云山在梁父东。"亭,即亭亭山,泰山下的小山,《史记·封禅书》:"炎帝封泰山,禅云云;黄帝封泰山,禅亭亭。"云亭,云云山和亭亭山的合称。张守节《史记正义》引《括地志》:"云云山在兖州博城县西南三十里也。""亭亭山在兖州博城县西南三十里也。"

　　五岳以泰山为尊。泰山又名岱山、岱宗、岱岳、东岳、泰岳,位于山东省中部,今属泰安市,绵亘于泰安、济南、淄博之间,总面积 24200 公顷,主峰玉皇顶海拔 1545 米。泰山气势雄伟,有"五岳之首、天下第一山"等美称。相传远古时期,黄帝曾登过泰山,舜帝曾巡狩泰山。商周时期,商王相土在泰山脚下建东都,周天子以泰山为界封建齐国和鲁国。古谓"泰山吞西华,压南衡,驾中嵩,轶北恒,为五岳之长"。《史记集解》:"天高不可及,于泰山上立封禅而祭之,冀近神灵也。"史载秦汉以前,有七十二代君王到泰山封禅,此后,有秦始皇(前 219)、秦二世、汉武帝(前 110、前 109、前 106、前 104、前 103、前 98、前 93、前 89)、汉光武帝(56)、汉章帝(85)、汉安帝(124)、隋文帝(595)、唐高宗(666)、唐玄宗(725)、宋真宗(1008)等十位帝王,相继到泰山封禅致祭,刻石纪功。

　　"封"多指天子登上泰山筑坛祭天;"禅"多指在泰山下的小丘除土祭

地。"封禅"是古代帝王在太平盛世或天降祥瑞之时祭祀天地的旷世大典，最早见于《管子·封禅》。上古帝王的封禅地点并非专在泰山，刘师培《经学教科书·论〈易经〉与礼典之关系》说："封禅之礼见于《随》，《随》曰'王用享于西山'；见于《升》，《升》曰'王用享于岐山'。"西山、岐山是上古帝王封禅地，后世封禅礼定于泰山，盖为战国之时阴阳五行学说兴起之后。张守节《史记正义》对"登封报天，降禅除地"进行释义，指出封禅的目的是在泰山顶上筑圆坛以报天之功，在泰山脚下的小丘之上筑方坛以报地之功。战国时，齐鲁儒士就认为五岳中泰山最尊，帝王应到泰山祭祀。故秦始皇、汉武帝都登泰山举行封禅大典。所以，封禅活动实质上是强调君权神授的手段，帝王借助泰山的神威来巩固自己的统治，使泰山的神圣地位被抬到无以复加的程度。

由于历朝封禅规矩不同，具体地点也有异。三皇封禅，羲农、尧舜封在泰山，禅在云山；黄帝封在泰山，禅在亭山。封和禅一般同时举行，但封重于禅。南宋后，长江以北被金人占据，无法封泰山，于是改为封禅与郊祀合一。明成祖在北京南郊建天地坛，合祭天地；嘉靖帝在北郊建地坛祭地，将南郊的天地坛改称天坛，专门祭天。

【解字】

yuè
岳（嶽）　　嶽　　屾　　嶽　　岳　　岳

说文小篆　说文古文　曹全碑　鲁峻碑　颜真卿

会意字；又作"嶽"，形声字。《说文》："嶽，东，岱；南，霍；西，华；北，恒；中，泰室。王者之所以巡狩所至。从山狱声。屾，古文象高形。"本义为高大而受尊崇的山，特指五岳，即东岳泰山、西岳华山、南岳衡山、北岳恒山、中岳嵩山。"泰室"即"太室"。中岳为嵩山，在河南省登封市境内，分两大山脉：一为太室山，二为少室山。太室山大，为嵩山主脉，故以"太室"代嵩山。"嶽"也作"岳"，段注："今字作岳。古文之变。"王筠《句读》："《韵会》引无'之所以'三字。"张舜徽《约注》："岳之本义，乃高山之通名。五岳之说所起较晚,《尚书》有东、南、西、北四岳,而无五岳;《王制》多述夏殷之制,其言五载巡狩,与《尚书》同,亦无五岳。四岳之山见于经者,惟东岳岱宗,其三岳无文。《周礼·大宗伯·大司乐》始言五岳,亦不言为何山。《尔雅·释山》始云:'河南华,河西岳,河东岱,河北恒,江南衡。'又云:'泰山为东岳,华山为西岳,霍山为南岳,恒山为北岳,嵩高为中岳。'五岳各有专山,始见于此。然前说与后说复有不同。由是聚讼纷起,莫衷一是。论者多谓《尔雅·释山》后一说所言'泰山为东岳'等五句,乃汉儒据汉制所增入,为武帝时所定之五岳,但就当时所祠者言之耳。"狱,《说文》:"确也。从犾从言。二犬,所以守也。"本义为争讼,也指牢狱。《急就篇》颜注:"狱之言堨也,取其坚牢也。"犾(yín),《说文》:"两犬相啮也。从二犬。"本义为两犬争斗。"狱"为争讼,戴家祥《金文大字典》"盖以两犬相啮喻狱讼两造之争,争者必以言",故"狱"从犾从言。以"狱"之牢狱义而言,"狱"从犾,仅取其形,二犬表示看守牢狱,徐灏《注笺》"犬所以守,从二犬,重其事也",牢狱多有诉讼之言,或谓"言"表示罪人,故"狱"从犾从言。五岳为大山,确然坚固(狱),故"嶽"从山狱声。山上有丘,高大而受尊崇,故《说文》古文作"岳",徐灏《注笺》:"山上加丘,极高峻之意。"今以"岳"为"嶽"之简体字。

"岳"也泛指大山或山的最高峰,李白《古风》之四:"药物秘海岳,采铅青溪滨。""嶽"又用作姓氏,《万姓统谱》觉韵:"嶽,见《姓苑》。明嶽崇,郑州人,成化中任上杭知县。""嶽"后作"岳",指对妻家父母一辈长者的称谓,如岳父、岳母。"岳"也用作姓氏,如岳飞。"嶽、岳"为异构字,用法也有不同,如"岳父"不作"嶽父","岳飞"不作"嶽飞"。

zōng
宗　　宎　　介　　鼎　　宗　　宂　　宗　　宗

花东234　花东292　合36148　善鼎　说文小篆　曹全碑　颜真卿

会意字。《说文》:"宗,尊,祖庙也。从宀从示。"本义为祖庙。祖宗为子孙所尊,故训"尊"。段注:"按当云尊也,祖庙也。""宗、尊"双声,为声训。张舜徽《约注》:"宗与祖亦双声。本书示部:'祖,始庙也。'盖单言之,祖即宗也耳,一语之转也。今俗连言之,则曰祖宗。"《尚书·大禹谟》:"受命于神宗。"孔传:"神宗,文祖之宗庙。"祖庙为供奉、祭祀祖先的建筑(宀),"示"指祖先神灵,王筠《句读》"宀示者,室中之神也。天神、地祇,坛而不屋,人鬼则于庙中祭之",故"宗"从宀从示。《说文》示部字多与祭祀有关,如"祭、祀、礼、祺"等。

祖庙供奉祖先,故"宗"转指祖宗、祖先,《左传·成公三年》:"使嗣宗职。"杜预注:"嗣其祖宗之位职。"祖先是后人之根,故又指根本、主旨,《国语·晋语》:"礼宾矜穷,礼之宗也。"祖宗为后世所尊,故又指尊崇、取法,《诗经·大雅·公刘》:"食之饮之,君之宗之。"又指同一祖先的家族,《左传·昭公三年》:"肸之宗十一族。"又指尊祭之神,《尚书·舜典》:"禋于六宗。"孔传:"宗,尊也。所尊祭者,其祀有六,谓四时也,寒暑也,日也,月也,星也,水旱也。"孔颖达疏:"又禋祭于六宗等尊卑之神。"又指归往、归向,《史记·伯夷列传》:"武王已平殷乱,天下宗周。"又指佛教的派别,也指由同一本源所分出的流派,《字汇》宀部:"宗,流派所出为宗。"又指所尊崇的人或事物,《文心雕龙·辨骚》:"其文辞丽雅,为词赋之宗。"

tài
泰
　　大　　仌　　𡘋　　𡘋　　㕚　　泰　　泰
陶汇 2.4　　包 2.229　　秦官印　　说文小篆　　说文古文　　熹平石经　　欧阳询

会意兼形声字。《说文》:"泰,滑也。从廾从水,大声。㕚,古文泰。"本义为滑,指捧水在手指中流畅滑溜下去。段注:"水在手中,下溜甚利也。""廾"指两手捧物,两手捧水上举,则水下滑甚(大)快,故"泰"从廾从水,大声。林义光《文源》:"泰,脱也。即淘汰之汰本字;凡淘汰者,以物置水中,因其滑而脱去之,𠂇彡水,手捧水形。""泰"之本义罕见使用,今所用为引申义。《说文》古文作㕚,春秋文字作仌,于省吾以为是"大"之分化字,在下加"仌"形分化符号,又以"大"为声,其说可从。分化符号或作"一、二、三"。战国楚系文字作仌,在"大"字右上侧加一斜画作分化符号。"泰"的极大义后作"太",故"泰山"又作"太山"。段注:"后世凡言大而以为形容未尽则作太,如大宰俗作太宰，大子俗作太子，周大王俗作太王是也。谓太即《说文》夳字。夳即泰，则又用泰为太。展转肔缪，莫能诶正。”

渠道通畅则水下滑利索，故“泰”引申为通达、通畅，《西游记》一回：“三阳交泰产群生，仙石胞含日月精。”通道宽大则通畅自如，故又指宽裕，《荀子·议兵》：“凡虑事欲孰而用财欲泰。”杨倞注：“泰，谓不吝赏也。”生活宽裕则身心易安定，故又指康宁、安定、安适，《潜夫论·慎微》：“政教积德，必致安泰之福。”又指佳、美好，《潜夫论·本政》：“否泰消息。”由宽裕引申为奢侈，《论语·述而》：“亡而为有，虚而为盈，约而为泰，难乎有恒矣。”财货宽裕则易骄慢，故又指骄纵、傲慢，《礼记·大学》：“是故君子有大道，必忠信以得之，骄泰以失之。”又指极大，后作“太”，《尚书·泰誓》孔颖达疏：“顾氏以为，泰者，大之极也，犹如天子诸侯之子曰太子，天子之卿曰太宰。此会中之大，故称‘泰誓’也。”又指极，《淮南子·原道》：“泰古二皇，得道之柄。”又为卦名，卦形为䷊，《周易·泰》象曰：“天地交，泰。”李鼎祚集解引荀爽：“坤气上升，以成天道；乾气下降，以成地道。天地二气，若时不交，则为闭塞；今既相交，乃通泰。”又为山名，主峰在山东省泰安市境，是五岳之首的东岳，又名岱宗，《尔雅·释山》：“泰山为东岳。”

dài
岱　　階　低　䟂　岱
说文小篆　华山庙碑　智永　赵佶

形声字。《说文》：“岱，太山也。从山代声。”本为泰山的别称，也叫岱宗、岱岳。段注：“域中最大之山，故曰大山……《释山》曰：‘泰山为东岳。’毛传曰：‘东岳，岱。’《尧典》：‘至于岱宗。’《封禅书》《郊祀志》曰：‘岱宗，泰山也。’《禹贡》《职方》皆曰岱。在今山东泰安府泰安县北。”《尔雅·释山》：“河东，岱。”郭璞注：“岱宗，泰山。”代，《说文》：“更也。从人弋声。”本义为替代、替换。段注：“凡以此易彼谓之代。”“弋”指木桩，后作“杙”，甲骨文作 𢆶 合一九四六反，像下部尖锐的木橛。“代”指人事更迭，“弋”有更意，故“代”从人弋声。“岱”为山名，徐锴《系传》《白虎通》：东山，万物更代之处也",《汉书·孝安帝纪》注"太山,王者告代之处,为五岳之宗,故曰岱宗",泰山是历代帝王更迭封禅处,也是万物更代处,故"岱"从山代声。《风俗通·山泽》:"岱者,长也。万物之始,阴阳交代,云触石而出,肤寸而合,不崇朝而遍雨天下,其惟泰山乎,故为五岳之长。"

禅(禪) shàn

禪　禪　禅　禪

说文小篆　华山庙碑　智永　颜真卿

繁体作"禪",形声字。《说文》:"禪,祭天也。从示單声。"为祭天之名。段注:"凡封土为坛,除地为墠。古封禅字盖只作墠。项威曰:'除地为墠,后改墠曰禅,神之矣。'服虔曰:'封者,增天之高,归功于天。禅者,广土地。'应劭亦云:'封为增高,禅为祀地。'惟张晏云:'天高不可及,于泰山上立封,又禅而祭之,冀近神灵也。'元鼎二年《纪》云:'望见泰一,修天文禅。'禅即古禅字。是可证禅亦祭天之名。""單(单)"甲骨文作合一三七正、合九五七二、合一〇六一五,为作战、狩猎用长柄工具,上部为丫形,两歧顶端绑缚石块,中段圆形物为绳索或网。罗振玉《增订殷墟书契考释》:"卜辞中獸字从此。獸即狩之本字。征戰之戰从單,盖与獸同意。"丁山《说文阙义笺》:"窃疑古谓之單,后世谓之干。"其说有据,上古"单、干"同属元部,盖本一字分化。"禅"指祭天,"示"指天,天为大,祭天为大祭,《说文》"單,大也",故"禪"从示單声。张舜徽《约注》:"亶声单声之字,古多互通。坛之与墠、犹禅之与禅也……盖自其除地言,则曰坛,亦作墠;自其祭祀言,则曰禅,亦作禅。改从土为从示,神之也。"

"禅"也指帝王祭山川土地,《大戴礼记·保傅》:"是以封泰山而禅梁甫。"王聘珍解诂引卢辩:"封,谓负土石于泰山之阴,为坛而祭天也。禅,谓除地于梁甫之阴,为墠以祭地也。"古代唯帝王能祭天,若让位他人,继位帝王接替祭天,故又指帝王让位,如禅位、受禅,《庄子·秋水》:"帝王殊禅,三代殊继。"又指替代,《庄子·山木》:"化其万物而不知其禅之者,焉知其所终? 焉知其所始?"

"禅"又音 chán，佛教用语（梵文 dhyāna 的音译），或译为"弃恶、功德丛林"，其意译为"思维修、静虑"，是佛教的一种修行方法，《顿悟入道要门论》："问：'云何为禅，云何为定？'答：'妄念不生为禅，坐见本性为定。'"又指禅宗，中国佛教宗派之一，主张顿悟，"见性成佛"。自初祖达摩祖师起，强调直指人心，不拘修行。又因以参究的方法彻见心性本源为主旨，亦称佛心宗。禅宗创始人为菩提达摩，下传慧可、僧璨、道信，至五祖弘忍下分为南宗惠能、北宗神秀，时称"南能北秀"。又泛指有关佛教的事物，常建《题破山寺后禅院》："曲径通幽处，禅房花木深。"

zhǔ 主 坐 主 主

睡·语3　说文小篆　乙瑛碑　颜真卿

象形字。《说文》："主，镫中火主也。从坐，象形；从丶，丶亦声。"本义为灯心，后作"炷"。徐锴《系传》："即脂烛也……古初以人执烛，后易之以镫。"张舜徽《约注》："膏镫之镫，当以主为初文，古读主音近豆，声转为登，因借瓦豆之登为之，后又加偏旁为镫耳。"丶（zhǔ），《说文》："有所绝止，丶而识之也。"本为灯台上的火苗，又为古人读书时断句的顿点符号。朱骏声《通训定声》："今诵书点其句读，亦其一端也。""丶"同"主"，《六书正讹》夔韵："丶，古主字，镫中火主也。象形。借为主宰字。隶作主。"坐像灯台形，"丶"同"主"，像火炷形。徐灏《注笺》"六书之法，有借他字之形以为此物之形而兼取其声者，如主从丶像灯火而丶亦声"，故"主"从丶，丶亦声。张舜徽《约注》："入夜冥不相见，镫之所在，人恒依聚其旁，此即臣主、宾主之义所自出。自后世专用为臣主、宾主字，而主之本音本义晦矣。"

家长为一家之主，故"主"也指家长，《诗经·周颂·载芟》："侯主侯伯，侯亚侯旅。"家长管理家庭，故又指掌管、主持，《孟子·万章》："使之主事而事治，百姓安之。"又指主人，1. 与宾客相对，《礼记·檀弓》："宾为宾焉，主为主焉。"2. 与奴仆相对，《史记·外戚世家》："（少君）为其主入山作炭。"帝王为天下之主，故又指君主，《礼记·曲礼》："主佩倚则臣佩垂，主佩垂则臣佩委。"首领为团队之主,故又指首领、为首的人,《管子·兵法》:"兵无主,则不蚤知敌。"物品属于其主人,故又指物主,如物归原主。又指事物的根本,《周易·系辞》:"言行,君子之枢机。枢机之发,荣辱之主也。"又指主张,《国语·周语》:"是以不主宽惠,亦不主猛毅,主德义而已。"又指供奉先人的牌位,如木主、神主。又指公卿大夫及其正妻,《左传·襄公十九年》:"事吴敢不如事主!"作动词指守,《论语·学而》:"主忠信,无友不如己者。"又指从自身出发的,如主动、主观。又指主象、预示(吉凶、祸福、变化),苏轼《格物粗谈·天时》:"月晕,主七日内有风雨。"

yún
云(雲)　
合 21021　合 21324　合 13418　说文小篆　说文古文　说文古文　白石神君碑　颜真卿

　象形字;云彩之云又作"雲",形声字。《说文》:"雲,山川气也。从雨,云象雲回转形。𠄢,古文省雨。𩇾,亦古文雲。"本义为天上的云朵,由水汽在空中冷却凝结所致。段注:"天降时雨,山川出云。"《说文》古文皆像山川气自下向上,回转运行之形。𩇾盖最初之形,段注:"此最初古文,象回转之形者。其字引而上行,书之所谓触石而出、肤寸而合也,变之则为云。"王筠《释例》:"𩇾,所谓'画成其物,随体诘屈'者,其本生于地,其象著于天,故下锐而上广也。此乃足像回转形,渐而作字者讲结构整齐,遂倒转𩇾字,又断其两曲以为二字。"饶炯《部首订》:"雲为山川湿气所生。其形在下,散而为气;其形在上,敛而为雲。雲篆从古文云而加雨者,谓'雲行雨施',雲有雨,而其形义尤明也。"《诗经·小雅·白华》:"英英白云,露彼菅茅。"云遇冷凝结则为雨,《说文》"雨,水从云下也",故"雲"从雨云声。"云"为"雲"之初文,用为语词,本字增雨作"雲",为通行字,今以"云"为"雲"之简化字。

　"云"用作"雲",《战国策·秦策》:"楚燕之兵云翔不敢校。"中原地区冬季寒冷,人说话时口中会呼出团团白气,如吞云吐雾,故也指言说,王引之《经传释词》:"云,言也,曰也。"云漂浮不定,故又指运动貌,《管子·戒》:"故天不动,四时云下而万物化。"又指有,《荀子·法行》:"事已败矣,乃重太息,其云益乎!"又指友善,《左传·襄公二十九年》:"晋不邻矣,其谁云之?"又用作助词、代词。

tíng
亭　　个　帛　亭　亭　亭

陈纯釜　　睡·效52　说文小篆　史晨碑　颜真卿

　　形声字。《说文》:"亭,民所安定也。亭有楼,从高省,丁声。"本为设在驿道旁供行人停留食宿的处所。"亭、定"上古音皆属定纽耕部,为声训。段注:"《风俗通》曰:'亭,留也。盖行旅宿会之所馆。'《释名》曰:'亭,停也,人所停集。'按,云'民所安定'者,谓居民于是备盗贼,行旅于是止宿也。"徐灏《注笺》:"亭有馆以止宿行旅,其上有楼以觇望盗贼,故曰'民所安定也'。"张舜徽《约注》:"许云民所安定者,谓民得此以为安靖定息之所耳。本书立部:'竫,亭安也。'血部:'衁,定息也。读若亭。'皆足与亭篆说解互证。"《东观汉记·卫飒传》:"卫飒为桂阳太守,凿山通路,列亭置驿。""高"以台观之形表高义,亭上有楼,高耸而形如台观;"丁"为"钉"本字,钉钉于墙则坚实不动,行人止宿于亭亦停留不动,且亭、丁下部都瘦长;故"亭"从高省,丁声。"亭"后分化出"停"字,亭为行人留止之所,故"停"从人亭声。

　　"亭"为秦汉时基层行政单位,《汉书·百官公卿表》:"大率十里一亭,亭有长。十亭一乡,乡有三老、有秩、啬夫、游徼。"也指古代设在边塞观察敌情的岗亭,《韩非子·内储说上》:"秦有小亭临境,吴起欲攻之。"又指亭子,有顶无墙的小形建筑物,多建在园林中、风景名胜处或路旁,供人休息、观赏,欧阳修《醉翁亭记》:"有亭翼然临于泉上者,醉翁亭也。"由停息转指平均、调和,《史记·秦始皇本纪》:"决河亭水,放之海。"

【原文】　yàn mén zǐ sài　jī tián chì chéng
　　　　　雁　门　紫　塞　鸡　田　赤　城

【译文】　名关有北疆雁门,要塞有万里长城;驿站有边地鸡田,奇山有天台赤城。

【释义】

　　雁门,北疆的雁门关,又名雁门塞、西陉关,位于山西省代县,东临隆岭雁门山,西靠隆山,两山对峙余一口,形如门,每年大雁飞返其间,故称"雁门"。雁门建关,雄奇险要,有"一夫当关,万夫莫开"之势,为历代镇守边地的咽喉,故有"天下九塞,雁门为首"之说。战国时期,赵武灵王在此置雁门郡,唐朝置关,名曰西陉关,也名雁门关。明洪武七年(1374)吉安侯陆亨将关城移至今所见处。雁门关城周长二里,墙高一丈八尺,石条座底,上砌城砖,有门三座。东门之上筑有楼台,名曰雁楼,门额嵌镶石匾曰"天险"。西门之上筑有杨六郎庙,门额嵌镶匾曰"地利"。北门未建楼顶,门额嵌镶匾曰"雁门关",对联为"三关冲要无双地,九寨尊崇第一关"。秦始皇统一六国后,遣大将蒙恬率兵三十万从雁门出塞,"北击胡,悉收河南之地(即河套地区)",把匈奴赶到阴山以北,进而修筑万里长城。雁门关与宁武关、偏关为内长城之"外三关",三关峰峦叠嶂,悬崖陡壁,极为险要,为历代兵家必争之地。战国时期,赵国大将李牧常驻雁门,凭借关城之险,慎重防守,最终击退匈奴十万大军。汉朝名将李广、卫青、霍去病,都曾率兵与匈奴在此处激战,大获全胜而威震塞外。隋炀帝曾率兵在此与突厥作战获胜。唐将薛仁贵曾在此追杀突厥兵马,捷报频传。北宋杨业曾几次出雁门大破辽兵,使之闻风丧胆,博得"杨无敌"称号,形成杨家将传奇。自春秋至20世纪,雁门关战事有记载的就有一千多次。此外,汉代王昭君从这里出塞,北宋徽钦二帝被俘从这里离开,清代慈禧太后被洋人追逼逃至此地。可见其历史积淀深厚。

"紫塞"即长城,又称万里长城,是古代防御外敌的军事工程。崔豹《古今注·都邑》:"秦筑长城,土色皆紫,汉塞亦然,故称紫塞焉。"或认为秦始皇筑长城,百姓死伤无数,血肉掺和泥土筑城墙,变为紫色,故名"紫塞"。"长城"之称始见于春秋战国,《史记·楚世家》:"齐宣王乘山岭之上,筑长城,东至海,西至济州,千余里,以备楚。"长城修筑历史可上溯至西周时期,周幽王镐京(今西安)"烽火戏诸侯",就是在所筑御敌城墙上设烽火台报警的。春秋战国时期,列国争霸,互相设防,长城修筑进入第一个高峰期,此时各国修筑的长城较短。秦统一后,大规模连接、修缮战国长城。秦长城西起临洮，东达辽东，有“万里长城”之称。秦以后，历代修缮改补，明朝是最后一个大修长城的朝代，八达岭长城是明朝修建。

鸡田，古西北塞外地名。古时中央与各地政府文书信件往来，靠驿道递传，驿站是驿道上信使换马和休息的处所。据载，史上最古老、最边远的驿站在西北的鸡田，即今宁夏鸡田县内。《全唐诗》收有萧至忠“凉风过雁苑，杀气下鸡田”的诗句。

赤城，即赤城山，在浙江天台西北，因山上赤石屏列如城，望之如霞，故名。赤城山有石洞十二处，以紫云洞和玉京洞最为著名，山顶有赤城塔，南朝梁岳阳王妃所建。李白《梦游天姥吟留别》有“天姥连天向天横，势拔五岳掩赤城”诗句。

【解字】

yàn
雁　　孙膑160　说文小篆　衡方碑　赵孟頫

会意兼形声字。《说文》：“雁，鸟也。从隹从人，厂声。读若鴈。”为鸟名，鸟纲鸭科、雁亚科各种类的通称。形状略像鹅，颈和翼较长，足和尾较短，羽毛淡紫褐色。为候鸟，每年春分后飞往北方，秋分后飞回南方。徐铉等注：“雁，知时鸟。大夫以为挚，昏礼用之，故从人。”段注：“此与鸟部鴈别。鴈从鸟为䳘，雁从隹为鸿雁。《礼》舒鴈当作舒雁，谓雁之舒者，以别于真雁也。舒雁谓之鴈，犹舒凫谓之鹜也。经典鸿雁字多作鴈。”雁飞有行列，或排成“一”形，或排成“人”形。雁知时有序，故古以雁作礼，寓意赞人“知时守礼”。《仪礼·士昏礼》：“下达，纳采，用雁。”郑玄注：“用雁为挚者，取其顺阴阳往来。”《仪礼·士相见礼》：“下大夫相见，以雁。”郑注：“雁，取知时、飞翔有行列也。”从周至清末，在依六礼而行的婚姻中，除纳征（下聘）礼外，其余五礼均需男方使者执雁为礼送给女家，因雁是候鸟，能定时随气候变化南北迁徙，且配偶固定，一只亡而另一只不再择偶。雁的定时南往北来顺乎阴阳，配偶固定合乎义礼，婚姻以雁为礼，象征男女阴阳和顺,也象征婚姻忠贞专一。后因雁难得,有的地方用木刻雁代替。厂(hǎn)指山崖,金文作 厂 散盘,像山崖形。雁为鸟(隹)类;雁迁徙途中多栖于崖岩,或言雁群飞时发出"厂厂"之声;雁知时而去阴就阳,飞有秩序不乱,二者皆近人道;故"雁"从隹从人,厂声。

　　"雁"也指伪造的、假的,从木制品代替真雁为挚礼而来,钱币多有伪造,故字又从贝作"赝(赝)",宋王明清《挥麈后录》:"浸渍数日,漆絮败溃,雁迹尽露。"

mén
门(門)

明 甛 明 閂 門 門 門

合 21085　合 13605　忽鼎　上2·孔4　说文小篆　史晨碑　颜真卿

　　繁体作"門",象形字。《说文》:"門,闻也。从二户。象形。"为房屋可开关的出入口。"门、闻"上古音皆为明纽文部,为声训。门连接家、房屋内外,通过门,内外可相互听闻,故训"闻",段注:"闻者,谓外可闻于内,内可闻于外也。"王筠《释例》:"吾尝于冬日塞向墐户,乡人招瞽者歌于屋之北,室中听之,则闻声自南来也。出户听之,则闻声自北来也。乃知门闻之说之信不诬也。"《周易·同人》:"同人于门。""門"小篆像门形,由二戶(户)构成,"从二户"乃析字形而非言会意,段注:"此如鬥从二乱,不必有反乱字也。"罗振玉《增订殷虚书契考释》:"象两扉形,次象加键,三则上有楣也。"

　　古代城门有人把守,故"门"又指守门,《公羊传·宣公六年》:"勇士入其大门,则无人门焉者。"又指形状或作用像门的,如闸门,杜甫《望岳》:"车箱入谷无归路,箭栝通天有一门。"空窍入门而能通内外,故又特指人身的孔窍,《老子》五十二章:"塞其兑,闭其门。"河上公注:"门,口也。"门是进入家、室的唯一通道,故又指门径、关键,《老子》一章:"玄之又玄,众妙之门。"又指家族、门第,《左传·昭公十三年》:"晋政多门。"杜预注:"政不出一家。"又指学派、宗派,《论衡·问孔》:"孔门七十子之才,胜今儒。"又特指师门,如同门,《论语·述而》:"互乡难与言,童子见,门人惑。"又指类别,如分门别类，《后汉书·儒林列传》："涂分流别，专门并兴。"又用作量词，如一门忠烈、一门大炮、一门功课。又用在代词或指人的名词后面表示复数，后作"们"，岳珂《桯史》："我门生人如死人，老了不作一件事。"

zǐ 紫　蔡侯墓残钟（钭）　说文小篆（𡤔）　曹全碑（紫）　柳公权（紫）

形声字。《说文》："紫，帛青赤色。从糸此声。"本指红和蓝合成的颜色。《论语·阳货》："恶紫之夺朱也，恶郑声之乱雅乐也。"何晏注："孔曰：朱，正色；紫，间色之好者。恶其邪好而夺正色。"或言"帛青赤色"当为"帛黑赤色"，段注："青当作黑。颖容《春秋释例》曰：火畏于水，以赤入于黑，故北方间色紫也。"王筠、朱骏声皆同此说。张舜徽《约注》："青即黑也。今语称布帛之色黑者，但曰青布青绸，不言黑色。此于下文绀篆所云'深青扬赤色'，均谓黑为青，不烦改字而义自明。凡染帛，以赤入黑者，则黑见而赤隐矣。故紫之声义，实受诸兹。兹者，黑也，与紫双声，实即一语。"从此声字多有小意：小病为"疵"，小木散材为"柴"，残（残余则小）骨为"骴"，小羊为"羜"，短斧为"錾"，小貌为"佌"，浅渡为"越"，妇人小物为"婗"，小罚以财自赎为"赀"，言小毁为"訾"。"紫"指丝织品（糸）呈青赤色，紫属红、蓝叠加的间色（二次色），相对正色为小，古将以邪犯正、以下乱上比作以紫夺朱，对紫色有贬低意，故"紫"从糸此声。

"紫"也指紫色的衣冠和丝带，多借指高官，白居易《秦中吟》："雪中退朝者，朱紫尽公侯。"也指与帝王有关的事物，如紫禁城。

sài 塞　合 29365（𡨄）　塞公孙𦣞父匜（𡩁）　说文小篆（𡫷）　王基碑（塞）　王羲之（塞）

形声字。塞（sè），《说文》："隔也。从土从㥄。"本义为堵塞、阻隔。《诗经·豳风·七月》："塞向墐户。"段注："凡填塞字皆当作𡨄。自塞行而𡨄、塞皆废矣。"徐灏《注笺》："𡨄隶变作塞，塞、塞古今字。塞训窒，与隔义相因也，边塞亦隔绝闭塞之义。"张舜徽《约注》："塞从土而训隔，其本义自谓以土为障，使相隔离也。湖湘间称以土障水而断其流曰塞，是乃本义。《礼记·月令》：'季春开通道路，无有障塞。' 亦本义也。" "从寏" 当依徐锴《系传》作 "寏声"。寒（sè），《说文》："窒也。从竁从廾，窒宀中。竁犹齐也。" 本义为填塞，与 "塞" 同。竁（zhǎn），《说文》："极巧视之也。从四工。" 本指极工巧，今作 "展"。段注："工为巧，故四工为极巧。极巧视之，谓如离娄之明、公输子之巧，既竭目力也。凡展布字当用此，展行而竁废矣。" 古代房屋多坐北朝南，南面开门，北面开窗，冬天为保暖要把北方窗户堵塞。"寒" 上部宀指房子，下廾为两手，徐灏谓 "竁" 由多巧引申为多用力，"竁" 有展开、平齐义。堵塞窗户既要两手多用力，还要做得齐展好看，故 "寒" 从竁从廾从宀。堵塞窗户、门洞多用土，故 "塞" 从土寒声。"塞" 甲骨文像双手（廾）持物（二工）塞于屋（宀）内形。

"塞" 也指填塞，《左传·襄公二十六年》："塞井夷灶，成陈以当之。" 作名词指堵住器物口的东西，如瓶塞。堵塞则不通，故又指闭塞、梗塞，《管子·明法》："下情求不上通谓之塞。" 又指阻塞，《左传·襄公十八年》："卫杀马于隘以塞道。" 又指杜绝，《国语·晋语》："若袭我，是自背其信而塞其忠也。" 路被堵塞则走不通，故又指滞塞，潘岳《西征赋》："生有修短之命，位有通塞之遇。" 又指遮蔽、遮掩，《论语·八佾》："邦君树塞门，管氏亦树塞门。" 空缺被填塞则充实，故又指充实、充满，《诗经·鄘风·定之方中》："匪直也人，秉心塞渊。"

"塞" 又音 sài，指边境线上屏隔内外的建筑、关塞，《左传·文公十三年》："晋侯使詹嘉处瑕，以守桃林之塞。" 关塞多在边境，故又指边境，《荀子·强国》："若是，则虽为之筑明堂于塞外而朝诸侯，殆可矣。" 关塞多位险要处，故又指可据守的险要之处，《吕氏春秋·有始》："山有九塞，泽有九薮。" 又指酬神祭，后作 "赛"，《韩非子·外储说右下》："秦襄王病，百姓为之祷。病愈，杀牛塞祷。" 又指古代一种赌博游戏，后作 "簺"，《庄子·骈拇》："问谷奚事？则博塞以游。" 成玄英疏："行五道而投琼曰博，不投琼曰塞。"

jī
鸡（雞鷄）

合 29033　合 37471　陶汇 3.306　睡 6.45　说文小篆　说文籀文　武梁祠刻石　赵孟頫

繁体作"雞"，形声字。《说文》："雞，知时畜也。从隹奚声。鷄，籀文雞从鸟。"为鸟纲雉科家禽。鸡是人类饲养最普遍的家禽，鸡的特点在知时，故训"知时畜"。公鸡在黎明打鸣，如知天明之时，《春秋说题辞》："鸡为积阳，南方之象，火阳精物炎上，故阳出鸡鸣，以类感也。"《淮南子·说山训》："鸡知将旦，鹤知夜半。"鸡叫声"奚奚"，故"雞"从隹奚声。"隹、鸟"形符互用，故籀文从鸟作"鷄"，简化作"鸡"。

"鸡"的象声构字，是发声学上的构形法，"鸭"叫声"甲甲"，"鹅"叫声"我我"，皆是声符拟音的构字方式。罗振玉《增订殷虚书契考释》："象鸡形，高冠修尾……或增奚声。"

tián
田

合 20196　合 20495　传卣　伯田父簋　说文小篆　武梁祠刻石　王羲之

象形字。《说文》："田，陈也。树谷曰田。象四口；十，阡陌之制也。"本为种庄稼的田地。田地分块陈列，庄稼均匀分布于田，阡陌相连，有条不紊，故训"陈"。"田、陈"上古音皆属定纽真部，为声训。陈敬仲之后为田氏，《史记·田敬仲完世家》："敬仲之如齐，以陈字为田氏。"司马贞索隐："以陈、田二字声相近，遂以为田氏。"田里种植稻谷，故训"树谷曰田"。"口"像方形田块，南北为阡，东西为陌，"十"像阡陌形，即纵横交错的田埂。"田"甲骨文像田地阡陌纵横之形。蒋礼鸿《读字臆记》："有树谷之田字，有猎禽之田字，形同而非一字也。"李孝定《甲骨文字集释》："卜辞田多为田狩字，亦有用为田地之义者。"农耕之前，"田"是狩猎的围场，故"田"指打猎，《周易·恒》："田无禽。"孔颖达疏："田者，田猎也。"后田猎与耕田区别，加手持工具的"攴"作"畋"。

"田"指已耕种的土地，《尚书·禹贡》："厥田惟中中。"孔颖达疏引郑玄注："能吐生万物者曰土，据人功作力竞得而田之则谓之田。"田需人耕种,故又指耕种田地,后作"佃",《汉书·高帝纪》:"故秦苑囿园池,令民得田之。"又指君主赏赐给亲属臣仆的封地,《左传·宣公二年》:"乃宦卿之适子,而为之田,以为公族。"杜预注:"为置田邑以为公族大夫。"又指管理农事的官,即田畯,《礼记·月令》:"王命布农事,命田舍东郊。"又指古代地域面积单位或生产活动单位,《公羊传·哀公十二年》:"讥始用田赋也。"何休注:"田,谓一井之田。"又指可供开采某些资源的地带,如煤田。又用作姓氏,《通志·氏族略》:"田氏,即陈氏。陈厉公子完字敬仲,陈宣公杀其太子御寇,敬仲惧祸奔齐,遂匿其氏为田,田、陈声近故也。"

chì
赤

| 合 19801 | 合 33003 | 麦方鼎 | 休盘 | 说文小篆 | 说文古文 | 史晨碑 | 柳公权 |

会意字。《说文》:"赤,南方色也。从大从火。坴,古文从炎、土。"本义为红色。戴侗《六书故·天文》:"大火之色也。从火从大,会意。"段注:"火者,南方之行,故赤为南方之色。从大者,言大明也。"赤为火色,火大则其色赤红,故"赤"从大从火。饶炯《部首订》:"凡物过热则色赤,古文从炎土会意,亦以土迫于热,则色赤故也。"张舜徽《约注》:"凡土经火烧则色赤,验于灶心之土而可知也。"土经烈火焚烧则色赤,故《说文》古文从炎、土作"坴"。

古以赤为南方之色,故以"赤"表南方,《周礼·考工记·画缋》:"杂五色,东方谓之青,南方谓之赤。"谶纬家谓汉以火德王,火色赤,因以借指汉朝,《汉书·王莽传》:"赤世计尽,终不可强济。"又指空、尽、一无所有,徐灏《注笺》:"《汉书·贾谊传》:'故自为赤子。'颜注:'赤子言其新生未有眉发,其色赤。'是也。赤体即赤子之意,不毛之地谓之赤地,亦赤子之引申耳。"《韩非子·十过》:"晋国大旱,赤地三年。"赤子裸体降生,故又指光着、裸露,韩愈《山石》:"当流赤足踏涧石,水声激激风吹衣。"红色鲜明而象征赤诚、热烈,故又喻指纯真不杂、专一不二,《荀子·王制》:"功名之所就,存亡安危之所堕,必将于愉殷赤心之所。"灭则空无所有,故又指诛灭,扬雄《解嘲》："客徒欲朱丹吾毂,不知一跌将赤吾之族也。"

chéng
城　　鍼　鍼　鍼　𛱳　城　城

H31:5　　　班簋　　元年师兑簋　郳齍尹征城　说文小篆　史晨碑　欧阳询

会意兼形声字。《说文》:"城,以盛民也。从土从成,成亦声。鍼,籀文城从𩫖。"本义为城墙,都邑四周用作防守的墙垣,内称城,外称郭。城中居人如器盛物,故训"盛","城、盛"音同,为声训。张舜徽《约注》:"所以盛民谓之城,犹黍稷在器中谓之盛,屋所容受谓之宬,语原同也。"《墨子·七患》:"城者,所以自守也。""成"从戊丁声,有落实、成就义。城墙由土石建筑而成,城墙守卫人民,有成就意,故"城"从土从成,成亦声。"𩫖"为城郭之"郭"本字,𩫖为外城,故籀文从𩫖作"鍼"。"城"西周金文从𩫖成声,为《说文》籀文由来。春秋晚期金文作𛱳,从土成声,为小篆由来。从𩫖之字多与墙有关。"垣、堵、城"籀文皆从𩫖,小篆改从土。

"城"又指城垣以内的地方,如东城、西城。作动词指筑城,《诗经·小雅·出车》:"王命南仲,往城于方。"又指守城,《宋史·李庭芝传》:"(李)应庚发两路兵城南城。"

【原文】　kūn chí jié shí　jù yě dòng tíng
昆 池 碣 石　钜 野 洞 庭

【译文】　赏池赴昆明滇池,观海临河北碣石;看泽去山东巨野,游湖到湖南洞庭。

【释义】

昆池,即昆明池,又称滇池、滇南泽、滇海。位于云南昆明市西南,是我国第六大淡水湖,也是云南省最大的淡水湖,素有高原明珠之称。水以顺流为常,昆明池水逆行倒流如颠倒,故称为滇(颠)。常璩《华阳国志·南中志》:"下流浅狭,如倒流,故曰滇池。"

碣石,即碣石山,位于河北昌黎县城北,距北戴河约三十公里,自古就是观海胜地。悬崖上留存古人所刻"碣石"二字。碣石山虽在五岳之外,却有"神岳"之美誉。先后有九位帝王登临,因而成为历史名山。秦始皇崇拜碣石山的灵气,于公元前 219 年,派徐福率领童男童女数千人入海求仙。四年后他亲临碣石山,勒石记功,并祈求江山万代、长生不老。他令人刻《碣石门辞》,赞颂统一天下的丰功伟绩。公元前 110 年,汉武帝"行自泰山,复东巡海上,至碣石",在山顶修建汉武台祈仙求神,从此仙台顶又名汉武台。东汉建安十二年(207),曹操领兵东征乌桓凯旋,由辽西走廊返回,途经碣石,留下《步出夏门行》组诗。贞观十九年(645),唐太宗李世民亲征高丽,途经碣石,写下五言排律《春日望海》。

巨野,即巨野县,是山东省菏泽市所辖的一个县,位于菏泽东部。巨野地处鲁西南大平原腹地,因古有大野泽而得名。传说远古伏羲氏曾在大野泽渔猎,尧、舜、禹都在此留下足迹。春秋时期,巨野为武城地,属鲁国西境。公元前 475 年,巨野属宋国,至公元前 286 年,改属齐国。

洞庭,即洞庭湖,古称云梦、九江或重湖,位于长江中游荆江南岸,是中国第二大淡水湖。洞庭湖的名称历来有许多说法,有学者说"梦"是古楚国方言湖泽的意思,与"漭"字相通,如《春秋·昭公元年》:"楚子与郑伯田于江南之梦。"《汉阳志》:"云在江之北,梦在江之南。"合称"云梦"。到战国后期,由于泥沙沉积,云梦泽分为南北两部分,长江以北成为沼泽地带,长江以南还保持一片浩瀚的大湖。从此不再叫云梦,而将江南这片大湖称为"洞庭湖",《湘妃庙记略》:"洞庭盖神仙洞府之一也,以其为洞之庭,故曰洞庭。后世以其汪洋一片,洪水滔天,无得而称,遂指洞庭之山以名湖曰洞庭湖。"有"洞庭天下水,岳阳天下楼"之誉。

【解字】

kūn　昆　　昆　　　　　　　昆　　昆
　　　　昆疕王钟　郭·尊28　望2·策　说文小篆　张迁碑　欧阳询

会意字。《说文》:"昆,同也。从日从比。"本义为同。《太玄·玄摛》:"理生昆群,兼爱之谓仁也。"徐锴《系传》:"同日比之,是同也。"段注:"从日者,明之义也,亦同之义也。从比者,同之义。今俗谓合同曰浑,其实当用昆,用榾。"徐灏《注笺》:"(昆)与手部捆同义,假借为昆虫字耳。""比"以二人相随会意,二人相随则有同意,日出则天下皆(同)明,故"昆"从日从比。

　　昆弟之"昆",本字为"晜",《说文》:"晜,周人谓兄曰晜。从弟从眔。"徐铉等注:"眔,目相及也。兄弟亲比之义。"段注:"昆弟字当作此,昆行而晜废矣。"《诗经·王风·葛藟》:"终远兄弟,谓他人昆。"毛传:"昆,兄也。"弟在兄后,故指后,与"先"相对,《尚书·大禹谟》:"官占,惟先蔽志,昆命于元龟。"孔传:"昆,后也。官占之法,先断人志,后命于元龟,言志定然后卜。"又指后裔、子孙,《尚书·仲虺之诰》:"垂裕后昆。"孔传:"垂优足之道示后世。"独特之物少而共同之物多,故指群、众,《大戴礼记·夏小正》:"昆小虫,抵蚔。昆者,众也。"通"焜",盛明、照耀,扬雄《甘泉赋》:"樵蒸昆上,配藜四施。"李善注:"昆或为焜。《字书》曰:焜煌,火貌。"

chí
池(沱)　　通篡　公姞鬲　说文小篆　史晨碑　王羲之

　　《说文》无"池"字,多谓本作"沱",形声字。沱(tuó),《说文》:"江别流也。出崏山东,别为沱。从水它声。"本指江水的支流、水湾。《诗经·召南·江有汜》:"江有沱,之子归,不我过。"毛传:"沱,江之别者。""沱"又音 chí,同"池",指池塘、积水坑。徐铉等注:"沱沼之沱,通用此字。今别作池。"朱骏声《通训定声》:"字亦作沲、作池。"王筠《句读》:"《初学记》引云'池者,陂也'。《说文》无'池'字,而'陂'下云'一曰沱也'。可知所引即'沱'下义,特从俗作'池'耳。""它"本义为蛇,江水支流蜿蜒流淌,蛇(它)行蜿蜒曲折,段注"夫形声之字,多含会意,沱训江别,故从它,沱之言有它也",故"沱"从水它声。"也、它"形符互用,"沱"作"池"如"蛇"作"虵"、"佗"作"他"。段注据《初学记》引《说文》补"池"字:"池,陂也。从水也声。"《广韵》支韵:"池,停水曰池。"《诗经·大雅·召旻》:"池之竭矣,不云自频。"段注:"陂得训池者,陂其外之障,池言其中所蓄之水。"陈梦家《禺邗王壶考释》：“金文沱、池一字，以池为池沼，为停水，为城池，皆非朔义。池即沱，而沱者水之别流也……江之别流曰沱，亦曰渚，亦曰汜。”

　　“池”也指护城河，《左传·僖公四年》：“楚国方城以为城，汉水以为池。”也指水道、沟渠，《礼记·月令》：“毋竭川泽，毋漉陂池。”郑玄注：“穿地通水曰池。”砚台盛墨水而形如池，故又指砚池，《五杂俎·物部》：“故湖笔虽满天下，而真足当临池之用者，千百中一二也。”又指像水池的，如乐池。

jié
碣　　閜　　礧　　碣　　碣

　　　　　说文小篆　说文古文　欧阳询　　隶辨

　　形声字。《说文》：“碣，特立之石。东海有碣石山。从石曷声。礧，古文。”为高耸独立的石头，可用于刻文记事，起表识作用。段注：“碣之言傑也。”张舜徽《约注》：“特立之石为碣，犹逸群之才为傑，实一语也。”曷，《说文》：“何也。从曰匃声。”为代词，表示疑问，相当于“何、什么”。匃（gài），《说文》：“气也。逯安说：亡人为匃。”本义为乞求、乞讨。段注：“气者，云气也。用其声叚借为气（乞）求、气与字……其字俗作丐……从亡人者，人有所无必求诸人，故字从亡从人。”有疑而向人发问（曰），如乞求（匃）解答，故“曷”从曰从匃。从曷声字多有高举意，张舜徽《约注》：“推之手之高举为揭，木之显出为楬，禾举出苗为稿，并从曷声而义相近，语原同耳。”“碣”为高耸独立（曷）之石，故“碣”从石曷声。

　　“碣”也指独立高举貌，《汉书·扬雄传》：“外则正南极海，邪界虞渊，鸿蒙沆茫，碣以崇山。”颜师古注：“碣，山特立貌。”也指圆顶的石碑，《字汇》石部：“碣，碑碣。方者为碑，圆者为碣。”又指界碑，《魏书·序纪》：“自杏城以北八十里，迄长城原，夹道立碣，与晋分界。”又为文体的一种，王世贞《艺苑卮言》：“曰叙，曰记，曰碑，曰碣，曰铭，曰述，史之变文也。”又为碣石的省称，碣石，古山名，在河北省昌黎县西北，左思《魏都赋》：“恒碣碪嶭于青霄，河汾浩汗而皓溔。”

shí
石 　Ϋ 阝 冋 厄 冋 石 石

英1846　合6952　己爽貉子殷盖　包2.80　说文小篆　华山庙碑　颜真卿

依附象形字。《说文》:"石,山石也。在厂之下;口,象形。"本义为岩石,构成地壳的矿物质硬块。石多在山,为山之主要构成部分,故训"山石",《说文》言"山"之形态谓"有石而高"。《周易·困》:"困于石,据于蒺藜。"孔颖达疏:"石之为物,坚刚而不可入也。"王筠《系传校录》:"以口象石之形,而物形之似口者多矣,故以厂之厓岩会其意。"从悬崖(厂)掉下的石块(口)为阝。"石"甲骨文作Ϋ 合三三九一六,为"石"之初文,高鸿缙谓"象石岸壁立之形",李孝定谓"象石磬之形",皆通。又作厄,加"口"作区别符号。金文作冋,小篆承之,𠂤变作口,以口像石块形。战国文字加"一"或"二"作饰笔。

由石特指用作武器的石块,《左传·襄公十年》:"帅卒攻偪阳,亲受矢石。""石"也指石磬,古乐器名,八音之一,《尚书·舜典》:"予击石拊石,百兽率舞。"碑以石制,故也指石刻、碑碣,《史记·秦始皇本纪》:"遂上泰山,立石。"又指药石,中药里的矿物部分,《左传·襄公二十三年》:"季孙之爱我,疾疢也;孟孙之恶我,药石也,美疢不如恶石。"又指石针,古代的医疗用具,《战国策·秦策》:"扁鹊怒而投其石。"高诱注:"石,砭。所以砭弹人臃肿也。"又指针砭,以石针治病,《素问·腹中论》:"灸之则瘖,石之则狂。"林亿注:"石,谓以石缄开破之。"石多坚硬,故又指坚固、坚硬,《史记·苏秦列传》:"此所谓弃仇雠而得石交者也。"通"硕",大,《庄子·外物》:"婴儿生,无石师而能言,与能言者处也。"陆德明释文:"石师,又作硕师。"又用作姓氏,《通志·氏族略》:"石氏,姬姓。靖伯之孙石碏有大功于卫,世为卫大夫……又乌石兰氏改为石氏。"

"石"又音dàn,旧读shí,用作量词。

jù
钜(鉅)　鉅 鉅 鉅 鉅

古玺　说文小篆　袁博碑　赵孟頫

繁体作"鉅",形声字。《说文》:"鉅,大刚也。从金巨声。"本义为坚硬的铁。铁百炼成钢,质地刚坚。吴善述《广义校订》:"大刚即今所谓钢,炼铁为之,以坚锋刃者。古无钢字,即刚是。其质至刚,故曰大刚,亦曰刚铁。"《荀子·议兵》:"宛钜铁釶,惨如蜂虿。"杨倞注引徐广:"大刚曰钜。""铁"为金属之一,"巨"有大义,"钜"为大刚,故"鉅"从金巨声。

"钜"同"巨",大,张舜徽《约注》:"引申为凡大之称,又多借巨字为之。"《荀子·赋》:"有物于此,居则周静致下,动则綦高以钜。"又指钩,潘岳《西征赋》:"于是弛青鲲于网钜,解赪鲤于黏徽。"

yě 野	林土	林土	埜予	野	樧	墅	野
	郘3下38.4	大克鼎	楚王酓忑鼎	睡·日乙178	说文小篆	说文古文	魏王基残碑　王羲之

形声字。《说文》:"野,郊外也。从里予声。樧,古文野,从里省,从林。"本义为郊外。《尚书·武成》:"归马于华山之阳,放牛于桃林之野。"里,《说文》:"居也。从田从土。"本义为人所居住的地方。有地盖房、活动,有田耕种养生,是人居住的基本条件,故"里"从田从土。"野"甲骨文、金文从林从土,会郊外荒野林莽之地。野外林木众多,故从林。战国秦系文字作埜、樧,加"予"作声符,从埜予声。小篆变"林"为"田",田地多在野外,故从田。异体又从土作"墅",后为别墅之"墅"专字,王筠《句读》:"野字当有田庐一义,乃与从里关合。《广韵》语韵:'野,田野。墅,田庐。'二字并承与切,毛晃《增韵》:'野,故墅字。'……然则野者,墅之古字也。墅者,野之古音也。"王说是,"墅"指远离市区、在郊外田野或乡间的房子,乃住宅以外的临时住所,故有"别墅"一词。

野外人烟稀少,故也指旷野、荒野,《周易·同人》:"同人于野。"田地多在野外,故又指田野,《吕氏春秋·审己》:"稼生于野而藏于仓。"边境多偏远,故又指边鄙、边境,《战国策·齐策》:"(秦)今又劫赵、魏,疏中国,封卫之东野。"野有一定的范围,故又指区域、范围,《淮南子·原道》:"上游于霄霓之野,下出于无垠之门。"乡村多在野外,故又指民间,与"朝"相对,《尚书·大禹谟》："君子在野,小人在位。"野外荒凉,乡下条件简陋,故又指粗鄙、质朴,《礼记·仲尼燕居》："敬而不中礼谓之野。"孔颖达疏："野,谓鄙野。虽有恭敬而不合礼,是谓鄙野之人。"《庄子·寓言》："自吾闻子之言,一年而野,二年而从。"成玄英疏："野,质朴也。"又指野生的、非人工养殖或培植的,《史记·酷吏列传》："野彘卒入厕。"

dòng 洞　　洞　洞　洞　洞
　　说文小篆　鲜于璜碑　钟繇　智永

　　形声字。《说文》："洞,疾流也。从水同声。"本义为水流迅疾。王筠《句读》:"《西都赋》:'溃渭洞河。'桂氏曰:'《水经》有洞过水,亦谓其流疾也。'"张舜徽《约注》:"水流无碍,则通畅其行,直泄而下,故许训洞为疾流也。水通流谓之洞,犹通箫谓之筒,通街谓之衕耳。洞有直义疾义,本书'駧,驰马洞去也'。洞去,犹云直驰,马直驰则疾,与洞训疾流,意又同矣。"众水合会并流(同),则水流湍急,故"洞"从水同声。

　　水道通畅则水流迅疾,故"洞"引申指通,也作"迵",鲍照《登庐山》之二:"氛雾承星辰,潭壑洞江汜。"物被穿透则贯通,故作动词指穿透,《史记·苏秦列传》:"韩卒超足而射,百发不暇止,远者括蔽洞胸,近者镝弇心。"通则无碍,故又指透彻、明晰,如洞若观火,《论衡·实知》:"先知之见,方来之事,无达视洞听之聪明,皆案兆察迹,推原事类。"作名词指洞穴、窟窿,张衡《西京赋》:"赴洞穴,探封狐。"〔洞洞〕恭敬虔诚貌,也作"洞然",《礼记·礼器》:"卿大夫从君,命妇从夫人,洞洞乎其敬也,属属乎其忠也。"

　　"洞"又音 tóng,〔洪洞〕县名,即山西省洪洞县。〔溔洞〕大水弥漫,也作"颒洞",贾谊《旱云赋》:"运清浊之颒洞兮,正重沓而并起。"

tíng 庭　　庭　庭　庭　庭　庭
　　佚994　颂鼎　说文小篆　爨宝子碑　颜真卿

　　形声字。《说文》:"庭,宫中也。从广廷声。"本义为正室、厅堂。段注:"宫者,室也,室之中曰庭。"桂馥《义证》:"'令说文字未央庭中',《魏书·江式传》作‘宫中’。"《论语·季氏》:"尝独立,鲤趋而过庭。"邢昺疏:"夫子曾独立于堂,鲤疾趋而过其中庭。"廷,《说文》:"朝中也。从廴壬声。"本义为朝廷,帝王处理政务、接受朝见之所。王筠《句读》:"广部:'庭,宫中也。'与此对文。"段玉裁、徐灏等谓"廷"指朝中露天场所,段注:"朝中者,中于朝也。古外朝、治朝、燕朝皆不屋,在廷,故雨沾服失容则废。"高鸿缙《中国字例》:"廷者,堂下至门不屋之所,中宽两端后曲之地也。""廷"金文作![]孟鼎、![]师西簋,人挺立(壬)于庭隅(乚)之内,"广"为宽大建筑,厅堂为朝中最宽大的房室,故"庭"从广廷声。张舜徽《约注》:"宫中谓之庭,犹朝中谓之廷耳。今语则转为廳。廳字始见《玉篇》《广韵》。廳从聽声,聽从壬声;犹庭从廷声,廷亦从壬声也。""廳"为"庭"之后起分化字,自"庭"为朝廷、法庭义所专,又造"廳"字,为廳堂之"廳"专字。"聽、廷"古音同,故"聽"为"廳"之声符。"廳"简化作"厅"。

　　"庭"也指堂阶前的平地,《左传·昭公五年》:"南遗使国人助竖牛以攻诸大库之庭。"又指朝廷,《周易·夬》:"扬于王庭。"又指朝觐,《三国志·吴书·陆逊传》:"强寇在境,荒服未庭。"又指官署,《旧唐书·李适之传》:"尽决公务,庭无留事。"又指法庭,司法机关审理案件的处所,如开庭。又指少数民族所辖区域或所都之处,泛指边疆地区,杜甫《兵车行》:"边庭流血成海水,武皇开边意未已。"通"廷",直、正,《诗经·小雅·大田》:"播厥百谷,既庭且硕。"

【原文】　旷远绵邈　岩岫杳冥
　　　　　kuàng yuǎn mián miǎo　yán xiù yǎo míng

【译文】　江河源远流长,湖海宽广无边;名山景色秀丽,幽谷气象万千。

【释义】

　　此两句是对上述壮丽河山的总体描述和赞美。旷远,广阔辽远。绵邈,绵长悠远。岩岫,岩穴、山洞。杳冥,幽深、深邃。

　　从"都邑华夏"至"岩岫杳冥"为《千字文》第三章,《千字文释义》:"右第三章。此章言王天下者,其京都之大、宫阙之壮、典籍之盛、英才之众、土地之广如此。”

【解字】

kuàng
旷（曠）　曠　曠　曠　曠

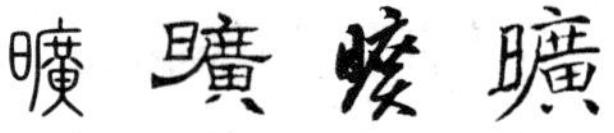

说文小篆　辟雍碑　智永　褚遂良

　　繁体作“曠”，形声字。《说文》：“曠，明也。从日廣声。”本义为光明、开朗。段注：“广大之明也。”嵇康《游仙》：“授我自然道，旷若发童蒙。”日最光明，普照万物，张舜徽《约注》“明之廣且远者莫如日”，故“曠”从日廣声。

　　日光照射范围广阔，故“旷”引申为辽阔、广大，《诗经·小雅·何草不黄》：“率彼旷野。”日光能远照，故又指久远、遥远，《吕氏春秋·长见》：“与处则不安，旷之而不谷得焉。”又指空缺，《尚书·皋陶谟》：“无旷庶官，天工人其代之。”又指空室无妻的成年男子，有时也指无夫的成年女子，《孟子·梁惠王》：“内无怨女，外无旷夫。”田、屋等被废则空，故又指废弃、废置，《左传·哀公元年》：“民不罢劳，死知不旷。”杜预注：“知身死不见旷弃。”又指疏薄、疏旷，《礼记·檀弓》：“斯子也，必多旷于礼矣夫。”

yuǎn
远（遠）　遠　遠　遠　遠　遠　遠　遠

屯 2061　屯 3759　大克鼎　番生簋盖　说文小篆　说文古文　史晨碑　颜真卿

　　繁体作“遠”，形声字。《说文》：“遠，辽也。从辵袁声。遠，古文遠。”本义为遥远，指空间距离大。张舜徽《约注》：“遼、遠二字互训而皆从辵，乃谓行路之长也。”古文从日从步作�，徐锴《系传》：“日日步之，故曰远也。”袁，《说文》：“长衣貌。从衣，叀省声。”指长衣貌。“叀”指纺专，纺专可旋转，“袁”从叀省声，或许表示衣长方便旋转（叀）。“遠”指行路（辵）距离大，甲骨文以“袁”为“遠”，张舜徽《约注》“路长谓之远，犹衣长谓之袁耳”，故“遠”从辵袁声。简化字“远”从辵元声。

　　“远”引申指时间距离大，久远，《论语·学而》：“慎终追远，民德归厚矣。”邢昺疏：“远，谓亲终既葬，日月已远也。”又指多，《吕氏春秋·审为》：“韩之轻于天下远，今之所争者，其轻于韩又远。”又指深远、深奥，《周易·系

辞》:“其旨远,其辞文,其言曲而中。”又指高远、远大,《论语·颜渊》:“浸润之谮,肤受之诉,不行焉,可谓远也已矣。”又指边远、远地,《三国志·魏书·文德郭皇后传》:“今帝在远,吾幸未有是患,而便移止,奈何?”又指疏远,多指血统关系,《诗经·小雅·伐木》:“笾豆有践,兄弟无远。”

“远”又音 yuàn,指离去、避开,《论语·颜渊》:“舜有天下,选于众,举皋陶,不仁者远矣。”不亲近则疏远,故又指不接近、不亲近,《论语·雍也》:“务民之义,敬鬼神而远之,可谓智矣。”又指违背、乖离,《汉书·公孙弘传》:“故法不远义,则民服而不离;和不远礼,则民亲而不暴。”

mián 绵(綿)

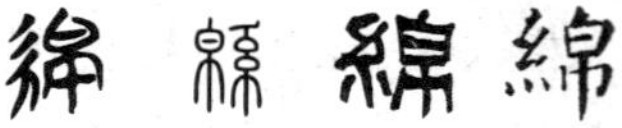

信阳简　说文小篆　衡方碑　颜真卿

繁体作“綿”,《说文》作“緜”,会意字。《说文》:“緜,联微也。从系从帛。”本为蚕丝结成的丝絮片或团。徐灏《注笺》:“纺絮成缕谓之緜,联微者,言其微眇相续也。引申为绵长之称。因谓纩絮为緜,后又别制棉字。”《晋书·职官志》:“秋绢二百匹,绵二百斤。”丝絮联结细密,故“緜”引申指连绵不断、联结细密,即“联微”。《诗经·大雅·緜》:“緜緜瓜瓞。”孔颖达疏:“緜緜,微细之辞,故云不绝貌也。”段注:“联者,连也。散者,眇也。其相连者甚散眇,是曰緜。”张舜徽《约注》:“绵当以丝絮为本义,乃茧之未纺成缕者,即今语所称丝绵也。其物联缀敷广不绝,揭之则薄如纸,叠之则厚可装衣御寒。古人亦称绵为帛,所谓五十非帛不暖也。绵与絮析言有别,盖精者为绵,粗者为絮,故许以敝绵训絮耳。中土自宋元以来,始有木绵,故其字从木作棉者最为晚出,古但作绵也。”帛,《说文》:“缯也。从巾白声。”为丝织物的总称。徐灏《注笺》:“帛者,缣素之通名。璧色,白色也,故从白。引申为杂色缯之称。”帛为白色缯,“巾”以丝帛制成,从巾之字多与布帛相关,如“布、帖、帷、幣”等,饶炯《部首订》“帛、素皆织匹之无纹彩者,未湅曰帛,已湅曰素,因其色白称之,而加巾为专名”,故“帛”从巾白声。“緜”由丝联结成(系)如帛,故“緜”从系从帛。《玉篇》糸部:“綿,与緜同。”今以"绵"为通行字。

连绵不断则长久，故"绵"引申为久远，陆机《饮马长城窟行》："冬来秋未反，去家邈以绵。"又指丝绵，丝绵柔软，软则弱，故又指薄弱、软弱，《新唐书·李听传》："淮南兵绵弱，郓人素易之。"

miǎo
邈　
　　说文新附　䜌宝子碑　智永　赵孟頫

形声字。《说文新附》："邈，远也。从辵貌声。"本义为遥远。《楚辞·离骚》："抑志而弭节兮，神高驰之邈邈。""貌"为"貌"或体。"邈"指路程（辵）远，貌（貌）在外，相对内为远，故"邈"从辵貌声。

"邈"也指久远，《汉书·司马相如传》："轩辕之前，遐哉邈乎，其详不可得闻已。"相距远则音讯渺茫，故又指渺茫、模糊不清，《水经注·河水》："事有似而非，非而似，千载眇邈，非所详耳。"又指超过，《抱朴子·外篇》："厩马千驷，而骐骥有邈群之价。"同"藐"，小看、轻视，刘向《战国策序》："遂燔烧诗书，坑杀儒士，上小尧、舜，下邈三王。"

yán
岩（巖）　
　　说文小篆　白石神君碑　颜真卿

也作"巖"，形声字。《说文》："巖，岸也。从山嚴声。"本义为崖岸。严可均《说文校议》："《御览》卷五十四引作'厓也'。又申说云：'山边谓之厓。'则旧本实是厓字。《文选·长笛赋》注引与二徐同。"张舜徽《约注》："厈、岸、厓、崖诸字，并与巖双声，皆有高义，语原同也。"从嚴声字多有高意：昂头为"儼"，石山为"礹"，崖岸为"巖"。"巖"为山边崖岸，高而险峻，人见而嚴然生畏，故"巖"从山嚴声。汉代已有"岩"字，从山、石会意，同"巖"，今为"巖"之简化字。曹植《洛神赋》："睹一丽人，于岩之畔。"

崖岸陡峭，故"岩"引申为高峻、险要，《左传·隐公元年》："制，岩邑也。"险峻之山多峰，故又指山峰，李白《永王东巡歌》："千岩烽火连沧海，两岸旌旗绕碧山。"崖下多有山洞，故又指洞穴、石窟，《徐霞客游记·楚游日记》:"上见石崖攒舞,环玦东向,下则中空成岩,容数百人。"又指岩石,即构成地壳的石头,《史记·高祖本纪》:"高祖即自疑,亡匿,隐于芒、砀山泽岩石之间。"又为古地名"傅岩"简称,在今山西平陆县东,相传商王武丁的大臣傅说为奴隶时曾在此版筑,后世常用来指贤者隐遁之处,李白《酬张卿夜宿南陵见赠》:"终当起岩野。"

xiù
岫

合 3218　　合 6477　　英 834　　说文小篆　　说文籀文　　智永　　赵孟頫

　　形声字。《说文》:"岫,山穴也。从山由声。窬,籀文从穴。"本义为山洞、岩穴。王筠《句读》:"《释山》:'山有穴为岫。'郭注:'谓岩穴。'许君之意,盖恐人误读《尔雅》,谓有穴之山名曰岫也。故节其词曰山穴,谓山之穴也。"张舜徽《约注》:"山穴谓之岫,故籀文从穴作窬,非有穴之山始得谓之岫也。"从由声字多有顺达意:引(顺)导为"迪",行平易为"㣿",散瘀消肿之药为"苗",拔引而出曰"抽",穿毂圆转之木为"轴",管声洞达为"笛",新枝条畅为"粤",栋梁横亘为"宙"。"岫"为山洞,山穴嵌空洞达(由),故"岫"从山由声。

　　"岫"也指峰峦,嵇康《忧愤诗》:"采薇山阿,散发岩岫。"

yǎo
杳

屯 2682　　古陶　　说文小篆　　娄寿碑　　赵孟頫

　　会意字。《说文》:"杳,冥也。从日在木下。"本指昏暗、深幽。段注:"冥,窈也。莫为日且冥,杳则全冥矣。由莫而行地下,而至于榑桑之下也。"《楚辞·涉江》:"深林杳以冥冥兮,猿狖之所居。"日在木下表示太阳落山,日落则天黑,故"杳"从日在木下。古人造字,取法常见事物,使人明白易晓。如以日的不同位置表不同时间:"旦"以日初出地(一)表示早晨;"東"以日在木中表示日升东方;"杲"从日在木上表示中午太阳当空普照;"莫"以日落草丛(茻)表示傍晚。

　　昏暗则看物不清,故"杳"引申指不见踪影,如杳无音信,清汪洪度《七里濑》："丹梯不可上,神仙杳难逢。"又指深广,《管子·内业》："杲乎如登于天,杳乎如入于渊。"

míng
冥　　⽤　　昴　　昴　　冥　　冪　　寞　　冥

合 104020　　合 181　　合 14022　　诅楚文　　说文小篆　　石门颂　　柳公权

会意字。《说文》："冥,幽也。从日从六,冖声。日数十。十六日而月始亏幽也。"本义为昏暗。《诅楚文》："拘圉其叔父,置诸冥室椟棺之中。"冖指覆盖,物被覆盖则昏暗,每月十六日后月亏缺幽暗,故"冥"从日从六,冖声。"冥"甲骨文从廾(两手)张冖(布幔)遮日(日),会日被覆而幽暗之意。唐兰谓"象两手以巾覆物之形",亦通。战国文字"廾"变作"大"形,小篆"大"又变作"六",《说文》遂谓"从六"。

夜晚幽暗,故"冥"又指夜晚,《诗经·小雅·斯干》："哙哙其正,哕哕其冥。"郑玄笺："正,昼也。冥,夜也。言居之昼日则快快然,夜则烠烠然,皆宽明之貌。"愚昧犹心智昏暗,故又指愚昧无知,韩愈《祭鳄鱼文》："则是鳄鱼冥顽不灵。"深则昏暗,故又指深、幽深,《太玄·达》："中冥独达。"司马光集注："心深称冥。"迷信称人死后进入的世界为"冥",即所谓地府、阴间,《后汉书·冯衍传》："伤诚善之无辜兮,赍此恨而入冥。"李贤注："冥谓地也。赍恨入冥,言死有余恨也。"海水晦暗,故又指大海,后作"溟",《庄子·逍遥游》："北冥有鱼,其名为鲲。"陆德明释文："冥,本亦作溟。"

四、治家安身之理

【原文】
_{zhì běn yú nóng} 治 本 于 农 _{wù zī jià sè} 务 兹 稼 穑

【译文】 治理国计民生的根本在发展农业,要专力做好播种收获等农事。

【释义】

　　《千字文释义》:"此以下,言君子治家处身之道。此节("治本于农"至"劝赏黜陟")言治家者以本富为重也。治,治生也。本,根本也。于,语辞。农,治田也。《汉志》云:'辟土植谷曰农。'务,致力也。兹,此也。种五谷曰稼,敛五谷曰穑。"华夏以农耕文化为主,农业是治国安民的首要大事,人民生存、国家延续,粮食是最重要的条件,故谚曰:"国以农为本,民以食为天。"

【解字】

治 _{zhì} 治　治　治　治
　　睡·杂6　说文小篆　张迁碑　王羲之

　　形声字。治(chí),《说文》:"水。出东莱曲城阳丘山,南入海。从水台声。"本为古水名,即今山东半岛小沽河,发源于山东省掖县阳丘山,流经莱阳县西南,与大沽河合,经即墨至胶州湾入海。段注:"今治水名小沽河,自掖县马鞍山南流至平度州东南。与出登州府黄县之大沽河合流,迳即墨,至胶州之麻湾口入海。""台"金文作𠙨其台钟,像胎儿长成形(自处)。"治"为水名,作动词有处置义,故"治"从水台声。

　　"治"的非水名义项读zhì,修治、整治,《孟子·告子》:"禹之治水,水之道也。"也指治理、统治,《战国策·秦策》:"商君治秦,法令至行。"治理有方则国家安定,故又指社会安定、太平(与乱相对),《周易·系辞》:"君子安而不忘危,存而不忘亡,治而不忘乱。"又指有秩序、严整,《孙子兵法·军争》:"以治待乱,以静待哗。"又指修养、修饰,《荀子·解蔽》:"仁者之思也恭,圣人之思也乐,此治心之道也。"又指政治、法制,《尚书·周官》:"冢宰掌邦治,统百官,均四海。"孔传:"天官卿称太宰,主国政治,统理百官,均平四海之内邦国,言任大。"又指政绩,《周礼·天官·小宰》:"以叙进其治。"贾公彦疏:"谓卿大夫士有治职功状文书进于上,亦先尊后卑也。"又指主管,《荀子·天论》:"心居中虚,以治五官,夫是之谓天君。"又指制造、建造,《史记·平准书》:"治楼船,高十余丈。"又指惩处,《史记·李斯列传》:"赵高治斯,榜掠千余,不胜痛,自诬服。"又指研究学问,沈括《梦溪笔谈·艺文》:"王圣美治字学,演其义以为右文。"泛指为、作,《孟子·公孙丑》:"夫既或治之,予何言哉?"又指诊疗,如治病。又指对抗、较量,《战国策·赵策》:"齐、秦交重赵,臣必见燕与韩、魏亦且重赵也。皆且无敢与赵治。"又指征服、制服,《荀子·议兵》:"故兵大齐则制天下,小齐则治邻敌。"

běn
本

本鼎　　古币　　秦陶　　说文小篆　说文古文　史晨碑　颜真卿

指事字。《说文》:"本,木下曰本。从木,一在其下。𣎴,古文。"本指草木的根。根在下,"一"指示根所在部位,故"本"从木,一在其下。徐灏《注笺》:"本、末、朱皆指事文,从木建类,作画识其下为本,识其上为末,中为朱,本无可疑。"《吕氏春秋·辩土》:"是以畮广以平,则不丧本茎。"高诱注:"本,根也。"《说文》古文下像根。金文在木下加·作指事符号,指出树根所在。小篆变·为横,隶、楷承之。张舜徽《约注》:"木以本为大,故循声推衍,凡由本孳乳之字皆有大义;亦犹木以末为小,凡由末孳乳之字,皆有小义也。"

"本"也指草木的茎、干,《国语·晋语》:"枝叶益长,本根益茂。"又指同根生而有血缘关系的宗族子孙,《诗经·大雅·文王》:"文王孙子,本支百世。"毛传:"本,本宗也。"根干为草木的主体,故又指事物的基础或主体,《论语·学而》:"君子务本,本立而道生。"草木先长根,故又指事物的起始、根源,《礼记·乐记》:"乐者,音之所由生也,其本在人心之感于物也。"根源是本有的,故又指原来的、固有的,如本能、本性。又指自己或自己方面的,如本人、本国,《吕氏春秋·处方》:"本不审,虽尧舜不能以治。"高诱注:"本,身;审,正也。身不正而欲治者,尧舜且犹不能,况凡人乎?"又指本钱,如一本万利。又指书册,如书本。又指版本,如善本。又用作量词。

于（於乌烏）

沈子它簋　禹鼎　鄂君启舟节　说文小篆　说文古文　说文古文　熹平石经　颜真卿

又作"於",本字为"烏",繁体作"烏",象形字。《说文》:"烏,孝鸟也。象形。孔子曰:'烏,盱呼也。'取其助气,故以为乌呼。🦅,古文烏,象形。🦅,象古文烏省。"本为乌鸦。乌鸦有返哺之德,如人孝敬父母,故训"孝鸟"。乌鸦全身乌黑,乍一看若无眼睛,故"烏"比"鳥"字少表示眼睛的一横,段注:"鳥字点睛,烏则不。以纯黑,故不见其睛也。"《说文》又有"于(亏)"字,用作介词,义同"於"。段注:"亏,於也,象气之舒。亏呼者,谓此鸟善舒气自叫,故谓之乌……古者短言于,长言乌呼。于、乌一字也。"《说文》古文作"於",段注:"此即今之于字也,象古文烏而省之。"又作于,段注:"凡经多用于,凡传多用於。""於"用"于"为简化字,二字合流。

"乌"引申为黑色之称,乌云指黑云,乌衣指黑衣,《史记·匈奴列传》:"北方尽乌骊马,南方尽骅马。"古代传说太阳中有三足乌,因以"乌"为太阳的代称,《山海经·大荒东经》:"一日方至,一日方出,皆载于乌。"郭璞注:"中有三足乌。"又假借为副词,表示反问语气。也用作叹词,表示赞美。

"于"又音 yú,多用作介词,引介处所、对象、趋向、目的、原因,或表示被动、比较等。又作连词,表示并列、承接等。

农（農農）　nóng

乙1502　前5.48.2　农簋　田蔍鼎　睡·秦144　说文小篆　乙瑛碑　赵孟頫

繁体作"農、農",会意字。《说文》:"農,耕也。从晨囟声。🦅,籀文農从林。🦅,古文農。🦅,亦古文農。"本义为耕种,《左传·襄公九年》:"其庶人力于农穑。"杜预注:"种曰农,收曰穑。""晨"即"晨",《说文》:"晨,早昧爽也。从臼从辰。辰,时也。"指早晨。甲骨文"辰"为"蜃"之初文,古代用作耕器。古人日出而作,日落而息,"晨"乃双手(臼)持耕器(辰)晨耕之时,《说文》"辱"下谓"辰者,农之时也","辰"是用于翻土的蚌壳,故"晨"从臼从辰。"晨"又作"曟",《说文》:"曟,房星,为民田时者。从晶辰声。"从晶(星)从辰,用晨星表示早晨。"辰"在殷商时期就用为十二地支的第五位,辰时指上午七点至九点。日初出时为晨,辰时是耕作的最佳时辰,故或体从日作"晨",戴侗《六书故·天文》:"晨从日,乃晨昏之晨。""農"甲骨文从辰从艸(或林),以手(又)持辰除草(从林或指伐林耕种),会农耕之意。𦦢为《说文》古文𦦕由来。金文加义符"田",表示耕于田,为《说文》籀文由来。战国秦系文字"田"变作"囟",小篆承之,《说文》析形作"从晨囟声"。徐灏《注笺》:"農者,厚用其力之义,故凡農声之字皆有厚义,如濃,露多也;醲,厚酒也;襛,衣厚貌;是也。"简化字"农"由草书楷化而来。

耕种属于农事,故"农"引申为农事、农业,唐太宗《久旱简刑诏》:"农为政本,食乃人天。"耕种者为农夫,故又指农民,《庄子·让王》:"舜以天下让其友石户之农。"又是先秦学术思想流派之一,九流中"农家"的简称,《后汉书·班彪传》:"九流百家之言,无不穷究。"李贤注:"九流,谓道、儒、墨、名、法、阴阳、农、杂、纵横。"耕种须辛勤劳作,故又指勤勉,《尚书·吕刑》:"稷降播种,农殖嘉谷。"又用作姓氏,《广韵》冬韵:"农,姓。《风俗通》云:神农之后。"

务(務)

wù

乍册般黿　睡·为29　说文小篆　魏上尊号奏　柳公权

繁体作"務",形声字。《说文》:"務,趣也。从力敄声。"本义为专力从事。段注:"趣者,疾走也。務者,言其促疾于事也。"王筠《句读》:"《淮南·修务训》:'圣人知时之难得,务可趣也。'《孟子》:'当务之为急。'"敄

（wù），《说文》："强也。从支矛声。"本义为强勉，即尽力行事。《尔雅·释诂》："敄，强也。"郝懿行义疏："主强力而言。"持支治事、持矛作战，皆须强力进取，故"敄"从支矛声。专力从事则强勉不怠（敄），张舜徽《约注》"务之言敄也，谓自迫促不懈怠也"，故"務"从力敄声。金文以"敄"为"務"。简化省作"务"。

"务"也指追求、谋求，《吕氏春秋·孝行》："所谓本者，非耕耘种殖之谓，务其人也。"全力从事之事多为急务，故又指紧要之事，《左传·昭公六年》："惧其未也，故诲之以忠，耸之以行，教之以务。"又指事情，如公务，《史记·孝文本纪》："农，天下之本，务莫大焉。"又指工作、职业，《韩非子·诡使》："仓廪之所以实者，耕农之本务也。"又用作副词，必须、一定，《孟子·告子》："君子之事君也，务引其君以当道，志于仁而已。"

zī 兹（兹）

| 铁 178.2 | 大保簋 | 郭·缁 1 | 说文小篆 | 华山庙碑 | 颜真卿 |

《说文》作"兹"，形声字。《说文》："兹，艸木多益。从艸，兹省声。"本义为草木滋盛。《系传》作"絲省声"，草木滋生如丝之集聚，故"兹"从艸，絲省声。"絲"像两束丝之形，《孙子算经》"蚕吐丝为忽，十忽为一丝"，丝聚而成束，织而成帛，有集聚、滋益之意，故甲骨、金文以"絲"为"兹"。

草木滋生为一年之始，故"兹"又指年，张舜徽《约注》："兹既训草木多益，因用为年岁之名。盖初民但以草木枝叶复青为改岁之候，犹之季、秋等字均从禾也。"《孟子·滕文公》："今兹未能，请轻之，以待来年。"又指现在，《尚书·盘庚》："兹予大享于先王，尔祖其从与享之。"又指这里，《论语·子罕》："文王既没，文不在兹乎？"又指这样，陶潜《饮酒》之一："寒暑有代谢，人道每如兹。"又用作程度副词，相当于"愈益、更加"，后作"滋"，马王堆汉墓帛书《老子甲本》："民多利器，而邦家兹昏。"又用作语气词。

jià
稼　　𥡍　𥡒　𥡓　𥣫　稼　稼
　　　合9617　合9616　合9619　说文小篆　石门颂　赵孟頫

　　形声字。《说文》：“稼，禾之秀实为稼，茎节为禾。从禾家声。一曰稼，家事也。一曰在野曰稼。”指禾穗。桂馥《义证》：“谓刈穗断去稾即稼也。”《诗经·豳风·七月》：“九月筑场圃，十月纳禾稼。”朱熹集传：“禾之秀实而在野曰稼。”也指种植谷物，《诗经·魏风·伐檀》：“不稼不穑，胡取禾三百廛兮？”“一曰稼，家事也”《系传》作“稼，家也”。段注：“稼之言嫁也。《毛传》曰：‘种之曰稼。’《周礼》‘司稼’注曰：‘种谷曰稼，如嫁女以有所生。’”桂馥《义证》：“皇侃《论语义疏》：稼犹嫁也，言种谷欲其滋长田苗，如人嫁娶生于子孙也。”故“稼”从禾家声。甲骨文从田从二禾（或三禾），移栽禾苗于田之意。

　　“稼”也泛指粮食、谷物，《吕氏春秋·审己》：“稼生于野而藏于仓。”

sè
穑（穡）　𥞷　𥡻　𥣼　穡
　　　史墙盘　说文小篆　晋太公吕望表　赵孟頫

　　繁体作“穡”，形声字。《说文》：“穡，谷可收曰穑。从禾啬声。”本义指成熟的谷物，作动词指收获谷物。段注：“《毛传》曰：‘敛之曰穑。’许不云敛之云可收者，许主谓在野成孰。不言禾言谷者，晐百谷言之，不独谓禾也。”《尚书·洪范》：“稼穑作甘。”孔传：“甘味生于百谷。”《尚书·洪范》：“土爰稼穑。”孔传：“种曰稼，敛曰穑。”啬(sè)，《说文》：“爱濇也。从来从㐭。来者，㐭而藏之。故田夫谓之啬夫。”本指收获谷物，后作“穑”。朱骏声《通训定声》：“此字本训当为收谷，即穑之古文也。”农夫耕种不易，珍惜粮食，故“啬”引申为爱惜（爱濇），进而指吝啬。㐭(lǐn)，《说文》：“谷所振入。宗庙粢盛，仓黄㐭而取之，故谓之㐭。从入，回象屋形，中有户牖。廩，㐭或从广从禾。”本指户外仓廪，后作“廪”。“㐭”甲骨文作𠆢，合五八三反、合五八四反，陈梦家《殷虚卜辞综述》：“㐭，象露天的谷堆之形。今天的北方农人在麦场上，作一圆形的低土台，上堆麦杆麦壳，顶上作一亭盖形,涂以泥土,谓之'花篮子',与此相似。㐭是积谷所在之处,即后世仓廪之廪。"仓廪是储藏禾谷的建筑(广),故或体从广从禾作"廪",为通行字。李孝定谓"㐭、㐭、廪"一字。谷熟可收藏(來)于仓(㐭),故"嗇"从來从㐭。"穑"为成熟可收藏(嗇)的谷物(禾),故"穑"从禾嗇声。张舜徽《约注》:"嗇字既为爱濇义所专,故别造从禾之穑以为稼穑字耳。"

收获为耕种之事,故又指耕种、农事,《尚书·盘庚》:"若农服田力穑,乃亦有秋。"孔传:"穑,耕稼也。"

【原文】 俶 载 南 亩　　 我 艺 黍 稷
chù zài nán mǔ　 wǒ yì shǔ jì

【译文】 一年的农活开始干起来,我种上小米又种上高粱。

【释义】

出自《诗经·小雅·大田》"俶载南亩,播厥百谷",朱熹《诗集传》:"取其利耜而始事于南亩,既耕而播之。"俶,始。载,犹事也。俶载,农事伊始。南亩,指农田。南坡向阳,利于农作物生长,古人田土多向南开,故称"南亩"。艺,种植。黍,黄米。稷,稷谷。

上句讲治国以农业为本,尤其要做好粮食的种植和收获工作。此句讲粮食种植,把《诗经》"播厥百谷"改为"我艺黍稷"。黍稷代表谷物,泛指一切农作物,"五谷丰登"就是以五谷涵盖所有粮食作物。"穀(谷)"原指有壳的粮食,象稻、稷、黍等外面都有壳,故"穀"从殻,段注:"殻者,今之殻字。穀必有稃甲。"

【解字】

chù
俶

说文小篆　史晨碑　智永　赵孟頫

形声字。俶(shū),《说文》:"善也。从人叔声。《诗》曰:'令终有俶。'一曰始也。"本义为善。经典皆借"淑"为"俶",段注:"《释诂》《毛传》皆曰:'淑,善也。'盖假借之字,其正字则俶也。""叔"为以手(又)拾豆粒(朩),从叔声字有美善之意:人善为"俶",水清为"淑",行平易为"踋"。

"俶"字构形盖指人之美善,故"俶"从人叔声。

"俶"又音 chù,指始,《尚书·胤征》:"俶扰天纪。"又指作、动,《诗经·大雅·崧高》:"有俶其城。"又指整、束,《后汉书·张衡列传》:"简元辰而俶装。"

载(載)

鄂君启车节　坪夜君成鼎　说文小篆　张迁碑　颜真卿

繁体作"載",形声字。《说文》:"載,乘也。从車𢦏声。"本为乘坐(车)。《史记·河渠书》:"陆行载车,水行载舟。"王筠谓本义为装载,《句读》:"桀部:'乘,覆也。'然则许君之意,主《诗》'不输尔载'而言,谓车上之物压覆其车也。《易》'大车以载',则主车而言,乃引申之义。"𢦏(zāi),《说文》:"伤也。从戈才声。"本指以戈伤之。段注:"伤者,刅也。此篆与栽、菑音同而义相近,谓受刅也。"甲骨文作𠦡合三四二四六,从戈在声,董作宾《新获卜辞写本后记》:"戈乃兵刃,足以伤人。又加𤯌声为之。"车承载人、物而多用于作战,作战则多有伤(𢦏),故"載"从車𢦏声。

"载"也指供人乘坐或装物的交通工具,《尚书·益稷》:"予乘四载,随山刊木。"孔传:"所载者四,谓水乘舟,陆乘车,泥乘輴,山乘樏。"也指装运,《集韵》代韵:"载,舟车运物也。"又指装运的物品,《吕氏春秋·必己》:"盗求其橐中之载,则与之。"车子载物要承受重量,故又指承受,《周易·坤》:"君子以厚德载物。"孔颖达疏:"君子用此地之厚德容载万物。"车载人、物则充满,故又指充满,《诗经·大雅·生民》:"实覃实訏,厥声载路。"车载人、物如负担,又指担任、担负,《荀子·富国》:"以国载之,则天下莫之能隐匿也。"车以承载为用,故又指作为、施行,《尚书·皋陶谟》:"亦言其人有德,乃言曰'载采采'。"孔颖达疏:"载者,运行之义,故为行也。"乘车则身处车中,故又指居、处,《老子》十章:"载营魄抱一,能无离乎?"又指收藏、保藏,《诗经·小雅·彤弓》:"彤弓弨兮,受言载之。"又指携带、带着,《礼记·曲礼》：“史载笔，士载言。”又指生长，《中庸》：“上天之载，无声无臭，至矣。”孔颖达正义：“载，生也，言天之生物无音声无臭气，寂然无象而物自生。”又指成，《国语·周语》：“夫利，百物之所生也，天地之所载也。”韦昭注：“载，成也。地受天气，以成百物也。”又指事，《尚书·舜典》：“咨四岳，有能奋庸熙帝之载。”通“才”，开始，《诗经·豳风·七月》：“八月载绩。”又用作语助词，用在句首或句中，起加强语气的作用，陶潜《归去来辞》：“载欣载奔。”

　　“载”又音 zǎi，指岁、年，《尚书·尧典》：“朕在位七十载。”又指记录，《尚书·洛诰》：“汝受命笃弼，丕视功载。”孔传：“当辅大天命，视群臣有功者记载之。”

nán 南

| 合 12870 乙 | 合 378 | 大盂鼎 | 南宫乎钟 | 包 2.102 | 说文小篆 | 史晨碑 | 颜真卿 |

　　形声字。《说文》：“南，艸木至南方，有枝任焉。从宋羊声。𢆶，古文。”方位名，与北相对。《诗经·邶风·凯风》：“凯风自南，吹彼棘心。”上古音，“南”为泥纽侵部，“任”为日纽侵部，二字声近韵同，为声训。王筠《句读》：“《白虎通》：‘南方者，任养之方，万物怀任也。’言枝任者，其叶蕃滋，枝能任之也。”宋（ pò ），《说文》：“艸木盛宋宋然。象形，八声。”草木繁茂貌。草木（中）繁茂则枝叶外分（八），故“宋”从八声。羊（ rěn ），《说文》：“撇也。从干，入一为干，入二为羊。读若能，言稍甚也。”本义为刺。段注：“撇，刺也。”徐灏《注笺》：“羊之言甚也，深入之义也。”“读若能”当从徐锴《系传》作“读若餁”。南方草木繁茂（宋），繁茂则兴盛（羊），故“南”从宋羊声。“南”甲骨文像悬挂敲击的乐器，郭沫若《甲骨文字研究》：“由字之形象而言，余以为殆钟镈之类之乐器……钟镈皆南陈，故其字孳乳为东南之南。”唐兰《殷虚文字记》：“瓦制之乐器也。”

　　“南”作动词指向南走、向南移动，《周礼·地官·大司徒》：“日南，则景短，多暑。”又为《诗经》中《周南》《召南》的简称，《晋书·乐志》：“周始二《南》，《风》兼六代。”又用作姓氏，《通志·氏族略》：“南氏，姬姓。卫灵公之子公子郢,字子南,以字为氏。或言周宣王时南仲之后,又鲁亦有南氏,又楚有子南氏,亦为南氏,是皆以字为氏者。或言晋高士居隐于南乡,因以为氏,此以乡为氏者。”

"南"又音 nā,〔南无〕,梵文 Namas 的音译,又译作"南谟、那谟、南摩、纳慕、娜母、那模"等,意为敬礼、归命、归礼。佛教徒常用来加在佛、菩萨名或经典题名之前,以表示崇敬,如南无阿弥陀佛、南无观世音菩萨。

mǔ 亩（畝畮）

賢簋　兮甲盘　玺汇 349　上 4　说文小篆　说文或体　孔宙碑　颜体楷书

繁体作"畝",《说文》作"畮",形声字。《说文》:"畮,六尺为步,步百为畮。从田每声。畝,畮或从田、十、久。"为计量田地的单位。周代六尺为一步,横一步直一百步为一亩。徐锴《系传》有"秦田二百四十步为亩"九字,商鞅变法废井田,规定五尺为一步,横一步直二百四十步为一亩,但仅实行于秦国。汉武帝以前,两种制度并存。汉武帝时依秦制统一规定,二百四十步为一亩。后又规定市制六十平方丈为一亩。《孟子·梁惠王》:"五亩之宅,树之以桑,五十者可以衣帛矣。""畝"为计量田地的单位,面积较大,"每"有盛大义,故"畮"从田每声。或体从田、十、久作"畝",段注:"十者,阡陌之制。久声也,每、久古音皆在一(之)部。"后世以或体"畝"为通行字,简化字省作"亩"。

"亩"也指田埂、田中高处,《诗经·小雅·信南山》:"我疆我理,南东其亩。"通"母",根本、根源,《尚书·微子之命》"唐叔得禾,异亩同颖",《史记·鲁周公世家》作"异母"。

wǒ 我

合 10950　合 21739　毓且丁卣　卯白归苑段　弔我鼎　说文小篆　熹平石经　颜真卿

会意字。《说文》:"我,施身自谓也。或说我,顷顿也。从戈从戈。戈,或说古垂字。一曰古杀字……㦻,古文我。"本义为杀。《尚书·泰誓》"我伐用张",《孟子·滕文公》作"杀伐用张"。"我"甲骨文像长柄齿刃兵器。兵器用以杀伐，故"我"本义为杀。西周中期金文作，为小篆所承。西周早期金文作，齿刃断开置于下侧，为《说文》古文由来。"我"很早就借作第一人称代词，盖为"吾"之借字，"余、予"古音同"吾"，也为第一人称代词。《诗经·小雅·采薇》："昔我往矣，杨柳依依。今我来思，雨雪霏霏。"

"我"也泛指自己的一方，《左传·庄公十年》："春，齐师伐我。"也表示亲密，《论语·述而》："窃比于我老彭。"

yì
艺（藝埶）　　　　　　　　
　　　　　　　甲1797　甲1991　盂尊　毛公鼎　说文小篆　张迁碑　王羲之

繁体作"藝"，《说文》作"埶"，会意字。《说文》："埶，种也。从坴、丮，持亟种之。《书》曰：我埶黍稷。"本义为种植。"持亟种之"徐锴《系传》作"持种之"，段注："说从丮之意。""《书》"当依《系传》作《诗》，《诗经·小雅·楚茨》"我埶黍稷"，今本作"藝"。段注："《齐风》毛传曰：'藝犹树也。'树、种义同。""埶"甲骨文从丮持木，会种植之意。西周金文加土，容庚《金文编》："从丮持木植土上。"小篆承金文，将"木、土"合体变作"坴"，《说文》遂作从坴、丮，是知"坴"本指木种于土。"丮"指握持，"埶"指持（丮）木栽种于土（坴），故"埶"从坴、丮。后加艸作藝，又加云作"藝"，为通行字，《孟子·滕文公》："后稷教民稼穑，树藝五谷。"简化字"艺"从艸乙声。

学习知识如种庄稼，故"艺"引申指教育科目，《周礼》八岁入小学，教之以"六艺"：礼、乐、射、御、书、数。《论语·述而》："依于仁，游于艺。"又指才能、技艺，如多才多艺，《尚书·金縢》："予仁若考，能多材多艺。"又指文章、典籍，《魏书·儒林传》："顷因暇日，属意艺林。"又指有技术、艺术的人，如艺人。

shǔ
黍　　　　　　　　
　　　合9970　合32459　合9948　仲叡父盘　玺汇55　说文小篆　白石神君碑　赵孟頫

形声字。《说文》："黍，禾属而黏者也。以大暑而种，故谓之黍。从禾,雨省声。孔子曰:黍可为酒,禾入水也。"一年生谷物,其子实煮熟后有黏性,可酿酒、做糕等。段注:"今山西人无论黏与不黏统呼之曰糜黍。太原以东则呼黏者为黍子,不黏者为糜子。黍宜为酒,为羞笾之饵餈,为酏粥……以暑种故谓之黍。犹二月生、八月孰得中和,故谓之禾。皆以叠韵训释。"王筠《句读》:"惟《氾胜之书》曰:'黍者,暑也。种必待暑,先夏至二十日,此时有雨,强土可种黍。'然亦谓暑热时耳,非大暑节也。"黍在暑热时种植,故命名为"黍"。"黍、暑"上古音皆属书纽鱼部,为声训。"黍"为禾属而黏者,故"黍"从禾。甲骨文像枝叶扶疏、穗分散的黍形,黍可酿酒,故或从水。金文从禾从水;小篆承之,《说文》将水声化作"雨省声"。

又为黍类的籽实即黍子的简称,《论语·微子》:"止子路宿,杀鸡为黍而食之。"又指古酒器,《吕氏春秋·权勋》:"临战,司马子反渴而求饮,竖阳谷操黍酒而进之。"高诱注:"酒器受三升曰黍。"

稷（jì） 　　中山王鼎　　上·孔24　　说文小篆　　说文古文　　史晨碑　　赵孟頫

形声字。《说文》:"稷,齏也。五谷之长。从禾畟声。〔稷〕,古文稷省。"本为谷物名,邵晋涵《尔雅正义》:"前人释稷多异说,以今验之,即北方之稷米也。北方呼稷为谷子,其米为小米……《说文》所谓五谷之长,以先种为长也。稷为庶民所恒食,厥利孔溥。"或谓高粱,程瑶田《九谷考》:"稷、齏,大名也。黏者为秫,北方谓之高粱。"畟(cè),《说文》:"治稼畟畟进也。从田、人,从夊。《诗》曰:畟畟良耜。""畟"指田人推耜耕地快速前进(夊),"稷"为五谷(禾)之长,大面积种植需人推耒耜快耕(畟),故"稷"从禾畟声。

"稷"为古农事官,《尚书·舜典》:"汝后稷,播时百谷。"孔颖达疏:"稷是五谷之长,立官主此稷事。"又为五谷之神,《周礼·地官·大司徒》:"设其社稷之壝。"郑玄注:"社稷,后土及田正之神。"作动词指祭祀谷神,《荀子·礼论》:"故社,祭社也;稷,祭稷也。"

"稷"又音 zè,通"昃",太阳西斜,《谷梁传·定公十五年》:"戊午,日下稷,乃克葬。"范宁注:"稷,昃也。下昃,谓晡时。"

【原文】　税 熟 贡 新　　劝 赏 黜 陟
　　　　　shuì shú gòng xīn　quàn shǎng chù zhì

【译文】　百姓用新收获的粮食交纳赋税,农事官依据业绩给予奖惩与升降。

【释义】

　　两句言赋税及管理。税,田赋。熟,指粮食成熟。贡,上交。新,新收获的粮食。劝,勉力。赏,奖赏。黜,贬降或罢免。陟,晋升。百姓每年要用新收获的粮食交纳田赋,即农业税。农业税是历代政府主要的财政来源,各级政府官员必须处理好国家利益与民众利益的关系。国家根据农事工作的情况,对官员进行奖赏或处罚,晋升或降职。粮食储备与赋税是关乎国家发展、人民安居的大事,故须谨慎对待。

【解字】

shuì
税　　税　粮　税　税　税
　　　孙子131　说文小篆　硕人镜　欧阳询　赵孟頫

　　形声字。《说文》:"税,租也。从禾兑声。"本义为田赋。张舜徽《约注》:"租税二字本义,皆谓粟米之征,今则多用引申之义。凡赋取者皆谓之税,亦犹凡赁借者皆谓之租也。"《老子》七十五章:"民之饥,以其上食税之多,是以饥。""兑"为快乐"悦"之初文。从兑声字多有小、脱意:小杖为"梲",小祭为"祱",锋芒为"锐",小鳢为"鲅",消瘦为"脱",蛇、蝉脱皮为"蜕"。"税"是田地谷物收成(禾)的税赋,田赋相对减少(兑)农户的收入,故"税"从禾兑声。

　　"税"由田赋扩展指一切赋税,《六书故·植物》:"税,凡赋取者皆曰税。"《汉书·食货志》:"税谓公田什一及工商衡虞之入也。"作动词指征收或交纳赋税,《韩非子·显学》:"夫吏之所税,耕者也。"又指租赁,袁宏道《相逢行》:"税地植桃花,十树九树死。"又指释放,《左传·庄公九年》:

"管仲请囚,鲍叔受之,及堂阜而税之。"或指止息、居住,《诗经·召南·甘棠》"召伯所说"毛传:"说,舍也。"又指以物赠人,《礼记·檀弓》:"未仕者不敢税人,如税人则以父兄之命。"又指利息,《后汉书·桓谭冯衍列传》:"今富商大贾,多放钱货,中家子弟,为之保役,趋走与臣仆等勤,收税与封君比入。"通"悦",和悦,《史记·礼书》:"凡礼始乎脱,成乎文,终乎税。"

"税"又音 tuō,通"脱",脱下,《左传·襄公二十八年》:"陈须无以(景)公归,税服而如内宫。"过量而漫出,《周礼·考工记·栗氏》:"概而不税。"戴震《考工记图》注:"税、脱古字通。万希原曰:税者,脱然突起高于量也,言概平之不使满出。"

shú
熟(孰)

合 17936　合 30284　花东 294　伯侄簋　说文小篆　白石神君碑　颜真卿

《说文》作"䎁",形声字。《说文》:"䎁,食饪也。从丮𦎫声。《易》曰:孰饪。"本指食物加热到可吃的程度,后作"熟"。段注:"饪,大孰也。可食之物大孰,则丮持食之……后人乃分别熟为生熟、孰为谁孰矣。曹宪曰:顾野王《玉篇》始有熟字。"《论语·乡党》:"君赐腥,必熟而荐之。"𦎫(chún),《说文》:"孰也。从亯从羊。读若纯,一曰鬻也。"本义为纯熟,又为烹煮食物。亯(xiǎng),《说文》:"献也。从高省,曰象进孰物形。《孝经》曰:祭则鬼亯之。"本义为献。甲骨文作合一三六一九,像宗庙之形,表示在宗庙享献,后分化为"亨、享、烹"三字,典籍多通用。羊为祭品,少牢用羊,故"𦎫"从亯从羊。食物烹熟(𦎫)则可手持(丮)献祭、食用,故"䎁"从丮𦎫声。"孰"甲骨文作,从亯从丮,会人于宗庙(亯)前进献之意。"孰"后借为疑问代词后,本字加火作"熟",为生熟之"熟"专字。

"熟"泛指成熟,《孟子·告子》:"五谷者,种之美者也,苟为不熟,不如荑稗。"粮食成熟则有收成,故又指有收成、丰收,《尚书·金縢》:"凡大木所偃,尽起而筑之,岁则大熟。"食物做熟则美味可口,故又指美善、精美,《史记·大宛列传》:"汉使者往既多,其少从率多进熟于天子。"裴骃集解引《汉书音义》："进熟,美语如成熟者也。" 又指经过加工或制理过的,如熟铁,庾信《仙山》之二："石软如香饭,铅销似熟银。" 又指常见或常用,如熟人、熟路。进而指精通而有经验,如熟能生巧。又指仔细、精审,《韩非子·解老》："行端直则思虑熟,思虑熟则得事理。" 又指程度深,《吕氏春秋·博志》："精而熟之,鬼将告之。非鬼告之也,精而熟之也。"

gòng
贡（貢）

战国陶文　天文杂占 2.2　说文小篆　曹全碑　赵孟頫

繁体作"貢",形声字。《说文》："貢,献、功也。从贝工声。" 将物品进献给皇帝。王筠《句读》："贡、献同义,贡、功同声。" 徐灏《注笺》："'功'谓力作所有事,如谷麦为农功、丝枲为妇功也……古通作赣。" 段注："端木赐字子赣。凡作子贡者,亦皆后人所改。"《尚书·禹贡》："厥贡漆丝。" 蔡沈集传："贡者,下献其土所有于上也。""工" 用工字尺形表示人作工,从工声字多有人作工的核心义素。进献的多是贵重货物（贝）,力事为功,有做工意,"工、貢" 古通用,故 "貢" 从贝工声。

"贡" 作名词指贡品,《尚书·禹贡》："禹别九州,随山浚川,任土作贡。" 孔传："任其土地所有,定其贡赋之差。" 相传 "贡" 为夏代税法之名,《尚书·禹贡》"禹贡",蔡沈集传："贡,夏后氏田赋之总名。" 古以举荐人才作进献之礼,故又指举荐,《礼记·射义》："诸侯岁献,贡士于天子。"

xīn
新

合 22124　花东 377　颂鼎　师遽簋盖　说文小篆　张迁碑　钟繇

形声字。《说文》："新,取木也。从斤亲声。" 本为砍伐树木。马王堆汉墓帛书《称》："百姓斩木艾新而各取富焉。" 亲(zhēn),《说文》："亲,果实如小栗。从木辛声。《春秋传》曰:女挚不过亲栗。" 为果木名,同 "榛",落叶灌木或小乔木,结球形坚果。作动词为以刀(辛)斫木(木)。"新" 为伐木,"斤" 为砍木斧,"亲" 指所伐之木,故 "新" 从斤亲声。"新" 甲骨文像斧斤伐木形。饶炯、张舜徽等谓 "新" 当 "从斤从木,辛声",可备一说。"新"

后为新旧义所专,本字又加艸作"薪"。王筠《释例》:"然则新为采取,薪为刍荛,虽分动静,实一字也。为新旧字所专,人遂不觉耳。"

伐木有新茬,故"新"转指刚出现或刚经验到的,徐灏《注笺》:"斫木见白新也。凡物之易于更新者莫如木,故取义焉。"段注:"引申之为凡始基之称。"《论语·为政》:"温故而知新,可以为师矣。"又指没有用过的,如新衣。又指刚收获的粮食或蔬果,《礼记·月令》:"是月也,农乃登谷,天子尝新。"作动词指改旧变新,《诗经·鲁颂·閟宫》:"新庙奕奕。"又用作副词,表示时间,相当于"刚、刚才",《荀子·不苟》:"新浴者振其衣,新沐者弹其冠。"又为朝代名,汉王莽初封新都侯,初始元年(8)代汉称帝,国号新,建都长安,更始元年(23)灭,《汉书·王莽传》:"(王莽)即真天子位,定有天下之号曰新。"通"亲",《尚书·金縢》:"惟朕小子其新逆。"陆德明释文:"新逆,马本作亲迎。"

quàn 劝(勸)

勸　勸　勸　勸
老子乙前17　说文小篆　校官潘乾碑　赵孟頫

繁体作"勸",形声字。《说文》:"勸,勉也。从力雚声。"本义为勉励、奖励。《广韵》愿韵:"劝,奖劝也。"段注:"勉之而悦从亦曰劝。""雚"同"鹳",为善视水鸟,陆机云"似鸿而大"。"雚"甲骨文作合三二一三七、合三四三一九,像长腿、大眼警惕环视的大水鸟形。勉力从事则能成大事,故"勸"从力雚声。简化字换雚为又作"劝"。

"劝"也指劝说、劝告,如劝诫,韩愈《讳辩》:"愈与李贺书,劝贺举进士。"劝勉使人奋进,故也指努力,《尚书·多方》:"不克终日劝于帝之迪。"

shǎng 赏(賞)

賞　賞　賞　賞　賞　賞
忽鼎　中山王鼎　睡·秦76　说文小篆　杨叔恭残碑　赵孟頫

繁体作"賞",形声字。《说文》:"賞,赐有功也。从貝尚声。"本义为奖赏、赏赐。《礼记·月令》:"赏公卿诸侯大夫于朝。"郑玄注:"赏,谓有功德者,有以显赐之也。"《墨子》:"赏,上报下之功也。"有功者受崇尚,能得财物（贝）等赏赐，徐锴《系传》"赏之言尚也。尚其功也，赏以偿之也"，故"赏"从贝尚声。

"赏"也指赐予或奖给的东西，《荀子·不苟》："身之所短，上虽不知，不以取赏。"赏赐有宣扬有功者之意，故又指宣扬、称赞，《左传·襄公十四年》："善则赏之。"有功则得人欣赏，故又指欣赏、玩赏，《管子·霸言》："是故先王之所师者，神圣也；其所赏者，明圣也。"

chù 黜　　黜（说文小篆）　黜（孔彪碑）　黜（智永）　黜（柳公权）

形声字。《说文》："黜，贬下也。从黑出声。"本义为贬降、罢退。段注："《玉篇》云'贬也，下也'，按当作'贬也，下色也'五字。贬也者，黜陟之义也。下色也者，为从黑张本也。"人被贬是从高位退出，被贬则多心烦意乱，心情、脸色昏暗黎黑，张舜徽《约注》"凡物呈黑色者，非陈旧即敝败，故人皆屏斥之。黜字从黑而训贬下，意即在此"，故"黜"从黑出声。

"黜"也指贬斥，《史记·仲尼弟子列传》："子贡利口巧辞，孔子常黜其辩。"被贬如被摒弃，故又指摈弃，《说苑·君道》："今吾好士六年矣，而栾激未尝进一人，是进吾过而黜吾善也。"被贬是废除原有官位，故又指废除，《国语·晋语》："公将黜太子申生而立奚齐。"又指放纵，《左传·襄公二十八年》："夫民，生厚而用利，于是乎正德以幅之，使无黜嫚，谓之幅利。"被贬则俸禄、权利减少，故又指减损，《左传·襄公十年》："初，子驷与尉止有争，将御诸侯之师而黜其车。"

zhì 陟　　陟（合 1667）　陟（合 15363）　陟（沈子它殷盖）　陟（癫钟）　陟（说文小篆）　陟（孔宙碑）　陟（赵孟頫）

会意字。《说文》："陟，登也。从𨸏从步。𣥕，古文陟。"本义为登高，由低处向上走，与"降"相对。《诗经·商颂·殷武》："陟彼景山，松柏丸丸。""陟"指迈步登高，"𨸏"为高陵而可攀登，故"陟"从𨸏从步。罗振玉《增订殷虚书契考释》："从𨸏，示山陵形；从走（步），象二足由下而上。此字之意但示二足上行,不复别左右足。"

　　"陟"也指登程、上路,《尚书·太甲》:"若升高,必自下;若陟遐,必自迩。"登高是身体不断上升,晋升是官职上升,故又指晋升,诸葛亮《前出师表》:"宫中府中,俱为一体,陟罚臧否,不宜异同。"

【原文】　孟　轲　敦　素　　史　鱼　秉　直
　　　　　mèng kē dūn sù　　shǐ yú bǐng zhí

【译文】　亚圣孟轲崇尚质朴精纯,史官子鱼秉性刚直中正。

【释义】

　　《千字文释义》:"此节("孟轲敦素"至"勉其祗植")言处身者以敬慎为要也。"孟轲,孟子。敦,崇尚。素,质朴、精纯。史鱼,春秋卫国史官子鱼。秉,秉持。直,刚正。

　　孟子(约前372—前289),名轲,或曰字子舆,邹(今山东邹城)人。战国时期伟大的思想家、教育家,儒家学派的代表人物,与孔子并称"孔孟"。后世追封孟子为"亚圣公",尊称为"亚圣",其弟子及再传弟子将孟子的言行文章录成《孟子》一书。

　　孟子把道德伦理概括为仁、义、礼、智四端,是人与生俱来的自然品质,孟子又把人伦关系概括为五种,《孟子·滕文公》:"父子有亲,君臣有义,夫妇有别,长幼有序,朋友有信。"五伦是最基本的人伦关系,任何人都离不开这个范围。孟子推崇尧舜之道,认为尧舜"仁义"之道即圣人之道,合乎天道,即合乎自然法则和规律。"性善论"是孟子哲学思想的核心,"民本思想"是孟子仁政学说的核心,对后世影响极大,这些都具有敦厚、质朴、纯真、自然的特性,故"孟轲敦素"是对孟子思想精要的概括。

　　"史鱼秉直"语出《晋书·李含传》"实有史鱼秉直之风"。史鱼,春秋时卫国(都今濮阳西南)大夫,名佗,字子鱼,也称史鰌。卫灵公时任祝史,负责社稷神坛的祭祀,又称祝佗。史鱼以正直敢谏闻名,他去世前嘱咐儿子:我在卫朝做官,不能进荐贤德的蘧伯玉而劝退不正派的弥子瑕,是我身为臣子却没能扶正君王的过失!我生前无法正君,死了也无以成礼。我死后,你将我尸体放在窗下,就算完成丧礼。其子尊父命而为。卫灵公前来吊丧,见尸体竟放置在窗下,责问其子轻慢不敬,其子将父亲遗命告诉卫灵公。卫灵公很惊愕,说:"这是我的过失啊!"就令其子依礼仪安放史鱼尸体,然后重用蘧伯玉,辞退弥子瑕。史鱼的做法被史家称为"尸谏",孔子赞曰:"直哉史鱼! 邦有道如矢,邦无道如矢。"以射出去的箭(矢)喻其正直。

【解字】

mèng
孟

父乙孟觚　　孟簋　　说文小篆　　说文古文　　张迁碑　　欧阳询

　　形声字。《说文》:"孟,长也。从子皿声。，古文孟。"兄弟姊妹中排行最大的,也称伯。《左传·隐公元年》:"惠公元妃孟子。"《白虎通·姓名》:"嫡长称伯,庶长称孟。"桂馥《义证》:"《容斋三笔》:孟字,只是最长、最先之称,如所谓孟侯、孟孙、元妃孟子、孟春、孟夏之类是也。""孟"为子女之最长者,"皿"用为祭器,古代实行宗法制嫡长子继承权制度,长子为祭祀时的主祭人,故"孟"从子皿声。桂馥、承培元、徐灏、苗夔、商承祚等皆谓《说文》古文是"保"篆重文。

　　长子为初生之子,故"孟"转指初,四季中每季的第一个月,《楚辞·离骚》:"摄提贞于孟陬兮。"又指勉力、努力,班固《幽通赋》:"盍孟晋以迨群兮。"通"猛",勇猛,《管子·任法》:"奇术技艺之人,莫敢高言孟行,以过其情。"郭沫若等集校:"张文虎云:'孟'疑'猛'之借字。"又作姓氏,《广韵》映韵:"孟,姓。出平昌、武威二望,本自周公、鲁桓公之子,仲孙之胤。仲孙为三桓之孟,故曰孟氏。"

kē
轲(軻)

说文小篆　　武梁祠刻石　　智永　　赵孟頫

　　繁体作"軻",形声字。《说文》:"軻,接轴车也。从车可声。"本为接轴车,指车轴以两木相连接的一组车,泛指一般的车。王禹偁《送柴转运赴职序》：“画轲频移，绣衣渐远。”“轲”为接轴车，车轴相接，摩擦产生“可可”之声，故“轲”从车可声。段注认为“接”当作“椄”：“椄者，续木也。轴所以持轮，而两木相椄则危矣。故引申之多迍曰轗轲。”《一切经音义》及唐写本《玉篇》引《说文》皆作“接轴也”，张舜徽《约注》谓原文盖作“车也，椄轴也”，本有二训。可备参证。

　　“轲”也专指孟子名，张舜徽《约注》：“轲之本义为车，故孟轲字子舆，此古训之仅存者。”韩愈《石鼓歌》：“方今太平日无事，柄任儒术崇丘轲。”

dūn
敦

前 4.34.7　　粹 1043　　鼓罍乍父辛簋　　陈纯釜　　睡·杂 34　　说文小篆　　张迁碑　　颜真卿

　　形声字。《说文》：“敦，怒也，诋也。一曰谁何也。从攴臺声。”义为恼怒、敦迫。桂馥、王筠等以为“怒”或为“怨”。徐灏《注笺》：“敦即古憝字。怨与怒诋恚恨之类，皆一义相生。”《荀子·议兵》：“有离俗不顺其上，则百姓莫不敦恶。”甲骨文、金文以羊享献宗庙之“享”为“敦”。借“臺”为“敦”，义指敦迫、挞伐。《诗经·邶风·北门》：“王事敦我，政事一埤遗我。”郑笺：“敦，犹投擿也。”陆德明释文：“《韩诗》云：敦，迫。”战国文字加义符“攴”，为敦迫义本字。“敦”指敦迫、挞伐，“攴”有迫促、击打义，“臺”借为“敦”，故“敦”从攴臺声。侯康《释敦》：“敦字本义凡二说，《说文》所列，从攴得义者也。经传通训为厚，从臺得义者也。”

　　“敦”也指呵斥，钱坫：“《过秦论》：‘陈利兵而谁何。’谁何者，敦何也。古读敦通谁，二字通用，而人或不知之。”桂馥谓“何”当为“呵”。侯康《释敦》：“谁何者，谁呵也。汉旧仪宿卫郎官分五，夜谁呵，呵夜行者谁也……是其义与‘怒也、诋也’同。”又指督促、促迫，《周易·复》：“敦复，无悔。”督促勉人进取，故又指劝勉，《后汉书·荀韩钟陈列传》：“遣人敦寔。”人受敦促则勤勉上进，故又指勤勉，《管子·君臣》：“上惠其道，下敦其业。”又指质朴、厚道、诚恳，如敦厚，段玉裁谓“敦”训“厚”乃假“敦”为“惇”字，《老子》十五章：“敦兮其若朴。”又指亲密、和睦，《新唐书·王世充传》：

"熊、谷二州在度内,不取,敦邻好也。"又指厚实、深厚,谢灵运《入彭蠡湖口》:"徒作千里曲,弦绝念弥敦。"又指多、丰厚,《荀子·儒效》:"知之而不行,虽敦必困。"又指注重、崇尚,《左传·僖公二十七年》:"说礼、乐而敦《诗》《书》。"

"敦"又音 duī,独处不移,《诗经·豳风·东山》:"敦彼独宿,亦在车下。"又指治理,《诗经·鲁颂·閟宫》:"敦商之旅,克咸厥功。"郑玄笺:"敦,治;旅,众;咸,同也。武王克殷而治商之臣民,使得其所,能同其功于先祖也。"

"敦"又音 tuán,丛聚,《诗经·大雅·行苇》:"敦彼行苇,牛羊勿践履。"通"团",圆形的,《诗经·豳风·东山》:"有敦瓜苦,烝在栗薪。"

"敦"又音 diāo,通"雕",画饰,《诗经·大雅·行苇》:"敦弓既坚。"朱熹注:"敦、雕通,画也。"

"敦"又音 dùn,竖,《庄子·列御寇》:"敦杖蹙之乎颐。"

"敦"又音 dào,通"焘",覆盖,《集韵》号韵:"帱,覆也,或作敦,通作焘。"《周礼·春官·司几筵》:"诸侯则纷纯,每敦一几。"

"敦"又音 duì,古代盛黍稷的器具,青铜制,盖和器身都作半圆形,合成球形,盖和器身有三足或圈足,流行于战国时期。容庚《金文编》:"盛黍稷之器,其制似盂,或敛口,或侈口,上有盖,旁有耳,下有圈底,或缀三足,或连方座,《穆天子传》'六敦壶尊四十'注:敦似盘,音堆。"《礼记·明堂位》:"有虞氏之两敦。"

"敦"又音 tún,通"屯",布陈、屯聚,《诗经·大雅·常武》:"铺敦淮濆。"

| sù 素 | 辅师嫠殷 | 师克盨盖 | 天策 | 说文小篆 | 魏王基残碑 | 王羲之 |

会意字。《说文》:"素,白致缯也。从糸、𡩡,取其泽也。"为本色的生帛。段注:"缯之白而细者也……郑注《杂记》曰:'素,生帛也。'然则生帛曰素。对涑缯曰练而言。以其色白也,故为凡白之称。以白受采也,故

凡物之质曰素。"张舜徽《约注》："缯之未加色者称素,故引申有白义空义。"《礼记·杂记》："纯以素,纰以五采。"孔颖达疏："素,谓生帛。"《释名·释采帛》："素,朴素也。已织则供用,不复加巧饰也。又物不加饰,皆自谓之素,此色然也。"生帛由丝(糸)织成,丝帛质地轻薄,光滑润泽,拿起则自然下垂,故"素"从糸、巫。"素"金文从廾,像两手持丝织帛形。

　　"素"也指用作写字的丝绸或纸张,王胄《白马篇》："不羡山河赏,唯希竹素传。"由本色的生帛转指本色、白色,《论语·八佾》："绘事后素。"何晏注："凡绘画先布众色,然后以素分布其间。"又指本质、本性,《淮南子·俶真》："是故虚无者道之舍,平易者道之素。"由本质转指带根本性的物质或构成事物的基本成分,如元素、义素。本色生帛不加染,故又指质朴、不加装饰,《周易·履》："初九:素履,往无咎。"孔颖达疏："处履之始,而用质素。"又指淡薄无为,《庄子·天地》："夫王德之人,素逝而耻通于事。"又指挂名的、无爵位俸禄的,《庄子·天道》："以此处下,玄圣素王之道也。"成玄英疏："有其道而无其爵者,所谓玄圣素王自贵者也。"寒门之人无爵位俸禄,故又指不仕、境遇贫寒,《资治通鉴·宋纪》："士庶虽分,本无华素之隔。"胡三省注："素,白也,质也。故白屋谓之素门,寒士谓之素士。"又指志向、宿愿,陶潜《感士不遇赋》："抱朴守静,君子之笃素。"逯钦立注："笃素,纯志。"素色淡雅不鲜艳,蔬菜五谷本味清淡,故又指蔬菜类食品,与"荤"相对,《墨子·辞过》："古之民未知为饮食时,素食而分处。"平淡是人生最长久的滋味,故又指平素、旧时,陆机《叹逝赋》："经终古而常然,率品物其如素。"又用作副词,表示频度或枉然。又指真情,后作"愫",《战国策·秦策》："竭智能,示情素。"

shǐ
史　甲　甲　甲　甲　甲　史　史
　　合20088　合20576　史鼎　燮作周公簋　说文小篆　史晨碑　颜真卿

　　会意字。《说文》："史,记事者也。从又持中。中,正也。"本指古代文职官员,最初指君王身边担任星历、卜筮、记事的人员。王国维谓中为史官所执之簿书,类似今文件袋。史官手(又)持文件袋(中),将所记文件装入其中。"从又"谓史以右手执笔记事,"持中"犹"持正",指史官所记当秉持中正不偏原则,古称"信史",饶炯《部首订》"盖史之所记,如其事而实书之,不参己见,亦无偏倚,故从又持中",故"史"从又持中。甲骨文"史、吏、使、事"本为一字,古音同在之部。记事者是"史",治人者是"吏",吏受令是"使",所理者是"事"。章太炎谓古代要职皆由史官出,古官名亦皆由史出,诗书礼乐及政事皆由史官掌握。

"史"也指官府佐吏,《周礼·天官·序官》:"府,六人;史,十有二人。"史官所记为史,也指历史,《史记·太史公自序》:"自获麟以来,四百有余岁,而诸侯相兼,史记放绝。"史书记录历史,又指记载历史的书籍,谢灵运《山居赋》:"国史以载前纪,家传以申世模。"转指(文辞)虚浮,《论语·雍也》:"质胜文则野,文胜质则史。"又指画师,《庄子·田子方》:"宋元君将画图,众史皆至。"成玄英疏:"画师并至。"又为古代官职,如御史、刺史。又用作姓氏,《通志·氏族略》:"史氏,周太史史佚之后,以官为氏。"

yú
鱼(魚)

合 22370　花东 236　明藏 726　鱼父乙卣　伯鱼鼎　说文小篆　曹全碑　柳公权

繁体作"魚",象形字。《说文》:"魚,水虫也,象形。""虫"泛指动物,鱼是水生脊椎动物,故训"水虫"。徐锴《系传》:"下川象尾而已,非水火之火字。"《诗经·大雅·旱麓》:"鸢飞戾天,鱼跃于渊。"甲骨文、金文皆像鱼之形。

"鱼"也为像鱼类的水栖动物统称,如鳄鱼,《左传·闵公二年》:"归夫人鱼轩,重锦三十两。"也喻人遭淹死,《左传·昭公元年》:"美哉禹功,明德远矣。微禹,吾其鱼乎!"又指两眼毛色白的马,因其眼似鱼眼,《诗经·鲁颂·駉》:"有驔有鱼,以车祛祛。"作动词指捕鱼,后作"渔",《周易·系辞》:"作结绳而为罔罟,以佃以渔。"陆德明释文:"渔,本亦作鱼。"

bǐng
秉

合 17444　合 18157　秉觚　井人妄钟　曾 48　说文小篆　尹宙碑　柳公权

会意字。《说文》：“秉，禾束也。从又持禾。”本指禾束、禾把。朱骏声《通训定声》：“从又持禾，会意。手持一禾为秉，手持两禾为兼。”《仪礼·聘礼》：“四秉曰筥。”郑玄注：“此秉谓刈禾盈手之秉也。”禾束以手(又)把持，故“秉”从又持禾。甲骨文像手持禾束之形。

禾束以手把持，故“秉”也指拿、执持，如秉笔，《诗经·邶风·简兮》：“左手执籥，右手秉翟。”笔、刷等工具以手掌握，故又指执掌、操持，《诗经·鄘风·定之方中》：“匪直也人，秉心塞渊。”又用作量词，古十六斛为一秉，《论语·雍也》：“冉子与之粟五秉。”手顺着禾茎把握，故又指顺、遵循，《管子·势》：“不乱民功，秉时养人。”又指保持、坚持，《晋书·李含传》：“实有史鱼秉直之风。”又指依据、准则，王夫之《楚辞通释·九昭》：“来无踪兮去无秉，思心发兮遗光景。”同“柄”，段注：“按经传假秉为柄字。”1. 器物的把儿，《史记·天官书》：“二十八舍主十二州，斗秉兼之。”2. 权柄，《管子·小匡》：“治国不失秉。”尹知章注：“秉，柄也。柄之所操以作事。国柄者，赏罚之纪要也。”

zhí
直

合 21535　合 21727　恒簋盖　侯马 3:1　说文小篆　曹全碑　颜真卿

会意字。《说文》：“直，正见也。从乚从十从目。𢥘，古文直。”本义为正。目能见，“直”从目，故训“正见”。徐铉等注：“臣锴曰：乚，隐也。今十目所见是直也。”“乚”指隐藏于转角处，十目所视则所见明显而无隐藏，徐锴《系传》“正直为直。乚者，能见其曲隐处”，段注“谓以十目视乚，乚者无所逃也”，王筠《句读》：“十目所视，无微不见，爰得我直矣。”故“直”从乚从十从目。战国楚系文字“植”作𣘪 郭·缁·三，用作“直”，为《说文》古文由来，严可均《校议》：“此当是植字，而以为直。”“直”甲骨文目上加直线，以目光直视表示直、正之义。金文加“乚”形，目上直线加·作饰笔。春秋晚期文字(侯马)·变作横,与丨相交而作"十"形,小篆承之,《说文》遂析形为"从乚从十从目"。

直则不曲,故"直"表示不弯曲,《诗经·大雅·绵》:"其绳则直,缩版以载。"直则中正,故又指合乎正义的,《左传·僖公二十八年》:"师直为壮,曲为老,岂在久乎?"又指耿直、刚直,《论语·卫灵公》:"直哉史鱼!"又指正直的人,《论语·为政》:"举直错诸枉,则民服。"直则正,故又指端正,《礼记·玉藻》:"君子之容舒迟,见所尊者齐遫。足容重,手容恭,目容端,口容止,声容静,头容直。"郑玄注:"直,不倾顾也。"作动词指伸展、挺直,《孟子·滕文公》:"且夫枉尺而直寻者,以利言也。"伸冤犹恢复人的正直,故又指申雪冤狱,苏轼《子姑神记》:"妾虽死不敢诉也,而天使见之,为直其冤。"又指值班,《晋书·羊祜传》:"迁中领军,悉统宿卫,入直殿中,执兵之要,事兼内外。"又指遇、碰着,《汉书·酷吏传》:"宁见乳虎,无直宁成之怒。"又指当、临,《仪礼·士冠礼》:"主人玄端爵韠,立于阼阶下,直东序西面。"贾公彦疏:"直,当也。谓当堂上东序墙也。"又指价值、价格,后作"值",《史记·平准书》:"为皮币,直四十万。"又指相平、相当,杜甫《秋雨叹》:"城中斗米换衾裯,相许宁论两相直。"又用作副词。

【原文】　庶几中庸（shù jī zhōng yōng）　劳谦谨敕（láo qiān jǐn chì）

【译文】　(孟子、史鱼)基本合乎中庸之道,而修身处世仍要勤奋、谦恭、谨慎。

【释义】

庶几,差不多、近似。中庸,处事适度,不偏不倚,中正平和。劳,勤奋。谦,谦恭。谨,谨慎。敕,整饬。谨敕,言行谨慎。

《论语·雍也》:"中庸之为德也,其至也乎!民鲜久矣!"朱熹引程颐:"不偏之谓中,不易之谓庸。中者,天下之正道;庸者,天下之定理。"《中庸》本是《礼记》中的一篇,自唐代韩愈至南宋程朱理学,着力构建儒家的学术传承系统,系连出尧、舜、禹、汤、文王、武王、周公、孔子这样一个儒家道统,其核心理论"三圣传心"之法，即《尚书·大禹谟》"人心惟危，道心惟微。惟精惟一，允执厥中"。任何事情都处理适当，且合乎通常的要求，就是中庸。处理好五伦"中庸"，天下就达到太平和合的理想境界，故称为"五达道"。用来调节五种关系的必备德行是智、仁、勇，称"三达德"。中庸的精髓是"择善固执"。《中庸》其实也是方法论，指示人们用各种方法达到"中庸"的理想境界，而最主要的方法就是择善固执。"中庸"对中国社会、思想、文化的影响巨大而深远。

"劳谦谨敕"指修身处世要勤奋、谦逊、谨慎。人要想有成就，勤奋是必备条件之一。勤奋是成就之法，而谦逊是保身之法。人有谦德，方能不断受益而长久吉祥。谦卦是《周易》唯一六爻皆美的卦。《尚书·大禹谟》："满招损，谦受益。"谨慎也是一个人立身处世的重要原则，处世不谨慎，处处招祸患。《增广贤文》："群居守口，独坐防心。"强调谨言慎行是重要的处事法则。

【解字】

shù 庶						
	合 22045	合 4292	宜侯矢簋	伯庶父簋	说文小篆	史晨碑	王羲之

会意字。《说文》："庶，屋下众也。从广、炗。炗，古文光字。"本义为众多。《周易·晋》："康侯用锡马蕃庶，昼日三接。"孔颖达疏："赐以车马蕃多而众庶。""广"为房屋，"炗"为灯光，晚上屋里以灯照明，房屋在晚上人最多，或众人在屋里就着灯光共同劳作，故"庶"从广、炗。张舜徽《约注》："众在屋下，乃喻共营一事之意。人多则事易成，人少则难致功，此与兴字从同之意相近。""庶"训"众"，或以为是灯光众盛，段注："光取众盛之意。"朱骏声《通训定声》："屋下光多也。"于省吾《甲骨文字释林》："甲骨文'庶'字是从火石、石亦声的会意兼形声字，也即'煮'之本字…… '庶'之本义乃以火燃石而煮，是根据古人实际生活而象意依声以造字的。但因古籍中每借'庶'为'众庶'之'庶'，又别制'煮'字以代'庶'，'庶'之

本义遂湮没无闻。"每人都须煮食物，故训"众"。"庶"西周甲骨文作⚶合H

一·七四，金文"口"形与"火"连接，小篆承之，《说文》析形作"从广、炗"。

百姓众多，故"庶"也指百姓、平民，《尚书·召诰》："厥既命殷庶。"物

多则盛美，故又指肥美，《诗经·小雅·楚茨》："君妇莫莫，为豆孔庶。"郑玄

笺："庶，脀也。祭祀之礼，后夫人主共笾豆，必取肉物肥脀美者也。"又指欣

幸、希冀，《诗经·桧风·素冠》："庶见素冠兮。"又指古代非正妻生的孩子、

宗族的旁支，与"嫡"相对，《左传·文公十八年》："杀嫡立庶。"又用作副

词，庶几、差不多。

几(幾)　　白几父簋　几父壶　长5.406　詛楚文　说文小篆　魏受禅表　王羲之

繁体作"幾"，会意字。《说文》："幾，微也，殆也。从丝从戍。戍，兵

守也。丝而兵守者危也。"本义为细微的迹象，事情的苗头或预兆。《周

易·系辞》："幾者，动之微，吉之先见者也。"韩康伯注："吉凶之彰，始于微

兆。"戍，《说文》："守边也。从人持戈。"本义为防守边疆。甲骨文作↟合

二五八七七、↟合二七九七〇，商代金文作↟父辛甗，从人持戈，会戍守之意。"丝"

指细微，"戍"指兵守，有隐患而派兵守卫是危机、危险的体现，"丝而兵守

者危也"；戴侗谓戍守兵士严加防卫，当察之于幾微之事，见隐微缺漏(丝)则

预防(戍)之；故"幾"从丝从戍。林义光《文源》："丝者幽省。幽处多危，人

持戈以备之，危象也。""几"为几案之"几"本字，今用为"幾"的简化字。

"几"也指事务、政事，后作"机"，《尚书·皋陶谟》："兢兢业业，一日二

日万几。"也指要害，后作"机"，《法言·先知》："为政有几。"又指事物发展

的内部规律，《周易·系辞》："圣人之所以极深而研几也。唯深也，故能通天

下之志；唯几也，故能成天下之务。"孔颖达疏："研几者，参伍以变，错综其

数。通其变，遂成天地之文，极其数，以定天下之象，是研几也。"又指机会、

时期，后作"机"，《诗经·小雅·楚茨》："卜尔百福，如几如式。"孔颖达疏：

"其来早晚如有期节矣。"又指危机，《尚书·顾命》："呜呼！疾大渐，惟几。"

又指终、尽，《庄子·达生》："不厌其天，不忽于人，民几乎以其真。"又用作副词，表示非常接近或推断将至。

"几"又音jǐ，用作代词，表示疑问，《史记·万石张叔列传》："少子庆为太仆，御出，上问车中几马。"苏轼《水调歌头·明月几时有》："明月几时有？把酒问青天。"

"几"又音jì，通"冀"，希望，《左传·哀公十六年》："国人望君，如望岁焉，日日以几。"杜预注："冀君来。"陆德明释文："几音冀，本或作冀。"

zhōng 中

合28089反　　合5807　　中妇鼎　　徍中且觯　　说文小篆　　史晨碑　　王羲之

指事字。《说文》："中，内也。从口、丨，上下通。中，古文中。中，籀文中。"本指内、里面。段注："入部曰：'内者，入也。''入者，内也。'然则中者，别于外之辞也，别于偏之辞也，亦合宜之辞也。"《周礼·考工记·匠人》："国中九经九纬。"郑玄注："国中，城内也。""口"当作"囗"，段注："按中字会意之恉，必当从囗，音围。"徐灏《注笺》："此篆段改从囗，是也。作中者，乃书家用笔取其茂美。"王筠《句读》："钟鼎文皆作中。晁说之曰：林罕谓以口像四方，上下通，中也。"甲骨文以丨贯口会内、中之意，故"中"从口从丨。张舜徽《约注》："古金文及甲文有作中或作中者，上下重画，乃文饰意，无他义。解者或以为象旗之飘动，非也。"唐兰谓"中"最初为氏族汇聚众人之徽帜，《殷墟文字记》："盖古者有大事，聚众于旷地，先建中焉，群众望见中而趋附，群众来自四方，则建中之地为中央矣。"

内处中间，故"中"引申指中央方位，《尚书·召诰》："王来绍上帝，自服于土中。"孔传："于地势正中。"中等在级别、地位的中间，故又指中等，《韩非子·难势》："中者，上不及尧、舜，而下亦不为桀、纣。""中"的位置在两端之间，故也指半、两端之间的，如中年，《春秋·庄公七年》："夜中，星陨如雨。"杜预注："夜中，夜半也。"中则不偏，故又指正、不偏，如中庸。心位于身内，思想隐于内，故又指内心，《史记·乐书》："四畅交于中而发作于外。"

内脏在身内,故又指内脏,《史记·扁鹊仓公列传》:"众医皆以为风入中,病主在肺。"中间连接两边,故又指媒介、中介,《谷梁传·桓公九年》:"为之中者,归之也。"范宁集解:"中,谓关与婚事。"又指簿书、案卷,《周礼·秋官·小司寇》:"以三刺断庶民狱讼之中。"又指古代投壶时盛筹码的器皿,《周礼·春官·大史》:"凡射事,饰中,舍筭,执其礼事。"郑玄注:"玄谓设筭于中,以待射时而取之。"又用作副词,相当于"宜于、适于",《史记·外戚世家》:"武帝择宫人不中用者,斥出归之。"

"中"又音 zhòng,指得当、恰当,《论语·子路》:"刑罚不中,则民无所错手足。"又指正对上、恰好合上,《大学》:"虽不中,不远矣。"也指受到、遭受,如中暑。又指间隔,《礼记·学记》:"比年入学,中年考校。"郑玄注:"中,犹间也。乡遂大夫间岁则考学者之德行道艺。"又指陷害、中伤,《史记·秦始皇本纪》:"或言鹿,高因阴中诸言鹿者以法。"又指满、足,《史记·外戚世家》:"娃何秩比中二千石。"

yōng
庸　　　　　　　　　　　　庸　　庸

合 12355　合 18804　天亡簋　旬簋　说文小篆　熹平石经　褚遂良

会意兼形声字。《说文》:"庸,用也。从用从庚。庚,更事也。《易》曰:先庚三日。"义为采用、需要,常与否定副词"无、勿、弗"连用。"庚"甲骨文作
合一六一九七,用悬钟表示钟声赓续不断,朱骏声《通训定声》:"庚犹续也,事可施行谓之用,行而有继谓之庸。"持续不断地施用,故"庸"从庚从用。"庸、用"上古音皆为喻纽东部,"用"亦为声符,朱骏声《通训定声》、苗夔《声订》皆谓"用亦声"。

"庸"指任用、使用,《尚书·尧典》:"畴咨若时登庸。"又指功劳、功勋,《国语·晋语》:"无功庸者,不敢居高位。"又指酬谢,《孟子·尽心》:"杀之而不怨,利之而不庸,民日迁善而不知为之者。"由持续施用转指平常、经常,《周易·乾》:"庸行之谨,庸言之信。"由常转指常人、众人,《庄子·德充符》:"其与庸亦远矣。"平常则不出众,故又指愚、不高明,如庸人、庸医。又指受

雇佣、出卖劳动力的人,后作"傭",《墨子·尚贤》:"傅说被褐带索,庸筑于傅岩。"又用作副词,表示推断或反问。又用作承接连词和介词。

láo 劳(勞)

合 24276　　鵒鎛　　包 16　　睡·为 12　　说文小篆　　说文古文　　张景碑　　颜真卿

繁体作"勞",会意字。《说文》:"勞,剧也。从力,熒省。熒,火烧门,用力者勞。𤇾,古文勞从悉。"本义为辛勤、劳苦。《诗经·邶风·凯风》:"棘心夭夭,母氏劬劳。""熒"从焱、冖,指大火烧屋门,人救火时全力出动,最为劳剧。张舜徽《约注》"冖以象屋,其上已有火出于外,此烧屋之状也。屋下从力,明有人用力救火也。事之繁剧,无如救火,故勞字取象焉",故"勞"从力,从熒省。徐灏《注笺》:"(勞)从力从熒省,盖于屋下夜中篝灯力作,勤劳之意也。"构形说解亦通。"勞"甲骨文从二火从衣,以灯火下缀衣会辛劳之意,"衣"中小点像缝缀之形。

劳苦易疲劳,故"劳"引申指疲惫、劳累,《周易·兑》:"说以先民,民忘其劳。"建功必辛劳付出,故又指功绩,《诗经·大雅·民劳》:"无弃尔劳,以为王休。"又指役使、使……辛劳,《论语·子张》:"君子信而后劳其民;未信,则以为厉己也。"又指劳动、勤杂工作,《论语·为政》:"有事,弟子服其劳。"劳动耗费体力,故又指耗费,杜甫《泥功山》:"泥泞非一时,版筑劳人功。"又指烦劳,《盐铁论·本议》:"备之则劳中国之士。"又指忧愁、操心,《诗经·邶风·燕燕》:"瞻望弗及,实劳我心。"又指慰劳,《宋史·岳飞传》:"诸将远戍,遣妻问劳其家。"

qiān 谦(謙)

说文小篆　　史晨碑　　智永　　欧阳询

繁体作"謙",形声字。《说文》:"謙,敬也。从言兼声。"本义为谦虚、谦让。谦发于心,以敬为本,张舜徽《约注》:"谦必以敬为本,始不流于虚伪,故许君直以敬训谦也。《周易·系辞》所云:'谦也者,致恭以存其位者也。'恭与敬浑言无别。"兼,《说文》:"并也。从又持秝。兼持二禾,秉持一禾。”秭，《说文》：“稀疏适也。从二禾。”指稀疏均匀貌。二禾指禾苗多而有序，故“秭”从二禾。“兼”小篆作 ，以手（又）持两禾（秭）会兼并之意，表示同时统摄两方面事物。兼之则不独大，从兼声字多有小、不足意：齿不齐为“齻”，小食为“慊”，小户为“槏”，食不足为“歉”，头脸狭长为“顲”，堂边狭窄为“廉”，行不正为“㾂”。从兼声字亦有并意：久（连）雨为“霡”，并丝缯为“缣”。《周易》谦卦艮下坤上，为地下有山之象，山本高大而甘处地下，为谦德之象。谦多体现于言语，高而能下、以贵下贱、尊而能卑等，为谦的整体呈现，皆有兼顾两端之意；人有谦德则自卑而尊人，谦虚、谦卑、谦让，皆有卑下（兼）意；故“谦”从言兼声。

　　“谦”也指丧失、虚空，《逸周书·武称》：“爵位不谦，田宅不亏。”孔晁注：“谦，损也。”又为卦名，卦形为 ，《周易·谦》：“地中有山，谦。君子以裒多益寡，称物平施。”通“嫌”，嫌疑，《荀子·仲尼》：“贵而不为夸，信而不处谦。”杨倞注：“谦，读为嫌。得信于主，不处嫌疑间，使人疑其作威福也。”又通“兼”，同时涉及，《墨子·明鬼》：“此二子者，讼三年而狱不断。齐君由谦杀之，恐不辜；犹谦释之，恐失有罪。”又通“慊”，满足，《礼记·大学》：“所谓诚其意者，毋自欺也。如恶恶臭，如好好色，此之谓自谦。”郑玄注：“谦，读为慊。慊之言厌也。”朱熹集注：“谦，快也，足也。”

谨（謹）jǐn　　　司马楙编镈　　古陶　　古玺　　说文小篆　　孔龢碑　　钟繇

　　繁体作“謹”，形声字。《说文》：“謹，慎也。从言堇声。”本义为言语慎重、小心。《商君书·壹言》：“治法不可不慎也，壹务不可不谨也。”堇（qín），《说文》：“黏土也。从土，从黄省。”指黏土，故“堇”有紧黏、坚固、艰难等义素。言语周密如黏土般细腻紧固，故“谨”从言堇声。张舜徽《约注》：“杨树达曰：‘凡从堇声之字，多含寡少之义。谨从言堇声，谓寡言也。盖多言多败，慎者必从寡言始，《论语》称‘谨而信’，《礼记·缁衣》：君子寡言而行，以成其信。此谨为寡言之确证。’舜徽按：心部：‘慎，谨也。’二字互训。盖谨之为言堕也,堕者涂闭也;慎之为言填也,填者窒塞也。祸从口出,患在多言。古人于此,盖三致意焉。谨慎二字,皆以守口为本义,引申为一切敬重之称。"

人有敬心则言行谨慎,故"谨"引申为恭敬,《史记·扁鹊仓公列传》:"舍客长桑君过,扁鹊独奇之,常谨遇之。"又指严禁、严守,《诗经·大雅·民劳》:"毋纵诡随,以谨无良。"又指仪节、礼节,《史记·项羽本纪》:"大行不顾细谨,大礼不辞小让。"又用于动词前作敬辞,《史记·田敬仲完世家》:"驺忌子曰:谨受令,请谨毋离前。"又指善良,《楚辞·九章·怀沙》:"重仁袭义兮,谨厚以为丰。"

chì
敕（勑勅）　　敕　敕　敕　敕　敕
　　　　　　秦公簋　　陈纯釜　说文小篆　樊敏碑　蔡襄

形声字。《说文》:"敕,诚也。臿地曰敕。从攴束声。"本义为告诫。段注:"言部曰:'诚,敕也。'二字互训……后人用勑为敕。"《史记·乐书》:"余每读《虞书》,至于君臣相敕,维是几安,而股肱不良,万事堕坏,未尝不流涕也。"告诫指以言语督责劝勉,如持攴督导,张舜徽《约注》"告诫人者,恒以手指斥之,俗称指责。故敕字从攴,从攴犹从又也","束"以绳束木表约束,故"敕"从攴束声。"敕"金文从柬从攴。

"敕"为自上命下之词,凡尊长告诫子孙或僚属皆称敕,后专指诏书,顾炎武《金石文字记·西岳华山庙碑》:"勑(敕)者,自上命下之辞,汉时人官长行之掾属,祖父行之子孙皆曰敕……至南北朝以下,则此字惟朝廷专之。"又指谨饬、言行谨慎,《汉书·礼乐志》:"敕身齐戒,施教申申。"颜师古注引应劭:"敕,谨敬之貌。"又指整饬、治理,《韩非子·主道》:"贤者敕其材,君因而任之,故君不穷于能。"陈奇猷校注:"此谓贤者理其材,以备君之任用。"

【原文】 líng yīn chá lǐ　jiàn mào biàn sè
聆 音 察 理　鉴 貌 辨 色

【译文】 听人之言要领悟其中的道理,看人容貌要辨察对方的神色。

【释义】

聆,听。音,言语。察,辨别。理,道理,是非。鉴,察。貌,外貌。辨,区分。色,反映在神色上的正邪。听人言语要审察其是非,看人颜貌要辨别其邪正。

东方人言语、行为较含蓄,因而听人讲话要细心领悟,从而了解对方的用意。俗语"听话听音,锣鼓听声",用心观察、仔细体悟,才会正确理解、判断。

进而言之,通过言语、外貌的辨别,能够判定对方的是非邪正,不易用人失误或上当受骗。《礼记·大学》谓"诚于中,形于外",人的内心与外在言行息息相关,有智慧者可以通过外貌、言行准确地判断一个人。《论语·为政》:"视其所以,观其所由,察其所安,人焉廋哉?人焉廋哉?"首先观察人行事的动机,其次是观察人行事的途径,第三是观察一个人平时行为及一贯言行。在综合考察动机、手段、习惯后,全面完整作分析,人的基本情况就能显现。

《资治通鉴·周纪》载战国时魏国思想家李克的"识人五法":一为"居视其所亲",看一个人平常都与谁在一起,可见其品味之高下。二为"富视其所与",看一个人如何支配其财富,只是满足私欲还是周济他人,可知其能否重用。三为"达视其所举",看一个人显赫时如何选拔任用下属,可知是否为正人君子。四为"窘视其所不为",看人处于困境时操守如何,若不苟且违心行事,则可重用。五为"贫视其所不取",人在贫困潦倒时不取不义之财,则可重用。曾国藩《家书》与《冰鉴》两书常言及识人用人之道,总结相人口诀为:"邪正看眼鼻,真假看嘴唇。功名看气概,富贵看精神。主意看指爪,风波看脚筋。若要看条理,全在语言中。"

【解字】

líng				
聆	聆	聆	聆	聆
	说文小篆	刘熊碑	智永	赵孟頫

形声字。《说文》:"聆,听也。从耳令声。"本义为倾耳细听。段注:"聆者,听之知微者也。"《说文》:"听,聆也。"二字互训。谢灵运《登池上

楼》:"倾耳聆波澜,举目眺岷嶷。""令"甲骨文作𠰶合三三九九,上口(𠃌)对下人(卩)发号令,下人当小心听从,从令声字多有小意:细雨为"零",玉声清脆为"玲",小船为"舲",小语为"呤",门上小窗为"囹"。从令声字亦多有明意:心了为"怜",月光明亮为"胎",石孔开明为"砱"。"聆"指倾耳专心细听(令),聆听则内心了然知微,故"聆"从耳令声。张舜徽《约注》:"聆之训听,有空明义,谓声通于耳,无所蔽障也。"

细听则听得清楚,故"聆"指明白、了然,《淮南子·齐俗》:"不通于道者若迷惑,告以东西南北,所居聆聆,壹曲而辟,然忽不得,复迷惑也。"高诱注:"聆聆,意晓解也。"

yīn
秦公镈　　慶弔之仲子平钟　　包 2.200　　说文小篆　　史晨碑　　颜真卿

会意字。《说文》:"音,声也。生于心,有节于外,谓之音。宫商角徵羽,声;丝竹金石匏土革木,音也。从言含一。"本指乐音。朱骏声《通训定声》:"单出曰声,杂比曰音。""声"指单出而无节奏变化之声,"音"指生于心、出于口、受口腔节制而产生的有节奏的音,也指八音和谐、杂比而出的有节奏的音,饶炯《部首订》"音则合众声以成文"。"言"甲骨文作𠮷合三六八五,从舌,上加指事符号"一"表开口动舌向外发言,表示有节于外之音,故"音"从言含一。张舜徽《约注》:"盖出于口谓之言,出于口而声有节奏或延绵不绝者,则谓之音。故其字从言含一,含一者,谓其声留于口低昂吟咏而未已也。""音"春秋金文在"言"下口内加点以区别。

"音"泛指声音,《淮南子·地形》:"清水音小,浊水音大。"也指乐曲,《礼记·乐记》:"感于物而动,故形于声,声相应,故生变,变成方,谓之音。"郑玄注:"宫商角徵羽杂比曰音。"孔颖达疏:"音则今之歌曲也。"又指语音,贺知章《回乡偶书》:"少小离家老大回,乡音难改鬓毛衰。"《颜氏家训·书证》:"其字虽异,其音与义颇同。"又指言辞,《诗经·邶风·谷风》:"德音莫违,及尔同死。"郑玄笺:"夫妇之言无相违者,则可与女长相与处至死。"

chá
察　寮　寮　察　察
睡·杂 37　说文小篆　华山庙碑　柳公权

形声字。《说文》:"察,覆也。从宀祭。"徐锴《系传》:"察,覆审也。从宀,祭声。"本义为详审、细究。《左传·庄公十年》:"小大之狱,虽不能察,必以情。"杜预注:"察,审也。"祭祀须审慎详察,所谓"国之大事,在祀与戎","祭"是手(又)持肉(月)献祭(示),"宀"指覆盖详审,段注"从宀者,取覆而审之。从祭为声,亦取祭必详察之意",《尚书大传》"祭之为言察也",故"察"从宀祭声。郑知同《商义》:"察之本义非审查,乃屋宇下覆之名,故字从宀训覆……覆之义引申为自上审下,察义亦然。"张舜徽《约注》:"自上覆下为察,故引申又有至义。《礼记·中庸》云:'言其上下察也。'此谓其道至大,上至于天,下至于地也,用引申义也。《中庸》又云:'及其至也,察乎天地。'犹云覆乎天地也,则用本义矣。"可备一说。

详审须考察,故"察"也指考察、调查,《论语·卫灵公》:"众恶之,必察焉;众好之,必察焉。"又指考察后予以推举,《后汉书·班彪列传》:"后察司徒廉为望都长。"观察须细看,故又指细看,《周易·系辞》:"仰以观于天文,俯以察于地理。"观察则能了解事物,故又指知晓、明了,《孟子·离娄》:"察于人伦。"又指清楚、明晰,《墨子·修身》:"辩是非不察者,不足与游。"观察可分辨事物,故又指辨别、区分,《礼记·礼器》:"无节于内者,观物弗之察矣。"又指明智、聪慧,《荀子·不苟》:"君子行不贵苟难,说不贵苟察,名不贵苟传。"

lǐ
理　理　理　理　理
说文小篆　峄山碑　熹平石经　颜真卿

形声字。《说文》:"理,治玉也。从玉里声。"本为治玉。张舜徽《约注》:"玉篆下云:'䚡理自外可以知中。'此即玉之理也。治玉者必顺其理,以因材制器,故治玉亦谓之理。《广雅·释诂》:'理,顺也。'其始必原于治玉。"《韩非子·和氏》:"王乃使玉人理其璞而得宝焉,遂命曰和氏之璧。""里"

从田土,指人居住的地方。人留居于住地,故从里声字有留止、伏藏意:伏兽为"狸",衣内为"裡",留而不去为"趆",有依赖为"俚",鱼伏藏水底为"鲤",瘗物土中为"埋"。治玉是顺玉之纹路剖析加工,玉之纹理在内(里),承培元《系传校勘记》"臣锴曰:物之脉理,惟玉最密",故"理"从玉里声。

"理"扩展为治理、料理,《周易·系辞》:"理财正辞,禁民为非曰义。"又指修整、整理,孟郊《古意》:"启贴理针线,非独学裁缝。"又指仪表、操行,《礼记·祭义》:"理发乎外,而众莫不承顺。"郑玄注:"理,谓言行也。"又指操作、从事,《礼记·月令》:"百工咸理,监工日号,毋悖于时。"又指区分、审辨,《诗经·小雅·信南山》:"我疆我理,南东其亩。"马瑞辰通释:"理对疆言,疆谓定其大界,理则细分其地脉也。"治玉须顺其纹理,故又指纹理,《荀子·正名》:"形体、色理,以目异。"又指道理,《周易·系辞》:"易简而天下之理得矣。"国家善于治理则太平,故又指(政局)太平,与"乱"相对,韩愈《送李愿归盘谷序》:"刀锯不加,理乱不知。"又指法纪,《韩非子·安危》:"先王寄理于竹帛,其道顺,故后世服。"法官负责审理案件,又指古代法官,《礼记·月令》:"命理瞻伤,察创,视折。"郑玄注:"理,治狱官也。"哲学概念指条理、准则,理学用以称世界的精神本原,实际指古代的伦理纲常,戴震《孟子字义疏证》:"人死于法,犹有怜之者;死于理,其谁怜之!"又特指物理学或自然科学,如数理化、理科。

jiàn
鉴(鑒鑑)

攻吴王鉴　　吴王光鉴　　说文小篆　　华山庙碑　　颜真卿

繁体作"鑒",《说文》作"鑑",形声字。《说文》:"鑑,大盆也。一曰监诸,可以取明水于月。从金监声。"古代盛水的大盆,金属制,大者可用作浴器。一说似瓮而大口,陶制,用以盛冰存放食物。"监诸"《系传》作"监,诸也"。王筠《句读》:"诸是汉名,鉴乃古名。"徐灏《注笺》:"鑑古只作监,从皿以盛水也。因其可以照形,而监察之义生焉。其后范铜为之,而用以照形者亦谓之鑑,声转为镜。"《周礼·天官·凌人》:"春始治鉴。"郑玄注:

"鉴,如甀,大口,以盛冰,置食物于中,以御温气。"贾公彦疏:"汉时名为甀,即今之瓮是也。"監(监),《说文》:"临下也。从卧,衉省声。"盛水或冰的大盆。盛水于盆,人自上临下可照见容貌,故训"临下"。甲骨文作𤮻屯七七九、𤮻合二七七四〇、𤮻合二七七四二,像人在盛水之皿旁俯首照视形。金文作𤮻善鼎,人身与竖目断开,小篆承之,《说文》析形作"从卧,衉省声"。张舜徽《约注》:"太古无镜,欲自见其面,惟临水自照之,所谓监于止水也。后世始以铜为镜,故增金旁为鑑,以名其器耳。""鑑"为金属制盛水大盆(監),故"鑑"从金監声。"鑑"也作"鑒",为上下结构,简化作"鉴"。

"鉴"也指方诸,月下承露取水的器具,段注:"监诸当作监方诸也,转写夺字耳。《周礼·司烜氏》'以夫遂取明火于日,以鉴取明水于月'注:'夫遂,阳遂也。监,镜属,取水者,世谓之方诸。'"后指镜,《左传·庄公二十一年》:"郑伯之享王也,王以后之鞶鉴予之。"作动词为照,《左传·昭公二十八年》:"昔有仍氏生女,鬒黑而甚美,光可以鉴。"通过镜子可照见、修正仪容,以史事为鉴可完善言行,故指儆戒、借鉴,《正字通》金部:"考观古今成败为法戒者,皆曰鉴。"又指察见,慧琳《一切经音义》:"杜注《左传》云:鉴,炤察也。"又指察照的能力,即见识,《梁书·到洽传》:"乐安任昉有知人之鉴。"又指光泽,《新书·道德说》:"是故以玉效德之六理:泽者,鉴也。"

mào
貌(皃)

𦣻	𦣻	𦣻	𦣻	𦣻	𦣻	貌
合 21881		皃斝	老子甲后 276	说文小篆	说文籀文	说文或体	颜真卿

形声字,《说文》作"皃",象形字。《说文》:"皃,颂仪也。从人,白象人面形。𦣻,皃或从页,豹省声。𦣻,籀文皃从豹省。"指面容、相貌。徐锴《系传》:"白非黑白字,直象人面。"段注:"颂(róng)者今之容字。必言仪者,谓颂之仪度可皃象也。凡容言其内,皃言其外。引伸之,凡得其状曰皃。析言则容皃各有当。"朱骏声《通训定声》:"面之神气曰颂,面之形状曰皃。"李白《古风五十九首》:"人生非寒松,年貌岂长在。""皃"之"儿"

指人身，"白"像人面形。籀文从豸作"貇"，豹身布满黑环纹，外貌显明，所谓"窥一斑而知全豹"，故"貌、貇"从豹省声。貌在头，故或体从頁作"頪"。豸（zhì），《说文》："兽长脊，行豸豸然。"本指虎、豹等长脊猛兽，宋育仁《部首笺正》："猛兽欲杀兽，从旁窥伺，先曲身拟度之，然后身伸脊向前直搏，其形豸豸，脊若加长者然。""豸"甲骨文作前四·五三·一，像长脊猛兽形。《系传》："豸，兽豸豸然皃之严毅。"谓"貌、頪"从豸，以猛兽头面表示面貌。

容貌在外，故"貌"也指外表、外观，《礼记·儒行》："礼节者，仁之貌也。"也指容色、姿态，《谷梁传·桓公十四年》："望远者，察其貌，而不察其形。"范宁集解："貌，姿体。形，容色。"容貌应合礼仪，故又指礼貌，《论语·乡党》："见冕者与瞽者，虽亵必以貌。"又为古书注解用字，相当于"……样子"，《说文》："猋，犬走皃。"貌在表，故又指表面，《吕氏春秋·过理》："杀梅伯而遗文王其醢，不适也，文王貌受以告诸侯。"高诱注："貌受，心不受也。"

"貌"又音 mò，摹写、描绘，杜甫《丹青引赠曹将军霸》："即今漂泊干戈际，屡貌寻常行路人。"

biàn 辨（辨）

辨籀　说文小篆　西狭颂　赵孟頫

《说文》作"辨"，形声字。《说文》："辨，判也。从刀辡声。"判别、区分。段注："古辨、判、别三字义同也。辨从刀，俗作辨，为辨别字。"王筠《句读》："辨、判、班、别四字，皆双声叠韵，故通用。"《周易·同人》："君子以族类辨物。"辡（biǎn），《说文》："辠人相与讼也。从二辛。"本义为辩解、争辩。"辛"以刑刀表示罪，"辡"指两罪人（辛）相争辩，饶炯《部首订》"谓辠人互讼，争论屈直，各自疏解其事"。"辨"为判别、区分，刀以分物，事理经辩解则分明（辡），故"辨"从刀辡声。

事经察则明，故"辨"转指明察、明晰，《周礼·天官·小宰》："六曰廉辨。"贾公彦疏："谓其人辨然，于事分明，无有疑惑之事也。"事经明辨乃确定，又指确定，《礼记·王制》："凡官民材，必先论之，论辨，然后使之。"郑玄注："辨，谓考问得其定也。"又指察看、辨认，《北史·隋纪》："丘垄残毁，樵牧相趋，茔兆堙芜，封树莫辨。"通"辩"，《战国策·赵策》："鄂侯争之急，辨之急，故脯鄂侯。"《吕氏春秋·荡兵》："故说虽强，谈虽辨，文学虽博，犹不见听。"即言辞漂亮、动听。也指治理，《荀子·议兵篇》："城郭不辨。"

色 甩 𢎅 色 色 𢒸 色 色

sè

甗钟　　信1.1　　睡·日乙170　说文小篆　说文古文　尹宙碑　颜真卿

　　会意字。《说文》："色，颜气也。从人从卪。𢒸，古文。"指脸上的神情、气色。段注："颜者两眉之间也，心达于气，气达于眉间，是之谓色。"饶炯《部首订》："犹今言颜色、气色是也。"《论语·颜渊》："夫达也者，质直而好义，察言而观色，虑以下人。"段注"颜气与心若合符卪"，即《礼记·大学》"诚于中，形于外"之义，被上一人压抑（人爪）的下一人（卪）所显颜气，故"色"从人从卪。《说文》古文，萧道管《重文管见》："从百从彡、从疑省。疑则动色，彡，饰也。"张舜徽《约注》："人之颜气，见于容面，故古文从百，从百犹从面耳。"季旭昇《说文新证》："现在的文字学家多主卩、卪（抑）一字，因此我们也可以把'色'看成'卪（抑）'的假借分化字。"

　　生气则面色易变，故"色"也指生气、变脸，《左传·昭公十九年》："谚所谓'室于怒，市于色'者，楚之谓矣。"杜预注："犹人忿于室家而作色于市人。"气色现于面，故又指外表、表面，《论语·颜渊》："夫闻也者，色取仁而行违，居之不疑。"女子面容姣好则颜气美，故又指女色、美貌女性，《尚书·五子之歌》："内作色荒，外作禽荒。"转指性欲、情欲，《列子·力命》："汝寒温不节，虚实失度，病由饥饱色欲。"通指颜色，物体发射或反射出不同波长的可见光在视觉上的映象，如色彩，《老子》十二章："五色令人目盲，五音令人耳聋。"又指景色、景象，苏轼《夜直》："春色恼人眠不得，月移花影上栏杆。"颜色各有不同，转指种类、品类，如各色各样。

　　"色"又音 shǎi，指颜色，用于某些口语，如掉色。

【原文】　贻　厥　嘉　猷　　勉　其　祗　植
　　　　　yí　jué　jiā　yóu　　miǎn　qí　zhī　zhí

【译文】　要给世人留下高明的智慧经验,勉励他们虔敬地处世立身。

【释义】

　　贻,遗留。厥,其。嘉猷,好的智慧和经验。勉,勉力。祗,恭敬。植,树立。要有嘉惠后世的真心,把最好的人生智慧、经验留给后人,勉励其虔敬谨慎地立身处世。祖先为了久远传递智慧经验,创造文字,把天地之道、修身之法、处事之方、历代之史、天文地理、术数方技、医药良方等,载于典册,保证历代先贤的智慧不因时间、地域的改变而流失或变异。今人读古书,仿佛亲聆古人教诲,一字一句,皆是祖先智慧的传递。

　　后人不但要学习文化,还要不断传承下去。传承文化,是每一代人必须担当的责任,张载谓“为天地立心,为生民立命,为往圣继绝学,为万世开太平”,如此才能使中华文明生生不息、常用常新。

　　《千字文释义》言“孟轲敦素”至“勉其祗植”一节大意:“言处身者,当如孟子之精纯,史鱼之正直,庶几近乎中庸。而勤劳谦逊,谨慎戒敕,听言则审其是非,观人则辨其邪正,皆以致其慎也。如是则可以无过,而所遗者皆善谋,勉于敬畏,而此身植立于不倾矣。此与上节,为一章之主。以下十七节,或言处身,或言治家,皆推广此意。”

【解字】

贻(貽)
yí

说文新附　校官碑　智永　赵孟頫

　　繁体作“貽”,形声字。《说文新附》:“貽,赠遗(wèi)也。从贝台声。经典通用诒。”本义为赠送。《诗经·邶风·静女》:“静女其娈,贻我彤管。”“台”由怀胎转指喜悦,为“怡”之初文。“貝”指财物,赠人财物(貝)则人多欢喜(台),故“貽”从贝台声。

　　遗留之物如同赠送,“贻”也指遗留,《尚书·五子之歌》:“有典有则,贻厥子孙。”

jué
厥

老子乙前115　说文小篆　石门颂　颜真卿

形声字。《说文》："厥，发石也。从厂欮声。"发射石块。吴善述《广义校订》："'发石'非启石土中之谓，乃以石为炮，即檐下云'建大木置石其上发以机，以槌敌也'……曹操击袁绍有发石车，谓之霹雳车；唐李密以机发石为攻城具。""厂"（hǎn）由崖转指山石。欮（jué），从屰（倒"子"）从欠（张口吹气），表示气逆。段注："《释名》曰：厥，逆气，从下蹶起，上行入心胁也。""厥"将石（厂）逆向回拉（欮）后投出，故"厥"从厂欮声。

"厥"也指石块，徐灏《注笺》："发石谓之厥，因之谓石为厥。"《荀子·大略》："和之璧，井里之厥也，玉人琢之，为天子宝。"发射石块会砸伤人、物，故又指触碰、磕碰，俞樾平议："《汉书·诸侯王表》：'汉诸侯王厥角稽首。'应劭曰：'厥者，顿也。角，额角也。稽首，首至地也。'"又指短缺，《史记·司马相如列传》："是以汤武至尊严，不失肃祗；舜在假典，顾省厥遗。"用作代词，相当于"其"，《尚书·禹贡》："厥土惟白壤，厥赋惟上上错，厥田惟中中。"又用作语助词。

jiā
嘉

合36527　合36838　右走马嘉壶　陈侯作嘉姬簠　侯马92:5　说文小篆　曹全碑　王羲之

形声字。《说文》："嘉，美也。从壴加声。"本义为美、善。段注："《周礼》：'以嘉礼亲万民。'郑曰：'嘉，善也。所以因人心所善者而为之制。'按詯部曰：'䛾，吉也。'羊部曰：'美与善同意。'"《诗经·豳风·东山》："其新孔嘉，其旧如之何。"郑玄笺："嘉，善也。""壴"（zhù）为"鼓"之初文，甲骨文作佚七五、甲二七七〇，中间圆形是鼓，下为架子，上为装饰。加，《说文》："语相增加也。从力从口。"义指诬枉、夸大。段注："'譖'下曰'加也'，'诬'下曰'加也'，此云'语相譖加也'，知'譖、诬、加'三字同义矣。诬人曰'譖'，亦曰'加'，故'加'从力……谓有力之口也。""嘉"指美、善，古人逢美善喜事则用钟鼓等乐器演奏以庆祝，有渲染夸大意，故"嘉"从壴加声。"嘉"甲骨文从支击壴,奏钟鼓以嘉乐之。古人闻乐则喜,故"喜、嘉"皆从"壴"取意。"嘉"金文支变作力,加口,为从壴加声的形声字"嘉"。喜乐则欢声笑语,"嘉"加"口",与"喜"从口同意。

"嘉"也指幸福、吉祥,《汉书·礼乐志》:"休嘉砰隐溢四方。"颜师古注:"嘉,庆也。"作动词指赞扬、表彰,《尚书·大禹谟》:"嘉乃丕绩。"又指乐、欢娱,《礼记·礼运》:"君与夫人交献,以嘉魂魄。"又指古代礼仪,包括冠、婚、贺庆、飨宴等礼仪,《周礼·地官·保氏》:"养国子以道,乃教之六艺:一曰五礼。"郑玄注:"五礼:吉、凶、宾、军、嘉也。"后世专指婚礼。

yóu 猷（猶犹）

合 33076　花东 286　毛公鼎　睡 8.12　说文小篆　华山神庙碑　柳公权

《说文》作"猶",形声字。《说文》:"猶,玃属。从犬酋声。一曰陇西谓犬子为猷。"本为兽名,猴属,也叫犹猢,形似麂。《尔雅·释兽》:"猶如麂,善登木。"郝懿行义疏:"猶之为兽,既是猴属,又类麂形。麂形似麕而足如狗,故猶从犬矣。""酋"为久酿之酒香气四溢,下为酒坛(酉),上为香气散发(丷),表示活力大。"猶"为猴属,善登木,攀爬跳跃活力大,故"猶"从犬酋声。《王力古汉语字典》:"'猶'、'猷'本为一字,《说文》作'猶'。后来在'计谋,谋画'以及'道,道术'两个意义上多写作'猷',但也有写作'猶'的。'猶'的其他意义都不写作'猷'。""猶"的简化字"犹"从犬尤声。

"猷"也指谋略、计划,《尚书·盘庚》:"各长于厥居,勉出乃力,听予一人之作猷。"又指道、法则,《诗经·小雅·巧言》:"秩秩大猷,圣人莫之。"郑玄笺:"猷,道也。大道,治国之礼法。"

miǎn 勉

睡·杂 41　说文小篆　孔龢碑　赵孟頫

形声字。《说文》:"勉,强也。从力免声。"本义为努力、尽力。《一切经音义》引作"勉,强也,谓力所不及而强行事也"。《论语·子罕》:"丧事不敢不勉。""免"金文作 𠘨免簋,像人戴冠冕形,"冕"之初文。"勉"字构形指免除束缚而强力进取，故"勉"从力免声。

"勉"也指鼓励、劝勉，段注："凡言勉者皆相迫之意。自勉者，自迫也。勉人者，迫人也。"《管子·立政》："上不加勉，而民自尽竭。"又指勉强，《新唐书·陆贽传》："勉所短而敌长者殆，用所长而乘短者强。"又指赶快，《吕氏春秋·审应览》："子之书甚不善，子勉归矣。"高诱注："勉，犹趣也。"

其（箕）qí

合 20070　　母辛卣　　其侯父乙簋　　说文小篆　　说文古文　　说文古文　　曹全碑　　颜真卿

《说文》作"箕"，会意兼形声字。箕(jī)，《说文》："簸也。从竹；甘，象形；下其丌也。甘，古文箕省。亦古文箕。亦古文箕。籀文箕。籀文箕。"本为簸箕，扬米去糠器具。汉李尤《箕铭》："箕主簸扬，糠粃乃陈。""其"甲骨文、金文、《说文》古文甘，皆像簸箕形。盖"箕"形初作"甘"，象形字；后加架子"丌"作"其"，以"丌"为声符，为形声字；经典借"其"为指代词，故本字加竹作"箕"。徐灏《注笺》："其从丌声，因为语词所专，故加竹为箕。"或谓"丌"由"廾"变来，像人两手持簸箕形，像簸物时散物出箕外形，或像箕之口，是外加方框形。

"其"读jī，借用为语气词，表示疑问，《尚书·微子》："今尔无指告予，颠隮，若之何其？"又指周年，后作"朞(期)"，《墨子·非儒》："丧，父母三年，妻、后子三年，父、叔父、弟兄、庶子其，戚、族人五月。"同"基"，谋虑，《礼记·孔子闲居》："夙夜其命宥密，无声之乐也。"郑玄注："《诗》读其为基，声之误也。基，谋也；密，静也。言君夙夜谋为政教以安民，则民乐之，此非有钟鼓之声也。"

"其"又读qí，用作指代词、副词、助词、连词。

祇 zhī

说文小篆　　史晨碑　　智永　　颜真卿

形声字。《说文》："祇，敬也。从示氏声。"本义为恭敬。《左传·僖公三十三年》："父不慈，子不祇，兄不友，弟不共，不相及也。"氏(dǐ)，《说文》："至也。从氏下箸一。一，地也。"指至、抵达，后作"抵"。"氏"小篆作，以氏抵一（地）表示抵达。徐灏谓本义为根抵、根本，后作"柢"。"氏"为崖（厂）落石表示分支，"氏"金文作虢金氏孙盘，加一横表示石块落到地上，"底、低、抵、柢"等从氏声字皆有低下意。"祗"字构形指祭者（示）之心谦恭凝止（氏），故"祗"从示氏声。张舜徽《约注》："祗之言止也。谓凝然无动，敬之意也。"

"祗"用同"是"，张衡《东京赋》："宜无嫌于往初，故蔽善而扬恶，祗吾子之不知言也。"用同"适"，只、仅，《诗经·小雅·我行其野》："成不以富，亦祗以异。"用同"振"，拯救，《逸周书·文政》："祗民之死。"

zhí
植

鸟书箴铭带钩　纵横家书306　说文小篆　说文或体　曹全碑　褚遂良

形声字。《说文》："植，户植也。从木直声。，或从置。"闭门时用以加锁的中立直木。郝懿行《尔雅义疏》："植者……所以键门持锁，古人门外闭讫，中植一木，加锁其上，所以堂距两边，固其键闭，其木植，故谓之植。"《淮南子·本经》："夏屋宫驾，县联房植。"高诱注："植，户植也。""直"甲骨文作合三二八七七，目上加直线，以目光直视表示直、正。"植"是门外直立之木，故"植"从木直声。

木柱也是直木，故"植"也指木柱，《周礼·夏官·大司马》："大役，与虑事，属其植。"郑玄注："植，筑城桢也。"由直木转指刚直、刚强，《礼记·檀弓》："行并植于晋国，不没其身，其知不足称也。"郑玄注："并，犹专也。谓刚而专己。"孔颖达疏："植，谓刚也……行专权刚强于晋国。"栽种植物要直立种于地下，故又指栽种，如植树，《战国策·燕策》："蓟丘之植，植于汶篁。"植物经栽种则能生长，故又指生长，《淮南子·主术》："五谷蕃植。"植物直立于地如同直木，故又指植物，《文心雕龙·原道》："傍及万品，动植皆文。"作动词指树立，《周礼·夏官·田仆》："令获者植旌及献比禽。"又指倚、拄，《论语·微子》："植其杖而芸。"转指主管人，《左传·宣公二年》："宋城，华元为植,巡功。"孔颖达疏:"植,谓将领主帅监作者也。"又指搁置、放置,后作"置",《尚书·金縢》:"植璧秉珪,乃告太王。"孙星衍疏引郑玄:"植,古置字。"

【原文】　　省^{xǐng} 躬^{gōng} 讥^{jī} 诫^{jiè}　　宠^{chǒng} 增^{zēng} 抗^{kàng} 极^{jí}

【译文】　听到他人讥讽告诫,要反省自身;备受恩宠不要得意忘形,而恃宠对抗尊长。

【释义】

《千字文释义》:"此节("省躬讥诫"至"解组谁逼")言见几之哲,亦处身之道也。"省,反省。躬,自身。讥,用旁敲侧击的话指责或嘲笑别人的过失。诫,劝诫。宠,恩宠。增,增益。抗,抵抗。极,位至高者。

"行有不得,反求诸己"是儒家修身处世的重要法则。《尚书·汤诰》载,商汤告诸侯,谓"其尔万方有罪,在予一人;予一人有罪,无以尔万方",这是自省、担当。用反躬自问对待讥毁,不怨不尤,才是处事的良方。

顺利之日当思不顺之时,才能高而不危、满而不溢,才是免祸求福之道。恃宠骄横,目无长上,则必致祸患,历史教训比比皆是。洪应明《菜根谭》:"宠辱不惊,看庭前花开花落;去留无意,望天上云卷云舒。"能用恬淡平和之心对待荣辱得失,就会安舒自在。

【解字】

省^{xǐng}　𰀁　𰀁　𰀁　𰀁　𰀁　𰀁　省

合32954　智鼎　石鼓文　睡29.22　说文小篆　说文古文　华山庙碑　钟繇

会意字。《说文》:"省,视也。从眉省,从屮。𰀁,古文从少从囧。"本义为察看、省视。《周易·观》:"先王以省方观民设教。"孔颖达疏:"以省视万方,观看民之风俗以设于教。"眉,《说文》:"目上毛也。从目,象眉之形,上象頟理也。"甲骨文作𰀁合三四二〇、𰀁合三四二一,从目,上像眉形,用目衬托上面的眉毛。从眉犹从目,张舜徽《约注》谓"盖取象于种植之事,草木初生,必数数视之,以察其土壤之温湿,根叶之荣枯,此省字得义之本也。省之从中,犹相之从木耳。谓以目就视之也",故"省"从中,从眉省。"省"古文作"𥄉",段注:"古文目作𥄉,此与𤀼皆从之。从少目者,少用其目省之,用甚微也。"徐灏《注笺》:"从少从目者,察之于微也。""省"甲骨文从目从中,以目察草木会省视之意。或谓**屮**从目生省声,与"眚"同字。

"省"也指检查、审察,《论语·学而》:"吾日三省吾身。"细看则明,又指明白、醒悟,《史记·留侯世家》:"良为他人言,皆不省。"探望人会查看对方情况,故又指探望、问候,《礼记·曲礼》:"凡为人子之礼,冬温而夏清,昏定而晨省。"又指记忆、记得,乐府诗《醉公子》:"谁人扶上马,不省下楼时。"又指善,《诗经·大雅·皇矣》:"帝省其山,柞棫斯拔。"

"省"又音 shěng,指王宫禁署、禁中,《资治通鉴·汉纪》:"时清河王庆恩遇尤渥,常入省宿止。"后为官署名称,《正字通》目部:"省,唐制有尚书、门下、中书、秘书、殿中、内侍六省。"又为行政区域名,中央设置中书省,又于各路设行中书省,称行省,明代改行省为布政使司,自后即以省为地方行政区域的通称。作动词指减少,《礼记·月令》:"命有司省囹圄,去桎梏。"减少是去多余,故又指废去、去掉,《国语·周语》:"夫天道导可而省否。"少则简约,故又指简约、节约,《淮南子·主术》:"刑错而不用,法省而不烦,故其化如神。"

gōng
躬(躳)

🔯	🔯	🔯	🔯	🔯	🔯	躬
包210	望1	古玺	泰山石刻	说文小篆	说文或体	华岳庙残碑	赵孟頫

《说文》作"躳",会意字。《说文》:"躳,身也。从身从吕。🔯,躳或从弓。"指身体。《说文》:"身,躳也。"二字互训。《尚书·牧誓》:"尔所弗勖,其于尔躬有戮。"孔传:"临敌所安,汝不勉,则于汝身有戮矣。"脊骨(吕)是身体的支柱,段注"从吕者,身以吕为柱也",朱骏声《通训定声》"身曲则吕见",故"躳"从身从吕。身曲则如弓,张舜徽《约注》"盖身之言伸也,**躬**字实象人挺直之形。躬之为言弓也,言身曲其形似弓也。或从弓作躬,则意兼声矣。今湖湘间称背偻曰背弓,称屈身曰弓腰,皆以弓为屈曲义,躳或从

弓作躬,意亦在此",故或体从弓声作"躬",为通行字。

身为己所有,故"躬"也指自我、自己,《礼记·乐记》:"不能反躬。"又指亲自、亲身,《诗经·小雅·节南山》:"弗躬弗亲,庶民弗信。"又指本身具有,《汉书·刑法志》:"圣人既躬明悊之性,必通天地之心。"躬身时身呈曲形,故又指弯曲,《直音篇》身部:"躬,身屈也。"通"穷(窮)"。马王堆汉墓帛书《战国纵横家书》:"皆识秦之欲无躬也,非尽亡天下之兵而臣海内,必不休。"《诗经·邶风·式微》:"微君之躬,胡为乎泥中?"马瑞辰通释:"躬亦穷之省借。"

讥(譏) jī

譏 譏 讥 譏
说文小篆　熹平石经　智永　赵孟頫

繁体作"譏",形声字。《说文》:"譏,诽也。从言幾声。"讥刺、谴责,以隐喻的语言从侧面指责过失。段注:"譏、诽叠韵。譏之言微也,以微言相摩切也。"《左传·隐公元年》:"称郑伯,譏失教也。"张舜徽《约注》"丝部:'幾,微也。'因之凡从幾声字,如璣、嘰、蟣皆有小义。段氏谓'以微言相摩切谓之譏',是也。古人亦称譏为微辞,谓不明言而隐以见意之辞也",故"譏"从言幾声。简化字"讥"从言几声。

讥刺为求对方改过,有劝谏意,故"讥"引申指进谏、规劝,《楚辞·天问》:"迁藏就歧何能依?殷有惑妇何所讥?"稽查之言严厉若讥,故又指稽查、盘问,《孟子·公孙丑》:"关讥而不征,则天下之旅皆悦,而愿出于其路矣。"

诫(誡) jiè

誡 誡 誡 誡
说文小篆　嵩山太室阙铭　赵孟頫　赵孟頫

繁体作"誡",形声字。《说文》:"誡,敕也。从言戒声。"告诫、规劝。《说文》:"敕,诫也。"二字互训。《史记·鲁周公世家》:"周公藏其策金縢匮中,诫守者勿敢言。"戒,《说文》:"警也。从廾持戈,以戒不虞。"指警戒、防备。甲骨文作(合二〇二五三),小篆作戒,从廾(双手)持戈,会警备之意。"诫"以言告诫而使对方戒而不犯,故"誡"从言戒声。"誡"也省作"戒",徐灏

《注笺》:"今通用戒。"

　　"诫"作名词指箴言、规劝人遵守的准则,《周易·系辞》:"小惩而大诫,此小人之福也。"又指戒备、警惕,也作"戒",《资治通鉴·周纪》:"天、地、人皆告矣,而王不知诫焉,何得无诛!"又指教令、告示,《荀子·强国》:"发诫布令而敌退,是主威也。"又为文体名,一种教诲性的文章,《后汉书·列女传》:"扶风曹世叔妻者,同郡班彪之女也,名昭,字惠班,一名姬。博学高才……作《女诫》七篇,有助内训。"又指佛教的戒律,《晋书·会稽王道子传》:"臣闻佛者,清远玄虚之神,以五诫为教,绝酒不淫。"

chǒng
宠(寵)　　汃其钟　曾白从宠鼎　老子甲 113　说文小篆　孔龢碑　柳公权

　　繁体作"寵",形声字。《说文》:"寵,尊居也。从宀龍声。"本义为尊崇。王筠《句读》:"宠袛是尊,以从宀,故言居也。"《国语·楚语》:"宠神其祖,以取威于民。"韦昭注:"宠,尊也。"受尊者多居高室华屋(宀),如祖先供于宗庙,帝王居于皇宫,龙为鳞虫之长而受人所尊,故"寵"从宀龍声。

　　受尊崇则荣耀,故"宠"引申为荣耀,范仲淹《岳阳楼记》:"心旷神怡,宠辱皆忘。"受宠则多得恩惠,故又指恩惠,《周易·师》:"在师中吉,承天宠也。"孔颖达疏:"正谓承受王之恩宠,故中吉也。"人多宠自己喜爱者,故又指喜爱、过分之爱,用于上对下、高对低,《左传·昭公二年》:"少姜有宠于晋侯。"作名词指受宠爱的人(多指姬妾、内臣),《左传·僖公十七年》:"易牙入,与寺人貂因内宠以杀群吏。"杜预注:"内宠,内官之有权宠者。"受宠则易骄慢,故又指骄纵,张衡《东京赋》:"好殚物以穷宠,忽下叛而生忧也。"

zēng
增　　辅师嫠簋　九 56.50　说文小篆　魏王基残碑　颜真卿

　　形声字。《说文》:"增,益也。从土曾声。"本义为添、加多。《诗经·小雅·天保》:"如川之方至,以莫不增。"郑玄笺:"川之方至,谓其水纵长之时也,万物之收皆增多也。"曾(zēng),《说文》:"词之舒也。从八从曰,

囦声。"用作副词，表示出乎意料，相当于"乃、竟"。"曾"甲骨文作 ![字形](合四〇
六四)、，朱芳圃《殷周文字释丛》："曾即甑若甗之初文，象形……盖
甑甗以炊饭，与鼎以烹肉同。其器下体盛水，上体盛饭，中设一算，金文曾
字从曾![田]，即象其形……算为甑之特征，故造字取以为象。"徐中舒《甲骨
文字典》："本应为圆形作![字形]，象釜鬲之算，![字形]象蒸汽之逸出，故象蒸熟食物
之具，即甑之初文。"算将甑隔为两层，故"曾"有重叠义，"層"从曾声而指
重屋。张舜徽《约注》"增字从土，其本义自谓土之加高耳"，土添加、重叠
（曾）则高，段注"凡从曾之字，皆取加高之意"，故"增"从土曾声。金文用
"曾"为"增"。"曾"之曾经义读 céng。

抗 kàng

![字形 抗 杭 抗 抗]

说文小篆　说文或体　王舍人碑　欧阳询

形声字。《说文》："抗，扞也。从手亢声。![杭]，抗或从木。"抵御、抗
拒。《仪礼·既夕礼》："抗木横三缩二。"郑玄注："抗，御也。所以御止土
者，其横与缩各足掩圹。"亢（gāng），《说文》："人颈也。从大省，象颈脉
形。"指颈项、咽喉。徐灏《注笺》："颈为头茎之大名，其前曰亢，亢之内为
喉。浑言则颈亦谓之亢……人项强直，故有强项之称。又引申为亢直为高
亢。""亢"小篆作![字形]，![字形]像人头，![字形]像颈直立形，也像颈部动脉形。抵御多
用手，"亢"有高、强硬义，抵御则心气高亢、力量强大，故"抗"从手亢声。
或体从木作"杭"，后意义分化，遂音变为 háng，张舜徽《约注》："抗既训
扞，而或体从木作杭，盖取持木以自扞卫意。"段注："今人用此字读胡郎切，
乃杭之讹变。"

"抗"也指匹敌、对等，《后汉书·班彪列传》："荣镜宇宙，尊无与抗。"也
指举、张，《诗经·小雅·宾之初筵》："大侯既抗，弓矢斯张。"又指进、上，《汉
书·扬雄传》："独可抗疏，时道是非。"又指刚直，《史记·鲁仲连邹阳列传》：
"亦可谓抗直不挠矣。"又指高、高尚，宋玉《九辩》："尧舜之抗行兮，瞭冥冥
而薄天。"王逸注："圣迹显著，高无颠也。"又指收藏、珍藏，《周礼·夏官·服

《不氏》："宾客之事则抗皮。"郑玄注引郑众："谓宾客来朝,聘布皮帛者,服不氏主举藏之。"又指救,《国语·晋语》："未报楚惠而抗宋,我曲楚直。"

极(極)

极(極)　櫨　極　櫨　極　極
蜂山碑　孙子116　说文小篆　礼器碑　褚遂良

繁体作"極",形声字。《说文》："極,栋也。从木亟声。"房屋的正梁。吴善述《广义校订》："栋者,屋之正梁,居中至高,故谓之极。"《庄子·则阳》："孔子之楚,舍于蚁丘之浆,其邻有夫妻臣妾登极者。"陆德明释文："司马云:极,屋栋也。"徐灏《注笺》："《洪范》传曰:'极,中也。'因之凡居中谓之极。亟(jí),《说文》:'敏疾也。从人从口从又从二。二,天地也。'"指敏捷,朱骏声《通训定声》"人生天地间,手口并作,敏疾成事也",故"亟"从人从口从又从二。"亟"甲骨文作𠆆合一三六三七反,于省吾《甲骨文字释林》:"亟,古極字。𠆆又为亟之初文。亟字中从人,二,上下有两横画,上極于顶,下極于踵,而極之本义昭然可睹矣。"说可从。"亟"金文作𠆤史墙盘、𠆤毛公鼎,加"口、支"为形符,小篆从"又"作"亟",为定形。梁为木制,正梁居屋顶正中最高处,故"極"从木亟声。简化字"极"从木及声。

正梁在房屋最高处,故"极"转指顶点、最高地位,段注:"引伸之义凡至高至远皆谓之极。"《周易·系辞》:"六爻之动,三极之道也。"也指最高的、最终的,《墨子·七患》:"以其极赏,以赐无功。"作动词指至、到,《诗经·大雅·崧高》:"崧高维岳,骏极于天。"又指尽头、终了,《礼记·乐记》:"故礼以道其志,乐以和其声,政以一其行,刑以防其奸,礼乐刑政,其极一也。"又指穷尽,《周易·系辞》:"极数知来之谓占。"最高处离地面最远,故又指远,《论衡·别通》:"殷周之地,极五千里,荒服、要服,勤能牧之。"边界在国土远边,故又指边际、边界,《荀子·儒效》:"宇中六指谓之极。"杨倞注:"六指,上下四方也。尽六指之远则为六极。"正梁位于屋顶正中,故又指中、正,《诗经·商颂·殷武》:"商邑翼翼,四方之极。"郑玄笺:"商邑之礼俗,翼翼然可则效,乃四方之中正也。"又指北极星,《太玄·玄莹》:"天圜地方,极植中央。"又指磁体两端或电流进入、流出之端,如南极、北极,正极、负极。又用作副词,表示程度,如极好。

【原文】 殆^{dài} 辱^{rǔ} 近^{jìn} 耻^{chǐ}　　林^{lín} 皋^{gāo} 幸^{xìng} 即^{jí}

【译文】 受侮辱或名誉受损时危机出现,立即退隐山林或可幸免。

【释义】

殆,近。辱,受辱。近,接近。耻,羞耻。林,山林。皋,沼泽。林皋,泛指远离都市的山野。幸,吉而免灾。即,即刻。"日中则昃,月满则亏",荣华富贵难恒常保有,不可沉浸于功劳而流连忘返,成功后当急流勇退,功成身退是自然法则。

范蠡、文种协助越王勾践灭吴称霸后,两人的做法相反,结果也相反。范蠡功成后急流勇退,遨游山野,自号陶朱公,经商成巨富后广散家财而得善终。文种功成后流连于高官厚禄,被逼自刎而死。

【解字】

殆^{dài}

老子甲 17　说文小篆　西狭颂　王羲之

形声字。《说文》:"殆,危也。从歺台声。"本义为危险、危亡。徐灏《注笺》:"殆,病危也。引申为凡危殆之称。"《诗经·小雅·正月》:"民今方殆,视天梦梦。"郑玄注:"方,且也。民今且危亡。""歺"指剔去肉后的残骨,甲骨文作🦴(合一九三三),像分解骨肉后的残骨形。人亡久则剩残骨,故"歺"有死、败、危等义。"殆"指危险,"歺"有危亡义,"台"为胎儿长大成形,胎儿出生易生危险,故"殆"从歺台声。

"殆"也指危害,《淮南子·说山训》:"德不报,而身见殆。"失败易于危亡,故又指败、坏,诸葛亮《治军》:"不知其敌,每战必殆。"人多畏惧败亡,又指畏惧,《管子·度地》:"人多疾病而不止,民乃恐殆。"人处危境多困乏,故又指疲困、困乏,《庄子·养生主》:"吾生也有涯,而知也无涯,以有涯随无涯,殆已。"郭象注:"以有限之性寻无极之知,安得而不困哉!"人相疑易致危败,故又指疑惑,《史记·扁鹊仓公列传》:"良工取之,拙者疑殆。"又指开始,《列子·黄帝》:"尔于中也殆矣夫!"殷敬顺释文:"殆矣夫,一本作'始矣夫'。"由接近危害转指近于、几乎,《诗经·小雅·节南山》:"式夷式已,无小人殆。"也用作副词,表示推测、范围等。用作助词,犹"乃"。

辱　

屯125　　屯474　　睡·日甲60　　说文小篆　　熹平石经　　赵孟頫

　　会意字。《说文》:"辱,耻也。从寸在辰下,失耕时,于封畺上戮之也,辰者,农之时也。故房星为辰,田候也。"本义为耻辱。《周易·系辞》:"言行,君子之枢机。枢机之发,荣辱之主也。""寸"指法度,"辱"字构形指农时失耕(辰),依法度(寸)于封疆上戮辱之,故"辱"从寸在辰下。"辰"甲骨文作凬合一三二六二、凩合三四六五二,像手持蚌壳形,为"蜃"初文,上古翻土耕器。郭沫若《甲骨文字研究》:"余以为辰实古之耕器,其作贝壳形者,盖蜃器也……于贝壳石片之下附以提手,字盖象形。其更加以手形或足形者,则示操作之意……其为耕作之器者则为辰,后变而为耨,字变音亦与之俱变。其为耕作之事则为辱,辱者,蓐与农之初字也……要之,辰本耕器,故农、辱、蓐、耨诸字均从辰。星之名辰者,盖星象于农事大有攸关,古人多以耕器表彰之。"谓"辱"为手(寸)持锐蜃(辰)翻土除草,即"耨"本字。张舜徽《约注》:"许书作耨,经传作耨,皆辱之后出增偏旁体。""辱"甲骨文从又持辰,会手持蜃器除草之意,为"耨(槈)"初文。杨树达《积微居小学述林》:"盖上古之世,尚无金铁,故手持摩锐之蜃以芸除秽草,所谓耨也。"若耕者不尽耕种之分,则施刑罚而受辱。

　　"辱"泛指侮辱,《左传·昭公五年》:"若吾以韩起为阍,以羊舌肸为司宫,足以辱晋。"又指委屈、埋没,《左传·襄公三十年》:"使吾子辱在泥涂久矣,武之罪也。"又指污浊,《老子》四十一章:"上德若谷,大白若辱。"又指玷污、辜负,《论语·子路》:"使于四方,不辱君命。"又用作谦辞,承蒙,如辱蒙、辱临、辱赐,《左传·僖公四年》:"君惠徼福于敝邑之社稷,辱收寡君,寡君之愿也。"

jìn
近

郭 5.7　　睡·秦 70　　说文小篆　　说文古文　　曹全碑　　赵孟𫖯

　　形声字。《说文》:"近,附也。从辵斤声。𬎟,古文近。"指附近、不远。桂馥《义证》:"本书:'坿,近也。'附当为坿,俗作附。《广雅》:'附,近也。'"徐灏《注笺》:"许说解中多用世俗通行之字,盖以其所易知释所难知也。不必皆用本义。"《周易·系辞》:"近取诸身,远取诸物。""近"指行走的路程(辵)不远,"斤"为短柄斧,斧执于手而能近观以明察,故"近"从辵斤声。

　　"近"作动词指逼近、靠近、临近,《周易·系辞》:"三多誉,四多惧,近也。"韩康伯注:"位逼于君,故多惧也。"《诗经·大雅·民劳》:"敬慎威仪,以近有德。"又指亲近,李密《陈情表》:"外无期功强近之亲,内无应门五尺之童。"又指切近,《诗经·周南·关雎》序:"故正得失,动天地,感鬼神,莫近于诗。"又指浅近、浅显,《孟子·尽心》:"言近而指远者,善言也。"又指君臣亲近的人,《孟子·离娄》"武王不泄迩"赵岐注:"迩,近也。近,谓朝臣。"由不远转指浅陋、平庸,《北史·崔宏传》:"圣策独发,非愚近所及,愿陛下必行无疑。"又指历时短,如近期,韩愈《与陈给事书》:"辄自疏其所以,并献近所为《复志赋》已下十首为一卷,卷有标轴。"

chǐ
耻(恥)

郭·缁 28　　说文小篆　　谯敏碑　　祝允明

　　原作"恥",形声字。《说文》:"恥,辱也。从心耳声。"本义为羞耻、屈辱。《说文》:"辱,恥也。"二字互训。耻、辱统言则同,析言则别。耻自内生,故谓"羞耻";辱由外加,故谓"受辱"。羞耻为主动,故《论语》云"行己有耻";受辱是被动,故《周易》言"荣辱之主"。《周礼·地官·司救》:"三罚而士加明刑,耻诸嘉石,役诸司空。"郑玄注:"以耻辱之。"羞耻生于心,表现于外则"面红耳赤",《六书总要》"取闻过自愧之意,凡人心惭则耳热面赤是其验也",故"恥"从心耳声。隶书作耵,隶书"心、止"形近,遂变

"心"为"止"作"耻",从心止声之"耻"为通行字。

"耻"也指羞愧,《尚书·说命》:"其心愧耻,若挞于市。"作名词指耻辱之事,《吕氏春秋·顺民》:"越王苦会稽之耻。"

lín
林　　合 9741　合 33756　尹姞鬲　侯马 156:21　说文小篆　张迁碑　赵孟頫

会意字。《说文》:"林,平土有丛木曰林。从二木。"指成片丛聚的树木。丛木为林,二木表示多木相连,王筠《释例》"林从二木,非云止有二木也,取木与木连属不绝之意也",故"林"从二木。

"林"转指人或事物的汇集处,如学林、艺林,《史记·高祖功臣侯者年表》:"观所以得尊宠及所以废辱,亦当世得失之林也,何必旧闻?"树林多在野外,故又指野外,《诗经·鲁颂·駉》:"在坰之野。"毛传:"邑外曰郊,郊外曰野,野外曰林,林外曰坰。"古多训"君"为群,群、林皆有众多义,故又指君,《诗经·小雅·宾之初筵》:"百礼既至,有壬有林。"又用作姓氏,《通志·氏族略》:"林氏,姬姓。周平王庶子林开之后,因以为氏……而谱家谓王子比干为纣所戮,其子坚逃长林之山,遂为氏。"

gāo
皋　　睡·日甲 111　说文小篆　孔彪碑　赵孟頫

会意兼形声字。《说文》:"皋,气皋白之进也。从夲从白。《礼》:祝曰皋,登謌曰奏。故皋奏皆从夲。《周礼》曰:'诏来鼓皋舞。'皋,告之也。"本义为岸、水边地。朱骏声《通训定声》:"皋,此字当训泽边地也。"《楚辞·离骚》:"步余马于兰皋兮,驰椒丘且焉止息。"王逸注:"泽曲曰皋。"王筠《句读》:"此以字形说字义也,白解上半,进解下半之夲。"夲(tāo),《说文》:"进趣也。从大从十。大十,犹兼十人也。"本义为快速前进。"大"指人,一人兼具十人之能则前进极快,段注"言其进之疾如兼十人之能也",饶炯《部首订》"进趣过人,以一当十",故"夲"从大从十。"皋"训"气皋白之进","白"指水边雾气白,"夲"指雾气腾升迅速,故"皋"从白从夲。

“本”也为声符，王筠《句读》“(本)亦声”。朱骏声《通训定声》：“白者，日未出时初生微光也，旷野得日光最早，故从白从本声。”

“皋”也指沼泽，《诗经·小雅·鹤鸣》：“鹤鸣于九皋。”又指水田，潘岳《秋兴赋》：“耕东皋之沃壤兮，输黍稷之余税。”通“高”，与低相对，《礼记·明堂位》：“天子皋门。”

xìng
幸（㚔）　　　㚔　㚔　㚔　幸
　　　　　　　　睡·秦5　说文小篆　曹全碑　柳公权

《说文》作“㚔”，会意字。《说文》：“㚔，吉而免凶也。从屰从夭。夭，死之事。故死谓之不㚔。”本义为侥幸，意外地得到好处或免去死亡等灾害，有趋吉避凶之意。段注：“吉者，善也。凶者，恶也。得免于恶是为幸。”邵瑛《群经正字》：“㚔，今经典作幸。”《小尔雅·广义》：“幸，非分而得谓之幸。”《论语·雍也》：“人之生也直，罔之生也幸而免。”夭，《说文》：“屈也。从大，象形。”指弯曲。小篆作夭，像人(大)头曲之形；甲骨文作夭后二·四·一三，像人摆臂奔走形。头曲不长而死，为早死，死亡是凶之大者，凶反过来(屰)为免凶转吉，倒子(㚇)为屰，徐锴《系传》“屰，反也。反夭，不夭也，故曰㚔”，故“㚔”从屰从夭。“執”甲骨文作㚔前五·三六·四，拘执罪人，右边罪人两手从左边手铐(幸)脱出，即有幸，故以空手铐为“幸”。

“幸”指幸亏、多亏，江淹《杂体诗》：“去乡三十载，幸遭天下平。”免灾是吉祥，故指幸福、幸运，《吕氏春秋·遇合》：“其幸大者，其祸亦大。”人幸福则心生欢喜，又指喜悦、高兴，《左传·僖公十四年》：“幸灾不仁。”又指爱好、喜好，《战国策·齐策》：“矜功不立，虚愿不至，此皆幸乐其名，华而无其实德者也。”古指皇帝亲临，后也泛指皇族亲临，《史记·孝文本纪》：“帝自甘泉之高奴，因幸太原。”裴骃集解引蔡邕：“天子车驾所至，民臣以为侥幸，故曰幸。”又指期望，《史记·屈原贾生列传》：“冀幸君之一悟，俗之一改也。”又用作敬辞，表示对方行为使自己感到幸运，《史记·袁盎晁错列传》：“嘉鄙野人，乃不知，将军幸教。”

jí
即（卽）

　　鉖　鉖　即　卽　卽　卽　即　即

合 20193　合 20174　大盂鼎　秦公镈　石鼓文　说文小篆　史晨碑　颜真卿

　　《说文》作"卽"，形声字。《说文》："卽，即食也。从皀卪声。"本为就食。《周易·鼎》："鼎有实，我仇有疾，不我能即。""卪"甲骨文作鉖合二〇一九六、鉖合二二二五八，像人坐席形。"皀"甲骨文作鉖甲八七八、鉖存下七六四，像盛熟食的圆形食器，下为圈足，中为簋体，上为盖，为"簋"之初文。"卽"甲骨文从卪就皀，人在簋旁就食。林义光《文源》："卪即人字。即，就也。鉖，荐熟物器。象人就食之形。"卪为人坐，"皀"为食盒，故人就食之"卽"从皀卪声。

　　就食须靠近食物，故"即"指接近、靠近，《论语·子张》："望之俨然，即之也温，听其言也厉。"迎合有接近意，故又指迎合、符合，《韩非子·孤愤》："若夫即主心同乎好恶，固其所自进也。"追逐求接近、追上目标，故又指追逐、寻求，《周易·屯》："即鹿无虞，惟入于林中。"孔颖达疏："如人之田猎，欲从就于鹿。"转指当时、不久，《左传·僖公二十四年》："蒲城之役，君命一宿，女即至。"陆游《遣舟迎子遹》："知汝即日归，明当遣舟迎。"用作副词、连词，表示将要、就是。

【原文】　两 疏 见 机　　解 组 谁 逼

liǎng shū jiàn jī　　jiě zǔ shuí bī

【译文】　疏广、疏受因预见危患征兆而辞官，哪里有谁逼迫他们除去官印？

【释义】

　　此句典出《汉书·隽疏于薛平彭传》。两疏，西汉太子太傅疏广、太子少傅疏受。见，预见。机，指危患征兆。解，免除。组，组绶，官印上的绦带，绶是用彩丝织成的长条形饰物，用来盖住装印的鞶囊，也可系印于腹前或腰侧，故称印绶，绶的颜色标示身份官职的高低。解组，将组绶解下，表示辞官。谁，何人，疑问代词。逼，逼迫。西汉疏广、疏受叔侄两人官居高位，预见会因此招致祸患，故在没有人逼迫的情况下，主动辞官还乡。《千字文释义》："良由其自甘恬退故耳。则君子当鉴于止足之分，以远耻辱也。此亦'无道则隐'之意。"

疏广（？—前45），字仲翁，祖籍东海兰陵（今山东临沂市兰陵县）人，其曾祖父迁于泰山郡钜平（今宁阳县西部），为西汉名臣。疏广少时好学，精通《论语》《春秋》，曾创办私学，治学严谨，名重当时。本始元年，汉宣帝征其为博士郎、太中大夫，地节四年（前66）任太子太傅。

疏受（？—前48），字公子，是疏广亲侄子。疏受少时跟随父亲和叔父学儒家经典，为人恭谨，才思敏捷，善长演讲，言辞缜密。天子每朝，都召疏受进见，与天子群臣策对应答。他官拜太子少傅后，孜孜不倦，因才施教，教有所成，汉宣帝封为太子家令。

疏广对疏受说：古语（《老子》）谓知足不辱，知止不殆，功遂身退，天之道。今我叔侄官至二千石，功成名立，当急流勇退，迟恐生祸，不如一起告老还乡，颐养天年。当日叔侄告病请假。辞官回乡后，疏广认为置办多余的田地房屋，只能使子孙懒惰，还会成为众人怨恨的对象。于是就将皇上赐的养老金与同乡宾朋共享，就这样，二疏养老乡里，快乐自由，高寿而终。

《周易·系辞》："几者动之微，吉之先见者也。君子见几而作，不俟终日。"言君子能洞见吉凶祸福之先兆，适时抉择，趋吉避凶。二疏急流勇退，不积财产，终养天年，可谓知足、知止，堪为楷模。

二人辞世后，后人将其故里分别命名为"东疏、西疏"。三百年后，陶潜路过宁邑时写过著名的《咏二疏》。

【解字】

liǎng
两（兩网）

敔簋方鼎　甬皇父簋　睡·秦130　说文小篆　西狭颂　颜真卿

繁体作"兩"，会意兼形声字。本义为偶、并，指并列成双的两个。《周礼·天官·大宰》："以九两系邦国之民。"郑玄注："两，犹耦也，所以协耦万民。"《说文》："兩，二十四铢为一两。从一、网。平分，亦声。"许慎训"两"为古代重量单位。"铢"也为古代重量单位，具体重量因时地而有不同。传统一斤等于十六两,故有"半斤八两"之说。经研究,西汉时期一斤相当于258.24克,一两等于16.14克。古代定一两为二十四铢,盖应一年二十四节气,《汉书·律历志》:"二十四铢而成两者,二十四气之象也。"网(liǎng),《说文》:"再也。从冖,阙。《易》曰:参天网地。"段注:"再者,一举而二也。"王筠《句读》:"《淮南·天文训》:'十二铢而当半两。衡有左右,因倍之,故二十四铢为一两。'此谓'网'字自中平分之,其形相对相当,一两平分,各为一龠,其数亦相对、相当也",故"兩"从一、网,网亦声。"网、兩"本为一字,金文作ꓮꓮ,从二丙,以二物(丙)对列会并列、偶之意。又作兩,上加"一"作饰笔,小篆承之。陈梦家谓"兩"本是车马的单位,《殷虚卜辞综述》:"(甲骨文)车马的单位'丙',可能和《诗》的'乘'相同,但几匹马构成一乘,尚待考证。金文马的单位是'匹',而金文'兩'字系二个相并立的丙,所以甲骨文的'丙'可能是单数。"季旭昇谓"兩"是"丙"的分化字。

　　二为偶数,故"两"引申为数词二,今普通话中一般与量词连用,如两天、两只,《诗经·齐风·还》:"并驱从两肩兮,揖我谓我儇兮。"郑玄笺:"并驱而逐二兽。"又指双方,即相对的两个方面,《庄子·人间世》:"夫两喜必多溢美之言,两怒必多溢恶之言。"又用作量词,指双,《诗经·齐风·南山》:"葛屦五两。"孔颖达疏:"屦必两只相配,故以一两为一物。"古代布匹两丈为一端,两端为一两,《周礼·地官·媒氏》:"凡嫁子娶妻,入币纯帛,无过五两。"郑玄注:"五两,十端也。"孔颖达疏:"云五两十端者,古者二端相向卷之,共为一两。五两,故十端也。"

　　"两"又音liàng,用作量词,计算车乘的单位,后作"辆",《诗经·召南·鹊巢》:"之子于归,百两御之。"毛传:"百两,百乘也。"孔颖达疏:"《风俗通》以为车有两轮,马有四匹,故车称两,马称匹。"

shū
疏　　逑　　疏　　疏　　疏

睡·封91　说文小篆　鲁峻碑　王羲之

　　会意兼形声字。《说文》:"疏,通也。从㐬从疋,疋亦声。"本义为疏导、开通。戴侗《六书故·人》:"疏,因其出而顺道之也。《孟子》曰:'禹疏九河。'《语》曰:'疏为川谷,以道其气。'因疏道而生疏通之义,疏密、疏数、亲疏之义皆由是而生。""㐬"为"ㄊ"(tū)之或体,指突然出现,后作"突"。段注:"谓凡物之反其常,凡事之㐬其理,突出至前者,皆是也。不专谓人子。""ㄊ"甲骨文作✦合二七六四三,从倒子,指倒子、忽出。姚孝遂、曾宪通、季旭昇等谓"ㄊ"为"毓"之省体。孩子头朝下倒着出生,故"ㄊ"从倒子。"㐬"是胎儿出生(ㄊ),下有羊水流(巜)形。"疋"同足,名物为"足",动作为"疋",甲骨文作✦合一七一四六,像连腿带脚的足形。"疏"指疏通,"㐬"有生出通畅意,"疋"有疏通义,故"疏"从㐬从疋,疋亦声。朱骏声据"疏"字构形,谓本义为生子顺畅,《通训定声》:"㐬者,子生也;疋者,破包足动也。孕则塞,生则通,因转注为开通分远之谊。"

河道经疏通则河水疏散分流,故"疏"引申为分散、分开,《淮南子·道应》:"知伯围襄子于晋阳,襄子疏队而击之,大败知伯。"河道通畅则水顺流分布,故又指分布、陈列,《楚辞·九歌·湘夫人》:"白玉兮为镇,疏石兰兮为芳。"疏通河道须清除杂物,故又指清除、排除,《国语·楚语》:"教之乐,以疏其秽而镇其浮。"疏通河道需一番修整、修饰,故又指雕刻、画饰,《礼记·明堂位》:"疏屏,天子之庙饰也。"由分布转指分赐、给予,《史记·黥布列传》:"上裂地而王之,疏爵而贵之。"疏通过的河道宽阔通畅,水能快速流远,王筠《句读》"(河道)既通,则相去疏阔,而远意生焉",故又指稀、阔,《老子》七十三章:"天网恢恢,疏而不失。"又指疏远、不亲近,《礼记·曲礼》:"夫礼者,所以定亲疏,决嫌疑,别同异,明是非也。"又指距事理远、不切实际,嵇康《与山巨源绝交书》:"虽有区区之意,亦已疏矣。"疏则不密,不密则粗漏,故又指粗略、不细密、疏忽,《史记·范雎蔡泽列传》:"其于计疏矣。"心粗略则做事粗糙,故又指粗糙,《诗经·大雅·召旻》:"彼疏斯粺,胡不自替?"郑玄笺:"疏,粗也,谓粝米也。"技术粗糙是不熟练的缘故,故又指不熟悉、不熟练,陶潜《咏荆轲》:"惜哉剑术疏,奇功遂不成。"又指空虚、浅薄,王安石《忆昨诗示诸外弟》:"材疏命贱不自揣,欲与稷契遐相希。"蔬菜相对肉食较清淡、粗疏,故又指蔬菜,后作"蔬",《周礼·天官·大宰》:"八曰臣妾,聚敛疏材。"郑玄注:"疏材,百草根实可食者。"由疏导、分布引申指分条记录或陈述,《墨子·号令》:"诸可以便事者,亟以疏传言守。"徐灏《注笺》"凡疏释之称,条奏言事谓之疏,以其分析敷陈也",故又指为古书旧注所作的阐释或进一步发挥的文字,如注疏、义疏、疏证,柳冕《与权德舆书》:"其有明圣人之道,尽六经之意,而不能诵疏与注,一切弃之。"又指奏章,如《论积贮疏》。又指书信,《后汉书·朱冯虞郑周列传》:"楚王英谋反发觉,以疏引(焦)贶,贶被收捕。"

jiàn
见(見)　　合 19895　合 19973　見乍甗　九年卫鼎　说文小篆　史晨碑　颜真卿

　　繁体作"見",会意字。《说文》:"見,视也。从儿从目。"本义为看见、看到。《周易·艮》:"行其庭,不见其人。"饶炯《部首订》:"对文则用目及物曰视,物来遇目曰见。《大学》云'视而不见',《中庸》曰'视之而弗见',皆是也。"见、视之别,主要在视物后会心与否,目视物而心不动为视,见物而心有所会为见。"儿"(rén)指人,"目"是视觉器官,"見"从目在人上,突出目之作用,饶炯《部首订》"缘其事为人,其用在目",故"見"从儿从目。"見"甲骨文从目在人(卩)上,突出大眼睛,表示看清楚并心领神会。

　　会客则能看见对方,故"见"也指进见、会见,《孟子·梁惠王》:"孟子见梁惠王。"由会见引申为接见,《左传·庄公十年》:"公将战,曹刿请见。"遇人则见到,故又指遇见,《左传·桓公元年》:"宋华父督见孔父之妻于路。"人对所见事物的看法各不相同,故又指见地、见解,王豹《与齐王冏笺》:"敢以浅见,陈写愚情。"见物则知于心,故又指了解、知道,《左传·襄公二十五年》:"今吾见其心矣。"又指预料、预见,《孙子·形》:"见胜不过众人之所知,非善之善者也。"又指比试、较量,如见高低、见输赢,岳飞《公牍》:"与金人六次见阵。"又用在动词前面表示被动,《史记·屈原贾生列传》:"信而见疑,忠而被谤,能无怨乎?"

"见"又音 xiàn，后作"现"。指显露、出现、实现，《周易·乾》九二："见龙在田。"又指介绍、推荐，《左传·昭公二十年》："齐豹见宗鲁于公孟，为骖乘焉。"又指现在，徐灏《注笺》："目所睹为见，因有见在之称，俗别作'现'。"《汉书·外戚传》："我果见行，当之柳宿。"由现在引申为现有的、现成的，《史记·项羽本纪》："今岁饥民贫，士卒食芋菽，军无见粮。"

机（機）

说文小篆　仓颉篇14　曹全碑　欧阳询

繁体作"機"，形声字。《说文》："機，主发谓之機。从木幾声。"本指古代弩上的发动机关。《释名·释兵》："弩，含括之口曰机，言如机之巧也。亦言如门户之枢机，开阖有节也。"《尚书·太甲》："若虞机张，往省括于度则释。"孔传："机，弩牙也。""幾"有微小、精微义，弩的发动机关为木制，小巧精微，事物的发生、发动隐微弱小，故"機"从木幾声。"机"从木几声，本为木名，即桤木，后作"桤"。元代以来的一些戏曲小说刻本中，用"机"为"機"，今用"机"为"機"的简化字。

"机"泛指简易的制动装置及有这种装置的器械，段注："机之用主于发，故凡主发者皆谓之机。"《战国策·宋卫策》："公输般为楚设机，将以攻宋。"指云梯之属。又特指织布机，《史记·樗里子甘茂列传》："其母投杼下机。"机关开启方能发射，"机"是发射之因，故又指事物变化的原由，《礼记·大学》："一人贪戾，一国作乱，其机如此。"又指机密或有保密性质的事，《六韬·文韬》："阴其谋，密其机，高其垒，伏其锐。"弩机开启，箭极速发出，故又比喻迅疾，《淮南子·精神》："名实不入，机发于踵。"机器的制造、作用巧妙，故又指智巧、机巧，《列子·仲尼》："大夫不问齐鲁之多机乎？"张湛注："机，巧也。多巧能之人。"又指时机、机会，江革《为萧仆射与袁昂书》："机来不再，图之宜早。"又指事情变化的关键、有重要关系的环节，《韩非子·八说》："任人以事，存亡治乱之机也。"又为星名，《艺文类聚》引《春秋运斗枢》："北斗七星：第一天枢，第二旋，第三机……"通"幾"，1. 事物变化的迹象和征兆,《素问·离合真邪论》:"知机道者不可挂以发,不知机者扣之不发。" 2. 危,《淮南子·原道》:"处高而不机,持盈而不倾。"

jiě
解

| 合18387 | 合18388 | 解子甗 | 中山王壶 | 包2.246 | 说文小篆 | 熹平石经 | 颜真卿 |

会意字。《说文》:"解,判也。从刀判牛角。一曰解廌,兽也。"本义为分解,分解牛为"解"之构字意图。《庄子·养生主》:"庖丁为文惠君解牛。"成玄英疏:"解,宰割之也。"刀用以分解,牛为大物而易解,张舜徽《约注》"解牛者必先去其角,故解字从角。今湖湘间屠牛之家皆然。询其故,则谓角最碍物,必先去之而后能批郤导窾,游刃有余也"。"解"甲骨文以双手执、掰牛角,将角从牛体解下会分解之意。战国文字双手省变作"刀"或"刃",为小篆所本。

剖开是分解竹木的方式,故"解"引申为剖开、锯开,刘恂《岭表录异》:"木性如竹,紫黑色,有文理而坚,工人解之,以制博弈局。"扩展指分割、划分,《淮南子·精神》:"天有四时五行九解三百六十六日。"高诱注:"八方中央,故曰九解。"物经分割则解体,故又指分裂、破裂,《左传·成公八年》:"四方诸侯,其谁不解体。"物被解则分离,故又指涣散、离散,《礼记·檀弓》:"虽固结之,民其不解乎?"冰融化则散为水,故又指融化、消散,《礼记·月令》:"东风解冻,蛰虫始振。"化解矛盾是将矛盾分解,故又指排解、和解,《战国策·赵策》:"为人排患、释难、解纷乱而无所取也。"又指消除、免除、废除,《周易·系辞》:"罪大而不可解。"又指解开、脱掉,《礼记·曲礼》:"解屦不敢当阶。"又指开放,《文子·上德》:"雷之动也万物启,雨之润也万物解。"人了解道理则心开意解,故又指晓悟、理解,《庄子·天地》:"大惑者,终身不解。"又指通达,《淮南子·原道》:"是故一之理,施四海;一之解,际天地。"道理经讲解则明白,故又指解释、注解、讲解,杜预《春秋左氏传序》:"比其义类,各随而解之,名曰经传集解。"又为卦名,卦形为䷧。又指分泌汗液、排泄大小便,《论衡·寒温》:"人中于寒,饮药行解。"

"解"又音 xiè,后作"獬",獬廌(xièzhì),传说中的神兽。又指懈怠、松懈,后作"懈",《诗经·大雅·烝民》:"夙夜匪解,以事一人。"按《韩诗外传》作"夙夜匪懈"。又用作姓氏,《急就篇》:"解莫如。"颜师古注:"解,地名也。在河东,因地为姓,故晋因多姓解氏焉。"

zǔ
组(組)

师衰簋　　虢季氏子组壶　　说文小篆　　曹全碑　　赵孟頫

繁体作"組",形声字。《说文》:"組,绶属。其小者以为冕缨。从糸且声。"宽而薄的丝带,古多用作佩印或佩玉的绶,小者可用为帽带。《尚书·禹贡》:"厥篚玄纁玑组。"朱骏声《通训定声》:"织丝有文以为绶缨之用者也……阔者曰组,为带绶;陿者曰条,为冠缨;圆者曰纠,施鞭与履之缝中。"丝带以丝织成,"且"(jū)即"俎",古代祭祀或宴会时盛放牲体的礼器,形似几案。"且"为长条形,故从且声字多有长、深、高义:山陵高峻为"阻",深陷恶疮为"疽",心气骄傲为"怚",木栏狭长为"柤",含味(滋味深长则可品)为咀,马高峻为"駔",长柄除草农具为"鉏"。"組"为丝(糸)带,丝带形长(且),故"組"从糸且声。

"组"也代指官印或官吏,陈子昂《感遇诗》之十五:"鲁连让齐爵,遗组去邯郸。"丝带编织而成,故作动词为编织,《诗经·邶风·简兮》:"有力如虎,执辔如组。"丝带由细丝编织而成,故又指组构、构成,如组阁。丝带多华丽瑞泽,故又指美好、华丽,《荀子·乐论》:"乱世之征,其服组,其容妇,其俗淫。"又指根据一定目的和要求组成的小单位,如宣传组。又指事物相同或性质相近的一种组成形式,如组诗。又用作量词,指成套、成束的事物,如两组电池、一组线。

shuí
谁(誰)

梁上官鼎　　睡·编53　　说文小篆　　郑固碑　　蔡襄

繁体作"誰",形声字。《说文》:"誰,何也。从言隹声。"为代词,表示疑问,《论语·微子》:"鸟兽不可与同群,吾非斯人之徒与而谁与?"《论语·子罕》："吾谁欺？欺天乎！"段玉裁、桂馥、王筠、朱骏声等皆谓"谁"训"何"，为责问之词。王筠《句读》据李善《文选注》引《说文》，补"谓责问之也"五字。徐灏《注笺》："钱云：'今京师诃止人，犹曰谁。'灏按：谁、何皆责问之词，属文者连言之，则曰'谁何'耳。"张舜徽《约注》："唐写本《玉篇》谁字下引《说文》：'谁，诃也。'又引《声类》：'所以诃问其名。'可知许书原本以诃释谁……史传中亦多以'谁何'二字连言，许书'诋、谁'二篆相次，正以其同有诃义耳。""隹"指鸟，鸟能高飞，故"隹"有高义，从隹声字也多有高义：山高大为"崔"，崖岸高为"嵟"，额头突出为"頯"，仰目高视为"睢"，山阜高峻为"陮"，屋从上倾下为"㡡"，舂米工具（从上往下舂米）为"碓"，从上往下击为"椎"，锐利工具（从上刺下）为"锥"。疑问、责问之言声气多高亢（隹），故"誰"从言隹声。

　　"谁"也用作副词，表示反问，相当于"难道、哪"，《汉书·贾谊传》："陛下谁惮而久不为此？"又用作助词，用于句首，无实义，《诗经·陈风·墓门》："知而不已，谁昔然矣。"郑玄笺："谁昔，昔也。"

bī
逼

说文小篆　淮源庙碑　王献之　董其昌

　　形声字。《说文新附》："逼，近也。从辵畐声。"本义为迫近。《晏子春秋·内篇谏》："逼迩不引过。"苏舆注："逼迩，近臣也。""畐"指满，甲骨文作𠚖合三〇〇六五，像长颈鼓腹容器盈满之形，会盈满完备之意。容器盛满则长颈空间逼仄，故"畐"有紧迫、逼迫义。"逼"指外来人、事的迫近（辵），迫近则逼仄（畐），故"逼"从辵畐声。以畐为声符而取满义者，有"福、富、副、幅、福、匐、福"等字，此类字多读 fu，以合口洪音 u 表满义；以畐为声符而取迫近义者，有"逼、偪、煏、愊、楅、碨、揊"等字，此类字多读 bi，以开口细音 i 表迫近义。钮树玉《新附考》："经典多作'偪'，而《说文》亦无'偪'字。据《集韵》'畐或作偪'，《一切经音义》卷十三'畐塞'注引《方言》'畐，满也'，今《方言》卷六作'腹满曰偪'，是'畐'与'偪、逼'同。"

逼迫是形势、威势等迫近自己,故"逼"也指逼迫、胁迫,陆机《辨亡论》:"量能授器,不患权之我逼。"处狭窄之地有逼迫感,故又指狭窄,《徐霞客游记·黔游日记》:"两崖石壁甚逼,涧嵌其间甚深。"紧急是事的逼迫,故又指紧迫,《后汉书·董卓传》:"粮食乏绝,进退逼急。"驱赶是逼人离开,故又指驱逐、追赶,《孟子·万章》:"居尧之宫,逼尧之子,是篡也。"

【原文】　索居闲处　　沉默寂寥
　　　　　suǒ jū xián chǔ　　chén mò jì liáo

【译文】　离群独居于清幽闲散之地,环境寂寥而内心寂静。

【释义】

　　索,独。索居,孤独地居住一方。闲,清净、安闲。闲处,处于清净安闲之地。沉默,深沉闲静。寂寥,寂静无声。对常人而言,环境会影响内心。处于喧嚣、脏乱环境中,会产生烦躁、疲倦的情绪。处于清净、雅洁的环境中,自然会产生安适、自在的心情。古代隐士多居住于人迹罕至的山林中,通过清净寂寥的环境来修养身心。

　　无论是自然环境还是人的内心,清净都很重要。古人求学、修身,都强调从静中下功夫。中国文化常以水喻智慧,如"上善若水、智者乐水"等。清净的水,下可见水里的鱼虾、石草,上能映照天空、山峰、林木。人心清净能体察自身、洞观外物。人内心清净,智慧就容易开启,《大学》:"知止而后有定,定而后能静,静而后能安,安而后能虑,虑而后能得。"与人交往、处理事务更需要静,内心安静而不慌乱,才能看清情势而避免决策错误,"每临大事有静气",是处事的重要心态。

　　当今社会很难索居闲处,但可以通过静坐、读书等方法达到内心清净的效果。曾国藩日课十二条中,就有静坐的功课。

【解字】

suǒ
索

合 20306　索琪爵　信 2.07　睡·封 65　说文小篆　智永

　　会意字。《说文》:"索,艸有茎叶,可作绳索。从宋、糸。杜林说:宋亦朱市字。"本义为大绳,后泛指各种绳索。《小尔雅·广器》:"大者谓之索,小者谓之绳。"《尚书·五子之歌》:"若朽索之驭六马。"宋(pò),《说文》:"艸木盛宋宋然。象形,八声。"指草木旺盛生长的样子。"中"像草木,草木旺盛则枝叶繁茂分散(八),故"宋"从中八声。绳索形长、纠缭如丝(糸),"宋"指草,草、藤茎叶可作绳索,段注:"宋糸者,谓以草茎叶纠缭如丝也。"王筠《句读》"从糸者,糸篆本象纠结之形,纠草为索,故从糸比象之义",故"索"从宋、糸。"索"甲骨文像绳索形。金文像在屋(宀)内用双手(廾)搓绳状。战国楚系文字作茶,像两手编索形,战国秦系文字作索,冂形或由"廾"形所变。

"索"也指像绳索或链条似的东西,苏轼《菩萨蛮·述古席上》:"相思拨断琵琶索。"又指法度,《左传·定公四年》:"皆启以商政,疆以周索。"绳索由丝线缠绕而成,故作动词指搓、绞,《楚辞·离骚》:"矫菌桂以纫蕙兮,索胡绳之纚纚。"王逸注:"纫索胡绳令之泽好。"绳索多用于提拉物品,顺绳索可拿到物品,故又指求索,《周易·系辞》:"探赜索隐,钩深致远。"又指寻找,《韩非子·喻老》:"桓公体痛,使人索扁鹊。"又指请求、要求,《周易·说卦》:"一索而得男,故谓之长男。"索求是强制性求取,故又指索取,《史记·平原君虞卿列传》:"秦索六城于王。"又指搜索、搜捕,《史记·留侯世家》:"秦始皇大怒,大索天下。"又指离散,陆机《答贾谧》:"分索则易,携手实难。"又指尽、空,《尚书·牧誓》:"牝鸡之晨,惟家之索。"人离散则孤独,故又指孤独,《礼记·檀弓》:"吾离群而索居。"人离散则易悲伤,故又为涕泪流出貌,《庄子·徐无鬼》:"子綦索然出涕。"

居(尻) jū

帛甲 1.2　天卜　说文小篆　说文小篆　史晨碑　颜真卿

居住之"居"本字为"尻",会意字。《说文》:"尻,处也。从尸得几而止。《孝经》曰:'仲尼尻。'尻,谓闲居如此。"本义为止息。段注:"人遇几而止。"《说文》:"处,止也。得几而止。从几从夂。""居、处"形音义相近,盖本一字。段注:"凡尸得几谓之凥,尸即人也。引申之为凡凥处之字。既又以蹲居之字代凥,别制踞为蹲居字,乃致居行而凥废矣。"尸,《说文》:"陈也。象卧之形。"义指横陈。小篆作𡰣,像人高坐之形,徐灏《注笺》:"其字即人篆之横体,末笔引而长之。"饶炯《部首订》:"部属多取于人事为从者,尸亦人也。"几,《说文》:"踞几也。象形。"古人席地而坐时倚靠的器具。小篆作𠘧,段注:"象其高而上平可倚,下有足。"饶炯《部首订》:"几为倚器……象几正面两侧之形。""凥"小篆像人(尸)凭几而坐形,故"凥"从尸得几而止。段注:"郑《目录》曰:'退朝而处曰燕居,退燕避人曰闲居。'闲居而与曾子论孝,犹闲居而与子夏说恺弟君子。故《孝经》之凥谓闲处,闲处即凥义之引申。但闲处之时,实凭几而坐,故直曰'仲尼凥'也。如此谓尸得几。""居"本指蹲居,后"凥"表止息、居住义,本字乃加足作"踞"。

　　"凥"指人凭几而坐,故也指坐,《论语·阳货》:"居,吾语汝。"皇侃义疏:"居,犹复座也。"又指居住,《周易·系辞》:"上古穴居而野处。"又指止、停,《周易·系辞》:"变动不居,周流六虚。"人居住有住所,故作名词指住所,《尚书·盘庚》:"盘庚迁于殷,民不适有居。"孔传:"适,之也。不欲之殷,有邑居。"扩展指处在、处于,《尚书·伊训》:"居上克明,为下克忠。"居家则安定悠闲,故又指闲居,《孝经·开宗明义章》"仲尼居,曾子侍",古文《孝经》作"仲尼闲居,曾子侍座"。物品多储存于家,故又指积蓄、囤积,《尚书·益稷》:"懋迁有无化居。"孔传:"居,谓所宜居积者。"家中之物为己所有,故又指占有,《商君书·算地》:"故为国任地者,山林居什一,薮泽居什一,溪谷流水居什一,都邑蹊道居什四,此先王之正律也。"又指卑下,《吴越春秋·勾践入臣外传》:"身居而名尊,躯辱而声荣。"俞樾平议补录:"凡人蹲踞则身必卑,故借作卑下之义,言身虽卑下而名则尊也。"人多在家居住,故又指平时、平常,《老子》三十一章:"君子居则贵左,用兵则贵右。"

　　"居"又音 jī,语气词,表示感叹、疑问等,《礼记·檀弓》:"何居?我未之前闻也。"郑玄注:"居,读为姬姓之姬,齐鲁之间语助也。"《诗经·邶风·柏舟》:"日居月诸,胡迭而微?"

xián
闲（閑閒間）

同簋盖　说文小篆　张朗碑　欧阳询

防闲、闲邪之"闲"，本字作"閑"，会意字。《说文》："閑，阑也。从門中有木。"本义为木制的门栅栏，泛指木栅栏，用以禁卫。《说文》："阑，门遮也。"《周礼·夏官·虎贲氏》："舍则守王閑。"郑玄注："閑，梐枑。"贾公彦疏："閑与梐枑皆禁卫之物。"张舜徽《约注》："今俗犹多以木为桄槛，形制甚小，施于门限上，所以隔别内外，防小儿、家畜之任意出入，盖即阑之遗意。閑从門中有木而训为阑，谓此也"，故"閑"从門中有木。"閑"简化作"闲"。

古代马厩以木作围栏，故"閑"转指马厩，《汉书·百官公卿表》："又龙马、閑驹、橐泉、骍骍、承华五监长丞。"法度不可违如栏不可逾越，故指法度，《论语·子张》："大德不逾閑，小德出入可也。"木栏有禁御之用，故指限制、禁止、防御，《周易·乾》文言："閑邪存其诚。"孔颖达疏："言防闲邪恶，当自存其诚实也。"又指大，《诗经·商颂·殷武》："松桷有梴，旅楹有閑，寝成孔安。"孔颖达疏："閑，为楹大之貌。"

"閑"通"閒"，段注："古多借为清閒字。"1. 空闲、清闲，白居易《观刈麦》："田家少闲月，五月人倍忙。"贾谊《鵩鸟赋》："止于坐隅兮，貌甚闲暇。" 2. 安静，《淮南子·本经》："质真而素朴，闲静而不躁。"又通"娴"，1. 熟练、熟习，《诗经·秦风·驷铁》："游于北园，四马既闲。" 2. 闲雅，宋玉《登徒子好色赋》："玉为人体貌闲丽。"

"閒"为闲暇、空闲之"闲"本字，会意字。閒(jiàn)，《说文》："隟也。从門从月。"本义为缝隙。桂馥《义证》："隟也者，乃隙之误。"《庄子·养生主》："彼节者有间，而刀刃者无厚。""閒"以月光从门缝照入会缝隙之意，徐锴《系传》"夫门当夜闭，闭而见月光，是有閒隙也"，故"閒"从門从月。"閒"之缝隙、中间等义，后作"间"，简化作"间"。"閒"之空闲、闲暇义通"閑(闲)"。

缝隙将两物隔开，故"间"引申指间隔，《韩非子·备内》："釜鬵间之，水煎沸竭尽其上，而火得炽盛焚其下。"人有隔阂则阻碍不通，故又指隔阁、嫌隙，《国语·越语》："时将有反，事将有间。"又指离间，使隔阂，《国语·晋语》："且夫间父之爱而嘉其贼，有不忠焉。"作名词指间谍，《孙子·用间》："非圣智不能用间，非仁义不能使间。"又指侦候、刺探，《国语·鲁语》："齐人间晋之祸，伐取朝歌。"缝隙在中而连接（掺杂）两边，故又指杂，《礼记·玉藻》："衣正色，裳间色。"缝隙连接（参与）两边，故又指参与，《左传·庄公十年》："肉食者谋之，又何间焉？"又指替代、更迭，《诗经·周颂·桓》："于昭于天，皇以间之。"又指病愈，《论语·子罕》："病间。"何晏集解引孔安国曰："病少差曰间也。"皇侃疏："若少差则病势断绝有间隙也。"

"间"又音 jiān。段注："引申之，凡有两边有中者皆谓之隙。隙谓之閒，閒者，门开则中为际。凡罅缝皆曰閒，其为有两有中一也。"缝隙在中间，故又指中间、内，《孟子·梁惠王》："七八月之间旱，则苗槁矣。"又指二者的关系，曹丕《典论·论文》："傅毅之于班固，伯仲之间耳。"缝隙在中而离两边皆近，故又指近来，《左传·成公十六年》："以君之灵，间蒙甲胄。"又指一会儿，指较短（近）的时间，《孟子·尽心》："为间不用，则茅塞之矣。"又用作量词，计算房屋的单位，陶潜《归园田居》之一："方宅十余亩，草屋八九间。"

"閒"又音 xián，用同"闲"。空隙有一定空间，空则宽裕，故指空阔宽大，《楚辞·招魂》："像设君室，静闲安些。"空闲犹忙碌时间的空隙，故又指清闲，《世说新语·德行》："虽闲室之内，严若朝典。"又指无关紧要的，如闲事、闲话，辛弃疾《新荷叶·和赵德庄》："闲愁几许？"

chǔ 处（處）

瘐钟　井人妄钟　鄂君启车节　睡·法125　说文小篆　说文或体　熹平石经　颜真卿

繁体作"處"，形声字。《说文》小篆作"处"，会意字。《说文》："处，止也。得几而止。从几从夂。處，处或从虍声。"本义为暂止、休息。徐锴《系传》："《诗》曰'爰居爰处'，以为居者定居，处者暂止而已。"张舜徽《约注》："此析言之耳。若混言之，则居处叠韵，实即一语。许以处训居，明二字义同也。"《孙子·军争》："是故卷甲而趋，日夜不处。"曹操注："不得休息,罢也。"处"金文从人凭几止息(足部加止),会休息之意。战国晋系文字作𠁁(晋·玺汇四一四),省"人"形,从几虍声;战国楚系文字作𡰪,从人凭几,省虍声。小篆本为从人凭几,与楚系文字相近,"人"讹变作"夂",《说文》遂作"从几从夂"。"处、尻"义同,战国文字同形,皆为"處"之省体。具体而言,"尻"侧重于动态,如居住;"处"侧重于静态,指所居之处,如处所。或从虍声作"處",如虎所处,即"虎踞龙盘"。

人休息则止而不动,故"处"引申指中止、停止,《周易·小畜》:"既雨既处。"停留则止而不前,故又指留下,《礼记·射义》:"盖去者半,处者半。"又指居住、栖息,《墨子·节用》:"古者人之始生,未有宫室之时,因陵丘掘穴而处焉。"又指享有、据有,《论语·里仁》:"富与贵,是人之所欲也,不以其道得之,不处也。"又指交往、一起生活,如和平共处,《诗经·小雅·黄鸟》:"此邦之人,不可与处。"古代女未出嫁、士未出仕则处于家,故又指女未嫁、士未出仕,《庄子·逍遥游》:"绰约若处子。"又指位置在(某处),《老子》六十六章:"圣人处上而民不重,处前而民不害。"又指审度、辨察,《礼记·礼运》:"处其所存,礼之序也。"又指决定、决断,《左传·文公十八年》:"则以观德,德以处事。"孔颖达疏:"既有善德,乃能制断事宜。"又指安顿,《礼记·檀弓》:"何以处我?"

"处"又音 chù,指处所、地方,如住处,《史记·五帝本纪》:"迁徙往来无常处,以师兵为营卫。"又指地位,《韩非子·外储说左下》:"子之处,人之所欲也。"又指此时、时间,岳飞《满江红》:"怒发冲冠,凭栏处,潇潇雨歇。"又指事物的方面或部分,如长处、短处。又指机构的部门,如教务处。

chén
沉(沈湛)　　𣲸　𣲱　𣳆　𣴐　沈　沉
　　　　合 780　合 16191　沈子它簋　说文小篆　熹平石经　颜真卿

《说文》作"沈",形声字。《说文》:"沈,陵上滈水也。从水冘声。一曰浊黕也。"指山岭凹处的积水。段注:"谓陵上雨积停潦也。""冘"(yín)指长行貌,从冘声字多有长、远、深义。水不断累积才形成积水,故"沈"从水尤声。罗振玉《增订殷虚书契考释》："此象沈牛于水中,殆即貍沈之沈字,此为本字,《周礼》作'沈',乃借字也。"今"沉"字通行。

沉没之"沉",《说文》作"湛",形声字。《说文》:"湛,没也。从水甚声。一曰湛水,豫章浸。"本义为沉没。段注:"古书浮沈字多作湛。湛沈古今字。沉又沈之俗也。"《汉书·五行志》:"王子晁以成周之宝圭湛于河。"颜师古注:"《尔雅》曰:'祭川曰浮沈。'湛读曰沈。"甚,《说文》:"尤安乐也。"本义为异常安乐。"甚"也指程度深,水深方能使人、物沉没,故"湛"从水甚声。"湛"又音 dān,指和乐、喜乐,《诗经·小雅·鹿鸣》:"鼓瑟鼓琴,和乐且湛。"

"沈(沉)"也指深,《庄子·外物》:"心若悬于天地之间,慰暋沈屯。"物沉水会被淹没,故又指淹没、没入水中,《韩非子·难》:"灌以晋水,城之未沈者三板。"又指幽隐、深沉,杜甫《述怀》:"沈思欢会处,恐作穷独叟。"又指(程度)深,《史记·天官书》:"星色赤黄而沈,所居野大穰。"又指大、分量重,《文心雕龙·风骨》:"夫翚翟备色,而翾翥百步,肌丰而力沈也。"又指沉沦、沦落,左思《咏史诗》之二:"世胄蹑高位,英俊沈下僚。"沉没是往低处降落,故又指低下,《吴越春秋·勾践入臣外传》:"皇天佑助,前沈后扬。"沉没则隐而不见,故又指潜伏、隐藏,《国语·周语》:"气不沈滞,而亦不散越。"又指停滞、止息,《后汉书·袁张韩周列传》:"久议沈滞,各有所志。"沉没是浸在水中,故又指浸染、浸渍,韩愈《进学解》:"沈浸醲郁,含英咀华。"又指迷恋、沉溺,《尚书·微子》:"我用沈酗于酒,用乱败厥德于下。"

"沈"又音 shěn,用作姓氏,《通志·氏族略》:"沈氏,姒姓,子爵。春秋有沈子逞、沈子嘉……子孙以国为氏。"

默 mò

默　黙　黙　黙　黙

说文小篆　晋辟雍碑　智永　颜真卿

形声字。《说文》:"默,犬暂逐人也。从犬黑声。读若墨。"指犬不吠而逐人。沈涛《古本考》:"《六书故》引《说文》曰'犬潜逐人也',是今本'暂'字乃'潜'字之误。"徐灏《注笺》:"盖犬以吠为常,不吠则觉其默耳。"

犬无声逐人（默不作声）则听不见而难防备，听不见如黑夜看不见，故"默"从犬黑声。

无形如无声，皆暗而不明，故"默"引申为无形、暗中，《论语·述而》："默而识之。"朱熹注："默识谓不言而存诸心也。"无声则寂静，故又指寂静、不语，段注："假借为人静穆之称。"《周易·系辞》："或出或处，或默或语。"同"墨"，1.光线黑暗，《广雅·释器》："默，黑也。"王念孙《疏证》："默，亦墨字也。《韩诗外传》云：默然而黑。" 2.政治腐败，《孔子家语·正论解》"贪以败官为默"，《左传·昭公十四年》作"贪以败官为墨"。

寂（宋）

说文小篆　说文或体　曹全碑　钟绍京

《说文》小篆作"宋"，形声字。《说文》："宋，无人声。从宀尗声。誎，宋或从言。"本义为没有声音。段注"宋今字作寂"。《说文》："俶，嘆也。从口叔声。"本义指寂寞无声。口与言同，尗与叔同，"誎、俶"盖为一字。朱骏声《通训定声》："从言者，当为俶之或体。"《老子》二十五章："寂兮寥兮，独立而不改。"屋（宀）有墙壁、门窗遮拦，在内说话则外不易听到；"尗（菽）"为豆类总称，豆子多被外壳包裹而隐蔽，故"宋"从宀尗声。

无声则静，故"寂"引申为安静，《周易·系辞》："寂然不动，感而遂通天下之故。"声音稀少则冷清，故也指冷落、冷清，《世说新语·品藻》："门庭萧寂。"人恬淡则喜静而少言，故又指恬淡、恬静，嵇康《养生论》："旷然无忧患，寂然无思虑。"

寥（廫）

说文小篆　华山神庙碑　智永　颜真卿

《说文》作"廫"，形声字。《说文》："廫，空虚也。从广膠声。"本义为空虚。段注："此今之寥字。"《老子》二十五章："寂兮寥兮，独立而不改。"河上公注："寥者，空无形。""广"指依山崖而建的高大房屋，有阔大义。膠（jiāo），《说文》："昵也。作之以皮，从肉翏声。"本义为能粘合器物的物质。

古代的胶多以动物皮、角熬制而成，故言"作之以皮"。翏，《说文》："高飞也。从羽从㒸。"为展开羽毛高飞。段注"㒸，新生羽而飞也。羽毛新生丰满，可以高飞也"，故"翏"从羽从㒸。"膠"指用动物皮毛熬成的粘合剂，皮毛与骨肉相连，鸟高飞则如粘在天上一样，故"膠"从肉翏声。"廖"为空虚，房屋（广）空虚以纳人、物，"膠"或由粘合缝隙、空处表示空隙，故"廖"从广膠声。

"寥"也指空旷、高远，《楚辞·远游》："下峥嵘而无地兮，上寥廓而无天。"天空最为广阔，故又指天空，范成大《望海亭赋》："腾驾碧寥，指麾沧溟。"空虚则寂静无声，故又指寂静、寂寞，《旧唐书·代宗本纪》："弦诵之地，寂寥无声。"寂静之地人烟稀少，故又指稀疏、稀少，周祗《枇杷赋》："望之冥蒙，即之疏寥。"

【原文】　求古寻论　　散虑逍遥
（qiú gǔ xún lùn　sàn lù xiāo yáo）

【译文】　考求典籍以探寻论疏，消散忧虑而逍遥自在。

【释义】

求，考求。古，此指古代典籍。寻，探寻。论，论疏、论著。言退居山林，考求古代典籍的真知确解，通晓宇宙万物的内在规律，增长学问，进而消散忧虑和烦恼，达到超然旷达、逍遥自在的心境。

人生路上会遇到很多困境、忧虑和烦恼，有人能通过自己的经验去化解，有人会请教师长来获得解决问题的方法。不具备这样的条件时，最好是静下心来，学习、钻研经典，从中吸取智慧和方法，有助于问题的解决。经典记录的是天地万物的常理，史书记载的是个人乃至家国天下的兴衰存亡，论著是古人学习经籍的收获和人生的感悟。天地万物之理大体相同，古今中外之事大都相似，个人成功之路基本有规律。人生短暂，不可能明白所有的道理，但通过学习经典，可以知晓前人逐渐积累的智慧，通晓兴衰存亡之由，明白修身立德之本，获得解难去忧之法。《周易·大畜》："君子多识前言往行，以畜其德。"指后人通过读经研史，以积蓄自己的学问，修养自身的品德。读书有得，则能排忧解难。比如学习《道德经》"知足不辱，知止不怠",可以消减不能满足过分贪欲带来的烦恼。学习《周易》"阴阳相生,万事变易"的道理,就不会因自己年老退位而伤感。学习《论语》"人不知而不愠",就不会因不被理解而苦闷。学习《孟子》"行有不得者,反求诸己",就不会因不如意而怨天尤人。

【解字】

qiú
求(裘)　　合2853　合7921　廿七年卫簋　九年卫鼎　君夫簋盖　说文小篆　熹平石经　颜真卿

篆文作"裘",形声字。《说文》:"裘,皮衣也。从衣求声。一曰象形,与衰同意。求,古文省衣。"本义为皮衣。徐灏《注笺》:"古者食鸟兽之肉而衣其皮,后王制礼,表裘不入公门,而衣以袭之。"《诗经·小雅·都人士》:"彼都人士,狐裘黄黄。""裘"甲骨文像毛在外的皮衣形,金文加"又"作声符,也像手持裘形。金文又作求,"又"下加像皮毛外露形。金文又省衣作求,为《说文》古文由来,张舜徽《约注》:"像挈其领而毛顺下之形。《荀子》所谓'若挈裘领,诎五指而顿之,顺者不可胜数也'。"求隶变作"求",用为寻求、干求之"求",本字加衣作"裘"为裘皮之"裘"。

"裘"也指穿上皮衣,韩愈《原道》:"夏葛而冬裘,渴饮而饥食。"又为古代制皮工匠的一种,《周礼·考工记·序》:"攻皮之工:函、鲍、韗、韦、裘。"又用作姓氏,《通志·氏族略》:"裘氏,卫大夫食采于裘,因氏焉。"

张舜徽《约注》"古者丝、麻为服,皆可成之于家,惟皮衣必猎取于外,故求字引申为探索寻求义",皮裘贵重,努力寻求才能得到,故"求"转指寻找、探索,《诗经·王风·黍离》:"不知我者,谓我何求。"过分求取是为贪图,故又指贪图、追求,《诗经·邶风·雄雉》:"不忮不求,何用不臧?"朱熹集传:"若能不忮害又不贪求,则何所为而不善哉?"又指要求、责求,《尚书·盘庚》:"人惟求旧,器非求旧,惟新。"又指乞求、请求,《周易·蒙》:"匪我求蒙童,蒙童求我。"又指感应、招引,《周易·乾》文言:"同声相应,同气相求。"又指选择、选取,《论衡·讥日》:"作车不求良辰,裁衣独求吉日。"通"仇",

匹配,《尚书·康诰》:"我时其惟殷先哲王德,用康乂民作求。"又用作姓氏,《通志·氏族略》:"求氏,《姓苑》云:本仇氏,避难改焉。"

gǔ 古　合 945　合 6153　大盂鼎　史墙盘　包 2.82　睡·语 1　说文小篆　颜真卿

　　会意字。《说文》:"古,故也。从十口,识前言者也。"过去已久的年代、往昔,与"今"相对。徐锴《系传》:"古者无文字,口相传也。""故"指故旧,音义同"古",训"故"为声训。《说文》:"诂,训故言也。"段注:"故言者,旧言也。""古、故、诂"声近义通。《周易·系辞》:"古者包牺氏之王天下也,仰则观象于天,俯则观法于地。"口耳相传是历史文化传承的主要方式,"十"表示多,父传子、子传孙,古事经很多的口(十口)流传至今,徐铉等注"十口所传是前言也",段注"识前言者口也,至于十则展转因袭,是为自古在昔矣",故"古"从十口。裘锡圭《说字小记》:"'古'是坚固之'固'的古字。'古'所从的'冎'象盾牌,盾牌具有坚固的特点,所以古人在'冎'字上加区别性意符'口'造成'古'字来表示坚固之固这个词。"可备一说。

　　"古"也指古代的事物,《论语·述而》:"述而不作,信而好古。"古物久而旧、老,故又指古老,李白《登金陵冶城西北谢安墩》:"地古云物在,台倾禾黍繁。"上古风俗质朴,故又指质朴、厚重,苏轼《尚书黄子思诗集后》:"独韦应物、柳宗元发纤秾于简古。"又指奇特、不同凡俗,张怀瓘《尚书断·妙品》:"(郄愔)草书卓绝,古而且劲。"又用作姓氏,《广韵》姥韵:"古,姓。周太王去邠适岐,称古公,其后氏焉。《蜀志》有广汉功曹古牧。"

xún 寻(尋燖)　合 6406　合 28184　合 28060　亞郜父乙簋　寻仲匜　说文小篆　衡方碑　颜真卿

　　繁体作"尋",《说文》作"燖",会意兼形声字。《说文》:"燖,绎理也。从工从口从又从寸。工、口,乱也。又、寸,分理之。彡声。此与叡同意。度,人之两臂为寻,八尺也。"本为古代长度单位,八尺为寻。一说七尺或六尺为寻。朱骏声《通训定声》:"程氏瑶田云:'度广曰寻,度深曰仞。皆伸

两臂为度,度广则身平臂直,而适得八尺;度深则身侧臂曲,而仅得七尺。'
其说精覈。寻、仞皆以两臂度之,故仞亦或言八尺,寻亦或言七尺也。"《诗
经·鲁颂·闵宫》:"是断是度,是寻是尺。"古代八尺为"寻",倍寻为"常",是
平常人的长度,故以"寻常"泛指平常、素常。引申指探究、研究,即许慎训
释之义。朱骏声《通训定声》:"寻所以度物,故揣度以求物谓之寻。"《淮
南子·俶真》:"下揆三泉,上寻九天。""鐕"指寻乱丝而理治,段注"谓抽绎
而治之。凡治乱必得其绪而后设法治之","工、口,乱也。又、寸,分理之",
故"鐕"从工从口从又从寸,"乡"为乱丝。"寻"甲骨文从茵(簟,席子),以
人伸张两臂度量簟席,会八尺为寻之意。"茵"或省作"丨"形,或在下加
"口"形,唐兰谓从口之形为寻绎之"寻"本字。李孝定《甲骨文字集释》:
"席为寝具,其长约略与人之身长相符,舒两臂之度亦如此也。"简化字留
又、寸作"寻"。

　　"寻"也指长,《淮南子·齐俗训》:"深溪峭岸,峻木寻枝,猨狖之所乐
也。"作动词指寻找、搜求,陶潜《桃花源记》:"太守即遣人随其往,寻向所
志,遂迷不复得路。"又指追逐,张衡《西京赋》:"乃有迅羽轻足,寻景追
括。"又指用,《左传·僖公五年》:"三年将寻师焉。"又指重温、重申,《左
传·哀公十二年》:"若可寻也,亦可寒也。"孔颖达疏:"若可重温使热,亦可
歇之使寒。"又指继续、连续,向秀《思旧赋》:"听鸣笛之慷慨兮,妙声绝而
复寻。"又用作副词,表示时间,相当于"经常、时常,顿时、不久",李商隐
《五松驿》:"只应既斩斯高后,寻被樵人用斧斤。"刘禹锡《再游玄都观并
引》:"是岁出牧连州,寻贬朗州司马。"又用作介词,表示处所或方位,相当
于"沿着、顺着"。

lùn
论(論)　　論　論　論　論
　　　　中山王鼎　睡·效35　说文小篆　尹宙碑　褚遂良

　　繁体作"論",形声字。《说文》:"論,议也。从言侖声。"本义为议论,
分析说明事理。侖(lún),《说文》:"思也。从亼从册。"本义为伦理、次

序,后作"侖"。"册"是编简为书,"亼"同"集",集编书册有次第、条理,故"侖"从亼从册。《说文》"侖"下谓"侖,理也","論"指以条理之言说明事理(侖),段注"凡言语循其理得其宜谓之论,故孔门师弟子之言谓之《论语》",故"論"从言侖声。

评定有相应的法则,故"论"也指衡量、评定,《礼记·王制》:"凡官民材,必先论之。"郑玄注:"论,谓考其德行道艺。"依法理商讨后方能定罪,故又指定罪,《史记·孝文本纪》:"今犯法已论,而使毋罪之父母妻子同产坐之。"依规律推知事物,故又指推知,《荀子·解蔽》:"坐于室而见四海,处于今而论久远。"陈述须依理而有条理,故又指陈述、叙说,《淮南子·修务》:"书传之微者,唯圣人能论之。"议论要顾虑对方观点,故又指顾及、考虑,李斯《谏逐客书》:"不问可否,不论曲直。"议论依理而行,故又指凭借、倚仗,《史记·萧相国世家》:"既杀项羽定天下,论功行封。"作名词指言论、主张、学说,《论语·先进》:"论笃是与?"邢昺疏:"所论说皆重厚。"

"论"又音 lún,为《论语》的简称,《颜氏家训·勉学》:"多者或至《礼》《传》,少者不失《诗》《论》。"通"抡",选择,《国语·齐语》:"权节其用,论比协材。"

散(㪔)

sàn

合 8183　　合 29289　㪔车父簋　说文小篆　说文小篆　辟雍碑　颜真卿

分散之"散"本字作"㪔",会意字。《说文》:"㪔,分离也。从攴从林。林,分㪔之意也。"徐锴《系传》:"此分散字,象麻之分散也。"王筠《句读》:"经典皆借肉部散为之,而变为散。"林(pài),《说文》:"葩之总名也。林之为言微也,微纤为功。象形。"本为麻之总名。段注改"葩"为"萉",王筠《句读》:"不言从二木者,种麻必密比,故以林象其密。"王筠《释例》:"其用在皮,故离皮于茎,表其功,此乃种于地中之形,故曰萉之总名也。"朩(pìn),《说文》:"分枲茎皮也,从中八,象枲之皮茎也。"本义为剥取枲茎之皮。"朩"小篆作朩,"中"像麻秆,"八"像麻皮分离。物被扑打则分散,治麻须剥取麻皮将其分散,故"㪔"从攴从林。《说文》:"散(㪔),杂肉也。从肉㪔声。"本指杂碎的肉。杂肉散碎(㪔),故"散"从肉㪔声。朱骏声《通训定声》:"今隶作散。""散"代"㪔"而为通行字。

物有裂缝则易散开,故"散"引申指打开、开裂,谢灵运《酬从弟惠连》:"散帙问所知。"又指撒、散发,如天女散花。花凋谢则花瓣散落,故又指散落、凋谢,刘桢《公宴》:"芙蓉散其华。"物散落则易丢失,故又指丧失、失去,《国语·齐语》:"其畜散无育。"心情郁闷须疏散,故又指排遣、发抒,杜甫《落日》:"浊醪谁造汝,一酌散千愁。"

"散"又音 sǎn。物散则松,转指松散、不自检束,《荀子·修身》:"庸众驽散,则劫之以师友。"物散则不集中,故又指零碎的、不集中的,张翰《杂诗》:"黄华若散金。"物散则易杂乱,故又指错杂、杂乱,《淮南子·精神》:"精神澹然无极,不与物散。"又指闲散的,韩愈《进学解》:"投闲置散,乃分之宜。"粉末呈散状,故又指粉末状药物,多用作中药名,如健胃散。又为古酒器名,容量为五升,除以漆涂面外,不用别物装饰,《诗经·邶风·简兮》"公言锡爵",毛传:"见惠,不过一散。"陆德明释文:"散,酒爵也,容五升。"又用作姓氏,《通志·氏族略》:"散氏,文王四友有散宜生。今江都有此姓。"

虑(慮)

中山王鼎　郭·语2.10　睡·为21　说文小篆　晋辟雍碑　柳公权

繁体作"慮",形声字。《说文》:"慮,谋思也。从思虍声。"本义为计议、谋划。徐灏《注笺》:"凡计度谓之虑,因为最括其大凡曰无虑。《广雅》曰:'无虑,都凡也。'都凡者,约略之词。"《诗经·小雅·雨无正》:"昊天疾威,弗虑弗图。"谋虑要用心思考,画虎须细心,徐锴《系传》"思有所图曰虑",故"慮"从思。"慮"战国文字作,从心吕声。又作,从心庿(鑪)声,小篆承之,《说文》析形作"从思虍声"。

谋划须思虑,故"虑"指思考、考虑,《论语·卫灵公》:"人无远虑,必有近忧。"又指忧虑、担心,《晋书·谢安传》:"宁可卧居重任,以招患虑!"又指意念、心思，《楚辞·卜居》："心烦虑乱，不知所从。"动乱使人忧虑，故又指乱，《吕氏春秋·长利》："夫子盍行乎，无虑吾农事。"又用作副词，大约、大概，《资治通鉴·汉纪》："逐利不耳，虑非顾行也。"

逍 xiāo
说文新附　智永　智永

形声字。《说文新附》："逍，逍遥，犹翱翔也。从辵肖声。""逍遥"是联绵词，也作"消摇"，本义为缓步行走貌。司马相如《长门赋》："夫何一佳人兮，步逍遥以自虞。"缓行则自在随意，如鸟翱翔，故训"犹翱翔也"。肖，《说文》："骨肉相似也。从肉小声。不似其先，故曰'不肖'也。"本义为相像、相似。"肖"字构形指小孩容貌与父母相似，孩子相对父母为小，故"肖"从肉小声而有小义。缓行（辵）则步伐较小（肖），故"逍"从辵肖声。

"逍"也指安闲，《玉篇》："逍，逍遥，清暇也。"《文心雕龙·养气》："逍遥以针劳，谈笑以药倦。"

遥（遙）yáo
说文小篆　智永

旧字形作"遙"，形声字。《说文新附》："遙，逍遥也。又远也。从辵䍃声。"本义为远。《方言》第六："遥，远也。"《左传·昭公二十五年》："鸜鹆之巢，远哉遥遥。""䍃"指瓮瓶一类的瓦器，制作瓦器（缶）陶胚须用手（爪）长时间转动，故"䍃"有摇动、长远义，"遥"指距离（辵）远，故"遥"从辵䍃声。

路远则距离长，故"遥"引申为长，李白《南奔书怀》："遥夜何漫漫。"作动词指疾行，《楚辞·九章·抽思》："愿遥起而横奔兮，览民尤以自镇。"又指逍遥，即自在远行。又指飘荡，《楚辞·大招》："魂魄归徕，无远遥只。"王逸注："遥，犹漂遥，放流貌也。"

【原文】欣 奏 累 遣　感 谢 欢 招
xīn zòu lèi qiǎn　qī xiè huān zhāo

【译文】欣欣日进而忧患遣除，谢却忧戚而招致喜乐。

【释义】

　　欣,欢欣。奏,进。累,忧患。遣,排除。感,忧伤。谢,谢却。欢,喜乐。招,招致。《千字文释义》:"而凡可欢者,皆召之而使来。至于可忧之事,一无挂系于中,皆驱之使去而谢绝之。盖辞位,则无忧国忧民之衷,而但有林皋可悦之趣也。此一节('索居闲处'至'戚谢欢招'),又为下二节之纲领。"

　　欧阳修《送杨寘序》,写自己因疾病退而闲居,向友人学习古琴,久而乐之。因内心喜乐,身体疾病也就自然消除了,这就是"欣奏累遣"的证明。古今很多人身体有恙,除医药治疗外,往往会到自然环境中去调理心情,或专注于自己喜好的某门艺术中,当内心久处净定、平和状态时,就能促进身体的康复。

【解字】

xīn
欣(訢)

　　　　说文小篆　白石神君碑　　钟繇　　　王羲之

　　形声字。《说文》:"欣,笑喜也。从欠斤声。"本义为喜悦、高兴。人喜悦则多欢声笑语,故训"笑喜"。段注:"《万石君传》'僮仆訢訢如也',晋灼云:'訢,许慎曰:古欣字。'晋所据《说文》似与今本不同。"《说文》:"訢,喜也。""听,笑貌。""忻,闿也。"喜悦则多欢声笑语(欠),"听、欣、訢、忻"为同源字,"斤"拟笑出之声,从斤声字多指喜乐,故"欣"从欠斤声。

　　君王仁政爱民,则百姓欢喜爱戴,故"欣"引申为悦服、爱戴,《国语·晋语》:"昔者之伐也,兴百姓以为百姓也,是以民能欣之。"人喜欢自己欣慕的人,故又指欣赏,《晋书·郭璞传》:"夫欣黎黄之音者,不鞏螇蚰之吟。"

zòu
奏

　　合973　合14606　合26011　作册般鼋　睡·语13　说文小篆　乙瑛碑　钟繇

　　会意字。《说文》:"奏,奏进也。从夲从廾从中。中,上进之义。"本义为进、奉献。《尚书·益稷》:"予乘四载,随山刊木,暨益奏庶鲜食。"孔传:

"奏,谓进于民。"夲(tāo),《说文》:"进趣也。从大从十。大十,犹兼十人也。"本义为快速前进。饶炯《部首订》:"所谓进趣者,无非进趣过人,以一当十。""大"指人,"十"指众人,一人具众人之能则速度迅疾,段注"趣者,疾也。言其进之疾,如兼十人之能也",故"夲"从大从十。"奏"指进、奉献,"夲"指快速前进,"廾"指两手捧物奉上,"屮"指草木初生,有上进之义,故"奏"从夲从廾从屮。"奏"甲骨文像双手奉舞蹈道具演奏歌舞以献神,会进献之意。李孝定《甲骨文字集释》:"契文奏舞每连文……疑象舞时所用之道具两手奉之以献神,故有进义也。"

"奏"特指向帝王上书或进言,《尚书·舜典》:"敷奏以言,明试以功,车服以庸。"又指古代向皇帝进言的一种文体,《文心雕龙·章表》:"秦初定制,改书曰奏。汉定礼仪,则有四品:一曰章,二曰奏,三曰表,四曰议。"又指取得成就,如奏效,《诗经·小雅·六月》:"薄伐猃狁,以奏肤公。"毛传:"奏,为。肤,大。公,功也。"孔颖达疏:"以此之强,薄伐猃狁之国,以为天子之大功也。"又指演奏作乐,《诗经·周颂·有瞽》:"既备乃奏,箫管备举。"又指乐章,《正字通》大部:"乐更一端曰奏,故九成谓之九奏。"又指向,《汉书·霍光金日磾传》:"日磾奏厕心动,入立坐内户下。"通"走",急走,《诗经·大雅·绵》:"予曰有奔奏。"

"奏"又音còu,通"凑",聚合、会合,《荀子·王霸》:"然而天下之理略奏矣。"王念孙《杂志》:"按:奏读为凑。《广雅》:'凑,聚也。'谓天下之理略聚于此也。凑、奏古字通。"

累（纍絫縲）

说文小篆　居延简甲251　史晨碑　褚遂良

《说文》作"纍",形声字。纍(léi),《说文》:"缀得理也。一曰大索也。从糸畾声。"本为大绳索,经典或省作"累",又作"縲",《广雅·释器》:"累,索也。"王念孙《疏证》:"《论语·公冶长》篇'虽在缧绁之中'孔传云'缧,黑索也',《史记·仲尼弟子传》作'累',《汉书·司马迁传》作'纍',并字异而义同。"绳索连缀而有条理,故又指相连缀得其条理。段注:"缀者,合箸也。合箸得其理,则有条不紊,是曰累。《乐记》曰:'累累乎端如贯珠。'此其证也。"绳索由丝线(糸)连缀而有条理,"畾"(léi)同"雷(靁)",雷声滚滚(畾)而相续不断,故"纍"从糸畾声。简化字用"累"。

　　累积之"累"《说文》作"絫",会意兼形声字。《说文》:"絫,增也。从厽从糸。絫,十黍之重也。"以三物累加(厽)指堆积、集聚,后作"累"。徐锴《系传》:"厽亦声。"段注:"增者,益也。凡增益谓之积絫。絫之隶变作累,累行而絫废。"《老子》六十四章:"九层之台,起于累土。""絫"也是十粒黍的重量,段注:"十黍为絫,而五权从此起。十絫为一铢,二十四铢为两,十六两为斤,三十斤为钧,四钧为石。"厽(lěi),《说文》:"絫坺土为墙壁。象形。"指累叠土块为墙,为"垒"之初文。段注:"土部曰:'一臿土谓之坺。'臿者,今之锹。以锹取田间土块,令方整不散。今里俗云'坺头'是也,亦谓之版光,累之为墙壁。""厽"小篆作△△△,段注:"像坺土积叠之形。"段注"糸,细丝也。积细丝成缯,积坺土成墙,其理一也",故"絫"从厽从糸,厽亦声。

　　绳索用以缠绕、系缚,故又指缠绕,《诗经·周南·樛木》:"南有樛木,葛藟累之。"绳索也用以捆绑、拘捕,故又指拘系,《左传·僖公三十三年》:"君之惠,不以累臣衅鼓,使归就戮于秦。"又指盛甲的器具,《国语·齐语》:"诸侯甲不解累,兵不解翳。"韦昭注:"累,所以盛甲也。翳,所以蔽兵也。"又指连续、屡次,《史记·秦始皇本纪》:"先帝之大臣,皆天下累世名贵人也。"又指合计、总计,《谷梁传·隐公十一年》:"累数皆至也。"

　　"累"又音lèi,指牵连、拖累,《战国策·东周策》:"如累王之交于天下,不可。"连累别人是给对方添负担,故又指负担、包袱,《吕氏春秋·审分》:"主无所避其累矣。"连累或会给对方带来伤害,故又指伤害,《尚书·旅獒》:"不矜细行,终累大德。"又指委托、嘱咐,《战国策·齐策》:"小国英桀之士,皆以国事累君。"又指罪行、过失,《史记·鲁仲连邹阳列传》:"以谗见禽,恐死而负累,乃从狱中上书。"又指忧患、祸害,《战国策·秦策》:"本汉中南边为楚利，此国累也。”又指连续劳作而疲劳、疲惫，如劳累。

qiǎn
遣

合 5318　合 5315　我方鼎　遣叔吉父盨　睡·法 5　说文小篆　石门颂　颜真卿

形声字。《说文》：“遣，纵也。从辵𠳋声。”本义为释放。《后汉书·光武帝纪》：“辄平遣囚徒，除王莽苛政，复汉官名。”𠳋（qiǎn），《说文》：“𦥑商，小块也。”以手（臼）堆起（𠂤）小土块。“遣”为释放，将“𦥑”所堆土块散出去（辵），故“遣”从辵𦥑声。“遣”甲骨文、金文像以手将堆聚土块散去。季旭昇《说文新证》：“甲骨文从臼、从𠂤，会派遣军队之意……‘𠳋’就是‘遣’的初文。其后或加‘一’、‘口’、‘辵’、‘走’等义符，强化派遣的意义。”

“遣”也指派出，苏轼《江城子·密州出猎》：“何日遣冯唐。”又指放逐、贬谪，《汉书·匡张孔马传》：“上免官遣归故郡。”又指古时丈夫休弃妻子，《谷梁传·宣公十六年》“郯伯姬来归”，范宁注：“为夫家所遣。”又指排解、抒发，杜甫《白水崔少府十九翁高斋三十韵》：“赠此遣愁寂。”又指使、让，曹邺《官仓鼠》：“健儿无粮百姓饥，谁遣朝朝入君口？”又指运用、使用，《世说新语·赏誉》：“发言遣辞，往往有情致。”

qī
慼（㦗戚）

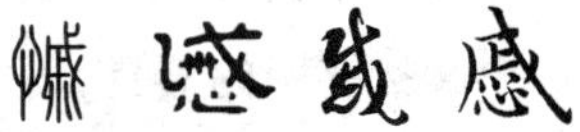

说文小篆　夏承碑　智永　赵孟頫

《说文》作“㦗”，形声字。《说文》：“㦗，忧也。从心戚声。”本义为忧愁、悲伤。朱骏声《通训定声》：“今字作慼，下形上声。”《左传·僖公二十四年》：“《诗》曰‘自诒伊慼’，其子臧之谓矣。”《毛诗》作“戚”。“戚”本为古兵器名，斧属，也作“鏚”。兵器用于杀伤人，人被杀伤则自身、亲属忧伤，故“戚”可指忧戚、悲伤。忧伤生于心，故“㦗”从心戚声。今以“戚”为“慼”之简化字。

“慼”通“戚”，指亲戚，《尚书·盘庚》：“率吁众慼，出矢言。”孙星衍疏：“吁者，《说文》云‘呼也’。引此经慼作戚，盖谓贵戚近臣。”

xiè
谢（謝）

謝　謝　汤　謝
说文小篆　礼器碑　智永　智永

　　繁体作"謝"，《说文》作"讝"，形声字。《说文》："讝，辞去也。从言躲声。"本义为告辞、拒绝。《史记·孙子吴起列传》："鲁君疑之，谢吴起。"《玉篇》言部："谢，辞也，去也。""躲（射）"指开弓放箭，甲骨文作ƕ合一○六九三、ƕ花东七，像张弓射箭形，或加又，指以手引弓射箭。不受、告辞以言说明，辞别如箭离弓向外射出，故"讝"从言躲声。

　　辞官则离职回家，故"谢"也指辞官，《礼记·曲礼》："大夫七十而致事。若不得谢，则必赐之几杖。"花朵凋落如人辞别，故又指消逝、凋落，《楚辞·大招》："青春受谢，白日昭只。"告辞多以言语说明，故又指告诉，《史记·张耳陈余列传》："有厮养卒谢其舍中曰：吾为公说燕，与赵王载归。"古人告辞多会表达谢意，故又转指感谢，《韩非子·外储说左下》："解狐举邢伯柳为上党守，柳往谢之。"人多以赠礼、送钱等方式表达谢意，故又指酬谢，《后汉书·皇甫张段列传》："云臣私报诸羌，谢其钱货。"有恩于己当答谢，故又指报答，《世说新语·方正》："唯杀贾充以谢天下。"认错而改犹向过错告别，故又指道歉、认错，《史记·项羽本纪》："旦日不可不蚤自来谢项王。"官吏辞官后会有人替补空缺，世间万物此消彼长、循环往复，故又指代替、更替，如新陈代谢，《淮南子·兵略》："若春秋有代谢，若日月有昼夜。"官员辞官或为让贤，故又指逊让、逊色，《后汉书·宦者列传》："或称伊霍之勋，无谢于往载。"又用作姓氏，《通志·氏族略》："谢氏，姜姓，炎帝之裔，申伯以周宣王舅受封于谢……后失爵，以国为氏焉。"

huān
欢（歡）

歡　歡　㱎　歡
说文小篆　曹全碑　智永　颜真卿

　　繁体作"歡"，形声字。《说文》："歡，喜乐也。从欠雚声。"本义为欢乐。《尚书·洛诰》："公功肃将祇欢。"孔传："公功以进大，天下咸敬乐公功。""雚"同"鹳"，水鸟，羽毛灰白色或黑色，嘴长而直，形似白鹤，善鸣。

苏轼《石钟山记》："又有若老人咳且笑于山谷中者,或曰:此鹳鹤也。"人喜乐则多欢声笑语(欠),徐锴《系传》"喜动声气,故从欠","雚"是善鸣水鸟,鸣声欢快,故"歡"从欠雚声。简化字"欢"从又、欠。

"欢"也指交好、友好,陆机《拟庭中有奇树》："欢友兰时往,迢迢匿音徽。"人欢乐则载歌载舞,情绪多活跃,故又指起劲、热闹,为方言,如欢蹦乱跳。

zhāo 招

招 招 招 招

说文小篆　鲜于璜碑　智永　　智永

形声字。《说文》："招,手呼也。从手召声。"打手势呼人。段注:"不以口而以手,是手評也。"《诗经·邶风·匏有苦叶》："招招舟子,人涉卬否。"孔颖达疏:"号召,必手招之。"召,《说文》："評也。从口刀声。"本义为召唤。"刀"为兵器,用于征战,故又引申为武事。"召"指以口呼唤,国有战事,必大规模召唤士兵持刀枪备战,故"召"从口刀声。"招"指打手势呼(召)人,故"招"从手召声。

招呼人多有事相求,故"招"引申为寻求,《尚书·说命》："旁招俊乂,列于庶位。"又指承认罪行,《旧唐书·哀帝纪》："招伏罪款,付河南府决杀。"又指邀请,李白《九日登山》："因招白衣人,笑酌黄花菊。"又指招致、引来(多指不好的事物),《尚书·大禹谟》："满招损,谦受益。"又指招抚、使归顺,《史记·淮阴侯列传》："今齐王使其信臣招所亡城。"又指惹、逗,《史记·货殖列传》："目挑心招。"又指箭靶、目标,《吕氏春秋·本生》："万人操弓,共射一招,招无不中。"陈奇猷校释引杨树达:"此'招'字即'的'字,召声、勺声古音同在豪部也。"又指羁绊、牵系,《孟子·尽心》："今之与杨、墨辩者,如追放豚,既入其苙,又从而招之。"武术动作多以手脚完成,故又指武术动作,如一招一式。又指手段、计策,如花招、绝招。

"招"又音 sháo,通"韶",古代乐曲名,《史记·五帝本纪》："于是禹乃兴《九招》之乐。"司马贞索隐:"招音韶,即舜乐《箫韶》。九成,故曰

《九招》。"

【原文】 渠荷的历　园莽抽条
qú hé dì lì　yuán mǎng chōu tiáo

【译文】 池塘中的荷花开得光彩灼烁,园圃内的草木抽出嫩芽新条。

【释义】

渠,水渠,此处指池塘。荷,荷花。的历,叠韵联绵词,光彩鲜明貌。园,园圃。莽,指草木。抽,长出。条,小枝。《千字文释义》:"此承上'索居闲处'而言,乃林皋之景物也。"莲花出污泥而不染的品格,为世人喜爱和称颂,宋儒周敦颐《爱莲说》称赞莲为花之君子,故莲花又称"君子花",成为士大夫修身养性的准则和君子人格的象征。

【解字】

qú
渠　渠　渠　渠　渠
睡·为16　说文小篆　衡方碑　智永

形声字。《说文》:"渠,水所居。从水,榘省声。"本为人工开凿的濠沟、水道。王筠《句读》:"河者,天生之;渠者,人凿之。"《国语·晋语》:"景霍以为城,而汾、河、涑、浍以为渠。"韦昭注:"渠,池也。"水渠盛水,水居于渠,故训"水所居"。上古音,"渠"为群纽鱼部,"居"为见纽鱼部,二字声近韵同,为声训。"榘"为"巨(矩)"之或体,指木工用以画方形或直角的方尺,引申为规矩、法度。"渠"为人工设计、挖掘的水道,循规矩法度施工,故"渠"从水,榘省声。

"渠"也指开沟、治理沟渠,《吕氏春秋·上农》:"量力不足,不敢渠地而耕。"通"巨",大,《尚书·胤征》:"歼厥渠魁,胁从罔治。"又用作代词,表示第三人称,相当于"他",古诗《焦仲卿妻》:"虽与府吏要,渠会永无缘。"

"渠"又音 jù,通"讵",代词,表示疑问、反问,相当于"岂、哪里",《史记·张仪列传》:"且苏君在,仪宁渠能乎!"

hé
荷　**苛　褚　荷　荷**
　　老子乙前 135　说文小篆　华山神庙碑　颜真卿

　　形声字。《说文》:"荷,芙蕖叶。从艸何声。"本为荷叶。扩展指荷花（芙蕖）的总名,也称莲。莲是睡莲科多年生水生草本植物。叶圆形,高出水面。夏季开花,淡红或白色。根状茎叫藕,种子叫莲子。桂馥《义证》:"《诗》:'有蒲与荷。'陆疏:'荷,芙蕖,江东呼荷。'馥谓此皆以荷、芙蕖为总称。"段注:"高注《淮南》云:荷,夫渠也。其茎曰茄,其本曰蔤,其根曰藕,其华曰夫容,其秀曰菡萏,其实莲,莲之藏者的,的之中心曰薏。"《诗经·郑风·山有扶苏》:"山有扶苏,隰有荷华。"毛传:"荷华,扶渠也,其华菡萏。""何"指担、挑,后作"荷"。"何"甲骨文作 𠂤 合二〇二三九、𠂤 合二七四二四,李孝定《甲骨文字集释》:"象人负戈形,戈亦声。"人担物则负担重、大,故"何"有重、大之义。荷茎小而直,负重大叶大花。又芙蕖为草本植物而叶宽大（何）,段注"盖大叶骇人,故谓之荷。大叶扶摇而起,渠央宽大,故曰夫渠",张舜徽《约注》"荷之得名,与芋字同。荷叶尤大于芋叶,故惊骇之声亦大",故"荷"从艸何声。

　　"荷"又音 hè,代"何"而指负担、扛,《汉书·窦田灌韩传》:"身荷戟驰不测之吴军。"又指担任、承担,张衡《东京赋》:"荷天下之重任。"又指承受,后多用在书信中表示感激,《左传·昭公三年》:"一为礼于晋,犹荷其禄,况以礼终始乎。"又为电荷的省称,如负荷。

dì
的（旳）　**𣆚　的　的　的**
　　　　说文小篆　教官碑　智永　赵孟頫

　　《说文》作"旳",形声字。《说文》:"旳,明也。从日勺声。《易》曰:为旳颡。"本义为明。段注:"旳者,白之明也,故俗字作的。"《周易》今本作"的"。《礼记·中庸》:"小人之道,的然而日亡。"勺（zhuó）,《说文》:"挹取也。象形,中有实,与包同意。"小篆作 𠃌,像勺子盛物形,本为舀酒、食物的有柄用具。作动词指舀取,也作"酌"。日最光明,物被挹取则明显（勺）,故

"旳"从日勺声。

日光白亮显明,故"的"引申指白色,《周易·说卦》:"其于马也……为的颡。"孔颖达疏:"白额为的颡。"靶心显著,为射手所关注,故也指箭靶的中心,如众矢之的,《论衡·超奇》:"论之应理,犹矢之中的。"又指古代妇女用朱色点在面部的装饰,王粲《神女赋》:"税衣裳兮免簪笄,施华的兮结羽仪。"

"的"又音 dí,用作副词,如的确。

"的"又音 de,用作助词,为定语标志。

历(歴曆)

合 10425　屯 974　禹鼎　说文小篆　史晨碑　颜真卿

经历之"历"繁体作"歴",形声字。《说文》:"歴,过也。从止厤声。"本义为经历、经过。张舜徽《约注》:"歴之本义为足所过,引申为一切经过之称。"《尚书·毕命》:"既历三纪,世变风移。"厤(lì),《说文》:"治也。从厂秝声。"在崖下(厂)治禾秝(秝),通指治理。秝(lì),《说文》:"稀疏适也。从二禾。"本指禾苗间距稀疏均匀貌。朱骏声《通训定声》:"适秝者,均匀之貌。"段注:"《玉篇》曰:'稀疏厤厤然。'盖凡言歴歴可数、歴录束文,皆当作秝。歴行而秝废矣。"禾秝等种植时,为通风、通光等生长需要,苗与苗之间当保持一定距离,使其稀疏均匀,故"秝"从二禾。"厤"金文作厤毛公鼎,用作"歴",当为"歴"之古文。人用脚(止)走过的路程为历程,路程中发生的事为经历,经过历历可见,故"歴"从止厤声。罗振玉《增订殷虚书契考释》:"从止从秝,足行所至皆禾也,以象经历之意。或从林,足所经皆木,亦得示历意矣。"

历法之"历"繁体作"曆"。《说文新附》:"曆,厤象也。从日厤声。《史记》通用歴。"指推算日月星辰运行及季节时令的方法。天象、历法犹太阳(日)走过的历程(厤),故"曆"从日厤声。"歴、曆"皆简化作"历",从厂力声。

山河要跨越而过,故"历"也指越过、跨越,《孟子·离娄》:"礼,朝廷不历位而相与言,不逾阶而相揖也。"又指行,《战国策·秦策》:"伏轼撙衔,横历天下。"又指干犯、扰乱,《大戴礼记·子张问入官》:"历者,狱之所由生也。"又指尽、遍,《尚书·盘庚》:"今予其敷心腹肾肠,历告尔百姓于朕志。"又指过去的各个或各次经历,如历年、历代。经历之事依时间顺序排列,故又指列次、依次列出,《礼记·月令》:"命宰历卿大夫至于庶民土田之数。"又指分明、清晰,崔颢《黄鹤楼》:"晴川历历汉阳树。"又指察视,《礼记·郊特牲》:"简其车赋,而历其卒伍。"

yuán
园(園)

古玺　说文小篆　鲁峻碑　颜真卿

繁体作"園",形声字。《说文》:"園,所以树果也。从囗袁声。"本指种植花果、树木、菜蔬的地方。段注:"《郑风》传曰:'园所以树木也。'按毛言木、许言果者。《毛诗》檀、榖、桃、棘皆系诸园,木可以包果。故《周礼》云:'园圃毓草木。'许意凡云苑囿已必有草木,故以树果系诸园。"《诗经·郑风·将仲子》:"无逾我园,无折我树檀。""囗"为古"圍"字,像围绕之形。园子四周多有栏杆围绕(囗),"袁"为长衣貌,园子多宽敞长大,适宜果木花草茁壮生长,故"園"从囗袁声。简化字"园"从囗元声。

园中环境优美,可供游玩,故"园"也指供人憩息、游乐或观赏的地方,如公园、园林。帝王坟墓旁多植树木,环境宜人如园林,故又指帝王或后妃的墓地,《后汉书·光武帝纪》:"迁吕太后庙主于园,四时上祭。"园是树木聚集处,故又比喻事物丛集之处,司马相如《上林赋》:"修容乎《礼》园,翱翔乎《书》圃。"

mǎng
莽(蟒)

合 18430　合 18409　睡·分 25　说文小篆　唐公房碑　颜真卿

会意兼形声字。《说文》:"莽,南昌谓犬善逐菟艸中为莽。从犬从茻,茻亦声。"本指丛生的草。"菟"当依徐锴《系传》作"兔"。玄应《一切经音义》引《说文》:"木丛生曰榛,众草曰莽也。"王筠《句读》:"莽与茻音义

同,草莽其本义也。"《左传·哀公元年》:"吴日敝于兵,暴骨如莽。"杜预注:
"草之生于广野莽莽然,故曰草莽。"朱骏声《通训定声》:"经传草艸字皆以
莽为之。"徐灏《注笺》:"犬逐兔莽中,盖即田猎之事而言。""艸"指众草,从
四中,会众草之意。犬捕猎多在草莽中,故"莽"从犬从艸,艸亦声。

　　"莽"也指草,《淮南子·泰族》:"食莽饮水,枕块而死。"草原面积辽阔,
故又指广阔、深远,《楚辞·九辩》:"莽洋洋而无极兮,忽翱翔之焉薄?"王逸
注:"周行旷野,将何之也。"张舜徽《约注》"犬逐兽草中,奔突躁率,草为之
乱。故今语称人之言动粗率者曰莽撞,犹鲁莽也",故又指粗率、冒失,如鲁
莽,陈确《哭祝子开美》之三:"单身骂贼独何莽,十里索良亦大愚。"

　　"莽"又音 máng,〔莽苍〕郊野苍茫的景色,《庄子·逍遥游》:"适莽苍
者,三飡而反。"成玄英疏:"莽苍,郊野之色,遥望之不甚分明也。"

chōu
抽(擂)

擂　抽　捒　抽　抽

说文小篆　说文或体　说文或体　衡方碑　赵孟頫

　　《说文》小篆作"擂",形声字。《说文》:"擂,引也。从手留声。抽,擂
或从由。捒,擂或从秀。"本义为引、引出。《庄子·天地》:"挈水若抽。"留,
《说文》:"止也。从田丣声。"本义为停留、停止。"田"指地,万物留止于
地,段注"田,所止也,犹坐从土也",故"留"从田。"留"金文作 ^留趠鼎,战
国秦系文字作 ^留睡·秦一四七,皆像二人坐于田上之形。留止则时长,长则久,
故"留"引申为长久。"擂"指以手拔引(留)使出,故"擂"从手留声。"秀"
指禾长出穗而秀实,"秀、由"都有延长、拔高、抽出义,故或体从手由声作
"抽"、从手秀声作"捒"。

　　物被抽出则从原地去除,故又指除去、减去,《诗经·小雅·楚茨》:"楚
楚者茨,言抽其棘。"植物上长如用手拔高,故又指(物体)长出,束皙《补
亡诗》:"木以秋零,草以春抽。"物经抽拉则舒展,故又指伸展、抒发,《楚
辞·九章·抽思》:"与美人抽怨兮。"姜亮夫《屈原赋校注》:"抽,绎理之也。"
能被抽出的多是条状物,条状物可作扑打用具,故又指抽打,如马被鞭子抽

了几下。物被抽出是从下向上收起，故又指收缩，《太玄·莹》："群伦抽绪。"又指毁裂，《左传·昭公六年》："不抽屋，不强句。"东西被抽出是从上面拉起，故又为方言用语，指托起、拉起、抬起。

条(條) _{tiáo}

郭·性31　说文小篆　白石神君碑　欧阳询

繁体作"條"，形声字。《说文》："條，小枝也。从木攸声。"本指树木细长的枝条。段注："毛传曰：'枝曰条。'浑言之也；条为枝之小者，析言之也。"《诗经·周南·汝坟》："遵彼汝坟，伐其条枚。"毛传："枝曰条，干曰枚。""攸"为人（亻）持工具（攵）疏通水流（丨），转指水安行流畅貌。段注："当作'行水攸攸也'，行水顺其性则安流攸攸而入于海。"水安行则攸长，故"攸"有长远义。"條"为树木细长（攸）的枝条，故"條"从木攸声。简化作"条"。

枝条为长条状，故"条"也泛称一般长条形物，庾信《七夕赋》："缕条紧而贯矩，针鼻细而穿中。"又指长，《尚书·禹贡》："厥木惟条。"枝条畅达，故又指通达，《汉书·礼乐志》："声气远条凤鸟鶾，神夕奄虞盖孔享。"枝条细长而有条理，故又指条理，《尚书·盘庚》："有条而不紊。"条令如枝条般有序，故又指条令、条款，《战国策·秦策》："科条既备，民多伪态。"

【原文】　枇杷晚翠　梧桐早凋
　　　　　pí pá wǎn cuì　wú tóng zǎo diāo

【译文】　枇杷到岁暮犹然苍翠繁茂，梧桐刚立秋就早早地叶枯凋谢。

【释义】

上两句"渠荷的历，园莽抽条"写春夏景色，这两句写秋冬景色，合成一年四季的景色。有的版本"早"作"蚤"，"蚤"为"早"的通假字。《千字文释义》："枇杷，果名，其叶四时不凋。晚，岁暮也。翠，鸟名，其羽青，故以青色为翠。梧桐，木名。凋，叶落也。"

枇杷四季常青，秋冬正是开花生长之时，冬天依然枝叶翠绿，故称"枇杷晚翠"。梧桐树刚立秋就落叶，故曰"梧桐早凋"。因梧桐树在秋天最先落叶,宋朝在立秋这天把栽在盆里的梧桐树移入皇宫殿内培养,等立秋时辰一到,太史官便会高声向皇帝奏报:"秋来了!"奏毕,梧桐应声落下一两片叶子,以寓报秋之意,正所谓"一叶落知天下秋"。

【解字】

pí
枇　　柵　　枇　朼　枇
　　　　说文小篆　武威·特牲 14　怀素　智永

　　形声字。《说文》:"枇,枇杷,木也。从木比声。"枇杷为果木名,蔷薇科常绿小乔木,果球形或椭圆形,橙黄或淡黄色,可食。叶能入药。《玉篇》:"枇杷,果木,冬花夏熟。"也指枇杷树的果实,司马相如《上林赋》:"枇杷橪柿,樗奈厚朴。""比"是二人并列,有密意,枇杷叶、果生而有序,紧密相连,张舜徽《约注》"以其两两相对,因谓之枇。枇之言比也,谓其叶互生有叙,比比然也",故"枇"从木比声。"枇杷"是双声联绵词,《约注》:"枇杷,双声连语也。盖语有疾徐,音有发收。疾读则为一,徐读则为二;重发则前引,重收则后申。枇之后申为枇杷,犹娄之前引为离娄,皆有双声转衍者也。许书此处,但著枇篆,明此木之名,所重在枇,不在杷;杷之本义为收麦器,则别著在下文矣。"

　　"枇杷"也用同"琵琶",《释名·释乐器》:"枇杷,本出于胡中,马上所鼓也。推手前为枇,引手却曰杷。象其鼓时,因以为名也。"

　　"枇"又音 bǐ,同"匕",古时取食器具,长柄浅斗,形状像汤勺,《礼记·杂记》:"枇以桑,长三尺,或曰五尺。"孔颖达疏:"枇者所以载牲体,从镬以枇升入于鼎,从鼎以枇载之于俎。"

　　"枇"又音 bì,篦子,《广韵》至韵:"枇,细栉。"也指用篦子梳发,《后汉书·章帝八王传》:"头不枇沐,体生疮肿。"

pá
杷　　杷　杷　把　杷
　　　　说文小篆　曹全碑　智永　智永

　　形声字。《说文》:"杷,收麦器。从木巴声。"一种有齿的长柄农具,用以杷梳、聚拢粮食或草类,用竹、木或铁等制成。王褒《僮约》:"屈竹作杷,削治鹿卢。"《急就篇》:"捃获秉把插捌杷。"颜师古注:"无齿为捌,有齿为杷,皆所以推引聚禾谷也。"巴,《说文》:"虫也,或曰食象蛇。象形。"传说中的一种大蛇。饶炯《部首订》:"巴说'虫也',盖以大名为训。又云'食象蛇',即申释'虫也'之义。"《山海经·海内南经》:"巴蛇食象,三岁而出其骨。""巴"小篆作 ,像蟒蛇大口突目盘踞之形。"杷"用竹、木制成,用以推引、聚拢晾晒的谷物时,如大蟒蛇爬行、盘拢,故"杷"从木巴声。

"杷"作动词指用杷类工具把东西杷梳、聚拢,《新唐书·东夷传》:"地生五谷,耕不知用牛,以铁齿杷土。"又指用手扒,《汉书·王贡两龚鲍传》:"农夫父子暴露中野,不避寒暑,捽中杷土,手足胼胝。"

 wǎn 晚　　睌　　晚　　晚 晚

说文小篆　晋荀岳墓志　王羲之　颜真卿

形声字。《说文》:"晚,莫也。从日免声。"本义为日暮、傍晚。段注:"莫者,日且冥也。""晚、莫"上古音皆为明纽,为声训。《楚辞·九辩》:"白日晼晚其将入兮,明月销铄而减毁。""免"像人戴冠形,为"冕"之本字,古人休息、如厕要脱冠冕。盖冠冕常脱去,故有脱落、免除义,《广雅·释诂》:"免,脱也。"日暮时太阳落山,如日从天上脱落(免),故"晚"从日免声。

傍晚后即夜晚,故"晚"转指夜晚,庾信《对烛赋》:"晚星没,芳无歇,还持照夜游,讵减西园月。"晚上相对白天为迟,故又指时间迟,《老子》四十一章:"大方无隅,大器晚成。"又指后来的、时间靠后的,《淮南子·本经》:"晚世学者,不知道之所一体,德之所总要。"老年是人生的晚年,故又指老年,《史记·孔子世家》:"孔子晚而喜《易》。"

 cuì 翠　　翠　　翠　　翠　　翠 翠

信 2.04　　曾 89　　说文小篆　辟雍碑　柳公权

形声字。《说文》:"翠,青羽雀也,出郁林。从羽卒声。"本为翠鸟。羽毛青绿色,头部蓝黑色,嘴长而直,尾巴短,吃鱼虾等。又专指雌性的翠鸟,因其羽毛色青,故训"青羽雀"。《汉书·西南夷两粤朝鲜传》载,南越王向汉文帝"献白璧一双,翠鸟千"。郁(鬱)林郡为汉武帝刘彻所置,原为秦桂林郡(今属桂林地区),西汉初为南越王尉佗统领。盖翠鸟由居于秦桂林郡(郁林郡)的南越王初献,故云"出郁林"。《尔雅·释鸟》:"翠,鷸。"郭璞注:"翠,似燕,绀色,生郁林。"《逸周书·王会》:"仓吾翡翠。翡翠者,所以取羽。"孔晁注:"翠羽,其色青而有黄也。"卒,《说文》:"隶人给事者衣为卒。卒,衣有题识者。"为古代隶役穿的一种衣服,衣上有标记,以区别于常人。"卒"甲骨文作 ⿰(合二一〇五五)、⿰(怀九六一)、⿰(合六一六一),裘锡圭谓在衣末笔打钩,或在衣中画交叉线,示衣缝制完毕,表示完毕义。战国文字作 ⿰(外卒铎)、⿰(楚·仰二五·二)、⿰(楚·仰二五·四)、⿰(睡·日甲一二〇背),在"衣"下竖笔中加点或横,以区别于"衣",小篆承之。翠鸟为青色羽毛(羽)小雀(卒),故"翠"从羽卒声。翠、青双声,皆有青色义,为声训。"翠"战国文字或从羽皐声;或从鸟皐声。

"翠"也指翠鸟的羽毛,可作装饰品,《汉书·贾邹枚路传》:"被以珠玉,饰以翡翠。"翠鸟羽毛的青色近于绿、碧等鲜明色彩,故又指青、绿、碧之类的颜色,卢照邻《赠李荣道士》:"投金翠山曲,莫璧清江濆。"又指色彩鲜明,苏轼《和述古冬日牡丹》:"一朵妖红翠欲流,春光回照雪霜羞。"

wú 梧   梧   梧   梧 梧

说文小篆   魏上尊号奏   智永   赵孟頫

形声字。《说文》:"梧,梧桐木。从木吾声。一名櫬。"为木名。梧桐,落叶乔木,木材白色,质轻而坚韧,可用以制造乐器和各种器具。《尔雅·释木》:"櫬,梧。"郝懿行义疏:"皮青碧而滑泽,今人谓之青桐,即此櫬梧是也……棺谓之櫬,古者以桐为棺,因而桐亦名櫬。"《孟子·告子》:"舍其梧槚,养其樲棘。"吾,《说文》:"我,自称也。从口五声。"第一人称代词,相对于(交午)第二人称尔(你)而言。"五"甲骨文多作 ⿻(花东三二),偶作 ⿻(前一·四四·七),林义光《文源》:"五,本义为交午,用为数名。二象横平,⿻象相交,以二之平见 ⿻之交也。"从五、吾声字多有交互意:论难为"语";梧桐为木名,高大洁净,枝叶繁茂交错,故"梧"从木吾声。

"梧"也指屋梁上两头起支架作用的斜柱,李诫《营造法式》:"斜柱,其名有五:一曰斜柱,二曰梧,三曰连,四曰枝樘,五曰叉手。"柱用以支撑,故又指支撑,《后汉书·方术列传》:"乃故升茅屋,梧鼎而爨。"

tóng
桐

合 20975　　翏生盨　　𣆚桐盉　　曾 212　　睡·日甲 52　　说文小篆　　淮源庙碑　　赵孟頫

形声字。《说文》:"桐,荣也。从木同声。"为木名,古文献中多指梧桐科的梧桐,也指大戟科的油桐、玄参科的泡桐等。桂馥《义证》:"荣也者,《急就篇》:'桐梓枞松榆椿樗。'颜注:'桐即今之白桐木也,一名荣。'"《本草纲目·木部》:"(陶)宏景曰:桐树有四种:青桐,叶皮青,似梧而无子。梧桐,皮白,叶似青桐而有子,子肥可食。白桐,一名椅桐,人家多植之,与冈桐无异,但有花子,二月开花,黄紫色。《礼》云'三月桐始华'者也,堪作琴瑟。冈桐无子,是作琴瑟者。""同"指合会、通达。桐木质轻而韧,纹理通直,材质稳定,导音性强,适宜制作古琴,可使音色通达洞明(同),故"桐"从木同声。

桐木可制古琴,故"桐"也指琴,如桐丝指琴弦,桐音指琴音。或同"通",通达,《汉书·礼乐志》:"桐生茂豫,靡有所诎。"颜师古注:"言草木皆通达而生,美悦光泽,各无所诎,皆伸遂也。"又通"僮",未成年的人,《法言·学行》:"师哉师哉,桐子之命也。"李轨注:"桐子洞然未有所知之时,制命于师也。"

zǎo
早

中山王鼎　　郭·老乙 1　　睡·秦 5　　说文小篆　　堂溪典嵩山石阙铭　　颜真卿

会意字。《说文》:"早,晨也。从日在甲上。"本义为早晨。小篆像太阳在头顶上或草木之上升起。早晨为太阳初升时,日初升则在地上,段注"甲象人头,(日)在其上则早之意也",故"早"从日在甲上。"早"战国文字作𣆚,从日枣声。战国楚系文字作𣆚,声符"枣"省作"朿"。战国秦系文字作早,或由"朿"省变作"十"形(甲骨文"甲"即作"十")。据睡虎地简,小篆当作早,时人或许慎既以“十”为“甲”,乃将甲替换为“十”。“戎”从戈从十(甲),峄山碑作戎,《说文》小篆作戎,亦以“十”替换甲,与“早”相同。

　　早晨为一日之初,故“早”也指初时、时间在先,《颜氏家训·勉学》:“皆终成大儒,此并早迷而晚寤也。”早上比白天时间靠前,故又指时间靠前,跟“迟、晚”相对,《左传·宣公二年》:“(赵盾)盛服将朝,尚早,坐而假寐。”

diāo
凋　　燗　　朋　凋

　　　　说文小篆　　智永　　欧阳询

　　形声字。《说文》:“凋,半伤也。从仌周声。”本指草木衰落。王筠《句读》:“草木零落有渐,故曰半伤。”张舜徽《约注》:“半伤犹中折也,谓草木枝叶为仌所折断。本书艸部:‘斯,断也。’籀文作斳,云:‘从艸在仌中,仌寒,故折。’”“仌”为“冰”之本字,小篆作仌,像冰凌层叠形。周,《说文》:“密也。从用、口。”“周”指稠密、周密,甲骨文作囲合六八二五、囲合一〇八六正,从田,中间四点像庄稼稠密形。“周”之稠密义后分化为“稠”字。稠密则多,故从周声字多有多义:发多曰“髫”,语多为“啁”,调整周密为“調”。庄稼稠密则须移栽,故从周声字也多有减除、缺失义:失意为“惆”,约束为“绸”,半伤为“凋”,刃钝不利为“錭”,雕琢(去多余)为“彫”。段注“仌霜者,伤物之具”,徐灏《注笺》“霜雪至而草木凋”,中原地区冬天冰(仌)雪至而草木凋零,草木凋零则缺失,若有所伤(周),故“凋”从仌周声。

　　草木凋零是衰败之象,故“凋”引申为衰败,《管子·五行》:“春辟勿时,苗足本,不疠雏鷇,不夭麑麋,毋傅速,亡伤襁褓,时则不凋,七十二日而毕。”尹知章注:“若能行上事春,则繁茂而不凋枯也。”人疲敝如草木凋零,故又指疲敝、困苦,《史记·张仪列传》:“今秦有敝甲凋兵,军于渑池。”

【原文】　　chén gēn wěi yì　　luò yè piāo yáo
　　　　　　陈　根　委　翳　　落　叶　飘　摇

【译文】　腐根之木则委弃自毙,凋落之叶会随风飘荡。

【释义】

　　陈根,陈腐的树根。委,弃。翳,遮蔽。委翳,此处指树木被遮蔽而枯死。飘摇,飘荡、飞扬。描写秋冬景象。

秋冬之时树木凋零枯萎,百姓此时入山砍柴,就不会伤害树木,才能"林木不可胜用",资源才不会枯竭。

人行万事都要遵循自然规律,待时而动,顺时而行,适时而止,是合适的生活方式,也是人与自然和谐相处的基本原则。

【解字】

chén
陈(陳敶陣)

九年卫鼎　陈侯鬲　陈逆簋　睡·为1　说文小篆　礼器碑　颜真卿

繁体作"陳",会意兼形声字。《说文》:"陳,宛丘,舜后妫满之所封。从阜从木,申声。"本义为排列战阵。徐灏《注笺》:"陈之本义即谓陈列,因为国名所专,而后人昧其义耳。"《尚书·洪范》:"我闻在昔,鲧陻洪水,汩陈其五行。"孔传:"汩,乱也。治水失道,乱陈其五行。"孔颖达疏:"言五行陈列皆乱也。""申"为"電"之初文,甲骨文作 ？合二〇一三九、？合二二二六四,像闪电伸展闪耀形。闪电形状舒展,故"申"转指伸展、舒展。山阜(阜)横陈,树木布列,物陈列则分布伸展(申),故"陳"从阜从木,申声。"陳"金文从阜東声,"東"或为"車申"之变。

敶(chén),《说文》:"列也。从攴陳声。"本义为陈列,手持鞭(攴)将战车(車東)赶到山阜(阜)列阵。段注:"《韩诗》:'信彼南山,惟禹敶之。'……此本敶列字,后人假借陈为之,陈行而敶废矣。亦本军敶字……陣行而敶又废矣。""敶"金文作 敶侯簋,从攴陳声。动词用陈(chén),有布阵、陈列、铺陈等义;名词用陣(zhèn),有军阵、战阵、阵地等义。"陳"指自然的排列,"敶"指人工的陈列。陈氏始祖当是排兵布阵的,或封于战阵处。"敶－敶－陳－陣"本一字分化。

"陈"也指行列,《史记·李斯列传》:"所以饰后宫、充下陈、娱心意、说耳目者,必出于秦然后可。"司马贞索隐:"下陈犹后列也。"陈述之言当有序,故又指向上述说,如陈述,《尚书·咸有一德》:"伊尹既复政厥辟,将告归,乃陈戒于德。"孔颖达疏:"乃陈言戒王。"物陈列则显著易见,故又指显示、呈现,《国语·齐语》:"相示以巧,相陈以功。"又指施展、施予,《商君书·禁使》:"得势之至,不参官而洁,陈数而物当。"又指堂下至院门的通道,《释名·释宫室》:"陈,堂涂也,言宾主相迎陈列之处也。"《诗经·小雅·何人斯》:"彼何人斯,胡逝我陈。"又指陈旧,徐灏《注笺》:"陈,又因行列而为积聚之称,所谓陈陈相因是也。因之物积久者谓之陈物,而事习见者谓之陈言矣。"《尚书·盘庚》:"失于政,陈于兹,高后丕乃崇降罪疾。"又为古国名,在今河南淮阳及安徽北部一带,又为古州名。又为朝代名,南朝之一,557 年陈霸先代梁称帝,国号陈,建都建康,占有今江苏南京长江以南地区。"陈"也用作姓氏,《广韵》真韵:"陈,姓。胡公满之后,子孙以国为氏。"

通"田",田野,《墨子·号令》:"各立其表,城上应之,候出越陈表。"孙诒让《间诂》:"陈表,《杂守篇》作田表。田陈古音相近字通,田表谓郭外之表也。""陈、田"上古音皆为定纽真部。战国时齐国陈完即田完,《左传》陈成子即田成子。

陈"又音 zhèn,指军队行列,后作"陣(阵)"。《颜氏家训·书证》:"夫行陈之义,取于陈列耳,此六书为假借也。《苍》《雅》及近世字书,皆无别字;唯王羲之《小学章》,独阜傍作车。"又指阵法,后作"阵",《论语·卫灵公》:"卫灵公问陈于孔子。"何晏集解:"孔曰:军阵行列之法。"

根 gēn

桃　根　根　根
睡·为6　说文小篆　北海相景君铭　智永

形声字。《说文》:"根,木株也。从木艮声。"植物长在土中的部分。其主要功能为吸收养分和固定枝干。徐锴《系传》:"入土曰根,在土上者曰株。"徐灏《注笺》:"戴氏侗曰:凡木,命根为柢,旁根为根,通曰本。"张舜徽《约注》:"木株为根,犹足踵为跟,皆此音此义。""艮"甲骨文作菁一,像人反身后视之形,唐兰《殷虚文字记》:"其实艮为見之变,見为前视,艮为回顾,見、艮一声之转也。""艮"有停止、艰难、坚固等词义,《周易·艮》

象曰："艮，止也。""根"为草木之本，反向深扎而止于地，能坚固、稳定树木，故"根"从木艮声。

"根"引申指物体的基部，如墙根、山根。木由根生发，事由本源而起，故又指事物的本源、根由，《老子》六章："玄牝之门，是谓天地根。"作动词指植根，《孟子·尽心》："君子所性，仁义礼智根于心。"斩草要除根，故又指根除、彻底清除，《管子·君臣》："是故慎小事微，违非索辩以根之。"根多为长条状，故又用作量词，用于计量草木或条状物，如一根木柱、三根铁丝。

wěi 委

合 19754　合 20195　中山王鼎　睡·效 49　说文小篆　孔宙碑　柳公权

形声字。《说文》："委，委随也。从女从禾。"本义为顺从、听任。"从禾"当依徐锴《系传》作"禾声"。"委、随"上古音皆在歌部，为声训。王筠《句读》："委、随叠韵，即《诗·羔羊》之委蛇也。"段注："辵部曰：'随，从也。'《毛诗·羔羊》传曰：'委蛇者，行可从迹也。'《君子偕老》传曰：'委委者，行可委曲从迹也。'按随其所如曰委，委之则聚，故曰委输、曰委积。所输之处亦称委，故曰原委。"徐铉等注"委，曲也，取其禾谷垂穗委曲之貌"，徐灏《注笺》"委盖妇女委婉、逊顺之义"，"女、禾"皆有顺从、柔婉之意，故"委"从女禾声。"委"甲骨文像禾在〔 〕（区域）内，会委随、曲折之意。

"委"也指隶属、托付，《左传·成公二年》："王使委于三吏。"又指放置，《战国策·燕策》："是以委肉当饿虎之蹊，祸必不振矣。"又指丢弃、舍弃，《孟子·公孙丑》："米粟非不多也，委而去之，是地利不如人和也。"又指推卸，《新序·节士》："过听杀无辜，委下畏死，非义也。"又指累积、堆积，《公羊传·桓公十四年》："御廪者何？粢盛委之所藏也。"又指水流聚合之处，《礼记·学记》："三王之祭川也，皆先河而后海，或源也，或委也，此之谓务本。"又指安于，陶潜《自祭文》："乐天委分，以至百年。"转指确知，《资治通鉴·隋纪》："臣非所司，不委多少，但患渐近。"又用作副词，确实，《论衡·宣汉》："委不能知有圣与无。"

"委"又音 wēi,组成"委委、委蛇、委她、委移、委它"。

yì
翳　　翳　翳　翳　翳

孙子 76　　说文小篆　武梁祠画像题字　　智永

形声字。《说文》:"翳,华盖也。从羽殹声。"用羽毛制成的车盖。张舜徽《约注》:"本为羽盖,而许云华盖者,古天子之车盖,以翠羽覆之,上有华饰,因以名之耳。"《山海经·海外西经》:"左手操翳。"殹(yì),《说文》:"击中声也。从殳医声。"指物被击中之声,或谓是呻吟声。段注:"此字本义亦未见。西部醫从殹。王育说:'殹,恶姿也。'一曰:'殹,病声也。'此与瞉中声义近。秦人借为语词。"医(yì),《说文》:"盛弓弩矢器也。从匸从矢。"为盛放弓矢的器皿。"翳"指用羽毛制成用以遮蔽的车盖,"殹"从医声,"医"由藏矢之函引申有遮蔽义,故"翳"从羽殹声。

车盖有遮蔽之用,故"翳"引申指遮蔽、掩盖,刘向《九叹·远逝》:"阜隘狭而幽险兮,石嵾嵯以翳日。"又指隐蔽猎人的器具,《礼记·月令》:"田猎置罘、罗罔、毕、翳,餧兽之药。"又指士卒躲避对方攻击的器具,《管子·小匡》:"甲不解絫,兵不解翳。"尹知章注:"翳所以蔽兵,谓胁盾之属。"又转指眼球所生障蔽视线的膜,如白翳,《素问·六元正纪大论》:"甚则黄黑昏翳,流行气交。"阴影遮蔽阳光,故又指阴影,《三国志·蜀书·郤正传》:"有声有寂,有光有翳。"又指起遮蔽作用的东西,如云翳,曹松《碧角簟》:"八尺碧天无点翳。"车盖可阻挡风雨阳光,故又指阻挡、堵塞,《国语·楚语》:"今吾闻夫差好罢民力以成私好,纵过而翳谏。"又指摒弃、除掉,《国语·周语》:"去其藏而翳其人也。"又指树木自己死掉,《诗经·大雅·皇矣》:"作之屏之,其菑其翳。"毛传:"木立死曰菑,自毙为翳。"又用作副词,相当于"只、惟",李白《赠徐安宜》:"翳君树桃李,岁晚托深期。"

luò
落　　落　落　落

说文小篆　朱龟碑　王羲之　颜真卿

形声字。《说文》:"落,凡艸曰零,木曰落。从艸洛声。"本义指树叶脱落。《楚辞·离骚》:"惟草木之零落兮,恐美人之迟暮。"桂馥《义证》"艸衰亦曰落",徐锴《系传》"木曰落而从艸者,木但叶落耳。其枝干劲与草零无异,故从艸"。"各"甲骨文作 🖐花东二八八、🖐合一〇四〇六反,像倒趾(夂)从外至于半穴居住房(凵、口)形,"洛"指北洛河,由黄土高原流入渭水河谷,犹从高落下,故"洛"有下落意,《梦溪笔谈·辩证》:"洛与落同义,谓水自上而下有投流处。"树叶从高处落至地下,故"落"从艸洛声。

"落"泛指掉下、下降,苏轼《后赤壁赋》:"山高月小,水落石出。"又指掉进、陷入,陶潜《归园田居》之一:"误落尘网中,一去三十年。"又指除去、去掉,谢灵运《昙隆法师诔》:"慨然有摈落荣华,兼济物我之志。"秋天草木凋谢零落,故又指衰谢、零落、稀少,《史记·汲郑列传》:"家贫,宾客益落。"草木零落为衰败气象,故又指荒废,《庄子·天地》:"无落吾事!"叶落如死亡,故又指死亡,《尚书·舜典》:"帝乃殂落。"物极必反,旧叶落下则新叶始生,故又指始,《尔雅·释诂》:"落,始也。"宫室建成使用谓之落成,又指宫室新成时的庆祝祭礼,《左传·昭公七年》:"楚子成章华之台,愿与诸侯落之。"物落则留、止于地,故又指止息、停留,刘长卿《入桂渚次砂牛石穴》:"片帆落桂渚,独夜依枫林。"又指居处,《后汉书·循吏列传》:"庐落整顿,耕耘以时。"李贤注:"今人谓院为落也。"又指得到,如落不是。叶落归根,故又指归属,如重担落在肩上。

"落"又音 là,指丢下、遗漏,如丢三落四。

"落"又音 lào,用于一些口语,如落枕。

yè 叶(葉)

🌿	🌿	🌿	🌿	葉	葉	葉	葉
合 19956	合 14018	鵤鎛	拍敦	睡·法7	说文小篆	曹全碑	颜真卿

落叶之"叶"繁体作"葉",形声字。《说文》:"葉,艸木之葉也。从艸枼声。"本指植物的叶子,为植物的营养或产生光合作用的器官,通常由叶片、叶柄和托叶三部分组成。《诗经·小雅·苕之华》:"其叶青青。""枼"(yè)为"葉"之初文,甲骨文作 🌿、🌿,从木,像叶在木上之形。金文作 🌿、🌿,木

与上面枝叶分离,用"枼"为"世"。"世"西周金文作 ✔宁𥅨盖、✔宁𥅨盖,"世"当从"枼"分化出,截取木上枝叶部分作"世"。草木之叶重累百叠,岁一荣枯而相续不绝,犹如世代重复延续,故"枼"引申指世代,分化出"世"字。小篆承之作 𣐺,"枼"后用作薄木片义,本字又加艸作"葉"。简化字以从口构形的叶韵之"叶"代替"葉"。

叶(xié),本为"协"之或体,义为共同,段注"十口所同,亦同众之意",故"叶"从十口。吴方言中"葉、叶"读音相近,故近代苏州等地的人将"葉"写作"叶",《简化字总表》吸收钱玄同建议,以"叶"为"葉"之简化字,注明叶韵之"叶"仍读 xié。

"叶"可泛指像叶片一样的薄扁之物,也喻轻飘的东西,如一叶扁舟,段注:"凡物之薄者,皆得以叶名。"《释名·释用器》:"铧……其版曰叶,象木叶也。"书页薄平如叶,故又指书页,《正字通》艸部:"书卷次第成帙者,如叶相比,亦曰叶。"又指世、时期,《诗经·商颂·长发》:"昔在中叶,有震且业。"又用作姓氏,《通志·氏族略》:"葉氏,旧音摄,后世与木叶同立。"

"叶"又音 shè,古邑名,春秋时楚地,故城在今河南省叶县南,《左传·成公十五年》:"楚公子申迁许于叶。"又用作姓氏,《风俗通》:"楚沈尹戍生诸梁,食采于叶,因氏焉。"

piāo 飘(飄)　　𩙺　𩙪　飄　飄

老子甲 138　说文小篆　武梁祠画像题字　赵孟頫

繁体作"飄",形声字。《说文》:"飄,回风也。从風𥢶声。"本义为旋风、暴风。段注:"回者,般旋而起之风。"朱骏声《通训定声》:"盘旋而起,《庄子》所谓羊角。"《诗经·小雅·何人斯》:"彼何人斯,其为飘风,胡不自北,胡不自南。"毛传:"飘风,暴起之风。"𥢶(biāo),《说文》:"火飞也。从火、𦥔,与𦥑同意。"火焰进飞,"𥢶、熛"音义同。"𦥑"指升高,同"遷"。𦥔像臼抬囟(头顶囟门)状,有抬高义。𦥔与𦥑同意,皆指升高,火焰进飞则高升,故"𥢶"从火、𦥔。旋风、暴風飞升于空(覀),故"飄"从風𥢶声。

"飘"也指飘荡、飞扬,白居易《长恨歌》:"仙乐风飘处处闻。"又指飘泊、流浪,陆游《钱道人不饮酒食肉》:"万里飘如不系船。"风能吹物,故又指吹,《楚辞·九歌·山鬼》:"东风飘兮神灵雨。"王逸注:"飘,风貌。《诗》曰:'匪风飘兮。'言东风飘然而起。"飘荡之物终会落地,故又指落,《庄子·达生》:"虽有忮心者不怨飘瓦。"暴风速度迅疾,故又指急速,《吕氏春秋·观表》:"征虽易,表虽难,圣人则不可以飘矣。"

摇 _{yáo}

摇　摇　摇　飖

说文小篆　嘉至摇钟　王羲之　智永

旧字形作"搖",形声字。《说文》:"搖,动也。从手䍃声。"本义为摆动、晃动。《周礼·考工记·矢人》:"是故夹而摇之,以眠其丰杀之节也。"䍃(yóu),旧字形作"䍃",《说文》:"瓦器也。从缶肉声。"为瓮瓶一类的瓦器。徐灏《注笺》:"䍃,为瓦器之通名,因谓烧瓦灶为䍃,后又增'穴'为'窑'也。""缶"指瓦器,从缶字多与瓦器相关,如"匋、缸、缾"等。"肉"有柔软义,制作瓦器是将土加水和为柔泥,在木转盘上摇转,制成各种造型,故"䍃"从缶肉声。制作瓦器陶胚(缶)需长时间的转动,故"䍃"又从爪从缶有摇动之义。树动为"榣",手动为"摇",曲(动)肩行貌为"嬈"。物动则起,故从䍃声字亦有升起意:足跳为"蹈",飞鱼为"鳐",善飞猛禽为"鹞",气出貌为"歒"。"摇"指手晃动(䍃),故"摇"从手䍃声。

物摆动则不稳,故"摇"引申指动摇,《史记·春申君列传》:"危动燕、赵,直摇齐、楚。"物摆动的速度较快,故又指疾速,《楚辞·九章·抽思》:"愿摇起而横奔兮,览民尤以自镇。"风动则灰尘飘扬,故又指上升、飘扬,《汉书·礼乐志》:"将摇举,谁与期。"颜师古注:"言当奋摇高举,不可与期也。"

【原文】 游 鹍 独 运　　凌 摩 绛 霄
_{yóu kūn dú yùn　　líng mó jiàng xiāo}

【译文】 远游的鹍鸟独自高飞冲天,凌腾虚空而登九重云霄。

【释义】

游,远游。鹍,大鸟,或指鲲鹏。独运,独自运行。凌,升。摩,接近。

绛,大红色。霄,天空。绛霄,指天空极高处,天之色本为苍青,称为"丹霄、绛霄",是因为古人观天象以北极为基准,仰首所见皆在北极之南,南方赤色,故借南方之色以为喻。两句是说鹏鸟特立独行,有凌云之志。

　　古代常用高飞之鸟比喻人志向远大,勉励人们要像大鸟高飞般立志高远。人立志高远、勤奋苦学,就能像鲲鹏一样"凌摩绛霄"。

【解字】

yóu
游（斿汓）　　甲1566　乙1760　中斿父鼎　说文小篆　说文小篆　堂嶅点嵩山石阙铭　颜真卿

　　游泳之"游",本字作"汓",会意字。汓(qiú),《说文》:"浮行水上也。从水从子。古或以汓为没。泅,汓或从囚声。"桂馥《义证》:"汓,经典借游字。""汓"指人(子)在水上游泳,故"汓"从水从子。"汓"甲骨文作（图）乙七八七,像人在水中游泳形。《方言》第十:"潜、涵,沉也。楚郢以南曰涵,或曰潜。潜又游也。"郭璞注:"潜行水中亦为游也。"故曰"古或以汓为没"。或体从囚声作"泅",《列子·说符》:"人有滨河而居者,习于水,勇于泅。"人在水中游泳如困于水,故"泅"从水囚声。

　　游,《说文》:"旌旗之流也。从㫃汓声。（图）,古文游。"指连缀于旗帜正幅下沿的垂饰,同"斿、旒"。王筠《释例》:"游为旗游,省作斿,俗作旒。"段注:"旗之游如水之流,故得称流也。"《左传·桓公二年》:"藻率、鞞鞛、鞶、厉、游、缨,昭其数也。"杜预注:"游,旌旗之游。""㫃"(yǎn)为旌旗飞扬貌,甲骨文作（图）合四九三四,左像旗杆,右像旗游飘扬状。徐灏《注笺》:"斿当为本字,石鼓文已有之,从子执㫃,子即人也。游者,泝游之义,故从水而用斿为声。"商承祚《殷虚文字类编》:"从子执旗,全为象形。从水者,后来所加,于是变象形为形声矣。"旌旗之流随风飘动如水流,故"游"从水斿声。

　　"游"同"遊、逰",王筠《释例》:"窃意当依《玉篇》分训,游为旗游……逰为敖游,俗作遊。"水行为"游",陆行为"遊"。"游"有多义:1.遨游、游览,《诗经·大雅·卷阿》:"岂弟君子,来游来歌。"2.嬉戏、玩乐,《论语·述而》"依于仁,游于艺",唐石经作"遊"。3. 外出求学、求官,《史记·司马相如列传》:"长卿故倦游,虽贫,其人材足依也。"裴骃集解引郭璞:"(倦游),厌游宦也。"4. 闲散、无固定职业,《荀子·成相》:"臣下职,莫游食。"杨倞注:"游食,谓不勤于事,素飡游手也。"5. 交往,《左传·隐公三年》:"其子厚与州吁游,禁之不可。"6. 游说、举荐,《汉书·贾邹枚路传》:"有人先游,则枯木朽株,树功而不忘。"颜师古注:"先游,谓进纳之也。"7. 行宫,泛指游玩的地方,《周礼·天官·序官》:"阍人,王宫每门四人,囿游亦如之。"郑玄注:"游,离宫也。"孙诒让正义:"以其可以游观,故谓之游。"

　　人多在江河中游泳,故"游"又指河流,《诗经·秦风·蒹葭》:"遡游从之,宛在水中央。"游动时漂浮不定,故又指流动、不固定,《诗经·秦风·小戎》:"游环胁驱,阴靷鋈续。"孔颖达疏:"《释名》云:游环,在服马背上,骖马之外辔贯之,游移前却无定处也。"人游泳时身多浮于水,故又指虚浮、不切实,《周易·系辞》:"诬善之人,其辞游。"孔颖达疏:"游谓浮游,诬罔善人,其辞虚漫,故言其辞游也。"又用作姓氏,《通志·氏族略》:"游氏,姬姓,郑穆公之子公子偃,字子游,其后以王父字为氏。郑大夫游吉裔孙寻汉御史中丞。"

kūn
鶤(鶤鶤)

说文小篆　　智永　　赵孟頫

　　繁体作"鶤",《说文》作"鶤",形声字。《说文》:"鶤,鶤鸡也。从鸟军声。读若运。"似鹤而大的水鸟。段注:"张揖注《上林赋》曰:昆鸡似鹤,黄白色。"《抱朴子·外篇》:"鸿鶤不能振翅于笼罩之中,轻鹪不能电击于几筵之下。"又指大鸡,《尔雅·释畜》:"鸡三尺为鶤。"郭璞注:"阳沟巨鶤,古之名鸡。""鶤"为大鸡、大鸟,"军"为军队最大编制单位,故"鶤"从鸟军声。"鶤"后作"鶤",从昆声,"昆"有大义。

　　"鶤"也为凤凰的别名,《淮南子·览冥》:"过归雁于碣石,轶鶤鸡于姑余。"又指大鸟,张衡《西京赋》:"翔鶤仰而不逮,况青鸟与黄雀?"李善注引薛综:"鹬,大鸟;青鸟、黄雀皆小鸟。"

dú
独(獨)　　　獨　獨　獨　獨

睡·秦123　说文小篆　熹平石经　颜真卿

　　繁体作"獨",形声字。《说文》:"獨,犬相得而斗也。从犬蜀声。羊为群,犬为獨也。"本义为孤单。"相得"指相遇,犬性烈好斗,相遇则撕咬争斗,不能合群、朋聚,多单独居住、守卫、狩猎等;羊性温顺而不好斗,故能群聚,故言"羊为群,犬为独"。张舜徽《约注》:"兽畜中惟羊最能同类聚处,虽数十百千相集,不乱也。犬则两三相遇,必斗啮追逐而散。故古人造字,群从羊而獨从犬,寓意深矣。"蜀,《说文》:"葵中蚕也。从虫,上目象蜀头形,中象其身蜎蜎。《诗》曰:蜎蜎者蜀。"蛾蝶类的幼虫,后作"蠋"。"罗(蜀)"甲骨文作合六八六一,李孝定《甲骨文字集释》:"字为全体象形。上目象蜀头,古文多以目代首者……象身之蜎蜎,从虫者乃后起,于形已复。"蛾蝶类的幼虫和蚕相似,头大身壮,身形屈曲,长到一定程度则成蛹结茧,独居其中,有单独之象,故"蜀"引申有一、独义,《方言》第十二:"一,蜀也,南楚谓之蜀。"郭璞注:"蜀,犹獨耳。"故"獨"从犬蜀声。简化字"独"从犬从虫。

　　"独"是个体,也指仅仅一个,《史记·魏公子列传》:"独子无兄弟,归养。"又指单独、独自,《论语·季氏》:"(孔子)尝独立,鲤趋而过庭。"又特指无亲属依靠的人。《释名·释亲属》:"老而无子曰独。独,只独也,言无所依也。"《后汉书·独行列传》:"乡族贫者,死亡则为具殡葬,鳏独则助营妻娶。"李贤注:"寡妇为鳏,无夫曰独。"又指专断、独裁,《庄子·人间世》:"其年壮,其行独。"郭象注:"不与民同欲也。"成玄英疏:"独行凶暴而不顺物心。"又指独特、特异,《吕氏春秋·制乐》:"圣人所独见,众人焉知其极?"又用作副词,表示范围、反问或情态。

yùn
运(運)　　　運　運　運　運

泰山刻石　说文小篆　魏受禅表　颜真卿

　　繁体作"運",形声字。《说文》:"運,迻徙也。从辵軍声。"本义为移动、运行。《庄子·逍遥游》:"海运则将徙于南冥。"陆德明释文:"简文云:运,徙也。""军"指包围、军队,金文作𝄢庚壶,朱芳圃《殷周文字释丛》:"字从車从勹,会意。古者车战,止则以车自围。""辵"指行,"運"指移动、运行,军队运物最多最快;"運"有转动义,"軍"指圜围;故"運"从辵軍声。简化字"运"从辵云声。

"运"也指运转、转动,《周易·系辞》:"日月运行,一寒一暑。"又指运送、搬运,《庄子·知北游》:"运量万物而不匮,则君子之道彼其外与?"成玄英疏:"夫运载万物器量群生,潜被无穷,而不匮乏者。"又指运用,《史记·项羽本纪》:"坐而运策,公不如义。"又指玩弄、拨弄,《礼记·少仪》:"运笏,泽剑首,还屦。"郑玄注:"运、泽,谓玩弄也。"孔颖达疏:"运笏者:运,动也,谓君子摇动于笏。"又指命运、气数,特指世运、国运,《汉书·高帝纪》:"汉承尧运,德祚已盛。"运行则越走越远,故又指远,《尚书·大禹谟》:"帝德广运。"孔传:"运谓所及者远。"又指大地的南北向距离,《国语·越语》:"勾践之地……广运百里。"韦昭注:"东西为广,南北为运。"

líng 凌(朕)

𦡱　燓　淩　凌

说文小篆　说文或体　衡方碑　祝允明

《说文》小篆作"朕",形声字。《说文》:"朕,仌出也。从仌朕声。《诗》曰:'纳于朕阴。' 燓,朕或从夌。"本义为结冰。段注:"仌出者,谓仌之出水文棱棱然。"徐灏《注笺》:"仌有棱角,故谓积仌为夌。《初学记》引《风俗通》曰:'积冰曰凌。' 是也。因之藏仌之室亦谓之凌。《豳风》曰:'三之日纳于朕阴。' 毛传:'朕阴,冰室也。'""朕(𦡱)"指舟缝,泛指缝隙,甲骨文作𦡱花东一一九,像两手(廾)持工具(丨)填补船(舟)缝状,叶玉森《说契》谓"象两手奉火以爨舟之缝",引申为缝隙、朕兆,后同音借用为第一人称代词。填补船缝则有增加意,故从朕声字多有增加、高出意:水超涌为"滕",物相增加为"賸",冰凌出水为"朕",以墨画眉为"縢",缠束之绳为"縢",能飞之神蛇为"螣",力能负任为"勝",田间土埂(高出地面)为"塍"。"仌"

为"冰"之本字，积冰为凌，水结冰则层叠凝固而高出水面（朕），故"塍"从仌朕声。或体从夌作"凌"。"夌"以足（夂）登陆（共），转指超越，即"陵"。冰凌（仌）超越水面（夌），故"凌"从仌夌声。

"凌"也指冰，孟郊《羽林行》："挥鞭快白马，走出黄河凌。"冰凌高出水面，有升高意，故转指攀登、升，杜甫《望岳》："会当凌绝顶，一览众山小。"通"陵"，逾越、超过，《吕氏春秋·论威》："虽有江河之险，则凌之。"又指乘，张衡《思玄赋》："凌惊雷之硫磕兮，弄狂电之淫裔。"又指侵犯、欺侮，《楚辞·九歌·国殇》："凌余阵兮躐余行。"又指暴，《法言·吾子》："震风凌雨，然后知夏屋之为帡幪也。"又指顶着、冒着，李白《赠韦侍御黄裳》之一："太华生长松，亭亭凌霜雪。"又指迫近，白居易《采地黄者》："凌晨荷锄去，薄暮不盈筐。"

mó 摩　摩　摩　摩　摩

说文小篆　武威医简 63　华山庙碑　柳公权

形声字。《说文》："摩，研也。从手麻声。"本义为摩擦。王筠《句读》："《众经音义》引《尔雅》：石谓之摩。"张舜徽《约注》："本书石部：'研，礦也。'礦即磨之本字，许书无磨篆。摩从手而训研，谓以手磨之也。"《周易·系辞》："是故刚柔相摩，八卦相荡。"韩康伯注："摩，相切摩也。""麻"金文作𤎥师麻斿弔簠，从厂从㭍，在厓下居所治麻。战国文字作𥷚睡·秦三八，"厂"变作"广"，小篆承之作𪎮，从㭍从广，段注："㭍必于屋下绩之，故从广。然则未治谓之枲，治之谓之麻。以已治之称加诸未治，则统谓之麻。"麻纤维细密、纷乱，故麻声字多有微细意：细小曰"麼"，碎烂稠粥曰"糜"，分散倾倒曰"靡"，尘土微细曰"塵"，牛缰绳细长曰"縻"。人以手切摩，物经研磨则微细（麻），故"摩"从手麻声。

"摩"也指磨灭，《汉书·司马迁传》："古者富贵而名摩灭，不可胜记。"又指手按在物体上来回擦动，《素问·至真要大论》："摩之浴之。"又指抚摸，韩愈《郓州溪堂诗并序》："吹之煦之，摩手拊之。"摩擦需手接近物，故又指近,《左传·宣公十二年》:"御靡旌,摩垒而还。"又指砥砺,《汉书·董仲舒传》:"渐民以仁,摩民以谊,节民以礼。"学问经研磨切磋才能提升,故又指切磋、研讨,《礼记·学记》:"相观而善之谓摩。"

jiàng 绛(絳)

老子乙前116　说文小篆　武荣碑　祝允明

繁体作"絳",形声字。《说文》:"絳,大赤也。从糸夅声。"大红色。段注:"大赤者,今俗所谓大红也。上文纯赤者,今俗所谓朱红也。朱红淡,大红浓……故天子朱市,诸侯赤市,赤即绛也。"夅(xiáng),《说文》:"服也。"指降服,为引申义。甲骨文无"夅"有"降","夅"当是从"降"分化而出,取"降"之两止向下形(夅)。"降"本义指从高处走下,与"陟"相对。《诗经·大雅·公刘》:"陟则在巘,复降在原。""降"甲骨文作(合二〇四四〇)、(合一八八一二)、(合一九六二八),从𨸏,表示山陵;两止朝下从山陵下降,会从高处走下之意。降服则在强者之下,故"降"引申有降服、投降、悦服、低沉等义。"绛"指丝织品(糸)呈现的大红色,色调凝重低沉,故"絳"从糸夅声。

"绛"也指绛草,一种可作染料的植物,左思《吴都赋》:"江蓠之属,海苔之类,纶组紫绛。"又指一种丝织物,《晋书·礼志》:"绛二匹,绢二百匹。"

xiāo 霄

说文小篆　爨宝子碑　智永　欧阳询

形声字。《说文》:"霄,雨霓为霄,从雨肖声。齐语也。"下小雪粒,为齐国方言词。徐锴《系传》:"今人所谓湿雪,著物则消者也。""雨霓为霄雪。"郭璞《尔雅注》:"水雪杂下者,谓之霄雪。""霓"又作"霰",雨点下降遇冷凝结而成的白色小冰粒,常呈球形或圆椎形,多在下雪前或下雪时出现。"肖"字构形指小孩容貌骨肉与父母相似,孩子相对父母为小,故"肖"从肉小声,而有小意。"霄"指雨雪掺杂而下,小雪粒落地则消散,桂馥《义证》"霄即消也",故"霄"从雨肖声。

雨雪由空中云气遇冷凝结而成,故"霄"转指云气,《淮南子·人间》:

"凌乎浮云,背负青天,膺摩赤霄。"又指云,扬雄《甘泉赋》:"腾清霄而轶浮景兮。"又指天空,如九霄,《尸子·贵言》:"干霄之木,始若蘗足,易去也。"通"宵",指夜间,《吕氏春秋·明理》:"有昼盲,有霄见。"或指昏暗,江淹《遂古篇》:"霄明烛光,向焜煌兮。"按:郭璞《山海经图赞》作"宵明烛光"。又用作姓氏,《正字通》雨部:"霄,姓。《韩非子》有霄略。"

【原文】 dān dú wán shì　　yù mù náng xiāng
耽 读 玩 市　　寓 目 囊 箱

【译文】 （东汉王充）好学而家穷无书,常到洛阳集市上研习书文;入眼的皆是书袋及书箱中的典籍。

【释义】

此句典出《汉书·王充传》。耽,沉浸、深研。玩,研习、玩味。寓目,过目、观看。囊,指书袋。箱,书箱。《千字文释义》:"此承上'求古寻论'而言……汉王充家贫无书,尝游洛阳书肆,阅所卖书,一见辄能记忆……言求古寻论者,其志之所好,如王充之耽于读书,至适市以玩其文,而目所寄托,惟囊箱中所贮之书籍也。"

王充(27—约97),字仲任,会稽上虞(今属浙江)人,东汉哲学家。好学而博通经籍,后至京城洛阳太学学习,拜班彪为师,与贾逵、傅毅、杨终等有往来。王充是汉代道家思想的重要传承者,著述颇丰,《论衡》是其代表作,范晔《后汉书》为王充、王符、仲长统三人立合传,后世誉为"汉世三杰"。

王充嗜书之事含两个道理:一是少年立志好学,条件不具备,也要设法创造机会读书。二是立志求学者,要自律专心而不受外界干扰。

【解字】

dān
耽(媅)

说文小篆　史晨碑　智永　赵构

形声字。《说文》:"耽,耳大垂也。从耳冘声。《诗》曰:士之耽兮。"指耳垂下垂的幅度大。《淮南子·地形训》:"夸父耽耳,在其北方。"高诱

注："耽耳,耳垂在肩上。""士之耽兮"为《诗经·卫风·氓》句,毛传:"耽,乐也。"王筠《句读》:"盖借耽为媅也。"尤(yín),《说文》:"淫淫行貌。从人出门。"为长行貌。"尤"小篆作仇,像人(人)出门(界)远行状,王筠《句读》"人出远界,是行意也"。"沈"甲骨文作🐂🐂合七八〇、合三二九一五,罗振玉《增订殷虚书契考释》:"此象沈牛于水中,殆即貍沈之沈字,此为本字,《周礼》作'沈',乃借字也。""沈"盖为"尤"之本字,物沉水则缓缓下行、越沉越深,故从尤声字多有长、远、深义:荐首横(长)木为"枕",深沉注视为"眈",深击为"抌",长铁锹为"鈂",乐酒(沉湎)为"酖",冕侧悬瑱长带为"紞",长发垂貌为"髡"。耳垂长则下垂幅度大(尤),故"耽"从耳尤声。《王力古汉语字典》:"耽、湛、媅、酖。皆为端母侵韵。其同源义是'浸沉',多指情绪、精神方面。"朱骏声《通训定声》:"嗜色为媅,嗜酒为酖。"

"耽"也指快乐,《礼记·中庸》:"兄弟既翕,和乐且耽。"人乐于做喜好的事,故又指嗜、喜好,《后汉书·朱乐何列传》:"及壮耽学,锐意讲诵。"人易迷恋喜欢之事,故又指沉溺、迷恋,《尚书·无逸》:"不知稼穑之艰难,不闻小人之劳,惟耽乐之从。"沉溺某事则认真钻研,故又指玩味、深研,《晋书·杜预传》:"既立功之后,从容无事,乃耽思经籍。"深入研究会耗费时间,故又指滞留、延搁,如耽搁、耽误。

dú 读（讀）

讀　讀　讀　讀

孙膑 340　说文小篆　魏上尊号奏　颜真卿

繁体作"讀",形声字。《说文》:"讀,诵书也。从言賣声。"本义为诵读、理解书意。《孟子·万章》:"颂其诗,读其书,不知其人,可乎?"段注:"竹部曰:'籀,读书也。'读与籀叠韵而互训。《庸风》传曰:'读,抽也。'《方言》曰:'抽,读也。'盖籀抽古通用。《史记》:'紬史记石室金匮之书。'字亦作紬。抽绎其义蕴至于无穷,是之谓读,故卜筮之辞曰籀,谓抽绎易义而为之也。《尉律》:'学僮十七已上始试,讽籀书九千字,乃得为吏。'讽谓背其文,籀谓能绎其义。"张舜徽《约注》:"古者背文曰讽,以声节之曰诵,籀绎其旨趣曰读,三者义近而实不同。古人恒言诵其诗,读其书……书为记载事物之文,非博学审辨其理以左右推寻之,无由明嬗变之迹,此征实之学,所以必资籀绎也。观古人说字之不同,可得为学之法焉。许君以诵书释读者,盖籀绎必以诵书为始基,《荀子·劝学篇》所谓'诵数以贯之,思索以通之',循序而进,理固宜然。殆未有不诵数而可空言思索者。讽诵之与籀绎,又实彼此相倚,不可偏废也。"𧶏(yù),《说文》:"衒也。从貝㚊声。㚊,古文睦。读若育。"本义为走着叫卖,也作"鬻"。"貝"为钱,"㚊"为"睦"古文,买卖讲求公平、和睦,故"𧶏"从貝㚊声。读书须张口念字(言),叫卖不断(𧶏)近于读书,故"讀"从言𧶏声。

看到文字才能读诵,"读"引申为阅、看,龚自珍《与吴虹生书》:"然绛蜡一枝,共读我蜡丸书可乎?"又指说出、宣扬,《诗经·鄘风·墙有茨》:"中冓之言,不可读也。"读书必认真体会,玩味书中义理,故又指玩味,如读帖。字有音方能读出,故又指字的读音,刘勰《文心雕龙·练字》:"张敞以正读传业,扬雄以奇字纂训。"

"读"又音dòu,指语句中的停顿,同"逗",朱骏声《通训定声》:"按今诵书断其章句曰读,犹逗留也。"古书无标点,诵读文时分句和读,短的停顿打逗点叫"读",语段完整的停顿打勾叫"句",后把"读"写成"逗",何休《春秋公羊经传解诂·序》:"援引他经,失其句读,以无为有,甚可闵笑也,不可胜记也。"

wán 玩(翫)

翫　玩　玩　玩

说文小篆　说文小篆　曹全碑　欧阳询

形声字,在轻视、懈怠义上,"翫"为本字。《说文》:"翫,习猒也。从习元声。《春秋传》曰:翫岁而愒日。"指习以为常而生懈怠、玩忽。《左传·僖公五年》:"晋不可启,寇不可翫。""习"为小鸟展翅(羽)在白天(白)反复练习飞翔。元,《说文》:"始也。从一从兀。"本指头。甲骨文作⋀合一九六四二正,金文作⋀狽元乍父戊卣,从人,大其首或以横指头。甲骨文又作⋀合三二一九三，"兀"上加短横作饰笔，后以短横之有无分化为"兀、元"二字。头为身之首，故"元"引申为始。"翫"指习以为常而生厌倦，因厌而轻视、玩忽，故"翫"从習。"翫"后作"玩"，徐灏《注笺》："翫俗作玩。"

"玩"为玩弄之玩本字，形声字。《说文》："玩，弄也。从玉元声。𤣩，玩或从貝。"本指戏弄、玩弄，《尚书·旅獒》："玩人丧德，玩物丧志。"孔传："以人为戏弄则丧其德，以器物为戏弄则丧其志。"玉为珍宝而润泽，古人把玩最多，以手把玩者多是圆润之物，头（元）为圆形，故"玩"从玉元声。人多喜爱财货珍宝（貝），故或体从貝作"貦"。在轻慢、玩习、欣赏等意义上，"玩、翫"通用。简化字用"玩"。

"翫"也指戏狎、戏耍，《左传·昭公二十年》："水懦弱，民狎而翫之，则多死焉。"人对喜爱之物易有占有欲，故也指贪图，《左传·昭公元年》："翫岁而愒日，其与几何。"杜预注："翫、愒皆贪也。"

"玩"作名词指供玩赏之物，《国语·楚语》："若夫白珩，先王之玩也，何宝焉？"又指研习、玩味，《周易·系辞》："是故君子居则观其象而玩其辞，动则观其变而玩其占。"孔颖达疏："言君子爱乐而习玩者，是六爻之辞也。"玩物可供欣赏，故又指欣赏、观赏，《楚辞·九章·思美人》："惜吾不及古人兮，吾谁与玩此芳草？"又指玩耍，如游玩。又指忽视、轻慢，《国语·周语》："夫兵戢而时动，动则威，观则玩，玩则无震。"韦昭注："玩，黩也。"

shì

合 27641　　合 31120　　甲盘　　上·容 18　　睡·秦 65　　说文小篆　　曹全碑　　赵孟頫

会意兼形声字。《说文》："市，买卖所之也。市有垣，从冂从㇏，㇏，古文及，象物相及也；之省声。"为集中进行交易的场所。"冂"指有范围的买卖场所，段注"垣所以界也，故从冂"，"㇏"为古文"及"，人往（之）市场（冂）以物交易（㇏），徐灏《注笺》"冂像市垣，从㇏会意。以其所有易其所无，是物相及也"，故"市"从冂从㇏，之省声。

"市"作动词指交易、进行买卖，《韩非子·外储说右上》："故市木之价不加贵于山。"《论语·乡党》:"沽酒市脯,不食。"又指求取,《战国策·齐策》:"君何不留楚太子,以市其下东国。"又指物价、价格,《周礼·地官·司市》:"以政令禁物靡而均市。"市场为众人聚集处,多在都市、城镇,故又指城镇、人口密集、工商业发达的地方,如都市,《吕氏春秋·仲夏纪》:"门闾无闭,关市无索。"高诱注:"市,人聚也。"又为行政区划单位,如北京市。又指市场的度量衡制,如市尺、市斤、市升。

寓

寓卣　　晋人篇　　睡·日甲60　说文小篆　说文或体　史晨碑　　智永

形声字。《说文》:"寓,寄也。从宀禺声。"本义为寄居。王筠《句读》:"《郊特牲》有寓公,失地之君,寄居其国也……"《孟子·离娄》:"无寓人于我室。"猴类动物多居树上,桂馥《义证》:"郭注'寓鼠'云:寓谓猕猴之类寄寓木上。"《尔雅·释兽》"寓属"载禺类兽,邢昺疏:"释曰:'寓,寄也。'言此上兽属多寄寓木上,故题云寓属。"猴本多居树上,"宀"为人所建屋而有居住义,猴子(禺)若居屋(宀)则为寄居,故"寓"从宀禺声。

"寓"作名词指居处、住所,《国语·周语》:"国有郊牧,疆有寓望。"韦昭注:"境界之上有寄寓之舍、候望之人也。"投递是将物品寄往他处,故又指寄、投寄,《左传·襄公二十四年》:"郑伯如晋,子产寓书于子西以告宣子。"又指寄存,《礼记·曲礼》:"大夫寓祭器于大夫,士寓祭器于士。"孔颖达疏:"寓,犹寄也;既不将去,故留寄同僚。"又指托付、委托,《庄子·田子方》:"寓而政于臧丈人。"又指把希望、意愿、感情寄托于他人或他事物,《管子·大匡》:"贤者死忠以振疑,百姓寓焉。"

目

合6194　合21036　目爵　目从且壬爵　睡·为39　说文小篆　颜真卿

象形字。《说文》:"目,人眼。象形。重童子也。圖,古文目。"指人的眼睛。甲骨文像眼睛形,外为眼眶,内为眼珠,瞳孔或有或无,间作竖目形。战国文字为竖目形,外为眼眶,中两横为眼珠,小篆承之。王筠《释例》:

"钟鼎文有🪬、🪬两体,🪬正像目形。其作🪬者,盖因黑睛与童子之色不甚远,遂省之也。本部眔字、眀部屬字所从之目,皆横书之;其中二画皆衺向者,亦以略存本形也。渐而作篆者讲整齐,以🪬为偏旁,则难于配合,始变作目,而并本字改之矣。"战国齐系文字作🪬陶汇三·七三〇,为《说文》古文🪬由来,外像眼眶,内像睫毛、眼珠、瞳孔。

　　"目"作动词指看、注视,《左传·宣公十二年》:"目于智井而拯之。"人生气时多怒目而视,故又指以目表示愤懑,《国语·周语》:"国人莫敢言,道路以目。"韦昭注:"不敢发言,以目相眄而已。"人不便讲话时以眼神示意,故又指以目示意,《汉书·高帝纪》:"范增数目羽击沛公,羽不应。"又指看待,白居易《不出门》:"不知天壤内,目我为何人。"又指观察评判的眼力、眼界,《孟子·告子》:"不知子都之姣者,无目者也。"又指品评、品题,《后汉书·郭符许列传》:"曹操微时,常卑辞厚礼,求为己目。"孔眼形状如目,又指孔眼,《韩非子·外储说右下》:"善张网者引其纲,不一一摄万目而后得。"眼睛要重点保护,故又指要目、条目,《论语·颜渊》:"颜渊曰:'请问其目。'子曰:'非礼勿视,非礼勿听,非礼勿言,非礼勿动。'"书之要点在目录,故又指目录,《南史·张弘策传》:"尝执四部书目曰:若读此毕,可言优仕矣。"又指名目,《篇海类编·身体类》:"目,名号也,名目也。"又指称呼,《谷梁传·隐公元年》:"以其目君,知其为弟也。"范宁注:"目君,谓郑伯。"又指标题,《后汉书·郎颛襄楷列传》:"皆缥白素朱介青首朱目,号《太平清领书》。"李贤注:"目,题目也。"又指首领、头领,《元典章·圣政》:"仰各头目,用心照管。"

náng
囊 🪬 🪬 🪬 🪬

　　　　说文小篆　流沙简　智永　颜真卿

　　形声字。《说文》:"囊,橐也。从橐省,襄省声。"本义为口袋。《诗经·大雅·公刘》:"乃裹糇粮,于橐于囊。"毛传:"小曰橐,大曰囊。"橐(gǔn),《说文》:"橐也。从束圂声。"本义为束、捆。徐锴《系传》:"橐,束缚囊橐之名。”王筠《句读》:“凡束皆谓之橐,今谚皆然。”圂(hùn),《说文》:“厕也。从口,象豕在口中也。会意。”指猪圈。《玉篇》口部:“圂,豕所居也。”“圂”甲骨文作合一一二七六,从豕在口中,会猪圈之意。罗振玉《增订殷虚书契考释》:“今人养豕或仅围以短垣,口象之;或有庇覆,象之,一其阑,所以防豕逸出者。”“橐”为束捆,“圂”犹豕被捆口中,故“橐”从束圂声。“囊”为袋子,袋装物后要将口捆束。“襄”指人解衣耕地,解衣绕全身而奋力耕地,有大、高、上等义,故“囊”从橐省,襄省声。

　　“囊”作动词指用囊盛物,李贺《感讽》之三:“妇人携汉卒,箭箙囊巾帼。”囊可藏物,故又指敛藏,《管子·任法》:“皆囊于法以事其主。”物在囊中则被遮蔽,故又指蒙住、覆盖,柳宗元《童区寄传》:“布囊其口,去,逾四十里之墟所卖之。”又指像袋子的东西,如胶囊、胆囊。

　箱　萷　箱
　　　　说文小篆　智永　赵孟頫

　　形声字。《说文》:“箱,大车牝服也。从竹相声。”车内可供人乘坐或装物品的地方,又名牝服。张舜徽《约注》:“凡虚中能受之物,皆得谓之牝。车箱之被以牝名,犹溪谷之为牝也。”《诗经·小雅·大东》:“睆彼牵牛,不以服箱。”马瑞辰通释:“服之言负也,车箱以负器物谓之服,牛以负车箱亦谓之服。”箱多以竹木制作,“相”为以目视木,有两、相互义,车箱两旁栏板相对,故“箱”从竹相声。

　　“箱”也指箱子,收藏衣物的方形器具,杜甫《村雨》:“挈带看朱绂,开箱睹黑裘。”又指像箱子的东西,如风箱。又指前堂两旁的房屋,后作“厢”,戴震《明堂考》:“凡夹室前堂,或谓之箱,或谓之个,两旁之名也。”又指靠近城区的两边地,后作“厢”,《北史·僭伪附庸传》:“吕光自王于凉土,使蒙逊自领营人,配箱直。”又用作量词,用于城池,相当于“座”,《水经注·河水》:“赵武侯……于河西造大城一箱。”两旁屋称“箱”,故又指旁,后作“厢”,《水经注·河水》:“从祠南历夹岭,广裁三尺余,两箱悬崖数万仞,窥不见底。"

【原文】 易^{yì}辎^{yóu}攸^{yōu}畏^{wèi}　属^{zhǔ}耳^{ěr}垣^{yuán}墙^{qiáng}

【译文】 出言当敬畏谨慎而不可轻忽，或许有人在隔壁竖耳偷听。

【释义】

语出《诗经·小雅·小弁》"君子无易由言，耳属于垣"，是劝讽周幽王勿轻言，恐有人隔墙听而知君王轻信谗言。易，轻易。辎，由轻车泛指轻。攸，所，助词。畏，敬畏。属，连属。属耳，以耳触物，常指窃听。垣墙，院墙。《千字文释义》："此言言语之谨，亦处身之道也……言勿以言语为轻忽，此正所当畏者。虽隔垣墙，而听者连属其间矣。出我之口，即入人之耳，可不畏哉！"俗语"隔墙有耳"即是此意。

言语事大，须谨慎而不可轻忽，否则会招致是非、祸患，《公羊传》载，晋襄公准备让狐射姑当中军统帅，大臣阳处父谏言狐射姑不能担当，就没有任命。晋襄公后来对狐射姑说是阳处父反对，狐射姑大怒，杀阳处父。阳处父虽由狐射姑所杀，根源却是晋襄公泄露君臣议事的言语。孔子把言语放在孔门四科的第二位，仅次于德行，足见言语的重要性。

古来有关慎言语方面的教导，主要有如下几方面：一是言语不要过多，言多必失。二是言必有信，不可轻诺。三是勿说是非，是非之言会给自己、他人带来祸患。

【解字】

易^{yì}　　　　　　　　　　　　　易　易　易　易

前 6.42.8　合 1407　弔德簋　师西簋　睡·语 10　说文小篆　熹平石经　柳公权

象形字。《说文》："易，蜥易，蝘蜓，守宫也。象形。《秘书》说：日月为易，象阴阳也。一曰从勿。"指蜥蜴，一种爬行动物，后作"蜴"。徐灏《注笺》："蜥蜴连名，单呼之，或谓之蜥，或谓之蜴。"《秘书》乃纬书，不足信。"易"小篆像蜥蜴形，上为头，下为身及足。蜥蜴随环境变易自身颜色以保护自己，有变易义，俗称变色龙。"易"甲骨文作　，像两手捧器向另一器倾注水或酒之形,器水倒入另一器,有变易、互易之义;持器向另一器倒水,会赐予之意,后分化为"赐"字。甲骨文又作🔲河七八四,省丬。金文作🔲,省作一器,中有水。甲骨文又作🔲合二一〇九九,截取器之侧面与水之形,🔲像鋬,器物侧边供手提拿的部分。金文又作🔲宜庆矢簋,在鋬内加点作饰笔。金文又作🔲,表示水的三点移于下侧。战国秦系文字作🔲,上成"日"形,三点变作三斜横,小篆承之。蜥蜴变色,两器易水,均合构字意图。

阴阳变化不定,故"易"在古代指阴阳变化消长,《周易·系辞》:"生生之谓易。"韩康伯注:"阴阳转易,以成化生。"古代卜筮书称"易",包括《连山》《归藏》《周易》,合称"三易",郑玄注:"易者,揲蓍变易之数可占者也。"扩展指改变,《周易·系辞》:"上古穴居而野处,后世圣人易之以宫室。"又指治理,《诗经·小雅·甫田》:"禾易长亩,终善且有。"变化若新旧相替,故又指替代,《左传·僖公三十年》:"以乱易整,不武。"变化犹新的交换旧的,故又指交换,如交易。又指移、蔓延,《左传·隐公六年》:"恶之易也,如火之燎于原。"变则不同,故又指不同,《国语·晋语》:"若中不济,而外强之,其卒将复,中以外易也。"又指容易,跟"难"相对,《墨子·亲士》:"是故君子自难而易彼,众人自易而难彼。"又指平易、平坦,与"险"相对,银雀山汉墓竹简《孙膑兵法·十问》:"故易则利车,险则利徒。"又指和悦,《诗经·小雅·何人斯》:"尔还而入,我心易也。"又指平安、平直,《礼记·中庸》:"故君子居易以俟命。"孔颖达疏:"言君子以道自处,恒居平安之中,以听待天命也。"又指简易、简省,《左传·襄公二十六年》:"易行以诱之。"杜预注:"易行,谓简易兵备。"又指简慢、轻率,《论语·八佾》:"丧,与其易也,宁戚。"又指轻视、轻贱,《左传·襄公四年》:"戎狄荐居,贵货易土。"又用作姓氏,《通志·氏族略》:"易氏,齐大夫易牙之后……今江东多此姓。"

yóu
輶(輶)　輶　輶　輶　輶

说文小篆　魏元丕碑　智永　智永

繁体作"輶",形声字。《说文》:"輶,轻车也。从车酋声。《诗》曰:輶车銮镳。"本指轻车,古代多供君王使者乘坐。《诗经·秦风·驷驖》:"轺车鸾镳,载猃歇骄。""酋"指久酿之酒味醇汁浓,酒坛(酉)上酒香飞扬(八)。从酋声字多有轻扬、灵便意:猴属轻灵为"猶",泥鳅灵敏滑溜为"鰌",柔韧之木为"楢",山高峻为"嶕"。轻车灵便迅捷(酋),故"轺"从車酋声。

"轺"泛指轻,段注:"轺,本是车名,引申为凡轻之称。"《诗经·大雅·烝民》:"人亦有言,德轺如毛,民鲜克举之。"

yōu 攸

合 9511　　合 5760　　王盉　　攸簋　　师西簋　　说文小篆　　曹全碑　　赵孟頫

会意字。《说文》:"攸,行水也。从攴从人,水省。𣲏,秦刻石绎山文攸字如此。"指水安行畅流貌。段注:"戴侗曰:'唐本作水行攸攸也。其中从川。'按当作行水攸攸也。行水顺其性则安流攸攸而入于海。""攸"小篆盖指人(人)持器具(攴)导水使畅流(丨),徐锴《系传》"攴,入水所杖也",段注"攴取引导之意,人谓引导者",故"攸"从攴从人,从水省。"攸"甲骨文从攴击人,本义盖为敦促,有顺导、使适宜之意。金文加﹁、丨为饰笔,小篆承𣲏形作𣲏,遂析形作"从攴从人,水省"。

水畅流则迅疾,故"攸"引申为迅疾,《孟子·万章》:"少则洋洋焉,攸然而逝。"赵岐注:"攸然,迅走趣水深处也。"由流向转指处所,《诗经·大雅·韩奕》:"为韩姞相攸,莫如韩乐。"郑玄笺:"相,视。攸,所也。"又用作助词。通"悠",1. 忧愁,《左传·昭公十二年》:"恤恤乎,湫乎攸乎!" 2. 久远,秦始皇《峄山刻石》:"登于峄山,群臣从者,咸思攸长。"

wèi 畏

合 17442　　合 14173　　大盂鼎　　王孙钟　　陶汇 3.1094　　说文小篆　　孔彪碑　　柳公权

会意字。《说文》:"畏,恶也。从由,虎省。鬼头而虎爪,可畏也。𤲚古文省。"本义为害怕、恐惧。人多憎恶所畏惧者,故训"恶"。畏、恶上古音皆属影纽,为声训。《周易·震》:"虽凶无咎,畏邻戒也。""由"为鬼头,鬼吓人在头脸,虎伤人主要用爪,"畏"从鬼头、虎爪两种可怖畏之物以加强恐怖感，故"畏"从甶，虎省。罗振玉《殷虚文字类编》："从鬼手持卜，鬼而持攴，可畏孰甚。"李孝定《甲骨文字集释》："契文象鬼执仗之形，可畏之象也。""鬼"亦为"畏"之声符，上古音，"鬼"为见纽微部，"畏"为影纽微部，二字声近韵同。

　　人被吓则易生畏，故"畏"转指吓唬，《汉书·景十三王传》："前杀昭平，反来畏我。"颜师古注："令我恐畏也。"恐惧是担心受到伤害，故又指担心，杜甫《羌村》之一："娇儿不离膝，畏我复却去。"人遇危险、恐惧则躲避，故又指畏避、避开，曹丕《杂诗》："弃置勿复陈，客子常畏人。"可畏者险恶，故又指险恶、可怕，《庄子·达生》："夫畏涂者，十杀一人，则父子兄弟相戒也。"陆德明释文引司马云："阻险道，可畏惧者也。"人多憎恶可畏惧者，故又指憎恶、忌妒，《史记·魏公子列传》："是后魏王畏公子之贤能，不敢任公子以国政。"有敬心者是谦恭谨慎若有所畏惧，故又指敬服，《论语·子罕》："后生可畏，焉知来者之不如今也。"人多恐惧死亡，故又指死，《礼记·檀弓》："死而不吊者三：畏、厌、溺。"朱彬训纂引卢注："畏者，兵刃所杀也。"孙希旦集解："畏，谓被迫胁而恐惧自裁者。"

　　"畏"又音 wēi，同"威"，《尚书·皋陶谟》："天明畏，自我民明畏。"孙星衍疏："畏，一作威。明威，言赏罚。"

属（屬） zhǔ

八年相邦吕不韦戈　睡·秦201　说文小篆　曹全碑　柳公权

　　繁体作"屬"，形声字。《说文》："屬，连也。从尾蜀声。"本义为连接、连续，《尚书·禹贡》："泾属渭汭。""蜀"指蛾蝶类的幼虫，后作"蠋"。蛾蝶类的幼虫运动时，尾向前移动，身体弓起，然后头向前移，身体放平，如此循环连续前行。徐锴《系传》"属相连续若尾之在体，故从尾"，段注"取尾之连于体也"，蜀类小虫靠身体与尾巴连续配合爬行，故"屬"从尾蜀声。张舜徽《约注》："属之本义，当谓禽兽之交接，故其字从尾。今湖湘间见狗交接，辄曰打连，谓其连合不能遽开离也。许君以连释属，盖亦此意。属之本义为牝牡之合,因引申为凡连结之称耳。"备参考。

"属"也指跟随,《史记·项羽本纪》:"项王渡淮,骑能属者,百余人耳。"物连接则相及,故又指至、及,《战国策·西周策》:"除道属之于河,韩魏必恶之。"高诱注:"属犹至也,通也。"佩物与身连接,故又指佩、系,《礼记·杂记》:"大夫不揄绞,属于池下。"连则聚在一起,故又指聚集、会集,《国语·齐语》:"兵车之属六,乘车之会三。"连则合为一体,有专一意,故又指专注,《尚书·盘庚》:"尔忱不属,惟胥以沈。"孙星衍疏:"言乘舟弗济,汝诚不专注之故。"连续撰写而成文章,故又指缀辑、撰写,《汉书·贾谊传》:"以能诵诗书属文称于郡中。"颜师古注:"属谓缀辑之也,言其能为文也。"又指托付、委托,后作"嘱",《汉书·张陈王周传》:"汉王之将独韩信可属大事,当一面。"又指叮嘱,后作"嘱",《谷梁传·定公十年》:"退而属其二三大夫。"连续委积则充足,故又指足,《左传·昭公二十八年》:"及馈之毕,愿以小人之腹,为君子之心,属厌而已。"杜预注:"属,足也。言小人之腹饱,犹知厌足,君子之心亦宜然。"又指推托、借口,《南史·谢弘微传》:"明帝即位,瀟又属疾,不知公事。"又用作副词,表示正、方才、往昔等时间。

"属"又音 shǔ,指类别、种类,段注:"凡异而同者曰属……如秫曰稻属、秏曰稻属是也。"《周礼·考工记·梓人》:"小虫之属,以为雕琢。"又指同辈、同伙,《史记·项羽本纪》:"不者,若属皆且为所虏。"又指亲属,《释名·释亲属》:"属,续也,恩相连续也。"又指归属、附属,《史记·项羽本纪》:"项羽由是始为诸侯上将军,诸侯皆属焉。"又指属相,干支纪年,用十二支配十二种动物:子鼠、丑牛、寅虎、卯兔、辰龙、巳蛇、午马、未羊、申猴、酉鸡、戌狗、亥猪。称十二属,也叫十二生肖。人生在哪一年,就"属"哪种动物,叫"属相"。又指官吏、属吏,《尚书·周官》:"六卿分职,各率其属。"又指属员、徒众,《左传·宣公十七年》:"郤子至,请伐齐,晋侯弗许。请以其私属,又弗许。"又指领属、统属,《荀子·儒效》:"周公屏成王而及武王,以属天下,恶天下之离周也。"

ěr 耳

合 13630　合 13631　危耳卣　耳尊　郭·语 4.2　说文小篆　三体石经　颜真卿

象形字。《说文》："耳，主听也。象形。"耳朵，听觉器官。《诗经·大雅·抑》："匪面命之，言提其耳。"饶炯《部首订》："耳附于首，左右夹面如副贰，音故由贰呼之。""耳"甲骨文像耳轮廓之形。金文、战国楚系文字、小篆则外像耳廓，中像耳孔。

耳主听，故指听，《韩非子·外储说左上》："君其耳而未之目邪？"耳在头两边，故指附在物体两旁便于提举的结构，《周易·鼎》："鼎，黄耳金铉。"又指位置在两旁者，《后汉书·五行志》："京都帻颜短耳长。"又指谷物在久雨后所生的芽，杜甫《秋雨叹》之二："禾头生耳黍穗黑。"又指卷曲像耳之物，如银耳、木耳。又用作语气词，相当于"而已、罢了、了、也"。又用作连词，表转折，相当于"而"。

yuán 垣

中山王兆域图　先秦货币　睡·为 15　说文小篆　说文籀文　史晨碑　智永

形声字。《说文》："垣，墙也。从土亘声。𤖡，籀文垣从𣔻。"本为围墙、矮墙，泛指墙。段注："此云垣者墙也，浑言之。墙下曰垣蔽也，析言之……垣自其大言之，墙自其高言之。"徐灏《注笺》："墙与舟樯同意，皆言其高也。"《尚书·梓材》："若作室家，既勤垣墉，惟其涂塈茨。"陆德明释文引马融注："卑曰垣，高曰墉。""亘"指回旋区间，甲骨文作 ⊟ 合二二〇九九、𦥑 合七〇七六正，像回环旋绕形。垣墙多以土石建制，围绕在一定区域外，徐锴《系传》"垣犹院，周绕之意"，故"垣"从土亘声。"𣔻（郭）"为外城，犹在外环绕的城墙，故籀文从𣔻作"𤖡"。

"垣"也为官署代称，皮日休《七爱诗·白太傅》："清望逸内署，直声惊谏垣。"又为古代粮仓，《荀子·富国》："垣窌仓廪者，财之末也。"杨倞注："垣，筑墙四周以藏谷也。"古代城市四周皆有城墙，故又指城、城市，《战国策·燕策》："军于东垣矣。"又为天文学术语，指星座范围，如以太微、紫微、天市为三垣,因各有东、西两藩的星左右环列,形如墙垣,王应麟《小学绀珠·天道》:"三垣:上垣太微十星,中垣紫微十五星,下垣天市二十二星。"

qiáng
墙(墙牆)

粋 1161　墙父乙爵　师袁簋　睡·秦 195　说文小篆　说文籀文　史晨碑　赵孟頫

繁体作"墙",《说文》小篆作"牆",形声字。《说文》:"牆,垣蔽也。从嗇爿声。牆,籀文从二禾。牆,籀文亦从二來。"用土石等砌成的屏障或外围。《诗经·郑风·将仲子》:"将仲子兮,无逾我墙。"毛传:"墙,垣也。""嗇"甲骨文作🔲佚七二,收获时野外谷物堆垛之形。粮食来之不易,农夫多爱惜,故转指爱惜,徐锴《系传》:"取爱嗇自护也。""爿"(qiáng)为劈木而成的木片。段注:"爿,反片为爿,读若墙。"墙薄长若木片(爿),填土版筑而成,如"嗇"之围起堆高,故"牆"从嗇爿声。"墙"从土从嗇。金文作🔲,为籀文"牆"由来。

古代柩车用帷幔罩住棺材四周,如墙壁,故"墙"也指棺罩四周的帷幔,《释名·释丧制》:"(舆棺之车)其盖曰柳……其旁曰墙,似屋墙也。"《礼记·檀弓》:"殷人棺椁,周人墙置翣。"郑玄注:"墙,柳衣也。"

【原文】
jù　shàn　cān　fàn　　shì　kǒu　chōng　cháng
具　膳　餐　饭　　适　口　充　肠

【译文】 要尽心做好每日的饮食,饭菜可口让家人吃好。

【释义】

具,备办。膳,食物。充肠,犹充饥。此句及下面几句讲居家生活,其中饮食最重要,故首先言之。《千字文释义》:"此下十节,皆言治家之道,盖推其类而广言之。此言饮食之节也……言办膳以为食者,惟欲适于口,以满其腹而已。"

认真做好合乎家人口味的饭菜,家人喜欢吃,自然就能吃饱、吃好,这是家庭和睦的重要条件。

【解字】

jù
具　鼎　鼎　鼎　鼎　具　具

合 22153　花东 333　骏卣　叔具鼎　说文小篆　石门颂　颜真卿

会意字。《说文》：“具，共置也。从廾，从贝省。古以贝为货。”本义为供置、备办酒食。《左传·隐公元年》：“缮甲兵，具卒乘，将袭郑。”“具”甲骨文从廾持鼎，会供置酒食之意。戴侗《六书故·工事》：“具，鼎（张中医文），膳饔之馔具也。从鼎省，从廾，凡飨食之礼，羹定则实诸鼎，乃告具。故凡馔具皆曰具。《周礼》曰：‘祭祀掌其具修。’又曰：‘比官府之具。’传曰：‘具五献之笾豆于幕下。’皆谓共具也。引而申之，凡备具者皆曰具。”张舜徽《约注》：“具从廾奉鼎以进，即具馔之事……鼎、贝二字在古金文中多相淆混，学者尤宜辨之。”金文之“鼎”省足，小篆承之，《说文》析形作“从廾，从贝省”。

“具”作名词指酒肴、饭食，《战国策·齐策》：“食以草具。”又指器物、器械，如文具，《宋史·李纲传》：“治守战之具，不数日而毕。”又指才能、人才，姚崇《答张九龄书》：“仆本凡近之才，素非经济之具。”供置必有次第，又指次第陈述、开列，《宋史·梁克家传》：“上欣纳，因命条具风俗之弊。”供置、备办要齐全完整，故又指具备、完备，《管子·明法》：“百官虽具，非以任国也。”完备则详尽，故又指详尽，《史记·高祖本纪》：“高祖适从旁舍来，吕后具言客有过，相我子母皆大贵。”由完备虚化作副词，表示总括范围，也作“俱”，《诗经·小雅·四月》：“秋日凄凄，百卉具腓。”又用作量词，用于完整物件，《史记·货殖列传》：“旃席千具，佗果菜千钟。”

shàn
膳　鼍　膳　膳　膳

齐侯作孟姜敦　说文小篆　曹全碑　智永

形声字。《说文》：“膳，具食也。从肉善声。”本义为备置食物。徐锴《系传》：“具食者，言具备此食也。”段注：“具者，供置也，欲善其事也。郑注《周礼·膳夫》曰：‘膳之言善也。’又云：‘膳羞之膳，牲肉也。’”《汉书·宣帝纪》：“令太官损膳省宰，乐府减乐人，使归就农业。”张舜徽《约注》：“许以具食释膳,此浑言之耳。若析言之,则食之丰美者始谓之膳。"古代膳食多为肉食,《周礼·天官·膳夫》:"膳夫掌王之食饮膳羞,以养王及后、世子。"郑注:"膳,牲肉也。"《说文》:"羊在六畜主给膳也。"《集韵》:"庖人和味必嘉善。""膳"指备置精美(善)的食物(肉),故"膳"从肉善声。

食物经烹调才能食用,故"膳"也指煎和、烹调,《周礼·天官·庖人》:"凡用禽献,春行羔豚,膳膏香。"又指进献食物,《仪礼·公食大夫礼》:"宰夫膳稻于梁西。"又指饭食,特指精美的食品,《左传·闵公二年》:"大子奉冢祀、社稷之粢盛,以朝夕视君膳者也,故曰冢子。"食物供人食用,故"膳"也指吃(饭),《礼记·文王世子》:"食下,问所膳。"郑玄注:"问所食者。"

餐　餐　湌　沱　餐

说文小篆　楼兰古文书　智永　赵构

　　形声字。《说文》:"餐,吞也。从食奴声。湌,餐或从水。"本义为吃、吞。段注:"《郑风》曰:'使我不能餐兮。'《魏风》曰:'彼君子兮,不素餐兮。'是则餐犹食也。"或谓"湌"当为"飧"之或体,张舜徽《约注》:"桂馥曰:'餐或从水。餐当为飧,本飧之或字也。今错置餐下,义多不了。'俞樾曰:'湌者,飧篆之重文也。'《说文》:'飧,餔也。从夕食。'而《诗·伐檀》篇《正义》引《说文》:'飧,水浇饭也。从夕食。'今《说文》无此文。然水浇饭为飧,则古有此义。故《伐檀》篇《释文》引《字林》云:'飧,水浇饭也。'……《释名·释饮食》:'飧,散也。投水于中解散也。'皆其证也。疑古本《说文》当曰:'飧,餔也。一曰水浇饭也。从夕食。'又出重文湌曰:'飧或从水。'正合水浇饭之义。因飧、餐二篆相近,传写者误移飧下之重文为餐下之重文。二徐不能是正,遂沿讹至今耳。'舜徽按:桂、俞二家说是也。唐写本《玉篇》飧字下有重文湌,乃许书义。可据更正。"奴(cán),《说文》:"残穿也。从又从歺。读若残。"手持(又)残骨(歺),徐灏《注笺》"歺者,列骨之残也。从又,所以分列之。盖古语列骨谓之残,故禽兽所食余亦谓之残……则凡物之残败皆曰奴"。"奴"甲骨文作 宁沪一·七〇,金文作^凸（麦方尊），像手持残骨形。人食肉则留残骨，故"餐"从食奴声。

"餐"作名词指饭食，李绅《悯农》之二："谁知盘中餐，粒粒皆辛苦。"美食能赢得人的赞赏，故又指赞美，王俭《褚渊碑文》："仰《南风》之高韵，餐东野之秘宝。"人有痛苦得自己承受，故又指承受，沈括《梦溪笔谈》："盖鄙语谓遭杖为餐。"又用作量词，指吃饭的顿数，如一日三餐。

fàn 饭（飯）

飣　飯　飯　飯　飯

公子土斧壶　　睡·为26　说文小篆　武威·士相见13　赵孟頫

繁体作"飯"，形声字。《说文》："飯，食也。从食反声。"本义为吃饭。段注："然则云食也者，谓食之也。此饭之本义也。"《论语·述而》："饭疏食饮水，曲肱而枕之，乐亦在其中矣。"王筠《句读》："饭、食皆当兼动静二义，本部自饮篆以上，皆静字。说解中饭字四见，食字五见，皆静字。惟饔下食是动字。自饙篆至飱皆动字，则饙、餬、飺、餕、饐、饐、餲下，饭、食字皆静，余则动也。本篆在静字将尽之地，自当兼之以笼上下文。"反，《说文》："覆也。从又，厂反形。"本义为覆、翻转。"反"甲骨文作[⫯]（合三六五三七、[⫯]合三一〇〇九，从又攀厂，为"扳"之本字，同"攀"。杨树达《积微居小学述林》："反字从又从厂者，厂为山石厓岩，谓人以手攀厓也……扳实反之后起加旁字。""反"是反掌攀崖，有反复连续义，人吃饭时反复咀嚼食物，以利于吞咽、消化，故"飯"从食反声。

"饭"作名词指煮熟的谷类食物，《礼记·曲礼》："毋抟饭。"孔颖达疏："取饭作抟，则易得多，是欲争饱，非谦也。"作动词指以食饲人或喂牲口，《庄子·田子方》："百里奚爵禄不入于心，故饭牛而牛肥。"食物含入口中才能食用，故又指含，古代将米贝珠玉之类放入死者口中，后作"唅"，《礼记·檀弓》："饭设饰。"

shì 适（適）

遾　適　遹　適　適

曾1　睡·秦151　说文小篆　杨叔恭残碑　颜真卿

繁体作"適"，形声字。《说文》："適，之也。从辵啻声。適，宋鲁语。"

义为往、至。段注:"按此不曰往而曰之,许意盖以之与往稍别。逝、徂、往自发动言之,适自所到言之。故变卦曰之卦,女子嫁曰适人。"《尔雅·释诂》:"适,往也。"《诗经·郑风·缁衣》:"适子之馆兮。"啻,《说文》:"语词,不啻也。从口帝声。一曰:啻,谍也。"指但、只、仅,常用在疑问或否定词后,组成"不啻、匪啻、何啻、奚啻"等,在句中起连接或比况作用。"帝"甲骨文作𢁨(合一四一五九)、𢁨(合一五九五一),像花蒂形,为"蒂"之本字。花蒂为花之本,有主体、审谛义。"啻"为语词,有言辞确定之意,故"啻"从口帝声。人所往(辵)有既定目的地,故"適"从辵啻声。简化字"适"从辵舌声。

　　人多往于所归处,故"适"引申指归从、归向,《左传·昭公十五年》:"民知所适,事无不济。"孔颖达疏:"言皆知归于善也。"人外出,头朝向所往的方向,故又指向、对,《管子·弟子职》:"以叶适己,实帚于箕。"女子嫁人是归往夫家,故又指女子出嫁,《仪礼·丧服》:"大夫之妾为庶子适人者。"人多前往适合自己的地方,故又指符合、适当,《资治通鉴·汉纪》:"报答之辞,令必有适。"胡三省注:"适,当也。言报答之辞,必有当乎事情也。"恰当是节制使不过头,故又指节制,《吕氏春秋·重己》:"故圣人必先适欲。"由适当引申为齐等,《吕氏春秋·处方》:"其右摄其一靮,适之。"由恰当引申为美好,《荀子·法行》:"瑕适并见,情也。"郝懿行:"适者,善也。凡物调适谓之适,得意便安亦谓之适,皆善之意。"又指快乐、舒畅,《庄子·大宗师》:"是役人之役,适人之适,而不自适其适者也。"成玄英疏:"斯乃被他驱使,何能役人,悦乐众人之耳目。"四时有序而风调雨顺,则人安适,又指调理、调节,《史记·日者列传》:"四时不和不能调,岁谷不孰不能适。"用作副词,表示正好、方才等,如适才。又用作连词,表示假设,相当于"假若、如果"。

　　"适"又音dí,指随从、顺从,《左传·僖公五年》:"吾谁适从。"同"嫡",正妻所生之子称"嫡子",《诗经·大雅·大明》:"天位殷适,使不挟四方。"朱熹注:"殷适,殷之适嗣也。"又指亲厚、器重,《论语·里仁》:"君子之于天下也,无适也,无莫也。"皇侃义疏引范宁:"适莫,犹厚薄也……君子与人,无有偏颇厚薄。"又指做主,《诗经·卫风·伯兮》:"岂无膏沐,谁适为容。"

kǒu
口　　　合13642　　合22269　　四祀𠨘其卣　　清3　　说文小篆　　淮源庙碑　　颜真卿

象形字。《说文》:"口,人所以言食也。象形。"本义为人进食、发声(言语)的器官。《诗经·豳风·鸱鸮》:"予口卒瘏。""口"甲骨文像人张口之形,上唇短下唇长。

说话的才能称为口才,"口"转指口才,《论语·公冶长》:"御人以口给,屡憎于人。"孔颖达疏:"佞人御当于人,以口才捷给,屡致憎恶于人。"又指口味,《老子》十二章:"五味令人口爽。"家中人数以吃饭的人(口)计数,故又指人口,《孟子·梁惠王》:"数口之家,可以无饥矣。"口张开通外,故又指容器通外面的部分,如瓶口,《礼记·投壶》:"壶颈修七寸,腹修五寸,口径二寸半。"又指出入的地方,如关口、渡口,陶潜《桃花源记》:"山有小口,仿佛若有光。"特指长城的关口,多用于地名,如古北口。又指物品破裂张开处,如裂口、创口。又指武器或工具的锋刃,如刀口。又用作量词,多用于有口的器物,《晋书·刘曜载记》:"使小臣奉谒赵皇帝,献剑一口。"

chōng
充　　　先秦古币　　说文小篆　　石门颂　　柳公权

形声字。《说文》:"充,长也;高也。从儿,育省声。"本义为长、高。钱坫《说文解字斠诠》:"《方言》:'物长谓之寻,度广为寻,幅广为充。'故充有长训。"徐灏《注笺》:"《方言》:'充,养也。'养、长同义。高注《淮南·说山训》曰:'充,大也。'高、大同义。引申为充满、充实之称。""儿"即"人",人置于构字下部弯曲为"儿"。徐灏《注笺》"戴氏侗曰:从人从㐬,㐬,生之始也。由始生至于成人,充之义也",人从出生(㐬)到成人(儿),是一个不断长高、长大的过程,故从儿,育省声。

肥胖则身体充盈,故"充"引申指肥胖,《仪礼·特牲馈食礼》:"宗人视牲告充。"又指壮大、宏大,《淮南子·说山》:"近之则钟音充,远之则磬音章。"又指满,如充满,《左传·襄公三十一年》:"寇盗充斥。"杜预注:"充满斥见,言其多。"又指实、富厚,如充实,《周礼·天官·大府》:"凡万民之贡,以充府库。"又指填充、塞,《诗经·邶风·旄丘》:"叔兮伯兮,褎如充耳。"郑玄笺:"充耳,塞耳也。"又指尽量展开、发挥,如扩充,《孟子·滕文公》:"充仲子之操,则蚓而后可者也。"又指供应,《公羊传·桓公四年》:"三曰充君之庖。"又指充当、充任,白居易《卖炭翁》:"半匹红纱一丈绫,系向牛头充炭直。"又指假冒,如充好人、打肿脸充胖子。

cháng
肠(腸)　　腸　腸　腸　腸
　　　　　　说文小篆　五十二病方　汉建宁黄肠石　智永

　　繁体作"腸",形声字。《说文》:"腸,大小肠也。从肉昜声。"为消化器官之一,呈长管形,上端连胃,下通肛门,主消化和吸收养分。"肠"包含大肠小肠,故训"大小肠",张舜徽《约注》:"肠之言长也,此物在人体中其形最长也。"《尚书·盘庚》:"今予其敷,心腹肾肠。""昜"为日(日)之光(勿)洒在地上(一),为"陽"之初文。"肠"为内脏之一,延展而属阳,故"腸"从肉昜声。

　　人悲伤则肝肠难受,古以"肝肠寸断"表示内心极大的悲伤,故"肠"转指内心、感情,嵇康《与山巨源绝交书》:"刚肠疾恶,轻肆直言。"小腿肚肥长若肠,故又指腓肠(小腿肚),段注:"诸书或言胈肠,或言腓肠,谓胫骨后之肉也。腓之言肥,似中有肠者然,故曰腓肠。"乐府诗《孤儿行》:"拔断蒺藜肠肉中,怆欲悲。"

【原文】　饱饫烹宰　饥厌糟糠
　　　　　bǎo yù pēng zǎi　jī yàn zāo kāng

【译文】　吃饱后纵然有山珍海味也会厌弃,饥饿时即使粗茶淡饭亦能满足。

【释义】

　　饫,因饱而生厌。烹宰,这里指美味佳肴。厌,满足。糟糠,酒滓、谷皮等粗劣食物。两句讲饮食主要在适口果腹,不必贪求山珍海味。人对食物好吃与否的感受不完全来自食材，也取决于是否饥饿。

《黄帝内经·素问》："五谷为养，五果为助，五畜为益，五菜为充。气味合而服之，以补精益气。""五谷为养"是指黍、秫、菽、麦、稻等谷物和豆类当作为养育人体之主食。

【解字】

bǎo
饱（飽）   𩜿   𩝊   𩜖   𩜲   飽

说文小篆　说文古文　说文古文　熹平石经　赵孟頫

繁体作"飽"，形声字。《说文》："飽，猒也。从食包声。𩝊，古文飽从采。𩜖，亦古文飽，从卯声。"本义为吃足，与"饥"相对。《尚书·酒诰》："尔乃饮食醉饱。"包，《说文》："象人褁妊，巳在中，象子未成形也。"指胎衣，后作"胞"。"包"小篆作 𠣜，像胎儿在母腹之形，饱腹则胃充实，如女人怀孕而腹鼓胀，故"飽"从食包声。《说文》古文从采声作"𩝊"。

吃饱饭则有满足感，故"饱"引申为满足、饱满，《诗经·大雅·既醉》："既醉以酒，既饱以德。"长养身体须吃饱饭，故又指养，《新序·刺奢》："百姓饱牛而耕，暴背而耘。"

yù
饫（飫餕）   𩝹   𩝶   飫

说文小篆　智永　赵孟頫

繁体作"飫"，《说文》作"餕"，形声字。《说文》："餕，燕食也。从食芺声。《诗》曰：饮酒之餕。"本指君主燕饮同姓的私宴。段注："燕同宴，安也。安食者，无事之食也。无事食则充腹而已，故语曰猒饫。《释言》曰：'饫，私也。'私即安食之谓。"桂馥《义证》："经典省芺作飫。"《诗经·小雅·常棣》："傧尔笾豆，饮酒之饫。"芺（ǎo），《说文》："艸也。味苦，江南食以下气。从艸夭声。"《本草纲目·草部》："凡物稚曰芺，此物嫩时可食，故以名之……今浙东人清明节采其嫩苗食之，云一年不生疮疖。""芺"为草名，嫩苗可食，"夭"有少、小义，故"芺"从艸夭声。私宴规模较小，"芺"从夭声而有小意，故"餕"从食芺声，省作"飫"，简化作"饫"。

"饫"扩展指宴食,《汉书·游侠传》:"遵知饮酒饫宴有节。"张舜徽《约注》"盖古者公朝之食必镰,而燕私之饮可饱,故饫字引申又有饱义",故又指饱食,《左传·襄公二十六年》:"将赏为之加膳,加膳则饫赐。"杜预注:"饫,餍也。酒食赐下,无不餍足,所谓加膳也。"又指饱、满,韩愈《燕喜亭记》:"宜其于山水饫闻而厌见也。"臣君共食是君对臣下的一种恩赐,故又指赏赐,《尚书·舜典》:"帝釐下土,方设居方,别生分类,作《汩作》、《九共》九篇、《槀饫》。"

烹(亯享亨)

合 19501　花东 502　且辛且癸鼎　大盂鼎　说文古文　说文小篆　祝允明

《说文》无"烹"字,本字作"亯",今作"享",象形字。《说文》:"亯,献也。从高省,日象进孰物形。《孝经》曰:祭则鬼亯之。𦎤,篆文亯。"本义为进献。段注:"下进上之词也。"《礼记·曲礼》:"五官致贡曰享。"郑玄注:"享,献也。致其岁终之功于王,谓之献也。""亯"甲骨文像宗庙之形,下为殿身,上为高耸的顶盖,表示在宗庙享献。徐灏《注笺》:"'享'即'亯'字,小篆作'𦎧',因变为'享',又变为'亨',又加'火'为'烹',实一字也。""亯"指在宗庙进献,使祖先神灵享用祭品,故"亯"分化作"享",为享受、享用之义;献祭则祖先会赐福保佑亨通,故"亯"又分化作"亨",为通达、顺利之义;食物经烹饪为熟食才能进献,故"亨"又加火作"烹",为烹煮、烹饪之义。"亨、享、烹"皆由"亯"分化出,古籍多通用。《史记·孝武本纪》:"禹收九牧之金,铸九鼎,皆尝鬺烹上帝鬼神。"裴骃集解引徐广曰:"烹,煮也。皆尝以烹牲牢而祭祀也。"

食物经煮熟才能食用,"烹"作名词指煮熟的菜肴,苏轼《狄韶州煮蔓菁芦菔羹》:"我昔在田间,寒庖有珍烹。"古有烹人酷刑,故指用鼎镬煮人的酷刑,《战国策·赵策》:"然吾将使秦王烹醢梁王。"冶炼兵器要将烧红的铁放在水中淬火,如水煮,故又指冶炼,李白《武昌宰韩君去思颂碑》:"大冶鼓铸,如天降神,既烹且烁,数盈万亿。"

zǎi 宰

合1229　合补11299　宰栒角　师汤父鼎　说文小篆　乙瑛碑　启功

会意字。《说文》:"宰,辠人在屋下执事者。从宀从辛。辛,辠也。"本义指充当家奴的罪人。"辛"乃刑刀,有罪人义,"宰"之构形指罪人(辛)在屋(宀)里执事。

"宰"由执事转为古官名,徐灏《注笺》:"引之则天下之宰曰冢宰,一邑之宰曰邑宰。"1.辅佐国君执政的百官之长,《谷梁传·僖公九年》:"天子之宰,通于四海。"2.掌某一专职之官吏,《礼记·月令》:"乃命宰祝,循行牺牲。"郑玄注:"宰祝,太宰、大祝,主祭祀之官也。"3.卿大夫的家臣,《论语·公冶长》:"求也,千室之邑,百乘之家,可使为之宰也。"4.邑、县一级的地方行政长官,《论语·雍也》:"原思为之宰。"又指主宰者,处支配地位的人物,《吕氏春秋·精通》:"德也者万民之宰也,月也者群阴之本也。"主宰者有生杀之权,故又指杀牲、割肉,《汉书·宣帝纪》:"其令太官损膳省宰。"主事者有控制权,又指控制、治理,《老子》五十一章:"生而不有,为而不恃,长而不宰,是谓玄德。"又指坟墓,《公羊传·僖公三十三年》:"宰上之木拱矣。"

jī 饥(飢饑)

睡53.31　说文小篆　袁博残碑　智永

饥饿之"饥"繁体作"飢",形声字。《说文》:"飢,饿也。从食几声。"本指饿。慧琳《一切经音义》引《苍颉篇》:"饥,馁也,腹中空也。"《尚书·舜典》:"黎民阻饥,汝后稷,播时百谷。""几"为古人席地而坐时供倚靠的器具。人无饮食则饥饿,饥饿过度则难以站立,会卧床、凭几支撑,故"飢"从食几声。"飢、饑"本二字,饑,《说文》:"谷不孰为饑,从食幾声。"本指荒年,五谷不收,《诗经·小雅·雨无正》:"降丧饑馑。"五谷不收则缺少粮食,"幾"有微小义,故"饑"从食幾声。段注:"(飢)与饑分别,盖本古训。诸书通用者多有,转写错乱者亦有之。"张舜徽《约注》:"饑荒为饑,飢饿为飢。二字虽各自为体,然岁饑则食不能饱,常致飢饿,故二义又实相因,宜多通用。"	"飢、饑"皆简化为"饥"。

"饥"也指使人受饿,《孟子·离娄》:"稷思天下有饥者,由己饥之也。"

yàn
厌（厭猒壓）　

沈子它簋盖　　上·孔23　　说文小篆　　说文小篆　　晋石尠墓志　　王庭筠

厌足之"厌",繁体作"厭",《说文》小篆作"猒",会意字。《说文》:"猒,饱也。从甘从肰。𩜙,猒或从目。"本义为饱、满足,后作"厭"。段注:"厭专行而猒废矣。猒与厭音同而义异……猒、厭古今字,猒、饜正俗字。"《国语·周语》:"岂敢猒纵其耳目心腹以乱百度?"韦昭注:"猒,足也。"肰(rán),《说文》:"犬肉也。从犬肉。读若然。"肰"以形见义。"猒"金文作,从犬以口食肉,会饱足之意。小篆作,"口"变作"甘",《说文》析形作"从甘从肰"。"厭"从猒厂声,或体作"猒","口"变作"目"。简化字"厌"从犬厂声。

吃饱后对食物有拒绝感,故"厌"引申为憎恶、嫌弃,《诗经·小雅·小旻》:"我龟既厌,不我告犹。"郑玄笺:"卜筮数而渎龟,龟灵厌之,不复告其所图之吉凶。"吃饱易生倦意,段注"按饱足则人意倦矣,故引伸为猒倦、猒憎",故又指厌倦、困倦,曾慥《类说·修真秘诀》:"立不至疲,卧不至厌。"

"厌"又音yǎn,指闭藏,《礼记·大学》:"见君子而后厌然。"郑玄笺:"厌,读为黶。黶,闭藏貌也。"又指做恶梦,后作"魇",段注:"《字苑》云:厌,眠内不祥也……俗字作魇。"《论衡·问孔》:"诸卧厌不悟者,未皆为鄙陋也。"

"厭"又音yān,指安闲,安稳,后作"懕",《诗经·小雅·湛露》:"厌厌夜饮,不醉无归。"毛传:"厌厌,安也。"

"厌"又读yā,为压迫之"壓"本字,《说文》:"厭,笮也。从厂猒声。一曰合也。"本义为压、倾覆。段注:"竹部曰:'笮者,迫也。'此义今人字作壓,乃古今字之殊。""壓"从土厭声,简化为"压"。《荀子·强国》:"黭然而雷击之,如墙厌之。"杨倞注:"厌,读为壓。"山崖悬空,覆盖下物,人在低矮山崖下有压迫感,人吃饱则胃中也有压迫感,故"厭"从厂猒声。徐灏《注笺》:"猒者,猒饫本字,引申为猒足、猒恶之义。俗以猒为猒恶,别制饜为饜饫、餍足,又从猒加土为覆壓字。"

"厭"也指镇压、抑制,《越绝书·外传记军气》:"小人则不然,以疆厭弱,取利于危。"《左传·昭公二十六年》:"成人伐齐师之饮马于淄者,曰:将以厭众。"杜预注:"以厭众心,不欲使知己降也。"人或服从于压迫,故又指伏、顺服,《汉书·景帝纪》:"诸狱疑,若虽文致于法而于人心不厭者,辄谳之。"又指符合、适合,《国语·周语》:"克厭帝心。"又指侵犯,《荀子·礼论》:"礼者,谨于吉凶不相厭者也。"杨倞注:"厭,掩也,谓不使相侵掩也。"

zāo
糟　糟　糟　粘　糟

　说文小篆　说文籀文　智永　智永

形声字。《说文》:"糟,酒滓也,从米曹声。糟,籀文从西。"本指带滓的酒。朱骏声《通训定声》:"古以带滓之酒为糟,今谓漉酒所弃之粕为糟。"《周礼·天官·浆人》:"共夫人致饮于宾客之礼,清、醴、医、酏、糟,而奉之。"郑玄注:"用柶者糟也,不用柶者清也。"曹,《说文》:"狱之两曹也。在廷東,从棘;治事者,从曰。"古代指诉讼的原告和被告,即两曹。狱之两曹在廷東,徐锴《系传》"曰,言辞理狱也",故"曹"从棘从曰。"棘"(cáo)为"曹"之初文,徐灏《注笺》:"'棘、曹'相承,增'曰'字,隶作'曹'。"甲骨文作🜚合六九四二,从二東,丁山《说文阙义笺》:"徐灏曰:'《楚辞·招魂》"分曹并进",王逸注:"曹,偶也。"《史记·扁鹊仓公传》"曹偶可人",索隐曰:"曹偶犹等辈也。"此当是曹之本义。'……棘之本义为曹偶,其形从二東也。""棘"于殷商时下加"口"形,西周金文又在"口"中加短横,小篆承之,《说文》遂谓"从曰"。"糟"有酒有滓,含偶意(曹),故"糟"从米曹声。

"糟"也指滤去清酒剩下的酒渣,《新序·节士》:"桀为酒池,足以运舟;糟丘,足以望七里。"又指酒曲,《篇海类编·食货类》:"糟,酒母。"酒糟能腌制食品,故又指用酒或酒糟腌制食品,《晋书·孔愉传》:"公不见肉糟淹更堪久邪?"酒糟呈散碎状,物朽烂则分散,故又指朽烂,如木头糟了。又指坏、不好,如糟糕。物或人为损坏,故又指作践、损害,如糟蹋。

kāng
糠（穅康）

合 35965　合 36010　康丁器　臣谏簋　说文小篆　说文或体　华山庙碑　赵孟𫖯

《说文》小篆作"穅"，会意兼形声字。《说文》："穅，谷皮也。从禾从米，庚声。𢈍，穅或省。"本指稻、麦、谷子等作物籽实脱下的皮或壳，后作"糠"。段注："云谷者，晐黍稷稻粱麦而言。谷犹粟也。今人谓已脱于米者为穅，古人不尔。穅之言空也，空其中以含米也。"谷物籽实脱下则剩空壳，故"穅"有空义，徐锴《系传》："《尔雅》云：'康，空也。'从禾、米，米皮去其内，即空之意也。"张舜徽《约注》："今俗又称物皮曰壳，皆一语之转。"《庄子·天运》："播穅眯目，则天地四方易位矣。"庚，《说文》："位西方，象秋时万物庚庚有实也。"庚五行属金，位属西方。万物多在秋天收获，谷物、果实饱满充实，故言"象秋时万物庚庚有实也"。秋天谷物成熟，谷物脱粒体现丰收，谷皮包裹米，禾、稻等谷物脱粒则为米，故"穅"从禾从米，庚声。萧道管《重文管见》："穅乃从禾从两手持丫舂之成为米而穅出矣。舂从午，午，杵也。丫亦杵形，𧷡、𧸖皆是。""庚"甲骨文作𤰈合二二二二六、𤰈合五三六，高亨《文字形义学概论》谓是筛糠器，"庚、康"形音义相近，为同源字。谷物经筛，谷皮为"康"，谷实为"庚"，谷物颗粒饱满，故谓"庚庚有实"。郭沫若谓象"有耳可摇之乐器"。"康"为"穅"之初文，自"康"借为康乐、康宁字，则又加禾作"穅"。王筠《句读》："康则是古文，用为康乐既久，因加禾耳。"张舜徽《约注》："盖古初但作康不作穅，穅乃后增体。太古简朴未知制确窖时，谷欲脱皮，必以手舂。𢈍实象其事，乃穅之初文也。后人以康为康乐义所专，乃增禾旁以别之，此亦来字加禾作秾之比。俗又从米作糠，而原意晦矣。""康"甲骨文像吊着的筛类器抖动，使穅脱落形，罗振玉《增订殷虚书契考释》："谷皮非米，以𣅀象其碎屑之形。"或谓像悬钟形，下面小点表示乐声，可备一说。据甲骨文字形，"康"为初形，后加禾作"穅"，俗又变"禾"为"米"作"糠"。

"糠"由空引申为发空，质地变得松而不实，如萝卜糠了。

【原文】　亲戚故旧　老少异粮
qīn qī gù jiù　lǎo shào yì liáng

【译文】　亲属、朋友聚会要悉心照顾,老人、小孩的食物要区别对待。

【释义】

亲戚,指与自己有血亲及姻亲之人,泛指亲属。孔颖达《礼记正义》:"亲指族内,戚言族外。"故,故人。旧,旧交。故旧,泛指老朋友。老少,老人、孩子。异,不同。粮,饮食。

古人齐家治国,强调对老少等弱者的优先照顾。《孟子·梁惠王》:"老而无妻曰鳏,老而无夫曰寡,老而无子曰独,幼而无父曰孤。此四者,天下之穷民而无告者。文王发政施仁,必先斯四者。"言文王施仁政于天下,必先照顾鳏寡孤独之类老少而无依靠者。老人、孩子因年龄不同,其饮食、起居等方面的需求与青壮年不同,故日常生活或聚会中,要对他们有特别的关怀照顾,如此才能保证他们的身心健康。百姓没有饥寒,家庭才能稳固,百姓才会拥戴君王,君王才能称王天下,因而老人、孩子的健康和乐,关乎家庭之兴、国家之治,自古及今都备受重视。

照顾老人、孩子,饮食、起居是两大端,此处讲饮食,也包含起居。饮食方面,老人相对身子弱一些,牙口不好,消化功能差,咀嚼及吞咽能力都比较差。老人畏寒,如吃冷食会引起胃壁血管收缩,不利健康。因此老人的饮食,要以软而易嚼的、暖的、清淡的为主。小孩子正值身体发育期,牙齿好,胃口好。在饮食食材、制作方面,相对要宽泛中和一些。小孩的饮食安全是关键,孩子年龄小,分辨能力差,自主能力欠缺。不要让孩子食用过热过烫的饭食,不要吃过硬或容易噎着的食物。饮食习惯方面,要关注孩子饮食量的节制等等。

【解字】

qīn
亲(親)　　克钟　王臣簠　说文小篆　曹全碑　颜真卿

繁体作"親",形声字。《说文》:"親,至也。从见亲声。"指感情深厚,关系密切。"至"表示到达与顶点,指极、最,亲人感情最深厚,故训"至"。徐锴《系传》:"亲,密至也。"段注:"情意恳到曰至。父母者,情之最至者也,故谓之亲。"亲(亲)(zhēn),《说文》:"果,实如小栗。从木辛声。"同"榛",果木名。"辛"甲骨文作🔻余一·一,金文作🔻册戊父辛卣,为施肉刑的刑刀,有尖锐、苦痛、辛辣等义。"亲"字构字意图为用刀劈木,取木为柴火,加斤作"新",为柴薪之"薪"本字。戴家祥《金文大字典》:"🔻中伯簋,字从辛从木,辛为金质刃属兵器,与木会意,为砍斫之柴薪。后复加斤旁表明辛义,写作新。""斤"甲骨文作𛀁坊间四·二〇四,金文作𛀁天君鼎,短柄尖刃斧形。刀斧砍柴劈木头,劈出的是新茬,徐灏《注笺》:"斫木见白新也。凡物之易于更新者莫如木,故取意焉。"故"新"转作形容词表示新出、新鲜义,本义柴薪则加艸作"薪"。新劈开的木材,合上去严丝合缝,至为亲密,故用为"親"。"亲"又为丛生的树木,荆、榛等灌木密集相连,故也有亲近、亲密意。人对亲人的感情最为深厚恳切;与父母等有血缘关系的亲人相见最多,徐灏《注笺》:"親从见,则起于相见,盖见而相亲爱也。"故"親"从见亲声。"親"简化作"亲"。亲(亲)分化出"新、親、薪",后分工,"親"表示亲密,"新"表示新旧,"薪"表示本义柴薪。简化字去"親"之"见"为"亲"。

　　人和父母最亲近,故"亲"指父母,王筠《句读》:"《礼记》谓父母为至亲。"段注:"父母者,情之最至者也,故谓之亲。"《诗经·豳风·东山》:"亲结其缡,九十其仪。"孔颖达疏:"其母亲自结其衣之缡。"扩大指与自己关系近的人,包括血统关系和婚姻关系,徐灏《注笺》:"亲爱者莫如父子、兄弟、夫妇,故谓之六亲。"《左传·昭公十四年》:"禄勋合亲。"杜预注:"亲,九族。"又指宠爱、亲近,与"疏"相对,《尚书·蔡仲之命》:"皇天无亲,惟德是辅。"亲人多有接触,故"亲"作动词指接触、接近,《孟子·离娄》:"男女授受不亲,礼也。"又指用嘴唇或脸、额接触(人或物),表示喜爱、亲切。身体与自己最亲密,又指亲自参与,《诗经·小雅·节南山》:"弗躬弗亲,庶民弗信。"又指亲生、嫡亲,《东坡志林·赵高李斯》:"扶苏亲始皇子,秦人戴之久矣。"扩展指亲密、可靠的人及乡党,《左传·僖公五年》:"国君不可以轻,轻则失亲。"杜预注："亲，党援也。"由亲近转指真切、准确，《宋史·兵志》："教射唯事体容及强弓，不习射亲不可以临阵。"男女结婚则成为亲人，故又指结亲、婚配，唐佚名《玉泉子》："（邓敞）既登第，就牛氏亲，不日挈牛氏而归。"又通"新"，《韩非子·亡征》："亲臣进而故人退，不肖用事而贤良伏。"

　　"亲"又音 qìng，指两家儿女婚配的亲戚关系，互称"亲家"，《集韵》稕韵："亲，婚姻相谓为亲。"

qī　合34287　屯2194　合4059　戚姬簠　说文小篆　三体石经　颜真卿

　　形声字。《说文》："戚，戊也。从戊未声。"本为古兵器名，斧属，也作"鏚"。段注："《大雅》曰：'干戈戚扬。'传云：'戚，斧也。扬，钺也。'依《毛传》，戚小于戊，扬乃得戊名。《左传》：'戚钺秬鬯，文公受之。'戚、钺亦分二物。许则浑言之耳。戚之引伸之义为促迫。而古书用戚者，俗多改为蹙。试思亲戚亦取切近为言，非有异义也。"王绍兰《段注订补》："戚刃蹙缩，异于戊刃开张，故戊大而戚小。""戊"（yuè）甲骨文作 乙四六九二，阔刃大斧，后作"钺"。戚、戊皆为斧属兵器，戚刃比戊窄小，"未"为豆类总称，豆类多为扁圆形，边缘圆曲如戚之刃，故"戚"从戊未声。"戚"甲骨文像两侧有齿牙形扉棱的钺形兵器，或省戚柄，像戚头之形。

　　"戚"为古兵器，常用以斩杀人，被杀者亲属忧愁、悲痛，故"戚"也指忧愁、悲哀，后作"慽"，《释名·释兵》："戚，慽也。斧以斩断，见者皆慽惧也。"《周易·离》："出涕沱若，戚嗟若。"孔颖达疏："忧伤之深，所以出涕滂沱，忧戚而咨嗟也。"由亲人被杀的悲戚转指愤怒，《礼记·檀弓》："愠斯戚，戚斯叹。"又指亲密、亲近，《尚书·金縢》："未可以戚我先王。"又指亲属、亲戚，段注："试思亲戚亦取切近为言。"《吕氏春秋·论人》："何谓六戚？父母兄弟妻子。"又用作姓氏，《通志·氏族略》："戚氏，卫大夫食采于戚，因氏焉。"

　　"戚"又音 cù，通"促"，急速、紧迫，《周礼·考工记·序官》："不微至，无以为戚速也。"

gù
故　古　敆　敄　故　故
　　孟鼎　　班簋　　说文小篆　熹平石经　颜真卿

　　形声字。《说文》："故,使为之也。从攴古声。"本义指事的原因、根由。段注:"今俗云原故是也。凡为之必有使之者,使之而为之则成故事矣。"徐灏《注笺》:"使为之也者,犹曰故为之也。今人言故意,即其义。"《墨子·经》:"故,所得而后成也。"孙诒让《间诂》:"此言故之为辞,凡事因得此而成彼之谓。《墨子》说与许义正同。"行事受原由的驱使,原由在先为古,"攴、殳"构形为以手持棍,表指使、督促意,十口相传的"古"表示先前,先前的原因(古)促使(攴)现在的事成,故"故"从攴古声。

　　由先前的根由转指旧的、过去的事物,如吐故纳新,段注:"引伸之为故旧。"《论语·为政》:"温故而知新。"朱熹集注:"故者,旧所闻。"由原因引申指事理、法则,《周易·系辞》:"仰以观于天文,俯以察于地理,是故知幽明之故。"指人则为旧识、旧交,如一见如故,《周礼·秋官·小司寇》:"议故之辟。"又指原来的、旧时的,如故乡,《楚辞·招魂》:"魂兮归来,反故居些。"又指事,《左传·昭公二十五年》:"昭伯问家故,尽对。"又指意外或不幸的事变,《周礼·天官·宫正》:"国有故。"郑玄注引郑司农:"故谓祸灾。"进而指病故、死去,《徐霞客游记·黔游日记》:"时沙土官初故。"又用作副词,相当于"本来、从前、常、久、仍然、故意、存心、必定、诚然、毕竟"等。又用作连词,表示因果、情态。通"诂",训释故言,《汉书·艺文志》:"《鲁故》二十五卷。"颜师古注:"故者,通其指义也。"

jiù
旧(舊)　𦾓　𦾓　𦾓　𦾑　舊　𪈾　舊　舊
　　　　合30328　合27128　合30361　兮甲盘　说文小篆　说文或体　魏封孔羡碑　颜真卿

　　繁体作"舊",形声字。《说文》:"舊,雗旧,旧留也。从萑臼声。𪈾,舊或从鸟休声。"本指鸺鹠,即猫头鹰,为夜行动物。鸺鹠双目圆大,面盘、耳羽及头部与猫极相似,故俗称猫头鹰。萑(huán),《说文》:"鸱属。从佳从𠃌,有毛角。所鸣,其民有祸。""萑"为猫头鹰的一种,鸟纲,鸱鸮科。似鸱鸮而小,头部有角状的羽毛,嘴弯曲呈钩状,两眼位于头部正前方,昼伏夜出。"丷"指羊角,小篆作𢆶,像羊角相背弯曲形。"萑"为鸟(隹)类,头部有毛如角(丷),故"萑"从隹从丷。"萑"甲骨文作𩾃铁一二一·二,像猫头鹰形,𢆶像冠毛。"臼"为舂米的器具,用石、木制成,中间凹下。巢内凹如臼,"舊"甲骨文像头有毛角的猫头鹰(萑)立于曲枝(或巢)凵之形。𦾓像萑立于巢上(臼),故"舊"从萑臼声。猫头鹰为夜行猛禽,昼伏夜出,白天在臼巢中休息,故或体从鸟休声作"鵂"。"舊"本以"臼"为简化字,后变作"旧"。

　　"旧"用为新旧之"旧",指古老的、陈旧的,猫头鹰之臼巢是其故旧归宿处,徐锴《系传》:"今借为新旧字。"新旧之旧当以"久"为本字,人事物时久则旧,故"旧"借"久"之新旧义,《小尔雅·广诂》:"旧,久也。"徐灏《注笺》:"《海外南经》:'南山有鸱久。'郭注:'鸱久,鸱鸺之属。'按,鸱久即鸱旧,鸱鸺犹旧留也。"《诗经·大雅·文王》:"周虽旧邦,其命维新。"时长则久,故又指长久,《尚书·无逸》:"其在高宗,时旧劳于外,爰暨小人。"孔传:"武丁,其父小乙使之久居民间,劳是稼穑。"又指久有声望的老臣,《诗·大雅·召旻》:"维今之人,不尚有旧。"又指原有的典章制度,《尚书·武成》:"乃反商政,政由旧。"孔传:"反纣恶政,用商先王善政。"故交交情长久,故又指故交、老交情,《左传·文公六年》:"立爱则孝,结旧则安。"由长久引申指一贯、通常,《淮南子·泛论》:"苟周于事,不必循旧。"前相对今为旧,故又指从前,《尚书·说命》:"台小子旧学于甘盘。"孔颖达疏:"旧学于甘盘,谓为王子时也。"

老 lǎo　𦒵 𦒯 𦕓 𦾃 𦓃 𦒻 老

合 21054　后 2.35.5　辛中姬鼎　五年召伯虎簋　包 2.237　说文小篆　淮源庙碑　颜真卿

　　会意字。《说文》:"老,考也。七十曰老。从人、毛、匕。言须发变白也。"指五十至七十岁的高龄。徐灏《注笺》:"老之言考也,考,成也。七十曰老,《曲礼》文。"《说文》:"考,老也。""考、老"互训,二字上古音声近韵同,为声训。《说文叙》言转注,以"考、老"为例字,段玉裁承戴震说以互训为转注:"戴先生曰:'老下云考也,考下云老也,此许氏之恉,为异字同义举例也。一其义类,皆谓'建类一首'也;互其训诂,所谓'同意相受'也。考老适于许书同部。凡许书异部而彼此二篆互相释者视此。'"老"又指年纪大的人,如敬老尊贤,《礼记·大学》:"上老老而民兴孝,上长长而民兴弟。"匕,《说文》:"变也。从到人。""匕(七)"指变化,同"化"。人到老则毛发变(匕)白,故"老"从人、毛、匕。张舜徽《约注》:"人之老少,恒以须发为准。古人称'五十始衰',大约人至五十,须发渐白,所谓二毛也。故古人亦谓五十以上为老。《论语·季氏篇》:'及其老也。'皇疏云:'老谓五十以上也。'是矣。而《管子·海王篇》:'今吾非籍之诸君吾子。'尹注云:'诸君,谓老男老女也。六十以上为老男,五十以上为老女也。'是老之所指,本无定数,非七十之专称,固明甚。许君特据《曲礼》旧文立训耳。""老"甲骨文像长发伛偻老人手拄拐杖形。周代中晚期金文拐杖讹作"匕"形,为小篆所承,《说文》遂谓从匕,形符"人"本为老人身、臂之形。"老、考"相同,"老"所从"匕"为拐杖向内,"考"所从"丂"为拐杖向外。

　　人年老则体弱,故"老"也指衰弱、衰落,《左传·僖公二十八年》:"师直为壮,曲为老。"人年老则经验多,故也指富有经验,如老练,《国语·晋语》:"既无老谋,而又无壮事,何以事君?"官员至老则辞官退休,故又指致仕、年老退休,《左传·隐公三年》:"桓公立,乃老。"作动词指尊老、养老,《孟子·梁惠王》:"老吾老,以及人之老。"人老则寿长,故又指历时长久的,1.旧,与"新"相对,归有光《项脊轩志》:"百年老屋。"2.与"嫩"相对,马致远《天净沙·秋思》:"枯藤老树昏鸦。"3.(某些颜色)深,与"浅"相对,如老绿,白居易《答韦八》:"春尽绿醅老,雨多红萼稀。"又为死的讳称,如送老归山。又指老子及其哲学的省称,《史记·老子韩非列传》:"申子之学,本于黄、老而主刑名。"又指六十四卦的变爻,《周易·乾》初九"潜龙勿用",孔颖达疏:"老阳数九,老阴数六。老阴老阳皆变。"又用作副词,相当于"总、经常,很"。又用作构词前缀。又用作姓氏,《通志·氏族略》:"老氏,

《风俗通》:颛帝子老童之后。《左传》宋有老佐,《论语》老彭,即彭祖也。或云:老氏,老聃、老莱子之后……以其老也,故以老称之,遂为氏。"

少 ^{shào}　　ᕀ　ᕀ　ᕀ　ᕀ　ᕀ　少

　　形声字。少(shǎo),《说文》:"不多也。从小丿声。"本义为数量小,与"多"相对。段注:"不多则小,故古少、小互训通用。"《孟子·梁惠王》:"邻国之民不加少,寡人之民不加多。""丿"小篆作 ᑕ,像向左牵引之形。"小、少"形音义相近,物小则少,物少则轻,物轻则能拉动,如"丿"之左引,故"少"从小丿声。朱骏声《通训定声》以为"从丿从小会意,小亦声",可备一说。孔广居《疑疑》:"少与太对,大而上者为太,故小而卑者为少也。""小、少"本一字,卜辞中"少"与"小"同义,以三点、四点的微物或抽象小点画表示不大不多。后字形区分,以三点之 ⠂ 为"小",表示体积不大;以四点之 ⠄ 为"少",表示数量不多。张舜徽《约注》:"以言造字,则凡从少声者,皆有小义。故木标末谓之杪,禾芒谓之秒,小目谓之眇,小鸟谓之鹋,小管谓之筲,而音转入唇声矣。"

　　时间少则短暂,故"少"也指时间短、不久,《孟子·万章》:"始舍之,圉圉焉,少则洋洋焉。"也指数目缺少,王维《九月九日忆山东兄弟》:"遥知兄弟登高处,遍插茱萸少一人。"轻视是小看人,作动词表示轻视、贬低,《庄子·秋水》:"我尝闻少仲尼之闻而轻伯夷之义者。"又用作副词,表示程度,相当于"稍、略微",《庄子·徐无鬼》:"今予病少痊。"东西丢失则缺少,故又指丢失、遗失,如鞋子少了一只。

　　"少"又音 shào,人幼时年龄较小,故指年幼、年青,《史记·陈涉世家》:"陈涉少时,尝与人佣耕。"也指年轻人,柳宗元《六逆论》:"贱妨贵、少陵长、远间亲、新间旧、小加大、淫破义,六者,乱之本也。"又指空间小,左思《蜀都赋》:"亚以少城,接乎其西。"兄弟之间年龄小者排在后,又指次序在后的,《史记·周本纪》:"太姜生少子季历。"副职相对正职为小,故又指副职、辅佐,《尚书·周官》:"立太师、太傅、太保,兹惟三公……少师、少傅、少保曰三孤,贰公弘化。"

异(異)

yì

甲394　　孟鼎　　说文小篆　　西狭颂　　颜真卿

　　繁体或作"異",会意字。《说文》:"異,分也。从廾从畀。畀,予也。"本义为分开。徐锴《系传》:"将欲予物,先分异之也。《礼》曰:赐君子小人不同日。"《礼记·曲礼》:"群居五人,则长者必异席。"畀,《说文》:"相付与之,约在阁上也。从丌由声。"本义为赐予,"由"指放在阁上的付与之物,"丌"为垫物之具或底座。段注:"古者物相与必有藉,藉即阁也,故其字从丌。"赐予之物(由)高置于阁、几(丌)之上以敬之,故"畀"从丌由声。"廾"指两手捧物,赐物(畀)、受物皆需两手恭持(廾)以体现敬意,段注:"竦手而予人则离異矣。"故"異"从廾从畀。"異"甲骨文像人手持物戴于头形,李孝定、杨树达、季旭昇等认为是"戴"之初文,后分化为"異、戴"二字。李孝定《甲骨文字集释》:"然'分'亦由'戴'义所引申。盖首所戴者,乃身外之物。作则戴之于首,息则分置一旁,故引申得有分义。"古文字形又像人戴鬼头面具显奇异形,徐灏、张舜徽谓本义为怪异,徐灏《注笺》:"異,盖谓怪异之物也,《论衡·自纪篇》:'物无类而妄生曰异。'阮氏《钟鼎款识》智鼎铭有 字,象怪物形……引申之,非常之事曰異,故灾变称異,人情可怪者亦曰異。《孟子》曰:'王无異于百姓之以王为爱也。'赵注:'異,怪也。'異则不同,故又为分異之称矣。"商承祚谓"象人举两手自翼蔽形,乃翼蔽之本字"。以双手(廾)持物分人(畀),或以双手(廾)戴、取鬼头面具(由),故"異"有分开、奇异义。简化字取《说文》"异"字代"異","异"从廾㠯(以)声。

　　分则不同,故"异"也指不同,段注:"分之则有彼此之异。"《礼记·曲礼》:"别同异,明是非也。"物分人则属他人,故也指其他、别的、另外的,《论语·先进》:"吾以子为异之问,曾由与求之问。"特别则不同平常,故又指不平常、特别的,徐灏《注笺》:"非常之事曰异。"《史记·仲尼弟子列传》:"受业身通者七十有七人,皆异能之士也。"又指怪异、奇怪,《庄子·徐无鬼》:"异哉小童!"又指怪异的事物,《左传·昭公二十六年》:"然(梁丘)据有异焉。"也特指灾异,《后汉书·邓张徐张胡列传》:"春一物枯即为灾,秋一物华即为异。"违逆是背离常道,故又指违逆、叛离,《左传·昭公三十一年》:"若得从君而归,则固臣之愿也,敢有异心。"

liáng　粮(糧)

粮　霸伯簋　　糧　说文小篆　　糧　华山庙碑　　糧　智永　　糧　颜真卿

繁体作"糧",形声字。《说文》:"糧,谷也。从米量声。"本指干粮、军粮。桂馥《义证》:"粮乃行者之干食……僖公四年《左传》:'共其资粮屝屦。'正义云:'粮谓米粟行道之食。'"段注:"按《诗》云:'乃裹糇粮。'《庄子》云:'适百里者宿舂粮,适千里者三月聚粮。'皆谓行道也。许云'谷食',则兼居者、行者言。粮本是统名,故不为分析也。"张舜徽《约注》:"析言之,则行道曰粮,止居曰食。食谓熟物,粮谓干糇,似甚有别。若浑言之,则粮与食皆谓米粒耳。粒、粮二字双声,实一语也。许君以谷训粮,谓凡谷实皆得名粮矣。"《周礼·地官·廪人》:"凡邦有会同师役之事,则治其粮与其食。"郑玄注:"行道曰粮,谓糒也;止居曰食,谓米也。""量"指称量轻重,甲骨文作　合一九八二二、　合一八五〇四,于省吾《甲骨文字释林》:"量字……从日从重系会意字。量字的本义,应读为平声度量之量……量字从日,当是露天从事度量之。""量"有称量、测量、限量等义。干粮由米、面等谷物制成,远行或行军所带物品有限,携带干粮须称量后,依行程按人定量,故"糧"从米量声。简化字"粮"从米良声。

干粮由谷物制成,故"粮"通指谷物、粮食,《左传·哀公十三年》:"申叔仪乞粮于公孙有山氏。"古也以粮食充当俸禄,故也指薪俸、薪饷,《新唐书·食货志》:"又诏得上下考给禄一年,出使者禀其家,新至官者计日给粮。"古以粮食充田赋,故又指田赋,《宋史·高宗纪》:"戎州县加收耗粮。"

【原文】　妾御绩纺　　侍巾帷房
　　　　　qiè yù jì fǎng　　shì jīn wéi fáng

【译文】　为婢妾者负责纺织之事，备巾、栉于房室以侍奉主人。

【释义】

　　妾，古人于正妻之外所娶的女子。御，掌管、负责。绩，缉麻，把麻纤维披开后搓捻成线、绳。纺，纺丝。绩纺，泛指抽丝织布。侍，侍奉。巾，佩巾或头巾，代指织物。帷，装饰、遮蔽用的帷幕。布幔在两旁名帷，在上名幕。帷房，内室、闺房。古代房中都有帷幕，床上有幔帐，可隔音及保护隐私。《千字文释义》："此言寝处之安。"

　　"男耕女织"是古代基本的社会分工，纺丝织布缝补衣服，是女子的主要事务。曾国藩非常强调妇女的纺织，其《家书》谓："新妇始至吾家，教以勤俭。纺织以事缝纫，下厨以议酒食，此二者，妇职之最要者也。"

【解字】

qiè
妾

合 13938　　合 659　　花东 490　　克鼎　　包 2.83　　说文小篆　　三公山碑　　智永

　　会意字。《说文》："妾，有皋女子，给事之得接于君者。从辛从女。《春秋》云：'女为人妾。'妾，不娉也。"义为女奴。上古音，"妾"为清纽叶部，"接"为精纽叶部，二字声近韵同，为声训。《白虎通·嫁娶》："妾者，接也，以时接见也。"《释名·释亲属》："妾，接也，以贱见接幸也。"《尚书·费誓》："马牛其风，臣妾逋逃。"孔传："役人贱者，男曰臣，女曰妾。"辛(qiān)，《说文》："皋也。从干、二。二，古文上字。"本义为罪过。段注："干上是犯法也。""辛"甲骨文作 ⿱ 后二·三六·七，为鬼头刀类刑具，用表罪过。"妾"指有罪(辛)女子为奴者，段注："辛女者，有罪之女也。"故"妾"从辛从女。张舜徽《约注》："《春秋》僖公十七年《左传》所云：'男为人臣，女为人妾。'盖亦泛指贫贱而言，犹之云奴婢也。""娉"是古代婚礼"六礼"之一，即男方聘请媒人问女方名字及出生日期。因妾身份卑贱，古代男子纳妾不行问名礼，故谓"妾，不娉也"。李孝定《甲骨文字集释》："盖妾字从女，上象发加箅形。妾则从女,上加头饰。其意相同,初无地位上之差别。"季旭昇《说文新证》:"象有罪女子头戴刑具之形。有罪女子较灵巧的往往被选为女侍,其有姿色者又进一步得侍寝席,后世'妻妾'的'妾'当是由这种身份逐步演化而来。《说文》所释正好包括妾的各个阶段:'有罪女子'为第一阶段之本义,'给事'为第二阶段,'得接于君'为第三阶段,'妾,不娉也'为第四阶段。"

"妾"后通指男子在正妻之外所娶的女子,《左传·僖公十七年》:"女为人妾。"又为女子自谦之称,乐府诗《焦仲卿妻》:"君当作磐石,妾当作蒲苇。"

御

| 合 713 | 合 30033 正 | 合 6760 | 盂鼎 | 颂鼎 | 说文小篆 | 范式碑 | 颜真卿 |

形声字。《说文》:"御,使马也。从彳、卸。馭,古文御,从又从馬。"本义为驾驭车马。王筠、朱骏声等皆谓"卸"当为声,"御、卸"上古音皆属鱼部。《韩非子·难》:"知伯出,魏宣子御,韩康子为骖乘。"卸,《说文》:"舍车解马也。从卪止午。"为停车后解去套在马身上的配件。段注:"舍,止也。马以驾车,止车则解马矣。"《系传》作"从卪、止,午声","午、卸"上古音皆属鱼部。车马行止有节(卪),车停(止)则解马,"午"为策马之鞭,后用作声符,故"卸"从卪、止,午声。"御"指驾车马前行,御者停车要舍车解马(卸),徐锴《系传》"彳,行也。或行或卸,皆御者之职也",故"御"从彳卸声。人以手驾驭车马,古文从又从馬作"馭"。"御"甲骨文初形从卪从午,午亦声,季旭昇谓"会人跪坐持午操作之意,因此有用、治的意思",或谓像人跪而迎迓之形,加"彳、行"表示迎迓于道中。罗振玉《增订殷虚书契考释》:"此从彳,从𢆶,𢆶与午字同形,殆象马策。人持策于道中,是御也。或易人以𠂆而增止,或又易彳以人,或省人,殆同一字也。"

"御"也指驾驭车马的人,《诗经·小雅·车攻》:"徒御不惊,大庖不盈。"孔颖达疏:"徒行挽辇者与车上御马者岂不警戒乎?"又指驾驭车马之术,为六艺之一,《周礼·地官·司徒》:"六艺:礼、乐、射、御、书、数。"驭者在车上驾马,故也指乘,《庄子·逍遥游》:"夫列子御风而行。"驭者侍奉乘车者,又指侍奉,《商君书·更法》:"公孙鞅、甘龙、杜挚三大夫御于君。"仆役是侍奉人者,故又指侍从、仆役,《国语·吴语》:"奉槃匜以随诸御。"韦昭注:"御,近臣宦竖之属。"又指治理、统治,《国语·周语》:"瞽告有协风至,王即斋宫,百官御事。"又指帝王所用或与之有关的事物,《春秋·桓公十四年》:"秋八月壬申,御廪灾。"杜预注:"御廪,公所亲耕以奉粢盛之仓也。"又为宫中女官名,《周礼·天官·内宰》:"以妇职之法教九御,使各有属。"郑玄注:"九御,女御也。"又指宫中嫔妃,《后汉书·刘焉袁术吕布列传》:"及窃伪号,淫侈滋甚,媵御数百。"又指进献,《诗经·小雅·六月》:"饮御诸友,炰鳖脍鲤。"通"禦",今为"禦"的简化字,1. 抵挡,《诗经·邶风·谷风》:"我有旨蓄,亦以御冬。"2. 阻止、禁止,《左传·襄公四年》:"匠庆用蒲圃之檟,季孙不御。"

　　"御"又音 yà,通"迓",迎接,《诗经·召南·鹊巢》:"之子于归,百两御之。"

绩(績)

秦公簋　　说文小篆　　韩仁铭　　颜真卿

　　繁体作"績",形声字。《说文》:"績,缉也。从糸责声。"把麻或其他纤维搓捻成绳或线。段注:"绩之言积也。积短为长,积少为多。故《释诂》曰:绩,继也,事也,业也,功也,成也。"《说文》:"缉,绩也。"二字互训。段注:"凡麻枲先分其茎与皮曰木,因而沤之,取所沤之麻而林之,林之为言微也。微纤为功,析其皮如丝。而捻之,而剿之,而续之,而后为缕,是曰绩,亦曰缉,亦累言缉绩。"《诗经·豳风·七月》:"七月鸣鵙,八月载绩。"毛传:"载绩,丝事毕而麻事起矣。"責,《说文》:"求也。从貝朿声。"本义为索取。徐锴《系传》:"责者,迫迮而取之也。"王筠《句读》:"责,谓索求负家偿物也。"索取是强硬求取,如锐物刺人(朿),财货(貝)为索取之物,故"責"从貝朿声。麻或纤维求其相续不断(責),才能搓捻成绳或线(糸),故"績"从糸責声。

麻不断搓捻相续，才能搓成绳子，故“绩”引申为继承，《左传·昭公元年》：“子盍亦远绩禹功而大庇民乎？”事业不断累积则能成就，故也指功业、成绩，《诗经·大雅·文王有声》：“丰水东注，维禹之绩。”又指下裳，《汉书·外戚传》：“赐皮弁素绩。”

fǎng
纺（紡）

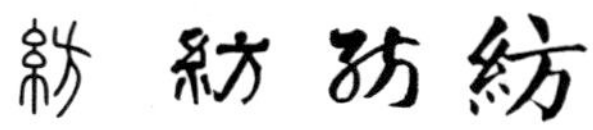

说文小篆　衡方碑　智永　颜真卿

繁体作“紡”，形声字。《说文》：“紡，网丝也。从糸方声。”把丝麻纤维制成纱或线。沈涛《古本考》：“网丝犹言结丝，纺缉丝麻皆纵横相结而成，犹网之结绳耳。”《左传·昭公十九年》：“托于纪鄣，纺焉以度而去之。”孔颖达疏：“纺谓纺麻作纑也。”“方”为两舟相并，有并排义。丝麻（糸）连接相并（方），才能将其制成纱、线，故“紡”从糸方声。

“纺”也为绸属，古指素色纱绢，《仪礼·聘礼》：“宾裼，迎大夫贿，用束纺。”

“纺”又音 bǎng，指缠缚，后作“绑”，《国语·晋语》：“执而纺于庭之槐。”

shì
侍

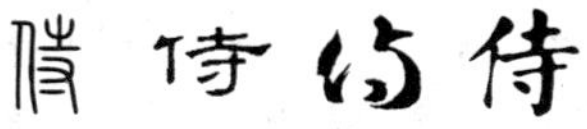

说文小篆　孔龢碑　智永　颜真卿

形声字。《说文》：“侍，承也。从人寺声。”本义为侍奉、伺候。段注：“承者，奉也，受也。凡言侍者皆敬恭承奉之义。”《左传·僖公二十二年》：“寡君之使婢子侍执巾栉，以固子也。”“寺”从寸之声，构字意图为有力的手（寸）伸出去（之），徐灏《注笺》：“寺人给使令、服劳役，故从又。九寺皆侍从之臣，故亦称寺矣。”早期的“寺人”是王公的侍卫，是最有力者。《周礼·天官·叙官》：“寺人，王之正内五人。”郑玄注：“寺之言侍也。”侍卫、侍者是主人身边侍奉的人，故“侍”从人寺声。徐灏、俞樾等谓“寺”为“侍”之本字，“寺”用指官署后，侍奉义加人旁为“侍”。

侍奉者常在被侍奉者身边，故“侍”也指在尊者旁边陪着，《论语·先

进》："闵子侍侧,訚訚如也。"也指侍奉君王者、随从,宋玉《风赋》："楚襄王
游于兰台之宫,宋玉、景差侍。"侍奉者奉养主人,故又指养,《吕氏春秋·异
用》："仁人之得饴,以养疾侍老也。"侍奉者事事亲为,故也指亲临,《礼
记·丧大记》："大夫之丧,大胥侍之。"通"恃",依靠、凭借,马王堆汉墓帛书
《老子乙本》："为而弗侍也,成功而弗居也。"

巾 jīn

合 16546　　昌鼎　　郾侯朕戈　　说文小篆　　衡方碑　　王羲之

　　象形字。《说文》："巾,佩巾也。从冂,丨象系也。"指佩巾,擦抹用
的织物。徐灏《注笺》："巾以覆物……亦用以拭物……因系于带,谓之佩
巾。"巾用于拭物、覆物,拭物之巾小,覆物之巾大。徐灏《注笺》："巾以覆
物,《周礼》'幂人掌共巾幂'是也。亦用拭物,《内则》'左佩纷帨'是也。"
巾或佩带,或不佩带,"巾"小篆之冂像下垂的巾,丨像系佩巾的丝绳,段注:
"有系而后佩于带。"林义光《文源》谓甲骨文"巾":"象佩巾下垂形。"
　　"巾"也指缠束或覆盖用的织物,如车巾、领巾、围巾,徐灏《注笺》："凡
覆盖包裹皆谓之巾,故头巾谓之幅巾,衣车谓之巾车,书帙谓之巾箱。"《急
就篇》颜师古注："巾者,一幅之巾,所以裹头也。一曰裹足之巾,若今人裹
足布也。"古人以巾覆盖头顶,有遮蔽、装饰之用,故也指头巾,冠的一种,
《玉篇》巾部："巾,本以拭物,后人着之于头。"《风俗通·愆礼》："巾所以饰
首,衣所以蔽形。"又指巾箱,颜延之《皇太子释奠会作诗》："缨笏币序,巾
卷充街。"李善注："巾,巾箱也,所以盛书。"

帷 wéi

说文小篆　　说文古文　　张迁碑　　颜真卿

　　形声字。《说文》："帷,在旁曰帷。从巾隹声。𢂷,古文帷。"本义为帐
幕、帐子。帷围绕在四旁作遮蔽之用,故训"在旁曰帷"。王筠《句读》："云
在旁者,周绕之也。故《释名》曰:帷,围也,所以自障围也。"张舜徽《约
注》："帷之言回也,谓回市之也。围乃口之后增体。"《周礼·天官·幕人》:

"掌帷、幕、幄、帟、绶之事。"郑玄注："在旁曰帷,在上曰幕。"帷和巾皆为织品,为布帛所制,帷、幕用于围绕、覆盖,如同张网捕鸟(隹),"隹"是常被围捕者,"维、罗、翟、隻、夺"等字皆从隹,故"帷"从巾隹声。古文作"匲",《约注》:"古文帷作匲,从韦声,犹圉从韦声耳。故帷字亦通作幃。"

"帷"作动词指用幕布遮挡,《礼记·丧大记》:"士殡见衽,涂上帷之。"

fáng 房 房 房 房 房

说文小篆　武威·有司 8　礼器碑　颜真卿

形声字。《说文》:"房,室在旁也。从户方声。"古代正室左右两旁的房屋。桂馥《义证》:"古者宫室之制,前堂后室。前堂之两头有夹室,后室之两旁有东西房。""房、旁"上古音皆并纽阳部,为声训。徐锴《系传》:"秦筑宫于骊山之旁,曰阿房宫也。"段注:"凡堂之内,中为正室,左右为房,所谓东房西房也。"《尚书·顾命》:"胤之舞衣、大贝、鼖鼓在西房。"凡房必有门户,段注引焦循:"房必有户以达于堂,又必有户以达于东夹西夹,又必有户以达于北堂。""方"指两船相并,两船各在一侧,故有旁、侧义,后替代"匚"表示方形、四方,"户"为半门,作构字部件指居室,"房"为正室两旁(方)的房间(户),故"房"从户方声。

"房"泛指房间、房屋,《庄子·知北游》:"无门无房,四达之皇皇也。"也指结构和作用像房子的东西,如花房,《淮南子·泛论》:"而蜂房不容鹄卵,小形不足以包大体也。"箭袋犹如箭的房子,故又指箭袋,《左传·宣公十二年》:"每射,抽矢菆,纳诸厨子之房。"祠堂是祭祀祖先的房屋,故又指祠堂,《后汉书·孝桓帝纪》:"坏郡国诸房祀。"又指俎、祭器,《诗经·鲁颂·閟宫》:"笾豆大房。"郑玄笺:"大房,玉饰俎也。其制足间有横,下有柎,似乎堂后有房然。"又指所居的政府机构,《北史·柳庆传》:"君职典文房,宜制此表。"古代家庭中,兄弟成家后各居一房,故又指家族的分支,如大房、二房,《魏书·肃宗纪》:"兵士战没者,追给敛财,复一房五年。"妻室常在家,故又指妻室,《晋书·石崇传》:"后房百数,皆曳纨绣,珥金翠。"性事在房中进行,故又指性行为,如房事,《论衡·谢短》:"康王德缺于房。"又为星名,二十八宿之一,东方苍龙七宿的第四宿,有四颗星,《吕氏春秋·季秋》:"季秋之月,日在房。"又用作姓氏,《通志·氏族略》:"房氏,祁姓。舜封尧子丹朱于房,今蔡州遂平故吴房县是也。以楚后封吴王夫概于此,故谓之吴房。丹朱生陵,后世国绝,子孙以国为氏……又屋引氏改为房,魏姓也。"

"房"又音 páng,秦朝宫殿阿房宫,《史记·李斯列传》:"今上急益发繇治阿房宫。"〔房皇〕同"彷徨",《庄子·达生》"芒然彷徨乎尘垢之外"陆德明释文:"彷徨,元嘉本作房皇,音同。"

【原文】　纨扇圆絜（wán shàn yuán jié）　银烛炜煌（yín zhú wěi huáng）

【译文】　绢制的团扇匀圆洁净,银白的烛光辉煌明亮。

【释义】

絜,整洁。银烛,银白色的烛光。炜,色赤而盛明。煌,明亮。炜煌,犹辉煌。二句呈现出古代女子闺房中器具精美、装饰华盛之景象。

纨扇,又称团扇、罗扇、宫扇,是传统手工艺术珍品。因形似圆月,且宫中多用之,故称"团扇、宫扇"。纨扇边框及柄多用竹制,扇面用洁白的丝绢绷平。扇面上或绣或画,有花鸟、鱼虫、山水,也绣人物、佛像等。纨扇早期以圆形居多,后有六角形、八角形、瓜楞形、蕉叶形、梧桐叶形多种。其中海棠形、马蹄形、梅花形较常见。四川及苏、杭纨扇,制作最精美,历史最悠久。纨扇在古诗词中常见,诗人以"冰纨"称之。班婕妤《怨歌行》:"新裂齐纨素,皎洁如霜雪。裁为合欢扇,团团似明月。"从历代有关咏扇的诗赋散文来看,团扇盛行于西汉至宋代的一千多年间,宋代以后又与折扇并驾齐驱。纨扇精巧雅致,具有很高的审美价值,深受妃嫔仕女、文人雅士的喜爱。

【解字】

纨（纨）（wán）

說文小篆　晋左棻墓志　智永　祝允明

繁体作"紈",形声字。《说文》:"紈,素也。从糸丸声。"本指白色细绢。段注:"素者,白致缯也。纨即素也,故从丸,言其滑易也。"朱骏声《通训定声》:"素者,粗细绢之大名,纨则其细者。"《释名·释采帛》:"纨,焕也。细泽有光,焕焕然也。"《战国策·齐策》:"下宫糅罗纨,曳绮縠。""丸"以人手所夹弹丸通指小而圆转光滑的物体。"丸"小篆作𠁥,徐灏《注笺》:"丸从人中有点,象挟弹形。"白细绢为丝织而成,如丸般光滑润泽,故"纨"从糸丸声。

"纨"也指幼小,王融《三月三日曲水诗序》:"纨牛露犬之玩,乘黄兹白之驷。"

<h2>shàn 扇</h2>

扇　扇　�　扇 
马王堆简牍　说文小篆　孙过庭　赵孟𫖯

会意字。《说文》:"扇,扉也。从户,从翄省。"本指门扇。《说文》:"扉,户扇也。""扇、扉"互训。段注:"《月令》:'乃修阖扇。'注云:'用木曰阖,用竹苇曰扇。'""户"指单扇的门。"翄"即"翅",门之两扇如鸟之两翼,王筠《句读》:"翅,翼也。翼必两,两扇似之。"门扇(户)左右扇动如鸟翅上下摆动(羽),故"扇"从户,从翄省。戴侗《六书故·工事》:"唐本从羽。"徐灏《注笺》:"扇从羽与扉从非同意,皆两翼之象也。"

扇子摇动如门扇开合,故"扇"也指扇子,摇动生风的用具,班婕好《怨歌行》:"裁为合欢扇,团团似明月。"扇子也可作遮蔽用,古仪仗中障尘蔽日的用具称"扇",也叫障扇或掌扇,崔豹《古今注·舆服》:"雉尾扇……周制以为王后夫人之车服。舆辇有翣,即缉雉羽为扇翣,以障翳风尘也。"扩展指手巾、盖头之类织品,潘岳《射雉赋》:"候扇举而清叫,野闻声而应媒。"李善注引徐爰:"扇,布也,形如手巾。"门扇呈扁薄形,故又用作量词,用于门、窗等扁形器物,如一扇门,白居易《长恨歌》:"钗留一股合一扇,钗擘黄金合分钿。"

"扇"又音 shān,指摇动扇子或扇状物,使空气流动生风,《尔雅·释虫》:"蝇丑扇。"邢昺疏:"青蝇之类,好摇翅自扇。"又指(风)起、吹,嵇康

《杂诗》:"微风清扇,云气四除。"又指煽动、鼓动(他人做坏事),《晋书·孙恩传》:"乃扇动百姓,私集徒众。"扇子扇动则空气流动扩散,故又指宣扬、传播,宋璟《请停东宫上礼表》:"而垂拱神龙,更扇其道。"火越扇越旺,故又指炽盛,《汉书·叙传》:"胜、广燎起,梁、籍扇烈。"手掌扇人的动作如门扇摆动,故又指用手掌打人,如扇耳光。

yuán
圆(圓)

圓　圓　圆　圆
说文小篆　大乘妙偈碑　孙过庭　柳公权

　　繁体作"圓",形声字。《说文》:"圓,圜全也。从囗員声。读若員。"指浑圆无缺,有完整、丰满、周全等义。段注:"圜而全,则上下四旁如一,是为浑圜之物。"王筠《句读》:"再言此者,言圆非与方对之圜,乃是圆全无缺陷也。"徐灏《注笺》:"许意谓圜言还绕,圆则中规。今方圆字多通作圜。"《吕氏春秋·审时》:"其粟圆而薄糠。"高诱注:"圆,丰满也。"《文心雕龙·明诗》:"自商暨周,雅颂圆备。"員(员),《说文》:"物数也。从贝口声。𪔂,籀文从鼎。"本义指物的数量。徐锴《系传》:"古以贝为货,故員数之字从贝。若言一钱两钱也。"数物要把所数之物单独放置,如同把物围起来,不与他物相混,故"員"从贝口声。籀文从"鼎"作"𪔂",徐灏《注笺》:"古鼎字从贞,贞从贝,故凡从贝之字亦或从鼎。"近代学者多谓"員"之本义为圆,后作"圆"。"員"甲骨文作𪔂(英一七八二,以〇表鼎口之圆。林义光《文源》:"从口从鼎,实圆之本字。〇,鼎口也。鼎口圆象。"可参证。圆满、周全则如口不缺,"員"指鼎口之圆,为"圆"之初文,圜全无缺,故"圆"从口員声。

　　"圆"作动词指使圆满、成全,如自圆其说。又指从中心点到周边任何一点的距离都相等的形体,周围封闭而无棱角的形体通常也称圆,与"方"相对,《墨子·法仪》:"百工为方以矩,为圆以规。"又指圆形的丸、球,《武林旧事·作坊》:"熟药圆散,生药饮片。"圆形物多光润,故又指婉转、圆润,元稹《善歌如贯珠赋》:"吟断章而离离若间,引妙啭而一一皆圆。"圆球圆转灵活,故用于人事指灵活、圆通、圆滑,孟郊《上达奚舍人》:"万俗皆走圆,一身犹学方。”由月缺复圆转指团圆、散而复聚,洪升《长生殿》:“会良宵,人并圆。”古人认为天是圆形的,故又指天,《淮南子·本经》:“戴圆履方。”又用作量词,指称圆形的物,《徐霞客游记·滇游日记》:“有澄池一圆。”古钱币多为圆形,故又指圆形的货币,或作“元”,如铜圆、银圆(元)。又为中国的本位货币单位,也作“元”,如六圆(元)三角五分。

jié 絜　　絜　　絜　　絜　　絜
　　　　说文小篆　白石神君碑　怀素　赵孟頫

　　形声字。《说文》:“絜,麻一端也。从糸㓞声。”本为一束麻。段注:“一端犹一束也。端,头也。束之必齐其首,故曰端。”王筠《句读》:“絜之为言挈也,束之便于提挈。”张舜徽《约注》:“絜之言结也,谓结束之使不散也。”㓞(qià),《说文》:“巧㓞也。从刀丯声。”本指契刻。徐灏《注笺》:“巧㓞,言其刻画之工也。”“㓞”字构形为用刀(刂)刻木有纹(丯),故“㓞”从刀丯声。“㓞”甲骨文作(合一四一七六,李孝定《甲骨文字集释》:“丯当即象㓞刻之齿,从刀,所以契之也。”古契刻之物多为木,故后加木作“栔”,今以“契”为通行字。治麻先用刀去皮,其次捆麻丝(糸)为束,然后以刀截(㓞)其一端使其整齐,故“絜”从糸㓞声。

　　一束麻经整理后整齐如一而不散乱,有整齐、洁净意,故“絜”转指清洁、干净,后作“潔”,段注:“束之则不欇(散)曼,故又引申为潔净,俗作潔,经典作絜。”《诗经·小雅·楚茨》:“絜尔牛羊,以往烝尝。”清廉是品行清洁不污,故又指廉洁、清明,《庄子·徐无鬼》:“其为人絜廉善士也。”作动词指修整、修饰,《荀子·不苟》:“君子絜其辩而同焉者合矣,善其言而类焉者应矣。”杨倞注:“絜,修整也,谓不烦杂。”

　　“絜”又音 xié,指用绳度量围长,段注:“束之必围之,故引申之围度曰絜。”《庄子·人间世》:“匠石之齐,至于曲辕,见栎社树,其大蔽数千牛,絜之百围。”又指度量、比较,《礼记·大学》:“是以君子有絜矩之道也。”朱熹集注:“絜,度也。矩,所以为方也。”

yín
银(銀)

銀　銀　釺　銀

说文小篆　曹全碑　智永　颜真卿

　　繁体作"銀",形声字。《说文》:"銀,白金也。从金艮声。"本指白银,为五金之一,古称白金。银为化学元素,符号 Ag,原子序数 47。色白而有光泽,质软,富延展性,是热和电的良导体。化学性质稳定,在空气中不易氧化。用于电镀、制造合金器皿等,亦用以制造货币。艮,《说文》:"很也。从匕、目。匕目,犹目相匕,不相下也。"义为不听从。段注:"目相匕即目相比,谓若怒目相视也。"故"艮"从匕、目。"艮"甲骨文作𓏸𓏸,像人反身向后看形,为反视形。"视"为前视,"艮"为回顾。反身狠视,有明显、突出的核心义素:瘢痕突出,故"痕"从艮声;边界明显,故"垠"从艮声;阻限突出,故"限"从艮声;眼光明亮,故"眼"从艮声;白金光亮耀眼(艮),故"銀"从金艮声。

　　中古钱币多用银制作,故"银"引申指钱、货币,《清会典事例·户部》:"银库为天下财赋总汇。"也指银印,《汉书·酷吏传》:"怀银黄,垂三组,夸乡里。"又指像银子一样白亮的颜色,杜牧《秋夕》:"银烛秋光冷画屏,轻罗小扇扑流萤。"

zhú
烛(燭)

燭　火蜀　爥　燭

说文小篆　武威·泰射113　熹平石经　颜真卿

　　繁体作"燭",形声字。《说文》:"燭,庭燎,火烛也。从火蜀声。"本义为火炬。"火烛"当作"大烛",钮树玉《校录》:"《韵会》引无火字,火当是大。《诗》毛传:庭燎,大烛也。"郑玄注《周礼》以为树于门内曰庭燎,树于门外曰大烛。二者统言无别,皆指火炬。火炬为古代夜间照明之物,以苇、麻、薪等为之,外以布缠之,点火发光。郑玄注《士丧礼》又谓"火在地曰燎,执之曰烛",段注:"按未爇曰燋,执之曰烛,在地曰燎。广设之则曰大烛、曰庭燎。大烛与庭燎非有二也,《周礼》累言坟烛、庭燎,故郑注以门外门内别之。"《礼记·曲礼》:"烛不见跋。"孔颖达疏:"古者未有蠟(蜡)烛,唯呼火炬为烛也。”蜀，《说文》：“葵中蚕也。从虫，上目象蜀头形，中象其身蜎蜎。《诗》曰：蜎蜎者蜀。”本为蛾蝶类的幼虫，后作“蠋”。“蜀”小篆作𤉭，上像头，中像身躯屈曲形。甲骨文作𤉭乙九九、𤉭后二·三〇·一〇，李孝定《甲骨文字集释》：“字为全体象形，上目象蜀头，古文多以目代首者，许解不误。”火炬可用虫兽油膏助燃，且上面捆束燃烧物上粗下细而形似“蜀”，故“燭”从火蜀声。简化字“烛”从火从虫。

蜡烛形状、功用如火炬，故“烛”也指蜡烛，程树德《说文稽古篇》：“章氏《检论》：‘汉初炷烛不过麻蒸，后汉之季，始有蜡烛。’是以蜡烛始于东汉。《晋书》：‘周颛弟嵩，以所持蜡烛投之。’此蜡烛始见于史者。”火炬、蜡烛用于照明，故作动词指照、照亮，《墨子·经说》：“日之光反烛人，则景在日与人之间。”烛光照明方能看清，故又指洞悉、察见，《韩非子·孤愤》：“智术之士，必远见而明察，不明察，不能烛私。”又指燃烛，陆游《十月二十八日夜风雨大作》：“拄门那敢开，吹火不得烛。”彗星明亮如烛，故又指彗星，《汉书·天文志》：“烛星，状如太白，其出也不行，见则灭。”又用作姓氏，《姓觿》沃韵：“烛，《千家姓》云：荥阳族。《左传》有郑大夫烛之武，《史记》秦有丞相烛寿。”

炜（煒）

　　炜　煒　炜　煒
说文小篆　曹全碑　怀素　赵孟頫

繁体作“煒”，形声字。《说文》：“煒，盛赤也。从火韦声。《诗》曰：彤管有煒。”本义为色红而光亮。段注依玄应《一切经音义》作“盛明貌”，王筠《句读》作“盛明貌也，赤也”。《诗经·邶风·静女》：“彤管有炜，说怿女美。”“韦”甲骨文作𩏠合一〇〇二六，脚板（止）围绕城墙四周（囗）走，“韦”有环绕、盛大义。火色为赤，“煒”字构形指火光明盛大，故“煒”从火韦声。张舜徽《约注》：“炜之言晖也，谓光晖强烈也。光强则色赤，故盛明与赤义实相成耳。”简化字“炜”所从“韦”，为“韦”草书楷化而成。

“炜”又音 huī，同“辉”，光、光辉，《汉书·王莽传》：“青炜登平，考景以晷。”颜师古注引如淳：“青气之光辉也。”

huáng
煌

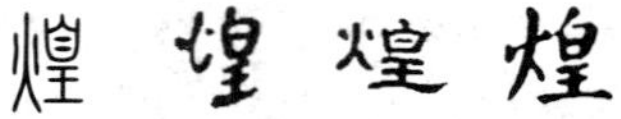

说文小篆　流沙简　曹全碑　颜真卿

形声字。《说文》：“煌，煌，煇也。从火皇声。”本义为火光、明亮。徐锴《系传》：“煌煌，煇也。”“皇”指大君，引申为大，金文作召卣，吴大澂谓像日出土上光明盛大形；一说为火炬光芒四射形。“煌(煌)”为火光盛明(皇)貌，故“煌”从火皇声。

火光照耀则光明盛大，故“煌”引申为盛，《汉书·地理志》：“敦煌郡。”应劭注：“敦，大也。煌，盛也。”

【原文】 昼(zhòu)眠(mián)夕(xī)寐(mèi)　蓝(lán)笋(sǔn)象(xiàng)床(chuáng)

【译文】 白日休息及晚上就寝，有青篾编制的席子与象牙装饰的床榻。

【释义】

昼，白天。眠，休息。夕，夜晚。寐，睡眠。蓝，深青色。蓝笋，用竹青编成的席子。用卧具的精美来表现生活的精美奢华。

笋席是嫩竹青编成的席子，徐灏《注笺》：“笋席以竹青皮为之，与篾席同谓之笋者，言其细嫩也。”《南史·隐逸传》：“王俭亦雅重之，赠以蒲褥笋席。”象床是象牙装饰的床，床架用硬木雕花镂空，中间镶有象牙和贝壳等装饰品。《战国策·齐策》：“孟尝君出行国，至楚，献象床。”鲍彪注：“象齿为床。”手执的是纨扇，照明的是银烛，白天躺的是笋席，晚上躺的是象床。这四句描述当时部分官吏奢靡侈富的生活。

过分追求生活的奢华，会使人意志消沉。奢侈的反面是节俭，老子称节俭为三宝之一，节俭也是儒家修身治世的重要观念。

【解字】

zhòu
昼(晝)

合 2392　合 22942　㝬簋　说文小篆　说文籀文　淮源庙碑　颜真卿

繁体作“晝”，会意字。《说文》：“晝，日之出入，与夜为界。从畫省，从日。，籀文晝。”本指白天，即日出到日落的一段时间。白天黑夜甚为分明，其界限以日之出入为准，徐灏《注笺》：“自日出至日入，通谓之昼，故云日之出入，与夜为界也。”畫，《说文》：“界也。象田四界。聿，所以畫之。”本义为划分界限。“畫”小篆作，像人持笔（聿）画界形。甲骨文作花东四一六，以手持笔规划形。昼夜有明显区分，以日之出入作为界限，故“晝”从畫省，从日。籀文省下面一横作“書”，段注：“按省下一横者。至夜则日在下。未尝息也。”《周易·系辞》：“刚柔者，昼夜之象也。”“晝”甲骨文从日从聿，人多在白天持笔书写（聿）治事，日昼出夜没，故从日从聿会意。简化字“昼”由草书楷化而成。

mián
眠（瞑）

说文小篆　智永　颜真卿　苏轼

《说文》作“瞑”，会意兼形声字。瞑（míng），《说文》：“翕目也。从目、冥，冥亦声。”本义为闭眼。“翕”为鸟羽展合飞起，有合意，翕目即合眼，合眼即“瞑”。《后汉书·马援列传》：“今获所愿，甘心瞑目。”冥，《说文》：“幽也。从日从六，冖声。日数十，十六日而月始亏幽也。”本指日无光昏暗。段注：“冖者，覆也。覆其上则窈冥……日之数十，昭五年《左传》文，谓甲至癸也。历十日复加六日而月始亏，是冥之意。”故“冥”从日从六，冖声。“冥”诅楚文作，像人（大）头顶的太阳（日）被冖遮覆，以此表昏暗义。甲骨文作合一八一，像双手（廾）张开布幔（冖）遮蔽阳光（日），以此表昏暗义。闭目则黑暗如冥，故“瞑”从目、冥，冥亦声。瞑之言冥，闭目则冥然不见。“民”甲骨文作合一三六二九，金文作盂鼎，像针刺奴隶目形。眼被刺瞎则失明无光，也有黑暗意，故“眠”从目民声。

眼睛昏花则看物不清，如同闭眼，故“瞑”也指眼睛昏花，《荀子·非十二子》：“酒食声色之中，则瞒瞒然，瞑瞑然。”闭眼则黑暗，故也指昏暗，陆游《风云昼晦夜遂大雪》：“草木尽偃伏，道路瞑不分。”傍晚昏暗，故又指夕、傍晚，《徐霞客游记·游武彝山日记》：“亟辞去，抵舟，已入瞑矣。”

"瞑"又音 mián，睡眠则闭眼，故"瞑"也指睡眠，后作"眠"，《正字通》目部："眠，寝息也，俗谓之睡。"李白《寻雍尊师隐居》："花暖青牛卧，松高白鹤眠。"又指某些生物在一段时间内不食不动的生理状态，如冬眠，庾信《燕歌行》："春分燕来能几日，二月蚕眠不复久。"

夕　xī　　合 19798　合 17056　　孟鼎　　历鼎　　说文小篆　娄寿碑　颜真卿

象形字。《说文》："夕，莫也。从月半见。"本义为傍晚。段注："莫者，日且冥也。日且冥而月且生矣，故字从月半见。旦者，日全见地上；莫者，日在茻中；夕者，月半见；皆会意象形也。"《诗经·王风·君子于役》："日之夕矣，牛羊下来。"朝夕相对，夕指傍晚。傍晚时天尚明，月亮初现则不如夜晚之明，小篆省月中一笔以表月初出半现，徐锴《系传》："月字之半也。月初生则暮见西方，故半月为夕。"故"夕"从月半见。王筠《句读》："黄昏之时，日光尚在，则月不大明，故曰半见。"徐灏谓"夕"为古朔字。甲骨卜辞中"夕、月"同文，林义光《文源》谓"夕、月"初本同字，后分为二音二义。张舜徽《约注》："窃意夕之为言西也，黄昏之时，日薄西山；而月之初生，亦始见西方；故月出、日入，均得谓之夕也。《诗·王风·君子于役》篇：'日之夕矣，牛羊下来。'《诗》篇言'日之夕矣'，犹云'日之西矣'耳。""夕"甲骨文像弯月之形，甲骨文"月、夕"同形。孙海波《甲骨文录考释》："卜辞月、夕同文，惟以文义别之，盖月、夕二字之谊同取于月初见，故易混也。"

傍晚之后即是晚上，故"夕"扩展指夜、晚上，《诗经·唐风·绸缪》："今夕何夕，见此良人！"也为古代的一种礼制，指傍晚时朝见君主，《左传·成公十二年》："百官承事，朝而不夕。"孔颖达疏："旦见君谓之朝，莫见君谓之夕。"晚上月出，故又指祭月之祀，《国语·周语》："明神而敬事之，于是乎有朝日、夕月以教民事君。"韦昭注："礼，天子……以春分朝日，秋分夕月，拜日于东门之外，然则夕月在西门之外也。"又指在傍晚或夜间举行某种活动，《仪礼·聘礼》："及期夕币。"郑玄注："夕币，先行之日，夕陈币而视之，重聘也。"晚有后意，故又指每年最后一季、每季最后一月、每月最后一旬，《尚书大传·周传》："岁之夕、月之夕、日之夕，则庶民受之。"郑玄注："自九月尽十二月为岁之夕，下旬为月之夕。"傍晚日落西方而月出，故又指西向，《周礼·秋官·司仪》："凡行人之仪，不朝不夕。"贾公彦疏："朝谓日出时，为正向东；夕谓日入时，为正向西。"又指夜间的潮水，后作"汐"，《管子·轻重乙》："天下之朝夕可定乎？"

mèi
寐

合 20964　合 20966　泰山刻石　说文小篆　怀素　颜真卿

　　形声字。《说文》："寐，卧也。从寱省，未声。"指睡着。段注："俗所谓睡着也。"人睡着则多呈躺卧状，故训"卧"。徐锴《系传》："寐之言迷也，不明之意也。"朱骏声《通训定声》："合目曰眠，眠而无知曰寐，坐寐曰睡，不脱冠带而眠曰假寐。"寱（mèng），《说文》："寐而有觉也。从宀从疒，夢声。"指睡眠时局部大脑皮质还没有完全停止活动而引起的表象活动。段注："今字叚夢为之，夢行而寱废矣。"夢，《说文》："不明也。从夕，瞢省声。"指不明。瞢（méng），《说文》："目不明也。从首从旬。"指目不明。首（mò），《说文》："目不正也。从丷从目。"指目不正。"丷"指羊角，羊角相背卷曲，乖戾不正，故"丷"有反戾不正、环绕卷曲意。"首"字构形指目歪斜不正（丷），徐灏《注笺》："丷，反戾也。两目各外向首然也。"故"首"从丷从目。旬（xuàn），《说文》："目摇也。从目，匀省声。旬或从旬。"指眼珠匀速摇动。徐锴《系传》："《史记》：'项梁眴籍曰：可行矣。'谓动目私视之也。"眼珠摇动的范围、幅度均匀，故"旬"从目，匀省声。"瞢"指目不明，目不正（首）则不能明视，目摇（旬）亦不能明视，故"瞢"从首从旬。"夢"指不明，夜晚（夕）昏暗不明，"瞢"指目不明，故"夢"从夕，瞢省声。"夢"甲骨文作，合二二一四五、合三二二一二、合一二七八〇反、合五五九八正，孙海波《甲骨文编》："象人依床而睡，寱之初文。"人在屋内（宀）躺在床上（疒）睡觉做梦（夢），做梦虽有感知而大多昏沉不明（夢），故"寱"从宀从疒，夢声。"未"小篆像木重枝叶,表示树木繁茂滋长,饶炯《部首订》:"未从木,重其枝叶。指事者,言其时万物滋长。"人睡着后常常做梦,梦(寱)里思绪滋长(未),故"寐"从寱省,未声。张舜徽《约注》:"寐犹瞑也,瞑,翕目也。凡睡着则两目闭合,故寐与瞑、眠双声义同。"

人睡眠则无声,故"寐"转指静谧无声,《释名·释姿容》:"寐,谧也,静谧无声也。"人死如长眠,故又指死亡,古诗《驱车上东门》:"潜寐黄泉下。"通"沫",相当于"已",《诗经·魏风·陟岵》:"予季行役,夙夜无寐。"

蓝(藍) lán

老子甲 108　　说文小篆　　智永　　颜真卿

繁体作"藍",形声字。《说文》:"藍,染青艸也。从艸監声。"本指蓼蓝,染青色之草。蓼科一年生草本,叶形像蓼而味不辛,干后变暗蓝色,可加工成靛青作染料,叶可供药用。又泛指叶含蓝汁可制蓝靛作染料的植物,如木蓝、菘蓝、马蓝等。张舜徽《约注》:"古有草染,有石染。石染者,丹青之属;草染者,蓝蒨之属。"《荀子·劝学》:"青,取之于蓝而青于蓝。""監"金文作颂鼎,人(亻)睁大眼睛(臣)俯身细看水盆(皿)中自己的面容,故"監"有细看、监视义。以"蓝"染色时需人不断监视查看染色程度,故"藍"从艸監声。

"蓝"也指深青色,如天蓝、蔚蓝,《论衡·本性》:"至恶之质,不受蓝朱之变也。"染色易扩展,又指泛滥、不加节制,后作"滥",《大戴礼记·文王官人》:"淹之以利,以观其不贪;蓝之以乐,以观其不宁。"又作姓氏,《通志·氏族略》:"蓝氏,望出中山。《战国策》中山太守蓝诸。"

笋(筍) sǔn

筍伯大父簋　　说文小篆　　衡方碑　　智永

繁体作"筍",形声字。《说文》:"筍,竹胎也。从竹旬声。"本为竹子的嫩芽,味鲜美,可以做菜。王筠《句读》:"胎孕地中者为笋,出地上者为箮也。"段注:"《醢人》注曰:'笋,竹萌。'按许与郑稍异。胎言其含苞,萌言其已抽也。《吴都赋》曰：‘苞笋抽节。’引伸为竹青皮之称。”徐灏《注笺》：
“竹之初生曰笋，故谓之‘竹萌’。阮太傅曰：‘竹箭有筠，松柏有心。皆言其
初生纤刺。’是也。初生纤刺谓之笋，稍壮可食者亦谓之笋。”张舜徽《约
注》：“俗称胎孕地中者为冬笋，出地上者为春笋。盖笋者，竹始生之大名。”
庾信《春赋》：“新芽竹笋，细核杨梅。”十日为旬，春笋生长很快，清明一尺
谷雨一丈，十日就长得很高，故“笋”从竹旬声。简化字“笋”从竹尹声。

　　“笋”也为悬乐器的横木，《周礼·考工记·梓人》：“梓人为笋虡。”

　　“笋”又音 yún，竹青皮，俗称篾青，后作“筠”，《尚书·顾命》：“敷重
笋席。”

xiàng
象

前 3.31.3　　合 13625　　且辛鼎　　师汤父鼎　　睡·为 17　　说文小篆　　孔龢碑　　颜真卿

　　象形字。《说文》：“象，长鼻牙，南越大兽，三年一乳，象耳牙四足之
形。”本指大象，为陆地上现存最大的哺乳动物，耳朵大，鼻子长圆筒形能
蜷曲，多有一对长大的门牙伸出口外，皮厚，毛稀疏，力大，性温顺。大象喜
热怕冷，今多生活在印度、泰国、越南、非洲等热带地区。古代某一时期大
象有生存于南越范围者，故训“南越大兽”，桂馥《义证》：“《太康地记》：秦
灭六国，南开百越，置象郡。”《左传·襄公二十四年》：“象有齿以焚其身，
贿也。”“象”甲骨文、金文像长鼻牙的大象形。罗振玉《增订殷虚书契考
释》：“卜辞亦但象长鼻，盖象之尤异于他畜者其鼻矣。又象为南越大兽，此
后世事，古代则黄河南北亦有之，‘爲’字从手牵象，则象为寻常服御之物，
今殷墟遗物有镂象牙礼器，又有象齿甚多。卜用之骨，有绝大者，殆亦象
骨。又卜辞卜田猎，有获象之语。知古者中原有象，至殷世尚盛也。王国
维曰：‘《吕氏春秋·古乐篇》商人服象，为虐于东夷。周公乃以师逐之，至于
江南。’此殷代有象之确证矣。”上古中原本有大象，河南称“豫”，即大象之
意。安阳殷墟墓葬中有整条陪葬大象的骨架，就是明证。《孟子·滕文公》
谓周武王“灭国者五十，驱虎、豹、犀、象而远之”，把中原（豫）大象赶往南

方,中原后人就只有"想象"了。《韩非子·解老》:"人希见生象也,而得死象之骨,案其图以想其生也。故诸人之所以意想者,皆谓之象也。"于是"象"就有了象似、想象、印象、抽象等义,古相像字只作"象",后加人作"像"。

"象"也为象牙的省称,《楚辞·离骚》:"为余驾飞龙兮,杂瑶象以为车。"也指形象,有形可见之物,如天象、星象,《周易·系辞》:"在天成象,在地成形。"孔颖达疏:"象谓悬象,日月星辰也。"又指相貌、肖像,《尚书·尧典》:"静言庸违,象恭滔天。"孔传:"言起用行事而违背之,貌象恭敬而心傲很若漫天。"又为《周易》用语,《周易》用卦、爻等符号表示自然变化和人事休咎,《周易·系辞》:"是故易者象也,象也者像也。"孔颖达疏:"谓卦为万物象者,法像万物,犹若乾卦之象法像于天也。"又指象征,《荀子·正论》:"治古无肉刑,而有象刑。"杨倞注:"象刑,异章服耻辱其形象,故谓之象刑也。"摹拟与被摹拟,二者相像,又指摹拟、描绘,《汉书·艺文志》:"六书,谓:象形、象事、象意、象声、转注、假借。"效法者力求和被效法者相像,故又指效法,《左传·襄公三十一年》:"有威而可畏,谓之威;有仪而可象,谓之仪。君有君之威仪,其臣畏而爱之,则而象之,故能有其国家。"又指相似、好像,《周髀算经》:"天象盖笠。"不同语言经翻译则意义相通相像,又指古代通译南方民族语言的官,《周礼·秋官》:"象胥。"又指法、法令,《国语·齐语》:"合群叟,比校民之有道者,设象以为民纪,式权以相应。"韦昭注:"设象,谓设教象之法于象魏也。"又指道理,《老子》三十五章:"执大象,天下往。"

床(牀) chuáng

臼　牀　牀　牀　床

乙 2778　睡·日甲 125　说文小篆　王知敬　智永

《说文》作"牀",形声字。《说文》:"牀,安身之坐者。从木爿声。"本指供人坐凭的器具。桂馥《义证》:"《玉篇》:'牀,身所安也。'颜注《急就篇》:'牀,所以坐卧也。'《释名》:'人所坐卧曰牀,牀,装也,所以自装载也。'"《诗经·小雅·斯干》:"乃生男子,载寝之牀。"爿(qiáng),为"牀"之初文,段注:"爿,读若墙。""爿(牀)、墙"声近韵同。"爿"甲骨文作𠁣乙二七七八,像床形,横视可见。疒(nè),《说文》:"倚也。人有疾病,象倚箸之形。"本义指倚靠。甲骨文作𤕫乙七三八,像人有病时依靠、躺在床上之状。𤕫左部之形与𠁣同。牀、几皆为古人坐卧、倚靠之具,牀大而几小,《说文》:"桯,牀前几。""几"小篆作𠘧,为横置;段注"爿"作𠁣,为竖置。"几、爿"形近,"几"短小,故上下齐平;"爿"大而长,故上下皆延展。孔广居《疑疑》:"牀古作𠤎,象形,以为偏旁之用,不便横书,故作𠁣……或省作𠁣,通加木作牀。"徐灏、章太炎等皆主此说。林义光《文源》:"考爿并有牀象,实即牀之古文。""爿"为"牀"之初文,牀以木制,故"牀"从木爿声。"牀"通用而"爿"为构字偏旁。"爿"加木为"牀",犹"其"加竹作"箕"、"豆"加木作"梪"。

"床"也指放置器物的坐架,南朝陈徐陵《玉台新咏·序》:"翡翠笔床,无时离手。"又指井栏,乐府歌辞《淮南王篇》:"后园凿井银作床,金瓶素绠汲寒浆。"也指形状像床几的器具,杜甫《羌村》之二:"赖知禾黍收,已觉糟床注。"糟床,榨酒的器具。唐宋以后,才有供人睡觉的高足床,清陈学洙《茉莉》:"银床梦醒香何处,只在钗横髻軃边。"人睡时床在身下,故又指底部,如河床。又用作量词,用于被褥或大器物的计件。

【原文】　弦歌酒宴　接杯举觞
（xián gē jiǔ yàn　jiē bēi jǔ shāng）

【译文】　以弦歌酒宴招待宾客,举杯畅饮而融洽和乐。

【释义】

弦,琴瑟等弦乐器。弦歌,伴琴瑟音乐而咏歌。酒宴,有酒的宴会。接杯,碰杯。举觞,举起斟满酒的杯畅饮。《千字文释义》:"此言宴会之乐。"

"弦歌"语出《周礼·春官·小师》"小师掌教鼓鼗、柷、敔、埙、箫、管、弦、歌",郑玄注:"弦,谓琴瑟也。歌,依咏诗也。""觞"为古代盛酒器,是"羽觞"的省称,又称羽杯、耳杯,后为酒杯的通称。"觞"外形椭圆,浅腹平底,两侧有半月形双耳,有饼形足或高足。因其形状像爵,两侧有耳,像鸟的双翼,故名"羽觞"。羽觞出现于战国,延用于魏晋。东汉有绿釉陶羽觞,两晋有大量青瓷羽觞,南北朝时羽觞数量减少,随后逐渐消失。

　　酒宴是中国人重要的交际舞台,酒宴催生了异彩纷呈的饮食文化,进而派生出酒席游戏,它将娱乐、文学、情感、技艺等嫁接起来,融入百姓生活。比如投壶,源于古代射礼,以酒壶为靶,用棘矢代箭,游戏者手持箭矢掷向靶壶,汉乐府《古歌》谓"主人前进酒,弹瑟为清商,投壶对弹棋,博弈并复行",宴会间的投壶游戏,可助酒兴,气氛欢乐宜人。"管弦钟磬,轻歌曼舞",也是古代酒宴不可或缺的风景。《周礼·天官·膳夫》:"膳夫受祭,品尝食,王乃食。卒食,以乐彻于造。"可见在周代,君主进食就已经有音乐助兴了。最初多为出席者自唱自舞,《诗经·小雅·宾之初筵》:"宾之初筵,温温其恭……舍其坐迁,屡舞仙仙。"酒酣耳热之际,人们禁不住离席起身,手持乐器,和歌载舞。这种席间歌舞,既提高宴会的愉悦成分,也可向主人或宾客表达敬意,后逐渐发展为专门的歌者舞伎的助兴演出。

【解字】

xián 弦	合 25	合 9283	合 18477	说文小篆	武威·泰射 36	熹平石经	颜真卿

　　衬托象形字。《说文》:"弦,弓弦也。从弓,象丝轸之形。"本指弓弦,系在弓背两端用于发箭的绳状物。段注:"弓弦以丝为之,张于弓。""弦"小篆之 像弓弦形,"弓"为衬托,表示弦在弓上。段注:"象古文丝而系于轸。轸者系弦之处,后人谓琴系弦者曰轸。"《仪礼·乡射礼》:"有司左执弣右执弦而授弓。"张舜徽《约注》:"弦以紧促为功,故有急义。推之很谓之佷,有守谓之姑,急走谓之趇,牛百叶谓之胘,皆从弦得声得义。""弦"甲骨文在弓弦中间画一圆圈指出弓弦所在,为指事字,弦或在左或在右。

　　开弓时弦的弹力能够急速把箭射出去,故"弦"引申为急,任彦昇《王文宪集序》:"夷雅之体,无待韦弦。"古人佩弦来警戒自己的性缓,佩韦以警戒自己的性急,"弦韦"喻性子急缓不同,后用以喻朋友的规劝。又指张于乐器上用以发音的丝线或金属丝,段注:"弓弦以丝为之,张于弓。因之张于琴瑟者亦曰弦。"《礼记·乐记》:"昔者舜作五弦之琴,以歌《南风》。"又指琴瑟等弦乐器,《淮南子·原道》:"建钟鼓,列管弦。"又指弹奏琴瑟等弦乐器,《礼记·乐记》:"乐师辨乎声诗,故北面而弦。"郑玄注:"弦谓鼓琴瑟也。"月亮半圆如弦在弓上状,故又指月亮半圆。农历初七、初八,月亮缺上半,称上弦;二十二、二十三,月亮缺下半,称下弦,《释名·释天》:"弦,月半之名也。其形一旁曲,一旁直,若张弓施弦也。"杜甫《月》之三:"万里瞿唐月,春来六上弦。""弦"连接弓的两端,在弓上为一条边,故又用作数学名词,1. 我国古代称不等腰直角三角形对着直角的边,《周礼·考工记·磬氏》"磬氏为磬,倨句一矩有半",郑玄注:"必先度一矩为句,一矩为股,而求其弦。"2. 一直线与圆相交于两点,在圆周内的部分为弦,戴震《勾股割圆记》:"截圆周为弧背,緪弧背之两端曰弦。"又指发条,如钟弦、上弦。

歌(謌)

gē

乙 659　后 2.22.3　敔尊　敔簠　秦公鐘　说文小篆　史晨碑　颜真卿

　　形声字。《说文》:"歌,詠也。从欠哥声。謌,歌或从言。"本义为歌唱,按一定的乐曲或节拍咏唱。徐锴《系传》:"歌者,长引其声以诵之也。"《说文》:"詠,歌也。""詠、歌"异部互训。《诗经·魏风·园有桃》:"心之忧矣,我歌且谣。"毛传:"曲合乐曰歌,徒歌曰谣。"哥,《说文》:"声也。从二可。古文以为謌字。"本义为歌声,后作"歌"。"哥"像咏唱时发出舒缓绵长的"可可"声,故"哥"从二可,用指歌唱。王筠《句读》:"哥从二可,长言之也。《书》曰:哥永言。"段注:"《汉书》多用哥为歌。""欠"为人张口打呵欠,从欠之字皆与气息有关,歌唱要用气息,故"歌"从欠哥声。或体从言作"謌",段注:"歌永言,故从言。"季旭昇《说文新证》:"甲骨文、金文敔尊旧多释何,字从人负荷而张口(荷亦声),有学者以为即歌字,劳者歌其事;敔尊加义符'口',强调以口歌唱之意,春秋晚从言,可声。"

　　"歌"也指歌谣,《后汉书·逸民列传》:"作五噫之歌。"歌唱多配乐,故也指奏乐,《诗经·大雅·行苇》:"嘉肴脾臄,或歌或咢。"毛传:"歌者比于琴瑟也,徒击鼓曰咢。"又为古代诗歌体裁之一,如《长恨歌》,严羽《沧浪诗话·诗体》:"古有鞠歌行、放歌行、长歌行、短歌行。"古代以歌声颂扬功绩,故又指颂扬、歌颂,《后汉书·吴盖陈臧列传》:"抚贫弱,表有义,检制军吏,不得与郡县相干,百姓歌之。"

| jiǔ 酒 | 甲 755 | 合 28231 | 盂鼎 | 国差䍈 | 说文小篆 | 曹全碑 | 颜真卿 |

会意兼形声字。《说文》:"酒,就也,所以就人性之善恶。从水从酉,酉亦声。一曰造也,吉凶所造也。古者仪狄作酒醪,禹尝之而美,遂疏仪狄。杜康作秫酒。"本义为用粮食、水果等发酵制成含乙醇(C_2H_5OH)的饮料。"酒、就"声近,为声训。"就"指成就,古凡成功、美善之事,以酒庆贺,是酒为善之就;而酗酒无度,则会引人造恶,乃至招致家国灭亡,殷商即亡于酒,故周公作《酒诰》以戒卫康叔禁酒,是酒为恶之就。善恶皆因酒而成,王筠《句读》:"宾主百拜者,酒也。淫酗者,亦酒也。"故谓"所以就人性之善恶"。"酒"金文用酒坛子表示酒,吴大澂以为古文酒与酉同。罗振玉《增订殷虚书契考释》谓"酒"甲骨文"象酒由尊中挹出之状"。"酉"像酒尊,酒以水及五谷酿成,酒似水,《黄帝内经·灵枢》"酒者,水谷之精,熟谷之液也",故"酒"从水从酉,酉亦声。酒在上古祭祀中地位重要,《说文》酉部从酉而与酒相关的字有六十七个,可见其盛。

"酒"作动词为饮酒,《韩非子·说林》:"常酒者,天子失天下,匹夫失其身。"古代多以酒作祭品,故也指以酒荐祖庙,罗振玉《殷虚文字类编》:"卜辞所载诸酒字为祭名。考古者酒熟而荐祖庙,然后天子与群臣饮之于朝。"

| yàn 宴 | | 宴簋 | 鄂侯鼎 | 说文小篆 | 熹平石经 | 颜真卿 |

形声字。《说文》:"宴,安也。从宀旻声。"本义为安逸、安闲。"宴、安"上古音皆属影纽元部,为声训。钱坫《斠诠》:"《左传》安孺子,《古今

人表》作宴孺子。"《左传·闵公元年》："宴安酖毒。"孔颖达疏："宴安自逸，若酖毒之药。"晏，《说文》："安也。从女、日。《诗》曰：以晏父母。"本义为安。天晴日明则世安，女在家(宀)为"安"，"女"亦有安意，故"晏"从女、日。《汉书·眭两夏侯京翼李传》："房尝宴见。"颜师古注："以闲宴时而入见天子。"房屋遮蔽风雨，为安宁之所，戴侗《六书故·工事》"宴者，燕居闲适也"，人在家(宀)则安闲自在(晏)，"宴""晏"皆有安义，故"宴"从宀晏声。

　　人安居则心逸身安，故"宴"引申指安居、安歇，《汉书·贾谊传》："是与太子宴者也。"又指安定，《三国志·吴书·朱然传》："将士皆失色，然宴如而无恐意。"人在卧室里安息，故又指内室，《周易·随》："君子以向晦入宴息。"安逸易生喜悦，故又指喜乐，《诗经·邶风·谷风》："宴尔新昏，如兄如弟。"宴请是喜悦之事，故又指宴请，即以酒食款待宾客或聚在一起吃酒饭，段注："引伸为宴飨，经典多假燕为之。"《左传·昭公元年》："赵孟为客，礼终乃宴。"酒宴上多欢乐，故又指酒食、筵席，如设宴、国宴，《左传·昭公九年》："君彻宴乐，学人舍业，为疾故也。"

接
jiē

说文小篆　衡方碑　智永　颜真卿

　　形声字。《说文》："接，交也。从手妾声。"本义为交接、会合。《礼记·表记》："君子之接如水。"郑玄注："接，或为交。"孔颖达疏："言君子相接不用虚言，如两水相交，寻合而已。""妾"指女奴，甲骨文作𡘪粹二一八，以头加刑具(辛)的女子(女)表示有罪女奴。"妾"接受、侍奉主人，有接意，《白虎通·嫁娶》："妾者，接也，以时接见也。"《释名·释亲属》："妾，接也，以贱见接幸也。"人与人交往多以手相接(妾)，如今握手，朱骏声《通训定声》："足接为交，手交为接。"徐灏《注笺》："接者，相引以手之义。"故"接"从手妾声。

　　两物相连则交接在一起，故"接"也指连接，《管子·八观》："食谷水，巷凿井，场圃接，树木茂。"也指连续、相继，《仪礼·聘礼》："君揖使者，进之。

上介立于其左,接闻命。"两物相接则触碰在一起,故又指靠近、接触,《仪礼·聘礼》:"宾立接西塾。"接待者与被接待者交往,故又指接待、对付,《孟子·万章》:"其交也以道,其接也以礼。"手接物是用手掌托起,故又指托住、承受,《礼记·曲礼》:"由客之左,接下承弣。"孔颖达疏:"接客左手之下而取弓。"手接住物品须持握住,故又指持、掌握,《墨子·尚贤》:"举以为天子,与接天下之政,治天下之民。"

bēi 杯(桮)

江陵简　系传籀文　说文小篆　说文籀文　曹全碑　颜真卿

《说文》作"桮",形声字。《说文》:"桮,䚋也。从木否声。匷,籀文桮。"本义为古代盛羹及注酒器,椭圆形,两侧有耳,也称"耳杯"。今泛指盛饮料器,如茶杯、酒杯。段注:"匚部曰:'䚋,小桮也。'析言之。此云:'桮,䚋也。'浑言之。《方言》:'盏、械、盏、㼐、閜、㯮、㯠,杯也。'桮其通语也。古以桮盛羹,桮圈是也。"朱骏声《通训定声》:"桮,古盛羹若注酒之器,通名曰杯也。"《庄子·逍遥游》:"覆杯水于坳堂之上,则芥为之舟。"古之桮初以木制作而成,"否"从口从不,有闭塞、否定意,羹、酒盛于杯,在杯中隔离如同闭塞于杯中,故"桮"从木否声。《说文》籀文从不声作匷,《唐写本木部残卷》及《系传》皆作匷,匷当为许书原字。"否"从不声,"否、不"古音同,故作匷,亦可通。"不"甲骨文作𣎳合二〇〇二三、𣎳合六八三四正、𣎳合三三八二九,罗振玉、王国维等谓像花萼蒂之形,何琳仪谓像根荄之形,杯子也像花蒂形,故"否、桮、杯"从不。可备参考。

杯多用以盛酒,故"杯"转指酒,如杯炙、杯酌。也指杯状物,如奖杯。又用作量词,《孟子·告子》:"今之为仁者,犹以一杯水救一车薪之火也。"

jǔ 举(舉擧)

中山王壶　说文小篆　曹全碑　颜真卿

繁体作"舉",《说文》作"擧",形声字。《说文》:"擧,对举也。从手與声。"本义为双手向上托物。朱骏声《通训定声》:"谓两手举之。"邵瑛《群经正字》：“今经典作擧。隶变汉碑多如此作，今俗因之。”《孟子·梁惠王》：“吾力足以举百钧，而不足以举一羽。”“與”金文作🈀乔君钲，像二人以手授受形，有共同参与意。“與”从“舁”，四手共举而有共同意，“擧”为双手共举，故“擧”从手與声。简化字“举”是“擧”草书楷化而成。

　　双手持物方能举起，故“举”也指拿、执持，《诗经·大雅·烝民》：“德輶如毛，民鲜克举之。”孔颖达疏：“举者，提持之言。既以重轻为喻，故以举言之。”物被举起是由下往上升，故又指升起。《诗经·郑风·大叔于田》：“叔在薮，火烈具举。”转指对人的推举、选拔，《墨子·尚贤》：“使（伊尹）为庖人，汤得而举之，立为三公。”又指参加科举考试，又为举人的简称，韩愈《讳辨》：“愈与李贺书，劝贺举进士。”《新唐书·张嘉贞传》：“以五经举，补平乡尉。”由举于空中转指飞于空中，《吕氏春秋·论威》：“知其不可久处，则知所兔起凫举死殇之地矣。”物被举起则往上行，故又指行动，《左传·庄公二十三年》：“君举必书。”又指发动、兴起，《韩非子·外储说左上》：“举兵而伐中山。”转指谋划、规划，《吕氏春秋·异宝》：“其主，俗主也，不足与举。”又指施行、办理，《管子·禁藏》：“举事而不时，力虽尽，其功不成。”被举起者多是受推崇之物，成功则受人推重，故又指成就、成功，《史记·陈涉世家》：“且壮士不死即已，死即举大名耳。”人谈论者多是重要之事，故又指谈论、称引，《韩非子·五蠹》：“故举先王言仁义者盈廷，而政不免于乱。”用于战斗指攻克、占领，《谷梁传·僖公二年》：“献公亡虢，五年而后举虞。”提出如同举出问题，故又指提出、发问，《论语·述而》：“举一隅，不以三隅反，则不复也。”物被举起则明显，事被揭发则彰显，故又指揭发，《荀子·不苟》：“正义直指，举人之过恶，非毁疵也。”又指纠正、匡正，《吕氏春秋·自知》：“故天子立辅弼，设师保，所以举过也。”将物举起则有推崇意，故又指复兴，《礼记·中庸》：“继绝世，举废国，治乱持危。”用于所得为拾取、没收，《吕氏春秋·下贤》：“锥刀之遗于道者，莫之举也。”举重物是用全力托起，故又指穷尽，《史记·项羽本纪》：“杀人如不能举，刑人如恐不胜，天下皆叛之。”又指总括，《韩非子·解老》：“是以举之曰：俭故能广。”又作副词,指皆、全、整个,如举国、举世,《汉书·万石卫直周张传》:"无文学,恭谨,举无与比。"

shāng
觞(觴)

觞仲多壶　说文小篆　说文籀文　礼器碑　赵孟頫

　　繁体作"觴",形声字。《说文》:"觴,觯。实曰觴,虚曰觯。从角,𬀩省声。𤖺,籀文觴从爵省。"本指盛满酒的酒杯,泛指酒器。段注:"《韩诗》说爵觚觯角散五者,总名曰爵,其实曰觞。觞者,饷也。觯者,罚爵。非所以饷,不得名觞。然投壶之请行觞,固罚爵也。凡《礼经》曰实者,皆得曰觞。"张舜徽《约注》:"觞与觯实一器而殊名,析言有虚实之辨,浑言则二名无别,故许君以觯释觞。"《韩非子·十过》:"平公提觞而起为师旷寿。"《说文》无"𬀩"字,王筠谓当作"𬀩"。徐锴《系传》作"从角𢎨声"。徐灏谓"𢎨"为"易"之或体,"易"乃日光(日)广洒(勿)地下(一)之象,为"陽"之初文。酒可促使血液循环,使体温(阳气)增升,故"觴"从角,𬀩省声。爵与觞皆为酒器,故籀文从爵省作"𤖺"。

　　"觞"作动词指向人敬酒或自饮,《吕氏春秋·达郁》:"管仲觞桓公。"

jiǎo shǒu dùn zú　　yuè yù qiě kāng
【原文】　矫 手 顿 足　　悦 豫 且 康

【译文】　宾客随乐曲节拍而手舞足蹈,身心安乐而又康泰。

【释义】

　　矫手,举手。顿足,跺脚。豫,安乐。"矫手顿足"是身体的动作,身体跟着音乐的节拍而舞动,得以放松而舒悦。"悦豫且康"为内心的安乐,人在快乐时往往会手舞足蹈、载歌载舞。酒足饭饱之后,宾朋身心欢悦,随乐歌舞,一片欢悦康泰景象。

　　载歌载舞不限于酒宴之上,诗词歌赋既是文学,又是音乐艺术。古代诵读、歌唱文学作品的方式称为吟诵,亦称吟咏,也表现为音乐形式。吟诵是人们对汉语诗文的传统诵读方式,有两千多年的历史,吟诵是诗乐传统的核心,诗乐本一家,《尚书·尧典》:"诗言志,歌永言,声依永,律和声。"吟诵古典诗文,是修养身心、深入经典、排遣忧愁的绝佳方法。

【解字】

^{jiǎo}
矫(矯)　　**矯　矯　矯　矯**
睡·语2　说文小篆　晋辟雍碑　颜真卿

　　繁体作"矯",形声字。《说文》:"矯,揉箭箝也。从矢喬声。"本义指一种揉箭使直的箝子。段注:"箭者,矢竹所为矢也。不言矢言箭者,矫施于笴,不施于镝羽也。箝,籋也。柔箭之箝曰矯。"徐灏《注笺》:"揉箭欲其直也。"喬,《说文》:"高而曲也。从夭,从高省。"本指高而曲。"夭"小篆作𠑾,以人头偏曲表示弯曲。"喬(乔)"指高而曲(夭),故"喬"从夭,从高省。揉箭(矢)使其由曲变直,则高度增加(喬),故"矯"从矢喬声。朱骏声《通训定声》:"高亦声。"张舜徽《约注》:"本书火部:'煣,屈申木也。从火、柔,柔亦声。'凡竹木之屈者欲其直,申者欲其屈,皆先以火炁之。若欲使曲为直,必以他物正之,所谓矫也。《荀子·性恶篇》云:'故枸木必将待檃栝烝矫然后直。'是其义已。惟矢笴之求直,视他物尤甚,故矫字从矢。"

　　"矫"也指使弯曲的物体变直,徐灏《注笺》:"引申之,凡以曲为直者,谓之矯。"《周易·说卦》:"坎……为矫輮。"揉箭使直则改变了原有的形状,故也指纠正、匡正,《汉书·成帝纪》:"民弥惰怠,向本者少,趋末者众,将何以矫之?"揉箭使直是强力改变其弯曲的形状,故又指抑制,《荀子·性恶》:"是以为之起礼义,制法度,以矫饰人之情性而正之。"揉箭使直则有违起初弯曲的形状,故又指违背,《韩非子·问辩》:"乱世则不然,主有令,而民以文学非之;官府有法,民以私行矫之。"假托君命是违背君命,故又指假托君命,《战国策·齐策》:"券遍合,起,矫命以责赐诸民,因烧其券,民称万岁。"揉箭使直需强力,故又指强貌、矫健貌,《礼记·中庸》:"故君子和而不流,强哉矫。"勉励是劝人自强奋发,故又指勉励,《庄子·天下》:"以绳墨自矫,而备世之急。"通"挢",举,陶渊明《归去来兮辞》:"策扶老以流憩,时矫首而遐观。"

shǒu
手

智簋　　不嬰簋　　扬簋　　柞钟　　说文小篆　说文古文　史晨碑　颜真卿

　　象形字。《说文》:"手,拳也。"指腕以下的指掌部分。《说文》:"拳,手也。"手曲握则成拳,拳伸展则为手,手、拳一体,段注:"今人舒之为手,卷之为拳,其实一也。故以手与拳二篆互训。"《诗经·邶风·击鼓》:"执子之手,与子偕老。"金文、小篆字形像一节手臂上有五指形,上为五指,下为腕臂。徐灏《注笺》:"手象指掌之形,小篆中画微曲,书势取茂美也。"

　　手能拿物,故"手"也指拿着,《公羊传·庄公十二年》:"手剑而叱之。"何休注:"手剑,持拔剑。"取物以手,故又指取,《诗经·小雅·宾之初筵》:"宾载手仇,室人入又。"又指徒手搏击,《汉书·司马相如传》:"手熊罴。"颜师古注:"手,言手击杀之。"又指亲自、亲手,《后汉书·隗嚣传》:"帝报以手书。"手持笔写字则留下字迹,故又指手迹、笔迹,《汉书·郊祀志》:"天子识其手,问之,果为书。"又指专司某事或擅长某种技艺的人,如能手,《北史·列传第二十》:"锐意研精,遂为名手,多所全济。"人主要用手做事,故又泛指人,如打手,章学诚《校雠通义·条理》:"近代校书,不立专官,众手为之。"又指手艺、手法,张彦远《法书要录》引赵壹《非草书》:"心有疏密,手有巧拙。"持于手的多为小物,故又指小巧的、便于手头携带或使用的,如手折、手册。又用作量词,多用于技能、本领,如使出两手绝招。又指某些有代替人手作用的机械部分或动物的感触器,如扳手。

dùn
顿(頓)

说文小篆　熹平石经　孙过庭　赵孟頫

　　繁体作"頓",形声字。《说文》:"頓,下首也。从頁屯声。"本义为以头叩地。朱骏声《通训定声》:"《周礼·大祝》'二曰顿首'注:'拜头叩地也。'按拜头至地而不叩为稽首,叩者为顿首。稽首为吉礼之称,稽颡为凶礼之称,其实一也。顿首则非常之事,如《左传》'九顿首而坐''顿首于宣子',非恒用之拜,无关于凶礼、吉礼者,秦汉上疏,以顿首为请罪之辞,是也。今人动辄书顿首,失之。”丁福保《诂林》:“《慧琳音义》十八卷十页顿注引《说文》:‘下首至地也。’盖古本有‘至地’二字,今夺,宜补。”《周礼·春官·大祝》:“辨九拜,一曰稽首,二曰顿首。”郑玄注:“稽首拜,头至地也;顿首拜,头叩地也。”贾公彦疏:“二种拜俱头至地,但稽首至地多时,顿首至地则举,故以叩地言之,谓若以首叩物然。”“頁”指头,甲骨文作𩑋乙八八四八,像人踞而突出其头形。“屯”(zhūn)小篆作屯,草木(屮)初生出土面(一)时受阻而生长艰难,徐灏《注笺》:“此篆从屮曲之,以象难生之意……屯之引申为留难之义,又为屯聚、屯守之称。”“屯”有艰难、留止、聚集等义。以头叩地是头(頁)留止(屯)于地面,故“顿”从頁屯声。

　　“顿”也指以足或物叩地,杜甫《兵车行》:“牵衣顿足拦道哭。”屯驻是人顿留止息,故又指止宿、屯驻,《汉书·李广苏建传》:“就善水草顿舍,人人自便。”放置是将物安止于某处,故也指放置、安放,陈允平《唐多令·秋暮有感》:“欲顿闲愁无顿处,都着在两眉峰。”舍弃之物多丢于地,故又指舍弃、废弃,曹植《七启》:“收旌弛旆,顿纲纵网。”顿首是以头用力紧贴地面,故又指用力牵引、扣紧,《盐铁论·诏圣》:“今之治民者,若拙御马,行则顿之,止则击之。”顿首为一下一下有序进行,故又指上下抖动使整齐,《荀子·劝学》:“若挈裘领,诎五指而顿之,顺者不可胜数也。”王先谦集解:“卢文弨曰:顿犹顿挫,提举高下之状,若顿首然。”头至地如同仆倒,故又指僵仆,曹操《秋胡行》:“牛顿不起,车堕谷间。”人劳顿则多卧倒休息,故又指困顿、劳顿,《荀子·仲尼》:“顿穷则从之,疾力以申重之。”人过于劳顿则易生病,物过于耗损则易损坏,故又指损坏、败坏,《左传·襄公四年》:“师徒不勤,甲兵不顿。”吃饭是停下工作进餐,故又用作量词。名量用于饭的餐数,动量用于吃饭、斥责、劝说、打骂等行为的次数,《世说新语·任诞》:“闻卿祠,欲乞一顿食耳。”顿首着地时间短,故又用作副词,相当于“立刻、忽然”。通“钝”,不锋利、不颖悟,《史记·屈原贾生列传》:“莫邪为顿兮,铅刀为铦。”

zú
足　　珠 542　　甲 1640　　史鼎　　兔簋　　说文小篆　　鲁峻碑　　颜真卿

象形字。《说文》:"足,人之足也,在下。从止、口。"为人体下肢的总称,又专指踝骨以下的部分,今叫"脚"。徐锴《系传》:"口象股胫之形。"朱骏声《通训定声》:"足,膝下至跖之总名也。从止即趾字,从口象膝形,非口齿字。举膝与止以咳胫。"《左传·文公十三年》:"履士会之足于朝。""止"为脚板,"口"像膝盖以下小腿形。杨树达《积微居小学述林》:"股、胫、蹠、跟全部为足,足从口者,象股胫周围之形。人体股胫在上,跟蹠在下,依人所视,象股胫之口当在上层,象蹠跟之止当在下层。然文字之象形,但有平面,无立体,故止能以'口'上'止'下表之也。""足"甲骨文像连腿带脚的整个下肢。

"足"扩展指动物的行走器官,《尔雅·释鸟》:"二足而羽谓之禽,四足而毛谓之兽。"也指植物的根茎,《左传·成公十七年》:"鲍庄子之知不如葵,葵犹能卫其足。"杜预注:"葵倾叶向日,以蔽其根。"足支撑人体,故也指支撑器物的脚,《周易·鼎》:"鼎折足,覆公𫗧。"足是人体下基,故也指事物的基部,陆机《招隐》之二:"朝采南涧藻,夕息西山足。"作动词为踏,《史记·司马相如列传》:"手熊罴,足野羊。"裴骃集解引郭璞:"手足,谓拍蹹杀之。"人赖足行走,故又指行走,《三国志·蜀书·庞统传》:"陆子可谓驽马有逸足之力。"足支持身体,人站立则足承重而坚实踏地,力量充足,故又指充实、完备、充足,《诗经·小雅·天保》:"降尔遐福,维日不足。"财货充足为富裕,故又指富裕,《庄子·天地》:"古之畜天下者,无欲而天下足。"又指满足、使满足,《老子》四十六章:"祸莫大于不知足。"足止于地,故又指已、止,《老子》二十八章:"为天下谷,常德乃足,复归于朴。"事成则止,故又指事情完成,《左传·襄公二十五年》:"言以足志,文以足言。"可以表示能够担当、任事,故又指能够、可以,《左传·僖公二十三年》:"吾观晋公子之从者,皆足以相国。"又指值得,《左传·昭公十二年》:"是四国者,专足畏也。"

"足"又音 jù，由充足引申指过分，《论语·公冶长》："巧言，令色，足恭，左丘明耻之，丘亦耻之。"何晏集解："孔曰：'足恭，便僻貌。'"超过的部分是多出的，故又指增补、接连，《汉书·五行志》："左右阿谀甚众，不待臣音复诣而足。"颜师古注："足，益也。"

yuè
悦（说）　　**戗　龤　悦　悦**

老子甲后 175　说文小篆　西狭颂　颜真卿

本字作"说"，形声字。说(yuè)，《说文》："说释也。从言、兑。一曰谈说。"义为喜悦，或指谈说。徐锴《系传》作"从言兑声"。段注："说释即悦怿，说悦、释怿皆古今字。许书无悦怿二字也。说释者，开解之意，故为喜悦。"《论语·学而》："学而时习之，不亦说乎。"兑，《说文》："说也。从儿合声。"指喜悦。"兑"甲骨文作**𤇄**粹——五四，人（儿）高兴时张大嘴巴（口）向上发声（八）。林义光《文源》："合非声，兑即悦之本字……从人、口、八。八，分也，人笑故口分开。"后来"说"表示游说、言说义，再造心旁的"悦"表示快乐。"悦"字晚出，故《说文》无"悦"。"兑"为"说"之初文，人喜悦时多欢声笑语，"兑"用为卦名，造"说"表示快乐，人以言语解释心意，心有不畅，经解释则心开意解，故"说"从言兑声。悦怿义之"说"音 yuè，谈说义之"说"音 shuō。

"悦"也指心悦诚服，《尚书·武成》："大赉于四海，而万姓悦服。"

yù
豫　　**𧰷　豫　𢒸　豫　豫**

豫卣　　说文小篆　说文古文　礼器碑　颜真卿

形声字。《说文》："豫，象之大者。贾侍中说：不害于物。从象予声。𢒸，古文。"本义为大象。段注："此豫之本义，故其字从象也。引伸之，凡大皆称豫。故《淮南子》《史记·循吏传》《魏都赋》皆云：'市不豫价。'《周礼·司市》注云：'防诳豫。'皆谓卖物者大其价以愚人也。大必宽裕，故先事而备谓之豫，宽裕之意也。宽大则乐，故《释诂》曰：'豫，乐也。'"徐灏《注笺》："豫之言舒也，舒亦宽大意也。《释名》曰：'豫州地在九州之中，常安舒也。'安舒则乐,故《尔雅·释诂》曰:'豫,乐也。'"予,《说文》:"推予也。象相予之形。"本义为授予、给予,小篆作𢀄,用二环一丨表示相推予。象体大而行动宽缓,不害于物而予人安舒,故"豫"从象予声。张舜徽《约注》:"象之大者谓之豫,犹似鹿而大者谓之麠耳。"大象体重,冬天过冰河时,先伸一足踏冰试探,有预先之意,即《老子》"豫兮若冬涉川"之意。

　　"豫"由大度宽裕转指安乐、安逸,《尚书·金縢》:"王有疾,弗豫。"也指喜欢、快乐,《汉书·郦陆朱刘叔孙传》:"将相和,则士豫附;士豫附,天下虽有变,则权不分。"巡游舒缓不急,故又指游、巡游,《孟子·梁惠王》:"吾王不游,吾何以休? 吾王不豫,吾何以助? 一游一豫,为诸侯度。"过于安乐则易懈怠,故又指懈怠,《说苑·至公》:"老君在前而不逾,少君在后而不豫。"犹豫则决定迟缓,故又指犹豫、迟疑,《老子》十五章:"豫兮若冬涉川,犹兮若畏四邻。"凡事提前准备则宽裕不迫,徐灏《注笺》:"舒则有余,故又为备豫之义。"故又指预备、准备,也作"预",《周易·系辞》:"重门击柝,以待暴客,盖取诸豫。"预备是提前准备,故又指预先、事先,《汉书·赵充国辛庆忌传》:"宜遣使者行边兵豫为备,敕视诸羌,毋令解仇,以发觉其谋。"由提前专指欺诳,《荀子·儒效》:"鲁之粥牛马者不豫贾,必蚤正以待之也。"又为卦名,卦形为☷☳,《周易·豫》象曰:"雷出地奋,豫。"又为地名,1. 古九州之一,《尚书·禹贡》:"荆、河惟豫州。"2. 河南省的简称,盖因古时豫州有大象或古豫州地大而得名。

qiě且	合 21617	合 22094	合补 113	己且乙尊	盂鼎	说文小篆	熹平石经	颜真卿

　　象形字。且(jū),《说文》:"薦也。从几,足有二横,一其下地也。"本为祭祀或宴饮时盛放牲体的礼器,木制、漆饰,有四足。一作"俎",为且上有肉块(仌)形。"薦"指垫,"且"用于盛放食物,在下起到薦藉作用,故训"薦"。段注:"且,古音俎。所以承藉进物者。"王筠《释例》:"且,盖古俎字。借为语词既久,始从半肉定之。经典分用。"林义光《文源》:"且,

即俎之古文……从二肉在俎上,肉不当在足间,则二横者俎上之横,非足间之横也。"王筠《释例》:"上平者,其面也;两直,其足也;两横,其桄也。"下面一横指地面。"且"借为语词,久借不归,则又加仌(肉块)为"俎"。林义光、马叙伦、唐兰等谓甲骨文"且"是"俎"之初文,为荐物之器;高鸿缙谓像祖庙形;孙海波谓像神主(牌位)形,为"祖"之初文;郭沫若谓像牡器(雄性生殖器)形。

"且"由盛肉转指盛多,《诗经·大雅·韩奕》:"笾豆有且。"也用作助词,用于句尾凑足音节而无实义,《诗经·郑风·塞裳》:"狂童之狂也且!"

"且"又音 qiě,用作代词,此、这,《诗经·周颂·载芟》:"匪且有且,匪今斯今。"也用作副词,相当于"将近、几乎,将要,姑且、暂且,只、但,倒、却"。又用作连词,表示并列、递进相承、选择、递进、假设等关系。又用作助词,用于句首或句中。

kāng
康(穅糠)　　合 35965　合 36010　女康丁簋　矢方彝　说文小篆　说文或体　华山庙碑　颜真卿

《说文》小篆作"穅",会意兼形声字。《说文》:"穅,谷皮也。从禾从米,庚声。𥝩,穅或省。"本指稻、麦、谷子等作物籽实脱下的皮或壳,后作"糠"。段注:"云谷者,咳黍稷稻粱麦而言。谷犹粟也。今人谓已脱于米者为穅,古人不尔。"谷物籽实脱下则剩空壳,故"穅"有空义,徐锴《系传》:"《尔雅》云:'康,空也。'从禾、米,米皮去其内,即空之意也。"张舜徽《约注》:"康之为言空也,今俗又称物皮曰壳,皆一语之转。"庚,《说文》:"位西方,象秋时万物庚庚有实也。"庚五行属金,位属西方。万物多在秋天收获,谷物、果实饱满充实,故言"象秋时万物庚庚有实也"。秋天谷物成熟,谷物脱粒体现丰收,"庚庚有实",谷皮包裹米,禾、稻等谷物脱粒则为米,故"穅"从禾从米,庚声。萧道管《重文管见》:"穅乃从禾从两手持丮舂之成为米而穅出矣。舂从午,午,杵也。丮亦杵形,𥝩、𥝩皆是。""庚"甲骨文作𣎆,合二二二二六、𣎆合五三六,高亨《文字形义学概论》谓是筛糠器,"庚、康"形音义相近，为同源字。谷物经筛，谷皮为"康"，谷实为"庚"，谷物颗粒饱满，故谓"庚庚有实"。郭沫若谓象"有耳可摇之乐器"。"康"为"穅"之初文，自"康"借为康乐、康宁字，则又加禾作"穅"，俗又更禾为米作"糠"，为通行字。张舜徽《约注》："盖古初但作康不作穅，穅乃后增体。太古简朴未知制碓舂时，谷欲脱皮，必以手舂。𥹥实象其事，乃穅之初文也。后人以康为康乐义所专，乃增禾旁以别之，此亦來字加禾作秾之比。俗又从米作糠，而原意晦矣。""康"甲骨文像吊着的筛类器抖动，使穅脱落形，罗振玉《增订殷虚书契考释》："谷皮非米，以￤￤象其碎屑之形。"或谓像悬钟形，下面小点表示乐声，可备一说。

脱粒后的谷壳是空的，故"康"引申指虚空，《诗经·小雅·宾之初筵》："酌彼康爵，以奏尔时。"荒年无收，故也指荒歉，《谷梁传·襄公二十四年》："四谷不升谓之康。"有谷物去壳体现生活康乐安定，故又指安乐、安定，《诗经·唐风·蟋蟀》："无已大康，职思其居。"进而指逸乐、淫乐，《尚书·盘庚》："无傲从康。"孔传："无傲慢从心所安。"和睦则欢乐，故又指和悦、和谐，《尚书·洪范》："而康而色，曰：予攸好德。"孔颖达疏："汝当和安汝之颜色。"富裕则欢乐，故又指富裕，白居易《和三月三十日四十韵》："杭土丽且康，苏民富而庶。"健康则欢喜，故又指健康，《素问·六元正纪大论》："暑反至，阳乃化，万物乃生乃长荣，民乃康，其病温。"又指扶持，《逸周书·谥法》："安乐抚民曰康。"又指褒扬、光大，《礼记·祭统》："康周公，故以赐鲁也。"又指四通八达的大路，如康庄大道，《尔雅·释宫》："五达谓之康。"《史记·孟子荀卿列传》："为开第康庄之衢。"又用作姓氏，《通志·氏族略》："康氏，姬姓。卫康叔支孙以谥为氏……望出会稽、东平、京兆。"

【原文】　嫡后嗣续　祭祀蒸尝
　　　　　　dí hòu sì xù　jì sì zhēng cháng

【译文】　子孙继承先祖之基业，四时祭祀之礼虔敬周备。

【释义】

"祭祀蒸尝"出自《诗经·小雅·天保》"禴祠烝尝，于公先王。君曰卜尔,万寿无疆"。言先公先王四季在祖庙祭祀,神灵赐福,使江山永续不绝。嫡,正妻。后,后世子孙。嗣,继承君位。续,延续祖业。蒸,冬祭,也作"烝"。尝,秋祭。

　　嫡长子继承王位,是古代世袭君主制的体现。在远古氏族社会,采用"天下为公,选贤与能"的选举制度,王位继承为"禅让制",如尧传舜,舜传禹。从夏朝启开始,王位继承采用"家天下"的新制度,有父死子继、兄终弟及、叔终长侄继三种继承方式。商朝前期还施行兄终弟及制,后期则固定采用父死子继的方式,开始出现嫡庶区别。西周承袭商朝的王位继承制,使嫡长子继承制确定下来,之后历朝历代遵行。古代实行一夫多妻制,正妻所生为嫡子,其他为庶子。周制,继承王位必须是嫡长子,若无,则立庶妻中级别最高的贵妾之子。《公羊传·隐公元年》谓"立嫡以长不以贤,立子以贵不以长"。嫡长子继承制虽为历代所沿用,而立太子常受到诸多复杂因素的影响,往往难以真正实行。

　　古人十分看重祭祀,《礼记·祭统》:"凡治人之道,莫急于礼。礼有五经,莫重于祭。"《左传·成公十三年》谓"国之大事,在祀与戎"。"禮"之初文作"豊",金文作何尊,为豆盛玉祭祀形。《说文》示部字多关乎祭祀,蕴含丰富的祭祀文化。祭祀仪式有社稷祭、宗庙祭、腊祭等,其中宗庙祭是帝王祭祀的重要内容。宗庙又称太庙,是帝王供奉祖先之所,帝王的君权由承袭祖先获得,家国一体,宗庙就是国家政权的象征。国有大事,则必告祭于宗庙。帝王登基,先要在宗庙举行拜祖先、会群臣、受印玺等典礼。上古宗庙祭祀活动很多,有每月初一举行的月祭。又有四时之祭,四时之祭的供品为三牲及黍稷等,又叫"时享"。还有每三年、五年举行一次的祫祭与禘祭。祫祭和禘祭都是汇合祭祀宗庙中全部祖先神主的大祭,只有天子和诸侯的宗庙才有权举行这样隆重的祭礼。

　　祭祀是巩固政权稳定、维系国家统一、加强文化认同、保证国祚延续的大事,《老子》五十四章:"善建者不拔,善抱者不脱,子孙祭祀不辍。"《论语·学而》:"慎终追远,民德归厚矣。"子孙重孝道就会重祭祀,重祭祀就能行先祖之教而守先祖之道,就能使后裔延续不衰。中华民族能够延绵不息,崇孝重祭是重要的因素之一。

【解字】

dí
嫡(適)

说文小篆　　王羲之　　智永　　颜真卿

　　形声字。《说文》:"嫡,孎也。从女啻声。"本为谨顺之貌。朱骏声《通训定声》:"嫡,谨饬之意。按嫡孎犹踟蹰,双声连语。"段注:"按俗以此为嫡庶字,而许书不尔。""啻"从口帝声,帝独尊,故"啻"指单一、唯一。"嫡"为女子谨顺之貌,谨顺则有娴静、专一之意,故"嫡"从女啻声。"嫡"之正妻义,盖借自"適",《说文》:"適,之也。从辵啻声。"段注:"盖嫡庶字古只作適。適者,之也。所之必有一定也。《诗》:'天位殷適。'传曰:'纣居天位,而殷之正適也。'"因传位者一定为正妻所生,就用从女之"嫡"表示,《诗经·召南·江有汜》序:"勤而无怨,嫡能悔过也。"陆德明释文:"嫡,正夫人也。"孔颖达疏:"嫡,谓妻也。"

　　正妻所生之子称嫡子,省称"嫡",《左传·文公十七年》:"归生佐寡君之嫡夷,以请陈侯于楚而朝诸君。"也指亲的、血统最近的,如嫡堂兄弟,关汉卿《五侯宴》第二折:"这孩儿便是我亲生嫡养的一般。"古以嫡子为正统继承人,故又指正宗、正统,如嫡系、嫡传。

hòu
后(後)

周原卜甲 83　　曾姬无卹壶　　师望鼎　　说文小篆　　张景碑　　颜真卿

　　先后之"后"繁体作"後",会意字。《说文》:"後,迟也。从彳、幺、夊者,後也。𢔔,古文後从辵。"本指时间较晚,与"先、前"相对。《广雅·释诂》:"后,晚也。"《仪礼·有司彻》:"兄弟之后生者,举觯于其长。"郑玄注:"后生,年少也。"夊,《说文》:"行迟曳夊夊,象人两胫有所躧也。"本义为行走迟缓之貌。"幺"以一节丝表示小,"彳"指小步行走,小步行走则行动迟缓而滞后,段注:"幺者小也,小而行迟,后可知矣。"故"後"从彳、幺、夊。

"後"春秋战国文字作𨒌侯马三·二〇,加形符"止",表示人在路上,为《说文》古文由来。

"后"本为君后,《说文》:"后,继体君也。象人之形,施令以告四方,故厂之。从一口,发号者,君后也。"本指君主。段注:"后之言後也。开创之君在先。继体之君在後也。析言之如是,浑言之则不别矣。"徐灏《注笺》:"古者凡继体从政有君人之道者,皆曰后,故有后夒、后羿之称。""后"小篆作后,段注:"尸盖人字横写。不曰'从人',而曰'象人形'者,以非立人也。"君主以口发号施令,故"后"从尸从口。"司"金文作𠮥墙盘,像反"后",以手遮口发号施令形。君,《说文》:"尊也。从尹。发号,故从口。"本义为君主。"君"从尹从口,"后"从尸从口,二字形近义同。"司"作动词,表示发号施令;"后"为"司"之反形,作名词表示发号施令者,指君主,如后稷、君后、皇天后土。后来称君王配偶为皇后。君后、皇后作"后",前後、先後作"後"。1956年同音简化"後"为"后",使二字合为一"后"。

"后"指位置在后,与"前"相对,《左传·昭公二十三年》:"塞其前,断其后。"将来是从今往后的时间,故也指将来、未来,《孝经·开宗明义章》:"立身行道,扬名于后世。"后代在先祖之后,故又指子孙、后代,《诗经·大雅·瞻卬》:"式救尔后。"作动词指落在后面,《论语·雍也》:"非敢后也,马不进也。"摈弃是抛于后而不顾,故又指摈弃,《汉书·贾邹枚路传》:"愿大王察玉人、李斯之意,而后楚王、胡亥之听。"颜师古注:"以谬听为后,后犹下也。"肛门位于后尾部,故又指肛门,《战国策·韩策》:"宁为鸡口,无为牛后。"又指次序靠近末尾的,如后排。

sì 嗣

戍嗣鼎　　孟鼎　　令狐君壶　说文小篆　说文古文　魏受禅表　颜真卿

会意兼形声字。《说文》:"嗣,诸侯嗣国也。从册从口,司声。𤔤,古文嗣从子。"本指继承君位。《尚书·舜典》:"舜让于德,弗嗣。"继承君位,要受上一代君王册命,宣读册命用口,徐锴《系传》:"嗣,必于庙,史读其册也,故从口。""司"有主管、执掌义,继位君王主一国之政,故"嗣"从册从口,司声。古多为嫡长子继承君位,古文从子司声作"孠"。张舜徽《约注》谓金文"嗣""从册司声",亦可从。

"嗣"也指继承人、后代,《国语·周语》:"夫晋侯非嗣也,而得其位。"韦昭注:"嗣,嫡嗣也。"又指继承、延续,《诗经·大雅·思齐》:"太姒嗣徽音,则百斯男。"郑玄笺:"嗣太任之美音,谓续行其善教令。"继位之君为前代国君之后,转指次、第二,《诗经·大雅·生民》:"载燔载烈,以兴嗣岁。"毛传:"兴来岁,继往岁也。"又用作副词,表示事情接着发生,犹"接着、随后",曹操《蒿里行》:"势利使人争,嗣还自相戕。"

xù
续(續)　古　臏　續　賣　續　續
后下 21.15　鄂君舟节　说文小篆　说文古文　曹全碑　颜真卿

繁体作"續",形声字。《说文》:"續,连也,从糸賣声。臏,古文續从庚、贝。"本义为连接、接续。《晋书·赵王伦传》:"貂不足,狗尾续。"賣(yù),《说文》:"衒也。从贝㕙声。㕙,古文睦。读若育。"本指沿街叫卖,又作"儥、衒"。段注:"衒,行且卖也。賣字不见经传。""賣"后作"鬻",段注:"《玉篇》云:'賣或作粥、鬻。'是賣、鬻为古今字矣。""賣"小篆作賣,"賣"作賣,本为二字。段注:"賣隶变作賣,易与卖相混。""黌、僨、韇、櫝、殰、牘、皾、瀆、匵、隫、嬻"等字,皆从賣声。"㕙"以目光和顺表示和睦、亲厚义。"賣"指沿街叫卖换钱(贝),和气生财,叫卖者当和善厚道(㕙)才能赢得顾客,故"賣"从贝㕙声。沿街叫卖则吆喝声连续不断,"續"为丝线相续不断,故"續"从糸賣声。古文从庚、贝作"臏",段注:"庚贝者,贝更迭相联属也……庚有续义。故古文續字取以会意也。"简化字"续"为草书楷化而成。

"续"也指继承、延续,《史记·秦始皇本纪》:"及至秦王,续六世之余烈,振长策而御宇内。"也指后同于前、旧事重演、接代的人,《国语·晋语》:"谗言繁兴,延及寡君之绍续昆裔。"《史记·项羽本纪》:"而听细说,欲诛有功之人。此亡秦之续耳。"传递是将物连续相传,故又指传递,《淮南子·修务》:

"教顺施续,而知能流通。"添加之物接续前物,故又指添加,如续水、续柴。

祭 jì

合 22811　合 1051　合 36514　史喜鼎　说文小篆　华山庙碑　颜真卿

会意字。《说文》:"祭,祭祀也。从示,以手持肉。"本义为祭祀。古人祭祀的对象有天地、山川、祖宗、鬼神、时节等。从示之字多与神灵、祭祀相关,祭祀多用牲肉作祭品,"祭"小篆以手(又)持肉(月)献神(示),徐灏《注笺》:"以手持肉而祭也。"故"祭"从示,以手持肉。"祭"甲骨文从又从肉,会以手(又)持肉(月)祭祀之意,肉旁小点像血滴,或谓像酒,或加示表示祭祀于神主。罗振玉《增订殷虚书契考释》:"此字变形至夥,然皆象持酒肉于示前之形。乚象肉,彳持之,点形不一,皆象酒也。或省示,或并省又。篆文从手持肉而无酒,古金文亦然。"

"祭"也指杀,《礼记·月令》:"凉风至,白露降,寒蝉鸣,鹰乃祭鸟。"也指念咒,旧小说谓用咒语施放法宝,《封神演义》五十四回:"哪吒急了,才要用乾坤圈打他,不防土行孙祭起捆仙绳,一声响,把哪吒平空拿了去。"

"祭"又音 zhài,为春秋时国名,始封国君为周公之子,地在今河南省郑州市东北,《通志·氏族略》:"祭氏,姬姓,周公第七子所封,其地今郑州管城东北祭城是也。"《春秋·隐公元年》:"祭伯来。"又用作姓氏,《广韵》怪韵:"祭,姓。周公第五(七)子祭伯,其后以为氏。"

祀 sì

合 20278　合 37398　秦公钟　说文小篆　说文或体　韩仁铭　智永

形声字。《说文》:"祀,祭无已也。从示巳声。禩,祀或从異。"本义指永久祭祀。桂馥《义证》:"祀、巳声相近……《一切经音义》二:祀,祭无已也。谓年常祭祀,洁敬无已也。""巳"指止,"祭无已"为祭祀不止息,徐锴《系传》:"《老子》曰:'子孙祭祀不辍。'是也。"张文虎《舒艺室随笔》:"定公八年《公羊传》解诂云:'言祀者无已,长久之辞。'疏云:'见其相嗣不已,长久常然。'此盖汉儒相传之训,谓子孙世祀不绝也。"《礼记·祭法》:

"夫圣王之制祭祀也,法施于民则祀之,以死勤事则祀之,以劳定国则祀之,能御大灾则祀之,能捍大患则祀之。""巳"甲骨文作 𐠿 合二〇八一〇、 𐡁 合五七二四,像未成形的胎儿,《说文》"包"字说解谓"巳在中,象子未成形也"。"子"甲骨文作 𐠿 合二〇〇五四,像褓裸中婴儿两手外露形。胎儿为子嗣,延续血脉,有永久延续意,"祀"指后世子孙永久(巳)祭祀(示),故"祀"从示巳声。或体从异声作"禩",段注:"古文巳声、异声同在一部,故异形而同字也。""祭、祀"二字统言无别,细分则"祭"指当代当时之祭祀,"祀"指子孙后代永续不绝之祭祀。

"祀"也特指祭祀天神,《周礼·地官·鼓人》:"以雷鼓鼓神祀。"贾公彦疏:"天神称祀,地祇称祭,宗庙称享。"一说指祭祀地神,玄应《一切经音义》引《尔雅》:"祠,祭也,天祭也。祀,地祭也。"又指祭神的地方,《礼记·檀弓》:"过墓则式,过祀则下。"孔颖达疏:"祀,谓神位有屋树者。"又指世、代,柳宗元《与友人论为文书》:"固有文不传于后祀,声遂绝于天下者矣。"商代称年为祀,《尔雅·释天》:"夏曰岁,商曰祀,周曰年。"邢昺疏引孙炎:"(祀)取四时祭祀一讫。"《尚书·洪范》:"惟十有三祀,王访于箕子。"

zhēng
蒸 𦺋 𦺝 蒸 蒸
说文小篆　说文或体　校官潘乾碑　颜真卿

形声字。《说文》:"蒸,折麻中干也。从艸烝声。𦺝,蒸或省火。"本指去皮的麻秸。段注:"析各本作折,误。谓木其皮为麻,其中茎谓之蒸,亦谓之菆,今俗所谓麻骨棓也。"桂馥《义证》:"谓去粗留细,以束薪也。《管子·弟子职》:'蒸间容蒸,然者处下。'赵用贤曰:'古者束薪蒸以为烛,蒸,细薪也。少宽其束,使其蒸间可各容一蒸,以通火气,又使已然者居上,未然者居下,则火易然也。'"朱骏声《通训定声》:"今俗谓之麻骨棓,古烛用之,故凡用麻杆、葭苇、竹木为烛,皆曰蒸。"烝,《说文》:"火气上行也。从火丞声。"本义为火气上行。"丞"甲骨文作 𤇾 合二二七九正,罗振玉《增订殷虚书契考释》:"象人臽阱中有抍之者。臽者在下,抍者在上……此即许书之丞字,而谊则为抍救之抍。""丞"为"拯"之初文,双手(𢪒)把人(人)从坑里(凵)拯救出来,有上升意。"烝"为火气上升(丞),故"烝"从火丞声。麻为草本植物,麻秸燃烧则火气上腾(烝),故"蒸"从艹烝声。

"蒸"也指用麻、稻、葭苇、竹、木做成的火炬,《广雅·释器》:"蒸,炬也。"《诗经·小雅·巷伯》"成是南箕"毛传:"颜叔子纳之而使执烛,放乎旦而蒸尽。"也指细小的薪柴,《诗经·小雅·无羊》:"尔牧来思,以薪以蒸。"作动词指水气上升,如蒸发、蒸腾,《国语·周语》:"阳气俱蒸,土膏其动。"又指热、熏蒸,《黄帝内经·素问》:"其候溽蒸。"又指利用水蒸气的热力使物熟或热,《孟子·滕文公》:"阳货瞰孔子之亡也,而馈孔子蒸豚。"又用作祭名,古代冬祭,也作"烝",《国语·鲁语》:"夏父弗忌为宗,蒸,将跻僖公。"韦昭注:"凡祭祀,秋曰尝,冬曰蒸。此八月而言蒸,用蒸礼也。凡四时之祭,蒸为备。"通"烝",1. 众多,《孟子·告子》:"《诗》曰:天生蒸民,有物有则。" 2. 美,《诗经·大雅·文王有声》:"文王烝哉。" 3. 君,《玉篇》艹部:"蒸,君也。"

cháng
尝(嘗)

效卣　　陈侯因𫲬镎　说文小篆　张表碑　颜真卿

繁体作"嘗",形声字。《说文》:"嘗,口味之也。从旨尚声。"本义为辨别滋味。徐锴《系传》:"口试其味也。"桂馥《义证》:"《通鉴》注:尝,口识其味也。"《诗经·小雅·甫田》:"攘其左右,尝其旨否。""旨"之本义为美味,甲骨文作🥄乙一〇五四,以匕(匕)入口,表示品尝美味。金文作🥄伯旅鱼父匜,以匕(匕)入口的美食不忍下咽(甘),所品尝的滋味很好。"尚"有尊崇义,品尝的美味(旨)会被人喜爱推崇(尚),故"嘗"从旨尚声。简化字"尝"为草书楷化而成。

"尝"由品尝扩展指吃,《左传·隐公元年》:"小人有母,皆尝小人之食矣,未尝君之羹,请以遗之。"由品尝转指试探,《左传·襄公十八年》:"诸侯方睦于晋,臣请尝之。"杜预注:"尝,试其难易也。"又指经历、经受,段注:"引伸凡经过者为尝,未经过为未尝。"《左传·僖公二十八年》:"险阻艰难,备尝之矣。"丰收的粮食先用于祭祀供神灵品尝,故又为秋祭名,《尔雅·释天》:"秋祭曰尝。"《诗经·小雅·天保》:"禴祠烝尝,于公先王。"又用作副词,相当于"曾经、经常"。

【原文】 稽颡再拜 $\overset{\text{qǐ sǎng zài bài}}{稽颡再拜}$　　$\overset{\text{sǒng jù kǒng huáng}}{悚惧恐惶}$

【译文】 叩首九拜以表诚敬,身心恭肃而戒惧恐惶。

【释义】

"稽颡再拜"语出《仪礼·燕礼》"宾再拜稽首,许诺",稽,留止。颡,额头。再拜,又行跪拜礼。悚惧,惊惧。恐惶,害怕。体现了祭祀礼仪的隆重及心态的虔敬,这两方面是祭祀的要点。

古代祭祀是行的三跪九叩大礼,一拜三叩首,三拜共九次叩首,故名"三跪九叩",用以表达对祖先的最高敬意。古时有"九拜":

稽首。施礼者屈膝跪地,左手按右手,拱手至地于膝前,慢慢伸头到手前地上,俯伏向下直至头碰到地面并停留一会儿,动作舒缓。稽首是下对上毕恭毕敬的大礼,也是九拜中最重的拜礼。古代臣拜君、子拜父、学生拜老师,拜天、拜地、拜祖先,都用这种跪拜形式。给尊长写信,开头常用"某某稽首"字样,即源于此。

顿首,又称"稽颡、叩颡"。段注:"九拜中之顿首必重用其颡。故凡言稽颡者,皆谓顿首,非稽首也。"《史记·周本纪》:"西周君奔秦,顿首受罪,尽献其邑三十六,口三万。"行礼时,施礼者屈膝跪地,左手覆盖右手,拱手至地于膝前,手不分散,头急遽伸下,引头至地,稍顿即起。这是拜礼中次重者,通常是古代地位相等或平辈之间互相表示敬意的礼节,也称"叩头"。其形式同稽首,只是头触地后立即抬起而不在地面停留。书信语的开头或结尾用"顿首",意同现代书信"向您问好、致敬"等,柳宗元《献平淮夷雅表》:"臣宗元诚恐诚惧,顿首顿首。"

空首,又称"拜手",简言"拜"。古代上级对下级表达谢意的礼节,或君王祭天,不失尊者至尊地位之行礼。郑玄注《周礼》"空首"谓"拜头至手,所谓拜手也",段注:"即跪而拱手,而头俯至于手,与心平,是之谓'头至手',《荀子》曰'平衡曰拜'是也。"贾公彦疏《周礼》:"空首者,先以两手拱至地,乃头至手,是为空首也。以其头不至地,故名空首。"施礼者呈跪姿,先跪而拱手,再俯下头,但不接触地面,与心平。《周礼》谓头不至于地为空首。空首,对于稽首、顿首之头着地而言。

振动,两手相击,振动其身而拜,是丧礼相见中最隆重的跪拜礼节。《周礼》郑玄注:"动,读为董,书亦或为董。振董,以两手相击也……振动,战栗变动之拜。"其形式不仅要"顿首",还要双手相击,哭天喊地,浑身战栗不已,表示对丧者悲痛哀悼。

吉拜,就是正拜,男尚左女尚右。古有守孝三年的礼俗,三年期满后与丧家相见时行吉拜礼。郑玄注《周礼》:"吉拜,拜而后稽颡。"是说先空首拜,然后顿首拜。

凶拜,服丧三年期内或丧礼答拜宾客的礼节,男尚右女尚左。郑玄注:"凶拜,稽颡而后拜,谓三年服者。"《礼记·檀弓》:"孔子曰:拜而后稽颡,颓乎其顺也。稽颡而后拜,颀乎其至也。三年之丧,吾从其至者。"其形式是先顿首拜,然后空首拜,以表示居丧期的悲痛及对宾客的感谢。以下三拜与吉凶无关。

奇拜,奇为单数,奇拜即拜一次。

褒拜,郑玄注《周礼》:"褒读为报,报拜,再拜是也。"即拜两次或两次以上。褒拜是行拜礼后为回报他人行礼的再拜,也称"报拜"。奇拜和褒拜都是指拜的次数,不是独立的跪拜形式,反衬跪拜的隆重及严肃程度。

肃拜,是古代女子跪拜礼的一种,拜时跪双膝后两手先到地,再拱手,同时低头到手为止,故又称"手拜"。肃,手到地的意思。所以后来书信表示尊敬对方,写上"谨肃"字样。妇女行礼也称"端肃",即源于此。

恭敬虔诚是祭祀应具备的心态。祭祀时要相信祖先的存在,"祭如在"。祭祀原则是"敬享、贵诚",《周易·既济》九五有"东邻杀牛,不如西邻禴祭,实受其福"之说,强调祭祀贵在诚敬而不在祭品丰俭。《礼记·祭义》

申述祭祀"贵质"和祭祀"不数、不疏"的主张。"贵质"是指祭祀场所和使用的器物尚质朴,祭品用薄酒、清水、粗布、草席和竹席来荐置,进献的羹不加佐料,所用的圭不加雕琢,郊祭场所只是打扫干净地面而没有什么建筑,天子郊祭乘坐不加彩绘的车。这些都体现祭祀重诚贵质的主张。"不数、不疏"指祭祀次数要适中而不过于频繁,也不要过于稀少,合乎"中和"的精神。祭祀过于频繁会使人生厌烦情绪,导致不恭敬;祭祀过于稀少会使人产生怠慢心理,导致遗忘。

【解字】

qǐ　　　花东183　花东277　花东366　稽卣　新嘉量　说文小篆　史晨碑　颜真卿

会意兼形声字。稽(jī),《说文》:"留止也。从禾从尤,旨声。"本义为停留、延迟。段注:"玄应书引:'留止曰稽。'高注《战国策》曰:'留其日,稽留其日也。'"王筠《句读》:"稽即是禾字,字乳寖多,遂各自为义。"《尚书·酒诰》:"尔克永观省,作稽中德。"禾(jī),《说文》:"木之曲头,止不能上也。"指树梢因受阻碍弯曲不能上长。徐锴《系传》:"木方长,上碍于物而曲也。"王筠《释例》:"禾、稽盖亦一字,音义皆同也。""禾"为"稽"之初文,后经传通作"稽"。"禾"小篆作𣎵,像木曲头留止不长。"稽"为留止,徐锴《系传》:"禾,木之曲止也。尤者,异也。有所异处,必稽考之。考之,即迟留也。"孔广居《疑疑》:"禾,木之曲头止不能上者也;尤,色之美者也;旨,食之美者也。美食美色皆足以留滞人,此三体会意也。"故"稽"从禾从尤,旨声。"稽"甲骨文从人从木,像人以手攀树枝采摘树上的果或叶,会人留止于木前之意。

被阻碍则留止不进,故"稽"也指阻碍、耽误,《后汉书·皇甫张段列传》:"凉州刺史郭闳贪共其功,稽固颍军,使不得进。"物贮存则安置不动,故又指贮存、囤积,《史记·平准书》:"而不轨逐利之民,蓄积余业以稽市物。"段注"凡稽留则有审慎求详之意,故为稽考",故又指考核、调查,《尚书·大禹谟》："无稽之言勿听。"又指卜问，后作"乩"，《尚书·洪范》："稽疑，择建立卜筮人。"治理则留止于所治理处，故又指治理、管理，《尚书·梓材》："若稽田，既勤敷菑。"又指计算、核查，《周礼·夏官·大司马》："简稽乡民，以用邦国。"又指计议、议论，《礼记·缁衣》："故言必虑其所终，而行必稽其所敝。"又指至、及，《庄子·逍遥游》："大浸稽天而不溺。"

"稽"又音 qǐ，〔稽首〕为古时一种跪拜礼，见前文。

sǎng 颡（顙）

颡（顙）　　说文小篆　鲜于璜碑　　怀素　　柳公权

繁体作"顙"，形声字。《说文》："顙，额也。从頁桑声。"本义为额头。朱骏声《通训定声》："按顙之言丧也，故此字施于凶礼为宜，稽首则通辞也。"张舜徽《约注》："古之九拜，有以额触地者，故称稽颡，多用之于凶礼。《仪礼·士丧礼》：'主人哭，拜稽颡。'郑注云：'稽颡，头触地。'郑浑言之，乃称头耳。"《周易·说卦》："巽为木……其于人也，为寡发，为广颡。"孔颖达疏："额阔为广颡。""頁"指人头，桑木多叶，人采桑叶要仰头摘取，额头常触碰桑叶，且与人头等高的桑叶便于采摘，故"顙"从頁桑声。

"颡"扩展指头，《太玄·礥》："天扑之颡。"也指嗓子、喉咙，隋巢元方《诸病源候论·鼻病诸候》："颃颡之间，通于鼻道。"叩头是以额着地，故又指稽颡、叩头，《公羊传·昭公二十五年》："丧人不佞，失守鲁国之社稷，执事以羞，再拜颡。"

zài 再

再　　合 74660　陈璋壶　说文小篆　淮源庙碑　颜真卿

会意字。《说文》："再，一举而二也。从冓省。"本义为两次、第二次。段注作"从一，冓省"，谓："凡言二者，对偶之词。凡言再者，重复之词，一而又有加也。"徐灏《注笺》："再犹重也，从冓而复加于其上，重之义也。"《尚书·多方》："至于再，至于三，乃有不用我降尔命，我乃其大罚殛之。"冓（gòu），《说文》："交积材也。象对交之形。"指相遇、交接，后作"構"。"交积材”指架积木材，段注：“高注《淮南》曰：‘構，架也，材木相乘架也。’按：结薄当作此。今字構行而薄废矣。”“薄”小篆作^薄，徐灏《注笺》：“象材木纵横相交之形。”甲骨文作^{合一五八}、^{合一二五七一}，像两物（李孝定谓像两鱼）对交之形，以两物对交会遭遇、交接之意。“再”指两次，王筠《句读》：“网部曰‘再也’。则再者，网也。而如此说之者，以字形言也。以一字举薄字之中央，则折叠而成冉，而背面自别有一冉也，故得再之义。薄既折叠，则一在其上矣，故得再之形。”谓“薄”从中线（一）折叠为两冉，“薄”像两物对交而有重、再意，故“再”从薄省。“再”甲骨文从薄省，下部加一横，或许是表示再、重之意。

　　“再”也指重复、继续，杜甫《自京赴奉先县咏怀五百字》：“荣枯咫尺异，惆怅难再述。”又用作副词，相当于“然后、另外、更加”等。

bài
拜　　秄　　捗　　捲　　鬃　　拜　　拜　　拜
　　井侯篹　　友篹　　说文小篆　说文古文　说文或体　曹全碑　颜真卿

　　《说文》小篆作“捧”，会意字。《说文》：“捧，首至地也。从手、奉。奉音忽。拜，扬雄说，拜从两手下。鬃，古文拜。”为古代表示敬意的一种礼节，行礼时两膝跪地，低头下与腰平，两手至地。后又作为行礼的通称。桂馥《义证》：“‘首至地也’者，‘首’当为‘手’。”张舜徽《约注》：“古人席地而坐，自膝以下向后屈，而以尻坐于足跟，身向后倚。若必起敬，则直伸其腰与股，惟两膝隐地，是之谓跪。既跪而俯其首，下与腰平，即《荀子·大略篇》所云‘平衡曰拜’也。头与腰平，则身若磬折，故头不至于地而两手自至地矣。此乃古拜式也。”《论语·子罕》：“拜下，礼也。”奉（hū），《说文》：“疾也。从夲卉声。拜从此。”本义为迅疾。“夲”为快速前进，“卉”为百草的总称，引申有众多义。急速前进需身体全面（卉）配合，故“奉”从夲卉声。礼拜时两手至地而起的动作较快，徐锴《系传》：“奉，进趣之疾也，故拜从之。”故“捧”从手从奉。今以从二手之“拜”为通行字，两手并合行礼。段注：“拜，盖爱礼等所说杨所作《训纂篇》中字如此。”古文作“鬃”，王筠《句读》:"篆当是从比从二手,比二手者,并二手也。"

古人多以拜礼表示感谢,故"拜"指拜谢,《礼记·杂记》:"厩焚,孔子拜乡人为火来者。"礼拜是尊人的体现,故又指尊崇、敬奉,如崇拜,《礼记·郊特牲》:"拜,服也。"孔颖达疏:"拜者,是服顺于亲也。"古人会见时行拜礼,故又指以礼会见、拜访,《论语·阳货》:"孔子时其亡也,而往拜之。"古代君王授官时会行拜礼以示尊贤之意,故又指授官,《韩非子·外储说左下》:"孟献伯拜上卿,叔向往贺。"又指(敬)受,《国语·鲁语》:"敢不拜教。"古人上表会礼拜以体现恭敬,故又指上表、奉,李密《陈情表》:"臣不胜犬马怖惧之情,谨拜表以闻。"又用作敬辞,恭敬地,如拜启、拜读。也指通过一定仪式结成某种关系,如拜师。通"拔",用双手拔掉,《诗经·召南·甘棠》:"勿翦勿拜,召伯所说。"

sǒng 悚(愯)

愯作父乙爵　说文小篆　怀素　智永

《说文》作"愯",形声字。《说文》:"愯,惧也。从心,雙省声。《春秋传》曰:驷氏愯。"本义为恐惧。段注:"与竦音义略相近。"许所引《春秋传》,为《左传·昭公十九年》文。玄应《一切经音义》引《字林》:"悚,惶遽。"《孔子家语·弟子行》:"不戁不悚。"王肃注:"悚,惧。"恐惧生于心,"雙"为手(又)执两佳(雔),鸟被抓则悚惧,故"愯"从心,雙省声。段注:"《汉书·刑法志》引作愯,晋灼曰:'古悚字。'按,《汉书》雙不省。""愯"之通用字作"悚",从心束声,"束"甲骨文作甲二二八九,像木被捆缚之形。"束"为柴(木)被捆,"雙"为鸟被抓,被控制而惊恐的构字意图相同。

恭肃戒惧是敬心的体现,故"悚"又指恭敬,《晋书·姚兴载记》:"整服倾悚,言则称字。"

jù 惧(懼)

中山王鼎　说文小篆　说文古文　武梁祠画像题字　颜真卿

繁体作"懼",形声字。《说文》:"懼,恐也。从心瞿声。思,古文。"本义为恐惧。《论语·子罕》:"仁者不忧,勇者不惧。"邢昺疏:"勇者果敢,故不恐惧。"瞿,《说文》:"鹰隼之视也。从隹从䀠,䀠亦声。"鹰隼等猛禽目光凶狠,常常惊视以伺机捕取猎物,故训"鹰隼之视",指惊视貌。"瞿"小篆作𤠝,像鹰隼类猛禽(隹)双目惊视貌(䀠)。䀠,《说文》:"左右视也。"鹰隼为鸟(隹)属,惊视则左右察看(䀠),故"瞿"从隹从䀠,䀠亦声。恐惧由心而生,人恐惧则目光惊视而左右不定(瞿),故"懼"从心瞿声。古文作"愳",段注:"䀠者,左右视也。形声兼会意。"张舜徽《约注》:"凡人惊恐,则两目左右视。"故"愳"从心䀠声。简化字"惧"从心具声。

人恐惧则生警戒心,故"惧"转指戒惧,《周易·系辞》:"惧以终始,其要无咎。"孔颖达疏:"言恒能忧惧于终始。"恐吓易使人生惧,故又指恐吓,《老子》七十四章:"民不畏死,奈何以死惧之。"人受恐吓则易得病,故又指病,《汉书·张汤传》:"安世瘦惧,形于颜色。"通"瞿",惊慌失措貌,《汉书·惠帝纪》:"闻叔孙通之谏则惧然。"颜师古注:"惧读曰瞿。瞿然,失守貌。"

kǒng
恐

中山王鼎　说文小篆　说文古文　孔龢碑　颜真卿

形声字。《说文》:"恐,惧也。从心巩声。𢝫,古文。"本义为畏惧、害怕。桂馥《义证》:"《素问》:'肾在志为恐。'注云:'恐,所以惧恶也。'"朱骏声《通训定声》:"《素问·宣明五气篇》:'精气并于肾则恐。'注:'心虚而肾气并之则为恐。'《汉书·宣元六王传》:'令弟光恐王。'注:'谓怖动也。'"《素问·藏气法时论》:"善恐,如人将捕之。"王冰注:"恐,谓恐惧,魂不安也。"巩(gǒng),《说文》:"褱也。从丮工声。"本义为抱。徐锴《系传》:"巩,抱也。"桂馥《义证》:"本书'筑'从此,云:巩,持之也。""巩"小篆作𢀜,人双手持物做工,有握持、抱紧义。人心生恐惧会下意识抱紧(巩)身体或身边物以获取依靠和安慰,故"恐"从心巩声。古文作𢝫,恐惧生于心,为心之怖动,人做工则身动,皆有动意,故"恧"从心工声。

"恐"也指恐吓、使害怕,《战国策·赵策》:"则欲以天下之重恐王,而取行于王者也。"也指使人畏惧之事,《淮南子·时则》:"季春行冬令,则寒气时发,草木皆肃,国有大恐。"又指恐怕、担心,《论语·泰伯》:"学如不及,犹恐失之。"

huáng
惶　惶　惶　惶
　　说文小篆　流沙简　孔龢碑　颜真卿

　　形声字。《说文》:"惶,恐也。从心皇声。"本义为恐惧。张舜徽《约注》:"惶谓急迫也,即今语所称心中紧张。叠言之则为惶惶,《广雅·释训》云:'惶惶,剧也。'是已。"《战国策·燕策》:"秦王方环柱走,卒惶急不知所为。""皇"指大君,引申为大,金文作㻂㿟,吴大澂谓像日出土上光明盛大形,一说为火炬光芒四射形。恐惧由心而生,是人内心大的情绪动荡,人遇大事容易心急,在大场合易恐慌,故"惶"从心皇声。

　　人恐惧则心易迷乱,故"惶"也指迷惑,《晏子春秋·外篇重而异者》:"默然不对,恐君之惶也。"

　　　　　jiān dié jiǎn yào　　gù dá shěn xiáng
【原文】　笺　牒　简　要　　顾　答　审　详
【译文】　书信文字应简明扼要,回答问题要详尽周全。
【释义】

　　笺牒,书信的代称。简要,简明扼要。顾答,用言语回答。审详,精审详备。《千字文释义》:"此言应酬之方……言与人酬接者,以笔札对人,则撮其要略,使览者不烦。以言语对人,则熟察其理而备言之,使听者周知也。虽详略不同,而各有其方如此。"

　　著书作文,须简明扼要,力避冗长繁复。以言语回答问题,力求详细,让听者全面、清楚地理解。这两句话揭示了语言和文字的不同特性与用途。中国古代有两套语言系统,口头语言称为"语",书面文字称为"文",语和文是分开的,说和写有很大的不同。口语是日常交流语言,近代白话文就是把人们的口头语言记录下来形成的文章,因而也称"语体文",不同于"文言文"。口头语言出现在先,由远古先民创造并运用。而有文字记载以来的书面语"文言文"在三千年上下,文言文把简明扼要做到了极致,值得认真学习。

　　没有汉字的"书同文",就没有中国的大一统。因此,要学好汉字,学好文言文,才能阅读古籍,传承祖先留下的博大精深的文化。日常应用中,行文要学文言文那样简明扼要,口语应答也要学古人应对那样详尽准确。

【解字】

jiān
笺（箋）　　箋　　𥲤　　𥱻　　牋

　　　　　说文小篆　　汉印徵　　智永　　褚遂良

　　繁体作"箋",形声字。《说文》:"箋,表识书也。从竹戋声。"本指古书注释的一种,发经文之隐略,表其晦涩,纠其违误等。徐锴《系传》:"箋,今作牋,于书中有所表记之也。故张华《博物志》'郑玄即毛苌之郡人,谦敬不敢言注',是也。言但表识其不明者耳。"段注:"郑《六艺论》云:'注《诗》宗毛为主。毛义若隐略,则更表明。如有不同,即下己意。'按,注《诗》称箋,自说甚明。"谓"箋"是在正文、旧注旁边记下自己的见解。"戋"同"残",徐锴《系传》:"兵多则残也,故从二戈。"徐灏《注箋》:"戋训残余,引申为琐屑之称。"一戈残断为二戈,故"戋"有小、少义,从戋声的"贱、残、钱、栈"等字都含小、少意。"箋"是在书籍(竹简)正文旁作小(戋)的札记,故"箋"从竹戋声。

　　"笺"后发展为古代公文的一种体裁,王筠《句读》:"汉末人上书曰笺,亦曰表也。《文心雕龙》曰:牋(箋)者表也,(表)识其情也。"也指书信,曾巩《回泉州陈都官启》:"岂期厚眷,特枉长笺。"又指供题诗、写信等用的精美纸张,徐陵《玉台新咏·序》:"五色花笺,河北、胶东之纸。"又指名片、名刺,田汝成《熙朝乐事》:"姻友投笺互拜。"

dié
牒　　牒　　牒　　牒　　牒

　　　　　睡 11.35　　说文小篆　　孔龢碑　　颜真卿

　　形声字。《说文》:"牒,札也。从片枼声。"书写用的木(竹)片。《说文》："札，牒也。"二字互训。朱骏声《通训定声》："小简曰牒，大简曰册；薄者曰牒，厚者曰牍。"段注："按厚者为牍，薄者为牒。牒之言葉也、葉也。竹部箓义略同。"张舜徽《约注》："竹简亦谓之牒。《论衡·量知篇》所云'截竹为简，破以为牒'，是也。本书竹部亦云：'简，牒也。'是牒亦简札之通名矣。"王充《论衡·量知》："截竹为简，破以为牒，加笔墨之迹，乃成文字。""葉"指树叶，后加艸作"葉"。"葉"甲骨文作 合一九九五六、合一四〇一八，像树上长有树叶形，李孝定《甲骨文字集释》："葉即葉之初文，故有薄义。""牒"为书写所用的薄（葉）木片，故"牒"从片枼声。

　　"牒"也指簿籍，《韩非子·大体》："豪杰不著名于图书，不录功于盘盂，记年之牒空虚。"又指谱牒，《史记·太史公自序》："盖取之谱牒旧闻，本于兹，于是略推，作《三代世表》第一。"扩展指公文，1. 用于授职，相当于委任状，《汉书·匡张孔马传》："但以无阶朝廷，故随牒在远方。"颜师古注："随牒，谓随选补之恒牒，不被超擢者。"2. 官府往来文书，为下呈上之公文，《新唐书·百官志》："下之达上，其制有六……六曰牒。" 3. 凭证，《后汉书·孝安帝纪》"若欲归本郡，在所为封长檄"，李贤注："长檄犹今长牒也。欲归者，皆给以长牒为验。"僧、尼身份证称"度牒"，明高承《事物纪原·道释科教部》："《唐会要》曰：'天宝六年五月制，僧尼令祠部给牒。'则僧尼给牒，自唐明皇始也。"

jiǎn
简（簡簡）

簡　芇　簡　簡　簡
石鼓　　中山王壶　　说文小篆　　孔宙碑　　颜真卿

　　繁体作"簡"，《说文》作"簡"，形声字。《说文》："簡，牒也。从竹閒声。"为古代用于书写的狭长竹片。朱骏声《通训定声》："竹谓之简，木谓之牒，亦谓之牍，亦谓之札，联之为编，编之为册。"段注："简，竹为之。牍，木为之。牒、札其通语也。"张舜徽《约注》："牒、札、简、牍，浑言无别，析言有分。《论衡·量知篇》云：'截竹为简，破以为牒，加笔墨之迹，乃成文字。大者为经，小者为传记。断木为椠，析之为版，刀加刮削，乃成奏牍。'然则古者木板多施之奏牍;若以写书,则专用竹简矣。竹木之用,仍自有辨也。"
《诗经·小雅·出车》:"岂不怀归,畏此简书。"孔颖达疏:"古者无纸,有事书
之于简,谓之简书。""閒"金文作 默钟,月光从门缝照入,表示空隙,有间
隔、距离义。简以竹制,形体狭长,简与简、字与字间留有一定距离,故"簡"
从竹閒声。"閒"又作"間","簡"又作"简",简化字作"简"。

　　纸张发明前,古代书籍多为简书,故"简"泛指书籍,苏轼《嘲子由》:
"堆几尽埃简,攻之如蠹虫。"也指书信,柳宗元《答贡士元公瑾论仕进书》:
"辱致来简,受赐无量。"鞭类兵器狭长如简,用称鞭类兵器,明谢肇淛《五
杂俎·人部》:"十八般(武器),一弓二弩……十二简。"竹简单支书写然后
编成册,内容要简略精当,故又指简省、简略,《周易·系辞》:"乾以易知,坤
以简能;易则易知,简则易从。"文字简略则字少,故又指少,韩愈《送浮屠
文畅师序》:"夫兽深居而简出,惧物之为己害也。"质朴之事多简易,故又
指质朴、平易,《尚书·皋陶谟》:"直而温,简而廉。"放荡者简疏而不严整,
故又指怠惰、放荡,《管子·八观》:"禁罚威严,则简慢之人整齐。"轻视是把
人看简单了,故又指轻视,《管子·臣乘马》:"彼王者不夺民时,故五谷兴丰。
五谷兴丰,则士轻禄,民简赏。"检查要逐一查看,故又指检查、察阅,《周
礼·夏官·大司马》:"简稽乡民,以用邦国。"又指严肃,《后汉书·郑孔荀列
传》:"时河南尹李膺以简重自居,不妄接士宾客。"大事多简要,故又指大、
多,《诗经·邶风·简兮》:"简兮简兮,方将万舞。"又用作姓氏,《通志·氏族
略》:"简氏,姬姓,晋大夫狐鞫居之后也。狐鞫居号续简伯。续,邑也;简,
谥也。汉有简乡,《蜀志》简雍。"

yào

合 19830　　伯要簋　　是要簋　　说文小篆　　说文古文　　熹平石经　　颜真卿

　　形声字。要(yāo),《说文》:"身中也。象人要自臼之形。从臼,交省
声。,古文要。"本指人体胯上胁下部分,后作"腰"。腰位于人体中部,
故训"身中"。张舜徽《约注》:"要之言幺也,幺者小也。人体躯干,惟要

较小,故引申有简约义。《释名·释形体》云:'要,约也,在体之中约结而小也。'是其义已。要字从臼,犹𡋲(夐)字从臼同意,谓以两手插在腰旁也。"《墨子·兼爱》:"昔者楚灵王好士细要,故灵王之臣皆以一饭为节。"毕沅校:"旧作腰,俗写。""要"小篆像人(女子)两手叉腰形,徐灏《注笺》:"𢍺盖象脊吕下连脚胫之形,𦥑象胁肋,与申同例。""臼"像两手叉(腰),指出腰所在部位,故谓"象人要自臼之形",段注:"上象人首,下象人足,中象人腰。而自臼持之,故从臼。"腰位身之中,人疲劳站立时两手多叉于(臼)腰部以辅助支撑,故"要"从臼,《说文》将本为"女"字的𢍺处理作"交省声",将"要"改作形声字。"要"以独体字视之,为象形或指事字。"要"后引申为重要之要,为常用义,读 yào。"要"为重要义所专,本义之"要"加肉作"腰",为常用字。"要"甲骨文像女子柔婉而多姿,姿态主要由腰部体现,两手所叉(臼)处为腰,故从臼从女会腰之意。李孝定《甲骨文字集释》:"象女子自臼其腰之形。女子尚细腰,盖自古已然,故制字象之。"周代中期是要簋金文为《说文》古文由来。

　　"要"作动词指系在腰间,曹植《洛神赋》:"愿诚素之先达兮,解玉佩而要之。"腰居中而交接上下,故又指相约、交往,《论语·宪问》:"见利思义,见危授命,久要不忘平生之言,亦可以为成人矣。"孔安国注:"久要,旧约也。"邀请是人际交往的一种方式,故又指邀请,《诗经·鄘风·桑中》:"期我乎桑中,要我乎上宫。"又指求取、求得,《孟子·公孙丑》:"非所以要誉于乡党朋友也。"腰部有腰带缠束,故也指约束、控制,《荀子·儒效》:"行礼要节而安之,若生四枝。"由约束转指拦阻、截击,《孟子·公孙丑》:"使数人要于路,曰:请必无归而造于朝。"又指要挟,《论语·宪问》:"臧武仲以防求为后于鲁,虽曰不要君,吾不信也。"又指会合、符合,《礼记·乐记》:"行其缀兆,要其节奏。"又指察劾,《尚书·多方》:"要囚,殄戮多罪,亦克用劝。"孔传:"要,察囚情。"

　　"要"又音 yào。腰为人体中枢部位,连接上下而重要,故"要"转指纲要、关键,《韩非子·扬权》:"圣人执要,四方来效。"又指主要、重要,《孝经·开宗明义章》:"先王有至德要道以顺天下。"重要之事多简略,故又指简略,如要言不烦,《尚书·毕命》:"政贵有恒,辞尚体要。"会计当求简明,故又指会计、簿书,《周礼·天官·小宰》:"听出入以要会。"郑玄注引郑司农:"要会谓计最(聚)之簿书。月计曰要,岁计曰会。"孙诒让正义:"一月之计少,举其凡要而已,故谓之要;一岁之计多,则总聚考校,故谓之会也。"总括是总结其要,故又指总括,《史记·高祖功臣侯者年表》:"帝王者,各殊礼而异务,要以成功为统纪。"想要的多是重要之物,故又指想要、希望,韩愈《竹径》:"若要添风月,应除数百竿。"索取的多是贵重之物,故又指寻讨、索取,柳宗元《贺进士王参元失火书》:"足下前要仆文章古书,极不忘,候得数十幅乃并往耳。"又指将要、快要,表示发展趋势,《汉书·武五子传》:"人生要死,何为苦心?"

gù
顾(顧)

顧　顧　顧　顧
中山王壶　说文小篆　娄寿碑　颜真卿

繁体作"顧",形声字。《说文》:"顧,还视也。从頁雇声。"本义为回视。段注:"还视者,返而视也。《桧风》笺云:'回首曰顾。'析言之为凡视之称。"《论语·乡党》:"车中不内顾,不疾言,不亲指。"邢昺疏:"顾谓回视也。"雇(hù),《说文》:"九雇。农桑候鸟,扈民不淫者也。"为鸠的一种,也作"鳸"。"顧"指回头(頁)而视,候鸟(雇)按时来去,两地回顾不绝,农夫每岁顾望候鸟至,以兴农桑耕种之事,故"顧"从頁雇声。

回视必先回首,故"顾"也指回首,《诗经·桧风·匪风》:"顾瞻周道,中心怛兮。"由回头看扩展指看,如左顾右盼,《吕氏春秋·慎势》:"积兔满市,行者不顾。"又指探望、访问,如光顾,诸葛亮《出师表》:"三顾臣于草庐之中。"又指照顾、照应,如顾此失彼,《诗经·魏风·硕鼠》:"硕鼠硕鼠,无食我黍。三岁贯女,莫我肯顾。"又指顾惜、眷念,如奋不顾身,《诗经·小雅·伐木》:"宁适不来,微我弗顾。"由回头引申指返回,《穆天子传》:"吾顾见汝。"等待则多回头候人到来,故又指等待,《谷梁传·庄公二十八年》:"大无麦禾,大者有顾之辞也。"又用作副词,相当于"却、反而,岂、难道,乃"。又用作连词,表示转折。又用作姓氏,《广韵》暮韵:"顾,姓。出吴郡。"

dá 答(荅) 秦公钟　陈侯因𫗧镎　说文小篆　石门颂　颜真卿

《说文》作"荅",形声字。《说文》:"荅,小未也。从艸合声。"本指小豆。《广雅·释艸》:"小豆,荅也。"豆属草本植物,豆子外皆有壳包裹,豆在其中,外有两半壳相合包裹,故"荅"从艸合声。答合于问,用为问答之"答",段注:"假借为酬荅。"《五经文字》艸部:"荅,此荅本小豆之一名,对荅之荅本作畣。经典及人间行此荅已久,故不可改。"张舜徽《约注》:"考对荅本字当为合。《尔雅·释诂》:'合,对也。'古人读合如荅,故即借荅为之。"《汉书·货殖列传》"蘖曲盐豉千合",颜师古注:"合者,相配偶之言耳。"《左传·宣公二年》:"既合而来奔。"杜预注:"合犹答也。"竹叶、竹子剖开都可相合对应,后改从竹合声作"答"。

"答"也指应对,《尚书·顾命》:"燮和天下,用答扬文、武之光训。"孔传:"用对扬圣祖文、武之大教。"也指回答,《论语·宪问》:"南宫适问于孔子曰……夫子不答。"同意是对请求的答复,故又指应允、同意,如答应,《诗经·小雅·雨无正》:"听言则答,谮言则退。"又指酬答,《尚书·顾命》:"拜,王答拜。"报答是对别人恩德的答复,故又指报答,《史记·封禅书》:"每世之隆,则封禅答焉。"又指以恩义相待,《新唐书·严挺之传》:"母裴不为挺之所答,独厚其妾英。"问答相合,故又指当、应合,《尚书·洛诰》:"笃前人成烈,答其师,作周孚先。"

shěn 审(審) 合10678　五祀卫鼎　说文小篆　说文古文　西狭颂　颜真卿

繁体作"審",《说文》古文作"宷",会意字。《说文》:"宷,悉也,知宷谛也。从宀从釆。審,篆文宷从番。"本指详尽了解。《管子·幼官》:"明法审数,立常备能则治。"釆(biàn),《说文》:"辨别也。象兽指爪分别也。读若辨。"本义为辨别、分别。"采"甲骨文作 ⿰ 粹一一二,金文作 ⿰ 采卣,留在泥地、雪地上的兽爪形,据之可辨别走过的是何兽。"宀"表覆盖,覆盖则有周全意,全面周备地分析明辨(采),方能详细了解,徐锴《系传》"宀,覆也。采,别也。能包覆而深别之",故"宷"从宀从采。段注:"然则宷,古文、籀文也。不先篆文者,从部首也。""番"金文作 ⿱ 鲁侯鬲,上"采"像兽指爪,下"田"像兽掌。在兽足义上,"采、番"同,故小篆从宀从番作"審",为通行字。"采、番"形符互用,"宷"之作"審",犹"歱"之作"踵"、"播"之作"𢿳"。简化字"审"从宀申声。

　　详细了解则能清楚掌握,故"审"也指明白、清楚,《公孙龙子·白马论》:"是白马之非马,审矣。"详悉则周密,故又指详细、周密,《管子·幼官》:"六纪审密,贤人之守也。"周密体现慎重,故又指慎重,《左传·昭公二十五年》:"是故审则宜类。"详尽了解则看得真、正,又指正、不偏斜,《国语·齐语》:"审吾疆埸,而反其侵地。"清楚则确然不惑,又指固定、安定,《庄子·徐无鬼》:"故水之守土也审,影之守人也审,物之守物也审。"清楚了解才能得其真,故又指真实、果真,《墨子·尚同》:"故古者圣王之为刑政赏誉也,甚明察以审信。"考查须仔细周备,故又指考察、研究,《尚书·吕刑》:"其罪惟均,其审克之。"孔传:"其当清察,能使之不行。"审问须详尽,故又指审问、审讯,《老残游记》四回:"将于家父子带回城去听审。"审核当明晰,故又指审核、审查,顾炎武《天下郡国利病书》:"民兵,初与江淮卫水夫并十年一审。"

xiáng 详(詳)

詳　詳　詳　詳

孙膑 220　说文小篆　魏上尊号奏　颜真卿

　　繁体作"詳",形声字。《说文》:"詳,审议也。从言羊声。"本义为审察、审理。段注:"审,悉也。"《尚书·蔡仲之命》:"详乃视听。"孔传:"详,审汝视听。"审议须言说,就人之言而详察之,审议而得其真,方称美善(羊),故"詳"从言羊声。

审议当周详,故"详"也指周遍、详细,《庄子·天道》:"要在于主,详在于臣。"成玄英疏:"要,简省也。详,繁多也。"又指详细知道,陶潜《五柳先生传》:"先生不知何许人也,亦不详其姓字。"又指详细述说,《诗经·鄘风·墙有茨》:"中冓之言,不可详也。"又指庄重、安详,宋玉《神女赋》:"性沈详而不烦。"通"祥",善、福,《周易·大壮》:"不能退,不能遂,不详也。"

"详"又音 yáng,通"佯",假装,《楚辞·天问》:"梅伯受醢,箕子详狂。"

【原文】　hái gòu xiǎng yù　zhí rè yuàn liáng
骸　垢　想　浴　　执　热　愿　凉

【译文】　身体有污垢就想洗澡以清洁,手拿热烫物则愿得凉气以凉爽。

【释义】

骸,以骨骼代指身体。垢,污垢。想,思。浴,洗澡。执,拿、持。热,热物。凉,温度变凉。《千字文释义》:"此言人情之宜……皆人情之所同然者也。"

【解字】

hái
骸　骸　骸　骸　骸
说文小篆　智永　苏轼　赵孟頫

形声字。《说文》:"骸,胫骨也。从骨亥声。"本指胫骨。段注:"上文言胫也,骸也。不言骨者,骸骭皆目其表也。《骨空论》曰:'膝解为骸关,侠膝之骨为连骸。'然则正谓胫骨为骸矣。下文云:'连骸下为辅。'辅即骸也。膝解为其关,侠膝之骨连之也。字从亥者,亥,荄也。荄,根也。"《齐民要术·养牛马驴骡》:"(相马)臂欲大而短,骸欲小而长。""亥"用于十二地支末表示十二月,十二月则微阳起,为春之根。《说文》:"亥,荄也。"义指根。段注:"荄,根也。阳气根于下也。""骸"为胫(小腿)骨,小腿在下而支撑身体,为人体之根,故"骸"从骨亥声。

"骸"扩展指骨骼,《公羊传·宣公十五年》:"易子而食之,析骸而炊之。"何休注:"骸,人骨也。"骨骼是身体重要的组成部分,故也指身体,《吕氏春秋·重己》：“其为舆马衣裘也，足以逸身暖骸而已矣。”

gòu 垢

垢　垢　坊　垢

说文小篆　曹全碑　智永　颜真卿

形声字。《说文》：“垢，浊也。从土后声。”污秽物，指粘着在物体上的脏东西。段注：“浊，水部曰：‘水名也。’而浊秽字用之。”桂馥《义证》：“本书淤下云：澱淬，浊泥。”《说文》：“瀞，无垢薉也。”“瀞”今作“净”，与垢相对。《韩非子·大体》：“不吹毛而求小疵，不洗垢而察难知。”污垢多为尘土聚集而成，飞传的尘土容易形成污秽，“后”指发号施令的君主而有大意，尘土堆积得多、大，则形成污垢，故“垢”从土后声。

灰尘堆积成污垢，故“垢”转指灰尘，《庄子·大宗师》：“芒然彷徨乎尘垢之外。”耻辱为人心灵上的污垢，故又指耻辱，也作“诟”，《左传·宣公十五年》：“国君含垢。”浊乱则不净，故又指浊乱，《诗经·大雅·桑柔》：“维此良人，作为式榖；维彼不顺，征以中垢。”毛传：“中垢，言暗冥也。”

xiǎng 想

想　想　想　お　想

醌想匝　说文小篆　孔彪碑　智永　颜真卿

形声字。《说文》：“想，冀思也。从心相声。”有所希冀而思念。徐锴《系传》：“希冀所思之，故《史记》司马迁曰：读其书，想见其为人。”《韩非子·解老》：“人希见生象也，而得死象之骨，案其图以想其生也。”“相”字构形为以目细看木，有省视、察看义。相由心生，“想”是用心省视、察看所希冀者，故“想”从心相声。

“想”也指思索、思考，《吕氏春秋·知度》：“去想去意，静虚以待。”也指希望、打算，刘琨《劝进表》：“四海想中兴之美，群生怀来苏之望。”又指料想、估计，《后汉书·郑孔荀列传》：“想当然耳。”又指怀念、思念，杜甫《客居》：“览物想故国。”所想的人事物和真实的相近，故又指好像、如同，杜甫《东屯月夜》：“数惊闻雀噪，暂睡想猿蹲。”

yù 浴

前 1.51.1　　佣缶　　　老子甲 62　说文小篆　颜真卿

形声字。《说文》：“浴，洒身也。从水谷声。”本义为洗澡。《论衡·讥日》：“洗，去足垢；盥，去手垢；浴，去身垢。皆去一形之垢，其实等也。”谷，《说文》：“泉出通川为谷。从水半见，出于口。”为两山间的水流。甲骨文作俅一一三，像水从谷口流出形。人在浴盆中洗澡，水盆凹下如谷，亦或未有水盆前，先民最初于自然川谷中洗浴，《史记·殷本纪》“三人行浴”，司马贞索隐：“与宗妇三人浴于川。”“川、谷”义近，《庄子·胠箧》：“夫川竭而谷虚。”故“浴”从水谷声。罗振玉《增订殷虚书契考释》谓甲骨文“浴”：“注水于般，而人在其中，浴之象也。”

鸟上下飞翔如人在水中洗浴时身体上下浮动，故“浴”引申指鸟飞忽上忽下，《大戴礼记·夏小正》：“黑鸟浴。黑鸟者何也？乌也。浴也者，飞乍高乍下也。”孔广森补注：“浴者，言乌乘暄飞上下若浴然。”

zhí 执（執）

合 10373　　合 185　　戎簋　说文小篆　石门颂　颜真卿

繁体作“執”，会意兼形声字。《说文》：“執，捕罪人也。从丮从㚔，㚔亦声。”本指拘捕、捉拿。《诗经·大雅·常武》：“铺敦淮濆，仍执丑虏。”㚔（niè），《说文》：“所以惊人也。”古代的刑具。徐灏《注笺》：“㚔之本义盖谓拘摄罪人，故所属之字多捕亡讯囚之类。”“㚔”甲骨文作合五七六，为古代拘拷人的手铐类刑具。董作宾《殷历谱》：“㚔，象手械，即㞋字，盖加于俘虏之刑具也。”李亚农《殷契杂释》：“今人则谓（㚔）为刑具之象形，大概手铐之类，有囚系、挞伐、膺惩、拘执、攻击一类的意思。”“丮”指握持，甲骨文作前五·三〇·三，像人跽而双手有所捧持形。逮捕罪人是用木枷（㚔）铐罪人双手（丮），故“執”从丮从㚔，㚔亦声。商承祚《殷虚文字类编》谓甲骨文“執”：“象有物梏人两手，乃執字也。”简化字“执”从手持丸。

拘捕罪人要先将其拘系，故“执”也指拘系，后作“絷（繫）”，《周易·遯》：

“执之用黄牛之革。”拘捕是用手抓持罪人，故也指拿着、握持，《诗经·邶风·简兮》：“左手执籥，右手秉翟。”人凭手持握，故又指凭、用，《韩非子·备内》：“执后以应前，按法以治众。”人用手做事，故又指治理、从事（某种工作），《诗经·豳风·七月》：“我稼既同，上入执宫功。”处置物品多用手，故又指处置，《礼记·中庸》：“发强刚毅，足以有执也。”孔颖达疏：“执，犹断也。”人多用手操纵，故又指主持、操纵，《左传·僖公二十七年》：“于是乎大蒐以示之礼，作执秩以正其官。”杜预注：“执秩，主爵秩之官。”拘捕罪人则紧抓而不松，故又指守、保持，《尚书·大禹谟》：“惟精惟一，允执厥中。”拘捕罪人则心坚定而手紧抓，故又指固执、坚持己见，如执着，《庄子·人间世》：“将执而不化，外合而内不訾，其庸讵可乎！”成玄英疏：“固执本心，谁肯变恶为善者也？”作名词指凭单，如回执、收执。

rè
热（熱）

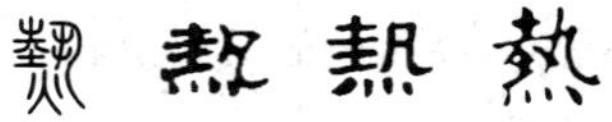
说文小篆　流沙简　耿勋碑　颜真卿

繁体作“熱”，形声字。《说文》：“熱，温也。从火埶声。”本义为温度高，跟“冷”相对。《释名·释天》：“熱，爇也。如火所烧爇也。”《孟子·梁惠王》：“如水益深，如火益热。”埶（yì）字本义为种植。甲骨文作合五七四九、屯二一七〇，金文作埶觚，像人双手（或单手）持禾植入土中。种植草木多在春天温暖时，草木需阳光照射才能生长，夏季草木丰盛、庄稼结实成熟，故“熱”从火埶声。简化字“热”由“熱”之草书楷化而成。

“热”也指温度高的物体，《诗经·大雅·桑柔》：“谁能持热，逝不以濯。”热水、热气能烧伤、烫伤人，故也指烧灼，《淮南子·兵略》：“天下敖然若焦热，倾然若苦烈。”作动词指使热、加热，如把饭热一下。又指身体发烧，《汉书·西域传》：“令人身热无色，头痛呕吐。”闷热则人易烦躁，故又指烦躁、焦急，《孟子·万章》：“仕则慕君，不得于君则热中。”朱熹集注：“热中，燥急心热也。”激动则身体发热，故又指激动，陶潜《形影神·影答形》：“身没名亦尽，念之五情热。”又指受很多人喜爱的，如热门、热货。又指情意浓烈,如亲热、热爱,《颜氏家训·省事》:"墨翟之徒,世谓热腹;杨朱之侣,世谓冷肠。"

yuàn
愿(願)

願　臘　頁　願

定县竹简　说文小篆　泰山金刚经　颜真卿

　　繁体作"願",形声字。《说文》:"願,大头也。从页原声。"本义为大头。段注:"本义如此,故从页。今则本义废矣。"王绍兰《段注订补》:"案頑字解云:'楄头。从页元声。'木部楄:'梡木未析也。'梡:'楄,木薪也。'頑为楄头,楄梡为木未析。明頑为楄头,即是大头。願从原得声,願、頑声近,故《左氏》作'頑',《公羊》作'原',原即願之省文。願为大头,亦犹楄头。楄头谓之頑,大头谓之願,其义一也。""頑、願"声义相近,章太炎《文始》谓願、頑同字。"願"以愿望、心愿为常用义,《诗经·郑风·野有蔓草》:"邂逅相遇,适我愿兮。""原"金文作克鼎,水出崖下,指发源、根本,有多、大、广义,"願"指大头,"頁"指头,故"願"从页原声。徐灏《注笺》:"窃谓願者,有所欲得而求之于人也,故从页。"此谓"願"指意愿,意愿是生于大脑的思想,故从页。《广韵》願韵:"願,欲也。"願、愿本是二字,《说文》:"愿,谨也。从心原声。"本指谨慎。人的愿望由大脑而生,即愿由心生,后用"愿"表"願"的心愿义,简化字从之。

　　"愿"也指愿意、情愿,《孟子·公孙丑》:"管仲、曾西之所不为也,而子为我愿之乎?"希望皆愿实现,故又指希望,《汉书·萧何曹参传》:"愿君让封勿受,悉以家私财佐军。"人愿与自己倾慕的人往来,故又指倾慕,《孟子·告子》:"言饱乎仁义也,所以不愿人之膏粱之味也。"思念是愿意见到所思之人,故又指思念,《诗经·卫风·伯兮》:"愿言思伯,甘心首疾。"又指祈祷神佛所许下的酬谢,《晋书·艺术传》:"众僧祝愿。"

liáng
凉(涼)

湶　涼　涼　涼

相马经20　说文小篆　曹全碑　赵孟頫

　　本作"涼",形声字。《说文》:"涼,薄也。从水京声。"义为淡酒。　段

注:"凉厕于此者,谓六饮之凉与浆为类也。郑司农云:'凉,以水和酒也。'玄谓:'凉,今寒粥,若糗饭杂水也。'许云:'薄也。'盖薄下夺一酒字,以水和酒,故为薄酒。此用大郑说也。"《周礼·天官·浆人》:"浆人,掌共王之六饮,水、浆、醴、凉、医、酏,入于酒府。"孙诒让正义:"《广雅·释器》云:'醷,浆也。'吕飞鹏云:《说文》酉部云:'醷,杂味也。'则醷为正字,故《膳夫》'六清'注作醷,凉乃假借字。""京"甲骨文作 {仌}前四·三一·六,为高大建筑,有高、大、多义。薄酒酒少水多而味淡,故"凉"从水京声。薄酒为凉,书籍中多变氵旁为冫旁,今"凉"字通行。

"凉"由薄酒而指薄,《诗经·大雅·桑柔》:"民之罔极,职凉善背。"又指微寒、不热,段注:"薄则生寒,又引伸为寒。如'北风其凉'是也。至《字林》乃云:'凉,微寒也。'"夏季在温度低处清凉爽快,故又指清凉,《素问·五运行大论》:"(金)在藏为肺,其性为凉,其德为清。"王冰注:"凉,清也,肺之性也,金以清凉为德化。"秋冬寒凉则外面人少,故又指人烟稀少、不热闹,如荒凉,《金史·列传第二十六》:"咸平卿故乡,地凉事少,老者所宜。"不厚道是人情凉薄,故又指不厚道,《左传·昭公四年》:"君子作法于凉,其敝犹贪。"人内心凄凉则惨淡愁苦,故又指悲怆、愁苦,江淹《别赋》:"巡曾楹而空掩,抚锦幕而虚凉。"李善注:"凉,悲凉也。"五行中西方为秋而寒凉,汉代以西部为凉州,辖今甘肃、宁夏、青海和内蒙古广大地区,东汉时治所在陇县(今甘肃张家川),三国魏移治姑臧(今甘肃武威),《晋书·地理志》:"汉改周之雍州为凉州,盖以地处西方,常寒凉也。"又为东晋十六国之一。304—439年,胡(匈奴、鲜卑、羯、氐、羌)汉上层分子先后建立十六国政权,其据甘肃之地者,国号皆称凉。张茂称前凉,吕光称后凉,沮渠蒙逊称西凉,李暠称西凉,秃发乌孤称南凉。

"凉"又音 liàng,薄酒佐食,用指辅佐,《诗经·大雅·大明》:"维师尚父,时维鹰扬,凉彼武王。"也指使温度降低,如凉杯水。又指陈物于通风或阴凉处使干燥,后作"晾",如晾衣服,《新唐书·百官志》:"(兵部)凡戎器,色别而异处,以卫尉幕士暴凉之。"

【原文】　驴骡犊特　骇跃超骧
　　　　　lú luó dú tè　　hài yuè chāo xiāng

【译文】　驴、骡、犊、公牛易受惊而善奔腾，各有所用而居家不可或缺。

【释义】

犊，小牛。特，公牛。骇，惊骇。超，跳跃。骧，奔腾。

驴形似马，多为灰褐色，头大耳长，胸部稍窄，四肢瘦弱，躯干较短，体高和身长大体相等，呈方形。驴不威武雄壮，但抵抗力与耐力都很强，有性情温驯、刻苦耐劳、听从使役等优点，可供骑、驮及拉磨用。先秦没有驴，不见于典籍。顾炎武认为驴进入中原是战国后期的事，谓“自赵武灵王骑射之后，渐资中原之用”。汉武帝时，驴被视为“奇畜”而放养于上林苑。驴马虽属同科，但驴没有马的英姿、力量、速度和灵性，往往作为马的对立面出现，成为愚、恶、丑之物。贾谊《吊屈原赋》以驴马对举，喻指朝廷政治黑暗、贤愚易位。稍后东方朔、王褒、扬雄的作品中反复渲染，进一步强化驴的负面形象，故《后汉书·五行志》认为灵帝驾驴为乐，乃“国且大乱，贤愚倒植，凡执政者皆如驴也”。

骡子性比驴倔，比马顺，有雌雄之分，但生育能力极弱，多是马和驴交配产下的后代。公驴与母马交配，生下的叫“马骡”；公马和母驴交配，生下的叫“驴骡”。马骡个大，是一种易养能干的役畜，有驴的负重和抵抗能力，有马的灵活性和奔跑能力，偏远乡村农田里使唤马骡的很多。

牛在传统文化中占有重要地位。早在6000年前的新石器时代，牛就驯养为家畜了。甲骨文是殷商至周初人刻在龟甲或牛胛骨上的文字，距今已3000年。牛体质强壮，以草为食，是最勤劳的家畜，能帮助人类进行农业生产，是农业社会最主要的劳动工具。牛根据其品种不同，所发挥的作用也不同，黄牛、水牛耕田用力，奶牛吃草而产奶，贡献都很大。除农耕外，牛在交通、食用、服饰上作用很大，甚至军事上也得到运用，如战国时齐国使用火牛阵进攻敌国，三国时蜀伐魏的栈道运输用牛等。牛的图腾崇拜很早，传说大禹治水，每治好一处，就要铸铁牛投入水底，以镇水患。牛帮助人类告别刀耕火种进入文明社会,因而被称为"仁畜"或"神牛"。精神层面,牛有极高的象征意义,《周易》坤卦为牛,谓"坤像地任重而顺,故为牛也"。祭祀时,牛为太牢,品级最高。《礼记》谓"诸侯无故不杀牛",只在诸侯歃血为盟时,才割牛耳取血盟誓,主盟者手执盛牛耳的珠盘,称之为"执牛耳"。自古以来,人们爱牛、敬牛,有很多成语典故和民俗故事,诸如庖丁解牛、牛郎织女、吴牛喘月、气冲牛斗、九牛一毛、打春牛、牛王节等,含有太多的文化意义。古诗词中对牛的吟颂很多,尤以南宋宰相李纲《病牛》诗最著名:"耕犁千亩实千箱,力尽筋疲谁复伤? 但愿众生皆得饱,不辞赢病卧残阳。"作者以病牛自况,寄情明志,体现了高尚的节操。万物的"物"字从牛,以牛为万物的代表;"特"由公牛(牛父)扩展为最高的程度副词,都体现了牛在中国人心目中的突出地位。

【解字】

lú
驴（驢）　　　驢　　驢　　驴　　驢

说文小篆　　流沙简　　智永　　颜真卿

　　繁体作"驢",形声字。《说文》:"驢,似马,长耳。从馬盧声。"为家畜名,属哺乳纲马科,体比马小,鬣短耳长,尾巴似牛尾。性温驯,堪粗食,可供骑、驮及拉磨用。段注:"按驴骡、驶䮝、駒骎、驒骎,大史公皆谓为匈奴奇畜,本中国所不用,故字皆不见经传,盖秦人造之耳。"杜甫《示从孙济》:"平明跨驴出,未知适谁门。""盧(卢)"甲骨文作 甲一六二六、 佚九三五,郭沫若《殷周青铜器铭文研究》:"余谓此乃古人焦炭之鑪也,许书:'鑪,方鑪也。从金盧声。'今器为方器,与许说正合……鑪字其后起者也。(今人作炉,又其后起)至许书释盧为'饭器'者,盖假借之义。"于省吾《双剑誃殷契骈枝续编》:"(甲骨文)为鑪之象形初文。上象器身,下象款足……加虍为声母,由象形孳乳为形声。"徐灏《注笺》:"盧为火所熏,色黑,因谓黑为盧。""盧"后用为黑色义,则本字加金作"鑪",又加火作"爐",为通行字。《尚书·文侯之命》:"盧弓一,盧矢百。"孔传:"盧,黑也。""盧"有黑义,故物之色黑者多名卢,张华《博物志》卷六:"韩国有黑犬,名卢。"《释名·释地》:"土黑曰卢。""卢"之黑义,也加黑作"黸",是加形分化字,为黑义之专字。张文虎《舒艺室随笔》:"疑古本谓黑为卢,黸乃后起字。""卢"有黑义,驴子像马,皮肤多为黑灰色,故"驴"从馬卢声。"卢"有黑义,故从卢声字,多有黑意:黑水曰澸,黑犬曰獹,黑弓曰彍,色黑曰黸,黑刚之土曰壚,青黑之玉曰瓐,瞳孔色黑曰矑,鱼身黑纹曰鱸,鸟羽色黑曰鸕,蟑螂色黑曰蠦蜰。声如"卢卢"者,多有圆意:车轮形圆名轳辘,汲水圆木名辘轳,瓠瓜形圆名葫芦,头骨形圆名颅顱。简化字"驴"从马户声。

驴脾性倔强,故"驴"也用为詈词,指人脾气倔强,如驴脾气,顾起元《客座赘语·诠俗》:"詈人之傲而难制曰牛、曰驴。"

luó
骡(騾贏)　　贏　騾　騾　騾
　　　　　　　　说文小篆　说文或体　孟孝琚碑　颜真卿

繁体作"騾",《说文》小篆作"贏",形声字。《说文》:"贏,驴父马母。从馬贏声。騾,或从贏。"为家畜名,公驴和母马交配所生,俗称"马骡",现在泛指马和驴杂交的后代。骡比驴大,抗病力及适应性强,力大而能持久,我国北方多用作力畜。桂馥《义证》:"《古今注》:驴为牡,马为牝,即生骡。"徐灏《注笺》:"《汉书·霍去病传》:'单于遂乘六骡。'颜注:'骡者,驴种马子。'"《吕氏春秋·爱士》:"赵简子有两白骡而甚爱之。"朱骏声《通训定声》:"或从贏声。"贏(luó),《说文》:"或曰:兽名,象形。"一种兽的形状。段注:"或曰,不定之词。云兽名,盖贏为骡之古字。与驴骡皆可畜于家,则谓之畜宜也。""贏"是公驴和母马交配所生,故"騾"从馬贏声。"贏"也从贏声,故或体从馬贏声作"騾"。或谓"骡"音是"驴"和"马"的字音相合而成,取"驴"字的声母和"马"字的韵母,合成"贏"音,后改作累声为"骡"。

dú
犊(犢)　　犢　犢　犢　犢　犢
　　　　　　犊共卑戟　说文小篆　武威·少牢1　曹全碑　褚遂良

繁体作"犢",形声字。《说文》:"犢,牛子也。从牛,瀆省声。"本指小牛。《尔雅·释畜》牛属曰:"其子,犊。"郭注:"今青州呼犊为牭。""牭"状其鸣叫声。《尔雅》释文引《字林》:"牭,牛鸣也。"《韵会》一屋引《说文》作"从牛賣声",《说文》四大家皆从之。《后汉书·杨震列传》:"愧无(金)日磾先见之明,犹怀老牛舐犊之爱。""賣"(yù)从贝,指行走叫卖。"犊"为牛子,小牛好走动而喜鸣叫,边走边叫如行走叫卖(賣),故"犢"从牛賣声。简化字"犊"为草书楷化而成。

"犊"也泛指牛,袁宏道《迎春歌》:"白马如龙破雪飞,犊车碾水穿香度。"

te 特　犕 特 犕 特 特
　　　　光和斛　石鼓　说文小篆　孔龢碑　颜真卿

　　形声字。《说文》:"特,朴特,牛父也。从牛寺声。"本指公牛。桂馥《义证》:"《楚辞·天问》:'焉得夫朴牛。'王注:'朴,大也。'又注《九章》云:'壮大为朴。'"张舜徽《约注》引张行孚:"朴谓质朴未离,牛之未犗者。《广韵》云:'㹪,牛劇。'《玉篇》云:'劇同犍,犗也。'《论衡·量知篇》:'无刀斧之断者谓之朴。'此其证也。凡牛马之未犗者皆曰朴。《荀子·臣道》:'若驭朴马。'是也。"《诗经·鲁颂·閟宫》:"白牡骍刚。"孔颖达疏:"白牡谓白特,骍刚谓赤特也。""寺"从寸之声,指有力的侍卫。"特"指体型庞大、健壮有力(寺)的公牛,故"特"从牛寺声。

　　公牛为雄性,故"特"也指雄性牲畜,《周礼·夏官·校人》:"凡马,特居四之一。"又指三岁、四岁兽,已长成,《诗经·魏风·伐檀》:"不狩不猎,胡瞻尔庭有县特兮?"毛传:"兽三岁曰特。"也指配偶,《诗经·鄘风·柏舟》:"髧彼两髦,实维我特。"公牛个大性傲,突出显眼,故又指单个、单独,《方言》第六:"物无耦曰特,兽无耦曰介。"《左传·昭公十四年》:"长孤幼,养老疾,收介特。"杜预注:"介特,单身民也,收聚不使流散。"由单独引申指一头牲畜,《尚书·舜典》:"格于艺祖,用特。"孔传:"特,一牛。"由单一、突出引申指杰出的,《诗经·秦风·黄鸟》:"维此奄息,百夫之特。"又指独特、特殊、不同于一般,《庄子·齐物论》:"曩子坐,今子起,何其无特操与?"又指挺立,

《水经注·汾水》:"其山特立。"又用作副词,相当于"特地、特意、非常、格外,仅仅,白白地,只是、不过"。

hài
骇(駭)　驟　騋　肷　駭
说文小篆　袁博碑　孙过庭　颜真卿

繁体作"駭",形声字。《说文》:"駭,惊也。从馬亥声。"本指马受惊。段注:"经典亦作駴。戒声亥声同在一部也。"《左传·哀公二十三年》:"知伯视齐师马骇,遂驱之。""亥"甲骨文作𠂂乙七七九五,像豕形。野豕(亥)好斗,被捕捉、宰割则易发怒受惊,故"駭"从馬亥声。

"骇"也指惊骇,《左传·定公十年》:"齐师至矣,郓人大骇。"马受惊则遽起,故也指起,陆机《辨亡论》:"于是群雄蜂骇,义兵四合。"受惊则身心大动不安,故又指震动、惊动,《谷梁传·庄公二十五年》:"既戒鼓而骇众。"又指扰动、骚动,《吕氏春秋·审应》:"凡鸟之举也,去骇从不骇。"马受惊则四处奔跑,故又指播散,曹植《洛神赋》:"于是精移神骇,忽焉思散。"

yuè
跃(躍)　躍　躍　躍　躍
仓颉篇　说文小篆　熹平石经　颜真卿

繁体作"躍",形声字。《说文》:"躍,迅也。从足翟声。"本义为迅疾。《汉书·眭两夏侯京翼李传》:"涌趯邪阴。"颜注:"趯与躍同。""翟"为长尾野鸡,又叫"雉"。金文作𦐇史喜鼎,像野鸡形。人、兽以足奔跑,雉能低飞,善跳跃,胆怯机警,受扰则惊飞乱跳,故"躍"从足翟声。简化字"跃"从足夭声。

"跃"也指跳跃,《周易·乾》:"或跃在渊。"跳跃则身体上升,转指物价上涨,《盐铁论·本议》:"万物并收,则物腾跃。"

"跃"又音 tì,〔跃跃〕迅疾跳跃貌,《诗经·小雅·巧言》:"跃跃毚兔,遇犬获之。"

chāo
超　超　超　趍　超
说文小篆　孔宙碑　智永　颜真卿

形声字。《说文》:"超,跳也。从走召声。"本义为跃上。徐灝《注笺》:

"超,自训跳跃耳。"《释名·释姿容》:"超,卓也,举脚有所卓越也。"《左传·昭公元年》:"子南戎服入,左右射,超乘而出。""召"从口刀声,口呼为召,指召唤。召呼声出响应,迅疾而远传,两脚用力迅疾跃起,方能大步跨越,故"超"从走召声。

"超"也指越、跳过,《墨子·兼爱》:"犹挈泰山以超江河也。"跃上则超过所跃之物,故又指超出、胜过,《后汉书·桓谭冯衍列传》:"显忠贞之节,立超世之功。"跃上的速度迅疾,故又指迅速,《汉书·扬雄传》:"淑周楚之丰烈兮,超既离虖皇波。"超出则卓越而胜于平常,故又指超脱、超凡,《老子》二十六章:"虽有荣观,燕处超然。"遥远是距离超出,故又指遥远,《楚辞·九歌·国殇》:"出不入兮往不反,平原忽兮路超远。"通"怊",惆怅,《庄子·徐无鬼》:"武侯超然不对。"

xiāng
骧(驤)

骦　驤　骧　骧
说文小篆　晋辟雍碑　智永　赵孟頫

繁体作"驤",形声字。《说文》:"驤,马之低仰也。从馬襄声。"本指马头或俯或仰,为马奔驰时头部俯仰之状。张舜徽《约注》:"马行则身首俯仰不止,行愈速则俯仰愈甚,故骧字引申有驰义进义。""襄"为解衣耕地,金文作 [字形] (鄦甫人匜),像人耕地前侧身伸两手解衣形。耕地有冲进、翻土、除土等动作,人身体也会随动作上下起伏。马行进时身首俯仰,故"骧"从马襄声。

"骧"也指奔驰、腾跃,曹植《离友》:"车载奔兮马繁骧。"又指仰、上举,嵇康《琴赋》:"披重壤以诞载兮,参辰极而高骧。"

【原文】 zhū zhǎn zéi dào　bǔ huò pàn wáng
诛 斩 贼 盗　捕 获 叛 亡

【译文】 依法律诛杀奸贼、强盗,追捕捉拿反叛、逃亡的罪人。

【释义】

诛,诛灭。斩,斩杀。贼,逆乱者。盗,盗窃者。捕获,捉拿。叛,叛乱。亡,逃亡。《千字文释义》:"此言御患之术……言御患者,于攻劫窃盗,则必诛戮斩杀之。有背叛而逃亡者,则必追擒而得之,然后可无患也。"

　　自古以来,治国安邦为大事,奸贼在位,必严重危害国家、人民,铲除奸邪就成为贤者的重要工作。《荀子》载孔子杀少正卯之事,少正卯是鲁国大夫,少正是氏,卯是名。“少正”为周朝所设官职,其子孙因以为氏。少正卯与孔子皆开办私学,招收学生,有名于鲁国,被称为“闻人”。鲁定公十四年,孔子任鲁国大司寇,上任七日,诛杀少正卯于东观之下,暴尸三日。孔子的弟子不明白为何要杀他,孔子言少正卯有“心达(逆)而险、行辟而坚、言伪而辩、记丑而博、顺非而泽”五种恶劣品质,人若有此“五恶”,就不能不施加“君子之诛”。少正卯是身兼“五恶”的“小人之桀雄”,有惑众造反的能力,危害极大,故被诛杀。

　　叛国逆乱者对家国民众的危害极大,如唐天宝十四年(755)安禄山叛乱,人口损失七成,国家几近灭亡。唐肃宗李亨与大将郭子仪、李光弼率领军民艰苦奋战,用长达八年的时间才平定叛乱,但大唐从此一蹶不振。

　　由于贼盗、叛逆对社会危害巨大,古来对其处罚也就极其严厉,“诛斩”体现了严厉程度。然而,仅用法律制裁并不能从源头上制止贼盗,当大力推行教育,使大众明理守法。《论语·尧曰》谓“不教而杀谓之虐”,强调教育先行的治国理念。

【解字】

zhū
诛(誅)　　𣲙　𥞴　誅　誅　誅　誅

合27378　中山王壶　老子甲后193　说文小篆　唐公房碑　智永

　　繁体作“誅”,形声字。《说文》:“誅,讨也。从言朱声。”本义为用言语指责、责备。桂馥《义证》:“《(周礼·地官·)司救》:‘掌万民之衺恶过失而诛让之。’注云:‘诛,责也。古者重刑,且责怒之,未即罪也。’”《周礼·天官·大宰》:“八曰诛,以驭其过。”郑玄注:“诛,责让也。”贾公彦疏:“诛以驭其过者,臣有过失非故为之者,诛,责也,则以言语责让之,故云以驭其过也。”“朱”为赤心木,转指深红色。人有过恶,轻则遭责备,重则受刑罚乃至诛杀,段注:“凡杀戮、纠责皆是。”用言语指责,诛杀则流血见红

(朱),故"誅"从言朱声。"誅"金文从戈,表示以戈杀戮。《王力古汉语字典》:"诛,杀,弑。三字都有处死、屠杀义。但是'诛'用于上杀下、有道杀无道、诛杀有罪者,是褒义词;'杀'是个中性词,使用范围最广泛;'弑'用于下杀上,是贬义词。"

"诛"也指责求、索取,《国语·吴语》:"以岁之不获也,无有诛焉。"惩罚是责备的具体措施,故又指惩罚,《韩非子·奸劫弑臣》:"圣人之治国也,赏不加于无功,而诛必行于有罪者也。"诛杀无道称为讨伐,故又指讨伐,《荀子·议兵》:"王者有诛而无战,城守不攻,兵格不击。"严厉惩罚为夺取人的性命,故又指杀戮,《孟子·梁惠王》:"闻诛一夫纣矣,未闻弑君也。"诛杀是除去被杀者,故又指除去,《国语·晋语》:"以惠诛怨,以忍去过。"判罪用朱笔,故转指记述、阐述,《墨子·耕柱》:"吾以为古之善者则诛之,今之善者则作之,欲善之益多也。"

zhǎn 斩(斬)

斬　斬　斬　斬

睡 16.117　　说文小篆　　魏王基残碑　　颜真卿

繁体作"斬",会意字。《说文》:"斬,截也。从车从斤。斬法,車裂也。"本指车裂,为古代死刑的一种,后为斩首或腰斩,通指砍杀。《释名·释丧制》:"斫头曰斩,斩腰曰腰斩。"段注:"截者,断也。"《周礼·秋官·掌戮》:"掌斩杀贼谍而搏之。"郑玄注:"斩以铁钺,若今要斩也;杀以刀刃,若今弃市也。""斩"为车裂,"斤"甲骨文作𠂤前八·七·一,为斫木斧,用为砍(斩)木,又为兵器及斩杀之具。段注:"此说从车之意,盖古用车裂,后人乃法车裂之意而用铁钺,故字亦从车。斤者,铁钺之类也。"斩杀或用马车(車)拉裂人体,即"斩法车裂",或用斧钺(斤)砍杀,故"斩"从车从斤。一说"斩"本为用斧斤砍木斫为车轮,后用于斩刑。

"斩"也泛指砍或砍断,如披荆斩棘,《周礼·考工记·轮人》:"轮人为轮,斩三材必以其时。"物被斩断则断开,故也指断绝,《诗经·小雅·节南山》:"国既卒斩,何用不监。"征伐时多有斩杀,故又指讨伐、攻打,《国语·齐语》："遂北伐山戎,刜令支,斩孤竹而南归。"裁布做衣须斩断布料,故又指剪裁,特指斩而不缉下边的丧服,《释名·释丧制》："三年之缞曰斩,不缉其末,直翦斩而已。"

贼(賊) zéi

散盘　老子甲 60　说文小篆　曹全碑　智永

繁体作"賊",形声字。《说文》："賊,败也。从戈则声。"义为破坏。徐锴《系传》："败犹害也。"段注："败者,毁也。毁者,缺也。"《左传·文公十八年》："毁则为贼,掩贼为藏。窃贿为盗,盗器为奸。"杜预注："毁则,坏法也。""戈"为尖锐兵器,可以伤人、毁物,段注："以周公《誓命》言,则用戈毁则,正合会意。""则"金文作 𣪘 何尊,以刀刻鼎铭为法则。坏乱(戈)法则者为贼,故"贼"从戈则声。

"贼"也指伤害,《诗经·大雅·抑》："不僭不贼,鲜不为则。"杀是最严重的伤害,故又指杀,《尚书·舜典》："眚灾肆赦,怙终贼刑。"又指作乱叛国危害人民的人,《周礼·秋官·士师》："二曰邦贼。"郑玄注："为逆乱者。"又指抢劫或偷窃财物者,如盗贼,《后汉书·百官志》："贼曹主盗贼事,决曹主罪法事。"贼乱之人奸邪不正,故又指邪恶的、不正派的,《史记·龟策列传》:"寒暑不和,贼气相奸。"又指克制,《公孙龙子·通变论》:"白足之胜矣而不胜,是木贼金也。"贼人多残暴,故又指残暴、狠毒,《史记·游侠列传》:"(郭解)少时阴贼,慨不快意,身所杀甚众。"贼人多狡猾,故又指狡猾,如这个人真贼。又指一种专食苗节的害虫,《诗经·小雅·大田》:"去其螟螣,及其蟊贼,无害我田稚。"毛传:"食根曰蟊,食节曰贼。"孔颖达疏引陆玑:"贼,似桃李中蠹虫,赤头身长而细耳。"

盗(盜) dào

合 8315　秦公镈　睡 20.193　说文小篆　熹平石经　赵孟頫

繁体作"盜",会意字。《说文》："盜,私利物也。从次,次欲皿者。"本义为偷窃,指垂涎他人之物而窃为私有。王筠《句读》："私有所利于它人之物也。"桂馥《义证》:"僖二十四年《左传》:'窃人之财,犹谓之盗。'……定八年《谷梁传》:'非其所取而取之,盗。'《荀子·修身篇》:'窃货曰盗。'"次(xián),《说文》:"慕欲口液也。从欠从水。"指因羡慕而流口水,泛指口水,同"涎"。"次"之构形指羡慕而张口(欠)流涎水(水),段注:"有所慕欲而口生液也。"故"次"从欠从水,有羡慕、贪图义。羡慕、贪欲易起盗心,"皿"指所盗之物,"盗"之构形指羡慕、贪图(次)皿中饮食或财物(皿)而盗之,故"盗"从次、皿。桂馥《义证》:"《五经文字》:盗从皿,利于物欲器皿者,盗之。"徐灏《注笺》:"许云'次欲皿者',说从次之意,垂次其皿欲私其物也。"张舜徽《约注》:"上世争夺之事,最初盖起于饮食,故盗字从次从皿,则非其所有而欲取之,即谓之盗矣。古人言盗,今则称偷。"简化字省形符"次"左边一点作"盗"。

　　"盗"也指窃取和抢劫财物的人,《论语·阳货》:"譬诸小人,其犹穿窬之盗也与?"也指诈骗、骗取,《庄子·庚桑楚》:"举贤则民相轧,任知则民相盗。"偷盗者盗人财物是偷偷地进行,故又指偷偷地,《史记·平准书》:"盗铸诸金钱罪皆死,而吏民之盗铸白金者不可胜数。"抢掠是强硬盗取,故又指抢掠、劫持,《列子·说符》:"遂共盗而残之。"篡夺是盗人名位、权势等,故又指窃据、篡夺,《庄子·胠箧》:"然而田成子一旦杀齐君而盗其国,所盗者岂独其国邪?并与其圣知之法而盗之。"又指刺客,《左传·桓公十六年》:"使盗待诸莘,将杀之。"小人阴险如盗,故又指贱人、谗佞小人,《诗经·小雅·巧言》:"君子信盗,乱是用暴。"

捕

bǔ

捕　鞴　捕　捕

大通上孙家寨汉简　说文小篆　曹全碑　颜真卿

　　形声字。《说文》:"捕,取也。从手甫声。"本义为捉拿、逮捕。《说文》:"取,捕取也。"二字互训。《字汇》手部:"捕,擒捉也。又逮捕,逮者,其人在而直追取之;捕者,其人亡当讨捕之。""甫"甲骨文作🔾前六·三二·一,金文作🔾甫人匜,罗振玉《殷虚书契考释》:"象田中有蔬,乃圃之最初字。后又加口形,已复矣。""甫"从用、父,父亦声。"父"金文作🜚,父癸鼎,以手执石斧表示壮男,转指父亲。园圃平展宽阔,有开展意,斧刃薄而开展,故从甫声字多有平阔、展开义,"父→甫→尃→溥→薄→礴"为六代形声字,都有铺开的核心义素。捕取以手,并大面积展开搜索(甫),故"捕"从手甫声。

"捕"也指搜索、追寻,《周髀算经》:"即取竹空径一寸长八尺,捕影而视之,空正掩日。"作名词指古时衙门担任缉捕的差役,吴肃公《明语林·方正》:"一妪讼巫杀其子,曷遣捕缚至杖之。"

huò
获(獲穫)　　𤞤　𤜯　𤜵　𨼪　䕫　獲　獲
　　　　　　合185　　合10308　　合21586　　舍志鼎　　说文小篆　　曹全碑　　颜真卿

繁体作"獲",形声字。《说文》:"獲,猎所获也。从犬蒦声。"本指打猎获得猎物。王筠《句读》:"《(周礼·)夏官·大司马》:'获者取左耳。'郑注:'获,得也。得禽兽者取左耳,当以计功。'案此获之本义也。"《周易·解》:"田获三狐,得黄矢,贞吉。"蒦(huò),从手(又)持猫头鹰(雈)会捕获义,本义为抓住、捕获,是先民捕鸟为食的体现。由捕鸟为食转入捕兽为食的狩猎时代,狩猎用猎犬,故"獲"从犬蒦声。罗振玉《增订殷虚书契考释》谓甲骨文"獲":"从佳从又,象捕鸟在手之形。与许书训'鸟一枚'之'隻'字同形。""隻"后用作量词,李孝定《甲骨文字集释》:"'鸟一枚'者,隻之别义也。""穫"指收割庄稼,从禾蒦声,后与"獲"混用,张舜徽《约注》:"得兽谓之獲,犹刈谷谓之穫耳。""蒦"为"獲"之初文,"蒦"后用作量度、惊视义,本字加犬作"獲",表示获取。"蒦(隻)"为获鸟,"獲"为获兽,"穫"指获禾谷。"蒦(隻)-獲-穫"代表古代社会生产发展的三个阶段。简化字"获"换"隻"为"犬"。

"获"也指猎得之物,《吕氏春秋·贵当》:"狗良则数得兽矣,田猎之获常过人矣。"田猎有获则心安乐,故又指适宜、安,《诗经·小雅·楚茨》:"礼仪卒度,笑语卒获。"毛传:"获,得时也。"由获猎物通指获得、得到,《国语·楚语》:"成(王)不礼于穆(王),愿食熊蹯,不获而死。"由获得转指得以、能够，王粲《从军诗》之一："歌舞入邺城，所愿获无违。"又指遭受，《国语·晋语》："范武子退自朝，曰：燮乎，吾闻之，干人之怒，必获毒焉。"

pàn 叛

朝　叛　叛　叛

说文小篆　吴谷朗碑　智永　颜真卿

　　形声字。《说文》："叛，半也。从半反声。"本义为背离、反叛。徐灏《注笺》："叛之言半也，分也，离去之谓也。"《左传·隐公四年》："众叛亲离，难以济矣。"半，《说文》："物中分也。从八从牛。牛为物大，可以分也。"本指一半、二分之一。物（牛）从中间分开（八）则为两半，故"半"从八从牛。"半"有分离意，"叛"指背离本体往反面去，故"叛"从半反声。张舜徽《约注》："半与反皆由分得义，三字又语音之转……凡从半之字多有分义。胖下云：'半体肉也。'刀部：'判，分也。'田部：'畔，田界也。'斗部：'料，量物分半也。'皆是。许君录叛字入半部，故云从半反声。其实半亦有声，反亦有义也。"

　　反叛则乱，故"叛"也指凌乱，班固《幽通赋》："叛回穴其若兹兮，北叟颇识其倚伏。"通"判"，分，《左传·襄公二十六年》："《书》曰：'入于戚以叛。'罪孙氏也。"孔颖达疏："叛者，判。欲分君之地以从他国，故以叛为名焉。"

wáng 亡

合 506　H31:3　亡终爵　天亡簋　说文小篆　曹全碑　颜真卿

　　会意字。《说文》："亡，逃也。从入从乚。"指逃跑、逃亡。徐锴《系传》："鲁昭公逃于齐，称亡人也。"段注："逃者，亡也，二篆为转注。亡之本义为逃，今人但谓亡为死，非也。引申之则谓失为亡，亦谓死为亡。孝子不忍死其亲，但疑亲之出亡耳，故丧篆从哭亡。"《国语·晋语》："而离桓之罪，以亡于楚。"韦昭注："亡，奔。"乚（yǐn），《说文》："匿也。象迟曲隐蔽形……读若隐。"指隐藏，同"隐"。王筠《释例》："以隐说之，读又如之，是一字也。阜部：'隐，蔽也。'有所藏匿，必隐蔽之，隐蔽必在幽深之处，故曰'迟曲'，谓字形屈曲也。"乚小篆作乚，像屈曲（拐弯）隐藏处。饶炯《部首订》"盖人之逃而去者，灭踪入乚，不有其人，与无一例"，谓乚像人逃到

(入)隐曲处(乚)隐蔽不见,故“亡”从入从乚。“亡”甲骨文从刀,在刀刃处加小竖画指出锋芒所在,本义为刀芒,为“芒”之初文,是指事字。商代金文在刀刃处加圆圈指出锋芒所在。西周甲骨文作,西周金文作,刀刃与指事笔画相连,像(入)之形,小篆承之,《说文》遂谓“从入从乚”。

人逃亡则不在本处,故“亡”引申指外出、不在,《论语·阳货》:“孔子时其亡也,而往拜之。”邢昺疏:“谓伺虎不在家时而往谢之也。”人逃亡如物遗失,故也指失去、遗失,《周易·旅》:“射雉,一矢亡。”死亡如从世上逃去,故又指死,饶炯《部首订》:“死人幽瘗,长与人辞,亦如逃者之不见于世,故死亡、有亡,皆借逃亡字为之。”《公羊传·桓公十五年》:“曷为末言尔?祭仲亡矣。”又指灭亡、消亡,《尚书·仲虺之诰》:“取乱侮亡。”孔颖达疏:“国灭为亡。”时过(亡)则不复,故又指过去的,辛弃疾《木兰花慢·席上呈张仲固帅兴元》:“追亡事,今不见,但山川满目泪沾衣。”通“忘”,忘记,《诗经·邶风·绿衣》:“心之忧矣,曷维其亡。”

“亡”又音 wú,通“无”,1. 没有,《论语·雍也》:“有颜回者好学……今也则亡,未闻好学者也。”2. 副词,表示禁止或否定。3. 连词,相当于“不然、不论、抑或”。

bù shè liáo wán　　jī qín ruǎn xiào

【原文】 布 射 僚 丸　　嵇 琴 阮 啸

【译文】 吕布精通射箭而宜僚善于弄丸,嵇康擅长弹琴而阮籍工于长啸。

【释义】

布,吕布。射,射技。僚,宜僚。丸,弹子。嵇,嵇康。琴,琴艺。阮,阮籍。啸,撮口出声,指长啸功夫。“啸”历史悠久,《诗经》《楚辞》均有记载。“啸”本为巫师的专门技能,用于招魂或祭祀仪式。约至东汉时,“啸”进入文人雅士的生活圈。中古时期,“啸”是隐逸修道的必修课。明代长啸消亡。《千字文释义》:“此言器用之利,伎艺之精,处家者皆不可不备也。”

吕布(?—199),字奉先,五原郡九原(今内蒙古包头九原区)人,东汉末名将,箭技超群。《三国志·魏书·吕布传》载,建安元年(196),袁术派大将纪灵统步骑三万多征讨刘备,刘备向吕布求援。吕布派人请纪灵等将领来饮酒,说:"刘备是我的兄弟,他被诸位所围,我特意赶来救他。我吕布生性不爱看别人争斗,只喜替人解除纷争。"他命兵士在大营辕门中竖起一支戟,说:"我一发射中辕门之戟,诸位当立即停止进攻,离开这里。若射不中,你们就与刘备决一死战。"遂引弓向戟射出一箭,正中目标。诸将各自引兵而归。吕布辕门射戟为刘备解围,造就了替人解围的千古佳话,李渔评:"布一生只掷戟与射戟二事,真风流千古。"

宜僚,春秋时楚国勇士,姓熊,居于市南,因号"市南子"。"僚丸"语出《左传·哀公十六年》。"弄丸"也称"跳丸、抛丸",以手上下连续抛接数个弹丸,一个在手,数个在空中,递抛连接,往复不绝。熊宜僚弄丸手艺卓绝,可单手抛八九个球在空中。相传楚、宋开战,楚军包围了宋国都城,久攻不下。熊宜僚于两军阵前表演抛丸绝技,宋军将士都看傻了,楚军突然掩杀过来,宋军大败。

嵇康(224—263),字叔夜,谯国铚县(今安徽濉溪县)人。三国曹魏时著名思想家、音乐家、文学家。正始末与阮籍、山涛、刘伶、阮咸、向秀和王戎合称"竹林七贤"。嵇康成就颇多,通晓音律,尤爱弹琴,有音乐理论著作《琴赋》《声无哀乐论》。作有《风入松》,相传还有《孤馆遇神》。又有《长清》《短清》《长侧》《短侧》四首琴曲,称"嵇氏四弄",与蔡邕"蔡氏五弄"合称"九弄"。

阮籍(210—263),字嗣宗,陈留(今属河南)尉氏人,建安七子之一阮瑀之子。阮籍为魏晋诗人,曾任步兵校尉,世称阮步兵。他崇奉老庄之学,与嵇康、刘伶等为"竹林七贤"。阮籍是"正始之音"的代表,善于诗,尤长于五言,以《咏怀》八十二首为代表,影响极为深广。"阮啸"指"苏门啸",典出《晋书·阮籍传》。阮籍曾在苏门山遇到孙登,无论阮籍说什么,孙登闭口不言,阮籍乃长啸而退。走到半山,听到似鸾凤之声响彻岩谷,正是孙登在长啸。阮籍闻啸声有所了悟,回家著《大人先生传》,批评世俗君子,崇尚超尘脱俗的高士和隐者。后人因此用"苏门啸"指啸咏,亦喻高士情趣。

【解字】

bù
布　　作册睘卣　作册睘尊　先秦货币　说文小篆　曹全碑　颜真卿

　　形声字。《说文》："布，枲织也。从巾父声。"本指麻布，后为葛、麻等织品的通称，帛为丝织品的通称。"巾"金文作 ⋔ 元年师兑簋，像佩巾下垂形。"父"金文作 ⚡ 父癸鼎、⚡ 父辛簋，像手持石斧形，后分化出"斧"字，后指持斧男子，再指父亲。斧刃呈扁平展开状，"甫"从父从用，从甫得声的"浦、脯、铺、圃、尃、博、薄、礴"等字都有展开、铺排的核心义素。《释名·释采帛》："布，布也。布列众缕为经，以纬横成之也。"张舜徽《约注》："布之言溥也，谓其形制之广大也。凡布帛广二尺二寸为幅，长四丈为匹，视他物为广大矣。"巾、布都是麻葛织物，布匹可大面积铺展而形制广大（父），故"布"从巾父声。布衣较丝帛价廉，为百姓所穿，故"布衣"为平民的代称，桓宽《盐铁论·散不足》："古者，庶人耋老而后衣丝，其余则麻枲而已，故命曰布衣。"

　　"布"作动词指展开、铺开，《左传·定公四年》："布裳，刳而裹之。"公布如展开般往外扩散，故又指公布、宣告，《周礼·夏官·训方氏》："正岁则布而训四方。"又指散布、分布，段注："引伸之凡散之曰布，取义于可卷舒也。"《史记·匈奴列传》："见畜布野而无人牧者，怪之。"布施是将财物散于人，故又指布施、施予，《庄子·列御寇》："施于人而不忘，非天布也。"又为古代货币，钱币用于流通广布，故古代曾用布作流通货币，朱骏声《通训定声》："古以布为币，后制货泉即以名之。"《周礼·天官·外府》："掌布之出入。"注："布，泉也。其藏曰泉，其行曰布，取名于水泉，其流行无不遍也。"又指赋税，《孟子·公孙丑》："廛无夫里之布，则天下之民皆悦而愿为之氓矣。"述说有序展开，故又指陈述，《左传·成公十三年》："敢尽布之执事，俾执事实图利之。"陈设是将物品有序布列，故又指陈设、布置，如布局，《尚书·康王之诰》："皆布乘黄朱。"展开则显露，故又指显露、显示，《左传·襄公二十一年》："敢布四体，唯大君命焉。"杜预注："布四体，言无所隐。"又指用化学纤维或其他材料制成的织物或膜,如塑料布。

shè
射（躲）　　合 10693　花东 7　静簋　石鼓文　说文古文　说文小篆　熹平石经　褚遂良

　　《说文》古文作"躲",会意字。《说文》:"躲,弓弩发于身而中于远也。从矢从身。𦐃,篆文躲从寸。寸,法度也,亦手也。"本义为开弓放箭。"躲"从身,故训"弓弩发于身而中于远",形训、义训结合,即《说文》"弓"字"以近穷远"之义。《左传·桓公五年》:"祝聃射王中肩。""矢"甲骨文作↑合四七八七,像箭形。"射"甲骨文像张弓射箭形,或加又,指以手引弓射箭。孔广居《疑疑》:"从又,手也。𦐃象弓矢形。小篆从身,疑即𦐃之讹。彐即又之变也。"孔说甚是,躲、𦐃所从之身由𦐃左侧弓矢形𦐃变来,𦐃本从又,变作寸。𦐃为躲之由来,𦐃、𦐃为𦐃之由来,𦐃又变作𦐃,为通行字。"又、寸"二字因形近而多混用,"寸"有法度义,"又"所变之"寸"本指手,故许慎谓"寸,法度也,亦手也"。

　　"射"也指放箭的人,《孟子·尽心》:"羿不为拙射变其彀率。"也指弓箭制作规范及使用技能的训练,《周礼·地官·大司徒》:"六艺:礼、乐、射、御、书、数。"郑玄注:"射,五射之法。"又指射礼,《论语·八佾》:"君子无所争,必也射乎!"又指赌赛,一种争输赢的手段,《列子·说符》:"博者射。"张湛注:"凡戏争能取中皆曰射。"射出的箭追向目标,故又指追逐、追求,《管子·国蓄》:"凡轻重之大利,以重射轻,以贱泄平。"又指猜度,《吕氏春秋·重言》:"有鸟止于南方之阜,三年不动不飞不鸣,是何鸟也?王射之。"箭能伤人,故又指中伤,如影射,《资治通鉴·汉纪》:"胡亥今日即位而明日射人,忠谏者谓之诽谤,深计者谓之妖言,其视杀人若艾草菅然。"光线照射如射箭,故又指照射,韦应物《拟古诗》之四:"四壁含清风,丹霞射其牖。"又为古代刑罚名,1. 用箭穿耳,《墨子·号令》:"有司出其所治,则从淫之法,其罪射。" 2. 通"磔",分裂肢体,《韩非子·难言》:"田明辜射。"俞樾《平议》:"辜射即辜磔。磔从石声,与射声相近,故得通用。"

"射"又音 yè,〔仆射〕官名,《集韵》祃韵:"仆射,官名。射者,武事。古者重武,以主射名官。关中语转为此音。"

僚 liáo

说文小篆　曹全碑　智永　欧阳询

形声字。僚(liáo),《说文》:"好貌。从人寮声。"本义为美好的样子。段注:"此僚之本义也,自借为同寮字而本义废矣。"张舜徽《约注》:"僚训好貌,谓形体之美好也。"《诗经·陈风·月出》:"佼人僚兮。"孔颖达疏:"谓其形貌好,言色美,身复美也。"寮(liáo),《说文》:"柴祭天也。从火从昚。昚,古文慎字。祭天所以慎也。"指烧柴祭天。烧柴(火)祭天须谨慎(昚),故"寮"从火从昚。"寮"甲骨文作 ☀ 合二一〇八五、☀ 合二七一八七、☀ 合三二三〇二,从木,像烧木之形,旁若干短画像火焰迸裂、火光四射形,本义为火烧,为"燎"之初文。徐灏《注笺》:"寮、燎实一字,相承增火旁……今云放火者,后人改之。燎之本义为烧草木。"火焰明丽,故"寮"有美意,从寮声字亦多有美好意:美玉为"璙",好貌为"僚",女美为"嫽",白金之美者为"鐐"。火光明亮,故"寮"也有明意:目明为"瞭",心慧(明)为"憭",窗口通明为"寮",竹笼通透为"簝"。火光远照,故"寮"也有远意:路远为"遼",声响亮远闻为"嘹"。"僚"指人形貌美丽(寮),故"僚"从人寮声。

"僚"又音 liáo,指官,《尚书·皋陶谟》:"百僚师师,百工惟时。"孔传:"僚、工皆官也。"官员有同僚,故又指一起做官的人,《仪礼·士冠礼》"主人戒宾",郑玄注:"宾,主人之僚友。"又指朋友,《后汉书·儒林列传》:"闭门诵习,不交僚党。"古代把人分为十等,僚为第八等,《左传·昭公七年》:"隶臣僚,僚臣仆。"孔颖达疏引服虔:"僚,劳也,共劳事也。"

丸 wán

说文小篆　侍其繇木方　西陲简 51.6　智永

依附象形字。《说文》:"丸,圜。倾侧而转者。从反仄。"本义为小而圆的物体。徐灏《注笺》:"丸者圆转,仄者倾侧。"徐锴《系传》"仄,一向敧

而不可回也。是故仄而可反为丸,丸可左可右也",王筠《句读》"仄下云:
'侧倾也。'倾侧则不转,以其有平面也;倾侧而又转者,以其无平面也;故从
反仄,如走盘珠是也",故"丸"从反仄。"丸、圜"上古音皆为匣纽元部,为
声训。丸之言圆,圆转无缺也。饶炯《部首订》:"以圜说丸,通其名也;又以
倾侧而转说圜,申其义也。"小篆"丸",徐灏《注笺》:"丸从人中有点,象挟
弹形。"谓"丸"本像手(又)执弹丸(●)形,依附手表现丸形。段注:"圜则
不能平立。故从反仄以象之。仄而反复,是为丸也。"

　　特指弹丸,《左传·宣公二年》:"晋灵公不君,厚敛以雕墙,从台上弹人,
而观其辟丸也。"也指中药圆形颗粒制剂,如牛黄解毒丸,《抱朴子·内篇》:
"今医家通明肾气之丸,内补五络之散。"卵形如丸,故"丸"引申指卵,《吕
氏春秋·本味》:"有凤之丸。"作动词指揉物成丸形,《晋书·陈寿传》:"有
疾,使婢丸药。"又用作量词,用于小而圆的物体,曹植《善哉行》:"仙人王
乔,奉药一丸。"

jī 嵇

　　形声字。《说文新附》:"嵇,山名。从山,稽省声。奚氏避难特造此字,
非古。"本为山名,在今安徽宿州市以西、亳州市以东。相传嵇康先祖避难
居此,特造"嵇"字。《三国志·魏书·王卫二刘传》裴注引虞预《晋书》:嵇
康,"本姓奚,会稽人。先自会稽迁于谯之铚县,改为嵇氏,取稽字之上以为
姓。盖以志其本也。"郦道元《水经注·淮水》同其说,又云:《嵇氏谱》曰:
谯有嵇山,家于其侧,遂以为氏。"《元和郡县志·临涣县》:"嵇山,在县西
三十里。""稽"指留止,嵇山景色宜人而堪留,嵇氏避难至此而停留定居,
故"嵇"从山,稽省声。徐灏谓"嵇"为"稽"之俗字。

qín 琴(珡)

《说文》小篆作"珡",象形字。《说文》:"珡,禁也。神农所作。洞越

练朱五弦,周加二弦。象形。,古文珡从金。"本为拨弦乐器,也称七弦琴,俗称古琴。传说始为五弦,周初增为七弦。琴身为狭长形,木质音箱,面板外侧有十三徽,底板有两个出音孔。奏时右手拨弦,左手按弦。"琴、禁"声近韵同,为声训。据说琴有禁邪守正的功用,故古籍多训"禁"。段注:"《白虎通》曰:'琴,禁也。以禁止淫邪、正人心也。'此叠韵为训。"朱骏声《通训定声》:"《广雅·释乐》:神农氏琴长三尺六寸六分,上有五弦,曰宫商角徵羽,文王增二弦,曰少宫、少商。""神农所作"采自《世本》,言琴最初为神农所制,《帝王世纪》亦云"炎帝神农氏作五弦之琴"。"洞越"指琴声通达清畅,段注:"洞当作迵。迵者,通达也。越谓琴瑟底之孔。迵孔者,琴腹中空而为二孔通达也。""练"是把生丝或织品煮得柔软洁白,琴弦由丝捻制而成,指琴弦的材质。"朱"指琴弦颜色,段注:"盖练者其质,朱者其色。"《诗经·小雅·鹿鸣》:"我有嘉宾,鼓瑟鼓琴。"小篆像琴侧(背)面形,饶炯《部首订》:"外(𢇺)象琴体,中(上之丨)象琴柱,上四横象弦轴,下二横象弦轸,左右直下象弦。"徐灏《注笺》:"此篆引而长之,作,乃见其形。"古文从金作"鍌",形声字,琴可发金属(铜)之音。"金、今"声同,声符通用,故隶变从今声作"琴",为通行字。"鍌"之作"琴",犹"裣"之作"衿"、"趤"之作"趁"。

琴以弹奏操作,故"琴"作动词指弹琴,《关尹子·三极》:"人之善琴者,有悲心则声凄凄然。"又为某些乐器的通称,如提琴、胡琴、钢琴、口琴。古楚方言谓冢为琴,以其似琴箱弧起形,《水经注·沘水》:"今县都陂中有大冢,民传曰公琴者,即皋陶冢也。楚人谓冢为琴矣。"

阮

ruǎn 阮	𢇛	阮	阮	阮
	说文小篆	五十二病方	曹全碑	智永

形声字。本为关名,读 yuán,《说文》:"阮,代郡五阮关也。从𨸏元声。"五阮关,汉置,在今河北宣化县西。段注:"《地理志》代郡有五原关,阮者正字。原者叚借字也。《成帝纪》作五阮关。""𨸏"指土山,后作"阜、阝"。古

关口多在山陵险隘处(官),"元"由人头引申指初始、首要,关口是古代出入境的首经重地,故"阮"从官元声。徐锴《系传》有"读若昆"三字,张舜徽《约注》:"阮读若昆,乃其本音。盖阮之言梱也,谓在此设边塞,若门梱之限别内外也。代郡为战国时赵武灵王置,秦汉沿之,有今河北省怀安、蔚县以西,山西省阳高、浑源以东地。北邻匈奴、乌桓,故必设关以守之。"

"阮"又音 ruǎn,为殷商国名,在今甘肃泾川县,后为周文王所灭,《诗经·大雅·皇矣》:"密人不恭,敢距大邦,侵阮徂共。"孔颖达疏:"阮、徂、共三者皆为国名。"又为拨弦乐器阮咸的简称,古琵琶的一种,四弦有柱,形似月琴,相传西晋阮咸善弹此乐器,因而得名,也有三弦的阮,袁郊《甘泽谣·红线》:"(红线)善弹阮,又通经史。"又为侄的代称,阮籍与侄阮咸并有盛名,世称"大小阮",后用"小阮"为侄的代称,省称"阮",如贤阮。又用作姓氏,《通志·氏族略》:"阮氏,商之诸侯国,在岐渭之间。周文王侵阮徂共,见于《诗》,子孙以国为氏。后汉有巴吾令阮敦,阮氏惟盛于晋、宋。"

xiào
啸(嘯)

啸　嚣　嘯　嘯

说文小篆　说文籀文　叶慧明碑　欧阳通

繁体作"嘯",形声字。《说文》:"嘯,吹声也。从口肃声。嚣,籀文嘯从欠。"本义为撮口吹出声音。《诗经·召南·江有汜》:"其啸也歌。"郑玄笺:"啸者,蹙口而出声。"肃(肃),《说文》:"持事振敬也。从聿在開上,战战兢兢也。肃,古文肃从心从卪。"本义为恭敬。開为"渊"古文,開为開之变体。"聿"(niè),从又持巾,有做事之意。人心存敬肃,必谨慎小心,行事(聿)恭敬,"如临深渊,如履薄冰",桂馥《义证》"本书'渊或省水',战战兢兢者,如临深渊也",故"肃"从聿在開上。"肃"金文作䏶禹鼎,从聿在開上,手持器具在深渊边干活,会持事恭敬、如临深渊之意。《说文》古文作"肃",王筠《句读》"郑注《无逸》曰:'恭在貌,敬在心。'从卪者,持事有节制也",故"肃"从心从卪。"嘯"为撮口吹出的声音,啸声清扬和畅,有恭肃之义,封演《封氏闻见记·长啸》"激于舌端而清谓之啸",故

"啸"从口肃声。"欠"指打呵欠,即疲倦时张口舒气。欠、口义近,形符互用,故《说文》籀文从欠作"歗"。"啸"之作"歗",犹"呦"之作"欨"、"嘆"之作"歎"。

"啸"也指鸟兽长声鸣叫,陆机《苦寒行》:"猛虎凭林啸,玄猿临岸叹。"啸或用以招呼人,故又指呼召、号召,曹植《名都篇》:"鸣俦啸匹侣,列坐竟长筵。"又指招集、聚集,《新唐书·突厥传》:"败,乃啸亡散,保总材山,又治黑沙城。"又指其他尖利而悠长的响声,张协《杂诗》之五:"凄风为我啸,百籁坐自吟。"

"啸"又音 chì,同"叱",大声呼喝,《礼记·内则》:"男子入内,不啸不指。"

【原文】 　恬笔伦纸　　钧巧任钓
　　　　　tián bǐ lún zhǐ　　jūn qiǎo rén diào

【译文】 　蒙恬创造毛笔而蔡伦发明造纸,马钧会制水车而任公子能钓大鱼。

【释义】

恬,蒙恬。伦,蔡伦。钧,马钧。任,任公子。

蒙恬(约前 259—前 210),姬姓,蒙氏,名恬,祖籍齐国(今山东蒙阴县)人,秦朝著名将领。"恬笔"指蒙恬造笔。相传蒙恬驻军边疆,当时文字用刀契刻,速度慢而难供战时急用。蒙恬撕下戈矛上的红缨绑在竹杆上,蘸色在白绫上书写军报,速度快捷。又谓蒙恬打猎时见受伤的兔子尾巴在地上拖出血迹,产生灵感,于是剪下兔尾毛插在竹管里试着写字,兔毛油光不吸墨,就扔进碱性水里浸泡去掉油脂,因而创造毛笔。后不断改良,制成早期的狼毫和羊毫笔。

其实,毛笔远在蒙恬之前已经产生。距今六七千年的西安半坡遗址中出土的彩陶器上,有许多颜色协调的图案,是用带毛的笔所画。出土的商代甲骨和陶器上,有一些未经契刻的朱、墨字迹,笔画有方、圆、肥、瘦的变化,也是毛笔所写。"笔"的初文"聿"甲骨文作 𦘒 前七·二三·二,像手执笔形。1954 年长沙左家公山发掘一座完整的战国时期木椁墓,陪葬品中有一支毛笔,用上好兔箭毛制成,用细丝线缠住笔头和笔杆,外面涂漆加以固定,全身套在一支小竹管中,杆长18.5厘米,直径0.4厘米,毛长2.5厘米,是现今存世最古的毛笔。湖北云梦秦墓中出土的三支竹杆毛笔,一支与笔管等长的竹管做笔套。蒙恬虽非初造毛笔者,但其制笔精于前人,改良了毛笔的性能功用,贡献很大。

蔡伦(?—121)字敬仲,东汉桂阳郡(今湖南耒阳)人。汉明帝永平末年入宫,章帝章和二年(88)因有功于太后而升为中常侍,又兼任尚方令。蔡伦总结前人造纸经验,革新造纸工艺,于元兴元年(105)向汉和帝献纸,汉和帝下令推广他的造纸法,很快就被广泛运用。两年后蔡伦被封为龙亭侯,这种新型纸被称为"蔡侯纸"。

1957年西安东郊灞桥附近一座西汉墓中发掘出一批"灞桥纸",制作年代不晚于汉武帝时。之后新疆罗布淖尔和甘肃居延等地都发掘出了汉代纸的残片,年代比蔡伦所造纸约早150—200年。尽管纸发明的很早,但并无广泛应用,政府文书仍用简牍、缣帛书写。至汉献帝时,东莱人左伯再次改进造纸方法,进一步提高了纸张质量。他造的纸纸质甚佳,尤以五色花笺纸为上,世称"左伯纸"。

马钧,字德衡,扶风(今陕西兴平)人,生活在汉朝末期,是古代科技史上最负盛名的机械发明家之一,其诸多发明创造对当时生产力的发展起到了重要作用。魏明帝时,织机几十条经线就要用几十蹑(脚踏板)操纵,效率极低,他设计制作新式织绫机,生产效率提高了四五倍,织出的提花绫锦,花纹图案奇特,花型变化多端,深受人们欢迎。马钧运用差动齿轮的构造原理,制成了指南车。马钧在洛阳时为解决灌溉的困难,研制出一种翻车,把河里的水引上土坡,"其巧百倍于常",旱时提水,涝时排水,功效甚高,是当时世界上最先进的生产工具之一。直至电动机械提水以前,马钧的翻车一直在我国农田灌溉中发挥着巨大作用。马钧创造了"水转百戏",用水力推动木制原动轮旋转,通过各部传动机构使所有木人都动起来,或鼓或吹,或舞或耍,或骑马或倒立,变化无穷,巧妙程度非同一般。推动了古代木偶艺术的发展。马钧在军事技术与兵器制造方面也有诸多发明,对连弩进行改进,使功效提高了五倍。研制出一种新式的攻城武器"轮转式发石车",造一个木轮子,把石头挂在木轮上,装上机械带动轮子飞快转动,就把大石连续发出几百步远,威力巨大。总之,马钧在手工业、农业、军事等方面有诸多发明创造,是三国时代最优秀的机械研制家,《三国志·魏书·方技传》裴松之注引傅玄《马钧传》称其为"天下之名巧"。

任公子善垂钓,典出《庄子·外物》,任公子做了个大鱼钩,系上粗黑绳,用五十头牛牲做钓饵,蹲在会稽山上,把钓竿投向东海。长时间后,任公子钓得大鱼,将它剖开制成鱼干,从浙江以东到苍梧以北,人人皆得饱食。

以上发明创造,体现了中华民族博大的智慧与灿烂的科技文化。

【解字】

tián
恬　　恬　　恬　　恬
　　银雀山6　说文小篆　娄寿碑　王羲之

形声字。《说文》:"恬,安也。从心,甜省声。"本为安静、清静。《汉书·严朱吾丘主父徐严终王贾传》:"心既和平,其性恬安。""甜"即"甜",《说文》:"甜,美也。从甘从舌。舌,知甘者。"指像糖或蜜的味道。"舌"甲骨文作🔶后上四·一〇,口吐舌形;"甘"小篆作🔶,从口含一,示口含美食不舍下咽之意。"甜"为味美,徐灏《注笺》:"甘之至为甜,甜之言恬也。古无所谓甜,盖以甘统之,后世以稼穑之类为甘,饴饧之类为甜。"舌为味觉器官,能知甘味,故"甜"从甘从舌。"恬"指内心安静闲适,内心恬淡如口尝甜味,皆能使人喜悦,故"恬"从心,甜省声。

恬静则内心舒适,故"恬"引申为安逸、舒适,《淮南子·精神》:"气志虚静恬愉而省嗜欲。"性静者多崇尚淡泊,故又指淡泊、淡漠,《韩非子·解老》:"所谓廉者,必生死之命也,轻恬资财也。"心安则恬淡无虑,故又指安然、坦然,如恬不知耻,《荀子·富国》:"轻非誉而恬失民。"杨倞注:"恬,安也。言不顾下之毁誉而安然忘于失民也。"人多安于习俗,故又指习惯,苏轼《书柳子厚〈牛赋〉后》:"岭外俗皆恬杀牛,而海南为甚。"

笔（筆）bǐ

筭　筆　筆　筆

秦简日书 850　说文小篆　西陲简 48.18　颜真卿

繁体作"筆"，形声字。《说文》："筆，秦谓之筆。从聿从竹。"本指写字画图的用具。聿，《说文》："所以书也。楚谓之聿，吴谓之不律，燕谓之弗。从聿一声。"本义为笔。笔是书写的工具，故训"所以书"。甲骨文作（合二二〇六三）、（合二八一六九），以手（又）执笔书写形。朱骏声《通训定声》："秦以后皆作筆字。"丁福保："按《慧琳音义》八十九卷四页笔注引《说文》：'从竹，聿声。'盖古本如是，二徐本夺'声'字，宜补。王氏筠辨当作'聿声'之说甚是。"古之笔以竹制成，王筠《释例》"理藩院所行西藏文移，皆用竹笔书之。其竹以油渍，年久者为佳。削为三棱，以其尖作字。一削而成者上也，须修改者，不中用也。因此知笔字从竹之故"，故"筆"从竹聿声。简化字"笔"以竹毛会意。

笔用以书写，故"笔"作动词指书写、记载，《史记·孔子世家》："至于为《春秋》，笔则笔，削则削，子夏之徒不能赞一辞。"又指文笔，写文章的技巧，《论衡·自纪》："口辩者其言深，笔敏者其文沉。"又指散文，与韵文称"文"相对，《文心雕龙·总术》："今之常言，有文有笔，以为无韵者笔也，有韵者文也。"书画以笔写、作，故又指书画作品，《新唐书·文艺传》："因问所藏，尽出其父书，旭视之，天下奇笔也。"汉字由笔画组成，故又指笔画，如起笔、笔顺，《晋书·王羲之传》："论者称其笔势，以为飘若浮云，矫若惊龙。"又用作量词，用于账册、书画或书面文辞，如几笔款、一笔好字、补一笔。

伦（倫）lún

倫　倫　倫　倫

孙膑 154　说文小篆　石经论语残碑　赵孟頫

繁体作"倫"，形声字。《说文》："倫，辈也。从人侖声。一曰道也。"本指辈分、同类，如无与伦比、不伦不类。张舜徽《约注》："伦之言侖也，侖从亼册，凡人众册，则必随其长短而比次之，所谓齐简也，故等辈之义出焉……众册所载，皆道理也，故又训道训理。"《礼记·曲礼》："拟人必于其伦。"郑玄注："伦，犹类也。"侖，《说文》："思也。从亼从册。"指伦理、次序，后作"伦"。段注："侖下曰：'侖，理也。'……思与理义同也。思犹鳃也，凡人之思必依其理。"段注"聚集简册必依其次第，求其文理"，故"侖"从亼从册。辈分按次序排列（侖），故"伦"从人侖声。

同类则能相比对，故"伦"引申为比、匹敌，《人物志·释争》："则光晖焕而日新，德声伦于古人矣。"又指道理，《礼记·中庸》："今天下车同轨，书同文，行同伦。"伦常是人遵循的道，故又指伦常、纲纪，《孟子·滕文公》："教以人伦。父子有亲，君臣有义，夫妇有别，长幼有序，朋友有信。"伦常按序排列，故又指条理、顺序，《尚书·舜典》："八音克谐，无相夺伦。"人当顺伦常而行，故又指顺、符合，《周礼·考工记·弓人》："析干必伦。"郑玄注："顺其理也。"

zhǐ 纸（紙）

睡·日甲61　说文小篆　孙过庭　颜真卿

繁体作"紙"，形声字。《说文》："紙，絮一苫也。从糸氏声。"本指漂洗蚕茧时附着于筐上的絮渣，后指以丝为原料的缣帛。蔡伦革新造纸法，始以树皮、麻头、破布、鱼网为原料造纸。今多以植物纤维制造。段注："'箈'各本讹'笘'，今正。箈下曰：'潎絮箦也。'潎下曰：'于水中击絮也。'……造纸昉于漂絮，其初丝絮为之，以箈荐而成之。今用竹质木皮为纸，亦有致密竹帘荐之是也。"张舜徽《约注》："《太平御览》六百五引王隐《晋书》：'魏太和六年，博士河间张揖上《古今字诂》，其巾部云：紙，今帋也。其字从巾。古以缣帛，依书长短，随事裁绢，枚数重沓，即名幡纸，字从糸，此形声也。后和帝元兴中，中常侍蔡伦以故布捣剉作纸，故字从巾。是其声虽同，糸巾为殊，不得以古之纸为今之纸。'据此，可知汉人称纸，皆指帛言；迨有捣布而成之纸，始别造帋字区分之。《释名·释书契》云：'纸，砥也，谓平滑如砥石也。'亦实谓缣帛耳……观许叙次，以纸篆厕诸絮、络、纩、緒、絮、繋之间，自谓絮纸无疑也。凡絮以手指揭之，则连络平薄一一而起，如今之纸，稍捶治之，即可用以书写文字。今语所称棉纸，殆其遗制。《通俗文》谓方絮曰纸,乃本义也。"《后汉书·郑范陈贾张列传》:"教以《左氏》,与简纸经传各一通。"李贤注:"竹简及纸也。"氏,《说文》:"巴蜀山名岸胁之旁箸欲落墙者曰氏。氏崩,闻数百里。象形,乀声。""氏"象崖岸上有石块下落形,表示分支,用为古代贵族标志宗族系统的称号。上古时代,氏是姓的支系,用以区别子孙之所由出生。"山名"当依段注作"名山"。"氏"甲骨文作 _{后二·二一六},或谓像横线上有竖线下垂形。林义光《文源》:"本义当为根柢。""紙"是漂洗蚕茧(糸)时从蚕茧上分下来附着于筐上的絮渣,"氏"是姓的分支,故"紙"从糸氏声。

"纸"也用作量词,书信、文件的张数,《世说新语·雅量》:"修书累纸,意寄殷勤。"冥币以纸制作,故又指冥钱,即烧给死人的纸钱,《西游记》四十回:"弄得我们少香没纸,血食全无。"又指文契、字据,《儒林外史》五回:"把小的驴和米同稍袋都叫人短了家去,还不发出纸来。"又指古代印有神像的纸,《警世通言·金令史美婢酬秀童》:"乃请城隍纸供于库中,香花灯烛,每日参拜祷告。"

钧（鈞） jūn

几父壶　小臣守簋　嬎鼎　子禾子釜　说文小篆　魏封孔羡碑　颜真卿

繁体作"鈞",形声字。《说文》:"鈞,三十斤也。从金匀声。𨤲,古文鈞从旬。"本为古重量单位,三十斤为钧。张舜徽《约注》:"盖钧乃大数,故古人喻物之重,恒言百钧万钧。"《左传·定公八年》:"颜高之弓六钧。"杜预注:"三十斤为钧。""匀"指均匀、公平,金文作 作宝彝簋,从旬,旬亦声,也像手臂弯内有对称二物,"二"表示均分、平均。"鈞"金文作 ,以"匀"为"鈞";又作 、 ,从金旬声。战国文字作 ,为《说文》古文由来。古量具多用铜锡等金属制成,不易耗坏而称物精准,"匀"有平均义,《汉书·律历志》"钧者,均也。阳施其气,阴化其物,皆得其成就平均也",故"鈞"从金匀声。"匀、旬"声义相近,声符通用,"鈞"之作"𨤲"犹"佝"之作"徇"、"沟"之作"洵"、"衏"之作"徇"。

　　"钧"作动词指衡量轻重,《吕氏春秋·仲春》:"同度量,钧衡石。"高诱注:"钧,铨。衡石,称也。"也指制作陶器所用的转轮,《淮南子·原道》:"钧旋毂转,周而复币。"高诱注:"钧,陶人作瓦器,法下转旋者。"又指调节乐音的标准,《国语·周语》:"是故先王之制钟也,大不出钧,重不过石。"韦昭注:"钧,所以钧音之法也,以木长七尺者弦系之以为钧法。"又指调、乐调,《国语·周语》:"细钧有钟无镈。"韦昭注:"细,细声,谓角、徵、羽也。钧,调也。"又比喻天工,《正字通》金部:"钧,大钧,天也。"又喻国政,《淮南子·齐俗》:"权制诸侯,钧者审于势之变也。""钧"在古代也用为对尊长或上级的敬辞,如钧安、钧座。通"均",1. 同,《孟子·告子》:"钧是人也,或为大人,或为小人,何也?" 2. 相等,《礼记·投壶》:"钧则曰左右钧。" 3. 都、全,苏轼《进单锷吴中水利书状》:"百姓厌其出力,钧曰:水之患,天数也。" 4. 平均,《诗经·大雅·行苇》:"敦弓既坚,四镞既钧。"

qiǎo
巧

孙膑 83　　说文小篆　天发神谶碑　王羲之

　　形声字。《说文》:"巧,技也。从工丂声。"本义为技巧、技能。《说文》:"技,巧也。"二字互训。张舜徽《约注》:"巧之为言考也,考者老也。百工之事,惟老于其技者,为能诣精造微,俗所谓熟能生巧也。"《孟子·离娄》:"离娄之明,公输子之巧,不以规矩,不能成方圆。"丂(kǎo),《说文》:"气欲舒出,丂上碍于一也。"指气欲舒出貌。段注:"丂者,气欲舒出之象,一其上不能径达,此释字义而字形已见,故不别言形也。""巧"指做工的技巧、技能,《说文》"丂,古文以为亏字,又以为巧字",能工巧匠使不通者变为通,故"巧"从工丂声。

　　"巧"也指神妙、灵巧,《淮南子·诠言》:"故以巧斗力者,始于阳,常卒于阴。"巧则美善,故又指美好、美妙,《诗经·卫风·硕人》:"巧笑倩兮,美目盼兮。"又指擅长、善于,《楚辞·天问》:"穆王巧梅,夫何为周流。"洪兴祖补注:"巧梅,言巧于贪求也。"过巧则不实,故又指虚浮不实,《诗经·小雅·巧言》:

"巧言如簧,颜之厚矣。"又指恰好、正遇在某种机会上,如凑巧。

任 rèn

𢃸	𡇒	𢀖	𡇿	任	任
怀434	合3521	作任氏簋	说文小篆	史晨碑	钟繇

　　形声字。《说文》:"任,保也。从人壬声。"指保举、担保。徐锴《系传》:"相保任也。"段注:"如今言保举是也。"张舜徽《约注》:"保与任义相成,今俗所称担保,犹云信任也。宋本说解作'符也'。本书竹部:'符,信也。'此盖后人取符之引申义以释任,以明任为信任意耳。"《周礼·秋官·大司寇》:"使州里任之,则宥而舍之。""任"之本义为负担、抱。《诗经·大雅·生民》:"是任是负,以归肇祀。"郑玄笺:"任,犹抱也。"孔颖达疏:"以任、负异文,负在背,故任为抱。"壬,《说文》:"位北方也。阴极阳生,故《易》曰:'龙战于野。'战者,接也。象人裹妊之形。承亥壬以子,生之叙也。与巫同意。壬承辛,象人胫。胫,任体也。"为天干的第九位,与地支相配,用以纪年、月、日。《春秋·襄公三年》:"夏四月壬戌,公及晋侯盟于长樗。"高亨《文字形义学概论》:"古代五行说:壬癸为北方之名,又为冬。故许云'壬,位北方'。许又云'阴极阳生',指冬时阴气极盛而阳气已生也。许氏以为阴极阳生则阴阳交接,人之阴(女)阳(男)交接,则妇女怀孕,而壬字乃像妇女怀妊之形,中画特长即象其腹大也。又引《易·坤卦》爻辞'龙战于野',释'战'为交接之义,以说明阴阳交接。""承亥壬以子,生之叙也",王筠《句读》:"此以方位言也。支之亥与干之壬,同居北方,亥之下即是子,亥者怀子咳咳也;壬即妊,谓身震动欲生也,生则为子矣。故曰'生之叙也'。""壬"甲骨文作𐤉合三三三一四、𐤉合二〇八三一,构形不明,林义光《文源》谓是"滕"之古文,织机上乘持经线的机件,即筘;或谓像绕线的工具。徐灏《注笺》:"壬,负任也。假借为壬癸字,久而为借义所专,又增人旁作任。"谓壬、任二字本义皆指负担。章太炎谓"壬"横置作𢒉,为人荷担形。"任"指人(人)有负担(壬),故"任"从人壬声。"妊"指女有胎儿(任)在身,形义与"任"相近。

担子任于肩,故"任"也指担子、行李,《孟子·滕文公》:"门人治任将归。"焦循正义:"担于肩者,载于车者,通谓之任。"人当承受己之负担,故又指担当、承受,《左传·僖公十五年》:"重怒难任。"人当担负己之责任,又指职责、责任,《论语·泰伯》:"仁以为己任。"职位有相应职责,故又指职位,如上任,韩愈《圬者王承福传》:"任有大小,惟其所能。"又指委任、任用,《韩非子·外储说左上》:"举贤而任之。"又用作量词,指担任官职的次数,《宋史·仁宗纪》:"诏仕广南者毋过两任,以防贪黩。"又指担任职务,《管子·立政》:"临事不信于民者,则不可使任大官。"得上级信任才会被委任职务,故又指相信、信任,《诗经·邶风·燕燕》:"仲氏任只。"有才干者能担当大任,故又指能力、才干,《庄子·秋水》:"仁人之所忧,任士之所劳,尽此矣。"又指能、胜任,《史记·白起王翦列传》:"武安君病,不任行。"又指使用、利用,《周礼·地官·牛人》:"凡会同军旅行役,共其兵车之牛,与其牵傍,以载公任器。"又指放任、不拘束,如任性,《商君书·弱民》:"上舍法,任民之所善,故奸多。"

"任"又音 rén,指奸佞,《尚书·舜典》:"惇德允元,而难任人。"又用作姓氏,《广韵》侵韵:"任,姓。"

diào 钓（釣）

釣　釣　釣　釣

仓颉篇　说文小篆　智永　智永

繁体作"釣",形声字。《说文》:"釣,钩鱼也。从金勺声。"本为用钓具获取鱼虾等。段注:"钩者,曲金也。以曲金取鱼谓之钓。"《诗经·卫风·竹竿》:"籊籊竹竿,以钓于淇。"毛传:"钓以得鱼。"勺（zhuó）,《说文》:"挹取也。象形,中有实,与包同意。"本义为舀取。商代金文"妁"作𩲣我鼎、𩲣我鼎,勺（𠃌𠃌）像勺舀物形。鱼钩用金属制成,钓鱼如把鱼从水里舀出（勺）,故"釣"从金勺声。

"钓"作名词指钓钩,《庄子·田子方》:"见一丈夫钓,而其钓莫钓。"又指用手段谋取,《管子·法法》:"钓名之人,无贤士焉;钓利之君,无王主焉。"

钓钩上的鱼饵能诱鱼上钩，故又指引诱，《淮南子·主术》："虞君好宝，而晋献以璧马钓之。"

【原文】 释纷利俗　　並皆佳妙
shì fēn lì sú　　bìng jiē jiā miào

【译文】 吕布等八人以其所能解烦理乱以利于世用，其技艺皆高明精妙。

【释义】

释纷，解人纷难。俗，世俗人众。利俗，有益于世人。佳妙，佳美精妙。

吕布等人的功业激励人们提升自己的德学、技艺，成为优秀的人才。然后报效祖国、利益大众。

德才兼具，才能有益于社会。有才无德，其能力越大，对社会的危害也越大。司马光在《资治通鉴》中，据晋国智伯之亡的史实写出了著名的《才德论》："才德全尽谓之圣人，才德兼亡谓之愚人，德胜才谓之君子，才胜德谓之小人。"故挑选人才，当先察德而后选才。

【解字】

shì
释（釋）

合 5922　　合 5923　　说文小篆　　张迁碑　　颜真卿

繁体作"釋"，形声字。《说文》："釋，解也。从釆。釆，取其分别物也。从睪声。"本为解说、阐释。段注："《广韵》曰：'捨也，解也，散也，消也，废也，服也。' 按其实一解字足以包之。"张舜徽《约注》："本书攴部：'數，解也。' 与释并从睪声而义相同，语原一耳。释之训解，有解脱之义，亦有解说之义。凡传注中以捨、散、赦、消、废、置诸义诂释者，皆解脱之义也。《尔雅》一书，自《释诂》至《释畜》十九篇，皆以释名篇，则解说之义也。二义俱自釆别出，故其字从釆。"《左传·襄公二十九年》："公在楚，释不朝正于庙也。"孔颖达疏："解释公所以不得亲自朝正也。""釆"指辨别、分别，金文作 𤕣 釆作父丁卣，用地上留下的鸟兽蹄印表示猎人辨别猎物，通指辨别、分别。睪(yì)，《说文》："目视也。从横目，从幸。令吏将目捕罪人也。"本义为伺视、伺察。"目视"徐锴《系传》作"司视"。王筠《句读》："伺察罪人也。"桂馥《义证》："凡吏出捕，辄将两人：一通信息，谓之线；一能识认，谓之眼。"杨树达《文字形义学》："目今言眼线，仍不失目字之义，即侦探也。辛谓罪人，字之构造，谓眼线搜索罪人，故训为'司视'。""辛"为古代刑具，甲骨文作🔗合二〇三七八、🔗合五七六，像梏(手铐)形。董作宾《殷历谱》："辛，象手械之形，盖加于俘虏之刑具也。"刑具施于罪犯，故"辛"也指罪。"睪"指用眼睛(目)伺视罪人(辛)，或以目、辛(刑具)侦捕罪人，故"睪"从目从辛。从睪声字多有分解意：淘米(分拣精米)为"釋"，心悦(心开意解)为"懌"，(分茧)抽丝为"繹"，手分拣挑选为"擇"，解译语言为"譯"。"释"指分明有序地(采)开解、解说(睪)，故"釋"从采睪声。"釋"甲骨文以两手解脱桎梏(辛)会解脱之意，本义当为解脱、解开。

　　误会经解释则能化解、消去，故"释"引申为解、消融，《老子》十五章："涣兮若冰之将释。"物消则散失，故又指散、消除，《汉书·谷永杜邺传》："慰释皇太后之忧愠。"解开是消除捆缚，故又指解除、解开、释放，《尚书·武成》："释箕子囚。"赦宥是宽恕罪行，故又指赦宥、免除，《论衡·变虚》："方伯闻其言，释其罪，委之去乎？"脱掉是解除被脱之物，故又指松开、脱掉，《汉书·霍光金日磾传》："食监奏未释服，未可御故食。"放下是解除执持，故又指放下，《庄子·养生主》："庖丁释刀对曰。"又指废弃、放弃，《尚书·多方》："非天庸释有夏。"孔颖达疏："非天用废有夏，夏桀纵恶自弃也。"《左传·昭公二十六年》："诸侯释位，以间王政。"杜预注："间，犹与也。去其位，与治王之政事。"解说须依次陈述，故又指依次陈列，《礼记·文王世子》："凡学，春官释奠于其先师。"郑玄注："释奠者，设荐馔酌奠而已，无迎尸以下之事。"又泛指佛教，由单指佛教创始人释迦牟尼而来，《徐霞客游记·滇游日记》："他处皆释盛于道，而此独反之。"又用作姓氏，僧、尼称"释"，慧皎《高僧传·释道安》："初，魏晋沙门，依师为姓，故姓各不同。安以为大师之本，莫尊释迦，乃以'释'命氏。"

　　"释"又音 yì，通"怿"，喜悦，《说文新附》："懌，说也。从心睪声。经典通用释。"《庄子·齐物论》："故昔者尧问于舜曰：我欲伐宗、脍、胥敖，南面而不释然。其故何也？"成玄英疏："释然，怡悦貌也。"

纷（紛）fēn

信阳楚简　说文小篆　熹平石经　颜真卿

繁体作"紛"，形声字。《说文》："紛，马尾韬也。从糸分声。"本义指用丝麻做成扎束马尾的套子，即马尾衣。段注："韬，剑衣也。引申为凡衣之称。"张舜徽《约注》："马尾毛长而多，古人驰马，恐其尾散乱飘荡，过山谷时结系荆棘，不利于行，故必为韬以包藏之。亦有编其尾为辫者，皆所以收聚之也。"马尾衣以丝线（糸）制成，马尾长、多而易分散凌乱，须以马尾衣套住使其聚拢，以防挂住外物，故"紛"从糸分声。

"纷"也指花边，《周礼·春官·司几筵》："设莞筵纷纯。"郑玄注："纷如绶有文而狭者。"又指旌旗上的飘带，扬雄《羽猎赋》："青云为纷，红蜺为缳。"马尾多、长而易乱，故又指扰乱、变乱，《墨子·尚同》："本无有敢纷天子之教者。"又指杂乱、混杂，《汉书·王莽传》："郡县赋敛，递相赇赂，白黑纷然。"又指祸乱、灾难，《汉书·扬雄传》："惟天轨之不辟兮，何纯絜而离纷！"颜师古注："离，遭也。纷，难也。"又指纠纷、争执，《史记·滑稽列传》："谈言微中，亦可以解纷。"由纷繁引申指盛貌，《楚辞·离骚》："纷吾既有此内美兮，又重之以修能。"多则盛，故又指多、众，曹植《七启》："故甘灵纷而晨降，景星宵而舒光。"

利

合 7044　　合 33401　　师遽方彝　　利鼎　　郾王喜矛　　说文小篆　　熹平石经　　柳公权

会意字。《说文》："利，铦也。从刀；和然后利，从和省。《易》曰：'利者，义之和也。'𥝢，古文利。"本义为锋利。《周易·系辞》："二人同心，其利断金。"铦为耒类农具，以锋利为用，故训"铦"。段注："耒，大徐作铫，则是郭衣针矣。耒者，舂去麦皮也，假借为锹耒，即上文田器之铫也，其属亦曰铦。""利"甲骨文从刀刈禾（或从勿，与刀同意），会锋利之意，本义为锋利，张舜徽《约注》："窃谓利字当以锐利为本义。刀之刈禾者，恒锐利于常刀，故从刀从禾。观许叙次,上有刉、劐诸篆,而下有劕篆,事类相近,其义固在此而不在彼矣。刈禾之刀,今通称镰。镰、利双声,一语之转耳。利以锋锐为本义,刀锐则无往不顺,因引申为顺利、利益之称。"或谓"利"为"犁"字初文,犁刀切土锋利顺畅。俞樾《儿笘录》"以刀刈禾,利无大于此者矣",谓以刀刈禾表示收成,是较大的利益,故有利益义。《说文》将"禾"改造成"从和省",言形符取意谓"和然后利",又引《易·乾》文言以证,是儒家"义利"观的体现。许君有意将儒家"利"字义理纳入字形,并改造形符,使文字与经义相合。《说文》中此类改造、说解文字的情况,合于"经艺之本、王政之始"的文字功用,是许慎文字学思想的体现。从勿之𠛱、𥝾为《说文》古文由来。

　　"利"指利益,与"害"相对,《尚书·泰誓》:"是能容之,以保我子孙黎民,亦职有利哉。"和畅生利,故又指和,《广雅·释诂》:"利,和也。"刀利则割物利落,故又指灵便、利落,《周礼·考工记·车人》:"短毂则利,长毂则安。"刀利则切物迅疾,故又指疾、迅猛,《淮南子·地形》:"轻土多利,重土多迟。"刀利则割物顺畅,故又指吉、顺利,如大吉大利,《周易·乾》:"飞龙在天,利见大人。"利多则富饶,故又指富饶,《战国策·秦策》:"西有巴、蜀、汉中之利。"利益为人所求,故又指贪、喜爱,《礼记·坊记》:"先财而后礼,则民利。"又指有利、对……有利,《孟子·梁惠王》:"亦将有以利吾国乎?"又指赢利、利息,《史记·越王句践世家》:"逐什一之利。"

俗 sú

俗　俗　俏　佲　俗
永盂　老子甲65　说文小篆　范氏碑　颜真卿

　　形声字。《说文》:"俗,习也。从人谷声。"本义为风俗、习惯。"俗、习"上古音皆为邪纽,为声训。徐锴《系传》:"俗之言续也,传相习也。"段注:"以双声为训。习者,数飞也。引伸之凡相效谓之习。"王筠《句读》:"《玉篇》:'俗,习安也。'其义为备,所谓'少而习焉,长而安焉'者也。"桂馥《义证》:"刘氏《新论·风俗篇》:风者,气也;俗者,习也。土地水泉,气有缓急,声有高下,谓之风焉;人居此地,习以成性,谓之俗焉。"《史记·乐书》:"移风易俗,天下皆宁。"张守节正义:"上行谓之风,下习谓之俗。"《礼记·曲礼》:"入国而问俗,入门而问讳。"郑玄注:"俗,谓常所行与所恶也。""谷"指两山间的水流,甲骨文作^{合八三九五}、^{前二·五·四},像水(⿰)从山谷(口)流出形。山谷有容而多狭长,风俗是众人长期形成的习惯,故"俗"从人谷声。

风俗是众人共有的行为习惯,故"俗"也指大众的、通行的,如俗名,《颜氏家训·教子》:"俗谚曰:'教妇初来,教儿婴孩。'"众人共有、共行者平凡无奇,故又指庸俗、平庸,《吕氏春秋·异宝》:"其主,俗主也,不足与举。"高诱注:"俗主,不肖凡君。"佛教称世间或在家为俗,与出家为僧相对,《宋书·徐湛之传》:"时有沙门释惠休……世祖命使还俗。"

bìng 並(竝)

甲607　並爵　侯马156:3　说文小篆　西狭颂　曹全碑　颜真卿

兼并之并本作"並",《说文》作"竝",会意字。《说文》:"竝,併也。从二立。"本指并排、挨着。段注:"人部併下曰'竝也',二篆为转注。郑注礼经古文竝今文多作併,是二字音义皆同之故也。古书亦多用为傍字者。傍,附也。"徐灏《注笺》:"并立则有相傍之义,故古以竝为傍声,亦相转也。"张舜徽《约注》:"傍者近也,谓二人相密近也。竝与傍、扶双声,皆一语之转。竝从二立,犹扶从二夫耳。"《诗经·齐风·还》:"並驱从两狼兮。""竝"甲骨文、小篆像二人正面并立形,故"竝"从二立。

"並(竝)"读浊音並母,为正面二人并排而立,表示并排、挨着。"并"读清声帮母,是侧面二人连在一起,表示相连、合并及州名,本为二形二音二义。后"并"加人旁作"併","並、并、併"简化字通作"并",字形、义项皆合并。

物相等则能并列,故"并"引申为相等、匹敌,《荀子·儒效》:"俄而并乎尧禹。"又指合并、吞并,东方朔《七谏》:"冰炭不可以相并兮。"又指如同、相似,元稹《酬乐天东南行》:"是非浑并漆。"又用作副词,相当于"同时、一起,皆、都、兼"。又用作连词,连结两个谓词,相当于"并且、而且"。又用作介词,表示对象,相当于"连、同"。

"并"又音 bīng,地名,1. 相传禹治洪水,分天下为九州,并州为九州之一,其地在今河北省保定市、正定县和山西省大同市、太原市一带,《周礼·职方氏》:"正北曰并州。" 2. 汉置并州,其地在今内蒙古、山西(大部)、河北(一部),东汉时并入冀州,三国魏复置,其地在今山西省汾水中游,唐开元十一年改为太原府,宋太平兴国复改为州。

jiē
皆

合 28096　　合 27445　　合 31182　　皆作陴壶　　睡·封 80　　说文小篆　　熹平石经　　柳公权

会意字。《说文》:"皆,俱词也。从比从白。"本义为都、俱,表示统括。王筠《句读》:"人部:'俱,皆也。'不曰'词',是谓其意为'俱',其词为'皆'也。然经典多用'皆',而《毛诗》之'具'不从人,岂得以'俱'为正言、'皆'为通词乎? 盖许君之意,将隶皆于比部,则比易解,白难解,故不得已入之白部而以词说之。"张舜徽《约注》:"《小尔雅·广言》:'皆,同也。'今语称同,古人则谓之皆。皆有同义,故凡从皆声之字如喈、鶛、谐、偕、騛、湝诸文,并有和同意。"《论语·颜渊》:"四海之内,皆兄弟也。"徐锴《系传》"比,皆也",王筠《句读》"字在白部而先言从比,比有皆义,白则词也,即此足知许君意矣",故"皆"从比从白。白(zì),同"自",本义为鼻子。《说文》:"白,此亦自字也。省自者,词言之气,从鼻出,与口相助也。"从白之字多与词有关:《说文》:"皆,俱词也。""鲁,钝词也。""者,别事词也。""鶛,词也。""舓,识词也。""皆"甲骨文从口从虍(或谓从口虍声),或从麗、麗或省作二虍。金文从从从曰;秦系文字作皆,"从"变作"比",小篆承之,《说文》遂析形为"从比从白"。二人(从比)都用鼻口出气说话(白口),故有统括、相同义。

"皆"也指普遍,《诗经·周颂·丰年》:"以洽百礼,降福孔皆。"又指同,后作"偕",徐灏《注笺》:"皆,又作偕。"《仪礼·聘礼》:"皆行,至于阶。"《吕氏春秋·离谓》:"亡国之主,不自以为惑,故与桀、纣、幽、厉皆也。"

jiā
佳　　　佳　　佳　佳　佳
　　　说文小篆　耿勋碑　智永　智永

　　形声字。《说文》:"佳,善也。从人圭声。"本义为美、好。王筠《句读》:
"其质本善曰佳,李延年歌'绝代有佳人'是也。"张舜徽《约注》:"《淮南
子·说林篇》云'佳人不同体,美人不同面',二者并举而各有所属,则佳之
本义,乃谓躯体颀长之美也,故其字从人。佳本读街,佳之言高也。人之长
者为佳,犹木之长者为格也。下文'价,善也',与佳双声义同。"《楚辞·大
招》:"娉修滂浩,丽以佳只。"王逸注:"佳,善也。"主要是指人仪容、德行美
善。圭,《说文》:"瑞玉也,上圜下方。"为古玉器名,长条形,上端作锥形,
下端正方。古代贵族朝聘、祭祀、丧葬时以为礼器。段注:"瑞者,以玉为信
也……圭之制,上不正圜。以对下方言之,故曰上圜。"段注"天子以封诸
侯,诸侯守之以主其土田山川,故字从重土……重土者,土其土也",故"圭"
从重土。"圭"甲骨文作 ▲ 合——〇〇六正,像上圆尖下方的圭。"圭"是美玉
制成的上好礼器,故从圭声字多有美善义:人善为"佳",女好为"娃",香木
为"桂",上等长衣为"袿",味美之鱼为"鲑",四通大道为"街",鲜明之黄为
"黊"。"佳"为人美善(圭),故"佳"从人圭声。圭深长,从圭声字也多有深
义:深池为"洼",深目为"睳",忿深为"恚"。

　　事、物之大者多美善,故"佳"也指大,《战国策·中山策》:"佳丽人之所
出也。"高诱注:"佳,大。丽,美。"

miào
妙(眇)　　眇　妙　妙　妙
　　　　说文小篆　鲁峻碑　智永　颜真卿

　　《说文》作"眇",会意兼形声字。眇(miǎo),《说文》:"一目小也。从
目从少,少亦声。"本义为一只眼睛小。王筠《句读》:"《易》释文引作'小
目',《方言》:'眇,小也。'《释名》:'目匡陷急曰眇。眇,小也。'"《正字通》
目部:"眇,目偏小不盲亦曰眇。""眇"为一目小,物少则小,"少、小"义同,
故"眇"从目从少,少亦声。

"眇"也指偏盲,一目失明,《篇海类编·身体类》目部:"眇,偏盲。"又指详视、细视,《汉书·叙传》:"若乃牙、旷清耳于管弦,离娄眇目于豪分。"由小目引申为小、低微,《庄子·德充符》:"眇乎小哉!"看高、远之物则物显得小,故又指高远,《庄子·庚桑楚》:"夫全其形生之人,藏其身也,不厌深眇而已矣。"

"眇"又音 miǎo,后作"妙"。微妙、精微之物不易看清,目小则看物不清,故"妙"引申指妙、精微。段注:"又引伸为微妙之义。《说文》无妙字,眇即妙也。"徐灏《注笺》:"凡事穷极微眇斯无微不至,故谓之精妙,亦曰精微。"《老子》一章:"故常无欲,以观其妙。"王弼注:"妙者,微之极也。"微妙者美妙,故又指美好、美妙,《汉书·外戚传》:"平阳主因言延年有女弟,上乃召见之,实妙丽善舞。"又指神妙、奇巧,《世说新语·巧艺》:"客箸葛巾角,低头拂棋,妙逾于帝。"

【原文】　毛施淑姿　　工颦妍笑
　　　　　máo shī shū zī　　gōng pín yán xiào

【译文】　毛嫱、西施有沉鱼落雁之美貌,善于皱眉而巧于媚笑。

【释义】

《千字文释义》:"此言美色之宜远,亦处身之道也。"

毛嫱,春秋时期越国美女之一,大体与西施同时代或略早,相传为越王勾践的爱姬。西施,本名施夷光,越国美女,一般称西施,后人誉称"西子"。西施天生丽质,连皱眉抚胸的病态也美丽无比,为邻女所模仿,故留下"东施效颦"的典故。当时越国臣于吴国,越王勾践将美人西施与郑旦一起献给吴王夫差,夫差沉湎西施美色,不理朝政,导致亡国丧身,使越国灭吴称霸。

【解字】

máo
毛　　Ψ　Ψ　Ψ　Ψ　毛　毛
　　毛伯簋　班簋　天策　说文小篆　孔彪碑　智永

象形字。《说文》:"毛,眉发之属及兽毛也。象形。"本指动物皮上所

生的丝状物,人、兽为毛,鸟为羽。徐灏《注笺》:"人、兽曰毛,鸟曰羽,浑言
通曰毛。"《左传·僖公十四年》:"皮之不存,毛将安傅?""毛"金文、小篆
像毛发直立旁达形。饶炯《部首订》:"夫毛类以密比丛生为性,直出旁达,
其形不一,篆正象其冒体蒙茸然者,因物付物故也。"张舜徽《约注》:"毛之
本义,自指纤微之物言,故许以眉发兽毛为释。至于鸟羽,与毛实殊,声义
异源矣。循声类以求之,鸟之长毛为羽,犹水之长流为永也。羽与永,亦声
同义同。凡字义悉出于声,而语各有原。羽与毛实非一物,不可比而同之。
毛有小义,增体为毫,变体为氄。语转为眉、为髦。在人则为妹为娒;在草
则为苗为萌;在雨则为濛为溟;在虫则为蝥为螟;在兽则为麛为骡;如此之
流,盖难悉数。皆由声义同原,语归一本。学者循斯例以求之,则许君所谓
'建类一首,同意相受' 者,固在是矣。"张舜徽双声语转、声义同原之论例,
颇为精审,乃其文字学主要思想之一,依其言而探究文字声义,则能有得。

　　"毛"也特指人的须发,如鬓毛、眉毛,《礼记·檀弓》:"古之侵伐者,不
斩祀,不杀厉,不获二毛。"郑玄注:"二毛,鬓发斑白。"兽类多毛,故又指兽
类,《吕氏春秋·观表》:"地为大矣,而水泉、草木、毛羽、裸鳞未尝息也。"高
诱注:"毛虫,虎狼之属也;羽虫,凤皇、鸿鹄、鹤鹜之属也。"又为地面上生长
或种植的植物的通称,多指五谷蔬菜等,徐灏《注笺》:"毛,引申之,草木亦
谓之毛。"《周礼·地官·载师》:"凡宅不毛者,有里布。"郑玄注引郑司农:
"宅不毛者,谓不树桑麻也。"皮上有毛则不光滑,故又指粗糙的、未经加工
的,如毛坯。由粗糙引申指粗率、不细心,如毛手毛脚。人恐惧则汗毛直
竖,故又指害怕,如发毛。毛微细,故又指细微、细小,《韩非子·问田》:"今
阳成义渠明将也,而措于毛伯。"陈奇猷校注:"毛,盖细小之意,伯为小官之
称。则毛伯者,犹言小官,必非指明为屯之长。"毛多杂乱,故又指不纯净
的,如毛利。通"牦",牦牛尾,《尚书·禹贡》:"齿革羽毛。"又为中国货币的
辅助单位 "角" (一元的十分之一)的俗称,如一毛钱。又用作姓氏,《广韵》
豪韵:"毛,姓。本自周武王母弟毛公,后以为氏。本居巨鹿,避雠荥阳也。"

shī
施(敂)

中山王鼎　相马经40　说文小篆　华山庙碑　柳公权

形声字。《说文》："施，旗皃。从㫃也声。齐栾施字子旗，知施者旗也。"本义为旗飘动貌。桂馥《义证》："旗貌者，旗旖施也。"朱骏声《通训定声》："旖施，柔顺摇曳之貌。"古人名、字之义相通，"施"为旗貌，齐国栾施字子旗，许慎据名、字义相比附的规律判定"施"训"旗"。徐锴《系传》："《白虎通》：'古人为字，使人闻其字即知其名。'率皆如此。许慎言栾施，知施字训旗，所以字子旗也。孔子弟子巫马施亦字子旗。"张舜徽《约注》："郑丰施，亦字子旗，许书例不遍列，但举一以概其余耳。古人名字相应，多取诸同训。故许君说字，亦每援之以助证发。后人循斯轨辙，用为讲明故训之一道，此《春秋名字解诂》之类，所由作也。""㫃"（yǎn），指旌旗飞扬貌，甲骨文作 𣄪合四九三四、𣄪合六九四八正，左像旗杆，右像旗游飘扬状。"它"金文作 𧊒齐侯盘，像眼镜蛇形，为"蛇"的本字。"也"金文作 𧉚子仲匜，与"它"形同，容庚《金文编》："'也'与'它'为一字。"后字形分别，名词为"也"，代词为"它"，本字加"虫"为"蛇"或"虵"，"蛇、虵"一字。蛇展开、爬行的动作蜿蜒、舒展，故从也声的"地、驰、敂、施、池、迤"等字都有展开、施行义。"施"为旗舒展飘动(也)貌，"㫃"指旌旗飞扬貌，故"施"从㫃也声。

施行之"施"，本字作"敂"，形声字。《说文》："敂，敷也。从支也声。读与施同。"段注："今字作施，施行而敂废矣。"小篆作 𢿙，手持器具(支)使事物施行展开(也)，故"敂"从支也声。

旗飘动则飞扬铺展，故"施"也指铺陈，《荀子·劝学》："施薪若一，火就燥也。"杨倞注："布薪于地均若一。"事之施行为用，故又指用，《礼记·礼器》："施则行。"孔颖达疏："施，用也。若以礼用事，事皆行也。"又指实行、施展，《论语·为政》："施于有政，是亦为政。"又指教，《礼记·学记》："不陵节而施之谓孙。"又指判罪、劾捕(逃犯)，《左传·昭公十四年》："三人同罪，施生戮死可也。"又指恩惠、仁慈，《国语·晋语》："夫齐侯好示，务施与力，而不务德。"又指给予,《周易·乾》象:"见龙在田,德施普也。"又指散布,《周易·乾》象:"云行雨施。"孔颖达疏:"言乾能用天之德,使云气流行,雨泽施布,故品类之物,流布成形。"又用作姓氏,《通志·氏族略》:"施氏,姬姓。鲁惠公之子公子尾,字施父,其子因以为氏。"

"施"又音 yì,指延续、延伸,《诗经·周南·葛覃》:"葛之覃兮,施于中谷。"通"移",变化、改易,《庄子·胠箧》:"上悖日月之明,下烁山川之精,中堕四时之施。"

"施"又音 chí(旧读 shǐ),通"弛",1. 遗弃、忘却,《论语·微子》:"君子不施其亲。"朱熹集注:"施,陆氏本作弛……弛,遗弃也。"2. 解除,马王堆汉墓帛书《十六经》:"正名施刑,蛰(蛰)虫发声,草苴复荣。"

"施"又音 yí,指邪、邪曲,《老子》五十三章:"行于大道,唯施是畏。"又指太阳西斜,《史记·屈原贾生列传》:"庚子日施兮,服集予舍。"又指逶迤斜行,《孟子·离娄》:"施从良人之所之。"赵岐注:"施者,邪施而行,不欲使良人觉也。"

shū
淑　苹　淛　淑　淑

寡子卣　　说文小篆　北海相景君铭　赵孟頫

形声字。《说文》:"淑,清湛也。从水叔声。"本义为清澈。徐锴《系传》:"湛,澄深也。"王筠《句读》:"湛连清言,则湛亦清耳。"《淮南子·本经》:"日月淑清而扬光,五星循轨而不失其行。""叔"指拾取,金文作叔,作宝蹲彝鼎,像以手拾豆形,有收获则美好,郭沫若《金文丛考》谓"叔当以收芋为其初义,从又持弋以掘芋"。从叔声字有美善意:人善为"俶",水清为"淑",行平易为"踧"。"淑"指水清澈(叔),"叔"或模拟清水欢流的"叔叔"声,故"淑"从水叔声。

善良者内心净洁而行事有序,故"淑"也指善,徐灏《注笺》:"淑训为善,正清湛之引申耳。"《诗经·曹风·鸤鸠》:"淑人君子,其仪一兮。"善则美好,故又指美好,《楚辞·九章·橘颂》:"淑离不淫,梗其有理兮。"气候温

和是天气好,故又指温和,陆机《塘上行》:"淑气与时殒,余芳随风捐。"通
"叔",取,《孟子·离娄》:"予未得为孔子徒也,予私淑诸人也。"

zī

姿	姿	姿	姿	姿
	说文小篆	孔宙碑	孙过庭	颜真卿

　　形声字。《说文》:"姿,态也。从女次声。"本义为姿态、形态。徐锴
《系传》:"心能于其事,然后有态度也。"《释名·释姿容》:"姿,资也,资取
也。形貌之禀取为资本也。"张舜徽《约注》:"姿与材双声义通,谓身材也。
人之姿态,首于身材长短、大小、襛纤决之。"宋玉《神女赋》:"瓌姿玮态,不
可胜赞。""次"有停留、止息义,戴侗《六书故·人》:"次,止息也。引之则
凡止息皆谓之次。"相比男子,女子柔美多姿,展现美好姿态时多摆出停留
姿势,故"姿"从女次声。

　　美貌者姿态多优美,故"姿"也指美貌、妩媚,《世说新语·假谲》:"唯有
一女,甚有姿慧。"又指资质,《论衡·本性》:"初禀天然之姿,受纯壹之质。"
通"恣",放纵,《管子·明法》:"废法而姿群臣。"

gōng

工	工	工	工	工	工	工	工
合 21443	合 18	合 36489	司工丁爵	兔卣	说文小篆	礼器碑	柳公权

　　象形字。《说文》:"工,巧饰也。象人有规榘也。与巫同意。工,古文
工从彡。"本义为工具,多谓是曲尺。杨树达《积微居小学述林》:"工盖
器物之名也……以字形考之,工象曲尺之形,盖即曲尺也……盖工与巨义
本相同,以造文之次第论,初有工文,双声转注,后复有巨。制字者以巨、
工同物,故即就工字之形为巨字,后人习用巨字,致曲尺之义为巨所独据,
工字之初义不明。"徐锴《系传》:"为巧必遵规矩法度然后为工,否则目巧
也。"徐灏《注笺》:"巧饰谓百工技巧。"章炳麟《文始》:"工有规榘之义,规
榘皆与工双声。"段注:"工有规榘,而彡象其善饰。巫事无形,亦有规榘,
而从象其两袖,故曰同意。凡言某与某同意者,皆谓字形之意有相似者。"
《说文》古文从彡,桂馥《义证》:"从彡者,凡饰物皆从彡。本书:'聿,聿

饰。'彤，丹饰。'彭，青饰。'"王筠《句读》："彡部曰：'毛饰画文也。'工善为饰，故从之。""工"甲骨文像某种工具形，或谓即工字尺。"矩"金文作

伯矩簋，像人执尺（工）工作状。

"工"也指工匠、工人，《论语·卫灵公》："工欲善其事，必先利其器。"又特指乐官或乐人，《尚书·益稷》："工以纳言，时而飏之。"官吏皆担任相应的工作，故又指官吏，《尚书·尧典》："允厘百工，庶绩咸熙。"又指精巧、精致，《战国策·魏策》："此非兵力之精，非计之工也。"又指善于、擅长，《韩非子·五蠹》："工文学者非所用，用之则乱法。"又指技巧、工夫，李白《访道安陵遇盖寰为予造真箓临别留赠》："为我草真箓，天人惭妙工。"又指工程，如工期，林则徐《豫东黄河凌汛安澜折》："于正月下旬兴工。"又用作量词，指玉的计量单位或一个人一天的工作量。

pín
顰（顰）　　顰（说文小篆）　顰（褚遂良）　顰（赵佶）

繁体作"顰"，形声字。《说文》："顰，涉水顰蹙。从频卑声。"本义为皱眉。段注："顰戚，谓顰眉蹙頞也。许必言涉水者，为其字之从濒也。"《玉篇》频部："顰，顰蹙，忧愁不乐之状也。"《颜氏家训·治家》："闻之顰蹙，卒无一言。""频"即"濒（瀕）"字，《说文》："瀕，水厓。人所宾附，频蹙不前而止。从頁从涉。"本义为水边。徐灏《注笺》谓"瀕"之本义为"频蹙"。"瀕"指人涉水时因险而止，皱眉蹙额状，段注"将涉者，或因水深，顰眉蹙頞而止"，故"瀕"从頁从涉。"瀕"甲骨文作合二一二五六、合一〇五一正，从水从步，人赤足（步）过水之意。金文作井侯簋，从涉从頁，以人临水欲涉会水边意。"顰"字构形指涉大水难渡时蹙眉不悦，"瀕"也指人涉水难渡而皱眉蹙额，"卑"指下贱、低下，皱眉是心情低落、眼帘低垂之态，故"顰"从频卑声。

yán
妍（妍）　　妍（说文小篆）　妍（孙过庭）　妍（祝允明）

《说文》作"妍"，形声字。《说文》："妍，技也。一曰不省录事，一曰难

侵也,一曰惠也,一曰安也。从女开声。读若研。"本义为巧慧。《释名·释姿容》:"妍,研也。研精于事宜,则无蚩缪也。"《旧唐书·裴行俭传》:"不择笔墨而妍捷者,唯余及虞世南耳。""开"指平,小篆作卉,像两干(物)相并而上平形。女子多心灵手巧,善于研习做工,"平"有标准义,所做物品合乎标准、有水平,是巧慧的体现,故"妍"从女开声。

由巧慧引申指美好、皎洁,鲍照《咏白雪》:"白珪诚自白,不如雪光妍。""妍"也指不懂事理,段注:"省录,谓检点收录也。《魏书》刘祥言事蒙逊曰:刘裕入关,敢妍妍然也,斩之。此正谓其不晓事也。"

笑　xiào

笑　笑　芺　笑

老子乙 178　说文新附　熹平石经　祝允明

形声字。《说文》无"笑"字,徐铉据孙愐《唐韵》补入。《说文新附》:"笑,此字本阙。"本义指因喜悦而开颜或出声。徐铉等注:"孙愐《唐韵》引《说文》云:'喜也,从竹从犬。'而不述其义。今俗皆从犬。又案李阳冰刊定《说文》从竹从夭义云:'竹得风,其体夭屈如人之笑。'未知其审。"《论语·宪问》:"乐然后笑,人不厌其笑。"徐灏《注笺》:"《一切经音义》二引《字林》云:笑,喜也。从竹从夭声。""夭"小篆作夭,像头偏曲形。人笑则嘴角弯曲,身如竹般夭夭摇弋,《字林》:"竹为乐器,乐然后笑。"故"笑"从竹夭声。或谓"芺"为古"笑"字;或谓"笑"从犬,或谓从大;或谓本字为"芺"。众说纷纭,莫衷一是。

人见到喜爱的人、物多欢笑,故"笑"引申为欣羡、喜爱,《拾得诗》五十四:"可笑是林泉,数里少人烟。"又指讥笑、嘲讽,《孟子·梁惠王》:"以五十步笑百步。"又指希望接受赠物的敬辞,如笑纳,赵孟頫《与友人书》:"辄有素绡一匹,以表微意,伏冀笑领。"

【原文】　年矢每催　曦晖朗曜
　　　　　　nián shǐ měi cuī　xī huī lǎng yào

【译文】　年月飞逝,漏刻浮箭频频催促;日光轮转,晨曦夕阳朗朗照耀。

【释义】

年，年岁、时光。矢，浮箭，漏壶上指示时刻的箭头。每，每每、频繁。催，催促。曦，日色。晖，日光。朗，明朗。曜，照耀。《千字文释义》："此言为善之宜勤，亦处身之道也。"

【解字】

nián
年（季）　　合 846　　合 9687　作册睘卣　郜公平侯鼎　玺汇 2279　说文小篆　熹平石经　颜真卿

《说文》作"季"，形声字。《说文》："季，谷孰也。从禾千声。《春秋传》曰：大有季。"本义为五谷成熟。张舜徽《约注》："上世质朴，即以谷孰为年。周而复始，相连无绝，故《白虎通义》云：'年者仍也。'下文：'稔，谷孰也；秌，禾谷孰也。'后人悉用为年岁之称，亦即此意。"《谷梁传·宣公十六年》："五谷皆孰为有年，五谷皆大孰为大有年。""季"指谷熟，"禾"为嘉谷而代表谷物，故"季"从禾。"年"甲骨文从人负禾，会谷熟收成之意。春秋金文"人"中部加点（或短横）作饰笔，渐成横画，变作"千"形，为小篆所承，《说文》析形作"从禾千声"，或许是以千人负禾，表示大丰收。

"年"也指一年中庄稼的收成，如丰年。又为时间单位，地球环绕太阳从某一定标点出发至返回所经历的时间，根据不同定标点，天文学上主要分为恒星年、回归年、近点年和交点年。我国现行历法为回归年（即太阳年），平年 365 日，每四年有一个闰年增加一日，为 366 日。我国农村还使用太阴历，实际上是阴阳合历，全年 354 或 355 日。每三年一闰，五年再闰，十九年七闰。闰年十三个月，全年 384 或 385 日，《尔雅·释天》："载，岁也。夏曰岁，商曰祀，周曰年，唐虞曰载。"郭璞注："岁，取岁星行一次；祀，取四时一终；年，取禾一熟；载，取物终更始。"邢昺疏："年者，禾熟之名，每岁一熟，故以为岁名。"又指年节，如新年、过年，陈师道《早春》："度腊不成雪，迎年遽得春。"年龄以年为单位，故又指年纪、岁数，《左传·襄公九年》："晋侯以公宴于河上，问公年。"人每个阶段的年龄为一个时期，故又指某一时期,如近年、少年,《史记·太史公自序》:"六艺经传以千万数,累世不能通其学,当年不能究其礼。"又指帝王的年,改年也称改元,《三国志·吴书·吴主传》:"改年为延康。"又用作姓氏,《万姓统谱》先韵:"年氏,见《姓苑》。明年富,字大有,怀远人,本姓严,讹为年。"

shǐ
矢

合 20546　　合 4787　　矢觚　　矢伯卣　　玺汇 1071　　说文小篆　　武威·燕礼 51　　智永

象形字。《说文》:"矢,弓弩矢也。从入,象镝栝羽之形。古者夷牟初作矢。"本指箭,竹制称箭,木制称矢。徐灏《注笺》:"矢锋谓之镝,所以筑弦谓之栝。上象镝,下象栝,引而长之作↑,乃见其形。字形无羽者,可略也。古钟鼎文作↑,或作↑。"相传夷牟是黄帝时始造箭者,《世本》:"挥作弓,夷牟作矢。"张澍补注:"矢,亦曰箭。"《周易·系辞》:"弦木为弧,剡木为矢。"《诗经·大雅·公刘》:"弓矢斯张,干戈戚扬。""矢"甲骨文、金文皆像箭形。小篆是全体象形字,前为箭头,中竖为箭体,尾部为箭末扣弦处及箭羽。

箭及射出的路线皆是直的,故"矢"引申为正直、端正,《广雅·释诂》:"矢,正也。"《尚书·盘庚》:"盘庚迁于殷,民不适有居。率吁众慼出矢言。"孔传:"出正直之言。"古代投壶用的筹码为箭,故又指投壶用的筹码,《礼记·投壶》:"投壶之礼,主人奉矢。""矢、誓"音近,射箭有规矩约束,古有折矢为誓之事,故又指约誓,《诗经·鄘风·柏舟》:"之死矢靡它。"又指施行,《诗经·大雅·江汉》:"矢其文德,洽此四国。"又指陈述、陈列,《尚书·大禹谟》:"皋陶矢厥谟。"孔颖达疏:"皋陶为帝舜陈其谋。"又用作量词,一支为一矢,文震亨《长物志·笔床》:"有古鎏金者,长六七寸,高寸二分,阔二寸余,上可卧笔四矢。"通"屎",粪便,《史记·廉颇蔺相如列传》:"顷之三遗矢矣。"司马贞索隐:"矢,一作屎。"又通"弛",毁坏,《诗经·大雅·皇矣》:"陟我高冈,无矢我陵。"

měi
每

合 21988　　合 22457　　何尊　　天亡簋　　说文小篆　　孔彪碑　　颜真卿

形声字。《说文》：“每，草盛上出也。从中母声。”为草盛貌。段注：“《左传》：‘舆人诵曰：原田每每。’杜注：‘晋君美盛，若原田之草每每然。’《魏都赋》‘兰渚每每’用此，俗改为莓。按每是草盛，引伸为凡盛。”朱骏声《通训定声》：“(每每)，重言形况字，犹《韩诗》之‘周原膴膴’、《毛诗》之‘周原膴膴’也，肥美貌。”徐灏《注笺》：“每，隶变作每。因借为语辞，故又加艸作莓。语辞之每训虽者，似与盛义无涉。”母，《说文》：“牧也。从女，象裹子形。一曰象乳子也。”本义为母亲。“母、牧”上古音声同韵近，为声训。段注：“牧者，养牛人也，以譬人之乳子。引伸之，凡能生之以启后者皆曰母。”母亲为女人，故从女。“母”小篆作 ，像母抱子形，甲骨文作 合二五八五，在“女”字胸部加两点，表示喂奶的母亲，引申指本源、滋生等义。郭沫若《甲骨文字研究》：“(甲文)象人乳形之意明白如画。”“每”甲骨文从女，在头上加 、 等头饰，表示(服饰)盛美，引申为凡盛之称。甲骨文偶从母作 合二九一八五，并以母为声，后以此为定形。金文作 ，小篆承之，上部头及头饰形变作“中”，《说文》析形作“从中母声”，“中”指草，“每”有美盛义，故训“草盛上出也”。

人各有母，故“每”指各个、每个，《孟子·离娄》：“故为政者，每人而悦之，日亦不足矣。”又用作副词，相当于“经常、屡次”。又用作连词，相当于“虽然”。通“谋”，谋求、贪求，《汉书·叙传》：“致死为福，每生作概。”

催
cuī

催　催　催　催
说文小篆　杨著碑　智永　智永

形声字。《说文》：“催，相儔也。从人崔声。《诗》曰：室人交遍催我。”本义为催促、迫促、促使。“儔”当据《系传》作“擣”，《系传》：“擣，相迫蹙也。”张舜徽《约注》：“擣犹推也。今人遇事之行进迟缓，必有力以敦迫之，谓之推动，亦曰促进，皆即相迫蹙之意。许所引《诗》，乃《邶风·北门》篇文。今作摧。《释文》云：‘摧或作催。’是催、摧可通也。”李密《陈情表》：“郡县逼迫，催臣上道。”崔，《说文》：“大高也。从山隹声。”本义为山高大貌,段注:"《齐风》:'南山崔崔.' 传曰:'崔崔,高大也.'""佳"指鸟,鸟能高飞,故"佳"有高意,"崔"指山高大(佳),故"崔"从山佳声."催"指人相促迫,人处高山下有促迫感,故"催"从人崔声.催有推进意,鸟足能进不能退,"进"从辵从佳,表示往前走,"推"从手佳声,指用手往前推进.

"催"通"摧",摧残,杜甫《送舍弟颖赴齐州》之二:"兄弟分离苦,形容老病催."

曦
xī

暳
王羲之

曦
褚遂良

形声字.《说文》无"曦"字.《玉篇》日部:"曦,日色也."《集韵》支韵:"曦,赫曦,日光."本义指日色、阳光.陆云《四言失题》前八章之五:"沉曦含辉,芳烈如兰."羲,《说文》:"气也,从兮义声."指气舒展而出.段注:"谓气之吹嘘也."徐灏《注笺》:"《广雅·释诂》:'羲,施也.'按:施犹展也,谓气舒展以出也.""羲"指气,"兮"为句中句尾语气词,故"羲"从兮.日光普照如气舒散而出(羲),故"曦"从日羲声.

晖
huī
(暉辉)

暉
说文小篆

暉
王晖画棺题字

晖
智永

晖
苏轼

繁体作"暉",形声字.《说文》:"暉,光也.从日軍声."本义为日光,也作"辉".《艺文类聚》引作"日光也".张舜徽《约注》:"光之大者莫若日,故晖训日光,因引申为凡光之称……日光为晖,反之则有气围绕日月以掩损其光者亦谓之晖.此字义相反相成之理,美恶不嫌同名也.后世加日于上为晕,以别于日在左旁之晖,大乖古意.湖湘间农谚有云:'日月生毛,大风即到.' 即所谓'月晕而风' 耳.晕、晖本一字,今则读晕为运,读晖为辉,判然二形二音二义矣."《周易·未济》:"君子之光,其晖吉也." 陆德明释文:"晖,又作辉.""軍"指包围,金文作𤴻庚壶,朱芳圃《殷周文字释丛》:"字从車,从勹,会意.古者车战,止则以车自围."日光普照大地,万物如被阳光包围(軍),故"晖"从日軍声.

日光最明,故"晖"引申指明亮,《庄子·天下》:"不侈于后世,不靡于万物,不晖于数度。"

lǎng 朗

朗（说文小篆）　朗（石门颂）　朗（智永）　朗（褚遂良）

形声字。《说文》:"朗,明也。从月良声。"本义为明亮。徐锴《系传》:"月之明为朗,故古乐府有《朗月行》。"《诗经·大雅·既醉》:"昭明有融,高朗令终。"毛传:"朗,明也。""良"甲骨文作（合一三九三六正）（合六六一四臼）（怀四九五）,像古人半穴居地室的走廊,为"廊"之本字。半穴居地室通道畅朗,居住环境良好。徐中舒《黄河流域穴居遗俗考》:"良为穴居四周的岩廊,也是穴居最高处,故从良之字,有明朗高朗之义。""朗"指月高悬明亮(良),故"朗"从月良声。张舜徽《约注》:"日明为昭,月明为朗。昭谓日之无幽不照也;朗谓月之高悬在上也。朗从良声而有高义,犹之高木为根,门高为阆耳。篆法朖字本左形右声,隶变作朗,乃易为右形左声矣。"

"朗"由室道明朗引申为明白、清晰,王逸《离骚经序》:"其词温而雅,其义皎而朗。"又指高明,孟郊《奉报翰林张舍人见遗之诗》:"达士立明镜,朗言为近臣。"高风亮节是德行的清朗,故又指清、高洁,《世说新语·赏誉》:"世目士少为朗。"性格开朗如天气清朗,故又指开朗,《晋书·孙盛传》:"王公(导)神情朗达,常有世外之怀。"明亮则看得清,响亮是听得清,故又指响亮,孙绰《游天台山赋》:"凝思幽岩,朗咏长川。"李善注:"朗,犹清彻也。"

yào 曜（耀爔）

爔（说文小篆）　爔（礼器碑）　曜（孙过庭）　曜（颜真卿）

《说文》作"爔",形声字。《说文》:"爔,照也。从火翟声。"本义为照耀。朱骏声《通训定声》:"字亦作耀、作曜。"《老子》五十八章:"是以圣人方而不割,廉而不刿,直而不肆,光而不耀。"翟,《说文》:"山雉尾长者。从羽从隹。""翟"为尾羽修长的野鸡(隹),故"翟"从羽从隹。翟羽五彩斑斓,耀明夺目,古人常用作装饰品,古代乐舞执翟羽。火光四耀如翟羽耀明夺目,故"燿"从火翟声。从日、从火、从光作"曜、燿、耀",取义相同。

火、光照耀则明亮,故"曜"引申指光、明亮,《诗经·桧风·羔裘》:"羔裘如膏,日出有曜。"又指炫耀、显示,《国语·吴语》:"若无越,则吾何以春秋曜吾军士?"日、月、星皆称"耀",李白《古风》之二:"浮云隔两曜,万象昏阴霏。"

【原文】 璇 玑 悬 斡　晦 魄 环 照

xuán jī xuán wò　huì pò huán zhào

【译文】 高悬在天的北斗七星随四季转动不息,星月明光环照神州大地。

【释义】

璇,北斗七星中第二星天璇星。玑,北斗七星中第三星天玑星。悬,悬挂。斡,运转。晦,夜晚。魄,月光。环,环绕。照,照射。

璇玑,此处泛指北斗星。古人很重视北斗,利用它来辨别方向、定季节。季节不同,前半夜北斗七星在夜空中的位置也不尽相同。《鹖冠子》:"斗杓东指,天下皆春;斗杓南指,天下皆夏;斗杓西指,天下皆秋;斗杓北指,天下皆冬。"

旧称月亮有光部分为"明",无光部分为"魄"。晦,《说文》:"月尽也。从日每声。"指月尽,为农历每月的最后一天,或称"即朔",月全无光即将倒转为下一月的苏醒(朔)。

"曦辉朗耀"指白天太阳朗照,"晦魄环照"指晚上月亮遍照。两句形成对仗,表示日月运转不息,以劝勉人们珍惜时光而奋力进取。

【解字】

xuán
璇(璿)

璿　璇　叡　璿　璿

说文小篆　说文古文　说文籀文　魏受禅表　梁同书

《说文》小篆作"璿",形声字。《说文》:"璿,美玉也。从玉睿声。《春秋传》曰:'璿弁玉缨。' 璇,古文璿。叡,籀文璿。"本义为美玉,也作"璇"。段注本加"璿或从旋省"五字,谓"璇、璿"同字。《尚书·舜典》:"在璿玑玉衡,以齐七政。"叡,《说文》:"深明也,通也。从奴从目,从谷省。睿,古文叡。壡,籀文叡从土。"本义为通达、明智。邵瑛《群经正字》:"今经典多从古文作睿。"《尚书·洪范》:"视曰明,听曰聪,思曰睿。"孔传:"必通于微。"孔颖达疏:"王肃云:睿,通也。思虑苦其不深,故必深思使通于微也。""叡"为手(又)持残骨(歺),穿肉得骨,有穿通义。《说文》"泉出通川为谷","谷"也有通达义。"叡"字构形指目光深邃透明,段注"(从奴从目),故曰深明;谷以貌其深也",故"叡"从奴从目,从谷省。"璿"为美玉,通明润泽(睿),故"璿"从玉睿声。"璇"从玉旋声,圆转通明的美玉。

"璇"也为星名,北斗第二星,《宋史·天文志》:"魁第一星曰天枢……二曰璇,法星,主地。又曰璇为地,主阴刑,女主象。"

玑(璣) jī

瑧　瓅　瓃　瑻

1号墓竹简　说文小篆　郑季宣碑　王宠

繁体作"璣",形声字。《说文》:"璣,珠不圜也。从玉幾声。"本义为不圆的珠,或指小珠。《楚辞·七谏》王逸注:"圆泽为珠,廉隅为玑。"《尚书·禹贡》:"厥篚玄、纁、玑组。"陆德明释文:"玑,《说文》云'珠不圜也',《字书》云'小珠也'。"张舜徽《约注》:"本书丝部:'幾,微也。'故凡从幾声之字,多有小义。小珠谓之璣,犹小食谓之饑,虱子谓之蟣耳。""璣"为小玉珠,故"璣"从玉幾声。简化字"玑"从玉几声。

"玑"也为古代观测天象的仪器,《史记·五帝本纪》:"在璇玑玉衡,以齐七政。"张守节正义引蔡邕:"转玑窥衡,以知星宿。"又引郑玄:"运转者为玑,持正者为衡。"又为星名,即北斗第三星,今称"天玑",《史记·天官书》"北斗七星",司马贞索隐:"《春秋运斗枢》云:斗,第一天枢,第二旋,第三玑。"

悬(縣懸) xuán

(篆字图形)

花东37　合3286　县妃簋　邵钟　说文小篆　魏上尊号奏　颜真卿

繁体作"懸",《说文》作"縣",形声字。《说文》:"縣,繫也。从系持梟。"本义为悬挂。悬挂是以丝绳系物下垂,故训"繫"。张舜徽《约注》:"孟子既言'如解倒縣',则上世必有逞残肆虐,倒縣其民者矣。此字从系持梟,犹云从系持倒人耳。"《史记·苏秦列传》:"心摇摇然如縣旌。""梟"

（jiāo）指断首倒悬，即枭首示众，为古代一种刑罚。《汉书·刑法志》"臬"作"枭"。"断首倒悬"为秦法，王筠《句读》："此是秦法，故不以为正义，而列于下也。"《玉篇》臬部："臬，野王谓縣首于木上竿头，以肆大皋，秦刑也。""臬"小篆作，像首倒悬而发垂形。"縣"是以丝绳系人头倒垂（臬），故"縣"从系持臬。"縣"甲骨文作、、花东三七、，像首挂于高处形。金文从木系首，会悬挂之意。"縣"是悬挂之"懸"本字，自经传用为郡县之"縣"，本义之字于"縣"下加心作"懸"，为通行字。徐铉等注："此本是縣挂之縣，借为州縣之縣。今俗加心别作懸，义无所取。"悬挂之"懸"，简化字省"系"作"悬"；郡县之"縣"，简化字去"系"作"县"。

悬挂须用绳连接，故"悬"引申为联结、系属，《庄子·寓言》："若参者，可谓无所縣其罪乎！"又指用绳勒死，《国语·晋语》："骊姬请使申生主曲沃，以速縣。"物被高悬则离地远，故又指悬殊、相差大、距离远，《荀子·天论》："君子小人之所以相縣者，在此耳。"由枭首示众转指出示，《淮南子·精神》："可止以义而不可縣以利。"称量轻重时秤锤悬起，故又指秤锤，《礼记·经解》："故衡诚縣，不可欺以轻重。"孔颖达疏："衡谓称，衡縣谓称锤。"又指称量轻重，《汉书·贾邹枚路传》："縣石铸钟虡。"物被悬挂时绳子垂直，故又指垂直线，《周礼·考工记·旋人》："器中脭，豆中縣。"郑玄注："縣，縣绳正豆之柄。"

斡 wò　　斡（说文小篆）　斡（汉印徵）　斡（智永）　斡（祝允明）

形声字。《说文》："斡，蠡柄也。从斗倝声。杨雄、杜林说，皆以为韬车轮斡。"本义为瓢把，供人手执以舀取水浆。徐锴《系传》："蠡，所以舀也。"段注："此蠡非虫啮木中，乃本无其字依声叚借之字。见瓢字下。又见蕭字下。《方言》则从瓜作𤬤矣。杨雄曰：'瓢也。'郭云：'瓠勺也。'判瓠为瓢以为勺，必执其柄而后可以挹物。执其柄则运旋在我，故谓之斡。"王筠《句读》："蠡，瓢也。瓢柄名斡，无考。盖合昏以瓢代酒斗，故从斗。"张舜徽

《约注》："斡之言捾也,谓以此捾物及水也。瓢必有柄,而后便摇捾,故许以蠡柄为解。"段注:"《汉志》:'杨雄《仓颉训纂》一篇。杜林《仓颉训纂》《仓颉故》各一篇。'轺车者,小车也。小车之轮曰斡,亦取善转运之意,亦本义之引申也。""斗"为古代酒器。金文作 秦公簋,上像斗身,下像柄。"𣱧"以日升旗杆中表示日始出时光辉闪耀。"斡"为瓢把,段注"瓢亦科之类,故从斗",《太平御览》引《通俗文》:"木瓢为斗。"瓢把从瓢身伸出,若日光向外照耀(𣱧),瓢把舀水转动如旗游飘转,故"斡"从斗𣱧声。

手执瓢把可运瓢取水,故"斡"引申指运转,段注:"引申之,凡执柄枢转运皆谓之斡。"《楚辞·天问》:"斡维焉系?"

"斡"又音 guǎn,指车毂孔外围金属包裹的圆管状部分,又指主管,《汉书·食货志》:"(桑弘羊)尽代(孔)仅斡天下盐铁。"

晦 huì

晦　曦　晦　晦

老子乙前49　说文小篆　曹全碑　赵孟頫

形声字。《说文》:"晦,月尽也。从日每声。"本指月尽,农历每月的最后一天,朔日的前一天。徐锴《系传》:"晦,昧也。"《左传·成公十六年》:"陈不违晦。"杜预注:"晦,月终,阴之尽。""每"指盛大,从每声字多有大义:大水为"海",大环为"𨱎",晓教为"𧩻"。徐灏《注笺》"晦之本义当为昼晦,故从日,假为月尽之称",王筠《句读》"晦朔皆不见月,而朔从月,晦乃从日者,三十日为月,朔为一月之始,且朔者苏也,由此而生明,故从月。晦为一月之终,且月本无光,向日而有光,晦日则但存所由有光之日矣,故从日",晦日月无光而大暗(每),故"晦"从日每声。

"晦"也指日暮、夜晚,《周易·随》:"君子以向晦入宴息。"孔颖达疏引郑玄:"晦,宴也。犹人君既夕之后入于宴寝而止息。"月无光则昏暗,故又指昏暗,《楚辞·九歌·山鬼》:"云容容兮而在下,杳冥冥兮羌昼晦。"精微之义晦暗难见,故又指精微、隐晦,《左传·成公十四年》:"《春秋》之称,微而显,志而晦,婉而成章,尽而不污,惩恶而劝善,非圣人,谁能修之?"事物隐藏则晦暗难见,故又指隐藏,《隋书·高祖纪》:"高祖甚惧,深自晦慝。"又指草木凋零,江淹《王征君》:"寂历百草晦,欻吸鹍鸡悲。"又指不多,班固《幽通赋》:"惟天地之无穷兮,鲜生民之晦在。"

pò　魄　魄　魄　魄　魄

说文小篆　西陲简 39.4　王羲之　隶辨

形声字。《说文》:"魄,阴神也。从鬼白声。"本义为阴神,指离开身体而存在的精神,如魂魄、失魂落魄。《左传·昭公七年》:"既生魄,阳曰魂。"孔颖达疏:"附形之灵为魄,附气之神为魂也。"古谓人死为鬼,"魄"为人死后之阴神。段注:"阳言气、阴言神者,阴中有阳也。《白虎通》曰:'魄者,迫也。犹迫迫然箸于人也。'《淮南子》曰:'地气为魄。'《祭义》曰:'气也者,神之盛也。魄也者,鬼之盛也。'郑云:'气谓嘘吸出入者也。耳目之聪明为魄。'《郊特牲》曰:'魂气归于天,形魄归于地。'《祭义》曰:'死必归土,此之谓鬼。''其气发扬于上,神之箸也。'是以圣人尊名之曰鬼神。'"古谓人死后其阴神(鬼)明知一切(白),段注"魂、魄皆生而有之,而字皆从鬼者,魂、魄不离形质而非形质也。形质亡而魂魄存,是人所归也,故从鬼。《孝经说》曰:'魄,白也。'白,明白也",故"魄"从鬼白声。

"魄"也指精神、气质、神色,韩愈《谒衡岳庙遂宿岳寺题门楼》:"森然魄动下马拜,松柏一径趋灵宫。"通"霸",指月亮初出或将没时的微光,《逸周书·世俘》:"维一月丙午,旁生魄……二月,既死魄。"又指月亮,唐太宗《辽城望月》:"魄满桂枝圆,轮亏镜彩缺。"又指糟粕,后作"粕",《庄子·天道》:"然则君之所读者,古人之糟魄已夫!"

huán　环(環)　環　環　環　環　環

师遽方彝　毛公鼎　孙子 35　说文小篆　颜真卿　隶辨

繁体作"環",形声字。《说文》:"環,璧也。肉好若一谓之環。从玉睘声。"本义指边与孔等同的璧,古代用作符信,也用作装饰品。段注:"古者还人以环,亦瑞玉也。郑注《经解》曰'环取其无穷止',肉上旧衍也字。"

朱骏声《通训定声》:"《荀子·大略》:问士以璧,召人以瑗,反绝以环。"《尔雅·释器》:"肉倍好谓之璧,好倍肉谓之瑗,肉好若一谓之环。"睘(qióng),《说文》:"睘,目惊视也。从目袁声。《诗》曰:独行睘睘。"本为目惊视环顾。桂馥《义证》:"传云:'睘睘,无所依也。'陈启源曰:'无依之人多彷徨惊顾。'""袁"为长衣貌,人彷徨惊顾则多望向远处以求助,远方距离长,故"睘"从目袁声。目惊视则环顾四周,故"睘"有环绕意,从睘声字有环绕、圆义:出而返回为"還",天体浑圆为"圜",玉璧圆环为"環",以绳缠绕为"繯",绕市之墙为"闤",圆形食案为"槫",圆形有孔可系者为"鐶",虫盘旋而行为"蠉",环形发髻为"鬟"。玉環形圆,边、孔等同而环绕无端(睘),故"環"从玉睘声。"環"宋元以后俗字省作"环",今为"環"的简化字。

　　环为圆形,故"环"也泛指圆形物,如耳环,《战国策·齐策》:"彻其环瑱,至老不嫁,以养父母。"环绕的轨道为圆形,故又指环绕、围绕,段注:"环引伸为围绕无端之义。"《周礼·考工记·匠人》:"环涂七轨,野涂五轨。"郑玄注引杜子春:"环涂谓环城之道。"包围是围绕一周,故又指包围,《孟子·公孙丑》:"三里之城,七里之郭,环而攻之而不胜。"又指四周、周围,汉贾谊《亲疏危乱》:"天下环视而起。"圆形物转动自如,故又指旋转、转动,《周礼·春官·乐师》:"环拜,以钟鼓为节。"又指循环,张华《励志》:"四气鳞次,寒暑环周。"刘良注:"四时寒暑,如鱼鳞之相次,循环而无极。"又指环节,指互相关联的许多事物中的一个。

zhào
照　　　　𤎬　　　𤌍　　　照　　　照
　　　　　　史墙盘　　说文小篆　魏受禅表　颜真卿

　　形声字。《说文》:"照,明也。从火昭声。"本义为照耀。火、光照耀则明,故训"明"。《说文》:"明,照也。"二字互训。段注:"与昭音义同。"《周易·恒》象曰:"日月得天而能久照,四时变化而能久成。"昭,《说文》:"日明也。从日召声。"本义为光明,《诗经·大雅·既醉》:"君子万年,介尔昭明。"郑玄笺:"昭,光也。""召"有招致义,日至则光明,故"昭"从日召声。火能照明，"昭"指日明，故"照"从火昭声。

日光普照大地，故"照"又指日光，杜甫《秋野》之四："远岸秋沙白，连山晚照红。"又指察知、知晓，《韩非子·难》："明能照远奸而见隐微。"又指对照、比照，林罕《字源偏傍小说·序》："其时复于《说文》篆字下，便以隶书照之。"又指反射影像，王维《游春曲》之一："满园深浅色，照在绿波中。"又指拍摄，如照相。又指图像、照片，如风景照。又指凭据、证明，《宣和遗事》前集："欲假皇帝金杯归家与公婆为照。"又指看顾、照料，如照看。又用作介词，表示方向或依据。

【原文】 zhǐ xīn xiū hù 　　 yǒng suí jí shào
　　　　　指 薪 修 祜　　永 绥 吉 劭

【译文】　行善积德则福祉如薪尽火传般永续，能够永远安于吉祥美好。

【释义】

指，"脂"之借字，或为手指。薪，作燃料的木材。修，修积。祜，福祉。永，久。绥，安定。吉，善。劭，美好。"指薪"典出《庄子·养生主》"指穷于为薪，火传也，不知其尽也"，言柴虽烧尽，火种却流传下来。原指人的形骸有尽而精神不灭，后比喻道统、学问、技术代代相传而永续不绝。引《庄子》"指薪"之典，说明人不断修善积德，才能永享安定、吉祥美好。《千字文释义》总结"年矢每催"至"永绥吉劭"一段谓："言人当力于为善，惟日不足。年岁之去，有漏矢以频催。璇玑之运动者，昼夜相迫。昼则日光朗照，夜则月魄循环。日月逝而老将至，不可以不修也。"

【解字】

zhǐ
指　 指　 指　 指　 指
　　说文小篆　足臂灸经7　白石神君碑　祝允明

形声字。《说文》："指，手指也。从手旨声。"本为手指。段注："手非指不为用。大指曰巨指、曰巨擘，次曰食指、曰啑盐指，中曰将指，次曰无名指，次曰小指。"《仪礼·大射仪》："右巨指钩弦。"郑玄注："右巨指，右手大擘。"手指位于手掌前段，为手部位之一，"旨"以匙（匕）尝美味（甘），转指美味,先民初无匕箸,以手最灵活之第二指(食指)点染于鼎以尝美味,即"染指",第二指用于品尝美味,故名"食指"。《左传·宣公四年》有"食指动"的典故,指有美味可食的预兆。手指是手的组成部分,染指美味(旨)的食指为五指的代表,故"指"从手旨声。

"指"也指足趾,《左传·定公十四年》:"阖庐伤将指,取其一履。"杜预注:"其足大指见斩,遂失履,姑浮取之。"人多用手指指方向,故作动词为指向、指着,《吕氏春秋·知度》:"非其人而欲有功,譬之若夏至之日而欲夜之长也,射鱼指天而欲发之当也。"又指向、向(目标)前进,《战国策·楚策》:"举宋而东指,则泗上十二诸侯,尽王之有已。"手指竖起来是直的,故又指直立、竖起,《吕氏春秋·必己》:"孟贲瞋目而视船人,发植,目裂,鬓指。"人多用手指指导、点拨,故又指指示、指点,《礼记·曲礼》:"六十曰耆,指使。"郑玄注:"指事使人也。"又指告诉,《楚辞·离骚》:"指九天以为正兮,夫唯灵修之故也。"王逸注:"指,语也……上指九天,告语神明,使平正之。"人有所责备,往往用手指着对方,故又指指责、指斥,《汉书·何武王嘉师丹传》:"千人所指,无病而死。"又用作量词,一个指头的宽度叫"一指",用来计量深浅、宽窄等,如两指宽的间距。又为中国古代哲学概念,指事物的共性、概念或指称,《公孙龙子·指物论》:"物莫非指,而指非指。"又指意旨、意向,《汉书·东方朔传》:"丞相御史知指。"颜师古注:"指,谓天子之意也。"通"旨",美好,《荀子·大略》:"不时宜,不敬交,不骦欣,虽指,非礼也。"

薪 xīn

薪 薪 薪 薪
7年上郡戈 说文小篆 武威医简75 智永

形声字。《说文》:"薪,荛也。从艸新声。"本指作燃料的木材。桂馥《义证》:"《月令》:'收秩柴薪。'注云:'大者可析谓之薪,小者合束谓之柴。薪施炊爨,柴以给燎。'"朱骏声《通训定声》:"薪,草柴;柴,木柴也。《周礼·委人》:'薪蒸材木。'注:'粗者曰薪,细者曰蒸。'"《诗经·齐风·南山》:"析薪如之何?匪斧不克。"新,《说文》:"取木也。从斤亲声。"本义为砍伐木材。

"亲"（zhēn），从木从辛，刀砍木为"亲"，加斤（斧）为"新"，段注："取木者，新之本义。引申之为凡始基之称。"砍伐木材作柴，故"新"也指柴薪，"新"以新旧之新为常用义，柴薪义则加艸作"薪"。王筠《句读》："薪者，新之累增字。""薪"指作燃料的柴草（艸），《玉篇》艸部"荛，草薪也"，伐木为柴薪（新），故"薪"从艸新声。

"薪"也指取以为薪，《诗经·大雅·棫朴》："芃芃棫朴，薪之槱之。"毛传："山木茂盛，万民得而薪之。"又为薪水、薪金的省称。

修（脩）xiū

修武府杯　古玺　说文小篆　定县竹简　颜真卿

形声字。《说文》："修，饰也。从彡攸声。"本义为修饰、装饰。《楚辞·九歌·湘君》："美要眇兮宜修。"朱熹注："修，饰也。"朱骏声《通训定声》："修从彡，是文饰为本义。""攸"为水流貌，水长流入海，故"攸"有长远义，从攸声字多有长义：深长之思为"悠"，行长远为"逌"，长条干肉为"脩"，细长之竹为"篠"，细长之枝为"條"，旗游柔长为"旒"，纤长之鱼为"鲦"，丝带狭长为"绦"。"彡"指文饰、修饰物，物经修饰（彡）则顺畅（攸）优美，故"修"从彡攸声。

《说文》："脩，脯也。从肉攸声。"本义为干肉条。《正字通》肉部："脩，肉条割而干之也。""脩"为长条（攸）干肉，故"脩"从肉攸声。"束脩"为一束（十条）干肉，古代学生送教师的酬金，省称"脩"，《诗经·王风·中谷有蓷》："中谷有蓷，暵其脩矣。"《集韵》尤韵："修，或通作脩。"

"修"也指修理、维修，使破败物延长寿命，韩愈《新修滕王阁记》："此屋不修且坏。"又指整治、办理，《尚书·武成》："乃偃武修文。"又指修建、设置、置备，《荀子·王制》："修堤梁，通沟浍。"《国语·周语》："修其簠簋。"又指编纂、书写，司马迁《报任安书》："孙子膑脚，兵法修列。"又指学习、锻炼、修养，《礼记·大学》："如琢如磨者，自修也。"孔颖达疏："初习谓之学，重习谓之修。"又指修行，教徒虔诚地学习教义并实践之，《颜氏家训·归心》："莫不怨尤前世不修功业。"又指遵循,《商君书·定分》:"遇民不修法,则问法官。"又用作形容词,指长、远,同"攸",屈原《离骚》:"路漫漫其修远兮,吾将上下而求索。"又指美、善,《楚辞·离骚》:"老冉冉其将至兮,恐修名之不立。"

hù
祜

瘣钟　　曾子簠　　说文小篆　　智永　　赵孟頫

形声字。《说文》:"祜,上讳。"本义为福。"祜"为汉安帝名,古代对皇帝名字避讳,"上"指皇帝,许慎遵循避讳制度,故言"上讳"。徐铉等注:"此汉安帝名也。福也,当从示古声。"严章福《校议议》:"许言上讳者五,而皆列于首,尊君也。"段注:"言上讳者五:禾部秀,汉世祖名也。艸部莊,显宗名也。火部炟,肃宗名也。戈部肇,孝和帝名也。祜,恭宗名也。殇帝名隆不与焉。"张舜徽《约注》:"秀、庄、炟、肇诸篆,皆次于部首之下,与斯例同。许君仍存此五字篆体于各部之中,所谓'临文不讳'也。但云'上讳',而不加以说解,则所以尊其君也。"《诗经·小雅·信南山》:"曾孙寿考,受天之祜。"古谓福由神灵、祖先(示)所赐,诚心祭祀,奉行古道、古训,则能获福,故"祜"从示古声。

yǒng
永

合21381　　合248　　免簠　　史宜父鼎　　楚王酓璋镈　　说文小篆　　乙瑛碑　　颜真卿

象形字。《说文》:"永,长也。象水巠理之长。《诗》曰:江之永矣。"本义为长。《系传》《韵会》引俱作"水长也"。王筠《句读》:"许君加'水'者,兼说字形也。"小篆像水脉、水纹攸长形,段注:"巠者,水脉。理者,水文。"饶炯《部首订》:"象水巠理屈曲续流之形,与'辰'从反永,训'水衺流别也'形义方合。""永"甲骨文像水长流形,以水长流表示长。《六书故·地理》:"永,潜行水中谓之永。《诗》云:'汉之广矣,不可永思。'别作'泳'。"高鸿缙《中国字例》:"此永字,即潜行水中之'泳'字之初文。原从人在水中行,由文'人''彳'生意,故托以寄游泳之意……后人借用为长永,久而为借意所专,乃加水旁作'泳'以还其原。"说亦有据。

长则久远,故"永"引申为久远、深长,段注:"引申之,凡长皆曰永。"《尚书·高宗肜日》:"降年有永有不永。"又指延长,《尚书·毕命》:"资富能训,惟以永年。"孔传:"以富资而能训义,则惟可以长年命矣。"又指永久、不变,《论语·尧曰》:"四海困穷,天禄永终。"通"咏",依一定腔调缓慢地吟诵,《尚书·舜典》:"诗言志,歌永言。"俞樾《平议》:"今文《尚书》'永'作'咏',当从之。'诗言志,歌咏言',谓诗所以言其志,歌所以咏其言也。"

suí
绥(綏)　　竽　帛　綏　綏　綏

前 5.19.1　　蔡姞簋　说文小篆　石门颂　智永

繁体作"綏",会意字。《说文》:"綏,车中把也。从糸从妥。"本指登车时用以拉手的绳索。朱骏声《通训定声》:"《仪礼·士昏礼》'授绥'注:'所引以升车者。'"徐灏《注笺》:"言车中所执也。"《论语·乡党》:"升车,必正立,执绥。"邢昺疏:"绥者,挽以上车之索也。"《说文》无"妥"字,段注补:"妥,安也。从爪、女。妥与安同义。"张舜徽《约注》:"妥、綏本一字,故甲文、金文即以妥为綏。綏从糸而训车中把,谓人手所把持以升车者。引申之,亦自有安义也。""妥"甲骨文作𡜎合七〇四六、𡜎合二〇〇三九、𡜎合五五七八,李孝定《甲骨文字集释》:"盖以手(爪)抚女,有安抚之意。"故"妥"从爪、女。《汉书·武五子传》:"薰鬻徙域,北州以妥。"绳以丝、麻(糸)制成,登车、乘车时手拉绳索可使身体安稳(妥),故"綏"从糸从妥。罗振玉《殷虚书契考释》:"古绥字作妥,古金文与卜辞并同。《说文解字》有绥无妥,而今隶反有之。虽古今殊释,然可见古文之存于今隶者,为不少也。"

上车拉绳索能使身体安稳,故"绥"引申为安、安抚,《诗经·大雅·民劳》:"惠此中国,以绥四方。"安步则行动舒缓,故也指舒缓,王褒《洞箫赋》:"悲怆悗以侧恻兮,时恬淡以绥肆。"又为上古五服之一,古代王畿外围每五百里为一区划,按距离的远近分为五等地带,叫五服,即侯服、甸服、绥服、要服、荒服,"服"指服事天子,《尚书·益稷》"弼成五服,至于五千,州十有二师",孔安国传:"服五百里,四方相距,为方五千里。"又指临阵退却,

《左传·文公十二年》：“秦以胜归，我何以报，乃皆出战，交绥。”名退军为绥。”安则止而不动，故又指制止，《国语·齐语》：“使民以劝，绥谤言，足以补官之不善政。”

jí

吉	𠮷	𠮷	吉	吉	吉	吉	吉	吉
	旅博39	合5247	矢方彝	𪤗壶盖	包2.13	说文小篆	华山庙碑	赵孟頫

会意字。《说文》：“吉，善也。从士、口。”义为善、吉祥。《诗经·召南·摽有梅》：“求我庶士，迨其吉兮。”毛传：“吉，善也。”徐灏《注笺》：“吉，善言也。”士人修道尊礼，口出善言而不道恶语，徐灏《注笺》“从士、口，所以异于野人之言也。《小雅·都人士》篇：彼都人士，出言有章”，桂馥《义证》“从士、口者，吉人辞寡，出其言善则天下人应之”，故“吉”从士、口。士口为“吉”，羊（祥）言（誩）为“善（譱）”，皆以口（言）表美善之义。“吉”甲骨文上像勾兵形，“口”形为区别符号，本义为坚实，《释名·释言语》：“吉，实也，有善实也。”于省吾《双剑誃殷契骈枝三编》：“象置勾兵于笄庐之上。本有保护坚实之意，故引申之为吉善、吉利也。”裘锡圭《古文字论集·说字小记》：“古人是在具有质地坚实这一特点的勾兵的象形符号上加上区别性意符‘口’，造成‘吉’字来表示当坚实讲的‘吉’这个词的。这种造字方法跟‘古’字、‘昌’字是一致的。由此可知，‘吉’字的本义就是坚实……吉金之‘吉’用的正是坚实这一本义。”二说有据，引以参证。“吉”之本义为坚实，故从吉声字多有坚实之义：石坚为“硈”，坚黑为“黠”，蚌有坚壳为“鮚”，齿咬坚物声为“齕”，绳结坚固为“结”，颈项僵直为“颉”。一说甲骨文为竖立兵器于村庄前台之上，以保村庄坚固、家人安居吉祥。可备参考。

“吉”也为农历每月初一，或称“初吉”，《诗经·小雅·小明》：“二月初吉，载离寒暑。”又指古代祭祀鬼神的礼仪，为“吉、凶、宾、军、嘉”五礼之一，《周礼·春官·大宗伯》：“以吉礼事邦国之鬼神示。”又为吉林省的简称。又用作姓氏，《姓觿》质韵：“吉，《路史》云：‘古帝吉夷氏之后。’《姓源》云：‘殷时侯国，后因氏。’《集韵》云：‘尹吉甫之后。’《千家姓》云：‘冯翊族。’

《汉书》有汉中太守吉格,《三国志》有吉平。"

shào
劭　　　劭　　　劭　　　劭　　　劭

说文小篆　晋辟雍碑　智永　智永

形声字。《说文》:"劭,勉也。从力召声。读若舜乐《韶》。"本义为劝勉、自强。段注:"汉成帝诏曰:'先帝劭农。'苏林曰:'劭音翘。精异之意也。'晋灼曰:'劭,劝勉也。'……《尔雅》《方言》皆曰:'釗,勉也。''釗'当是'劭'之假借字。"《广韵》笑韵:"劭,自强也。""召"有招致义,自勉即奋力进取,招致进步,故"劭"从力召声。

人勉力修善治学,则德学能提高,故"劭"引申为高、美好,如年高德劭,潘岳《河阳县作》:"谁谓邑宰轻,令名患不劭。"

【原文】　矩步引领　俯仰廊庙
jǔ bù yǐn lǐng　fǔ yǎng láng miào

【译文】　有威仪者行步要合于规矩,言行举止如同在朝廷般恭慎虔敬。

【释义】

矩步,规行矩步,端方合度的步行姿态,指举动合乎规矩。引领,伸直脖子。俯仰,低头与抬头,泛指举止。廊庙,指殿下屋和太庙,后指代朝廷。俯仰廊庙,人要像在朝廷或太庙祭祀那样举止恭敬。《千字文释义》:"此言威仪之宜慎,亦处身之道也。"

两句强调人的举止要有威仪,言语视听要合乎规矩而不轻忽散漫,内心要诚敬谦和而不褰慢偏邪,这些都是重要的修身法则。"矩步引领"言行为上的恭敬守礼,"俯仰廊庙"指内心的虔敬恭慎。心、行皆虔敬而合乎规矩礼仪,则内外无不端正。

当今社会的行为准则虽与古代有所不同,但守住诚敬、端正的原则,行为举止合乎礼仪规范,就会赢得他人的尊重。

【解字】

jǔ
矩(巨)　　　矩　　　矩　　　矩　　　巨　　　榘　　　矩　　　矩

伯矩盃盖　伯矩盘　鄘侯少子簋　说文小篆　说文或体　魏封孔羡碑　欧阳询

《说文》小篆作"巨",象形字。《说文》:"巨,规巨也。从工,象手持之。𢀜,巨或从木、矢。矢者,其中正也。𢀍,古文巨。"本义为规矩,木工的方尺,音 jǔ,后作"矩"。《管子·宙合》:"成功之术,必有巨镬。"赵守正注:"巨镬,规矩。"张舜徽《约注》:"巨之本义,盖即今木工所持方尺。凡作器之时,取材正倾,皆必以此为准,所谓不以规矩,不能成方圆也。古初之矩,形制甚大,工必持之以行。""矩"金文像人(大、夫)持矩(工)形,𢀈、𢀉则加手(又),示人以手持矩。"工"为直角曲尺,即工字尺。或体从木矩声,巨以木制,故加木。《说文》析其构形为"从木、矢","矢"乃金文𢀉中"夫"之变,《说文》既谓从矢,乃说其形符取意谓"矢者,其中正也",谓矢有正直义,巨能画方直的角线,故"榘"从矢。小篆省𢀈、𢀉之"大、人"作巨,像手(⊐)持巨(工)形。"巨"战国文字作𫝀燕·陶汇四·三三、𫝁楚·巨萱王鼎,中间斜画为手(又)之讹形,为《说文》古文由来。高鸿缙《中国字例》:"工象榘形,为最初文,自借为职工、百工之工,乃加画人形以持之作𢀉。后所加之人形变为夫,变为矢,流而为矩,省而为巨。后巨又借为巨细之巨,矩复加木旁作榘,而工与巨复因形歧而变其音,于是人莫知其朔矣。"即:工→巨→矩→榘。今工作用"工",巨大用"巨",规矩用"矩"。

方尺用造万物,故"巨"也指大,李白《古风》之三十三:"北溟有巨鱼,身长数千里。"作副词指最、极,曹植《辩道论》:"言不尽于此,颇难悉载,故粗举其巨怪者。""巨"通"距",指距离,《墨子·备高临》:"守为台城,以临羊黔,左右出巨各二十尺。""巨"也用作语气词,通"讵",相当于"岂",朱骏声《通训定声》:"巨,发声之词,字亦作讵。"《汉书·高帝纪》:"沛公不先破关中兵,公巨能入乎?"方尺可画方形,故"矩"也指方形,《吕氏春秋·序意》:"爰有大圜在上,大矩在下。"高诱注:"矩,方地也。"有规矩才能画成方圆,故又指法度、准则,《论语·为政》:"七十而从心所欲,不逾矩。"又指刻识、标记,《周礼·考工记·轮人》:"凡斩毂之道,必矩其阴阳。"郑玄注:"矩,谓刻识之也。"方尺可画直角,故用为数学名词指直角,《周礼·考工记·磬氏》:"磬氏为磬,倨句一矩有半。"

bù 步

合 20375　　合 32946　　子且辛步尊　陶汇 3.90　　上 4·東 22　说文小篆　　衡方碑　　颜真卿

会意字。《说文》："步，行也。从止少相背。"本义为步行、行走。段注："行部曰：'人之步趋也。'步徐，趋疾。"《尚书·武成》："王朝步自周。"孔传："步，行也。"人走路时左右脚前后交替，循环前行，"步"小篆像行走时两脚（止少）前后相随形。段注："止少相并者，上登之象。止少相随者，行步之象。相背犹相随也。"徐灏《注笺》："人之行也，前足止则后足起，故止少为步。《祭义》释文云：'一举足为跬，再举足为步。'《王制》：'古者以周尺八尺为步，今以周尺六尺四寸为步，皆再举足之度也。'"罗振玉《殷虚书契考释》："步象前进时左右足一前一后形。"

步行较缓慢，故"步"引申指徐行、缓行，《尔雅·释宫》："堂下谓之步。"郝懿行义疏："《淮南·人间篇》云：'夫走者，人之所以为疾也；步者，人之所以为迟也。'是步为徐行。"又指跟随、追随，《国语·周语》："目以处义，足以步目。"古人用步推算长度，故又指推算、测量，陆机《演连珠》："是以仪天步晷，而修短可量。"又指步兵，《隋书·李密传》："自率步骑二万拒之。"又指时运、境地，《诗经·小雅·白华》："天步艰难，之子不犹。"也指行走时两脚之间的距离，《荀子·劝学》："故不积跬步，无以至千里。"又用作量词，表示长度单位，历代不一，《礼记·王制》："古者以周尺八尺为步，今以周尺六尺四寸为步。"

yǐn 引

合 3099　　合 32343　　毛公旅方鼎　小臣守段　睡·杂 8　说文小篆　谯敏碑　柳公权

会意字。《说文》："引，开弓也。从弓、丨。"本义为开弓。《孟子·尽心》："君子引而不发，跃如也。"朱熹集注："引，引弓也。""引"指开弓，故从弓，小篆作引，徐铉等注："象引弓之形。"徐锴《系传》作"从弓丨声"，以"引"为形声字。"引"甲骨文从弓，旁之斜画／、表示开弓。金文斜画固定于"弓"右。战国秦系文字斜画伸展而与弓分离；小篆承之，斜画变作"丨"

形,《说文》遂谓"从弓、丨"。

开弓是引弓拉弦,故"引"引申指拉、牵挽,《韩非子·人主》:"夫马之所以能任重引车致远道者,以筋力也。"开弓则弓体变长,故又指长、久远,《尚书·梓材》:"引养引恬。"孔传:"能长养民长安民。"又指引导、带领,《诗经·大雅·行苇》:"黄耇台背,以引以翼。"郑玄笺:"在前曰引,在旁曰翼。"又指招致、引起,《管子·任法》:"其民引之而来,推之而往。"又指持取,《战国策·秦策》:"读书欲睡,引锥自刺其股。"又指引荐、推举,《后汉书·隗嚣公孙述列传》:"王莽国师刘歆引嚣为士。"又指引用文字、证据,何休《公羊传序》:"援引他经,失其句读。"又指避开、退却,《礼记·玉藻》:"侍坐则必退席,不退则必引而去君之党。"开弓是把箭向自身方向拉动,故又指自动承受(罪责),《论衡·齐世》:"引罪自予,卒代将死。"由拉弓连弦转指牵连,《三国志·蜀书·李恢传》:"后为亡虏所诬,引恢谋反。"由强力拉弓转指夺取、争辩,《管子·五辅》:"上下交引而不和同。"又用作量词,表示长度单位,古以十丈为一引,《汉书·律历志》:"十尺为丈,十丈为引。"又为文体之一,唐以后始有此体,略同"序",王勃《滕王阁序》:"敢竭鄙诚,恭疏短引。"又指系于马腹的革带,用来牵挽车子,后作"靷",《荀子·王霸》:"绵绵常以结引驰外为务。"杨倞注:"引,读为靷。靷,引轴之物。结引,谓系于轴所以引车也。"

领(領) lǐng

領　領　領　領
睡 46.25　说文小篆　孔龢碑　褚遂良

繁体作"領",形声字。《说文》:"領,项也。从頁令声。"本指颈,即脖子。段注:"项当作颈……领字以全颈言之,不当释以头后。"《诗经·卫风·硕人》:"领如蝤蛴,齿如瓠犀。"毛传:"领,颈也。"张舜徽《约注》:"颈椎居脊骨最高处,故谓之领,犹山之最高处谓之嶺(岭)。嶺字不见许书,古人亦以领为之。"颈位于头(頁)下,属头部范围,下令强而长,从令声字多有长义,颈部直长(令),故"领"从頁令声。

脖子有衣领护卫,故"领"引申指衣领,《释名·释衣服》:"领,颈也,以壅颈也。亦言总领衣体为端首也。"《荀子·劝学》:"若挈裘领,诎五指而顿之,顺者不可胜数也。"转头由脖子带动,故也指引、带,如领路。统领者在前领导,故又指统率、管辖,《汉书·魏相丙吉传》:"相总领众职,甚称上意。"又指治理,《礼记·乐记》:"礼乐偩天地之情,达神明之德,降兴上下之神,而凝是精粗之体,领父子君臣之节。"又指接受、领取,《晋书·桓伊传》:"请勒所属领受。"领在人身上部,山岭在高处,故又指山岭,后作"嶺(岭)",周伯琦《六书正讹》梗韵:"领,山之高者曰领,取其象形也,别作嶺。"《史记·货殖列传》:"领南、沙北固往往出盐。"王鸣盛《十七史商榷》:"古无嶺字,只作领。"又用作量词,表示衣衾之类,陆游《老学庵笔记》:"古谓带一为一腰,犹今谓衣为一领。"《荀子·正论》:"太古薄葬,棺厚三寸,衣衾三领。"又指领会,《汉书·扬雄传》:"君子纯终领闻,蠢迪检押,旁开圣则。"

俯（頫俛）^{fǔ}

順　頫　佅　俯

说文小篆　鲁峻碑　孙过庭　颜真卿

《说文》小篆作"頫",形声字。《说文》:"頫,低头也。从頁,逃省。太史卜书,頫仰字如此。扬雄曰:'人面頫。'俛,頫或从人、免。"本义为低头,后作"俯"。"人面頫",段注:"此盖摘取扬所自作《训纂篇》中三字,以证从頁之意。"《汉书·陈胜项籍传》:"百粤之君頫首系颈,委命下吏。"颜师古注:"頫,古俯字。""頫"为低头(頁),人逃亡时多低头快速奔跑,徐铉等注"頫首者,逃亡之貌",故"頫"从頁,逃省。頫之或体作"俛",后多作"俯","頫、俛、俯"同。徐灏《注笺》:"頫、俛、俯三字各有本音,因其义同互用,并读为俯。考俯字见于经传者,不可枚举,实非近世所造。鼎臣以为俗字,盖因许书未录耳。《广韵》:'頫,他弔切;俛,亡辨切;俯,方矩切。'分析厘然。缘周秦以来,习用俯仰连文,而頫俛二字同义相通,由是并读为俯。"徐说有据,引以参证。府为财物仓库,求入必低头,"俯"从人府声,今为通行字。

"俯"也指低,段注:"俯本谓低头,引申为凡低之称。"《晋书·卫瓘传》:

"思字体之俯仰,举大略而论旃。"

yǎng
仰　　仰　仰　仰　仰

说文小篆　史晨碑　智永　柳公权

　　形声字。《说文》:"仰,举也。从人从卬。"本义为抬头,脸向上。慧琳
《一切经音义》引作"举首也"。段注:"与卬音同义近。古卬、仰多互用。"
《周易·系辞》:"仰以观于天文,俯以察于地理。""从卬"当作"卬声",《说
文》以"卬"构形之字如"迎、茚"等皆作"卬声",王筠《句读》:"当云卬声。"
卬(yǎng),《说文》:"望,欲有所庶及也。从匕从卪。《诗》曰:高山卬止。"
本义为仰望,后作"仰"。仰望则多有所期待,故"卬"引申指企盼、希冀,即
希望有可能达到某种境界。王筠《句读》:"卬固是仰之古文,然以望说卬,
非目有所望,乃心有所望,故以'欲有所庶及'申之。"《荀子·议兵》:"上足
卬则下可用也,上不卬则下不可用也。"杨倞注:"卬,古仰字。不卬,不足仰
也。下托上曰仰。""匕"有不正义,《说文》:"庋,顷也。从匕支声。匕,头
顷也。""顷,头不正也。从匕从頁。"徐灏《注笺》"从卪取高义,与'危、卲'
等字同意,说见卪部。从匕与比同,企及之意也",头仰则倾斜不正(匕),故
"卬"从匕从卪。"仰"指人抬头,"卬"指仰望,以下(卪)望上(匕),故"仰"
从人卬声。"卬"又音 áng,后分化出"昂"字。《说文新附》:"昂,举也。从
日卬声。"指举起。日在上,仰(卬)头方见,故"昂"从日卬声。仰头则能高
望,故又指高;人振奋则多作抬头挺胸状,故又指振奋貌,如激昂。

　　人从内心仰望自己敬慕的人,故"仰"也指敬慕、企盼,《诗经·小雅·车
辖》:"高山仰止。"又用作敬辞,《南史·循吏传》:"檀越乃能见还,辄以金半
仰酬。"又指依赖、借助,《墨子·七患》:"凡五谷者,民之所仰也。"

láng
廊　　廟　廊　庀　廊

说文新附　华山庙碑　怀素　柳公权

　　形声字。《说文新附》:"廊,东西序也。从广郎声。《汉书》通用郎。"
本指中堂两旁的墙。转指走廊,即室外有顶的过道。墙义未见用例,疑是

徐铉误释,郑珍《说文新附考》:"古无此说。"徐灏《注笺》:"按《汉书》用郎,见《百官公卿表》及《东方朔传》。"《汉书·司马相如传》:"高廊四注,重坐曲阁。"颜师古注:"廊,堂下四周屋也。""良"甲骨文作 $\frac{Y}{?}$ 合一三九三六正、 $\frac{Y}{?}$ 合六六一四曰、 $\frac{Y}{?}$ 怀四九五,徐中舒谓像古人半穴居地室的走廊,为"廊"之本字。地室通道畅朗,即居住环境良好。甲骨文又作 $\frac{Y}{?}$ 合二二〇四九、 $\frac{Y}{?}$ 合四九五六、 $\frac{Y}{?}$ 合四九五五,像人从两旁廊道进出房室形。可见,"良"本指走廊,又指出入走廊之人。后"良"以善为常用义,本义则加"邑"作"郎",表示走廊及在廊之人。出入、驻扎宫廷廊道者多为侍卫人员,故"郎"用作官名,为帝王侍从官的通称。古帝王侍从多为男子,故"郎"用为对一般男子的尊称。"廊"为宫殿的组成部分,为房屋之属,故"郎"之走廊义加"广"作"廊",为通行字。

　　"廊"也指游廊,王维《谒璇上人》:"高柳早莺啼,长廊春雨响。"又指廊檐,即廊顶空出在柱子之外的部分,李诫《营造法式·总释》:"屋垂谓之宇,宇下谓之庑,步檐谓之廊。"

庙(廟) miào

兔簋	虢季子白盘	师酉簋	说文小篆	说文古文	孔龢碑	钟繇

　　繁体作"廟",形声字。《说文》:"廟,尊先祖貌也。从广朝声。 ,古文。"本义为宗庙,置先祖牌位以供祭祀的建筑。段注:"古者庙以祀先祖,凡神不为庙也。为神立庙者,始三代以后。"先祖为子孙所尊,故言"尊"。"廟、貌"上古声同韵近,为声训。宗庙供奉先祖牌位,见牌位如见先祖容貌,后世也在祠堂张挂祖先画像。段注:"尊其先祖而以是仪貌之,故曰宗庙。诸书皆曰'庙,貌也'。《祭法》注云:庙之言貌也。宗庙者,先祖之尊貌也。"张舜徽《约注》:"庙、貌双声,故汉人多以貌释庙。汉人图画祖先形貌之制,盖已盛行,故《释名·释宫室》云:'庙,貌也,先祖形貌所在也。'考古人祭先,惟设尸以象神,本无所谓像。春秋以后,不复有尸,宋玉《招魂》始有'像设君室'之文。是尸废而像兴,盖在战国之时。至两汉而画像之事

盛行,凡有行谊可敬者,必以绘画传之,其于先祖亦然。"《诗经·周颂·清庙》:"于穆清庙,肃雍显相。""朝"甲骨文作合三三一三〇、合二三一四八,罗振玉《增订殷虚书契考释》:"此朝暮之朝字,日已出艸中,而月犹未没,是朝也……古金文作朝、,从婼,从、,象百川之接于海,乃潮汐之专字,引申为朝庙字。"宗庙是供奉、祭祀祖先的建筑(广),"朝"有朝向、朝拜、朝廷义,子孙于宗庙朝拜先祖,故"廟"从广朝声。《说文》古文"廟"从广苗声,简化字省作"庙"。

"庙"也指下葬前安置灵柩的屋宇,《礼记·杂记》:"至于庙门。"孔颖达疏:"庙,所殡宫者,以殡所在,故谓为庙。"又指结构完整的成套大屋,《尔雅·释宫》:"室有东西厢曰庙。"邢昺疏:"凡大屋有东西厢、夹室及前堂有序墙者曰庙。"又指古代供神佛或重要人物的建筑,如寺庙、土地庙、孔庙,《晋书·何准传》:"惟诵佛经修营塔庙而已。"古代贵族住房的前厅、王宫和庙宇的前殿皆称"庙",《六书故·工事》:"宫前曰庙,后曰寝。今王宫之前殿,士大夫之听事是也。"《礼记·月令》:"寝庙毕备。"孔颖达疏:"庙是接神之处,其处尊,故在前。寝,衣冠所藏,对庙为卑,故在后。"又为朝廷的代称,如庙谋、庙廊、庙殿,《新唐书·李绩传》:"告捷于庙。"又为已死皇帝的代称,如庙号、庙讳,《后汉书·孝明帝纪》:"有司奏上尊庙为世祖。"又为庙会的简称,如赶庙,袁枚《新齐谐》卷二十三:"凡上庙买物,必挟买物之具。"

【原文】　束带矜庄　　徘徊瞻眺
　　　　　shù dài jīn zhuāng　　pái huái zhān tiào

【译文】　要整肃衣冠以求严肃庄敬,徘徊或瞻望都要合乎礼仪。

【释义】

束带,整肃衣冠。刘宝楠《论语正义》:"带,系缭于要,所以整束其衣,故曰束带。"矜庄,严肃庄敬。徘徊,来回走动。瞻,仰望。眺,远望。

人在正式场合,着装要得体,身心应敬肃。在古代的教育体系中,典礼仪式、行事程序、穿衣吃饭等行为规范,纳入小学范围,是儿童入学的首要功课。

从"矩步引领"至"徘徊瞻眺",四句话概括了人们的言行规范,《千字文释义》:"言慎其威仪者,其行步必合于矩,而举首延颈,一俯一仰之间,如在廊庙之中,有束带端严之象。而徘徊瞻眺,无不中礼也。盖入庙则思敬,而束带乃盛服,举此以见动容之恭,犹《论语》'如承大祭,如见大宾'之意。'俯'承上'矩步'而言,'仰'承上'引领'而言。'徘徊'亦承上'矩步','瞻眺'亦承上'引领'也。"

【解字】

shù 束						
	合 893 正	合 27590	束父辛鼎	五年召伯虎簋	说文小篆	礼器碑	赵孟頫

会意字。《说文》:"束,缚也。从囗、木。"本义为捆缚。段注:"糸部曰:'缚,束也。'是为转注。"王筠《句读》:"字从囗、木,则《诗》束楚、束薪,其本义也。而《易》之束帛,《诗》之束矢,《论语》之束脩,《左传》之束马,皆用之。"《诗经·鄘风·墙有茨》:"墙有茨,不可束也。"古人以柴为燃料,砍下柴用绳索捆起来搬运,"木"指柴薪,"囗"指捆束,"束"小篆像以绳捆(囗)柴(木)形,故"束"从囗、木。李孝定《甲骨文字集释》:"(束)象囊橐括其两端之形……引申为凡束缚之称。"高鸿缙《中国字例》:"字就古形观之,乃囊形之动词,谓囊必束也,故为托形寄意,不从囗木。"二说可引以参证。

物被捆则聚在一起,故"束"引申为聚集、敛缩,《汉书·食货志》:"故货宝于金,利于刀,流于泉,布于布,束于帛。"河道狭窄则如束,故又指狭窄,韩愈《贞女峡》:"江盘峡束春湍豪,雷风战斗鱼龙逃。"又指聚集成一条的东西,如光束。收拾东西会把散碎之物捆起来,故又指收拾、整理,《战国策·燕策》:"乃命公子束车制衣为行具。"人被捆缚则受约束,故又指约束、束缚,《庄子·秋水》:"曲士不可以语于道者,束于教也。"

dài 带(帶)						
	合 13935	花东 451	带爵	袁盘	7 年上郡戈	说文小篆	张迁碑	柳公权

繁体作"帶",会意字。《说文》:"帶,绅也。男子鞶带,妇人带丝。象系佩之形。佩必有巾,从巾。"本义为大带,束衣的腰带。段注:"按古有大

带,有革带。革带以系佩韨而后加之大带,则革带统于大带。故许于绅、于鞶皆曰大带。"张舜徽《约注》:"意谓男子以革为带,妇人以丝为带也。与《礼记·内则》'男鞶革、女鞶丝'辞义正同。"《诗经·卫风·有狐》:"心之忧矣,之子无带。"毛传:"带,所以申束衣。""带"小篆上像系佩之形,下为"巾","佩必有巾",故从巾。"带"甲骨文、商代金文像花纹交错或丝线交织的下垂之带。春秋金文作𢆶子犯编钟,加巾作义符,从巾之字多与布帛、丝织类物品有关,如"布、帛、常、帐"等字,带为丝(布)帛之属,故从巾。战国文字下垂之饰类化作"巾",为小篆所承,《说文》遂谓"从巾"。

"带"也指系物的带子,如鞋带。又指带状物,如海带,陆游《雨中登安福寺塔》:"黄河看如带。"带作捆束之用,故又指捆缚,《墨子·兼爱》:"胁息然后带,扶墙然后起。"腰带随衣系于身,故又指挂、佩带,《礼记·少仪》:"仆者右带剑。"古人穿衣连带系腰带,故又指连带、捎带,孔稚珪《北山移文》:"风云凄其带愤,石泉咽而下怆。"腰带围腰而束,故又指围绕,《战国策·楚策》:"被山带河,四塞以为固。"衣服和腰带连在一起,故又指连接,《后汉书·伏侯宋蔡冯赵牟韦列传》:"县界旷远,滨带江湖。"又指带领,《宣和遗事》:"见宋江带得九人来,吴加亮等不胜欢喜。"腰带束于腰间,故又指区域、地带,如寒带、林带,李白《菩萨蛮》:"平林漠漠烟如织,寒山一带伤心碧。"蛇形与带相似,故又特指蛇,《庄子·齐物论》:"蝍且甘带。"

矜 jīn

郭·老甲 7　诅楚文　说文小篆　校官碑　智永

形声字。矜(qín),《说文》:"矜,矛柄也。从矛今声。"本义为矛柄或戈戟的柄。《方言》第九:"矛,其柄谓之矜。"《汉书·严朱吾丘主父徐严终王贾传》:"起穷巷,奋棘矜。"颜师古注:"矜者,戟之把也。时秦销兵器,故但有戟之把耳。""今声"当作"令声",桂馥《义证》:"今声者,石经《论语》残碑、校官碑、魏受禅碑并从令。""矜"战国文字从矛令声。从令声字多有长义:盛水长瓶为"瓴",长羽为"翎",颈直长为"领",鱼连属长行为"鲐",

玉声清远为“玲”。矛柄细长(令),故“矜”或从矛令声。

“矜”又音 jīn,由兵器转指凶险、危险,《诗经·小雅·菀柳》:“曷予靖之,居以凶矜?”谨慎处事则能避免危险,故又指戒惧、谨慎,《大戴礼记·小辨》:“矜行以事君。”身心端庄是恭慎的体现,故又指端庄、严肃,《论语·卫灵公》:“君子矜而不争,群而不党。”又指敬重、崇尚,《孟子·公孙丑》:“我欲中国而授孟子室,养弟子以万钟,使诸大夫国人皆有所矜式。”又指怜悯、同情,《方言》第一:“矜,哀也。齐鲁之间曰矜。”钱绎笺疏:“矜,古音读如邻。《小雅·鸿雁篇》:‘爰及矜人。’毛传:‘矜,怜也。’”又指怜惜、惋惜,《尚书·旅獒》:“不矜细行,终累大德。”孔颖达疏:“矜是怜惜之意,故以不惜细行为轻忽小物。”劳苦之人易受怜惜,故又指劳苦,《庄子·在宥》:“愁其五藏以为仁义,矜其血气以规法度。”王引之《述闻》:“‘矜其血气’犹《孟子》言‘苦其心志’耳。”又指骄傲、自负,《尚书·大禹谟》:“汝惟不矜,天下莫与汝争能。”自矜者易夸大虚浮,故又指夸大,《国语·晋语》:“吾固告君曰得众,众不利,焉能胜狄?今矜狄之善,其志益广。”又指文饰、美化,《吕氏春秋·慎大》:“桀愈自贤,矜过善非。”又指急遽、急躁,《荀子·议兵》:“矜纠收缭之属为之化而调。”王念孙《杂志》:“矜纠收缭,皆急戾之意,故与调和相反。”

“矜”又音 guān,同“鳏”,指无妻的老人,也泛指无妻的人,《集韵》山韵:“矜,丈夫六十无妻曰矜,通作鳏。”《诗经·大雅·烝民》:“不侮矜寡,不畏强御。”同“瘝”,病,《诗经·小雅·何草不黄》:“何草不玄,何人不矜。”

zhuāng
庄(莊)

趩亥鼎　老子甲后 266　说文小篆　说文古文　颜真卿

繁体作“莊”,形声字。《说文》:“莊,上讳。,古文莊。”本义为草盛貌。徐锴《系传》:“后汉孝明帝讳,故许慎不解说而最在前也。”段注:“其说解当曰:‘草大也。从艸壯声。’其次当在葑、蘄二字之间。此形声兼会意字,壮训大,故莊训‘草大’。古书莊、壮多通用。”壯,《说文》:“大也。从士爿声。”本义为高大。“士”指青壮年男子,有壮大义,《管子》“苗,始其

少也,呴呴乎何其孺子也! 至其壮也,庄庄乎何其士也",大木方可分为爿(牀),故"壯"从士爿声。"莊"为草壮大貌,故"莊"从艸壯声。简化字"庄"为草书楷化而成。

　　盛大活动庄重肃穆,故"庄"引申为庄重、严肃,《论语·为政》:"临之以庄,则敬。"有敬心则庄重,故又指恭敬,《吕氏春秋·孝行》:"居处不庄,非孝也。"由草盛转指盛饰,法显《佛国记》:"然后彩画作诸天形像,以金银琉璃庄校其上。"又泛指宽阔的道路,如康庄大道,《尔雅·释宫》:"五达谓之康,六达谓之庄。"邢昺疏引孙炎:"庄,盛也,道繁盛。"又指皇室、贵族、官僚、地主、寺院等占有的大片土地,如庄园、皇庄,萧统《开善寺法会》:"栖鸟犹未翔,命驾出山庄。"又泛指村庄、园圃,杜甫《怀锦水居止》之二:"万里桥西宅,百花潭北庄。"又指规模较大或做批发生意的商店,如饭庄、钱庄。又用作姓氏,《通志·氏族略》:"庄氏,芈姓,楚庄王之后,以谥为氏。楚有大儒曰庄周。"

pái
徘(裵)

说文小篆　　仓颉庙碑　　孙过庭　　柳公权

　　《说文》作"裵",形声字。《说文》:"裵,长衣貌。从衣非声。"本义为衣长貌。徐铉等注:"《汉书》'裵回'用此。今俗作徘徊,非是。"衣长易往两边及身外排开(非),故"裵"从衣非声。衣过长使人滞留难行,故"裵"有留义,段注:"《汉·郊祀志》'神裵回若留放',乃长衣引申之义。《后汉书·苏竟传》注云'裵回,谓萦绕淹留'是也。俗乃作俳佪、徘徊矣。""徘徊"为通行字。

　　"裵"用于行止,故去衣从彳作"徘","彳"指行走,"非"指分散不定,故"徘"从彳非声。"裵回"也作"徘徊",脚步留止不前貌,叠韵联绵词,《庄子·盗跖》:"独存而意,与道徘徊。"又比喻犹豫不决,向秀《思旧赋》:"惟古昔以怀今兮,心徘徊以踌躇。"

huái
徊(回)

说文小篆　　说文古文　　智永　　颜真卿

本字作"回"。徐铉等注："《汉书》'裒回'用此。今俗作徘徊,非是。""回"指运转、回绕,甲骨文作回甲三三九九,《说文》古文像渊水、旋涡、盘蛇、盘带之类的回转形,为抽象的指事符号。徘徊则来回行走(彳),往返回旋,故"徊"从彳回声。宋玉《神女赋》:"徊肠伤气,颠倒失据。""徘徊"为叠韵联绵词。《广雅·释训》:"徘徊,便旋也。"

zhān
瞻　瞻　瞻　瞻　瞻

老子甲后185　说文小篆　史晨碑　颜真卿

形声字。《说文》:"瞻,临视也。从目詹声。"指向下看。王筠《句读》:"惟《论语》'尊其瞻视'是临下之意。"段注:"《释诂》《毛传》皆曰:'瞻,视也。'许别之云'临视',今人谓仰视曰瞻,此古今义不同也。"张舜徽《约注》:"字有正反二训,不妨两行。俯视为瞻,仰视亦为瞻,此相反相成之理也。"詹,《说文》:"多言也。从言从八从厃。"本义指话多。《庄子·齐物论》:"大言炎炎,小言詹詹。"成玄英疏:"詹詹,词费也。"徐铉等注"厃,高也;八,分也,多故可分也",言多(八)则危(厃),故"詹"从言从八从厃。段注:"此当作厃声。""檐"战国文字作檐楚·鄂君启车节、檐楚·王命龙节,季旭昇《说文新证》:"詹字单字古文字未见,但见于偏旁,从言,八为指事符号,'多言'难以造字,因此'詹'字应该是在'言'的基础上造的一个字,战国文字鄂君启节'檐'字所从'詹'正作'从言从八'……'詥'字加注'厃'声,遂成'詹'。""瞻"指目下视,张舜徽《约注》"瞻从詹声,有下垂义,犹之耳部瞻字训垂耳也。衣部襜训'衣蔽前',蔽前之物,亦下垂者,其受义皆同原",由高处视远视下(詹),故"瞻"从目詹声。

"瞻"也指向上、向前看,《篇海类编·身体类》目部:"瞻,仰视曰瞻。"《诗经·邶风·雄雉》:"瞻彼日月,悠悠我思。"又指观察,《礼记·月令》:"瞻肥瘠,察物色。"人以仰望表示敬意,故又指瞻仰、敬视,《诗经·大雅·桑柔》:"维此惠君,民人所瞻。"又指照章办事,《左传·襄公三十一年》:"隶人、牧、圉各瞻其事。"

tiào
眺　　朙　眺　眺　眺

老子乙 195　　说文小篆　智永　　傅山

形声字，《说文》："眺，目不正也。从目兆声。"本义为斜视不正。张舜徽《约注》："许训眺为目不正，不正犹云不直耳。《礼记·曲礼》：'毋淫视。'郑注云：'淫视，睇眄也。'《正义》云：'目当直瞻视，不得流动邪眄也。'凡云眺望、远眺，皆有流动邪眄之意，故许书以目不正解之。"潘岳《射雉赋》："亦有目不步体，邪眺旁剔。"李善注引徐爰："邪眺旁剔，视瞻不正常惊惕也。"兆，《说文》小篆作"𠨘"："灼龟坼也。从卜，兆，象形。𠧞，古文兆省。"本义为卜兆，古人灼龟甲，视其裂纹形态以占吉凶，裂纹谓之兆。《礼记·月令》："命大史衅龟筴，占兆。"郑玄注："占兆，龟之繇文也。""眺"指斜视不正，兆文多倾斜不正，罗振玉《增订殷虚书契考释》"卜兆皆先有直坼而后出歧理，歧理多斜出，或向上，或向下"，故"眺"从目兆声。

"眺"也泛指视，《国语·齐语》："而重为之皮币，以骤聘眺于诸侯，以安四邻。"又指远望，《礼记·月令》："可以居高明，可以远眺望。"

　　　　　　　　gū lòu guǎ wén　　yú méng děng qiào
【原文】　　孤 陋 寡 闻　　愚 蒙 等 诮

【译文】　　（修身治事当博考而详识，）孤陋寡闻则与愚者同类而为人讥笑。

【释义】

　　"孤陋寡闻"典出《礼记·学记》"独学而无友，则孤陋而寡闻"，学习缺乏学友之间的交流切磋，会导致知识狭隘，见识短浅。孤，少。陋，浅陋。寡，少。闻，知识、见闻。愚，愚钝。蒙，愚昧无知。等，相等。诮，讥笑、嘲讽。《千字文释义》："此节总承上文而结言之，以致其儆戒之意……言处身治家，其道多端，所当博考而详识之。若孤独鄙陋，少所闻识，则与愚昧无知之人同类而共讥矣。可不戒哉！"

　　两句述说学习的重要性，是对上文的总结。上文所讲修身、治家、礼仪等一切学问技艺，皆由学而后成。一个人学有所成，才能利及社会，得到大众的尊重。反之，如果不学习，必然会孤陋寡闻而难于有成，与愚痴蒙昧者相同,而为他人所讥讽。故学子当奋力求学,以求博达专精,进而为家国民众作出贡献,实现自己的人生价值。

从"治本于农"至"愚蒙等诮",《千字文释义》分为第四章,阐述章旨曰:"此章言君子穷而在下,惟尽其处身治家之道,盖与上章对待言之。处身者以小心为要。因推其类,而言见几之哲,美色之远,为善之勤,以及言语之谨,威仪之慎,无之可忽。治家者,以本富为重。因推其类,以及饮食之节,寝处之安,宴会之乐,祭祀之礼,应酬之方,人情之宜,御患之术,畜产之蓄,器用之利,技艺之精,亦无之可忽也。末则总言,以深戒之。"

【解字】

gū 孤 𡥀 𤓰 孤 孤

老子甲 13　说文小篆　晋孙夫人碑　蔡襄

形声字。《说文》:"孤,无父也。从子瓜声。"指幼年丧父或父母双亡。朱骏声《通训定声》:"《礼记·深衣》'如孤子'注:三十以下无父称孤。"《管子·轻重》:"民生而无父母,谓之孤子。"瓜,《说文》:"㼎也。象形。"瓜为葫芦科植物,茎蔓生,有蔬瓜、果瓜之分。"㼎"当依《系传》作"蓏"(luǒ),《说文》:"蓏,在木曰果,在地曰蓏。""瓜"战国金文作𤓰（令狐君嗣子壶）,像瓜垂于蔓下形,小篆作𤓰,徐锴《系传》:"厶,瓜实也。外,蔓也。"瓜圆而下垂,不与别果相连,有孤独义,徐灏《注笺》:"瓜者,果蓏(蓏)之合声,古音读若孤,今浙人语近之。"幼儿(子)无父则孤独(瓜),"呱"亦从瓜声,徐锴《系传·通论》"子不见父,则泣呱呱也",故"孤"从子瓜声。

"孤"也特指为国事而牺牲者的后代,《周礼·地官·司门》:"以其财养死政之老与其孤。"郑玄注:"死政之老,死国事者之父母也;孤,其子。"又指没有子女的人,《吕氏春秋·怀宠》:"求其孤寡而振恤之。"人多会怜恤、照顾孤寡之人,故又指怜恤,《法言·先知》:"老人老,孤人孤。"孤儿孤单无依,故又指单独、孤单,段注:"孤,凡单独皆曰孤。"《论语·里仁》:"德不孤,必有邻。"杰出超群者为少数,又指特出的、杰出的,《尚书·禹贡》:"峄阳孤桐。"孔传:

"孤,特也。峄山之阳特生桐,中琴瑟。"又为古代王侯的自称,《集韵》模韵:
"孤,侯王谦称。"《礼记·曲礼》:"庶方小侯,入天子之国曰某人,于外曰子,
自称曰孤。"孔颖达疏:"若自与臣民言则曰孤。孤者,特立无德能也。"又为
古代官职,位于太师、太傅、太保三公之下,又名孤卿,《尚书·周官》:"少师、
少傅、少保曰三孤。"又指辜负,段注:"孤则不相酬应,故背恩者曰孤负。"徐
灏《注笺》:"孤负言其孤行而背人,因以为负恩之称,承习既久,遂省言之,
但曰孤耳。"《后汉书·皇后纪》:"臣叔援孤恩不报。"又为古代方术语,即
计日时,以十天干顺次与十二地支相配为一旬,所余的两地支为"孤",《史
记·龟策列传》:"日辰不全,故有孤虚。"裴骃集解:"甲乙谓之日,子丑谓之
辰。六甲孤虚法:甲子旬中无戌亥,戌亥即为孤,辰巳即为虚。"通"辜",罪、
归罪,《国语·吴语》:"天王亲趋玉趾,以心孤勾践,而又宥赦之。"

lòu 陋　　陋 陋 陋 陋
<small>说文小篆　　西陲简 20.3　　郑固碑　　智永</small>

形声字。《说文》:"陋,阨陕也。从𨸏𠤖声。"本义为狭隘、简陋。《论
语·雍也》:"在陋巷。"张舜徽《约注》:"陋之本义,谓山道之阨陕也,故其
字从𨸏。《尚书》'明明扬侧陋',则当以𠤖为本字。𠤖训侧逃,谓人也。自
经传通用陋则𠤖废矣。"𠤖(lòu),《说文》:"侧逃也。从匸丙声。一曰箕
属。"指从旁侧逃隐,《约注》:"谓从旁逃走,不令人知也。"学者多谓本义为
隐匿,后作"陋"。桂馥《义证》:"《释言》:陋,隐也。"徐铉等注:"丙非声,
义当从内会意。疑传写之误。""𠤖"字构形指隐匿于匸内,故"𠤖"从匸从
内。"陋"指山路、边塞(𨸏)狭隘,故"陋"从𨸏𠤖声。

狭隘之地空间小,故"陋"引申为低小,东方朔《七谏》:"凌恒山其若
陋兮,聊愉娱以忘忧。"狭小处隐蔽难见,故又指隐蔽,《尚书·尧典》:"明明
扬侧陋。"孔颖达疏:"举其明德之人于僻隐鄙陋之处。"偏远处条件差,故
又指偏僻、边远,《论语·子罕》:"子欲居九夷,或曰:陋如之何?"又指卑贱、
低微,《管子·牧民》:"不明鬼神,则陋民不悟。"身份低贱则易受轻视,故又

指鄙视、轻视,张衡《东京赋》:"苟有胸而无心,不能节之以礼,宜其陋今而荣古矣。"穷乡僻野多陋俗,故又指野鄙、粗俗,《新书·道术》:"辞令就得谓之雅,反雅为陋。"穷乡僻野之人条件不好而多吝啬,故又指吝啬,《吕氏春秋·节丧》:"侈靡者以为荣,俭节者以为陋。"又指丑陋、猥琐,《东观汉记·周举传》:"周举字宣光,姿貌短陋。"贫苦之人限于条件而见闻较少,故又指见闻不广,如孤陋寡闻,《荀子·修身》:"多见曰闲,少见曰陋。"贫苦之家用具粗劣,故又指粗劣,《宋书·孔觊传》:"尚俭素,衣裘器服,皆择其陋者。"

guǎ
寡

作册益卣　毛公鼎　中山王鼎　天策　说文小篆　熹平石经　赵构

会意字。《说文》:"寡,少也。从宀从頒。頒,分赋也,故为少。"本义为少。《论语·为政》:"多闻阙疑,慎言其余,则寡尤;多见阙殆,慎行其余,则寡悔。"邢昺疏:"寡,少也。"頒,《说文》:"大头也。从页分声。一曰鬓也。《诗》曰:有頒其首。"为大头貌。《诗经·小雅·鱼藻》:"有頒其首。"毛传:"頒,大首貌。""頒"指大头(页),大则可分,故"頒"从页分声。"頒"从分而有分义,财、物、人多聚于屋(宀),分(頒)之则少,如分贝为"贫","頒,分赋也,故为少",故"寡"从宀从頒。"寡"金文从宀从页,以页在屋(宀)下会寡少、孤寡意。林义光《文源》:"本义为鳏寡之寡,象人在屋下,颠沛见于颜面之形。"鲁实先谓本义为独居,说亦有据。战国文字省宀而加作饰笔,小篆变作"分"。

"寡"作动词指减少,《论语·宪问》:"夫子欲寡其过而未能也。"人少则孤独,故又指妇女丧夫,《诗经·小雅·鸿雁》:"哀此鳏寡。"也指男子无妻,《墨子·辞过》:"是以天下之男多寡无妻。"人寡则势弱,故又指孤单、衰弱,《韩非子·显学》:"是故力多则人朝,力寡则朝于人。"又指弱小者,《尚书·梓材》:"至于敬寡。"孔传:"至于敬养寡弱。"又用作谦辞,1. 王侯自称,谦意为寡德之人,《礼记·曲礼》:"诸侯见天子,曰'臣某侯某'。其与民言,自称曰'寡人'。"2. 臣子对别国自称本国之君及君夫人,《论语·季氏》:"邦君之妻,君称之曰夫人,夫人自称曰小童,邦人称之曰君夫人,称诸异邦曰寡小君。"邢昺疏:"寡君,谦言寡德之君;夫人对君为小,故曰寡小君也。"贤良、杰出者少有,故又用于对贤者的敬辞,《诗经·大雅·思齐》:"刑于寡妻。"郑玄笺:"寡妻,寡有之妻,言贤也。"

wén
闻（聞）　花东38　合1075　大盂鼎　利簋　玺汇31　说文小篆　华山庙碑　柳公权

　　繁体作"聞",形声字。《说文》:"聞,知闻也。从耳門声。昏,古文从昏。"本义为听见。"知闻"当依徐锴《系传》作"知声"。段注:"往曰听,来曰闻。"王筠《句读》:"听者,耳之官也;闻者,心之官也。"听、闻统言则义同,细分而有别。"听"指耳朵听到声音,"闻"指听声于耳而会意于心,《礼记·大学》:"心不在焉,视而不见,听而不闻。""聞"指耳听而心会其声,门沟通内外,有听闻之意,《说文》"门,闻也",故"聞"从耳門声。"闻"战国金文作中山王鼎,从耳昏声,为《说文》古文由来。晚上昏暗,主要靠耳闻声辨物,故《说文》古文从昏作"睧"。张舜徽《约注》:"声通于耳谓之闻,臭触于鼻亦谓之闻。昔人所云:'如入芝兰之室,久而不闻其香;如入鲍鱼之肆,久而不闻其臭。'谓鼻嗅也。今语犹称以鼻嗅物曰闻矣……闻虽从耳,而其义实包声、臭二者。声通于耳,臭触于鼻,皆知觉之事,故许书以知训闻。"李孝定《甲骨文字集释》:"象人跽而以手附耳谛听之形,而特着其耳。"高鸿缙《中国字例》:"其初形当为倚耳画人掩口,屏息静听之状。"

　　听明白则内心知晓,故"闻"引申为知道,《论语·里仁》:"朝闻道,夕死可矣。"又指知识、见闻,《论语·季氏》:"友多闻。"邢昺疏:"多闻谓博学。"又指接受,《战国策·秦策》:"谨闻令。"作名词指听到的事情、消息,如新闻、趣闻,司马迁《报任安书》:"网罗天下放失旧闻。"事情经传布才能使众人听闻,故又指传布、传扬,《诗经·小雅·鹤鸣》:"鹤鸣于九皋,声闻于野。"毛传:"言身隐而名著也。"又指闻名、著称,段注:"引申之为令闻广誉。"《史记·廉颇蔺相如列传》:"以勇气闻于诸侯。"又指上奏,李密《陈情表》:

"臣不胜犬马怖惧之情,谨拜表以闻。"耳听与鼻嗅皆可使人知晓,故又指嗅到,《韩非子·十过》:"共王驾而自往,入其幄中,闻酒臭而还。"又用作姓氏,《通志·氏族略》:"闻氏,即闻人也。宋登科有闻见昌、闻舜举。"

"闻"又音wèn,指名声、名望,《尚书·微子之命》:"旧有令闻。"孔传:"久有善誉。"通"问",《诗经·王风·葛藟》:"谓他人昆,亦莫我闻。"

yú
愚　　　　　　　　　　　　　　　　　　　愚　愚

中山王鼎　　老子甲4　说文小篆　乙瑛碑　钟繇

　　形声字。《说文》:"愚,戆也。从心、禺。禺,猴属,兽之愚者。"本义为愚笨、愚昧。玄应《一切经音义》:"愚,无所知也,亦钝也。"王筠《句读》"当云从心禺声",《说文》"遇、喁、隅、偶、堣、惆、嵎、寓"皆从禺声。《诗经·大雅·抑》:"人亦有言,靡哲不愚。"禺(yù),《说文》:"母猴属,头似鬼。从由从内。"《山海经·南山经》:"有兽焉,其状如禺而白耳,伏行人走,其名曰狌狌。食之善走。"郭璞注:"禺似猕猴而大,赤目长尾。""禺"金文作 赵孟庎壶,初文当作 ，像虫形,大概为虫类动物, 为后加的饰笔。"禺"与"萬"字 → → → → 之演变轨迹相同。"禹"商代金文作 且辛禹方鼎,"虫"甲骨文作 合二二二九六,二字之形皆与"禺"相似,当属同类。"愚"指人心愚昧不灵,"禺,猴属,兽之愚者",猴为野兽,与人比而心显愚,故"愚"从心禺声。

　　"愚"也指生而痴傻,《周礼·秋官·司刺》:"三赦曰惷愚。"郑玄注:"惷愚,生而痴骏童昏者。"骗子利用人的无知行骗,故又指愚弄、欺骗,贾谊《过秦论》:"废先王之道,燔百家之言,以愚黔首。"又用作谦辞,《史记·刘敬叔孙通列传》:"愚以为匈奴不可击也。"《战国策·秦策》:"臣效愚计,大王不用。"

méng
蒙　　　　　　　蒙　　　　　蒙　蒙

中山王壶　纵横家书270　说文小篆　曹全碑　王羲之

　　形声字。《说文》:"蒙,王女也。从艸冡声。"本义为草名,即菟丝,旋花科,一年生缠绕寄生草本植物。钱大昕《十驾斋养新录·余录》:"女萝之大者谓之王女,犹王彗、王刍也。"张舜徽《约注》:"草以女名,喻其柔弱耳。女萝即松萝,其状如丝,依附他物以生。又名为蒙,蒙之言冃也,谓冃覆他物之上也。"《管子·地员》:"群药安生,姜与桔梗,小辛、大蒙。"蒙覆之"蒙",本字作"冡",《说文》:"冡,覆也。从冃、豕。"段注:"凡蒙覆、僮蒙之字,今字皆作蒙,依古当作冡。蒙行而冡废矣。"冃(mǎo),《说文》:"重覆也。从冂、一。"段注"下一覆也,上又加冂,是为重覆",王筠《句读》:"冂又加一,故曰重也。窃疑冃、冂盖同字,古人作之,有繁省耳。虽音有上去之别,古无此别也。""冃、冂、冒、帽"本一字,皆有覆盖义。"冡"指覆盖,"冃"指重覆,张舜徽《约注》"盖上世饲豕者,虑豚豕之善亡,偶自圂中散之田野,必以巾覆蔽其目使不远走也",故"冡"从冃、豕。"冡"战国文字作

晋·陶汇四·一三八,从冃蒙豕,会蒙覆之意。"蒙"是一年生缠绕寄生草本植物,缠绕寄生则有覆盖义,"冡"指覆盖,故"蒙"从艸冡声。"冢"当为以豕陪葬的封土坟墓。"蒙、冡、冢"在覆盖义上通用。

"蒙"也指隐瞒、欺骗,《左传·昭公二十七年》:"鄢氏、费氏自以为王,专祸楚国,弱寡王室,蒙王与令尹以自利也。"又指受、承接,《周易·明夷》:"内文明而外柔顺,以蒙大难。"又用作敬辞,表示受到上面来的恩惠,李密《陈情表》:"寻蒙国恩,除臣洗马。"又指冒着,《韩非子·孤愤》:"故法术之士安能蒙死亡而进其说?"物被覆盖则黑暗,故又指天色昏暗,《尚书·洪范》:"乃命卜筮……曰蒙。"愚昧无知如心智被覆盖,故又指愚昧、无知,《周易·蒙》:"匪我求童蒙。"人幼小时多蒙昧无知,幼儿称"童蒙",故又为幼小貌,《周易·序卦》:"物生必蒙……蒙者,蒙也,物之稚也。"李鼎祚集解引郑玄:"蒙,幼小之貌,齐人谓萌为蒙也。"又用作谦辞,张衡《西京赋》:"蒙窃惑焉。"又为卦名,卦形为䷃,《周易·蒙》象曰:"蒙,山下有险,险而止,蒙。"孔颖达疏:"坎在艮下,是山下有险。艮为止,坎上遇止,是险而止也。恐进退不可,故蒙昧也。"又用作姓氏,《通志·氏族略》:"蒙氏,《风俗通》:东蒙主以蒙山为氏,秦有将军蒙骜,生武,武生恬,皆仕秦。"

"蒙"又音 mēng,指昏迷,如蒙头转向。又指猜测,如别瞎蒙。

"蒙"又音 měng，为蒙古国的简称。又为蒙古族的简称。

děng
等　笘　等　等　等
老子甲后 263　说文小篆　曹全碑　颜真卿

会意字。《说文》："等，齐简也。从竹从寺。寺，官曹之等平也。"以整齐竹简会齐等、等同之义。段注："齐简者，叠简册齐之，如今人整齐书籍也。"《淮南子·主术》："有法者而不用，与无法等。"高诱注："等，同。"竹简先单支写好，后合若干竹简在几案上一等一等（顿），再将高出的裁齐，即"等而齐之"。寺，《说文》"廷也，有法度者也"，"寺"从寸之声，有法度、整齐义。王筠《句读》："寺有法度，官曹于此稽之，辨其等以得其平。《史记·张释之传》：'廷尉，天下之平也。'此盖用其意。""等"指按度裁齐竹简，故"等"从竹从寺。

物经整理则能分出级别，故"等"引申指级位、级别，段注："凡物齐之，则高下历历可见，故曰等级。"《礼记·檀弓》："献子加于人一等矣。"台阶依次排列而有等级，故又指台阶的级，《论语·乡党》："出，降一等，逞颜色，怡怡如也。"邢昺疏："以先时屏气，出，下阶一级，则舒气。"由相同引申为辈、同一地位者，《史记·留侯世家》："今诸将皆陛下故等夷，乃令太子将此属，无异使羊将狼，莫肯为用。"司马贞索隐引如淳："等夷，言等辈。"相同则同属一类，故也指类，《周易·系辞》："爻有等，故曰物。"衡量物品当求重量与称上刻度相等，故又指衡量，《孟子·公孙丑》："由百世之后，等百世之王，莫之能违也。"又指样、般，《西游记补》一回："师父若见我这等啼哭，定有三分疑心。"又指等待、等候，路德延《小儿诗》："等鹊潜篱畔，听蛩伏砌边。"又用作助词，表示复数、列举未尽等。

qiào
诮（誚譙）
譙　譙　誚　譙　誚
三年癕余令韩谯戈　说文小篆　说文古文　谯敏碑　祝允明

繁体作"誚"，《说文》小篆作"譙"，形声字。《说文》："譙，娆譊也。从言焦声，读若嚼。譙，古文譙从肖。《周书》曰：亦未敢诮公。"本义为责备。段注:"譙,嬈嘻也。《方言》:谯,让也。齐楚宋卫荆陈之间曰谯,自关而西秦晋之间凡言相责让曰谯让。"《吕氏春秋·疑似》:"丈人归,酒醒而诮其子。"高诱注:"诮,让。"焦,《说文》小篆作"爨":"火所伤也。从火雦声。𤐫,或省。"指火烧伤物体使其黑黄发脆。先民捕鸟兽为食,火烧烤鸟则其体焦脆发黄,故"爨"从火雦声。或体"焦"为通行字。"譙"是以言语责备,呵斥时怒火炽盛若焦,被戾者如被火灼伤,故"譙"从言焦声。《说文》古文从言肖声作"誚","肖"有小义,"誚"为言人过失(肖),简化字作"诮"。

　　"诮"也指讥议、嘲讽,有小瞧之意,孔稚珪《北山移文》:"列壑争讥,攒峰竦诮。"又用作副词,多用于词曲中,相当于"完全、简直",张相《诗词曲语辞汇释》:"诮,犹浑也,直也。字亦作悄、作俏。"杨无咎《于中好》:"欲知占尽春明媚,诮无意,看桃李。"

五、结　语

【原文】 　谓^{wèi} 语^{yǔ} 助^{zhù} 者^{zhě}　　焉^{yān} 哉^{zāi} 乎^{hū} 也^{yě}

【译文】 　说到语气助词，"焉、哉、乎、也"等词就是。

【释义】

　　谓，谓之。语助，语气助词，语言中不表示实在意义的虚词。者，加于动态类词语后构成名词性短语的助词，也作语气词。"焉、哉、乎、也"皆为语气助词，在此作为一切助词（虚词）的代表。《千字文释义》："凡语意已全而辞未足，则以通用之字益之，谓之语助。哉、乎，疑辞。焉、也，决辞。言'焉、哉、乎、也'四字，乃助语之辞也。此与通篇文不相蒙，盖作者为文既终，而犹存数字，乃复为韵语以终之。"

　　语助为虚词的一类。按语法功能分，词汇可分为实词和虚词两大类。实词表示实在的词汇意义，可单独作句子成分。虚词多无词汇意义，主要表示语法意义，不能单独充当句子成分。古汉语虚词数量虽少，但使用频率高，故虚词在文言文阅读及理解中具有重要作用。

　　古籍训释，前人把辨别实词的意义称为"明训诂"，把解析虚词的作用称为"审辞气"。训释虚词对文句的正确解读起着关键性作用，但训释很不容易。古文本无标点，虚词在文言文中起着标点符号的作用，遇到用"焉、哉、乎、也"等虚词处，多是句子的结尾。"何、耶、乎"多表示疑问，"也、哉"多表示感叹。因此，掌握虚词，对古书的断句很有帮助。古文多以虚词作为语句或文章的终结，《千字文》以小见大，连这一点也不例外，以虚词结束全篇，颇具匠心，章法精妙，韵味无穷！

　　《千字文》至此讲解圆满。纵观全文，以宇宙天地开章，气势宏大雄伟，引领人们走进灿烂的中华文明之旅。于洪荒之世，领略天地之大美，看长河落日，观寒暑阴晴，叹我中华大地物华荟萃，胜景天成。洪荒隐退后文明渐兴,伏羲携神龟龙马带来人文曙光,神农、黄帝、尧、舜、禹、汤、文、武等圣王相继而出,先祖铸就大同之世,仁心德政谱写万世辉煌。继而,行遵四维八德,身奉五伦五常。断恶修善,福慧绵长。孝亲尊师,德业隆昌。大哉中华,礼乐兴邦。西望长安,看汉武之伟略及大唐之泱泱;东登泰山,览九州之胜迹,瞻四方之贤良。历代先贤,辉煌创造,精湛技艺,传至百世万方! 千字宏文,探源理流,虚终若始,若历古今之旅,大哉绝妙文章!

【解字】

wèi
谓(謂)

少虞剑　　石鼓　　睡·语1　　老子甲29　　说文小篆　　尹宙碑　　颜真卿

　　繁体作"謂",形声字。《说文》:"謂,报也。从言胃声。"本义为评论。段注:"牵部曰'报,当罪人也',盖刑与罪相当谓之报,引申凡论人论事得其实谓之报。谓者,论人论事得其实也。"桂馥《义证》:"经传'何谓也'是问词,'此之谓也'是报词。"《论语·八佾》:"孔子谓季氏:八佾舞于庭,是可忍也,孰不可忍也?"皇侃义疏:"谓者,评论之辞也。""謂"春秋晚期金文以"胃"为"謂",后加义符"言"作"謂"。胃,《说文》:"谷府也。从肉、囝,象形。"为人与其他动物的消化器官之一,上端与食道相连,下端与肠相连。《灵枢经·五味》:"胃者,五藏六府之海也,水谷皆入于胃,五藏六府皆禀气于胃。"人以言语评论优劣而得其实,如胃消化众物而供营养,"胃"为"謂"之初文,故"謂"从言胃声。

　　"谓"也指告诉,《诗经·小雅·隰桑》:"心乎爱矣,遐不谓矣。"评论由口说出,故也指说,《战国策·秦策》:"此乃公孙衍之所谓也。"又指使、令,《诗经·小雅·出车》:"自天子所,谓我来矣。"又指叫做、称呼,《诗经·王风·葛藟》:"终远兄弟,谓他人父。"又指认为、以为,《左传·僖公二十四年》:"臣谓君之入也,其知之矣。"又指意义、意思,《洪武正韵》队韵:"谓,事有可称曰有谓,失于事宜不可名言曰亡谓。"《汉书·景帝纪》:"有罪者不伏罪,奸法为暴,甚亡谓也。"又指援助、尽心竭力,《吕氏春秋·开春》:"周厉之难,天子旷绝,而天下皆来谓矣。"又用作动词,同"如、奈",表示处置,《诗经·邶风·北门》:"天实为之,谓之何哉!"

"谓"通"为",用作介词,表示原因或判断。

语(語)

余赙逨兒钟　中山王鼎　郭5.34　睡·日甲143　说文小篆　礼器碑　赵孟頫

　　繁体作"語",形声字。《说文》:"語,论也。从言吾声。"本义为议论、谈论、辩论。段注:"如毛说,一人辩论是非谓之语;如郑说,与人相答问辩难谓之语。"《礼记·杂记》:"三年之丧,言而不语。"郑注:"言,言己事也;为人说为语。"《诗经·大雅·公刘》:"于时言言,于时语语。"毛传:"直言曰言,论难曰语。""语"是用言语与他人论辩以明己意,《释名·释言语》:"语,叙也,叙己所欲说也。"故"語"从言吾声。"語"春秋晚期金文作𧨏,从言𠘧声,𠘧为"五"字复体。"五"甲骨文作𠄡前一·四四·七,两画交错,林义光《文源》谓本义为交午。"語"指两人或多人谈论、辩论,则言语交互穿插(五),徐锴《系传·通论》"语者,午也,言交午也",故从言五声。"吾"对"汝"而言,从口五声,有交互义,战国文字作𧦝,加"口"作义符;又作𧨏、𧦝,𠘧省作"五",为小篆所承,《说文》作"从言吾声"。

　　"语"也指交谈,《论语·乡党》:"食不语,寝不言。"又指说的话,《孟子·万章》:"此非君子之言,齐东野人之语也。"又指语言,《孟子·滕文公》:"有楚大夫于此,欲其子之齐语也。"又指诗、文、谈话中的字,《世说新语·文学》:"阮宣子有令闻,太尉王夷甫见而问曰:'老庄与圣教同异?'对曰:'将无同。'太尉善其言,辟之为掾。世谓'三语掾'。"又指诗、文、谈话中的句子,如一语中的,杜甫《江上值水如海势聊短述》:"为人性僻耽佳句,语不惊人死不休。"又指语法学科用来表示句子成分的术语,如主语、谓语。

　　"语"作动词又音 yù,告诉,《论语·阳货》:"吾语汝。"

助 zhù

睡 52.9　　说文小篆　　鲁峻碑　　褚遂良

形声字。《说文》:"助,左也。从力且声。"本义为帮助、辅佐。《诗经·小雅·车攻》:"射夫既同,助我举柴。"且,《说文》:"荐也。"本为祭祀或宴饮时盛放牲体的礼器,同"俎"。甲骨文作 合二一六一七,像俎面之形。"助"指以力佐人,砧板(且)是助祭之器,故"助"从力且声。

"助"也为殷代的租赋制度,民助官府之意,《孟子·滕文公》:"夏后氏五十而贡,殷人七十而助。"孙奭疏:"殷人之时,民耕七十亩田,其助公家,则七亩而已。助,但借民力而耕之矣。"又为助词的省称,也称"语助"。

者 zhě

2号卜甲西周　　者姛爵　　者兒觶　　包27　　说文小篆　　华山庙碑　　王羲之

形声字。《说文》:"者,别事词也。从白米声。米,古文旅字。"本义为分别事物的词,相当于"这、这个人(事)"。徐锴《系传》:"凡文有'者'字者,所以为分别隔异也。"段注:"言主于别事,则言者以别之。《丧服》经'斩衰裳、苴绖杖绞带、冠绳缨、菅屦者',注曰'者者,明为下出也',此别事之例。凡俗语云者个、者般、者回,皆取别事之意。""者"字构形不明,或谓甲骨文像火烧柴形。郭沫若谓金文是"煮"字初文,像器中蒸气升腾形。各家分别炉灶燃柴煮饭,故"者"用于别事词,本义加火作"煮"。

"者"也用作助词,与一系列词语构成者字结构,表示人、事、物、时间等。又用作语气词,表示判断、疑问、祈使、商榷及比拟等。

焉 yān

中山王壶　　诅楚文　　睡 11.24　　说文小篆　　熹平石经　　欧阳询

象形字。《说文》:"焉,焉鸟,黄色,出于江淮。象形。凡字:朋者,羽虫之属;乌者,日中之禽;舄者,知太岁之所在;燕者,请子之候,作巢避戊己。所贵者,故皆象形,焉亦是也。"本为鸟名。《禽经》:"黄凤谓之焉。"段注:"今未审何鸟也。自借为词助而本义废矣。古多用焉为发声,训为'於',亦训为‘於是’……鸟多矣，非所贵皆为形声字，今字作鳳、作鵻、作鵲、作鳦、作鷰。则惟烏、焉不改焉。”“焉”小篆像鸟形。

“焉”用作代词，表示指示、疑问等，相当于“哪里、什么、怎么”等。又用作副词，相当于“乃、则、于是”等。又用作助词，相当于“然、样子”。又用作语气词，相当于“啊、呢、吗”等。

zāi
哉

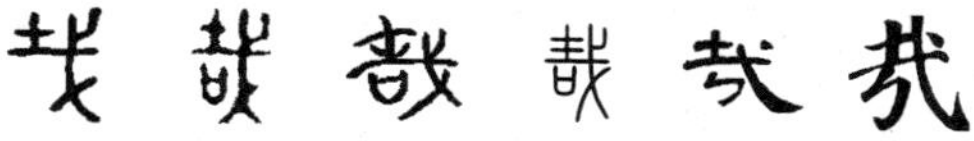

禹鼎　郑公华钟　楚帛书　说文小篆　曹全碑　颜真卿

形声字。《说文》：“哉，言之间也。从口𢦏声。”为语助词。桂馥《义证》：“言之间，即辞助。”徐灏《注笺》：“言之间者，语少驻也。”用于词句间表示语气停顿。𢦏，《说文》：“伤也。从戈才声。”义为伤害。段注：“伤者，刅也。此篆与烖、菑音同而义相近。谓受刅也。”“𢦏”甲骨文作合六六四九正甲，从戈在声，董作宾《新获卜辞写本后记》：“戈乃兵刃，足以伤人。又加（在）声为之。”“哉”为言之间，有停止之意，言出于口，故“哉”从口。张舜徽《约注》：“古文文辞，有用哉字于句中者，固为间隔之助；亦有用于句末者，则为惊叹或疑问之词。许但以‘言之间也’释哉，亦犹以‘语所稽也’释兮，皆第就用于句中者言之耳。盖用字之际，变易多方，许君难于尽举，但取要者论之而已，学者所当心知其意也。凡《尔雅》、传注中训哉为始者，乃借哉为才。”

“哉”用作语助词，可表示感叹、肯定、疑问或反问、测度、祈使等。

hū
乎

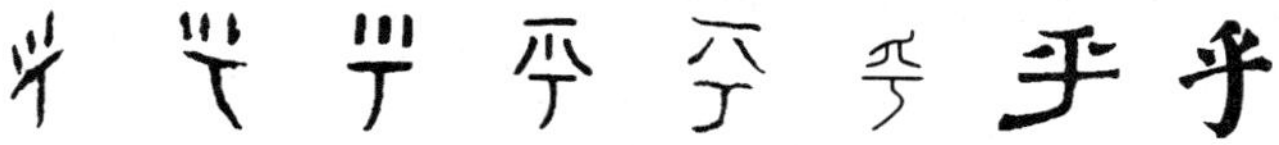

合 19815　合 190 反　豆闭簋　颂鼎　大𣪘盖　说文小篆　熹平石经　颜真卿

会意字。《说文》：“乎，语之余也。从兮，象声上越扬之形也。”为语气词。徐锴《系传》：“凡言乎，皆上句之余声也。”段注：“意不尽，故言乎以永之。班史多假虖为乎。”“乎”小篆像语气上扬之形，以声气上出表示句子结尾时的余声。兮，《说文》：“语所稽也。从丂，八象气越亏也。”为语气词，用于句尾或句中，多用于韵文，相当于“啊”。《诗经·齐风·东方之日》：

"东方之日兮,彼姝者子,在我室兮。在我室兮,履我即兮。""兮、乎、于、於、只"等虚词,皆以语(声)气构形。"兮"甲骨文作 ↑ 合一三一七三,像语气分散上扬。"兮、乎"形音义相近,为一字分化。"乎"甲骨文之 川 表示声气散扬。西周中期金文上加一横表示声气;晚期金文作 乎,为小篆所承。

　　"乎"表示多种语气:疑问、反问、感叹、祈使或命令、推测、呼召、商榷、肯定等。又用作助词、介词、连词等。

　yě
　也　　　Ұ　　ꝗ　　芅　　艺　　㐫　　也　　也
　　　合33170正　子仲匜　　郭·语3.66　琅琊刻石　说文小篆　史晨碑　柳公权

　　象形字。《说文》:"也,女阴也。象形。"指女性生殖器。段注:"此篆女阴是本义,假借为语词。"王筠《文字蒙求·象形》:"也,古匜字,沃盥器也。"徐灏《注笺》:"戴氏侗曰:匜,沃盥器也。有流以注水,象形。亦作 匜。借为助词,词助之用多,故正义为所夺,而加匚为匜。"金文"也"与"它"作 它齐侯盘,均像蛇形,为"蛇"之本字,容庚《金文编》:"'也、它'为一字。"后字形分别,名词为"也",代词为"它",本字加"虫"为"蛇"或"虵","蛇、虵"一字。蛇展开、爬行的动作蜿蜒、舒展,故从也声的"地、驰、敀、施、池、迤"等字都有展开、施行意。女子生殖器蜿蜒内伸(山西称生娃为"也娃娃"),盥洗器匜倒水蜿蜒外展,故释"也"为女阴、为匜,均因形状、作用近于蛇行蜿蜒所致。"也"借为句尾延展性语气词,音义与蛇行、女阴、匜近似。

　　"也"用作语气词,多在句末,表示判断、肯定、疑问或反问、感叹、使令等。又用作助词,有停顿、提起、连举等作用。

音序索引

shuǐ		tián		tuàn		韦	412	梧	781	贤	241
水	57	岁	37	田	673	彖	270	为	49			弦	852
shuì		sǔn		恬	917	tuī		围	111	wǔ		咸	80
税	700	笋	848	tiàn		推	109	嫩	583	五	185		405
shuō		suǒ		覥	18	tuì		帏	836	午	833		601
说	600	所	330	tiáo		退	418	惟	188	武	602	xiàn	
sī		索	752	条	778	tún		维	240	wù		县	541
厶	589	T		调	40	豚	433	嵬	618	勿	607	xiāng	
丝	231	tā		tiào		臀	463	wěi		戊	36	相	533
私	589	它	4	眺	968	tuó		委	786	务	691	香	305
思	318	tāi		tīng		沱	677	炜	843	物	434	箱	803
斯	304	胎	99	听	264	tuǒ		wèi		矛攵	691	襄	111
sǐ		tài		tíng		妥	953	未	100	X		骧	900
死	357	太	662	廷	682	W		位	110	xī		xiáng	
sì		泰	662	亭	667	wài		畏	806	夕	846	夅	796
巳	348	tán		庭	681	外	374	胃	460	兮	981	详	888
四	183	谈	212	tǐng		wán		谓	978	西	452	翔	85
寺	574	tāng		壬	74	丸	911	渭	460	息	312	xiǎng	
似	302	汤	128	tōng		纨	838	魏	618	奚	571	亯	584
祀	871	táng		通	504	玩	799	wēn		溪	571		701
肆	487	唐	116	tóng		wǎn		昷	301	羲	941		818
嗣	869	堂	262	同	395	晚	780	温	301	曦	941	想	890
sōng		棠	350	桐	782	wàn		wén		xí		xiàng	
松	306	tāo		tóu		万	174	文	101	席	490	象	849
sǒng		夲	741	投	401	wáng		闻	972	xì		xiāo	
悚	879		768	tū		亡	906	wèn		匸	550	逍	766
sú		táo		云	141	王	157	问	132	系	542	霄	796
俗	927	匋	115		310	wǎng		wǒ		xiá		xiào	
sù		陶	115	厽	310	网	211	我	697	侠	534	孝	288
夙	299	tè		突	141	罔	211	wò		遐	149	肖	617
肃	914	特	898	tú		往	27	卧	295	xià		笑	937
素	708	téng		图	470	wàng		幹	945	下	368	效	200
宿	18	腾	44	途	623	忘	210	wū		夏	450	啸	914
suī		tǐ		涂	623	wēi		乌	690	xiān		敫	336
夊	45	体	152	塗	623	威	647	wú		先	234	xié	
suí		tì		tǔ		微	582	无	334	仙	475	叶	788
绥	953	悌	394	土	626	巍	618	毋	380	xián		页	419
随	372	tiān		tù		wéi		芜	334	闲	755	xiě	
		天	2	兔	425	囗	111	吴	114	次	904	写	471

中華書局

初版责编　秦淑华